SCHOPENHAUER

KIERKEGAARD

Collection « Philosophies »
Sous la direction de Françoise Kinot

Philosophie gréco-latine :

Les Présocratiques

Socrate
Platon
Aristote

Cyniques
Sceptiques
Épicuriens
Stoïciens

Philosophie moderne :

Machiavel
Hobbes

Descartes
Pascal
Spinoza

Philosophie des Lumières :

Locke
Diderot
Rousseau
Voltaire
Leibniz
Hume
Kant

Philosophie de l'histoire :

Hegel
Marx

Philosophie de l'existence :

Schopenhauer
Kierkegaard

Nietzsche
Freud
Bergson

Philosophie contemporaine :

Husserl
Wittgenstein
Heidegger

Sartre
Camus
Cioran

SCHOPENHAUER
KIERKEGAARD

ÉDITIONS FRANCE LOISIRS

Éditions France Loisirs,
123, boulevard de Grenelle, Paris
www.franceloisirs.com

ISBN : 2-7441-4886-5

Sommaire

Avant-propos

Faillite des idéologies, désaffection ou exaspération du religieux, délitescence des liens sociaux et autres désillusions font resurgir l'urgence d'une « sagesse » à réinventer et à fonder. En ces temps de crise et de soupçon généralisé, c'est la philosophie qui est convoquée, interrogée. Mais comment l'interroger et d'abord où la trouver ? Les médias, source d'informations et de réflexion, nous offrent en abondance études, commentaires, discours, paroles de philosophes. Pourtant, dans l'impossibilité où ils se trouvent le plus souvent, faute de temps ou d'espace, d'expliciter les concepts, problématiques et références qui éclairciraient leurs propos, ils laissent le lecteur curieux, plus désorienté qu'informé. Reste le recours aux commentateurs, interprètes et historiens de la philosophie dont les études le plus souvent s'adressent à un public déjà très averti. De surcroît, à trop vouloir philosopher par commentaires interposés, on arrive à cette situation pour le moins cocasse que décrivait Montaigne : « Il y a plus à faire à interpréter les interprétations qu'à interpréter les choses. » Force est donc comme toujours de revenir aux choses elles-mêmes, aux œuvres, aux textes sans intermédiaire dans l'aventureuse immédiateté de la découverte. Instaurer un dialogue direct entre le lecteur et l'œuvre, c'est notre réponse à la demande d'un public qui entend parler de philosophie sans entendre nécessairement ce qu'est vraiment la philosophie. Aux discours sur *les philosophes, nous avons préféré le dialogue* avec *les philosophes. Cette collection propose les œuvres majeures des grands penseurs, de l'Antiquité à nos jours, qui ont marqué de façon décisive les étapes de la philosophie occidentale.*

Avant-propos

La réflexion philosophique ne peut se concevoir en marge de son histoire, de ses divers courants de pensée, de ses « maîtres » et de la fréquentation résolument directe de ces aventuriers de l'esprit. Si l'on ne peut bien penser que par soi-même, on ne peut faire l'économie de l'héritage plus de deux fois millénaire des interrogations, toujours actuelles mais à reformuler, transmises tout au long de l'histoire de la philosophie.

Parvenir à une autonomie intellectuelle requiert une connaissance, une familiarité avec le langage et les concepts philosophiques sans lesquels il ne peut y avoir de discours recevable. Loin d'être une entrave, « l'Histoire, comme le dit Émile Bréhier, est donc en philosophie comme partout, une véritable libératrice. Elle seule, par la variété des vues qu'elle nous donne de l'esprit humain, peut déraciner les préjugés et suspendre les jugements trop hâtifs[1] *». Si elle ne se réduit pas à son histoire, la philosophie ne peut se passer de son histoire... Cette collection n'a pour ambition, mais elle a cette ambition, que d'inviter, d'inciter le lecteur à se confronter avec les œuvres elles-mêmes, guidé, mais seulement guidé, dans cette approche par des présentations dont le seul souci sera de proposer une voie d'accès possible, parmi bien d'autres, aux différents textes.*

F. Kinot

---

1. Émile Bréhier, *Histoire de la philosophie*, vol. 1 : *Antiquité et Moyen Âge*, Quadrige, PUF, 8e éd., 1997.

SCHOPENHAUER

PRÉFACE

> « Il n'y a qu'une erreur innée :
> c'est celle qui consiste à croire
> que nous existons pour être heureux. »
> *Suppléments* au *Monde,* chap. XLIX

Un philosophe ?

Schopenhauer n'a jamais douté du fait qu'il était philosophe. Son siècle, en revanche, a tardé à lui reconnaître ce mérite, et c'est souvent par le biais de l'anecdote, du portrait, que sa pensée est parvenue jusqu'à nous. Si l'approche psychologique d'une pensée est pour beaucoup de philosophes la pire des insultes possible et une intime dégradation, il est probable que Schopenhauer ne se serait pas formalisé d'une telle postérité.

Sarcastique, souvent haineux, il lui arrive d'écrire de véritables atrocités sur les femmes, les Noirs ou les Juifs ; et c'est avec la même verve qu'il assassine la philosophie universitaire de son temps, dénonçant le jargon incompréhensible qu'elle pratique, son insupportable verbiage. En société, il se révèle irritable, scandaleux, et provoque des disputes qui lui valent d'avoir très tôt de nombreux ennemis. Il est d'ailleurs conscient de cette faiblesse : « et même quand il ne se produit pas d'excitation particulière, écrit-il dans son journal, je porte en moi constamment une inquiétude intime qui me fait voir et chercher partout des dangers où il n'y en a pas. Elle me grandit à l'infini la moindre contrariété et me rend d'une difficulté extrême le commerce avec mes semblables ». Aussi Schopenhauer, quoique passionné par l'étude des comportements humains, a-t-il affronté au cours de sa vie plusieurs longues périodes de solitude. Il ne s'est jamais marié. Sa mère se désespère d'avoir mis au monde pareil bougon : « deux mois dans ta chambre sans voir un homme, cela n'est pas bien, mon fils, et cela m'afflige », lui écrit-elle en 1832. Mais Schopenhauer n'a que faire des conseils d'une mère qu'il juge indigne de lui.

Pour expliquer la fascination ambiguë qu'a par la suite exercée Schopenhauer sur un penseur tel que Freud, on peut se remémorer la liste des célèbres « petites habitudes » du philosophe : il ne s'endort qu'avec un pistolet à portée de main, persuadé qu'il risque une agression nocturne ; il voyage toujours avec son verre personnel, car il est terrorisé par une possible contagion ; il n'habite, toute sa vie, que des chambres au premier étage : ainsi, pense-t-il, il échappera à l'incendie ! Quant à la gestion de sa rente, il la rédige dans un langage codé afin qu'aucun indiscret ne puisse un jour être tenté de le voler. Il avoue avoir la hantise d'être enterré vif, de contracter la syphilis, bref, c'est une espèce de fou, assurément !

Quel intérêt alors porter à ses textes, et quel crédit leur accorder ? Longtemps Schopenhauer a été considéré comme un charlatan de la philosophie, et sa pensée, jugée indigne de figurer parmi les textes canoniques de la discipline, a bien failli être oubliée. En vertu d'un parti pris qui exige du philosophe une conformité entre la morale qu'il prône et celle qu'il pratique au cours de sa vie, on l'a décrété inconséquent, incohérent, et il est devenu cette incarnation paradoxale du pessimisme, celui qui « préconise le suicide, mais s'en met plein la panse »...

Au fond, cette caricature est un malentendu, presque une légende. D'une part Schopenhauer ne préconise pas le suicide. D'autre part il vit certes confortablement de sa rente, mais c'est sans ostentation et sans excès qu'il utilise la petite fortune familiale. En revanche, il est vrai que son tempérament maussade est tellement manifeste qu'il est repérable au sein même de son texte et presque à chaque page. On aurait parfois envie de le traiter d'aigri, si son style n'était pas si savoureux. Maupassant lui-même, lorsqu'il entreprend de faire le portrait du philosophe, s'exprime en ces termes : « Le plus grand saccageur de rêves qui ait passé sur la terre [...] Jouisseur désabusé, il a renversé les croyances, les espoirs, les poésies, les chimères, détruit les aspirations, ravagé la confiance des âmes, tué l'amour, abattu le culte idéal de la femme, crevé les illusions des cœurs, accompli la plus gigantesque besogne de sceptique qui ait jamais été faite. Il a tout traversé de sa moquerie, et tout vidé. »

Schopenhauer, en effet, ne s'est pas limité dans son rôle de penseur à l'étude des grandes notions (monde, liberté, beauté, etc.) : il s'est intéressé à des sujets très variés, qui vont du jeu de cartes aux tables tournantes en passant par les chiens et les gestes compulsifs. Il a donc longuement observé les hommes, tout en tenant avec eux une forte distance, comme il s'en explique dans un passage des *Parerga et Paralipomena* à l'aide de cette courte fable : « Par une froide journée d'hiver, un troupeau de porcs-épics s'était mis en groupe serré pour se garantir mutuellement contre la gelée par leur propre chaleur. Mais tout aussitôt ils ressentirent les atteintes de leurs piquants, ce qui les fit s'éloigner les uns des autres. Quand le besoin de se chauffer les eut rapprochés de nouveau, le même inconvénient se renouvela, de façon qu'ils étaient ballottés deçà et delà entre les deux souffrances, jusqu'à ce qu'ils eussent fini par trouver une distance moyenne qui leur rendit la situation supportable. Ainsi, le besoin de société né du vide et de la monotonie de leur propre intérieur pousse les hommes les uns vers les autres ; mais leurs nombreuses qualités repoussantes et leurs insupportables défauts les dispersent de nouveau. La distance moyenne qu'ils finissent par découvrir et à laquelle la vie en commun devient possible, c'est la politesse et les belles manières [...] Celui-là cependant qui possède beaucoup de calorique propre préfère rester en dehors de la société pour n'éprouver ni ne causer peine. »

Schopenhauer est assurément un penseur, un écrivain habile,

et un grand provocateur. Mais, malgré son ambition, il n'a pas immédiatement été reconnu comme philosophe, parce que son « excès de calorique propre » (ou son handicap en termes de sociabilité) ne lui a pas permis de se faire apprécier en tant que professeur d'université. Comment se fait-il que son nom soit finalement parvenu jusqu'à nous ?

Le Monde comme volonté et comme représentation

L'œuvre principale de Schopenhauer est un texte de métaphysique, c'est-à-dire une tentative pour élaborer un système de pensée qui rende compte de l'être du monde. Ce monde est-il une apparence, derrière laquelle il faudrait « lire » et presque deviner l'existence véritable des choses ? Ou, au contraire, le monde est-il tel que nous le voyons, tel que nous l'appréhendons spontanément ? Cette problématique, qui est déjà au cœur de l'œuvre de Platon, parvient à Schopenhauer par l'intermédiaire du travail critique effectué par Kant à la fin du XVIIIe siècle : celui-ci vient en effet de dénoncer les objets privilégiés de la métaphysique (l'âme, Dieu, le monde) comme des constructions illusoires, inopérantes. En 1814, Schopenhauer, alors âgé de 26 ans, commence à rédiger un long texte destiné à exposer son système de métaphysique, et à protester contre la critique kantienne. En 1818, l'ouvrage intitulé *Le Monde comme volonté et comme représentation* est remis à l'éditeur. Mais c'est une déception pour Schopenhauer car sa « grande œuvre » passe inaperçue, et le stock reste intact. En 1846, il écrit à son éditeur pour s'informer de l'état des ventes ; celui-ci se contente de lui répondre qu'il a fait une « mauvaise affaire » car elles sont quasi nulles.

Il faut attendre 1853 pour qu'un texte fantaisiste, les *Parerga et Paralipomena*, fasse naître la notoriété du philosophe. À 65 ans, il s'étonne de cette gloire qu'il n'attendait plus et qui survient à l'occasion d'un texte plus polémique que philosophique. Il devient celui que l'on surnomme « le pessimiste de Francfort », et les disciples se pressent à sa porte. En 1855, l'université de Leipzig met au concours une étude sur sa philosophie et en 1860, il meurt d'une embolie pulmonaire.

Une chose semble paradoxale dans ce succès tardif : aujourd'hui l'ouvrage *Parerga* est à peine étudié. En France, par exemple, aucune traduction complète n'en a été donnée, et l'on s'est contenté d'en extraire quelques textes savoureux. En revanche, *Le Monde comme volonté et comme représentation*, son œuvre « de jeunesse », beaucoup plus ardue, est devenue un texte de référence. Schopenhauer ne s'y trompait donc pas lorsqu'il écrivait : « Je ne puis faire que mes idées paraissent à mes contemporains autre chose que du verbiage ; ce qui me console, c'est que je ne suis pas l'homme de mon temps. Mais si ce siècle ne me comprend pas, il y en a beaucoup d'autres ensuite. »

Du point de vue de l'histoire des idées, Schopenhauer n'est effectivement « pas de son siècle », et cela pour au moins deux raisons. La première, c'est qu'il centre sa réflexion sur l'individu, alors que le XIXe siècle correspond au moment historique de l'émergence des problématiques sociologiques. Les penseurs de l'époque se passionnent pour la question des luttes sociales, les mécanismes de constitution des groupes, et ils relèguent au second plan la perspective morale au profit d'une réflexion plus politique. Schopenhauer, loin de se passionner pour les révolutions, envisage celle de 1848 avec méfiance, ce qui, d'ailleurs, lui forge une durable réputation de réactionnaire. L'élaboration de la psychanalyse lui rendra tardivement justice, en montrant qu'il est autre chose qu'un moraliste attardé : sa réflexion sur la personne lui a en effet valu d'être reconnu par Freud comme le principal investigateur des mécanismes de refoulement, et comme l'un des premiers penseurs à avoir osé souligner l'importance de la question sexuelle dans l'analyse des comportements humains.

Le second motif de sa « solitude » intellectuelle, c'est son insistance à observer des processus de répétition. Pour lui, rien n'indique que l'homme s'achemine vers un mieux-être, et l'avènement d'un « homme nouveau », thème cher à ses contemporains depuis la Révolution française, lui apparaît comme une illusion regrettable, amère. Il préfère insister sur ce qui n'a pas changé en l'homme depuis la nuit des temps, sa souffrance, sa violence, et la difficulté qu'il rencontre à donner du sens à son existence. On imagine par exemple le manque de popularité de propos tels que ceux-ci : « Le progrès ? gronde-t-il, c'est là votre chimère. Il est le rêve du XIXe siècle comme la résurrection des morts était celui du Xe siècle ; chaque âge a le sien. Quand, épuisant vos greniers et ceux du passé, vous aurez porté plus haut encore votre entassement de sciences et de richesse, l'homme en se mesurant à un pareil amas en sera-t-il moins petit ? »

C'est précisément cette petitesse de l'homme que met en scène *Le Monde comme volonté et comme représentation*, en cherchant à comprendre pourquoi, depuis toujours, l'homme en est réduit à vivre une vie qui n'est pas la sienne.

La volonté

Pour Schopenhauer, c'est la volonté qui vit en nous. Elle le fait pour ainsi dire indépendamment de nous, en nous traversant, et en nous constituant comme un moyen pour l'expression de ses fins. La volonté dont parle ainsi *Le Monde* n'a de ce point de vue rien à voir avec le contenu que l'on attribue généralement à ce concept, c'est pourquoi il convient avant toute chose de chercher à la définir.

Traditionnellement (en fait, surtout depuis Descartes), la volonté est ce pouvoir dont dispose l'homme de se déterminer en faveur d'une chose ou d'une autre : il peut vouloir du pain ou de l'eau. Il peut vouloir partir ou rester encore un peu. Dans cette perspective, le sujet est maître de son vouloir, et ne pas disposer de cette maîtrise c'est n'être pas vraiment sujet de ses actes. Ainsi, celui qui « manque de volonté » est un homme dégradé, un sujet sans liberté, sans intentionnalité. Pour Schopenhauer, il en va tout autrement, car la volonté recouvre une signification large, désignant une force première qui s'exerce dans le monde, une poussée inconsciente et sans but qui constitue la trame de l'univers. Sans la volonté, il n'y aurait pas de monde, les rochers ne seraient pas là où ils sont, les arbres ne pousseraient pas, les hommes ne désireraient rien. Sous ce concept, Schopenhauer inclut donc l'ensemble des forces de la nature, y compris celles qui sont à l'œuvre dans les phénomènes inorganiques. L'homme, dans ce contexte, est envisagé comme l'un des êtres naturels, soumis à cette « pression » qui l'incite à sans cesse désirer, sans cesse se mouvoir, et sans cesse chercher les moyens de perpétuer son existence. La forme particulière que prend la volonté quand elle s'exerce dans le domaine organique s'appelle dans le langage de Schopenhauer le « vouloir-vivre », et c'est cette impulsion qui est présentée dans *Le Monde* comme l'origine de tous les malheurs humains. Ainsi, il peut écrire : « Le trait fondamental de ma doctrine, ce qui l'oppose à toutes celles qui l'ont précédée, c'est la séparation complète entre la volonté et la connaissance ; jusqu'ici tous les philosophes les considéraient comme inséparables, estimant même que la volonté était conditionnée par la connaissance, élément premier de notre être spirituel ; on est allé jusqu'à en faire une simple fonction de cette dernière. » Vouloir, pour Schopenhauer, ce n'est pas agir en fonction d'une connaissance rationnelle, mais plutôt « être voulu », transpercé par une force qui excède de beaucoup la maîtrise humaine.

Répétition et souffrance

Pour lui, nous ne savons rien de la volonté. Tout ce que nous pouvons faire, pour l'appréhender, c'est observer ses manifestations, localiser et identifier dans le monde les « symptômes » de son apparition ; or l'action de la volonté se reconnaît à ceci qu'elle utilise toujours les mêmes formes pour apparaître. Le symbole des « Danaïdes », que Schopenhauer emprunte à la mythologie grecque, en est par exemple représentatif. Ces quarante-neuf jeunes femmes, coupables d'avoir égorgé leurs maris dans le lit nuptial, sont punies par la répétition éternelle : sur la berge d'un fleuve, elles remplissent à jamais des tonneaux criblés de trous, dont l'eau s'échappe au fur et à mesure. Semblable à elles, l'homme mû par le vouloir court de désir en désir, et s'épuise à approcher une satisfaction impossible. « C'est en apparence seulement que les hommes sont attirés en avant ; en réalité ils sont poussés par-derrière ; ce n'est pas la vie qui les attire, mais c'est le besoin qui les fait marcher. »

On pourrait opposer à cela que la vie réserve tout de même un certain nombre de jouissances, et que tous nos tonneaux ne sont pas percés, mais pour Schopenhauer ce type de discours relève de l'illusion, car il n'y a pas d'expérience positive de la satisfaction. « Nous sentons la douleur, mais non l'absence de douleur ; le souci, mais non l'absence de souci ; la crainte, mais non la sécurité. Nous ressentons le désir, comme nous ressentons la faim et la soif ; mais le désir est-il rempli, aussitôt il advient de lui comme de ces morceaux goûtés par nous et qui cessent d'exister pour notre sensibilité, dès le moment où nous les avalons. » Cela, évidemment, est discutable. N'y a-t-il pas de mets copieux ?

Si le philosophe insiste de la sorte sur l'impossibilité d'accéder à une satisfaction durable, c'est pour anéantir la chimère du bonheur. Cette représentation idyllique d'un bien-être à venir l'insupporte, il y voit l'écho d'un optimisme naïf, bien-pensant, trompeur. « Et c'est à ce monde, ce rendez-vous d'êtres, harcelés et angoissés, qui n'y subsistent qu'en s'y dévorant les uns les autres, [...] qu'on a voulu ajuster le système de l'optimisme, et c'est ce monde qu'on a voulu nous présenter comme le meilleur des mondes possibles ! L'absurdité est criante. Cependant un optimiste me demande d'ouvrir les yeux et de plonger mon regard dans le monde, de voir comme il est beau à la lumière du soleil avec ses montagnes, ses vallées, ses fleuves, ses plantes, ses animaux, etc. Mais le monde est-il donc un panorama ? Ces choses, bien sûr, sont belles à voir, mais être l'une d'elles, c'est une tout autre affaire. » C'est au système de Leibniz que pense Schopenhauer en rédigeant ces lignes, et plus généralement à tous les systèmes philosophiques qui admirent l'harmonie du monde plus qu'ils n'en analysent les innombrables violences. Le monde n'est pas l'œuvre d'un Dieu protecteur, mais le théâtre où se joue la condition misérable du vivant, car « être l'une d'elles », être un pantin de la volonté, cela signifie aller au-devant de multiples souffrances.

Au fond, pour Schopenhauer, on pourrait dire que la vie n'est pas une affaire rentable : beaucoup de frais pour pas grand-chose, ou plus exactement pour rien du tout. Le bonheur n'existe pas. Nous nous épuisons à la poursuite d'une chimère.

L'ennui

Mais pourquoi courons-nous ? Sans doute, en partie, parce que nous ignorons notre condition d'êtres de volonté et, dans cette ignorance, nous lui sommes soumis ; mais aussi parce que notre souffrance est en concurrence permanente avec la menace d'un autre mal, qui l'égale en gravité, et que Schopenhauer nomme l'ennui. En effet, « tout vouloir a pour principe un besoin, un manque, donc une douleur ; c'est par nature, nécessairement, qu'ils [les hommes] doivent devenir la proie de la douleur. Mais que la volonté vienne à manquer d'objet, qu'une prompte satisfaction vienne à lui enlever tout motif de désirer, et les voilà tombés dans un vide épouvantable, dans l'ennui ; leur nature, leur existence, leur pèse d'un poids intolérable. La vie donc oscille, comme un pendule, de droite à gauche, de la souffrance à l'ennui ; ce sont là les deux éléments dont elle est faite, en somme ».

D'expérience, nous connaissons l'ennui et le fuyons sans cesse, prêts pour cela à affronter de nouvelles souffrances. Schopenhauer s'est donc passionné pour les diverses représentations de la peur du vide, les réunions du dimanche, les jeux de cartes, ou les manies de tapoter sur tout ce qui tombe à portée de main sont pour lui autant de signes tragiques. Notre incapacité à échapper au cercle infernal qui relie la souffrance à l'ennui est telle, que nous en venons même à côtoyer nos semblables ! « L'ennui a assez de force pour amener des êtres, qui s'aiment aussi peu que les hommes entre eux, à se rechercher malgré tout ; il est le principe de la sociabilité. » C'est donc pour ne pas avoir à désespérer seuls de leur condition que les hommes se rassemblent.

Il nous reste à comprendre pourquoi, justement, les hommes « ne s'aiment pas entre eux » : compagnons de misère, souffrants et ennuyés, ne pourraient-ils pas raisonnablement attendre un soutien les uns des autres ?

Le « voile de la maya » et l'égoïsme

Cette question nous conduit à évoquer un aspect original de la pensée de Schopenhauer, qui réside dans l'influence des textes orientaux sur la structure de son système. Dès 1813, Frédéric Maier, ami de sa mère, lui prête des textes d'initiation au brahmanisme et au bouddhisme ; la plupart de ces documents sont des interprétations de l'époque, peu fidèles aux écrits originaux, mais suffisamment riches pour que le philosophe y trouve des éléments de réflexion.

Le symbole du « voile de la maya », en particulier, retient toute son attention. Dans les *Upanishad* et dans les développements ultérieurs de la doctrine du *vedanta*, la réalité est en effet définie comme « *brahman* », tandis que le monde des phénomènes et des êtres vivants n'a pas d'existence réelle : ce monde résulte de la maya, c'est-à-dire d'un pouvoir magique attribué aux divinités et aux démons, qui les rend capables de changer les formes et de créer des effets illusoires. En quelque sorte « illusion cosmique », la maya renvoie ainsi à l'apparence d'un monde multiple, opposé à l'unicité de la réalité, *brahman*.

D'un point de vue non pas historique, mais simplement analogique, il existe une parenté entre cette opposition et le couple « idée/imitation » de Platon, la double face « chose en soi/phénomène » pour Kant, et la thèse schopenhauerienne d'un monde conjugué comme « volonté » d'une part et comme « représentation » d'autre part. Ainsi, la distinction entre le monde « tel qu'il est vraiment » et le monde « tel qu'il nous apparaît » n'a pas cessé de hanter les métaphysiques.

Par ailleurs Schopenhauer, nous l'avons vu, considère que l'homme ne sait rien de la volonté, ou ne peut en avoir d'appréhension directe. Si cela est cause de souffrance individuelle, cela est aussi à l'origine des actes de violence entre individus. En effet, le « voile de la maya », autre nom du « principe d'individuation », est ce qui rend les hommes aveugles à leur condition : au lieu de se reconnaître comme un même être de volonté, de s'entraider dans cette communauté de substance, ils gardent le voile d'une identité individuelle, et croient à cette individuation comme à quelque chose de « réel ». À partir de là, chacun tend à affirmer la volonté qui est en lui en essayant de s'imposer à la volonté d'autrui. Les hommes se font la guerre, se déchirent, simplement parce que « la volonté doit se manifester par une pluralité d'individus. Cette pluralité d'ailleurs ne l'atteint pas, elle volonté, elle chose en soi ; il ne s'agit que des phénomènes ». Mais isolés les uns des autres, méconnaissant pareillement leur nature intime, les individus sont pour Schopenhauer semblables à ces coqs dont on donne de cruels et absurdes combats.

C'est aussi derrière le « voile de la maya » que s'introduit la notion fondamentale d'égoïsme. Elle n'est pas ici à entendre comme un trait de caractère spécifique à tel ou tel individu, mais comme une détermination constitutive, une tendance essentielle liée au mode d'expression phénoménale de la volonté. Il intervient parce que « chacun est donné immédiatement à soi-même comme étant la volonté tout entière et l'intelligence représentative tout entière, tandis que les autres êtres ne lui sont donnés d'abord qu'à l'état de représentations ».

Vers la libération ?

Une volonté tyrannique, des représentations trompeuses, une vie d'oscillations entre souffrance et ennui, l'égoïsme fondamental de l'individu : voilà, en somme, de quoi désespérer ! C'est pourquoi Schopenhauer a été le plus souvent considéré comme un philosophe pessimiste, du genre de ceux qu'on lit avec exaltation dans les affres de l'adolescence et qu'on s'empresse d'oublier par la suite. Pourtant, cela mérite discussion. Plus qu'un pessimiste, Schopenhauer est un farouche opposant à l'optimisme, et en particulier à l'optimisme qui pense que les choses s'acheminent d'elles-mêmes vers un mieux-être.

D'une certaine manière, on peut dire que le désespoir de Schopenhauer est antérieur à sa philosophie. Celle-ci recouvre dès lors deux missions. D'une part, elle doit être l'analyse froide des causes de ce désespoir, et élaborer pour cela une métaphysique qui permette de rendre compte de la multitude des peines humaines ; d'autre part, elle doit se montrer en mesure de proposer des remèdes, des orientations pour s'arracher à cette souffrance. S'il y a bien de quoi désespérer, donc, il ne s'agit pas de rester prostré dans cette attitude. Mais comment s'en dégager ?

Schématiquement, on peut considérer que Schopenhauer esquisse trois « chemins » de libération. Puisque nous souffrons essentiellement d'être les instruments de la volonté, ces trois voies ont en commun de permettre une émancipation de l'activité humaine à l'égard des fins de la volonté. Ce qui varie, en revanche, c'est la radicalité de cette libération.

La première issue est d'ordre esthétique. Lorsque nous contemplons quelque chose de beau, nos représentations, au lieu d'être soumises à la volonté, font l'expérience d'une autonomie exceptionnelle. Elles s'articulent pour notre satisfaction, et non pour servir les intérêts du vouloir. Cette « trêve immédiate et merveilleuse » prend donc la forme d'une respiration offerte à celui qui s'adonne à la contemplation, et lui permet de faire l'expérience interne d'une précieuse disponibilité intellectuelle. Malheureusement... cet effet reste momentané !

Plus radical, le deuxième remède est d'ordre moral et consiste à pratiquer ce que Schopenhauer appelle la « sympathie » ; nous avons vu au sujet du « voile de la maya » que l'individu, croyant souffrir moins en contentant sa volonté aux dépens de celle d'autrui, fait erreur, puisque c'est toujours contre un autre lui-même qu'il s'acharne. Outre les souffrances individuelles, inhérentes à notre condition désirante, le « voile de la maya » a donc la propriété de créer des souffrances supplémentaires en amenant les hommes à se nuire mutuellement pour affirmer, chacun de son côté, la volonté. La sympathie, dès lors, est une posture qui consiste à éprouver les souffrances de nos semblables comme les nôtres propres (ce qu'elles sont, en leur fond). Elle suppose donc que l'on parvienne à déjouer le principe d'individuation. Cette lucidité, nous ne l'aurons jamais totalement, mais en nous efforçant de développer « une connaissance immédiate et intuitive de l'identité métaphysique de tous les êtres », nous limiterons, en quelque sorte, les dégâts.

Ces deux voies, fondamentalement, ne sont pas des solutions définitives. Elles permettent un mieux-être, mais n'attaquent pas le problème à sa racine puisqu'elles ne provoquent pas une véritable rupture avec les intérêts de la volonté. Certes, nous vivons mieux, mais nous restons toujours esclaves. À celui que cette condition révolterait au point de rendre la vie intolérable, Schopenhauer propose un troisième chemin, « le plus ardu », celui de l'effort ascétique. Puisque la volonté nous tyrannise, il nous faut la nier, se détacher peu à peu d'elle, lui devenir étranger. Cela suppose de devenir étranger au monde, d'abandonner progressivement ses biens matériels, ses désirs, de renoncer finalement à toute tentative pour se satisfaire. Ce thème de la « négation du vouloir-vivre » a souvent été interprété, à tort, comme une invitation au suicide. Il est vrai que la mort, dans cette démarche ascétique, recouvre une signification de repos, en tant qu'elle est, si l'on veut, le stade ultime de la libération. Pourtant, la souhaiter signifierait que l'on reste dans une perspective volontaire, et la libération n'aurait pas lieu. En effet pour Schopenhauer : « bien loin d'être une négation de la volonté, le suicide est une marque d'affirmation intense de la volonté. Car la négation de la volonté consiste non pas en ce qu'on a horreur des maux de la vie, mais en ce qu'on en déteste les jouissances. Celui qui se donne la mort voudrait vivre ; il n'est mécontent que des conditions dans lesquelles la vie lui est échue. Par suite, en détruisant son corps, ce n'est pas au vouloir-vivre, c'est simplement à la vie qu'il renonce ». Tout en dénonçant la soumission de l'acte suicidaire, Schopenhauer admet que le processus ascétique conduit, dans le cas où il est mené jusqu'à son terme, jusqu'à ce genre de suicide « tout à fait différent du suicide ordinaire » : la mort par inanition volontaire, puisque, au stade ultime de la négation du vouloir, la volonté de s'alimenter fait défaut à l'ascète et provoque sa mort. L'important, on le comprend, consiste à ne pas « désirer » la mort. Rares sont ceux, précise-t-il, qui empruntent cette voie de libération en dehors de toute exaltation religieuse ou d'intense superstition. D'ailleurs, on le sait, lui-même ne s'y est pas risqué. Au fond, le problème que pose sa morale ne consiste pas à savoir comment il convient de vivre, mais, plus radicalement, s'il convient de vivre. Schopenhauer répond finalement à cette question par la négative, car il considère que la vie ne nous appartient pas et se révèle en quelque sorte trop coûteuse à l'entretien...

Bonheur et savoir-vivre

Cela ne l'a pas empêché de publier, dans le premier volume des *Parerga et Paralipomena*, un court traité de savoir-vivre. Résolu à rester pantin de la volonté, il se demande comment limiter les conséquences désagréables de cette condition, en particulier dans les relations avec autrui. C'est ce texte, originalement intitulé *Aphorismes sur la sagesse dans la vie*, que nous reproduisons dans le présent volume.

Paradoxalement, Schopenhauer se situe ici dans une perspective qu'il qualifie lui-même d'« eudémonologique », c'est-à-dire dans la lignée d'une tradition philosophique selon laquelle le bonheur constitue la finalité de toute pratique, le but de tous nos actes. Pourtant *Le Monde comme volonté et comme représentation* semblait clore le sujet, en affirmant que « la satisfaction, le bonheur, comme l'appellent les hommes, n'est au propre et dans son essence rien que de négatif ; en elle, rien de positif ». En d'autres termes, ce bonheur, en tant qu'aspiration, est inévitablement illusoire. Pourquoi, alors, revenir sur le thème des « manières d'être heureux » ? Il s'en explique dès l'introduction :

vouloir une vie heureuse, c'est considérer l'existence comme « préférable à la non-existence » ; c'est du même coup, pour Schopenhauer, avancer une hypothèse fausse. Cependant, elle mérite qu'on s'y attarde puisqu'elle est par excellence « l'illusion innée », l'inévitable erreur, commune à tous les hommes.

Aphorismes sur la sagesse dans la vie est dès lors un texte empirique, c'est-à-dire une tentative pour se placer du point de vue de l'expérience. Rien, ici, de métaphysique. Comparable en cela à l'approche des moralistes du XVIIe siècle, Schopenhauer y a consigné une série de « recettes », d'observations minutieuses, et tente d'être pour ses semblables de bon conseil. Il s'agit donc d'un propos presque doux, où il est question sinon d'être heureux, du moins d'avoir une vie aussi peu malheureuse que possible. Mis à part quelques considérations sur l'honneur chevaleresque et l'absurdité du duel, il reste d'une étonnante actualité. On y reconnaît le style incisif du philosophe, ainsi que son désir de parler dans un langage accessible aux personnes non formées par l'université de philosophie. Quant au bien-fondé de ses conseils, nous pouvons accorder une certaine confiance à ce « pessimiste de Francfort » puisque sa dernière pensée est celle (enfin !) de la satisfaction. Sur son lit de mort, à l'adresse de son chien et de lui-même, il écrit ces quelques mots : « Eh bien, nous nous en sommes bien tirés ! »

Fleur Gire

Chronologie

1788 : 22 février, naissance d'Arthur Schopenhauer à Dantzig.

1793 : La famille Schopenhauer s'installe à Hambourg, fuyant l'annexion de Dantzig par la Prusse.

1797 : Arthur part deux ans au Havre chez un correspondant de son père, pour y apprendre le français.

1799 : Il commence des études commerciales à Hambourg, qui lui déplaisent profondément.

1803 : Son père lui fait une proposition : s'il opte définitivement pour une carrière commerciale, il pourra accompagner la famille dans son tour d'Europe ; s'il préfère les études au lycée et la carrière de savant, il devra y renoncer. Attiré par la perspective du voyage, il accepte le métier de commerçant.

1803-1805 : Les Schopenhauer se rendent en Hollande, en Angleterre, en France, en Suisse et en Autriche. Ce périple conforte Arthur dans sa volonté de philosopher, mais il tiendra sa promesse.

1805 : Il fait son apprentissage commercial à Hambourg, chez un négociant en gros.

1806 : Son père se suicide.

1807 : Avec le soutien de sa mère, il entreprend de passer son baccalauréat au lycée de Gotha ; mais il en est renvoyé pour avoir rédigé un poème satirique. Il s'installe à Weimar et continue ses études avec des professeurs particuliers.

1809 : Début des études à l'université de Göttingen. Il y étudiera Platon, Aristote, Kant et les sciences de la nature.

1811 : Études à l'université de Berlin. Cours de Fichte, Schleiermacher et Wolf.

1813 : Dispute avec sa mère. Rédaction de sa thèse de doctorat : *De la quadruple racine du principe de raison suffisante.* Rencontre avec Goethe, entretien sur la théorie des couleurs.

1814 : Rupture définitive avec sa mère, qu'il ne reverra jamais. Il commence la rédaction du *Monde comme volonté et comme représentation.*

1815 : Parution d'un essai *Sur la vue et les couleurs.*

1818 : Premier voyage en Italie.

1819 : Parution du *Monde comme volonté et comme représentation.* Poste à l'université de Berlin.

1820 : Il commence à enseigner. Ayant choisi de faire ses cours aux mêmes heures que Hegel, il obtient très peu d'auditeurs, et renonce au professorat.

1822 : Second voyage en Italie.

1823 : Arrivée à Munich, maladie, découragement.

1825 : Retour à Berlin, où il tente à nouveau d'enseigner, sans succès. Hegel est toujours à la mode. Projet de traduction, qui échoue.

1828 : L'éditeur du *Monde* lui fait savoir que les ventes sont pratiquement nulles.

1831 : Épidémie de choléra (mort de Hegel). Il fuit à Francfort, où il restera jusqu'à la fin de sa vie.

1835 : Parution de l'ouvrage *De la volonté dans la nature*, où il fait l'éloge de deux médecins français, Cabanis et Bichat. Nouvel échec. Les ventes du *Monde* sont toujours nulles.

1837 : La Société royale de Norvège organise un concours sur la liberté. Schopenhauer obtient le prix avec son *Essai sur le libre arbitre.*

1838 : Mort de sa mère.

1843 : Il propose à son éditeur une nouvelle édition du *Monde,* qui sera refusée. En revanche, une publication séparée, *Les Suppléments*, est acceptée, mais ne se vend pas.

1851 : Parution des *Parerga et Paralipomena*, qui traitent de sujets variés : bêtise des universitaires, magie des tables tournantes, bonté des chiens, laideur des barbes, bonheur, etc.

1853 : Début de la notoriété de Schopenhauer.

1854 : La faculté de Leipzig met au concours un mémoire sur sa philosophie, et plusieurs universités allemandes affichent des cours sur sa philosophie. Wagner lui dédicace son *Ring.* Des journalistes français viennent l'interviewer. On le photographie. Schopenhauer ne change rien à ses habitudes.

1859 : Troisième édition du *Monde*. Ventes.

1860 : 21 septembre, mort d'Arthur Schopenhauer.

Aphorismes sur la sagesse dans la vie

TRADUCTION DE J.-A. CANTACUZÈNE
REVUE ET CORRIGÉE
PAR RICHARD ROOS

« Le bonheur n'est pas chose aisée, il est très difficile de le trouver en nous, et impossible de le trouver ailleurs. »

CHAMFORT.

Introduction

Je prends ici la notion de la sagesse dans la vie dans son acception immanente, c'est-à-dire que j'entends par là l'art de rendre la vie aussi agréable et aussi heureuse que possible. Cette étude pourrait s'appeler également l'Eudémonologie ; ce serait donc un traité de la vie heureuse. Celle-ci pourrait à son tour être définie une existence qui, considérée au point de vue purement extérieur, ou plutôt (comme il s'agit ici d'une appréciation subjective) qui, après froide et mûre réflexion, est préférable à la non-existence. La vie heureuse, ainsi définie, nous attacherait à elle par elle-même et pas seulement par la crainte de la mort ; il en résulterait en outre que nous désirerions la voir durer indéfiniment. Si la vie humaine correspond ou peut seulement correspondre à la notion d'une pareille existence, c'est là une question à laquelle on sait que j'ai répondu par la négative dans ma *Philosophie* ; l'eudémonologie, au contraire, présuppose une réponse affirmative. Celle-ci, en effet, repose sur cette erreur innée que j'ai combattue au commencement du chapitre XLIX, vol. II, de mon grand ouvrage[1]. Par conséquent, pour pouvoir néanmoins traiter la question, j'ai dû m'éloigner entièrement du point de vue élevé, métaphysique et moral auquel conduit ma véritable philosophie. Tous les développements qui vont suivre sont donc fondés, dans une certaine mesure, sur un accommodement, en ce sens qu'ils se placent au point de vue habituel, empirique et en conservent l'erreur. Aussi leur valeur ne peut-elle être que relative, puisque le mot d'eudémonologie n'est lui-même qu'un euphémisme. Ils n'ont en outre aucune prétention à être complets, soit parce que le thème est inépuisable, soit parce que j'aurais dû répéter ce que d'autres ont déjà dit.

Je ne me rappelle que le livre de Cardan : *De utilitate ex adversis capienda*[2], ouvrage digne d'être lu, qui traite de la même matière que les présents aphorismes ; il pourra servir à compléter ce que j'offre ici. Aristote, il est vrai, a intercalé une courte eudémonologie dans le chapitre V du livre I de sa *Rhétorique* ; mais le résultat est bien peu séduisant. Je n'ai pas eu recours à ces devanciers ; compiler n'est pas mon fait ; d'autant moins l'ai-je fait que l'on perd par là cette unité de vue qui est l'âme des œuvres de cette espèce. D'une manière générale, il est vrai que les sages de tous les temps ont toujours dit la même chose, et les sots, c'est-à-dire l'immense majorité de tous les temps, ont toujours fait la même chose, savoir le contraire, et il en sera toujours ainsi. Aussi Voltaire dit-il : *Nous laisserons ce monde-ci aussi sot et aussi méchant que nous l'avons trouvé en y arrivant.*

CHAPITRE PREMIER

Division fondamentale

Plan de l'ouvrage

Aristote (*Éthique à Nicomaque*, I, 8) a divisé les biens de la vie humaine en trois classes, les biens extérieurs, ceux de l'âme et ceux du corps. Ne conservant que la division en trois, je dis que ce qui différencie le sort des mortels peut être ramené à trois conditions fondamentales. Ce sont :

1° Ce qu'on *est* : donc la personnalité, dans son sens le plus étendu. Par conséquent, on comprend ici la santé, la force, la beauté, le tempérament, le caractère moral, l'intelligence et son développement.

2° Ce qu'on *a* : donc propriété et avoir de toute nature.

3° Ce qu'on *représente* : on sait que par cette expression l'on entend la manière dont les autres se représentent un individu, par conséquent ce qu'il est dans leur représentation. Cela consiste donc dans leur opinion à son sujet et se divise en honneur, rang et gloire.

Pourquoi le bonheur dépend surtout de notre personnalité

Les différences de la première catégorie dont nous avons à nous occuper sont celles que la nature elle-même a établies entre les hommes ; d'où l'on peut déjà inférer que leur influence sur le bonheur ou le malheur sera plus essentielle et plus pénétrante que celle des différences provenant des règles humaines et que nous avons mentionnées sous les deux rubriques suivantes. Les *vrais avantages personnels*, tels qu'un grand esprit ou un grand cœur, sont par rapport à tous les avantages du rang, de la naissance, même royale, de la richesse et autres, ce que les rois véritables sont aux rois de théâtre. Déjà *Métrodore*, le premier élève d'Épicure, avait intitulé un chapitre : Περι του μειζονα ειναι την παρ' ημας αιτιαν προς ευδαιμονιαν της εχ των πραγματων. (*Les causes qui viennent de nous contribuent plus au bonheur que celles qui naissent des choses.* – Cf. Clément d'Alex., Strom., II, 21, p. 362 dans l'édition de Wurtzbourg des *Opp. polem.*)

Et, sans contredit, pour le bien-être de l'individu, même pour toute sa manière d'être, le principal est évidemment ce qui se trouve ou se produit en lui. C'est là, en effet, que réside immédiatement son bien-être ou son malaise ; c'est sous cette forme, en définitive, que se manifeste tout d'abord le résultat de sa sensibilité, de sa volonté et de sa pensée ; tout ce qui se trouve en dehors n'a qu'une influence indirecte. Aussi les mêmes circonstances, les mêmes événements extérieurs, affectent-ils chaque individu tout différemment, et, quoique placé dans un même milieu, chacun vit dans un monde différent. Car il n'a affaire immédiatement qu'à ses propres perceptions, à ses propres sensations et aux mouvements de sa propre volonté : les choses extérieures n'ont d'influence sur lui qu'en tant qu'elles déterminent ces phénomènes intérieurs. Le monde dans lequel chacun vit dépend de la façon de le concevoir, laquelle diffère pour chaque tête ; selon la nature des intelligences, il paraîtra pauvre, insipide et plat, ou riche, intéressant et important. Pendant que tel, par exemple, porte envie à tel autre pour les aventures intéressantes qui lui sont arrivées pendant sa vie, il devrait plutôt lui envier le don de conception qui a prêté à ces événements l'importance qu'ils ont dans sa description, car le même événement qui se présente d'une façon si intéressante dans la tête d'un homme d'esprit, n'offrirait plus, conçu par un cerveau plat et banal, qu'une scène insipide de la vie de tous les jours. Ceci se manifeste au plus haut degré dans plusieurs poésies de

Goethe et de Byron, dont le fond repose évidemment sur une donnée réelle ; un sot, en les lisant, est capable d'envier au poète l'agréable aventure, au lieu de lui envier la puissante imagination qui, d'un événement passablement ordinaire, a su faire quelque chose d'aussi grand et d'aussi beau. Pareillement, le mélancolique verra une scène de tragédie là où le sanguin ne voit qu'un conflit intéressant, et le flegmatique un fait insignifiant.

Tout cela vient de ce que toute réalité, c'est-à-dire toute « actualité remplie » se compose de deux moitiés, le sujet et l'objet, mais aussi nécessairement et aussi étroitement unies que l'oxygène et l'hydrogène dans l'eau. À moitié objective identique, la subjective étant différente, ou réciproquement, la réalité actuelle sera tout autre ; la plus belle et la meilleure moitié objective, quand la subjective est obtuse, de mauvaise qualité, ne fournira jamais qu'une méchante réalité et actualité, semblable à une belle contrée vue par un mauvais temps ou réfléchie par une mauvaise chambre obscure. Pour parler plus clairement, chacun est enfermé dans sa conscience comme dans sa peau et ne vit immédiatement qu'en elle ; aussi y a-t-il peu de secours à lui apporter du dehors. À la scène, tel joue les princes, tel les conseillers, tel autre les laquais, ou les soldats ou les généraux, et ainsi de suite. Mais ces différences n'existent qu'à l'extérieur ; à l'intérieur, comme noyau du personnage, le même être est fourré chez tous, savoir un pauvre comédien avec ses misères et ses soucis.

Dans la vie, il en est de même. Les différences de rang et de richesses donnent à chacun son rôle à jouer, auquel ne correspond nullement une différence intérieure de bonheur et de bien-être ; ici aussi est logé dans chacun le même pauvre hère, avec ses soucis et ses misères, qui peuvent différer chez chacun pour ce qui est de leur motif, mais qui, pour ce qui est de la forme, c'est-à-dire de leur essence véritable, sont à peu près les mêmes chez tous ; il y a certes des différences de degré, mais elles ne dépendent pas du tout de la condition ou de la richesse, c'est-à-dire du rôle.

Comme tout ce qui se passe, tout ce qui existe pour l'homme ne se passe et n'existe immédiatement que dans sa conscience ; c'est évidemment la qualité de la conscience qui s'imposera d'abord comme l'essentiel, et dans la plupart des cas tout dépendra de celle-là bien plus que des images qui s'y représentent. Toute splendeur, toutes jouissances sont pauvres, réfléchies dans la conscience terne d'un benêt, en regard de la conscience d'un Cervantès, lorsque, dans une prison incommode, il écrivait son *Don Quijote*.

La moitié objective de l'actualité et de la réalité est entre les mains du sort et, par suite, changeante ; la moitié subjective, c'est nous-même, elle est par conséquent immuable dans sa partie essentielle. Aussi, malgré tous les changements extérieurs, la vie de chaque homme porte-t-elle d'un bout à l'autre le même caractère ; on peut la comparer à une suite de variations sur un même *thème*. Personne ne peut sortir de son individualité. Il en est de l'homme comme de l'animal ; celui-ci, quelles que soient les conditions dans lesquelles on le place, demeure confiné dans le cercle étroit que la nature a irrévocablement tracé autour de son être, ce qui explique pourquoi, par exemple, tous nos efforts pour faire le bonheur d'un animal que nous aimons doivent se maintenir forcément dans des limites très restreintes, précisément à cause de ces bornes de son être et de sa conscience ; pareillement, l'individualité de l'homme a fixé par avance la mesure de son bonheur possible. Ce sont spécialement les limites de ses forces intellectuelles qui ont déterminé une fois pour toutes son aptitude aux jouissances élevées. Si elles sont étroites, tous les efforts extérieurs, tout ce que les hommes ou la fortune feront pour lui, tout cela sera impuissant à le transporter par-delà la mesure du bonheur et du bien-être humain ordinaire, à demi animal : il devra se contenter des jouissances sensuelles, d'une vie intime et gaie dans sa famille, d'une société de bas aloi ou de passe-temps vulgaires. L'instruction même, quoiqu'elle ait une certaine action, ne saurait en somme élargir de beaucoup ce cercle, car les jouissances les plus élevées, les plus variées et les plus durables sont celles de l'esprit, quelque fausse que puisse être pendant la jeunesse notre opinion à cet égard ; et ces jouissances dépendent surtout de la force intellectuelle. Il est donc facile de voir clairement combien notre bonheur dépend de ce que nous *sommes,* de notre individualité, tandis qu'on ne tient compte le plus souvent que de ce que nous *avons* ou de ce que nous *représentons.* Mais le sort peut s'améliorer ; en outre, celui qui possède la richesse intérieure ne lui demandera pas grand-chose ; mais un benêt restera benêt, un lourdaud restera lourdaud, jusqu'à sa fin, fût-il en paradis et entouré de houris. Goethe dit :

Volk und Knecht und Ueberwinder,
Sie gestehn, zu jeder Zeit,
Höchstes Glück der Erdenkinder
Sei nur die Persönlichkeit.

Peuple et laquais et conquérant, – en tout temps reconnaissent – que le suprême bien des fils de la terre – est seulement la personnalité. (Goethe, *Divan Or. Occ.*, Souleika.)

Que le *subjectif* soit incomparablement plus essentiel à notre bonheur et à nos jouissances que l'*objectif,* cela se confirme en tout, depuis la faim, qui est le meilleur des cuisiniers, jusqu'au vieillard regardant avec indifférence la déesse que le jeune homme idolâtre, et tout au sommet, nous trouvons la vie de l'homme de génie et du saint. La santé par-dessus tout l'emporte tellement sur les biens extérieurs qu'en vérité un mendiant bien portant est plus heureux qu'un roi malade. Un tempérament calme et serein, provenant d'une santé parfaite et d'une heureuse organisation, une raison lucide, vive, pénétrante et concevant juste, une volonté modérée et douce, et comme résultat une bonne conscience, voilà des avantages que nul rang, nulle richesse ne saurait remplacer. Ce qu'un homme est en soi-même, ce qui l'accompagne dans la solitude et ce que nul ne saurait lui donner ni lui prendre, est évidemment plus essentiel pour lui que tout ce qu'il peut posséder ou ce qu'il peut être aux yeux d'autrui. Un homme d'esprit, dans la solitude la plus absolue, trouve dans ses propres pensées et dans sa propre fantaisie de quoi se divertir agréablement, tandis que l'être borné aura beau varier sans cesse les fêtes, les spectacles, les promenades et les amusements, il ne parviendra pas à écarter l'ennui qui le torture. Un bon caractère, modéré et doux, pourra être content dans l'indigence, pendant que toutes les richesses ne sauraient satisfaire un caractère avide, envieux et méchant. Quant à l'homme doué en permanence d'une individualité extraordinaire, intellectuellement supérieure, celui-là alors peut se passer de la plupart de ces jouissances auxquelles le monde aspire généralement ; bien plus, elles ne sont pour lui qu'un dérangement et un fardeau. Horace dit en parlant de lui-même :

> *Gemmas, marmor, ebur, Tyrrhena sigilla, tabellas,*
> *Argentum, vestes Gaetulo murice tinctas,*
> *Sunt qui habeant, est qui non curat habere.*

(Il en est qui n'ont ni pierres précieuses, ni marbre, ni ivoire, ni statuettes tyrrhéniennes, ni tableaux, ni argent, ni robes teintes de pourpre de Gétulie ; il en est un qui ne se soucie pas d'en avoir. – Horace, Ép. II, L. II, vers 180 et suiv.)

Et Socrate, à la vue d'objets de luxe exposés pour la vente, s'écriait : « Combien il y a de choses dont je n'ai pas besoin ! »

Ainsi, la condition première et la plus essentielle pour le bonheur de la vie, c'est ce que nous *sommes*, c'est notre personnalité ; quand ce ne serait déjà que parce qu'elle agit constamment et en toutes circonstances, cela suffirait à l'expliquer, mais en outre, elle n'est pas soumise à la chance comme les biens des deux autres catégories, et ne peut pas nous être ravie. En ce sens, sa valeur peut passer pour absolue, par opposition à la valeur seulement relative des deux autres. Il en résulte que l'homme est bien moins susceptible d'être modifié par le monde extérieur qu'on ne le suppose volontiers. Seul le temps, dans son pouvoir souverain, exerce également ici son droit ; les qualités physiques et intellectuelles succombent insensiblement sous ses atteintes ; le caractère moral seul lui demeure inaccessible.

Sous ce rapport, les biens des deux dernières catégories auraient un avantage sur ceux de la première, comme étant de ceux que le temps n'emporte pas directement. Un second avantage serait que, étant placés en dehors de nous, ils sont accessibles par leur nature, et que chacun a pour le moins la possibilité de les acquérir, tandis que ce qui est en nous, le subjectif, est soustrait à notre pouvoir : établi *jure divino*[3], il se maintient invariable pendant toute la vie. Aussi les vers suivants contiennent-ils une inexorable vérité :

Wie an dem Tag, der dich der Welt verliehen,
Die Sonne stand zum Grusse der Planeten,
Bist alsobald und fort gediehen,
Nach dem Gesetz, wonach du angetreten.
So musst du seyn, dir kannst du nicht entfliehen,
So sagten schon Sybillen, so Propheten ;
Und keine Zeit und keine Macht zerstückelt
Geprägte Form, die lebend sich entwickelt.

(Goethe.)

(Comme, dans le jour qui t'a donné au monde, le soleil était là pour saluer les planètes, tu as aussi grandi sans cesse, d'après la loi selon laquelle tu as commencé. Telle est ta destinée ; tu ne peux t'échapper à toi-même ; ainsi parlaient déjà les sibylles ; ainsi les prophètes ; aucun temps, aucune puissance ne brise la forme empreinte qui se développe dans le cours de la vie. – *Poésies*, trad. Porchat, vol. I, p. 312.)

Tout ce que nous pouvons faire à cet égard, c'est d'employer cette personnalité, telle qu'elle nous a été donnée, à notre plus grand profit ; par suite, ne poursuivre que les aspirations qui lui correspondent, ne rechercher que le développement qui lui est approprié en évitant tout autre, ne choisir, par conséquent, que l'état, l'occupation, le genre de vie qui lui conviennent.

Un homme herculéen, doué d'une force musculaire extraordinaire, astreint par des circonstances extérieures à s'adonner à une occupation sédentaire, à un travail manuel, méticuleux et minutieux, ou bien encore à l'étude et à des travaux de tête, occupations réclamant des forces toutes différentes, non développées chez lui et laissant précisément sans emploi les forces par lesquelles il se distingue, un tel homme se sentira malheureux toute sa vie ; bien plus malheureux encore sera celui chez lequel les forces intellectuelles l'emportent de beaucoup et qui est obligé de les laisser sans développement et sans emploi pour s'occuper d'une affaire vulgaire qui n'en réclame pas, ou bien encore et surtout d'un travail corporel pour lequel sa force physique n'est pas suffisante. Ici toutefois, principalement pendant la jeunesse, il faut éviter l'écueil de la présomption et ne pas s'attribuer un excès de forces que l'on n'a pas.

De la prépondérance bien établie de notre première catégorie sur les deux autres, il résulte encore qu'il est plus sage de travailler à conserver sa santé et à développer ses facultés qu'à acquérir des richesses, ce qu'il ne faut pas interpréter en ce sens qu'il faille négliger l'acquisition du nécessaire et du convenable. Mais la richesse proprement dite, c'est-à-dire un grand superflu, contribue peu à notre bonheur ; aussi beaucoup de riches se sentent-ils malheureux, parce qu'ils sont dépourvus de culture réelle de l'esprit, de connaissances et, par suite, de tout intérêt objectif qui pourrait les rendre aptes à une occupation intellectuelle. Car ce que la richesse peut fournir au-delà de la satisfaction des besoins réels et naturels a une minime influence sur notre véritable bien-être ; celui-ci est plutôt troublé par les nombreux et inévitables soucis qu'amène après soi la conservation d'une grande fortune. Cependant les hommes sont mille fois plus occupés à acquérir la richesse que la culture intellectuelle, quoique certainement ce qu'on *est* contribue bien plus à notre bonheur que ce qu'on *a*.

Combien n'en voyons-nous pas, dans un affairement incessant, diligents comme des fourmis et occupés du matin au soir à accroître une richesse déjà acquise ! Ils ne connaissent rien par-delà l'étroit horizon qui renferme les moyens d'y parvenir ; leur esprit est vide et par suite inaccessible à toute autre occupation. Les jouissances les plus élevées, les jouissances intellectuelles sont inabordables pour eux ; c'est en vain qu'ils cherchent à les remplacer par des jouissances fugitives, sensuelles, promptes, mais coûteuses à acquérir, qu'ils se permettent entre-temps. Au terme de leur vie, ils se trouvent avoir comme résultat, quand la fortune leur a été favorable, un gros monceau d'argent devant eux, qu'ils laissent alors à leurs héritiers le soin d'augmenter ou aussi de dissiper. Une pareille existence, bien que menée avec apparence très sérieuse et très importante, est donc tout aussi insensée que telle autre qui arborerait carrément pour symbole une marotte.

Ainsi, l'essentiel pour le bonheur de la vie, c'est ce que l'on *a en soi-même*. C'est uniquement parce que la dose en est d'ordinaire si petite que la plupart de ceux qui sont sortis victorieux de la lutte contre le besoin se sentent au fond tout aussi malheureux que ceux qui sont encore dans la mêlée. Le vide de leur intérieur, l'insipidité de leur intelligence, la pauvreté de leur esprit les poussent à rechercher la compagnie, mais une compagnie composée de leurs pareils, car *similis simili gaudet*[4]. Alors commence en commun la chasse au passe-temps et à l'amusement, qu'ils cherchent d'abord dans les jouissances sensuelles, dans les plaisirs de toute espèce et finalement dans la débauche. La source de cette funeste dissipation, qui, en un temps souvent incroyablement court, fait dépenser de gros héritages à tant de fils de famille entrés riches dans la vie, n'est autre en vérité que l'ennui résultant de cette pauvreté et de ce vide de l'esprit que nous venons de dépeindre. Un jeune homme ainsi lancé dans le monde, riche en dehors, mais pauvre en dedans, s'efforce vainement de remplacer la richesse intérieure par l'extérieure ; il veut tout recevoir du *dehors*, semblable à ces vieillards qui cherchent à puiser de nouvelles forces dans les effluves des jeunes filles. De cette façon, la pauvreté intérieure a fini par amener aussi la pauvreté extérieure.

Je n'ai pas besoin de relever l'importance des deux autres catégories de biens de la vie humaine, car la fortune est aujourd'hui trop universellement appréciée pour avoir besoin d'être recommandée. La troisième catégorie est même d'une nature très éthérée, comparée à la seconde, vu qu'elle ne consiste que dans l'opinion des autres. Toutefois chacun est tenu d'aspirer à l'*honneur*, c'est-à-dire à un bon renom ; à un *rang* ne doivent aspirer que ceux qui servent l'État, et, pour ce qui est de la gloire, il n'y en a qu'infiniment peu qui puissent y prétendre. L'honneur est considéré comme un bien inappréciable, et la gloire comme la chose la plus exquise que l'homme puisse acquérir ; c'est la Toison d'or des élus ; par contre, les sots seuls préféreront le rang à la richesse. La seconde et la troisième catégorie ont en outre l'une sur l'autre ce qu'on appelle une action réciproque, dans la mesure où l'adage de Pétrone : *Habes, habeberis*[5], est vrai, et où, inversement, la bonne opinion d'autrui, sous toutes ses formes, nous aide souvent à acquérir la richesse.

CHAPITRE II

De ce que l'on est

Être, avoir, représenter

Nous avons déjà reconnu d'une manière générale que ce que l'on *est* contribue plus au bonheur que ce que l'on *a* ou ce que l'on *représente*. Le principal est toujours ce qu'un homme est, par conséquent ce qu'il possède en lui-même ; car son individualité l'accompagne en tout temps et en tout lieu et teinte de sa nuance tous les événements de sa vie. En toute chose et à toute occasion, ce qui l'affecte tout d'abord, c'est lui-même. Ceci est vrai déjà pour les jouissances matérielles, et, à plus forte raison, pour celles de l'âme. Aussi l'expression anglaise : *To enjoy one's self*, est-elle très bien trouvée ; on ne dit pas en anglais : « Paris lui plaît », on dit : « Il se plaît à Paris *(He enjoys himself at Paris)*. »

Mais, si l'individualité est de mauvaise qualité, toutes les jouissances seront comme un vin exquis dans une bouche imprégnée de fiel. Ainsi donc, dans la bonne comme dans la mauvaise fortune, et sauf l'éventualité de quelque grand malheur, ce qui arrive à un homme dans sa vie est de moindre importance que la manière dont il le *sent*, c'est-à-dire la nature et le degré de sa sensibilité sous tous les rapports. Ce que nous avons en nous-mêmes et par nous-mêmes, en un mot la personnalité et sa valeur, voilà le seul facteur immédiat de notre bonheur et de notre bien-être. Tous les autres agissent indirectement ; aussi leur action peut-elle être annulée, mais celle de la personnalité jamais. De là vient que l'envie la plus irréconciliable et en même temps la plus soigneusement dissimulée est celle qui a pour objet les avantages personnels. En outre, la qualité de la conscience est la seule chose permanente et persistante ; l'individualité agit constamment, continuellement, et, plus ou moins, à tout instant ; toutes les autres conditions n'influent que temporairement, occasionnellement, passagèrement, et peuvent aussi changer ou disparaître. Aristote dit : η γαρ φυσις βεϐαια, ου τα χρηματα (La nature est éternelle, non les choses. *Éth. à Eudème*, VII, 2). C'est pourquoi nous supportons avec plus de résignation un malheur dont la cause est tout extérieure que celui dont nous sommes nous-mêmes coupables ; car le destin peut changer, mais notre propre qualité est immuable. Par suite, les biens subjectifs, tels qu'un caractère noble, une tête capable, un heureux tempérament, une humeur gaie, un corps bien constitué et en parfaite santé, ou, d'une manière générale, *mens sana in corpore sano*[6] (Juvénal, sat. X, 356), voilà les biens suprêmes et les plus importants pour notre bonheur ; aussi devrions-nous nous appliquer bien plus à leur développement et à leur conservation qu'à la possession des biens extérieurs et de l'honneur extérieur.

Ouvrir à la gaieté portes et fenêtres

Mais ce qui, par-dessus tout, contribue le plus directement à notre bonheur, c'est une humeur enjouée, car cette bonne qualité trouve tout de suite sa récompense en elle-même. En effet, celui qui est gai a toujours motif de l'être par cela même qu'il est. Rien ne peut remplacer aussi complètement tous les autres biens que cette qualité, pendant qu'elle-même ne peut être remplacée par rien. Qu'un homme soit jeune, beau, riche et considéré ; pour pouvoir juger de son bonheur, la question sera de savoir si, en outre, il est gai ; en revanche, est-il gai, alors peu importe qu'il soit jeune ou vieux, bien fait ou bossu, pauvre ou riche ; il est heureux. Dans ma première jeunesse, j'ai lu un jour dans un vieux livre la phrase suivante : *Qui rit beaucoup est heureux et qui pleure beaucoup est malheureux* ; la remarque est bien niaise ; mais, à cause de sa vérité si simple, je n'ai pu l'oublier, quoiqu'elle soit le superlatif d'un *truism* (en anglais, vérité triviale). Aussi devons-nous, toutes les fois qu'elle se présente, ouvrir à la gaieté portes et fenêtres, car elle n'arrive jamais à contretemps, au lieu d'hésiter, comme nous le faisons souvent, à l'admettre, voulant nous rendre compte d'abord si nous avons bien, à tous égards, sujet d'être contents, ou encore de peur qu'elle ne nous dérange de méditations sérieuses ou de graves préoccupations ; et cependant il est bien incertain que celles-ci puissent améliorer notre condition, tandis que la gaieté est un bénéfice immédiat. Elle seule est, pour ainsi dire, l'argent comptant du bonheur ; tout le reste n'en est que le billet de banque ; car seule elle nous donne le bonheur dans un présent immédiat ; aussi est-elle le bien suprême pour des êtres dont la réalité a la forme d'une actualité indivisible entre deux temps infinis. Nous devrions donc aspirer avant tout à acquérir et à accroître ce bien. Il est certain d'ailleurs que rien ne contribue moins à la gaieté que la richesse et que rien n'y contribue plus que la santé : c'est dans les classes inférieures, parmi les travailleurs et particulièrement parmi les travailleurs de la terre, que l'on trouve les visages gais et contents ; chez les riches et les grands dominent les figures chagrines. Nous devrions, par conséquent, nous attacher avant tout à conserver cet état parfait de santé dont la gaieté apparaît comme la floraison. Pour cela, on sait qu'il faut fuir tout excès et toutes débauches, éviter toute émotion violente et pénible, ainsi que toute contention d'esprit excessive ou trop prolongée ; il faut encore prendre, chaque jour, deux heures au moins d'exercice rapide au grand air, des bains fréquents d'eau froide, et d'autres mesures diététiques de même genre. Point de santé si l'on ne se donne tous les jours suffisamment de mouvement ; toutes les fonctions de la vie, pour s'effectuer convenablement, demandent le mouvement des organes dans lesquels elles s'accomplissent et de l'ensemble du corps. Aristote a dit avec raison : « Ο βιος εν τη χινησει εστι » (La vie est dans le mouvement). La vie consiste essentiellement dans le mouvement. À l'intérieur de tout l'organisme règne un mouvement incessant et rapide : le cœur, dans son double mouvement si compliqué de systole et de diastole, bat impétueusement et infatigablement ; 28 pulsations lui suffisent pour envoyer la masse entière du sang dans le torrent de la grande et de la petite circulation ; le poumon pompe sans discontinuer comme une machine à vapeur ; les entrailles se contractent sans cesse dans le mouvement péristaltique ; toutes les glandes absorbent et sécrètent sans interruption ; le cerveau lui-même a un double mouvement pour chaque battement du cœur et pour chaque aspiration du poumon. Si, comme il arrive dans le genre de vie entièrement sédentaire de tant d'individus, le mouvement extérieur manque presque totalement, il en résulte une disproportion criante et pernicieuse entre le repos externe et le tumulte interne. Car ce perpétuel mouvement à l'intérieur demande même à être aidé quelque peu par celui de l'extérieur ; cet état disproportionné est analogue à celui où nous sommes tenus de ne rien laisser paraître au-dehors pendant qu'une émotion quelconque nous fait bouillonner intérieurement. Les arbres même, pour prospérer, ont besoin d'être agités par le vent. C'est là une règle absolue que l'on peut énoncer de la manière la plus concise en latin : *Omnis motus, quo celerior, eo magis motus* (Plus il est accéléré, plus tout mouvement est mouvement).

Pour bien nous rendre compte combien notre bonheur dépend d'une disposition gaie et celle-ci de l'état de santé, nous n'avons qu'à comparer l'impression que produisent sur nous les mêmes circonstances extérieures ou les mêmes événements pendant les jours de santé et de vigueur, avec celle qui est produite lorsqu'un état de maladie nous dispose à être maussade et inquiet. Ce n'est pas ce que sont objectivement et en réalité les choses, c'est ce qu'elles sont pour nous, dans notre perception, qui nous rend heureux ou malheureux. C'est ce qu'énonce bien cette sentence d'Épictète : « Ταρασσει τους ανθρωπους ου τα πραγματα, αλλα τα περι των πραγματων δογματα. (Ce qui émeut les hommes, ce ne sont pas les choses, mais l'opinion sur les choses.) » En thèse générale, les neuf dixièmes de notre bonheur reposent exclusivement sur la santé. Avec elle, tout devient source de plaisir ; sans elle, au contraire, nous ne saurions goûter un bien extérieur, de quelque nature qu'il soit ; même les autres biens subjectifs, tels que les qualités de l'intelligence, du cœur, du caractère, sont amoindris et gâtés par l'état de maladie. Aussi n'est-ce pas sans raison que nous nous informons mutuellement de l'état de notre santé et que nous nous souhaitons réciproquement de nous bien porter, car c'est bien là en réalité ce qu'il y a de plus essentiellement important pour le bonheur humain. Il s'ensuit donc qu'il est de la plus insigne folie de sacrifier sa santé à quoi que ce soit, richesse, carrière, études, gloire, et surtout à la volupté et aux jouissances fugitives. Au contraire, tout doit céder le pas à la santé.

Quelque grande que soit l'influence de la santé sur cette gaieté si essentielle à notre bonheur, néanmoins celle-ci ne dépend pas uniquement de celle-là, car, avec une santé parfaite, on peut avoir un tempérament mélancolique et une disposition prédominante à la tristesse. La cause en réside certainement dans la constitution originaire, par conséquent immuable de l'organisme, et plus spécialement dans le rapport plus ou moins normal de la sensibilité à l'irritabilité et à la reproductivité. Une prépondérance anormale de la sensibilité produira l'inégalité d'humeur, une gaieté périodiquement exagérée et une prédominance de la mélancolie. Comme le génie est déterminé par un excès de la force nerveuse, c'est-à-dire de la sensibilité, Aristote a observé avec raison que tous les hommes illustres et éminents sont mélancoliques : « Παντες οσοι περιττοι γεγονασιν ανδρες, η χατα φιλοσοφιαν, η πολιτιχην, η ποιησιν, η τεχνας, φαινονται μελαγχολιχοι οντες. » (*Probl.* 30, 1.) (Tous les hommes qui se sont illustrés en matière de philosophie, de politique, de poésie ou d'art, sont manifestement des tempéraments mélancoliques.) C'est sans doute à ce passage que Cicéron faisait allusion en rapportant, dans un texte souvent cité, l'opinion d'Aristote : « *Aristoteles ait, omnes ingeniosos melancholicos esse*[7]. » (*Tusc.* I, 33.) Shakespeare a très plaisamment dépeint cette grande diversité innée du tempérament en général :

> *Nature has fram'd strange fellows in her time :*
> *Some that will evermore peep through their eyes,*
> *And laugh, like parrots, at a bag-piper ;*
> *And others of such vinegar aspect,*
> *That they'll not show their teeth in way of smile,*
> *Though Nestor swear the jest be laughable.*
>
> *(Merch. of Ven.* Scène I.)

(La nature s'amuse parfois à former de drôles de corps. Il y en a qui sont perpétuellement à faire leurs petits yeux et qui vont rire comme un perroquet devant un simple joueur de cornemuse ; et d'autres qui ont une telle physionomie de vinaigre qu'ils ne découvriraient pas leurs dents, même pour sourire, quand bien même le grave Nestor jurerait qu'il vient d'entendre une plaisanterie désopilante.) – (Trad. française de Montégut.)

C'est cette même diversité que Platon désigne par les mots de « δυσχολος » (d'humeur difficile) et « ευχολος » (d'humeur facile). Elle peut se ramener à la réceptivité, très différente chez les individus différents, pour les impressions agréables ou désagréables, par suite de laquelle tel rit encore de ce qui met tel autre presque au désespoir. Et même la réceptivité pour les impressions agréables est d'ordinaire d'autant moindre que celle pour les impressions désagréables est plus forte, et *vice versa.* À chances égales de réussite ou d'insuccès pour une affaire, le δυσχολος, se fâchera ou se chagrinera de l'insuccès et ne se réjouira pas de la réussite ; l'ευχολος au contraire ne sera ni fâché ni chagriné par le mauvais succès, et se réjouira du bon. Si, neuf fois sur dix, le δυσχολος réussit dans ses projets, il ne se réjouira pas au sujet des neuf fois où il a réussi, mais il se fâchera pour le dixième qui a échoué ; dans le cas inverse, l'ευχολος sera consolé et réjoui par cet unique succès. Mais il n'est pas facile de trouver un mal sans compensation aucune ; aussi arrive-t-il que les δυσχολοι, c'est-à-dire les caractères sombres et inquiets, auront, à la vérité, à supporter dans l'ensemble plus de malheurs et de souffrances imaginaires, mais, en revanche, moins de malheurs réels que les caractères gais et insouciants, car celui qui voit tout en noir, qui appréhende toujours le pire et qui, par suite, prend ses mesures en conséquence, n'aura pas des mécomptes aussi fréquents que celui qui prête à toutes choses des couleurs et des perspectives riantes. – Néanmoins, quand une affection morbide du système nerveux ou de l'appareil digestif vient prêter la main à une δυσχολια innée, alors celle-ci peut atteindre ce haut degré où un malaise permanent produit le dégoût de la vie, d'où résulte le penchant au suicide. Celui-ci peut alors être provoqué par les plus minimes contrariétés ; à un degré supérieur du mal, il n'est même plus besoin de motif, la seule permanence du malaise suffit pour y déterminer. Le suicide s'accomplit alors avec une réflexion si froide et une si inflexible résolution que le malade à ce stade, placé déjà d'ordinaire sous surveillance, l'esprit constamment fixé sur cette idée, profite du premier moment où la surveillance se sera relâchée pour recourir, sans hésitation, sans lutte et sans effroi, à ce moyen de soulagement pour lui si naturel en ce moment et si bien venu. Esquirol a décrit très au long cet état dans son *Traité des maladies mentales*. Il est certain que l'homme le mieux portant, peut-être le plus gai, pourra aussi, le cas échéant, se déterminer au suicide ; cela arrivera quand l'intensité des souffrances ou d'un malheur prochain et inévitable sera plus forte que les terreurs de la mort. Il n'y a de différence que dans la puissance plus ou moins grande du motif déterminant, laquelle est en raison inverse de la δυσχολια. Plus celle-ci est grande, plus le motif pourra être petit, jusqu'à devenir même nul ; plus, au contraire, l'ευχολια, ainsi que la santé qui en est la base, est grande, plus il devra être grave. Il y aura donc des degrés innombrables entre ces deux cas extrêmes de suicide, entre celui provoqué purement par une recrudescence maladive de la δυσχολια innée, et celui de l'homme bien portant et gai provenant de causes tout objectives.

La beauté est analogue en partie à la santé. Cette qualité subjective, bien que ne contribuant qu'indirectement au bonheur par l'impression qu'elle produit sur les autres, a néanmoins une grande importance, même pour le sexe masculin. La beauté est une lettre ouverte de recommandation, qui nous gagne les cœurs à l'avance ; c'est à elle surtout que s'appliquent ces vers d'Homère :

Ουτοι αποβλητ' εστι Θεων εριχυδεα δωρα,
Οσσα χεν αυτοι δωσι, εχων δ'ουχ αν τις ελοιτο.

(*Il.*, III, 65.)

(Il ne faut pas dédaigner les dons glorieux des immortels, que seuls ils peuvent donner et que personne ne peut accepter ou refuser à son gré.)

Les ennemis du bonheur : douleur et ennui

Un simple coup d'œil nous fait découvrir les deux ennemis du bonheur humain : ce sont la douleur et l'ennui. En outre, nous pouvons observer que, dans la mesure où nous réussissons à nous éloigner de l'un, nous nous rapprochons de l'autre, et réciproquement ; de façon que notre vie représente en réalité une oscillation plus ou moins forte entre les deux. Cela provient du double antagonisme dans lequel chacun des deux se trouve envers l'autre, un antagonisme extérieur ou objectif et un antagonisme intérieur ou subjectif. En effet, extérieurement, le besoin et la privation engendrent la douleur ; en revanche, la sécurité et la surabondance font naître l'ennui. C'est pourquoi nous voyons la classe inférieure du peuple luttant incessamment contre le besoin, donc contre la douleur, et par contre la classe riche et élevée dans une lutte permanente, souvent désespérée, contre l'ennui.

Intérieurement, ou subjectivement, l'antagonisme se fonde sur ce que dans tout individu la facilité à être impressionné par l'un de ces maux est en raison inverse de celle d'être impressionné par l'autre ; car cette susceptibilité est déterminée par la mesure des forces intellectuelles. En effet, un esprit obtus va toujours de pair avec une sensibilité obtuse et un manque d'irritabilité, ce qui rend l'individu peu accessible aux douleurs et aux chagrins de toute espèce et de tout degré ; mais cette même qualité obtuse de l'intelligence produit, d'autre part, ce *vide intérieur* qui se peint sur tant de visages et qui se trahit par une attention toujours en éveil à l'égard de tous les événements, même les plus insignifiants, du monde extérieur ; c'est ce vide qui est la véritable source de l'ennui et celui qui en souffre aspire avec avidité à des excitations extérieures, afin de parvenir à mettre en mouvement son esprit et son cœur par n'importe quel moyen. Aussi n'est-il pas difficile dans le choix des moyens ; on le voit assez à la piteuse mesquinerie des distractions auxquelles se livrent les hommes, au genre de sociétés et de conversations qu'ils recherchent, non moins qu'au grand nombre de flâneurs et de badauds qui courent le monde. C'est principalement ce vide intérieur qui les pousse à la poursuite de toute espèce de réunions, de divertissements, de plaisirs et de luxe, poursuite qui conduit tant de gens à la dissipation et finalement à la misère.

Rien ne met plus sûrement à l'abri de cette misère que la richesse *intérieure*, la richesse de l'esprit, car celui-ci laisse d'autant moins de place à l'ennui qu'il approche davantage de la supériorité. L'activité incessante des pensées, leur jeu toujours renouvelé en présence des manifestations diverses du monde interne et externe, le pouvoir et le besoin de les associer en combinaisons toujours différentes, placent une tête éminente, sauf les moments de fatigue, tout à fait en dehors de la portée de l'ennui. Mais, d'autre part, une intelligence supérieure a pour condition immédiate une sensibilité plus vive, et pour racine une plus grande impétuosité de la volonté et, par suite, de la passion ; de l'union de ces deux conditions résulte alors une intensité plus considérable de toutes les émotions et une sensibilité exagérée pour les douleurs morales et même pour les douleurs physiques, comme aussi une plus grande impatience en face de tout obstacle, d'un simple dérangement même.

Ce qui contribue encore puissamment à tous ces effets, c'est, résultant de la force de l'imagination, la vivacité de toutes les représentations, donc également des représentations désagréables. Ce que nous venons de dire s'applique, toute proportion gardée, à tous les degrés intermédiaires qui comblent le vaste intervalle compris entre l'imbécile le plus obtus et le plus grand génie. Par suite, objectivement aussi bien que subjectivement, tout être se trouve d'autant plus rapproché de l'une des sources de malheurs humains qu'il est plus éloigné de l'autre. Son penchant naturel le portera donc, sous ce rapport, à accommoder aussi bien que possible l'objectif au subjectif, c'est-à-dire à se prémunir du mieux qu'il pourra contre celle des sources de souffrances qui l'affecte le plus facilement. L'homme intelligent aspirera avant tout à fuir toute douleur, toute tracasserie et à trouver le repos et les loisirs ; il recherchera donc une vie tranquille, modeste, abritée autant que possible contre les importuns ; après avoir entretenu pendant quelque temps des relations avec ce que l'on appelle les hommes, il préférera une existence retirée, et, si c'est un esprit tout à fait supérieur, il choisira la solitude. Car plus un homme possède en lui-même, moins il a besoin du monde extérieur et moins les autres peuvent lui être utiles. Aussi la supériorité de l'intelligence conduit-elle à l'insociabilité. Ah ! si la qualité de la société pouvait être remplacée par la quantité, cela vaudrait alors la peine de vivre même dans le grand monde : mais, hélas ! cent fous mis en un tas ne font pas encore un homme raisonnable. – L'individu placé à l'extrême opposé, dès que le besoin lui donne le temps de reprendre haleine, cherchera à tout prix des passe-temps et de la société ; il s'accommodera de tout, ne fuyant rien tant que lui-même. C'est dans la solitude, là où chacun est réduit à ses propres ressources, que se montre ce qu'il *a par lui-même* ; là, l'imbécile, sous la pourpre, soupire écrasé par le fardeau éternel de sa misérable individualité, pendant que l'homme hautement doué, peuple et anime de ses pensées la contrée la plus déserte. Sénèque (Ép. 9) a dit avec raison : « *omnis stultitia laborat fastidio sui* (La sottise se déplaît à elle-même) » ; de même Jésus, fils de Sirach : « *La vie du fou est pire que la mort.* » Aussi voit-on en somme que tout individu est d'autant plus sociable qu'il est plus pauvre d'esprit et, en général, plus vulgaire. Car dans le monde on n'a guère le choix qu'entre l'isolement et la communauté. On prétend que les nègres sont de tous les hommes les plus sociables, comme ils en sont aussi sans contredit les plus arriérés intellectuellement ; des rapports envoyés de l'Amérique du Nord et publiés par des journaux français (*Le Commerce*, 19 oct. 1837) racontent que les nègres, sans distinction de libres ou d'esclaves, se réunissent en grand nombre dans le local le plus étroit, car ils ne sauraient voir leurs faces noires et camardes assez souvent répétées.

De même que le cerveau apparaît comme étant le parasite ou le pensionnaire de l'organisme entier, de même les loisirs acquis par chacun, en lui donnant la libre jouissance de sa conscience et de son individualité, sont à ce titre le fruit et le revenu de toute son existence, qui, pour le reste, n'est que peine et labeur. Mais voyons un peu ce que produisent les loisirs de la plupart des hommes ! Ennui et hébétude, toutes les fois qu'il ne se trouve pas des jouissances sensuelles ou des niaiseries pour les remplir. Ce qui démontre bien que ces loisirs-là n'ont aucune valeur, c'est la manière dont on les occupe ; ils ne sont à la lettre que le *ozio lungo d'uomini ignoranti*[8] dont parle l'Arioste.

L'homme ordinaire ne se préoccupe que de *passer le temps*, l'homme de talent que de l'*employer*. La raison pour laquelle les têtes bornées sont tellement exposées à l'ennui, c'est que leur intellect n'est absolument pas autre chose que l'*intermédiaire des motifs* pour leur volonté. Si, à un moment donné, il n'y a pas de *motifs* à saisir, alors la volonté se repose et l'intellect chôme, car la première, pas plus que l'autre, ne peut entrer en activité par sa propre impulsion ; le résultat est une effroyable stagnation de toutes les forces dans l'individu entier – l'ennui. Pour le combattre, on insinue sournoisement à la volonté des motifs petits, provisoires, choisis indifféremment, afin de la stimuler et de mettre par là également en activité l'intellect qui doit les saisir : ces motifs sont donc par rapport aux motifs réels et naturels ce que le papier-monnaie est par rapport à l'argent, puisque leur valeur n'est que conventionnelle. De tels motifs sont les *jeux* de cartes ou autres, inventés précisément dans le but que nous venons d'indiquer. À leur défaut, l'homme borné se mettra à tambouriner ou à tapoter avec tout ce qui lui tombe sous la main. Le cigare lui aussi fournit volontiers de quoi suppléer aux pensées.

C'est pourquoi dans tous les pays les jeux de cartes sont arrivés à être l'occupation principale dans toute société ; ceci donne la mesure de ce que valent ces réunions et constitue la banqueroute déclarée de toute pensée. N'ayant pas d'idées à échanger, on échange des cartes et l'on cherche à se soutirer mutuellement des florins. Ô pitoyable espèce ! Toutefois, pour ne pas être injuste même ici, je ne veux pas omettre l'argument qu'on peut invoquer pour justifier le jeu de cartes : on peut dire qu'il est une préparation à la vie du monde et des affaires, en ce sens que l'on y apprend à profiter avec sagesse des circonstances immuables, établies par le hasard (les cartes), pour en tirer tout le parti possible ; dans ce but, l'on s'habitue à garder sa contenance en faisant contre mauvaise fortune bon cœur. Mais, par là même, d'autre part les jeux de cartes exercent une influence démoralisatrice. En effet, l'esprit du jeu consiste à soutirer à autrui ce qu'il possède, par n'importe quel tour ou n'importe quelle ruse. Mais l'habitude de procéder ainsi, contractée au jeu, s'enracine, empiète sur la vie pratique, et l'on arrive insensiblement à procéder de même quand il s'agit du tien et du mien, et à considérer comme permis tout avantage que l'on a actuellement en main, dès qu'on peut le faire légalement. La vie ordinaire en fournit des preuves chaque jour.

Puisque les loisirs sont, ainsi que nous l'avons dit, la fleur ou plutôt le fruit de l'existence de chacun, en ce que, seuls, ils le mettent en possession de son moi propre, nous devons estimer heureux ceux-là qui, en se gagnant, gagnent quelque chose qui ait du prix, pendant que les loisirs ne rapportent à la plupart des hommes qu'un drôle dont il n'y a rien à faire, qui s'ennuie à périr et qui est à charge à lui-même. Félicitons-nous donc, « *ô mes frères, d'être des enfants non d'esclaves, mais de mères libres* ». (Ép. aux Gal., 4, 31.)

En outre, de même que ce pays-là est le plus heureux qui a le moins, ou n'a pas du tout besoin d'importation, de même est heureux l'homme à qui suffit sa richesse intérieure et qui pour son amusement ne demande que peu, ou même rien, au monde extérieur, attendu que pareille importation est chère, assujettissante, dangereuse ; elle expose à des désagréments et, en définitive, n'est toujours qu'un mauvais succédané pour les productions du sol propre. Car nous ne devons, à aucun égard, attendre grand-chose d'autrui, et du dehors en général. Ce qu'un individu peut être pour un autre est chose très étroitement limitée ; chacun finit par rester seul, et *qui* est seul ? devient alors la grande question. Goethe a dit à ce sujet, parlant d'une manière générale, qu'en toutes choses chacun en définitive est réduit à soi-même (*Poésie et vérité*, vol. III). Oliver Goldsmith dit également :

Still to ourselves in ev'ry place consign'd,
Our own felicity we make or find.

(*The Traveller*, v. 431 et suiv.)

(Cependant, en tout lieu, réduits à nous-mêmes, c'est nous qui faisons ou trouvons notre propre bonheur.)

C'est une folie de perdre à l'intérieur pour gagner à l'extérieur

Chacun doit donc être et fournir à soi-même ce qu'il y a de meilleur et de plus important. Plus il en sera ainsi, plus, par suite, l'individu trouvera en lui-même les sources de ses plaisirs, et plus il sera heureux. C'est donc avec raison qu'Aristote a dit :

η ευδαιμονια των αυταρχων εστι (*Éth. à Eud.*, VII, 2) (Le bonheur appartient à ceux qui se suffisent à eux-mêmes). En effet, toutes les sources extérieures du bonheur et du plaisir sont, de par leur nature, éminemment incertaines, équivoques, fugitives, aléatoires, partant sujettes à s'épuiser facilement même dans les circonstances les plus favorables, et c'est même inévitable, attendu que nous ne pouvons pas les avoir toujours sous la main. Bien plus, avec l'âge, presque toutes tarissent fatalement ; car alors amour, badinage, plaisirs des voyages et de l'équitation, aptitude à figurer dans le monde, tout cela nous abandonne ; la mort nous enlève jusqu'aux amis et parents. C'est à ce moment, plus que jamais, qu'il est important de savoir ce qu'on a par soi-même. Cela seul, en effet, résistera le plus longtemps. Cependant, à tout âge, sans distinction, cela est et demeure la source vraie et la seule permanente du bonheur. Car il n'y a pas beaucoup à gagner dans ce monde : la misère et la douleur le remplissent, et, quant à ceux qui leur ont échappé, l'ennui est là qui les guette de tous les coins. En outre, c'est d'ordinaire la perversité qui y gouverne et la sottise qui y parle haut. Le destin est cruel, et les hommes sont pitoyables. Dans un monde ainsi fait, celui qui a beaucoup en lui-même est pareil à une chambre d'arbre de Noël, éclairée, chaude, gaie, au milieu des neiges et des glaces d'une nuit de décembre. Par conséquent, avoir une individualité riche et supérieure et surtout beaucoup d'intelligence constitue indubitablement sur terre le sort le plus heureux, quelque différent qu'il puisse être du sort le plus brillant. Aussi que de sagesse dans cette opinion émise sur Descartes par la reine Christine de Suède, âgée alors de dix-neuf ans à peine : « *M. Descartes est le plus heureux de tous les mortels, et sa condition me semble digne d'envie* » (*Vie de Desc.*, par Baillet, l. VII, ch. 10). Descartes vivait à cette époque depuis vingt ans en Hollande, dans la plus profonde solitude, et la reine ne le connaissait que par ce qu'on lui en avait raconté et pour avoir lu un seul de ses ouvrages. Il faut seulement, et c'était précisément le cas chez Descartes, que les circonstances extérieures soient assez favorables pour permettre de se *posséder* et de jouir de soi-même ; c'est pourquoi l'Ecclésiaste (7, 12) disait déjà : « *La sagesse est bonne avec un patrimoine et nous aide à nous réjouir de la vue du soleil.* »

L'homme à qui, par une faveur de la nature et du destin, ce sort a été accordé, veillera avec un soin jaloux à ce que la source intérieure de son bonheur lui demeure toujours accessible ; il faut pour cela indépendance et loisirs. Il les acquerra donc volontiers par la modération et l'épargne ; et d'autant plus facilement qu'il n'en est pas réduit, comme les autres hommes, aux sources extérieures des jouissances. C'est pourquoi la perspective de hautes fonctions, de l'or, de la faveur et de l'approbation du monde ne l'induira pas à renoncer à lui-même pour s'accommoder aux vues mesquines ou au mauvais goût des hommes. Le cas échéant, il fera comme Horace dans son épître à Mécène (livre I, ép. 7). C'est une grande folie que de perdre *à l'intérieur* pour gagner *à l'extérieur*, en d'autres termes, de livrer, en totalité ou en partie, son repos, son loisir et son indépendance contre l'éclat, le rang, la pompe, les titres et les honneurs. Goethe l'a fait cependant. Quant à moi, mon génie m'a entraîné énergiquement dans la voie opposée.

Cette vérité, examinée ici, que la source principale du bonheur humain vient de l'intérieur, se trouve confirmée par la juste remarque d'Aristote dans son *Éthique à Nicomaque* (I, 7 ; et VII, 13, 14) ; il dit que toute jouissance suppose une activité, par conséquent l'emploi d'une force, et ne peut exister sans elle. Cette doctrine aristotélicienne qui fait consister le bonheur de l'homme dans le libre exercice de ses facultés saillantes est reproduite également par Stobée dans son exposé de la morale péripatéticienne (*Ecl. éth.*, II, ch. 7) ; en voici un passage : « Ενεργειαν ειναι την ευδαιμονιαν χατ' αρετην, εν πραξεσι προηγουμεναις χατ' ευχην (Le bonheur consiste à exercer ses facultés par des travaux capables de résultat) » ; il explique aussi que αρετη[9] désigne toute faculté hors ligne. Or la destination primitive des forces dont la nature a muni l'homme, c'est la lutte contre la nécessité qui l'opprime de toutes parts. Quand la lutte fait trêve un moment, les forces sans emploi deviennent un fardeau pour lui ; il doit alors *jouer* avec elles, c'est-à-dire les employer sans but ; sinon il s'expose à l'autre source des malheurs humains, à l'ennui. Aussi est-ce l'ennui qui torture les grands et les riches avant tous autres, et Lucrèce a fait de leur misère un tableau dont on a chaque jour, dans les grandes villes, l'occasion de reconnaître la frappante vérité :

Exit sæpe foras magnis ex ædibus ille,
Esse domi quem pertæsum est, subitoque reventat ;
Quippe foris nihilo melius qui sentiat esse
Currit, agens mannos, ad villam præcipitanter,
Auxilium tectis quasi ferre ardentibus instans :
Oscitat extemplo, tetigit quum limina villæ ;
Aut abit in somnum gravis, atque oblivia quærit ;
Aut etiam properans urbem petit, atque revisit.

(L. III, v. 1073 et suiv.)

(Celui-ci quitte son riche palais pour se dérober à l'ennui ; mais il y rentre un moment après, ne se trouvant pas plus heureux ailleurs. Cet autre se sauve à toute bride dans ses terres, on dirait qu'il court éteindre un incendie ; mais, à peine en a-t-il touché les limites, qu'il trouve l'ennui ; il succombe au sommeil et cherche à s'oublier lui-même : dans un moment, vous allez le voir regagner la ville avec la même promptitude.) (Traduction de La Grange, 1821.)

Les trois forces physiologiques fondamentales

Chez ces messieurs, tant qu'ils sont jeunes, les forces musculaires et génitales doivent faire les frais. Mais plus tard il ne reste plus que les forces intellectuelles ; si celles-ci font défaut ou sont insuffisamment développées, et manquent de matériaux pour exercer leur activité, la misère est grande. La *volonté* étant la seule force inépuisable, on cherche alors à la stimuler en excitant les passions ; on recourt, par exemple, aux gros jeux de hasard, à ce vice dégradant en vérité. – D'une manière générale, tout individu désœuvré choisira, selon la nature des forces prédominantes en lui, un amusement qui les occupe, tel que le jeu de quilles ou les échecs, la chasse ou la peinture, les courses de chevaux ou la musique, les jeux de cartes ou la poésie, l'héraldique ou la philosophie, etc.

Nous pouvons même traiter cette matière avec méthode, en nous reportant à la racine de toutes les manifestations de la force humaine, donc aux *trois forces physiologiques fondamentales* : nous avons donc à les étudier ici dans leur *jeu sans but* ; elles se présentent alors à nous comme la source de trois espèces de jouissances possibles, parmi lesquelles chaque homme choisira celles qui lui sont proportionnées selon que l'une ou l'autre de ces forces prédomine en lui.

Ainsi nous trouvons, premièrement, les jouissances de la *force reproductive* : elles consistent dans le manger, le boire, la digestion, le repos et le sommeil. Il existe des peuples entiers dont le titre de gloire, au dire des autres, est de faire de ces jouissances des plaisirs nationaux. Secondement, les jouissances de l'*irritabilité* : ce sont les voyages, la lutte, le saut, la danse, l'escrime, l'équitation et les jeux athlétiques de toute espèce, comme aussi la chasse, voire même les combats et la guerre. Troisièmement, les jouissances de la *sensibilité* : telles que contempler, penser, sentir, faire de la poésie, de l'art plastique, de la musique, étudier, lire, méditer, inventer, philosopher, etc. Il y aurait à faire bien des observations sur la valeur, le degré et la durée de ces différentes espèces de jouissances ; nous en abandonnons le soin au lecteur. Mais tout le monde comprendra que notre plaisir, motivé constamment par l'emploi de nos forces propres, comme aussi notre bonheur, résultat du retour fréquent de ce plaisir, seront d'autant plus grands que la force productrice est de plus noble espèce. Personne ne pourra nier non plus que le premier rang, sous ce rapport, revient à la sensibilité, dont la prédominance incontestable établit la distinction entre l'homme et les autres espèces animales ; les deux autres forces physiologiques fondamentales, qui existent dans l'animal au même degré ou à un degré plus énergique même que chez l'homme, ne viennent qu'en seconde ligne. À la sensibilité appartiennent nos forces intellectuelles : c'est pourquoi sa prédominance nous rend aptes à goûter les jouissances qui résident dans l'*entendement*, ce qu'on appelle les plaisirs de l'*esprit* ; ces plaisirs sont d'autant plus grands que la prédominance est plus accentuée[a]. L'homme

a. La nature va s'élevant constamment, depuis l'action mécanique et chimique du règne inorganique jusqu'au règne végétal avec ses sourdes jouissances de soi-même ; d'ici au règne animal avec lequel se lève l'aurore de l'*intelligence* et de la conscience ; puis, à partir de ces faibles commencements, montant degré à degré, toujours plus haut, pour arriver enfin, par un dernier et suprême effort, à l'*homme*, dans l'intellect duquel elle atteint alors le point culminant et le but de ses créations, donnant ainsi ce qu'elle peut produire de plus parfait et de plus difficile. Toutefois, même dans l'espèce humaine, l'entendement présente encore des gradations nombreuses et sensibles, et il parvient très rarement jusqu'au degré le plus élevé, jusqu'à l'intelligence réellement éminente. Celle-ci est donc, dans son sens le plus étroit et le plus rigoureux, le produit le plus difficile, le produit suprême de la nature ; et, par suite, elle est ce que le monde peut offrir de plus rare et de plus précieux. C'est dans une telle intelligence qu'apparaît la connaissance la plus lucide et que le monde se reflète, par conséquent, plus clairement et plus complètement que partout ailleurs. Aussi l'être qui en est doué possède-t-il ce qu'il y a de plus noble et de plus exquis sur terre, une source de jouissances auprès desquelles toutes les autres sont minimes, tellement qu'il n'a rien à demander au monde extérieur que du loisir afin de jouir sans trouble de son bien, et d'achever la taille de son diamant. Car tous les autres plaisirs, non intellectuels, sont de nature inférieure ; ils ont tous en vue des mouvements de la volonté tels que des souhaits, des espérances, des craintes, des buts à atteindre, quelle qu'en soit la nature ; tout cela ne peut s'accomplir sans douleurs, et, en outre, le but une fois atteint, on rencontre d'ordinaire plus ou moins de déceptions ; tandis que par les jouissances intellectuelles, la vérité devient de plus en plus claire. Dans le domaine de l'intelligence ne règne aucune douleur, tout y est connaissance. Mais les plaisirs intellectuels ne sont accessibles à l'homme que par la voie et dans la mesure de sa propre intelligence. Car « *tout l'esprit, qui est au monde, est inutile à celui qui n'en a point* ». Toutefois il y a un désavantage qui ne manque jamais d'accompagner ce privilège : c'est que, dans toute la nature, la faculté de souffrir augmente en même temps que s'élève le degré d'intelligence et que, par conséquent, elle arrivera à son sommet dans l'intelligence la plus élevée.

normal, l'homme ordinaire ne peut prendre un vif intérêt à une chose que si elle excite sa *volonté*, donc si elle lui offre un intérêt personnel. Or toute excitation persistante de la volonté est, pour le moins, d'une nature mixte, par conséquent combinée avec de la douleur. Les jeux de cartes, cette occupation habituelle de la « bonne société » dans tous les pays[a], sont un moyen d'exciter intentionnellement la volonté, et cela par des intérêts tellement minimes qu'ils ne peuvent occasionner que des douleurs momentanées et légères, non pas de ces douleurs permanentes et sérieuses ; tellement qu'on peut les considérer comme de simples chatouillements de la volonté. L'homme doué des forces intellectuelles prédominantes, au contraire, est capable de s'intéresser vivement aux choses par la voie de l'*intelligence* pure, sans immixtion aucune du *vouloir* ; il en éprouve le besoin même. Cet intérêt le transporte alors dans une région à laquelle la douleur est essentiellement étrangère, pour ainsi dire, dans l'atmosphère des dieux à la vie facile, θεων ρεια ζωοντων. Pendant qu'ainsi l'existence du reste des hommes s'écoule dans l'engourdissement, et que leurs rêves et leurs aspirations sont dirigés vers les intérêts mesquins du bien-être personnel avec leurs misères

a. La *vulgarité* consiste au fond en ceci que le *vouloir* l'emporte totalement, dans la conscience, sur l'*entendement* ; par quoi les choses en arrivent à un tel degré que l'entendement n'apparaît que pour le service de la volonté : quand ce service ne réclame pas d'intelligence, quand il n'existe de motifs ni petits ni grands, l'entendement cesse complètement et il survient une vacuité absolue de pensées. Or le *vouloir* dépourvu d'entendement est ce qu'il y a de plus bas ; toute souche le possède et le manifeste quand ce ne serait que lorsqu'elle tombe. C'est donc cet état qui constitue la vulgarité. Ici, les organes des sens et la minime activité intellectuelle, nécessaire à l'appréhension de leurs données, restent seuls en action ; il en résulte que l'homme vulgaire reste toujours ouvert à toutes les impressions et perçoit instantanément tout ce qui se passe autour de lui, au point que le son le plus léger, toute circonstance quelque insignifiante qu'elle soit, éveille aussitôt son attention, tout comme chez les animaux. Tout cela devient apparent sur son visage et dans tout son extérieur, et c'est de là que vient l'apparence vulgaire, apparence dont l'impression est d'autant plus repoussante que, comme c'est le cas le plus fréquent, la volonté, qui occupe à elle seule alors la conscience, est basse, égoïste et méchante.

de toute sorte ; pendant qu'un ennui insupportable les saisit dès qu'ils ne sont plus occupés à poursuivre ces projets et qu'ils restent réduits à eux-mêmes ; pendant que l'ardeur sauvage de la passion peut seule remuer cette masse inerte ; l'homme, au contraire, doté de facultés intellectuelles prépondérantes, possède une existence riche en pensées, toujours animée et toujours importante ; des objets dignes et intéressants l'occupent dès qu'il a le loisir de s'y adonner, et il porte en lui une source des plus nobles jouissances. L'impulsion extérieure lui est fournie par les œuvres de la nature et par l'aspect de l'activité humaine, et, en outre, par les productions si variées des esprits éminents de tous les temps et de tous les pays, productions que lui seul peut réellement goûter en entier, car lui seul est capable de les comprendre et de les sentir entièrement. C'est donc pour lui, en réalité, que ceux-ci ont vécu ; c'est donc à lui, en fait, qu'ils se sont adressés ; tandis que les autres, auditeurs occasionnels, ne saisissent à demi que quelques bribes éparses. Il est vrai cependant que par là même l'homme supérieur acquiert un besoin de plus que les autres hommes, le besoin d'apprendre, de voir, d'étudier, de méditer, de s'exercer ; le besoin aussi, par conséquent, d'avoir des loisirs disponibles. Or, ainsi que Voltaire l'a observé justement, comme « *il n'est de vrais plaisirs qu'avec de vrais besoins* », ce besoin de l'homme intelligent est précisément la condition qui met à sa portée des jouissances dont l'accès demeure à jamais interdit aux autres ; pour ceux-ci, les beautés de la nature et de l'art, les œuvres intellectuelles de toute espèce, même lorsqu'ils s'en entourent, ne sont au fond que ce que sont des courtisanes pour un vieillard. Un être ainsi privilégié, à côté de sa vie personnelle, vit d'une seconde existence, d'une existence intellectuelle qui arrive par degrés à être son véritable but, l'autre n'étant plus considérée que comme *moyen* ; pour le reste des hommes, c'est leur existence même, insipide, creuse et désolée, qui doit leur servir de but. La vie intellectuelle sera l'occupation principale de l'homme supérieur ; augmentant sans cesse son trésor de jugement et de connaissance, elle gagne ainsi constamment en cohésion et en intensité, et acquiert une unité et une perfection de plus en plus prononcées, comme une œuvre d'art en voie de formation. En revanche, quel pénible contraste fait avec celle-ci la vie des autres, purement pratique, dirigée uniquement vers le bien-être personnel, n'ayant d'accroissement possible qu'en longueur, sans pouvoir gagner en profondeur, et destinée néanmoins à leur servir de but pour elle-même, pendant que pour l'autre elle est un simple moyen.

Intellect et volonté

Notre vie pratique, réelle, dès que les passions ne l'agitent pas, est ennuyeuse et fade ; quand elles l'agitent, elle devient bientôt douloureuse ; c'est pourquoi ceux-là seuls sont heureux qui ont reçu en partage une somme d'intellect excédant la mesure que réclame le service de leur volonté. C'est ainsi que, à côté de leur vie effective, ils peuvent vivre d'une vie intellectuelle qui les occupe et les divertit sans douleur et cependant avec vivacité. Le simple *loisir*, c'est-à-dire un *intellect non occupé au service de la volonté*, ne suffit pas ; il faut pour cela un excédent *positif de force* qui seul nous rend apte à une occupation purement spirituelle et non attachée au service de la volonté. Au contraire, *« otium sine litteris mors est et hominis vivi sepultura »* (Sénèque, Ép. 82) (Le repos sans l'étude est une espèce de mort qui met un homme tout vivant au tombeau). Dans la mesure de cet excédent, la vie intellectuelle existant à côté de la vie réelle présentera d'innombrables gradations, depuis les travaux du collectionneur décrivant les insectes, les oiseaux, les minéraux, les monnaies, etc., jusqu'aux plus hautes productions de la poésie et de la philosophie.

Cette vie intellectuelle protège non seulement contre l'ennui, mais encore contre ses pernicieuses conséquences. Elle abrite en effet contre la mauvaise compagnie et contre les nombreux dangers, les malheurs, les pertes et les dissipations auxquels on s'expose en cherchant son bonheur tout entier dans la vie réelle. Pour parler de moi, par exemple, ma philosophie ne m'a rien rapporté, mais elle m'a beaucoup épargné.

L'homme normal au contraire est limité, pour les plaisirs de la vie, aux choses *extérieures*, telles que la richesse, le rang, la famille, les amis, la société, etc. ; c'est là-dessus qu'il fonde le bonheur de sa vie ; aussi ce bonheur s'écroule-t-il quand il les perd ou qu'il y rencontre des déceptions. Pour désigner cet état de l'individu, nous pouvons dire que *son centre de gravité tombe en dehors de lui*. C'est pour cela que ses souhaits et ses caprices sont toujours changeants : quand ses moyens le lui permettent, il achètera tantôt des villas, tantôt des chevaux, ou bien il donnera des fêtes, puis il entreprendra des voyages, mais surtout il mènera un train fastueux, tout cela précisément parce qu'il cherche n'importe où une satisfaction venant *du dehors* ; tel l'homme épuisé espère trouver dans des consommés et dans des drogues de pharmacie la santé et la vigueur dont la vraie source est la force vitale propre. Pour ne pas passer immédiatement à l'extrême opposé, prenons maintenant un homme doué d'une puissance intellectuelle qui, sans être éminente, dépasse toutefois la mesure ordinaire et strictement suffisante. Nous verrons cet homme, quand les sources extérieures de plaisirs viennent à tarir ou ne le satisfont plus, cultiver en amateur quelque branche des beaux-arts, ou bien quelque science, telle que la botanique, la minéralogie, la physique, l'astronomie, l'histoire, etc., et y trouver un grand fonds de jouissance et de récréation. À ce titre, nous pouvons dire que *son centre de gravité tombe déjà en partie en lui*. Mais le simple *dilettantisme* dans l'art est encore bien éloigné de la faculté créatrice ; d'autre part, les sciences ne dépassent pas les rapports des phénomènes entre eux, elles ne peuvent pas absorber l'homme tout entier, combler tout son être, ni par conséquent s'entrelacer si étroitement dans le tissu de son existence qu'il en devienne incapable de prendre intérêt à tout le reste. Ceci demeure réservé exclusivement à la suprême éminence intellectuelle, à celle qu'on appelle communément le génie ; elle seule prend pour thème, entièrement et absolument, l'existence et l'essence des choses ; après quoi elle tend, selon sa direction individuelle, à exprimer ses profondes conceptions par l'art, la poésie ou la philosophie.

Ce n'est que pour un homme de cette trempe que l'occupation permanente avec soi-même, avec ses pensées et ses œuvres est un besoin irrésistible ; pour lui, la solitude est la bienvenue, le loisir est le bien suprême ; pour le reste, il peut s'en passer, et, quand il le possède, il lui est même souvent à charge. De cet homme-là seul nous pouvons dire que *son centre de gravité tombe tout entier en dedans de lui-même.* Ceci nous explique en même temps comment il se fait que ces hommes d'une espèce aussi rare ne portent pas à leurs amis, à leur famille, au bien public, cet intérêt intime et sans bornes dont beaucoup d'entre les autres sont capables, car ils peuvent en définitive se passer de tout, pourvu qu'ils se possèdent eux-mêmes. Il existe donc en eux un élément isolant en plus, dont l'action est d'autant plus énergique que les autres hommes ne peuvent pas les satisfaire pleinement ; aussi ne sauraient-ils voir dans ces autres tout à fait des égaux, et même, sentant constamment la dissemblance de leur nature en tout et partout, ils s'habituent insensiblement à errer parmi les autres humains comme des êtres d'une espèce différente, et à se servir, quand leurs méditations se portent sur eux, de la troisième au lieu de la première personne du pluriel.

L'homme le plus heureux

Considéré à ce point de vue, l'homme le plus heureux sera donc celui que la nature a richement doté sous le rapport intellectuel, tellement ce qui est *en nous* a plus d'importance que ce qui est en dehors ; ceci, c'est-à-dire l'objectif, de quelque façon qu'il s'agisse, n'agit jamais que par l'intermédiaire de l'autre, c'est-à-dire du subjectif ; l'action de l'objectif est donc secondaire. C'est ce qu'expriment les beaux vers suivants :

> Πλουτος ο της ψυχης πλουτος μονος εστιν αλτθης,
> Τ'αλλα δ'εχει ατην πλειονα των χτεανων.

(Lucien, *Anthol.*, I, 67.)

(La richesse de l'âme est la seule richesse ; les autres biens sont féconds en douleurs.) – (Trad. E. Talbot, 12e épigr.)

Un homme riche ainsi à l'intérieur ne demande au monde extérieur qu'un don négatif, à savoir du loisir pour pouvoir perfectionner et développer les facultés de son esprit et pour pouvoir jouir de ses richesses intérieures ; il réclame donc uniquement la liberté de pouvoir, pendant toute sa vie, tous les jours et à toute heure, être lui-même. Pour l'homme appelé à imprimer la trace de son esprit sur l'humanité entière, il n'existe qu'un seul bonheur et un seul malheur ; c'est de pouvoir perfectionner ses talents, et achever ses œuvres – ou bien d'en être empêché. Tout le reste pour lui est insignifiant. C'est pourquoi nous voyons les grands esprits de tous les temps attacher le plus grand prix au loisir ; car, tant vaut l'homme, tant vaut le loisir. « δοχει δε η ευδαιμονια εν τη σχολη ειναι » (Le bonheur est dans le loisir), dit Aristote (*Éth. à Nic.*, X, 7). Diogène Laërce (II, 5, 31) rapporte aussi que « Σωχρατης επηνει σχολην, ως χαλλιστον χτηματων » (Socrate vantait le loisir comme étant la plus belle des richesses). C'est encore ce qu'entend Aristote (*Éth. à Nic.*, X, 7, 8, 9) quand il déclare que la vie la plus belle est celle du philosophe. Il dit pareillement dans la *Politique* (IV, 11) : « Τον ευδαιμονα βιον ειναι τον χατ' αρετην ανεμποδιστον » (exercer librement son talent, voilà le vrai bonheur). Goethe aussi dit dans *Wilhelm Meister* : « *Wer mit einem Talent, zu einem Talent geboren ist, findet in demselben sein schönstes Daseyn* » (Celui qui est né avec un talent, pour un talent, trouve en celui-là la plus belle existence).

Mais posséder du loisir n'est pas seulement en dehors de la destinée ordinaire mais aussi de la nature ordinaire de l'homme, car sa destination naturelle est d'employer son temps à acquérir le nécessaire pour son existence et pour celle de sa famille. Il est l'enfant de la misère ; il n'est pas une intelligence libre. Aussi le loisir arrive bientôt à être un fardeau, puis une torture, pour l'homme ordinaire, dès qu'il ne peut pas le remplir par des moyens artificiels et fictifs de toute espèce, par le jeu, par des passe-temps ou par des dadas de toute forme. Par là même, le loisir entraîne aussi pour lui des dangers, car on a dit avec raison : « *difficilis in otio quies*[10] ». D'autre part, cependant, une intelligence dépassant de beaucoup la mesure normale est également un phénomène anormal, par suite contre nature. Lorsque toutefois elle est donnée, l'homme qui en est doué, pour trouver le bonheur, a précisément besoin de ce loisir qui, pour les autres, est tantôt importun et tantôt funeste ; quant à lui, sans loisir, il ne sera qu'un Pégase sous le joug ; en un mot, il sera malheureux. Si cependant ces deux anomalies, l'une extérieure et l'autre intérieure, se trouvent réunies, leur union produit un cas de suprême bonheur, car l'homme ainsi favorisé mènera alors une vie d'un ordre supérieur, la vie d'un être soustrait aux deux sources opposées de la souffrance humaine : le besoin et l'ennui ; il est affranchi également et du soin pénible de se démener pour subvenir à son existence et de l'incapacité à supporter le loisir (c'est-à-dire l'existence libre proprement dite) ; autrement, l'homme ne peut échapper à ces deux maux que par le fait qu'ils se neutralisent et s'annulent réciproquement.

À l'encontre de tout ce qui précède, il nous faut considérer d'autre part que, par suite d'une activité prépondérante des nerfs, les grandes facultés intellectuelles produisent une surexcitation de la faculté de sentir la douleur sous toutes ses formes ; qu'en outre le tempérament passionné qui en est la condition ainsi que la vivacité et la perfection plus grandes de toute perception, qui en sont inséparables, donnent aux émotions produites par là une violence incomparablement plus forte ; or l'on sait qu'il y a bien plus d'émotions douloureuses qu'il n'y en a d'agréables ; enfin, il faut aussi nous rappeler que les hautes facultés intellectuelles font de celui qui les possède un homme étranger aux autres hommes et à leurs agitations, vu que plus il possède en lui-même, moins il peut trouver en eux. Mille objets auxquels ceux-ci prennent un plaisir infini lui semblent insipides et répugnants. Peut-être, de cette façon, la loi de compensation qui règne partout fait-elle sentir ses effets également ici. N'a-t-on pas prétendu bien souvent et non sans quelque apparence de raison, qu'au fond l'homme le plus borné d'esprit était le plus heureux ? Quoi qu'il en soit, personne ne lui enviera ce bonheur. Je ne veux pas anticiper sur le lecteur pour la solution définitive de cette controverse, d'autant plus que Sophocle même a émis là-dessus deux jugements diamétralement opposés :

Πολλω το φρονειν ευδαιμονιας πρωτον υπαρχει.

(La sagesse est de beaucoup la première source de bonheur.) – (*Antig.*, v. 1347.)

Une autre fois, il dit :

Εν τω φρονειν γαρ μηδεν ηδιστος βιος.

(Ne pas penser est le charme de la vie.) – (*Ajax*, 554.)

Les philosophes de l'Ancien Testament ne s'entendent pas davantage entre eux ; l'Ecclésiastique dit :

Του γαρ μωρου υπερ θανατου ζωη πονηρα.

(La vie du fou est pire que la mort) (22, 12).

L'Ecclésiaste au contraire (1, 18) :

Ο προστιθεις γνωσιν, προσθησει αλγημα.

(Où il y a beaucoup de sagesse, il y a beaucoup de douleurs.)

Le philistin

En attendant, je tiens à mentionner ici que ce que l'on désigne plus particulièrement par un mot exclusivement propre à la langue allemande, celui de *Philister* (bourgeois, épicier, philistin), c'est précisément l'homme qui, par suite de la mesure étroite et strictement suffisante de ses forces intellectuelles, *n'a pas de besoins spirituels* : cette expression appartient à la vie d'étudiants et a été employée plus tard dans une acception plus élevée, mais analogue encore à son sens primitif, pour qualifier celui qui est l'opposé d'un fils des Muses. Celui-ci, en effet, est et demeure le « αμουσος ανηρ » (l'homme prosaïque, le barbare). Me plaçant à un point de vue encore plus élevé, je voudrais définir les *philistins* en disant que ce sont des gens constamment occupés, et cela le plus sérieusement du monde, d'une réalité qui n'en est pas une. Mais cette définition d'une nature déjà transcendantale ne serait pas en harmonie avec le point de vue populaire auquel je me suis placé dans cette dissertation ; elle pourrait, par conséquent, ne pas être comprise par tous les lecteurs. La première, au contraire, admet plus facilement un commentaire spécifique et désigne suffisamment l'essence et la racine de toutes les propriétés caractéristiques du *philistin*. C'est donc, ainsi que nous l'avons dit, *un homme sans besoins spirituels*.

De là découlent plusieurs conséquences : la première, *par rapport à lui-même*, c'est qu'il n'aura jamais de *jouissances spirituelles*, d'après la maxime déjà citée *qu'il n'est de vrais plaisirs qu'avec de vrais besoins*. Aucune aspiration à acquérir des connaissances et du jugement pour ces choses en elles-mêmes n'anime son existence ; aucune aspiration non plus aux plaisirs esthétiques, car ces deux aspirations sont étroitement unies. Quand la mode ou quelque autre contrainte lui impose de ces jouissances, il s'en acquitte aussi brièvement que possible, comme un galérien s'acquitte de son travail forcé. Les seuls plaisirs pour lui sont les sensuels ; c'est sur eux qu'il se rattrape. C'est ainsi que les huîtres et le champagne constituent pour lui le summum de l'existence ; se procurer tout ce qui contribue au bien-être matériel, voilà le but de sa vie. Trop heureux quand ce but l'occupe suffisamment ! Car, si ces biens lui ont déjà été octroyés par avance, il devient immédiatement la proie de l'ennui ; pour le chasser, il essaye de tout ce qu'on peut imaginer : bals, théâtres, sociétés, jeux de cartes, jeux de hasard, chevaux, femmes, vin, voyages, etc. Et cependant tout cela ne suffit pas quand l'absence de besoins intellectuels rend impossibles les plaisirs intellectuels. Aussi un sérieux morne et sec, approchant celui de l'animal, est-il propre au *philistin* et le caractérise-t-il. Rien ne le réjouit, rien ne l'émeut, rien n'éveille son intérêt. Les jouissances matérielles sont vite épuisées ; la société, composée de *philistins* comme lui, devient bientôt ennuyeuse ; le jeu de cartes finit par le fatiguer. Il lui reste à la rigueur les jouissances de la vanité à sa façon : elles consisteront à surpasser les autres en richesse, en rang, en influence ou en pouvoir, ce qui lui vaut alors leur estime ; ou bien encore il cherchera à frayer au moins avec ceux qui brillent par ces avantages et à se chauffer au reflet de leur éclat (en anglais, cela s'appelle un *snob*).

La *deuxième* conséquence résultant de la propriété fondamentale que nous avons reconnue au *philistin*, c'est que, *par rapport aux autres*, comme il est privé de besoins intellectuels, et comme il est borné aux besoins matériels, il recherchera les hommes qui pourront satisfaire ces derniers et non pas ceux qui pourraient subvenir aux premiers. Aussi n'est-ce rien moins que de hautes qualités intellectuelles qu'il leur demande ; bien au contraire, quand il les rencontre, elles excitent son antipathie, voire même sa haine, car il n'éprouve en leur présence qu'un sentiment importun d'infériorité et une envie sourde, secrète, qu'il cache avec le plus grand soin, qu'il cherche à se dissimuler à lui-même, mais qui par là justement grandit parfois jusqu'à une rage muette. Ce n'est pas aux facultés de l'esprit qu'il songe jamais à mesurer son estime ou sa considération ; il les réserve exclusivement au rang et à la richesse, au pouvoir et à l'influence, qui passent à ses yeux pour les seules qualités vraies, les seules où il aspirerait à exceller. Tout cela dérive de ce que le *philistin* est un homme *privé de besoins intellectuels*. Son extrême souffrance vient de ce que les *idéalités* ne lui apportent aucune récréation et que, pour échapper à l'ennui, il doit toujours recourir aux réalités. Or celles-ci, d'une part, sont bientôt épuisées, et alors, au lieu de divertir, elles fatiguent ; d'autre part, elles entraînent après elles des désastres de toute espèce, tandis que les idéalités sont inépuisables et, en elles-mêmes, inoffensives.

Dans toute cette dissertation sur les conditions personnelles qui contribuent à notre bonheur, j'ai eu en vue les qualités physiques et principalement les qualités intellectuelles. C'est dans mon Mémoire sur *Le Fondement de la morale* (§ 22) que j'ai exposé comment la perfection morale, à son tour, influe directement sur le bonheur : c'est à cet ouvrage que je renvoie le lecteur.

CHAPITRE III

De ce que l'on a

Les distinctions d'Épicure

Épicure, le grand docteur en félicité, a admirablement et judicieusement divisé les besoins humains en trois classes. *Premièrement*, les besoins *naturels et nécessaires* : ce sont ceux qui, non satisfaits, produisent la douleur ; ils ne comprennent donc que le « victus » et l'« amictus » (nourriture et vêtements). Ils sont faciles à satisfaire. – *Secondement*, les besoins *naturels mais non nécessaires* : c'est le besoin de la satisfaction sexuelle, quoique Épicure ne l'énonce pas dans sa doctrine telle que la rapporte Diogène Laërce (du reste, je reproduis ici, toute cette doctrine légèrement modifiée et corrigée). Ce besoin est déjà plus difficile à satisfaire. – *Troisièmement*, ceux qui ne sont *ni naturels ni nécessaires* : ce sont les besoins du luxe, de l'abondance, du faste et de l'éclat ; ils sont illimités, et il est très difficile de les satisfaire (voir Diog. Laërce, 1. X, ch. 27, § 149 et 127 ; – Cicéron, *De fin.*, I, 13).

Pourquoi la fortune ne permet qu'un contentement relatif

La limite de nos désirs raisonnables se rapportant à la fortune est difficile, sinon impossible à déterminer. Car le contentement de chacun à cet égard ne repose pas sur une quantité absolue, mais relative, savoir sur le rapport entre ses souhaits et sa fortune ; aussi cette dernière, considérée en elle-même, est-elle aussi dépourvue de sens que le numérateur d'une fraction sans dénominateur. L'absence des biens auxquels un homme n'a jamais songé à aspirer ne peut nullement le priver, il sera parfaitement satisfait sans ces biens, tandis que tel autre qui possède cent fois plus que le premier se sentira malheureux, parce qu'il lui manque un seul objet qu'il convoite. Chacun a aussi, à l'égard des biens qu'il lui est permis d'atteindre, un horizon propre, et ses prétentions ne vont que jusqu'aux limites de cet horizon. Lorsqu'un objet, situé en dedans de ces limites, se présente à lui de telle façon qu'il puisse être certain de l'atteindre, il se sentira heureux ; il se sentira malheureux, au contraire, si, des obstacles survenant, cette perspective lui est enlevée. Ce qui est placé au-delà n'a aucune action sur lui. C'est pourquoi la grande fortune du riche ne trouble pas le pauvre, et c'est pour cela aussi, d'autre part, que toutes les richesses qu'il possède déjà ne consolent pas le riche quand il est déçu dans une attente (La richesse est comme l'eau salée : plus on en boit, plus elle altère ; il en est de même aussi de la gloire).

Ce fait qu'après la perte de la richesse ou de l'aisance, et aussitôt la première douleur surmontée, notre humeur habituelle ne différera pas beaucoup de celle qui nous était propre auparavant, s'explique par là que, le facteur de notre avoir ayant été diminué par le sort, nous réduisons aussitôt après, de nous-mêmes, considérablement le facteur de nos prétentions. C'est là ce qu'il y a de proprement douloureux dans un malheur ; cette opération une fois accomplie, la douleur devient de moins en moins sensible et finit par disparaître ; la blessure se cicatrise. Dans l'ordre inverse, en présence d'un événement heureux, la charge qui comprime nos prétentions remonte et leur permet de se dilater : c'est en cela que consiste le plaisir. Mais celui-ci également ne dure que le temps nécessaire pour que cette opération s'achève ; nous nous habituons à l'échelle ainsi augmentée des prétentions, et nous devenons indifférents à la possession correspondante de richesses. C'est là ce qu'exprime un passage d'Homère (*Od.*, XVIII, 130-137) dont voici les deux derniers vers :

Τοιος γαρ νοος εστιν επιχθονιων ανθρωπων
Οιον εφ' ημαρ αγει πατηρ ανδρων τε, θεων τε.

(Tel est l'esprit des hommes terrestres, semblables aux jours changeants qu'amène le Père des hommes et des dieux.) – (Tr. Leconte de Lisle.)

Pourquoi l'argent est vénéré

La source de nos mécontentements est dans nos efforts toujours renouvelés pour élever le facteur des prétentions pendant que l'autre facteur s'y oppose par son immobilité.

Il ne faut pas s'étonner de voir, dans l'espèce humaine pauvre et remplie de besoins, la richesse plus hautement et plus sincèrement prisée, vénérée même, que toute autre chose ; le pouvoir lui-même n'est considéré que parce qu'il conduit à la fortune ; il ne faut pas être surpris non plus de voir les hommes passer à côté ou par-dessus toute autre considération quand il s'agit d'acquérir des richesses, de voir par exemple les professeurs de philosophie faire bon marché de la philosophie pour gagner de l'argent. On reproche fréquemment aux hommes de tourner leurs vœux principalement vers l'argent et de l'aimer plus que tout au monde. Pourtant il est bien naturel, presque inévitable d'aimer ce qui, pareil à un protée infatigable, est prêt à tout instant à prendre la forme de l'objet actuel de nos souhaits si mobiles ou de nos besoins si divers. Tout autre bien, en effet, ne peut satisfaire qu'un seul désir, qu'un seul besoin : les aliments ne valent que pour celui qui a faim, le vin pour le bien portant, les médicaments pour le malade, une fourrure pendant l'hiver, les femmes pour la jeunesse, etc. Toutes ces choses ne sont donc que αγαθα προς τι, c'est-à-dire relativement bonnes. L'argent seul est le bien absolu, car il ne pourvoit pas uniquement à *un seul besoin « in concreto »* mais *au besoin* en général, *« in abstracto »*.

Des riches et des pauvres

La fortune dont on dispose doit être considérée comme un rempart contre le grand nombre des maux et des malheurs possibles, et non comme une permission et encore moins comme une obligation d'avoir à se procurer les plaisirs du monde. Les gens qui, sans avoir de fortune patrimoniale, arrivent par leurs talents, quels qu'ils soient, en position de gagner beaucoup d'argent, tombent presque toujours dans cette illusion de croire que leur talent est un capital stable et que l'argent que leur rapporte ce talent est par conséquent l'intérêt dudit capital. Aussi ne réservent-ils rien de ce qu'ils gagnent pour en constituer un capital à demeure, mais ils dépensent dans la même mesure qu'ils acquièrent. Il s'ensuit qu'ils tombent d'ordinaire dans la pauvreté, lorsque leurs gains s'arrêtent ou cessent complètement ; en effet, leur talent lui-même, passager de sa nature comme l'est par exemple le talent pour presque tous les beaux-arts, s'épuise, ou bien encore les circonstances spéciales ou les conjonctures qui le rendaient productif ont disparu. Des artisans peuvent à la rigueur mener cette existence, car les capacités exigées pour leur métier ne se perdent pas facilement ou peuvent être suppléées par le travail de leurs ouvriers ; de plus, leurs produits sont des objets de nécessité dont l'écoulement est toujours assuré ; un proverbe allemand dit avec raison : « *Ein Handwerk hat einen goldenen Boden* », c'est-à-dire un bon métier vaut de l'or.

Il n'en est pas de même des artistes et des *virtuosi* de toute espèce. C'est justement pour cela qu'on les paye si cher, mais aussi et par la même raison devraient-ils placer en capital l'argent qu'ils gagnent ; dans leur présomption, ils le considèrent comme n'en étant que les intérêts et courent ainsi à leur perte.

En revanche, les gens qui possèdent une fortune patrimoniale savent très bien, d'emblée, distinguer entre un capital et des intérêts. Aussi la plupart chercheront à placer sûrement leur capital, ne l'entameront en aucun cas et réserveront même, si possible, un huitième au moins sur les intérêts, pour obvier à une crise éventuelle. Ils se maintiennent ainsi le plus souvent dans l'aisance. Rien de tout ce que nous venons de dire ne s'applique aux commerçants ; pour eux, l'argent est en lui-même l'instrument du gain, l'outil professionnel pour ainsi dire : d'où il suit que, même alors qu'ils l'ont acquis par leur propre travail, ils chercheront dans son emploi les moyens de le conserver ou de l'augmenter. Aussi la richesse est habituelle dans cette classe plus que dans aucune autre.

En général, on trouvera que, d'ordinaire, ceux qui se sont déjà colletés avec la vraie misère et le besoin, les redoutent incomparablement moins et sont plus enclins à la dissipation que ceux qui ne connaissent ces maux que par ouï-dire. À la première catégorie appartiennent tous ceux qui, n'importe par quel coup de fortune ou par des talents spéciaux quelconques, ont passé rapidement de la pauvreté à l'aisance ; à l'autre, ceux qui sont nés avec de la fortune et qui l'ont conservée. Tous ceux-ci s'inquiètent plus de l'avenir que les premiers et sont plus économes. On pourrait en conclure que le besoin n'est pas une aussi mauvaise chose qu'il paraît l'être, vu de loin. Cependant la véritable raison doit être plutôt la suivante : c'est que pour l'homme né avec une fortune patrimoniale la richesse apparaît comme quelque chose d'indispensable, comme l'élément de la seule existence possible, au même titre que l'air ; aussi la soignera-t-il comme sa propre vie et sera-t-il généralement rangé, prévoyant et économe. Au contraire, pour celui qui dès sa naissance a vécu dans la pauvreté, c'est celle-ci qui semblera la condition naturelle ; la richesse, qui, par n'importe quelle voie, pourra lui échoir plus tard, lui paraîtra un superflu, bon seulement pour en jouir et la gaspiller ; il se dit que, lorsqu'elle aura disparu de nouveau, il saura se tirer d'affaire sans elle tout comme auparavant, et que, de plus, il sera délivré d'un souci. C'est le cas de dire avec Shakespeare :

The adage must be verified,
That beggars mounted run their horse to death.

(*Henri VI*, P. 3, A. 1.)

(Il faut que le proverbe se vérifie : Le mendiant à cheval fait galoper sa bête à mort.)

Ajoutons encore que ces gens-là possèdent non pas tant dans leur tête que dans le cœur une ferme et excessive confiance d'une part dans leur chance et d'autre part dans leurs propres ressources, qui les ont déjà aidés à se tirer du besoin et de l'indigence ; ils ne considèrent pas la misère, ainsi que le font les riches de naissance, comme un abîme sans fond, mais comme un bas-fond qu'il leur suffit de frapper du pied pour remonter à la surface. C'est par cette même particularité humaine qu'on peut expliquer comment des femmes, pauvres avant leur mariage, sont très souvent plus exigeantes et plus dépensières que celles qui ont fourni une grosse dot ; en effet, la plupart du temps, les filles riches n'apportent pas seulement de la fortune, mais aussi plus de zèle, pour ainsi dire plus d'instinct héréditaire à la conserver que les pauvres. Toutefois ceux qui voudraient soutenir la thèse contraire trouveront une autorité dans la première satire de l'Arioste ; en revanche, le docteur Johnson se range à mon avis : *« A woman of fortune being used to the handling of money, spends it judiciously : but a woman who gets the command of money for the first time upon her marriage, has such a gust in spending it, that she throws it away with great profusion »* (voir Boswell, *Life of Johnson*, vol. III, p. 199, éd. 1821) (Une femme riche, étant habituée à manier de l'argent, le dépense judicieusement ; mais celle qui par son mariage se trouve placée pour la première fois à la tête d'une fortune, trouve tant de goût à dépenser qu'elle jette l'argent avec une grande profusion). Je conseillerais, en tout cas, à qui épouse une fille pauvre, de lui léguer non pas un capital, mais une simple rente, et surtout de veiller à ce que la fortune des enfants ne tombe pas entre ses mains.

Je ne crois nullement faire quelque chose qui soit indigne de ma plume en recommandant ici le soin de conserver sa fortune, gagnée ou héritée ; car c'est un avantage inappréciable de posséder tout acquise une fortune, quand elle ne suffirait même qu'à permettre de vivre aisément, seul et sans famille, dans une véritable indépendance, c'est-à-dire sans avoir besoin de travailler ; c'est là ce qui constitue l'immunité qui exempte des misères et des tourments attachés à la vie humaine ; c'est l'émancipation de la corvée générale qui est le destin propre des enfants de la terre. Ce n'est que par cette faveur du sort que nous sommes vraiment *homme né libre* ; à cette seule condition, on est réellement *sui juris*[11], maître de son temps et de ses forces, et l'on dira chaque matin : « *La journée m'appartient.* » Aussi, entre celui qui a mille écus de rente et celui qui en a cent mille, la différence est-elle infiniment moindre qu'entre le premier et celui qui n'a rien. Mais la fortune patrimoniale atteint sa plus haute valeur lorsqu'elle échoit à celui qui, doué de forces intellectuelles supérieures, poursuit des desseins dont la réalisation ne s'accommode pas d'un travail pour vivre : placé dans ces conditions, cet homme est doublement doté par le sort ; il peut maintenant vivre tout à son génie, et il payera au centuple sa dette envers l'humanité en produisant ce que nul autre ne pourrait produire et en créant ce qui constituera le bien et en même temps l'honneur de la communauté humaine. Tel autre, placé dans une situation aussi favorisée, méritera bien de l'humanité par ses œuvres philanthropiques. Quant à celui qui, possédant un patrimoine, ne produit rien de semblable, dans quelque mesure que ce soit, fût-ce à titre d'essai, ou qui par des études sérieuses ne se crée pas au moins la possibilité de faire progresser une science, celui-là n'est qu'un fainéant méprisable. Il ne sera pas heureux non plus, car le fait d'être affranchi du besoin le transporte à l'autre pôle de la misère humaine, l'ennui, qui le torture tellement qu'il serait bien plus heureux si le besoin lui avait imposé une occupation. Cet ennui le fera se jeter facilement dans des extravagances qui lui raviront cette fortune dont il n'était pas digne. En réalité, une foule de gens ne sont dans l'indigence que pour avoir dépensé leur argent pendant qu'ils en avaient, afin de procurer un soulagement momentané à l'ennui qui les oppressait.

Les choses se passent tout autrement quand le but qu'on

cherche à atteindre est de s'élever haut dans le service de l'État ; quand il s'agit, par conséquent, d'acquérir de la faveur, des amis, des relations, au moyen desquels on puisse monter de degré en degré et arriver peut-être un jour aux postes les plus élevés : en pareil cas, il vaut mieux, au fond, être venu au monde sans la moindre fortune. Pour un individu surtout qui n'est pas de la noblesse et qui a quelque talent, être un pauvre gueux constitue un avantage réel et une recommandation. Car ce que chacun recherche et aime avant tout, non seulement dans la simple conversation, mais encore *a fortiori* dans le service public, c'est l'infériorité de l'autre. Or il n'y a qu'un gueux qui soit convaincu et pénétré de son infériorité profonde, entière, indiscutable, sous tous les rapports, de sa totale insignifiance et de sa nullité, au degré voulu par la circonstance. Un gueux seul s'incline assez souvent et assez longtemps, et sait courber son échine en révérences de 90 degrés bien comptés : lui seul endure tout avec le sourire aux lèvres, seul il reconnaît que les mérites n'ont aucune valeur ; seul il vante comme chefs-d'œuvre, publiquement, à haute voix ou en gros caractères d'impression, les inepties littéraires de ses supérieurs ou des hommes influents en général ; seul il s'entend à mendier ; par suite, lui seul peut être initié à temps, c'est-à-dire dès sa jeunesse, à cette vérité cachée que Goethe nous a dévoilée en ces termes :

Ueber's Niederträchtige
Niemand sich beklage :
Denn es ist das Mächtige,
Was man dir auch sage.

(W. O. Divan.)

(Que nul ne se plaigne de la bassesse, car c'est la puissance, quoi que l'on vous dise.) – (Trad. Porchat.)

Celui-là, au contraire, qui tient de ses parents une fortune suffisante pour vivre sera d'ordinaire récalcitrant ; il est habitué à marcher *tête levée* ; il n'a pas appris tous ces tours de souplesse ; peut-être même s'avise-t-il de se prévaloir de certains talents qu'il possède et dont il devrait plutôt comprendre l'insuffisance en face de ce qui se passe avec le *médiocre et rampant*[12] ; il est peut-être même capable aussi de remarquer l'infériorité de ceux qui sont placés au-dessus de lui, et enfin, quand les choses en arrivent à être indignes, il devient rétif et ombrageux. On ne se pousse pas ainsi dans le monde, et il pourra lui arriver finalement de dire avec cet impudent Voltaire : *« Nous n'avons que deux jours à vivre ; ce n'est pas la peine de les passer à ramper sous des coquins méprisables. »* Malheureusement, soit dit en passant, *coquin méprisable* est un *attribut* pour lequel il existe diantrement de *sujets* dans ce monde. Nous pouvons donc voir que ce que dit Juvénal :

Haud facile emergunt, quorum virtutibus obstat
Res angusta domi.

(*Sat.* II, v. 164.)

(Difficilement le mérite se fait jour, quand il est aux prises avec le besoin.) – (Trad. éd. Dubochet.)

s'applique plutôt à la carrière des gens éminents qu'à celle des gens du monde.

Parmi les choses *que l'on possède*, je n'ai pas compté femme et enfants, car on est plutôt possédé par eux. On pourrait avec plus de raison y comprendre les amis ; mais ici également le propriétaire doit, dans la même mesure, être aussi la propriété de l'autre.

CHAPITRE IV

De ce que l'on représente

Il faut limiter notre susceptibilité

Ce que nous représentons, ou, en d'autres termes, notre existence dans l'opinion d'autrui, est, par suite d'une faiblesse particulière de notre nature, généralement beaucoup trop prisé, bien que la moindre réflexion puisse nous apprendre qu'en soi cela est de nulle importance pour notre bonheur. Aussi a-t-on peine à s'expliquer la grande satisfaction intérieure qu'éprouve tout homme dès qu'il aperçoit une marque de l'opinion favorable des autres et dès qu'on flatte sa vanité, n'importe comment. Aussi infailliblement que le chat se met à ronronner quand on lui caresse le dos, aussi sûrement on voit une douce extase se peindre sur la figure de l'homme qu'on loue, surtout quand la louange porte sur le domaine de ses prétentions, et quand même elle serait un mensonge palpable. Les marques de l'approbation des autres le consolent souvent d'un malheur réel ou de la parcimonie avec laquelle coulent pour lui les deux sources principales de bonheur dont nous avons traité jusqu'ici. Réciproquement, il est étonnant de voir combien il est infailliblement chagriné, et bien des fois douloureusement affecté par toute lésion de son ambition, en quelque sens, à quelque degré ou sous quelque rapport que ce soit, par tout dédain, par toute humiliation, par le moindre manque d'égards. Dans la mesure où elle sert de base au sentiment de l'honneur, cette propriété peut avoir une influence salutaire sur la bonne conduite de beaucoup de gens, en guise de succédané de leur moralité ; mais quant à son action sur le bonheur réel de l'homme et surtout sur le repos de l'âme et sur l'indépendance, ces deux conditions si nécessaires au bonheur, elle est plutôt perturbatrice et nuisible que favorable. C'est pourquoi, à notre point de vue, il est prudent de lui poser des limites et, par de sages réflexions et une juste appréciation de la valeur des biens, de modérer cette grande susceptibilité à l'égard de l'opinion d'autrui, aussi bien pour le cas où on la flatte que pour celui où on la froisse, car les deux tiennent au même fil. Autrement, nous restons esclaves de l'opinion et du sentiment des autres :

> *Sic leve, sic parvum est, animum quod laudis avarum*
> *Subruit ac reficit.*

(Tellement ce qui abat ou réconforte une âme avide de louange peut être frivole et petit.)

Par conséquent, une juste appréciation de la valeur de *ce que l'on est en soi-même et par soi-même*, comparée à *ce qu'on est seulement aux yeux d'autrui*, contribuera beaucoup à notre bonheur. Le premier terme de la comparaison comprend tout ce qui remplit le temps de notre propre existence, le contenu intime de celle-ci et, partant, tous les biens que nous avons examinés dans les chapitres intitulés *De ce que l'on est* et *De ce que l'on a*. Car le lieu où se trouve la sphère d'action de tout cela, c'est la propre conscience de l'homme. Au contraire, le *lieu* de tout ce que nous sommes *pour les autres*, c'est la conscience d'autrui ; c'est la figure sous laquelle nous y apparaissons, ainsi que les notions qui s'y réfèrent[a]. Or ce sont là des choses qui, directement, n'existent pas du tout pour nous ; tout cela n'existe qu'in-

a. Les classes les plus élevées, dans leur éclat, leur splendeur et leur faste, dans leur magnificence et leur ostentation de toute nature, peuvent se dire : Notre bonheur est placé entièrement en dehors de nous ; son lieu, ce sont les têtes des autres.

directement, c'est-à-dire qu'autant qu'il détermine la conduite des autres envers nous. Et ceci même n'entre réellement en considération qu'autant que cela influe sur ce qui pourrait modifier ce que *nous sommes en et par nous-mêmes*. À part cela, ce qui se passe dans une conscience étrangère nous est, à ce titre, parfaitement indifférent, et, à notre tour, nous y deviendrons indifférent à mesure que nous connaîtrons suffisamment la superficialité et la futilité des pensées, les bornes étroites des notions, la petitesse des sentiments, l'absurdité des opinions et le nombre considérable d'erreurs que l'on rencontre dans la plupart des cervelles ; à mesure aussi que nous apprendrons par expérience avec quel mépris l'on parle, à l'occasion, de chacun de nous, dès qu'on ne nous craint pas ou quand on croit que nous ne le saurons pas ; mais surtout quand nous aurons entendu une fois avec quel dédain une demi-douzaine d'imbéciles parlent de l'homme le plus distingué. Nous comprendrons alors qu'attribuer une haute valeur à l'opinion des hommes, c'est leur faire trop d'honneur.

En tout cas, c'est être réduit à une misérable ressource que de ne pas trouver le bonheur dans les classes de biens dont nous avons déjà parlé et de devoir le chercher dans cette troisième, autrement dit, dans ce qu'on est non dans la réalité, mais dans l'imagination d'autrui. En thèse générale, c'est notre nature animale qui est la base de notre être, et par conséquent aussi de notre bonheur. L'essentiel pour le bien-être, c'est donc la santé et ensuite les moyens nécessaires à notre entretien, et par conséquent une existence libre de soucis. L'honneur, l'éclat, la grandeur, la gloire, quelque valeur qu'on leur attribue, ne peuvent entrer en concurrence avec ces biens essentiels ni les remplacer ; bien au contraire, le cas échéant, on n'hésiterait pas un instant à les échanger contre les autres. Il sera donc très utile pour notre bonheur, de connaître à temps ce fait si simple que chacun vit d'abord et effectivement dans sa propre peau et non dans l'opinion des autres, et qu'alors naturellement notre condition réelle et personnelle, telle qu'elle est déterminée par la santé, le tempérament, les facultés intellectuelles, le revenu, la femme, les enfants, la résidence, etc., est cent fois plus importante pour notre bonheur que ce qu'il plaît aux autres de faire de nous. L'illusion contraire rend malheureux. S'écrier avec emphase : « L'honneur passe avant la vie », c'est dire en réalité : « La vie et la santé ne sont rien ; ce que les autres pensent de nous, voilà l'affaire. » Tout au plus cette maxime peut-elle être considérée comme une hyperbole au fond de laquelle se trouve cette prosaïque vérité que, pour avancer et se maintenir parmi les hommes, l'*honneur*, c'est-à-dire leur opinion à notre égard, est souvent d'une utilité indispensable : je reviendrai plus loin sur ce sujet. Lorsqu'on voit, au contraire, comment presque tout ce que les hommes poursuivent pendant leur vie entière, au prix d'efforts incessants, de mille dangers et de mille difficultés, a pour dernier objet de les élever dans l'opinion, car non seulement les emplois, les titres et les cordons, mais encore la richesse et même la science [13] et les arts sont, au fond, recherchés principalement dans ce seul but, lorsqu'on voit que le résultat définitif auquel on travaille à arriver est d'obtenir plus de respect de la part des autres, tout cela ne prouve, hélas ! que la grandeur de la folie humaine.

La folie de notre nature

Attacher beaucoup trop de valeur à l'opinion est une superstition universellement répandue ; qu'elle ait ses racines dans notre nature même, ou qu'elle ait suivi la naissance des sociétés et de la civilisation, il est certain qu'elle exerce en tout cas sur toute notre conduite une influence démesurée et hostile à notre bonheur. Cette influence, nous pouvons la poursuivre depuis le point où elle se montre sous la forme d'une déférence anxieuse et servile pour le *qu'en-dira-t-on* jusqu'à celui où elle plonge le poignard de Virginius dans le sein de sa fille, ou bien où elle entraîne l'homme à sacrifier à sa gloire posthume son repos, sa fortune, sa santé et jusqu'à sa vie. Ce préjugé offre, il est vrai, à celui qui est appelé à régner sur les hommes ou en général à les guider, une ressource commode ; aussi le précepte d'avoir à tenir en éveil ou à stimuler le sentiment de l'honneur occupe-t-il une place principale dans toutes les branches de l'art de dresser les hommes ; mais, à l'égard du bonheur propre de l'individu, et c'est là ce qui nous occupe ici, il en est tout autrement, et nous devons au contraire le dissuader d'attacher trop de prix à l'opinion des autres. Si, néanmoins, ainsi que nous l'apprend l'expérience, le fait se présente chaque jour ; si ce que la plupart des gens estiment le plus est précisément l'opinion d'autrui à leur égard, et s'ils s'en préoccupent plus que de ce qui, *se passant dans leur propre conscience*, existe immédiatement pour eux ; si donc, par un renversement de l'ordre naturel, c'est l'opinion qui leur semble être la partie réelle de leur existence, l'autre ne leur paraissant en être que la partie idéale ; s'ils font de ce qui est dérivé et secondaire l'objet principal, et si l'image de leur être dans la tête des autres leur tient plus à cœur que leur être lui-même ; cette appréciation directe de ce qui, directement, n'existe pour personne, constitue cette folie à laquelle on a donné le nom de *vanité*, *« vanitas »*, pour indiquer par là le vide et le chimérique de cette tendance. On peut facilement comprendre aussi, par ce que nous avons dit plus haut, qu'elle appartient à cette catégorie d'erreurs qui consistent à oublier le but pour les moyens, comme l'avarice.

En effet, le prix que nous attachons à l'opinion d'autrui et notre constante préoccupation à cet égard dépassent presque toute portée raisonnable, tellement que cette préoccupation peut être considérée comme une espèce de *manie* répandue généralement, ou plutôt innée. Dans tout ce que nous faisons comme dans tout ce que nous nous abstenons de faire, nous considérons l'opinion des autres avant toute chose presque, et c'est de ce souci qu'après un examen plus approfondi nous verrons naître environ la moitié des tourments et des angoisses que nous ayons jamais éprouvés. Car c'est cette préoccupation que nous retrouvons au fond de tout notre amour-propre, si souvent lésé, parce qu'il est si maladivement susceptible, au fond de toutes nos vanités et de toutes nos prétentions, comme au fond de notre somptuosité et de notre ostentation. Sans cette préoccupation, sans cette rage, le luxe ne serait pas le dixième de ce qu'il est. Sur elle repose tout notre orgueil, *point d'honneur* et *« puntiglio*[14] *»* de quelque espèce qu'il soit et à quelque sphère qu'il appartienne – et que de victimes ne réclame-t-elle pas souvent ! Elle se montre déjà dans l'enfant, puis à chaque âge de la vie ; mais elle atteint toute sa force dans l'âge avancé, parce qu'à ce moment l'aptitude aux jouissances sensuelles ayant tari, vanité et orgueil n'ont plus à partager l'empire qu'avec l'avarice. Cette fureur s'observe le plus distinctement dans les Français, chez lesquels elle règne endémiquement et se manifeste souvent par l'ambition la plus sotte, par la vanité nationale la plus ridicule et la fanfaronnade la plus éhontée ; mais leurs prétentions s'annulent par là même, car elles les livrent à la risée des autres nations et ont fait un sobriquet du nom de *grande nation*[15].

Pour expliquer plus clairement tout ce que nous avons exposé jusqu'ici sur la démence qu'il y a à se préoccuper démesurément de l'opinion d'autrui, je veux rapporter un exemple bien frappant de cette folie enracinée dans la nature humaine ; cet exemple est favorisé d'un effet de lumière résultant de la rencontre de circonstances propices et d'un caractère approprié ; cela nous permettra de bien évaluer la force de ce bizarre moteur des actions humaines. C'est le passage suivant du rapport détaillé publié par le *Times* du 31 mars 1846, sur l'exécution récente du nommé Thomas Wix, un ouvrier qui avait assassiné son patron par vengeance : « Dans la matinée du jour fixé pour l'exécution, le révérend chapelain de la prison se rendit auprès de lui. Mais Wix, quoique très calme, n'écoutait pas ses exhortations ; sa seule préoccupation était de réussir à montrer un courage extrême en présence de la foule qui allait assister à sa honteuse fin. Et il y est parvenu. Arrivé dans le préau qu'il avait à traverser pour atteindre le gibet élevé tout contre la prison, il s'écria : “Eh bien, comme disait le Dr Dodd, je vais connaître bientôt le grand mystère !” – Quoique ayant les bras attachés, il monta sans aide l'échelle de la potence ; arrivé au sommet, il fit à droite et à gauche des saluts aux spectateurs, et la multitude rassemblée y répondit, en récompense, par des acclamations formidables, etc. » Avoir la mort, sous sa forme la plus effrayante, devant les yeux avec l'éternité derrière elle, et ne se préoccuper uniquement que de l'effet que l'on produira sur la masse des badauds accourus et de l'opinion qu'on laissera après soi dans leurs têtes, n'est-ce pas là un échantillon unique d'ambition ? Lecomte qui, dans la même année, fut guillotiné à Paris pour tentative de régicide, regrettait principalement, pendant son procès, de ne pouvoir se présenter vêtu convenablement devant la Chambre des pairs, et même, au moment de l'exécution, son grand chagrin était qu'on ne lui eût pas permis de se raser avant. Il en était de même jadis ; c'est ce que nous pouvons voir dans l'introduction *(declaración)* dont Mateo Alemán fait précéder son célèbre roman *Guzman de Alfarache*, où il rapporte que beaucoup de criminels égarés dérobent leurs dernières heures au soin du salut de leur âme, auquel ils devraient les employer exclusivement, pour terminer et apprendre par cœur un petit sermon qu'ils voudraient débiter du haut du gibet.

Nous pouvons retrouver notre propre image dans des traits pareils ; car ce sont les exemples de taille colossale qui fournissent les explications les plus évidentes en toute matière. Pour nous tous, le plus souvent, nos préoccupations, nos chagrins, les soucis rongeurs, nos colères, nos inquiétudes, nos efforts, etc., ont en vue presque entièrement l'opinion des autres et sont aussi absurdes que ceux des pauvres diables cités plus haut. L'envie et la haine partent également, en grande partie, de la même racine.

Rien évidemment ne contribuerait plus à notre bonheur, composé principalement de calme d'esprit et de contentement, que de limiter la puissance de ce mobile, de l'abaisser à un degré que la raison puisse justifier (au 1/50 par exemple) et d'arracher ainsi de nos chairs cette épine qui les déchire. Néanmoins la chose est bien difficile ; nous avons affaire ici à un travers naturel et inné : *« Etiam sapientibus cupido gloriæ novissima exuitur »*, dit Tacite (*Hist.*, IV, 6) (La passion de la gloire est la dernière dont les sages mêmes se dépouillent ; trad., édition Dubochet, Paris, 1850). Le seul moyen de nous délivrer de cette folie universelle, serait de la reconnaître distinctement pour une folie, et, à cet effet, de nous rendre bien clairement compte à quel point la plupart des opinions, dans les têtes des hommes, sont le plus souvent fausses, de travers, erronées et absurdes, ce qui fait qu'en soi elles ne méritent nulle considération ; combien l'opinion des autres a peu d'influence réelle sur nous dans la plupart des cas et des choses ; combien en général elle est méchante, tellement qu'il n'est personne qui ne tombât malade de colère s'il entendait sur quel ton on parle et tout ce qu'on dit de lui ; combien enfin l'honneur lui-même n'a, à proprement parler, qu'une valeur indirecte et non immédiate, etc. Si nous pouvions réussir à opérer la guérison de cette folie générale, nous gagnerions infiniment en calme d'esprit et en contentement, et nous acquerrions en même temps une contenance plus ferme et plus sûre, une allure beaucoup plus dégagée et plus naturelle. L'influence toute bienfaisante d'une vie retirée sur notre tranquillité d'âme provient en grande partie de ce qu'elle nous soustrait à l'obligation de vivre constamment sous les regards des autres et, par suite, nous enlève à la préoccupation incessante de leur opinion possible : ce qui a pour effet de nous rendre à nous-même. De cette façon, nous échapperons également à beaucoup de malheurs réels dont la cause unique est cette aspiration purement idéale ou, plus correctement dit, cette déplorable folie ; il nous restera aussi la faculté de donner plus de soin aux biens réels que nous pourrons goûter alors sans en être distrait. Mais, « χαλεπα τα χαλα », nous l'avons déjà dit.

Vanité et orgueil

Cette folie de notre nature, que nous venons de décrire, pousse trois rejetons principaux : l'ambition, la vanité et l'orgueil. Entre ces deux derniers, la différence consiste en ce que l'*orgueil* est la conviction déjà fermement acquise de notre propre haute valeur sous un rapport quelconque ; la *vanité*, au contraire, est le désir de faire naître cette conviction chez les autres et, d'ordinaire, avec le secret espoir de pouvoir par la suite nous l'approprier aussi. Ainsi l'orgueil est la haute estime de soi-même, procédant *de l'intérieur*, donc directe ; la vanité, au contraire, est la tendance à l'acquérir *du dehors*, donc indirectement. C'est pourquoi la vanité rend causeur ; l'orgueil, taciturne. Mais le vaniteux devrait savoir que la haute opinion d'autrui, à laquelle il aspire, s'obtient beaucoup plus vite et plus sûrement en gardant un silence continu qu'en parlant, quand on aurait les plus belles choses du monde à dire. N'est pas orgueilleux qui veut ; tout au plus peut affecter l'orgueil qui veut ; mais ce dernier sortira bientôt de son rôle, comme de tout rôle emprunté. Car ce qui rend réellement orgueilleux, c'est uniquement la ferme, l'intime, l'inébranlable conviction de mérites supérieurs et d'une valeur à part. Cette conviction peut être erronée, ou bien reposer sur des mérites simplement extérieurs et conventionnels ; peu importe à l'orgueil, pourvu qu'elle soit réelle et sérieuse. Puisque l'orgueil a sa racine dans la *conviction*, il sera, comme toute notion, en dehors de notre *volonté libre*. Son pire ennemi, je veux dire son plus grand obstacle, est la *vanité* qui brigue l'approbation d'autrui pour fonder ensuite sur celle-ci la propre haute opinion de soi-même, tandis que l'orgueil suppose une opinion déjà fermement assise.

Quoique l'orgueil soit généralement blâmé et décrié, je suis néanmoins tenté de croire que cela vient principalement de ceux qui n'ont rien dont ils puissent s'enorgueillir. Vu l'impudence et la stupide arrogance de la plupart des hommes, tout être qui possède des mérites quelconques fera très bien de ne pas les perdre de vue lui-même, afin de ne pas les laisser tomber dans un oubli complet ; car celui qui, gentiment, ne cherche pas à s'en prévaloir et se conduit avec les gens comme s'il était en tout leur semblable, ne tardera pas à être en toute naïveté considéré par eux comme tel. Je voudrais recommander d'en agir ainsi à ceux-là surtout dont les mérites sont de l'ordre le plus élevé, des mérites réels, par conséquent purement personnels, attendu que ceux-ci ne peuvent pas, comme les décorations et les titres, être rappelés à tout instant à la mémoire par une impression des sens ; autrement, ils verront trop souvent se réaliser le *sus Minervam* (le pourceau qui en remontre à Minerve).

Un excellent proverbe arabe dit : *« Plaisante avec l'esclave, il te montrera bientôt le derrière. »* La maxime d'Horace : *« Sume superbiam quœsitam meritis »* (Conserve le noble orgueil qui revient au mérite) n'est pas non plus à dédaigner. La modestie est bien une vertu inventée principalement à l'usage des coquins, car elle exige que chacun parle de soi comme s'il en était un : cela établit une égalité de niveau admirable et produit la même apparence que s'il n'y avait que des coquins.

Cependant l'orgueil au meilleur marché, c'est l'orgueil national. Il trahit chez celui qui en est atteint l'absence de qualités *individuelles* dont il puisse être fier, car, sans cela, il n'aurait pas recours à celles qu'il partage avec tant de millions d'individus. Quiconque possède des mérites personnels distingués reconnaîtra, au contraire, plus clairement les défauts de sa propre nation, puisqu'il l'a toujours présente à la vue. Mais tout piteux imbécile, qui n'a rien au monde dont il puisse s'enorgueillir, se rejette sur cette dernière ressource, d'être fier de la nation à laquelle il se trouve appartenir par hasard ; c'est là-dessus qu'il se rattrape, et, dans sa gratitude, il est prêt à défendre πυξ χαι λαξ (du poing et du pied) tous les défauts et toutes les sottises propres à cette nation.

Ainsi sur cinquante Anglais, par exemple, on en trouvera à peine un seul qui élève la voix pour vous approuver quand vous parlerez avec un juste mépris du bigotisme stupide et dégradant de sa nation ; mais ce seul individu sera certainement un homme de tête. Les Allemands n'ont pas l'orgueil national et prouvent ainsi cette honnêteté dont ils ont la réputation ; en revanche, c'est tout le contraire que prouvent ceux d'entre les Allemands qui professent et affectent ridiculement cet orgueil, comme le font principalement les *deutschen Brüder*[16] et les démocrates, qui flattent le peuple afin de le séduire. On prétend bien que les Allemands auraient inventé la poudre ; mais je ne suis pas de cet avis. Lichtenberg pose aussi la question suivante : « Pourquoi un homme qui n'est pas un Allemand se fera-t-il rarement passer pour tel ? et pourquoi, quand il veut se faire passer pour quelque chose, se fera-t-il passer d'ordinaire pour Français ou Anglais ? » Au reste, l'individualité, dans tout homme, est chose autrement importante que la nationalité et mérite mille fois plus que cette dernière d'être prise en considération. Honnêtement, on ne pourra jamais dire grand bien d'un caractère national, puisque « national » veut dire qu'il appartient à une foule. C'est plutôt la petitesse d'esprit, la déraison et la perversité de l'espèce humaine qui seules ressortent dans chaque pays, sous une forme différente, et c'est celle-ci que l'on appelle le caractère national. Dégoûté de l'un, nous en louons un autre, jusqu'au moment où celui-ci nous inspire le même sentiment. Chaque nation se moque de l'autre, et toutes ont raison.

La matière de ce chapitre, à savoir ce que nous représentons dans le monde, c'est-à-dire ce que nous sommes aux yeux d'autrui, peut être classée, nous l'avons dit, en *honneur, rang* et *gloire.*

Le rang, une comédie pour la foule

Quant au *rang*, quelque important qu'il paraisse aux yeux de la foule et des *« philistins »*, et quelque grande que puisse être son utilité comme rouage dans la machine de l'État, nous en aurons fini avec lui en peu de mots, pour atteindre notre but. C'est une valeur de convention, ou, plus correctement, une valeur simulée ; son action a pour résultat une considération simulée, et le tout est une comédie pour la foule. Les décorations sont des lettres de change tirées sur l'opinion publique ; leur valeur repose sur le crédit du tireur. En attendant, et sans parler de tout l'argent qu'elles épargnent à l'État en remplaçant les récompenses pécuniaires, elles n'en sont pas moins une institution des plus heureuses, supposé que leur distribution se fasse avec discernement et équité. En effet, la foule a des yeux et des oreilles, mais elle n'a guère davantage ; elle a surtout infiniment peu de jugement, et sa mémoire même est courte. Certains mérites sont tout à fait hors de la portée de sa compréhension ; il y en a d'autres qu'elle comprend et acclame à leur apparition, mais qu'elle a bien vite fait d'oublier. Cela étant, je trouve tout à fait convenable, partout et toujours, de crier à la foule, par l'organe d'une croix ou d'une étoile : « Cet homme que vous voyez n'est pas de vos pareils ; il a des mérites ! » Cependant, par une distribution injuste, déraisonnable ou excessive, les décorations perdent leur prix ; aussi un prince devrait-il apporter autant de circonspection à en accorder qu'un commerçant à signer des lettres de change. L'inscription : *« Pour le mérite »*, sur une croix, est un pléonasme ; toute décoration devrait être « pour le mérite, ça va sans dire[17] ».

L'honneur, définition

La discussion de *l'honneur* sera beaucoup plus difficile et plus longue que celle du rang. Avant tout, nous aurons à le définir. Si à cet effet je disais : « L'honneur est la conscience extérieure, et la conscience est l'honneur intérieur », cette définition pourrait peut-être plaire à quelques-uns ; mais ce serait là une explication brillante plutôt que nette et bien fondée. Aussi dirai-je : « L'honneur est, objectivement, l'opinion qu'ont les autres de notre valeur, et, subjectivement, la crainte que nous inspire cette opinion. En cette dernière qualité, il a souvent une action très salutaire, quoique nullement fondée en morale pure, sur l'homme d'honneur. »

La racine et l'origine de ce sentiment de l'honneur et de la honte, inhérent à tout homme qui n'est pas encore entièrement corrompu, et le motif de la haute valeur attribuée à l'honneur, vont être exposés dans les considérations qui suivent. L'homme ne peut, à lui seul, que très peu de choses : il est un Robinson abandonné ; ce n'est qu'en communauté avec les autres qu'il est et peut beaucoup. Il se rend compte de cette condition dès l'instant où sa conscience commence tant soit peu à se développer, et aussitôt s'éveille en lui le désir d'être compté comme un membre utile de la société, capable de concourir *« pro parte virili*[18] » à l'action commune, et ayant droit ainsi à participer aux avantages de la communauté humaine. Il y réussit en s'acquittant d'abord de ce qu'on exige et attend de tout homme en toute position, et ensuite de ce qu'on exige et attend de lui dans la position spéciale qu'il occupe. Mais il reconnaît tout aussi vite que ce qui importe, ce n'est pas d'être un homme de cette trempe dans sa propre opinion, mais dans celle des autres. Voilà l'origine de l'ardeur avec laquelle il brigue l'*opinion* favorable d'autrui et du prix élevé qu'il y attache.

Ces deux tendances se manifestent avec la spontanéité d'un sentiment inné, que l'on appelle le sentiment de l'honneur et, dans certaines circonstances, le sentiment de la pudeur *(verecundia).* C'est là le sentiment qui lui chasse le sang aux joues dès qu'il se croit menacé de diminuer dans l'opinion des autres, bien qu'il se sache innocent, et alors même que la faute dévoilée n'est qu'une infraction relative, c'est-à-dire ne concerne qu'une obligation bénévolement assumée. D'autre part, rien ne fortifie plus en lui le courage de vivre que la certitude acquise ou renouvelée de la bonne opinion des hommes, car elle lui assure la protection et le secours des forces réunies de l'ensemble qui constitue un rempart infiniment plus puissant contre les maux de la vie que ses seules forces.

Des relations diverses, dans lesquelles un homme peut se trouver avec d'autres individus et qui mettent ceux-ci dans le cas de lui accorder de la confiance, par conséquent d'avoir, comme on dit, bonne opinion de lui, naissent plusieurs espèces d'honneur. Les principales de ces relations sont le mien et le tien, les devoirs auxquels on s'oblige, enfin le rapport sexuel, auxquelles correspondent l'*honneur bourgeois*, l'*honneur de la fonction* et l'*honneur sexuel*, dont chacun présente encore des sous-genres.

1) l'honneur bourgeois

L'*honneur bourgeois* possède la sphère la plus étendue : il consiste dans la présupposition que nous respecterons absolument les droits de chacun et que, par conséquent, nous n'emploierons jamais, à notre avantage, des moyens injustes ou illicites. Il est la condition de la participation à tout commerce pacifique avec les hommes. Il suffit, pour le perdre, d'une seule action qui lui soit fortement et manifestement contraire ; comme conséquence, toute peine criminelle nous le ravit également, à la seule condition que la peine ait été juste. L'honneur repose cependant toujours, en dernière analyse, sur la conviction de l'immutabilité du caractère moral, en vertu de laquelle une seule mauvaise action garantit une qualité identique de moralité pour toutes les actions ultérieures, dès que des circonstances semblables se présenteront encore : c'est ce qu'indique aussi l'expression anglaise *« character »*, qui signifie renom, réputation, honneur. Voilà pourquoi aussi la perte de l'honneur est irréparable, à moins qu'elle ne soit due à une calomnie ou à de fausses apparences. Aussi y a-t-il des lois contre la calomnie, les libelles et contre les injures également ; car l'injure, la simple insulte, est une calomnie sommaire, sans indication de motifs : en grec, on pourrait très bien rendre cette pensée ainsi : « Εστι η λοιδορια διαβολη συντομος » (L'injure est une calomnie abrégée) ; cette maxime ne se trouve cependant exprimée nulle part. Il est de fait que celui qui injurie n'a rien de réel ni de vrai à produire contre l'autre, sans quoi il l'énoncerait comme prémisses et abandonnerait tranquillement, à ceux qui l'écoutent, le soin de tirer la conclusion ; mais au contraire, il donne la conclusion et omet de fournir les prémisses ; il compte sur la supposition dans l'esprit des auditeurs qu'il procède ainsi pour abréger seulement.

L'honneur bourgeois tire, il est vrai, son nom de la classe bourgeoise, mais son autorité s'étend sur toutes les classes indistinctement, sans en excepter même les plus élevées : nul ne peut s'en passer ; c'est une affaire des plus sérieuses, que l'on doit bien se garder de prendre à la légère. Quiconque viole la foi et la loi demeure à jamais un homme sans foi ni loi, quoi qu'il fasse et quoi qu'il puisse être ; les fruits amers que la perte de l'honneur apporte avec soi ne tarderont pas à se produire.

L'*honneur* a, dans un certain sens, un caractère *négatif*, par opposition à la *gloire* dont le caractère est *positif*, car l'honneur n'est pas cette opinion qui porte sur certaines qualités spéciales, n'appartenant qu'à un seul individu ; mais c'est celle qui porte sur des qualités d'ordinaire présupposées, que cet individu est tenu de posséder également. L'honneur se contente donc d'attester que ce sujet ne fait pas exception, tandis que la gloire affirme qu'il en est une. La gloire doit donc s'acquérir ; l'honneur au contraire n'a besoin que de ne pas se perdre. Par conséquent absence de gloire, c'est de l'obscurité, du *négatif* ; absence d'honneur, c'est de la honte, du *positif*. Mais il ne faut pas confondre cette condition négative avec la passivité ; tout au contraire, l'honneur a un caractère tout actif. En effet, il procède uniquement de *son sujet* : il est fondé sur la *propre* conduite de celui-ci et non sur les actions d'autrui ou sur des faits extérieurs ; il est donc « των εφ'ημιν » (une qualité intérieure). Nous verrons bientôt que c'est là une marque distinctive entre le véritable honneur et l'honneur chevaleresque ou faux honneur. Du dehors, il n'y a d'attaque possible contre l'honneur que par la calomnie ; le seul moyen de défense, c'est une réfutation accompagnée de la publicité nécessaire pour démasquer le calomniateur.

Le respect que l'on accorde à l'âge semble reposer sur ce que l'honneur des jeunes gens, quoique admis par supposition, n'est pas encore mis à l'épreuve et par conséquent n'existe à proprement parler qu'à crédit, tandis que pour les hommes plus âgés on a pu constater dans le cours de leur vie si par leur conduite ils ont su garder leur honneur. Car ni les années par elles-mêmes – les animaux atteignant eux aussi un âge avancé et souvent plus avancé que l'homme – ni l'expérience non plus comme simple connaissance plus intime de la marche de ce monde, ne justifient suffisamment le respect des plus jeunes pour les plus âgés, respect que l'on exige pourtant universellement ; la simple faiblesse sénile donnerait droit au ménagement plutôt qu'à la considération. Il est remarquable néanmoins qu'il y a dans l'homme un certain respect inné, réellement instinctif, pour les cheveux blancs. Les rides, signe bien plus certain de la vieillesse, ne l'inspirent nullement. On n'a jamais fait mention de rides respectables ; l'on dit toujours : de vénérables cheveux blancs.

L'honneur n'a qu'une valeur indirecte. Car, ainsi que je l'ai développé au commencement de ce chapitre, l'opinion des autres à notre égard ne peut avoir de valeur pour nous qu'en tant qu'elle détermine ou peut déterminer éventuellement leur conduite envers nous. Il est vrai que c'est ce qui arrive toujours aussi longtemps que nous vivons avec les hommes ou parmi eux. En effet, comme dans l'état de civilisation c'est à la société seule que nous devons notre sûreté et notre avoir, comme en outre nous avons, dans toute entreprise, besoin des autres, et qu'il nous faut avoir leur confiance pour qu'ils entrent en relation avec nous, leur opinion sera d'un grand prix à nos yeux ; mais ce prix sera toujours indirect, et je ne saurais admettre qu'elle puisse avoir une valeur directe. C'est aussi l'avis de Cicéron (*De Fin.*, III, 17) : *De bona autem fama Chrysippus quidem et Diogenes, detracta utilitate, ne digitum quidem, ejus causa, porrigendum esse dicebant. Quibus ego vehementer assentior* (Quant à la bonne renommée, Chrysippe et Diogène disaient que, si l'on retranchait l'utilité qui en revient, elle ne vaudrait pas la peine qu'on remuât pour elle le bout du doigt, et pour moi je suis fort de leur sentiment). Helvétius aussi, dans son chef-d'œuvre *De l'esprit* (disc. III, chap. 13), développe longuement cette vérité et arrive à la conclusion suivante : *Nous n'aimons pas l'estime pour l'estime, mais uniquement pour les avantages qu'elle procure.* Or, le moyen ne pouvant valoir plus que la fin, cette maxime pompeuse : *L'honneur passe avant la vie*, ne sera jamais, comme nous l'avons déjà dit, qu'une hyperbole.

Voilà pour ce qui concerne l'honneur bourgeois.

2) l'honneur de la fonction

L'*honneur de la fonction*, c'est l'opinion générale qu'un homme revêtu d'un emploi possède effectivement toutes les qualités requises et s'acquitte ponctuellement et en toutes circonstances des obligations de sa charge. Plus, dans l'État, la sphère d'action d'un homme est importante et étendue, plus le poste qu'il occupe est élevé et influent, et plus grande doit être aussi l'opinion que l'on a des qualités intellectuelles et morales qui l'en rendent digne ; par conséquent, le degré d'honneur qu'on lui accorde et qui se manifeste par des titres, par des décorations, etc., devra s'élever, et l'humilité dans la conduite des autres envers lui s'accentuer progressivement. C'est la position d'un homme qui détermine constamment, mesuré à la même échelle, le degré particulier d'honneur qui lui est dû ; ce degré peut néanmoins être modifié par la facilité plus ou moins grande des masses à comprendre l'importance de cette position. Mais on attribuera toujours plus d'honneur à celui qui a des obligations toutes spéciales à remplir, qu'au simple bourgeois dont l'honneur repose principalement sur des qualités négatives.

L'honneur de la fonction exige, en outre, que celui qui occupe une charge la fasse respecter, à cause de ses collègues et de ses successeurs ; pour y parvenir, il doit, comme nous l'avons dit, s'acquitter ponctuellement de ses devoirs ; mais, de plus, il ne doit laisser impunie aucune attaque contre le poste ou contre lui-même, en tant que fonctionnaire : il ne permettra donc jamais qu'on vienne dire qu'il ne remplit pas scrupuleusement les devoirs de sa fonction, ou que celle-ci n'est d'aucune utilité pour le pays ; il devra, au contraire, en faisant châtier le coupable par les tribunaux, prouver que ces attaques étaient injustes.

Comme sous-ordres de cet honneur, nous trouvons celui du serviteur de l'État, du médecin, de l'avocat, de tout professeur public, de tout gradué même, bref, de quiconque, en vertu d'une déclaration officielle, a été proclamé capable de quelque travail intellectuel et qui, par là même, s'est obligé à l'exécuter ; en un mot, l'honneur en cette qualité même de tous ceux que l'on peut comprendre sous la désignation d'*engagés publics*. Dans cette catégorie il faut donc mettre aussi le véritable *honneur militaire*, qui consiste en ce que tout homme qui s'est engagé à défendre la patrie commune possède réellement les qualités voulues, ainsi avant tout le courage, la bravoure et la force, et qu'il est résolument prêt à la défendre jusqu'à la mort et à n'abandonner à aucun prix le drapeau auquel il a prêté serment. J'ai donné ici à l'*honneur de la fonction* une signification très large, car, dans l'acception ordinaire, cette expression désigne le respect dû par les citoyens à la fonction elle-même.

3) l'honneur sexuel

L'*honneur sexuel* me semble demander à être examiné de plus près, et les principes en doivent être recherchés jusqu'à sa racine ; cela viendra confirmer en même temps que tout honneur repose, en définitive, sur des considérations d'utilité. Envisagé dans sa nature, l'honneur sexuel se divise en honneur des femmes et honneur des hommes, et constitue, des deux parts, un *esprit de corps* bien entendu. Le premier est de beaucoup le plus important des deux, car, dans la vie des femmes, le rapport sexuel est l'affaire principale. Ainsi donc, l'*honneur féminin* est, quand on parle d'une fille, l'opinion générale qu'elle ne s'est donnée à aucun homme, et, pour une femme mariée, qu'elle ne s'est donnée qu'à celui auquel elle est unie par mariage.

L'importance de cette opinion se fonde sur les considérations suivantes. Le sexe féminin réclame et attend du sexe masculin absolument tout, tout ce qu'il désire et tout ce qui lui est nécessaire ; le sexe masculin ne demande à l'autre, avant tout et directement, qu'une unique chose. Il a donc fallu s'arranger de telle façon que le sexe masculin ne pût obtenir cette unique chose qu'à la charge de prendre soin de tout, et par-dessus le marché aussi des enfants à naître ; c'est sur cet arrangement que repose le bien-être de tout le sexe féminin. Pour que l'arrangement puisse s'imposer, il faut nécessairement que toutes les femmes tiennent ferme ensemble et montrent de l'*esprit de corps*. Elles se présentent alors comme un seul tout, en rangs serrés, devant la masse entière du sexe masculin, comme devant un ennemi commun qui, ayant, de par la nature et en vertu de la prépondérance de ses forces physiques et intellectuelles, la possession de tous les biens terrestres, doit être vaincu et conquis, afin d'arriver, par sa possession, à posséder en même temps les biens terrestres. Dans ce but, la maxime d'honneur de tout le sexe féminin est que toute cohabitation en dehors du mariage sera absolument interdite aux hommes, afin que chacun de ceux-ci soit contraint au mariage qui est une espèce de capitulation et qu'ainsi toutes les femmes soient pourvues. Ce résultat ne peut être obtenu en entier que par l'observation rigoureuse de la maxime ci-dessus ; aussi le sexe féminin tout entier veille-t-il avec un véritable « esprit de corps » à ce que tous ses membres l'exécutent fidèlement. En conséquence, toute fille qui, par le concubinage, se rend coupable de trahison envers son sexe, est repoussée par le corps entier et notée d'infamie, car le bien-être de la communauté péricliterait si le procédé se généralisait ; on dit alors : Elle a perdu son honneur. Aucune femme ne doit plus la fréquenter ; on l'évite comme une pestiférée. Le même sort attend la femme adultère, parce qu'elle a violé la capitulation consentie par le mari, et qu'un tel exemple rebute les hommes de conclure de ces conventions, alors que cependant le salut de toutes les femmes en dépend. Mais, de plus, comme une pareille action comprend une tromperie et un grossier manquement de parole, la femme adultère perd non seulement l'honneur sexuel, mais encore l'honneur bourgeois. C'est pourquoi l'on peut bien dire, comme pour l'excuser : « une fille tombée » ; on ne dira jamais : « une femme tombée » ; le séducteur peut rendre l'honneur à la première par le mariage, mais jamais l'adultère à sa complice, après divorce. Après cet exposé si clair, on reconnaîtra que la base du principe de l'honneur féminin est un « esprit de corps » salutaire, nécessaire même, mais néanmoins bien calculé et fondé sur l'intérêt ; on pourra bien lui attribuer la plus haute importance dans la vie de la femme, on pourra lui accorder une grande valeur relative, mais jamais une valeur absolue, dépassant celle de la vie avec ses fins ; on n'admettra jamais, non plus, que cette valeur aille jusqu'à devoir être payée au prix même de l'existence. On ne pourra donc approuver ni Lucrèce ni Virginius, avec leur exaltation dégénérant en farces tragiques. La péripétie, dans le drame d'*Emilia Galotti*, pour la même raison a quelque chose de tellement révoltant que l'on sort du spectacle, tout à fait mal disposé. En revanche, et en dépit de l'honneur sexuel, on ne peut s'empêcher de sympathiser avec Clärchen dans *Egmont*. Cette façon de pousser à l'extrême le principe de l'honneur féminin appartient, comme tant d'autres, à l'oubli de la fin pour les moyens ; on attribue à l'honneur sexuel, par de telles exagérations, une valeur absolue, alors que, plus que tout autre honneur, il n'en a qu'une relative ; on est même porté à dire qu'elle est purement conventionnelle quand on lit Thomasius, *« De concubinatu »* ; on y voit que, jusqu'à la réformation de Luther, dans presque tous les pays et de tout temps, le concubinage a été un état permis et reconnu par la loi, et où la concubine ne cessait pas d'être honorable : sans parler de la Mylitta de Babylone (Voir Hérodote, I, 199), etc. Il est aussi telles convenances sociales qui rendent impossible la formalité extérieure du mariage, surtout dans les pays catholiques où le divorce n'existe pas ; mais, dans tous les pays, cet obstacle existe pour les souverains ; à mon avis cependant, entretenir une maîtresse est, de leur part, une action bien plus morale qu'un mariage morganatique ; les enfants issus de semblables unions peuvent élever des prétentions dans le cas où la descendance légitime viendrait à s'éteindre, d'où résulte la possibilité, bien que très éloignée, d'une guerre civile. Au surplus, le mariage morganatique, c'est-à-dire conclu en dépit de toutes les convenances extérieures, est, en définitive, une concession faite aux femmes et aux prêtres, deux classes auxquelles il faut se garder, autant qu'on le peut, de concéder quelque chose. Considérons encore que tout homme, dans son pays, peut épouser la femme de son choix ; il en est un seul à qui ce droit naturel est ravi ; ce pauvre homme c'est le souverain. Sa main appartient au pays ; on ne l'accorde qu'en vue de la raison d'État, c'est-à-dire de l'intérêt de la nation. Et cependant ce prince est homme ; il aimerait aussi à suivre une fois le penchant de son cœur. Il est injuste et ingrat autant que d'esprit petit-bourgeois de défendre ou de reprocher au souverain de vivre avec sa maîtresse, bien entendu aussi longtemps qu'il ne lui accorde aucune influence sur les affaires. De son côté aussi, cette maîtresse, par rapport à l'honneur sexuel, est pour ainsi dire une femme exceptionnelle, en dehors de la règle commune ; elle ne s'est donnée qu'à un seul homme ; elle l'aime, elle en est aimée, et il ne pourra jamais la prendre pour femme. Ce qui prouve surtout que le principe de l'honneur féminin n'a pas une origine purement naturelle, ce sont les nombreux et sanglants sacrifices qu'on lui apporte par l'infanticide et par le suicide des mères. Une fille qui se donne illégitimement viole, il est vrai, sa foi envers son sexe entier ; mais cette foi n'a été qu'acceptée tacitement, elle n'a pas été jurée. Et comme, dans la plupart des cas, c'est son propre intérêt qui en souffre le plus directement, sa folie est alors infiniment plus grande que sa dépravation.

L'honneur sexuel des hommes est provoqué par celui des femmes, à titre d'esprit de corps opposé ; tout homme qui se soumet au mariage, c'est-à-dire à cette capitulation si avantageuse pour la partie adverse, contracte l'obligation de veiller désormais à ce qu'on respecte la capitulation, afin que ce pacte lui-même ne vienne à perdre de sa solidité si l'on prenait l'habitude de ne le garder que négligemment ; il ne faut pas que les hommes, après avoir tout livré, arrivent à ne pas même être assurés de l'unique chose qu'ils ont stipulée en retour, savoir la possession exclusive de l'épouse. L'honneur du mari exige alors qu'il venge l'adultère de sa femme, et le punisse au moins par la séparation. S'il le supporte, bien qu'il en ait connaissance, la communauté masculine le couvre de honte ; mais celle-ci n'est, à beaucoup près, pas aussi pénétrante que celle de la femme qui a perdu son honneur sexuel. Elle est, tout au plus, une *levioris notæ macula* (une souillure de moindre importance), car les relations sexuelles sont une affaire secondaire pour l'homme, vu la multiplicité et l'importance de ses autres relations. Les deux grands poètes dramatiques des Temps modernes ont chacun pris deux fois pour sujet cet honneur masculin : Shakespeare dans *Othello* et le *Conte d'hiver* et Calderón dans *El médico de su honra* (Le Médecin de son honneur) et dans *A secreto agravio secreta venganza* (À outrage secret, secrète vengeance). Du reste, cet honneur ne demande que le châtiment de la femme et non celui de l'amant ; la punition de ce dernier n'est que *opus supererogationis* (par-dessus le marché), ce qui confirme bien que son origine est dans *« l'esprit de corps »* des maris.

L'honneur chevaleresque

L'honneur, tel que je l'ai considéré jusqu'ici dans ses genres et dans ses principes, se trouve régner généralement chez tous les peuples et à toutes les époques, quoiqu'on puisse découvrir quelques modifications locales et temporaires des principes de l'honneur féminin. Mais il existe un genre d'honneur entièrement différent de celui qui a cours généralement et partout, dont ni les Grecs ni les Romains n'avaient la moindre idée, pas plus que les Chinois, les Hindous ni les mahométans jusqu'aujourd'hui encore. En effet, il est né au Moyen Âge et ne s'est acclimaté que dans l'Europe chrétienne ; ici même, il n'a pénétré que dans une fraction minime de la population, savoir, parmi les classes supérieures de la société et parmi leurs émules. C'est l'*honneur chevaleresque* ou le *point d'honneur*. Sa base diffère totalement de celle de l'honneur dont nous avons traité jusqu'ici ; sur quelques points, elle en est même l'opposé, puisque l'un fait l'*homme honorable*, et l'autre, par contre, l'*homme d'honneur*. Je vais donc exposer ici, séparément, leurs principes, sous forme de code ou miroir de l'honneur chevaleresque.

1) l'importance des manifestations

1. L'honneur ne consiste pas dans l'opinion d'autrui sur notre mérite, mais uniquement dans les *manifestations* de cette opinion ; peu importe que l'opinion manifestée existe réellement ou non, et encore moins qu'elle soit, ou non, fondée. Par

conséquent, le monde peut avoir la pire opinion sur notre compte à cause de notre conduite, il peut nous mépriser tant que bon lui semble ; cela ne nuit en rien à notre honneur, aussi longtemps que personne ne se permet de le dire à haute voix. Mais, à l'inverse, si même nos qualités et nos actions forçaient tout le monde à nous estimer hautement (car cela ne dépend pas de son libre arbitre), il suffira d'un seul individu – fût-ce le plus infâme et le plus bête – qui énonce son mépris à notre égard, et voilà du coup notre honneur endommagé, perdu même à jamais, si nous ne le réparons. Un fait qui démontre surabondamment qu'il ne s'agit nullement de l'opinion elle-même, mais uniquement de sa manifestation extérieure, c'est que les paroles offensantes peuvent être retirées, qu'au besoin on peut en demander le pardon, et alors elles sont comme si elles n'avaient jamais été prononcées ; la question de savoir si l'opinion qui les avait provoquées a changé en même temps et pourquoi elle se serait modifiée ne fait rien à l'affaire ; on n'annule que la manifestation, et alors tout est en règle. Le résultat que l'on a en vue n'est donc pas de mériter le respect, mais de l'extorquer.

2) l'insulte

2. L'honneur d'un homme ne dépend pas de *ce qu'il fait*, mais de *ce qu'on lui fait*, de ce qui lui arrive. Nous avons étudié plus haut l'honneur qui règne partout ; ses principes nous ont démontré qu'il dépend exclusivement de ce qu'un homme dit ou fait lui-même ; en revanche, l'honneur chevaleresque résulte de ce qu'un autre dit ou fait. Il est donc placé dans la main, ou simplement suspendu au bout de la langue du premier venu : pour peu que celui-ci y porte la main, l'honneur est, à tout instant, en danger de se perdre pour toujours, à moins que l'offensé ne le reprenne par la violence. Nous parlerons tout à l'heure des formalités à accomplir pour le remettre en place. Toutefois cette procédure ne peut être suivie qu'au péril de la vie, de la liberté, de la fortune et de la tranquillité d'esprit. La

conduite d'un homme fût-elle la plus honorable et la plus noble, son âme la plus pure et sa tête la plus éminente, tout cela n'empêchera pas que son honneur ne puisse être perdu, sitôt qu'il plaira à un individu quelconque de l'injurier ; et, sous la seule réserve de n'avoir pas encore violé les préceptes de l'honneur en question, cet individu pourra être le plus vil coquin, la brute la plus stupide, un fainéant, un joueur, un homme perdu de dettes, bref un être qui n'est pas digne que l'autre le regarde. C'est même d'ordinaire à une créature de cette espèce qu'il plaira d'insulter, car Sénèque (*De constantia*, 11) a justement observé que *« ut quisque contemptissimus et ludibrio est, ita solutissimæ linguæ est »* (Plus un homme est méprisable et honni, plus son langage se fait libre) ; et c'est contre l'homme éminent que nous avons décrit plus haut qu'un être vil s'acharnera de préférence, parce que les contraires se haïssent et que l'aspect de qualités supérieures éveille habituellement une sourde rage dans l'âme des misérables ; c'est pourquoi Goethe dit :

Was klagst du über Feinde ?
Sollten Solche je werden Freunde,
Denen das Wesen, wie du bist,
Im Stillen ein ewiger Vorwurf ist ?

(Pourquoi te plaindre de tes ennemis ? Pourraient-ils jamais être tes amis, des hommes pour lesquels une nature comme la tienne est, en secret, un reproche éternel ?) – (Trad. Porchat, vol. I, p. 564.)

On voit combien les gens de cette espèce doivent de reconnaissance au principe de l'honneur qui les met de niveau avec ceux qui leur sont supérieurs à tous égards. Qu'un pareil individu lance une injure, c'est-à-dire attribue à l'autre quelque vilaine qualité ; si celui-ci n'efface pas bien vite l'insulte avec du sang, elle passera, provisoirement, pour un jugement objectivement vrai et fondé, pour un décret ayant force de loi ; l'affirmation pourra même rester à jamais vraie et valable. En d'autres termes, l'insulté reste (aux yeux de tous les « hommes d'honneur ») ce que l'insulteur (fût-il le dernier des hommes) a dit qu'il était, car il a « dévoré l'affront » (c'est là le *« terminus technicus »*). Dès lors, les « hommes d'honneur » le mépriseront profondément ; ils le fuiront comme s'il avait la peste ; ils refuseront, par exemple, hautement et publiquement d'aller dans une société où on le reçoit, etc. Je crois pouvoir avec certitude faire remonter au Moyen Âge l'origine de ce louable sentiment. En effet, C. G. de Wächter (vid. *Beiträge zur deutschen Geschichte, besonders des deutschen Strafrechts*, 1845) nous apprend que jusqu'au XVe siècle, dans les procès criminels, ce n'était pas à l'accusateur à prouver la culpabilité, c'était à l'accusé à prouver son innocence. Cette preuve pouvait se faire par le serment de purgation, pour lequel il lui fallait des assistants *(consacramentales)* qui jurassent être convaincus qu'il était incapable d'un parjure. S'il ne pouvait pas trouver d'assistants, ou si l'accusateur les récusait, alors intervenait le jugement de Dieu, qui consistait d'ordinaire dans le duel. Car le « dénoncé » devenait alors un « insulté » et devait se purger de l'insulte. Voilà donc l'origine de cette notion de « l'insulte » et de toute cette procédure telle qu'elle est pratiquée encore aujourd'hui parmi les « hommes d'honneur », sauf le serment.

Cela nous explique aussi la profonde indignation obligée qui saisit les « hommes d'honneur » quand ils s'entendent accuser de mensonge, ainsi que la vengeance sanglante qu'ils en tirent ; ce qui semble d'autant plus étrange que le mensonge est une chose de tous les jours. En Angleterre surtout, le fait s'est élevé à la hauteur d'une superstition profondément enracinée (quiconque menace de mort celui qui l'accuse de mensonge devrait, en réalité, n'avoir jamais menti de sa vie). Dans ces procès criminels du Moyen Âge il y avait une procédure plus sommaire encore ; elle consistait en ce que l'accusé répliquait à l'accusateur : « Tu en as menti » ; après quoi, on en appelait immédiatement au jugement de Dieu : de là dérive, dans le code de l'honneur chevaleresque, l'obligation d'avoir sur l'heure à en appeler aux armes, quand on vous a adressé le reproche d'avoir menti. Voilà pour ce qui concerne l'injure. Mais il existe quelque chose de pire que l'injure, quelque chose de tellement horrible que je dois demander pardon aux « hommes d'honneur » d'oser seulement le mentionner dans ce code de l'honneur chevaleresque ; je n'ignore pas que, rien que d'y penser, ils auront la chair de poule, et que leurs cheveux se dresseront sur leurs têtes, car cette chose est le *Summum malum*[19], de tous les maux le plus grand sur terre, plus redoutable que la mort et la damnation. Il peut arriver, en effet, *horribile dictu*[20], il peut arriver qu'un individu applique à un autre une claque ou un coup. C'est là une épouvantable catastrophe ; elle amène une mort si complète de l'honneur que, si l'on peut à la rigueur guérir par de simples saignées toutes les autres lésions de l'honneur, celle-ci, pour sa guérison radicale, exige que l'on tue complètement.

3) un traitement palliatif

3. L'honneur ne s'inquiète pas de ce que peut être l'homme en soi et par soi, ni de la question de savoir si la condition morale d'un être ne peut pas se modifier quelque jour, et autres semblables pédanteries d'école. Lorsque l'honneur a été endommagé ou perdu pour un moment, il peut être promptement et entièrement rétabli, mais à la condition qu'on s'y prenne au plus vite ; cette unique panacée, c'est le duel. Si, toutefois, l'auteur du dommage n'appartient pas aux classes sociales qui professent le code de l'honneur chevaleresque, ou s'il a violé ce code en quelque occasion, il y a, surtout quand le dommage a été causé par des voies de fait, mais alors même qu'il ne l'a été que par des paroles, il y a, disons-nous, une opération infaillible à entreprendre : c'est, si l'on est armé, de lui passer sur-le-champ ou encore, à la rigueur, une heure après, son arme au travers du corps ; de cette façon, l'honneur est rétabli. Mais parfois l'on veut éviter cette opération, parce que l'on appréhende les désagréments qui en pourraient résulter ; alors si l'on n'est pas

bien sûr que l'offenseur se soumette aux lois de l'honneur chevaleresque, on a recours à un remède palliatif qui s'appelle l'*avantage*. Celui-ci consiste, lorsque l'adversaire a été grossier, à l'être notablement plus que lui ; si pour cela les injures ne suffisent pas, on a recours aux coups : et même ici il y a encore un *climax*, une gradation dans la réhabilitation : on guérit les soufflets par des coups de bâton, ceux-ci par des coups de fouet de chasse ; contre ces derniers mêmes, il y a des gens qui recommandent, comme d'une efficacité éprouvée, de cracher au visage. Mais, dans le cas où l'on n'arrive pas à temps avec ces remèdes-là, il faut sans faute procéder aux opérations sanglantes. Cette méthode de traitement palliatif se base, au fond, sur la maxime suivante :

4) les avantages de la grossièreté

4. De même qu'être insulté est une honte, de même insulter est un honneur. Ainsi, que la vérité, le droit et la raison soient du côté de mon adversaire, mais que je l'injurie ; aussitôt il n'a plus qu'à aller au diable, avec tous ses mérites ; le droit et l'honneur sont de mon côté, et lui, par contre, a provisoirement perdu l'honneur, jusqu'à ce qu'il le rétablisse ; par le droit et la raison, croyez-vous ? non pas, par le pistolet ou l'épée. Donc, au point de vue de l'honneur, la grossièreté est une qualité qui supplée ou domine toutes les autres ; le plus grossier a toujours raison : *quid multa*[21] ? Quelque bêtise, quelque inconvenance, quelque infamie qu'on ait pu commettre, une grossièreté leur enlève ce caractère et les légitime séance tenante. Que dans une discussion, ou dans une simple conversation, un autre déploie une connaissance plus exacte de la question, un amour plus sévère de la vérité, un jugement plus sain, plus de raison, en un mot qu'il mette en lumière des mérites intellectuels qui nous mettent dans l'ombre, nous n'en pouvons pas moins effacer d'un coup toutes ces supériorités, voiler notre indigence d'esprit qu'il vient de révéler et être supérieur à notre tour en devenant grossier et offensant. Car une grossièreté terrasse tout argument

et éclipse tout esprit. Si donc notre adversaire ne se met pas aussi de la partie et ne réplique pas par une grossièreté encore plus grande, auquel cas nous en arrivons au noble assaut pour l'*avantage*, c'est nous qui sommes victorieux, et l'honneur est de notre côté : vérité, instruction, jugement, intelligence, esprit, tout cela doit plier bagage et fuir devant la divine grossièreté. Aussi les « hommes d'honneur », dès que quelqu'un émet une opinion différente de la leur ou déploie plus de raison qu'ils n'en peuvent mettre en campagne, feront-ils mine immédiatement d'enfourcher ce cheval de bataille ; lorsque, dans une controverse, ils manquent d'arguments à vous opposer, ils chercheront quelque grossièreté, ce qui fait le même office et est plus facile à trouver : après quoi ils s'en vont triomphants. Après ce que nous venons d'exposer, n'a-t-on pas raison de dire que le principe de l'honneur ennoblit le ton de la société ?

La maxime dont nous venons de nous occuper repose à son tour sur la suivante, qui est à proprement dire le fondement et l'âme du présent code.

5) l'animalité

5. La cour suprême de justice, celle devant laquelle, dans tous les différends touchant l'honneur, on peut en appeler de toute autre instance, c'est la force physique, c'est-à-dire l'animalité. Car toute grossièreté est à vrai dire un appel à l'animalité, en ce sens qu'elle prononce l'incompétence de la lutte des forces intellectuelles ou du droit moral, et qu'elle la remplace par celle des forces physiques ; dans l'espèce *homme*, que Franklin définit *a toolmaking animal* (un animal qui confectionne des outils), cette lutte s'effectue par le duel, au moyen d'armes spécialement confectionnées dans ce but, et elle amène une décision sans appel. Cette maxime fondamentale est désignée, comme on sait, par l'expression *droit de la force*, qui implique une ironie, comme en allemand le mot *Aberwitz* (absurdité), qui indique une espèce de « Witz » (esprit) qui est loin d'être du « Witz » ;

dans ce même ordre d'idée, l'honneur chevaleresque devrait s'appeler l'*honneur de la force*.

6) la parole d'honneur

6. En traitant de l'*honneur bourgeois*, nous l'avons trouvé très scrupuleux sur les chapitres du tien et du mien, des obligations contractées et de la parole donnée ; en revanche, le présent code professe sur tous ces points les principes les plus noblement libéraux. En effet, il est une *seule parole* à laquelle on ne doit pas manquer : c'est la « parole d'honneur », c'est-à-dire la parole après laquelle on a dit : « sur l'honneur », d'où résulte la présomption que l'on peut manquer à toute autre parole. Mais dans le cas même où l'on aurait violé sa parole d'honneur, l'honneur peut au besoin être sauvé au moyen de la panacée en question, le duel : nous sommes tenus de nous battre avec ceux qui soutiennent que nous avons donné notre parole d'honneur. En outre, il n'existe qu'*une seule dette* qu'il faille payer sans faute : c'est la dette de jeu, qui, pour ce motif, s'appelle « une dette d'honneur ». Quant aux autres dettes, on en flouerait juifs et chrétiens, que cela ne nuirait en rien à l'honneur chevaleresque.

L'honneur chez les Anciens

Tout esprit de bonne foi reconnaîtra à première vue que ce code étrange, barbare et ridicule de l'honneur ne saurait avoir sa source dans l'essence de la nature humaine ou dans une manière sensée d'envisager les rapports des hommes entre eux. C'est ce que confirme aussi le domaine très limité de son autorité : ce domaine, qui ne date que du Moyen Âge, se borne à l'Europe, et ici même il n'embrasse que la noblesse, la classe militaire et leurs émules. Car ni les Grecs, ni les Romains, ni les populations éminemment civilisées de l'Asie, dans l'Antiquité pas plus que dans les Temps modernes, n'ont su et ne savent le premier mot de cet honneur-là et de ses principes.

Tous ces peuples ne connaissent que ce que nous avons appelé l'honneur bourgeois. Chez eux, l'homme n'a d'autre valeur que celle que lui donne sa conduite entière, et non celle que lui donne ce qu'il plaît à une mauvaise langue de dire sur son compte. Chez tous ces peuples, ce que dit ou fait un individu peut bien anéantir *son propre* honneur, mais jamais celui d'un autre. Un coup, chez tous ces peuples, n'est pas autre chose qu'un coup, tel que tout cheval ou tout âne en peut appliquer, et de plus dangereux encore : un coup pourra, à l'occasion, éveiller la colère ou porter à s'en venger sur l'heure, mais il n'a rien de commun avec l'honneur. Ces nations ne tiennent pas des livres où l'on passe en compte les coups ou les injures, ainsi que les *satisfactions* que l'on a eu soin, ou qu'on a négligé d'en tirer. Pour la bravoure et le mépris de la vie, elles ne le cèdent en rien à celles de l'Europe chrétienne. Les Grecs et les Romains étaient certes des héros accomplis, mais ils ignoraient entièrement le « point d'honneur ». Le duel n'était pas chez eux l'affaire des classes nobles, mais celle de vils gladiateurs, d'esclaves abandonnés et de criminels condamnés, que l'on excitait à se battre, en les faisant alterner avec des bêtes féroces, pour l'amusement du peuple. À l'introduction du christianisme, les jeux de gladiateurs furent abolis, mais à leur place et en plein christianisme on a institué le duel par l'intermédiaire du jugement de Dieu. Si les premiers étaient un sacrifice cruel offert à la curiosité publique, le duel en est un, tout aussi cruel, au préjugé général, sacrifice où l'on n'immole pas des criminels, des esclaves ou des prisonniers, mais des hommes libres et des nobles.

Une foule de traits que l'histoire nous a conservés prouvent que les Anciens ignoraient absolument ce préjugé. Lorsque, par exemple, un chef teuton provoqua Marius en duel, ce héros lui fit répondre que, « s'il était las de la vie, il n'avait qu'à se pendre », lui proposant toutefois un gladiateur réformé avec lequel il pourrait batailler à son aise (Freinsh., *Suppl.* in Liv., l. LXVIII, c. 12). Nous lisons dans Plutarque (*Thém.*, 11) qu'Eurybiade, commandant de la flotte, dans une discussion avec Thémistocle, aurait levé la canne pour le frapper ; nous ne voyons pas que celui-ci ait tiré son épée, mais qu'il dit : « Παταξον μεν ουν, αχουσον δε » (Frappe, mais écoute). Quelle indignation le lecteur « homme d'honneur » ne doit-il pas éprouver en ne trouvant pas dans Plutarque la mention que le corps des officiers athéniens aurait immédiatement déclaré ne plus vouloir servir sous ce Thémistocle ! Aussi un écrivain français de nos jours dit-il avec raison : « Si quelqu'un s'avisait de dire que Démosthène fut un homme d'honneur, on sourirait de pitié... Cicéron n'était pas un homme d'honneur non plus » (*Soirées littéraires*, par C. Durand, Rouen, 1828, vol. II, p. 300). De plus, le passage de Platon (*De leg.*, IX et XI) sur les αιχια [22], c'est-à-dire les voies de fait, prouve assez qu'en cette matière les Anciens ne soupçonnaient même pas ce sentiment du point d'honneur chevaleresque. Socrate, à la suite de ses nombreuses disputes, a été souvent en butte à des coups, ce qu'il supportait avec calme ; un jour, ayant reçu un coup de pied, il l'accepta sans se fâcher et dit à quelqu'un qui s'en étonnait : « Si un âne m'avait frappé, irais-je porter plainte ? » (Diog. Laërce, II, 21.) Une autre fois, comme quelqu'un lui disait : « Cet homme vous invective ; ne vous injurie-t-il pas ? » il lui répondit : « Non, car ce qu'il dit ne s'applique pas à moi. » (*Ibid.*, 36.) – Stobée (*Florileg.*, éd. Gaisford, vol. I, 327-330) nous a conservé un long passage de Musonius qui permet de se rendre compte de la manière dont les Anciens envisageaient les injures : ils ne connaissaient d'autre satisfaction à obtenir que par la voie des tribunaux, et les sages dédaignaient même celle-ci. On peut voir dans le *Gorgias* de Platon qu'en effet c'était là l'unique réparation exigée pour un soufflet ; nous y trouvons aussi rapportée l'opinion de Socrate. Cela ressort encore de ce que raconte Aulu-Gelle (XX, 1) d'un certain Lucius Veratius qui s'amusait, par espièglerie et sans motif aucun, à donner un soufflet aux citoyens romains qu'il rencontrait dans la rue ; pour éviter de longues formalités, il se faisait accompagner, à cet effet, d'un esclave porteur d'un sac de monnaie de cuivre et chargé de payer, séance tenante, au passant étonné l'amende légale de

25 as. Cratès, le célèbre philosophe cynique, avait reçu du musicien Nicodrome un si vigoureux soufflet que son visage en était tuméfié et ecchymosé ; alors il s'attacha au front une planchette avec cette inscription : « Νιχοδρομος εποιει » (Nicodrome a fait cela), ce qui couvrit ce joueur de flûte d'une honte extrême pour s'être livré à une pareille brutalité (D. Laërce, VI, 89) contre un homme que tout Athènes révérait à l'égal d'un dieu lare (Apul., *Flor.*). Nous avons, à ce sujet, une lettre de Diogène de Sinope, adressée à Mélesippe, dans laquelle, après lui avoir raconté qu'il a été battu par des Athéniens ivres, il ajoute que cela ne lui fait absolument rien (Nota Casaub, ad. D. Laërce, VI, 33). Sénèque, dans le livre *De constantia sapientis*[23], depuis le chapitre X et jusqu'à la fin, traite en détail de *contumelia* (de l'outrage), pour établir que le sage le méprise. Au chapitre XIV, il dit : *« At sapiens colaphis percussus, quid faciet ? Quod Cato, cum illi os percussum esset : non excanduit, non vindicavit injuriam : nec remisit quidem, sed factam negavit »* (Mais le sage qui reçoit un soufflet, que fera-t-il ? Ce que fit Caton quand il fut frappé au visage ; il ne prit pas feu, il ne vengea pas son injure, il ne la pardonna même pas, mais il nia qu'elle eût été commise.)

« Oui, vous écriez-vous, mais c'étaient des sages ! »

Et vous, vous êtes des fous ? – D'accord.

Nous voyons donc que tout ce principe de l'honneur chevaleresque était inconnu aux Anciens précisément parce qu'ils envisageaient, de tout point, les choses sous leur aspect naturel, sans préventions et sans se laisser berner par de sinistres et déplorables sornettes de ce genre. Aussi, dans un coup au visage, ne voyaient-ils rien autre que ce qu'il est en réalité, un petit préjudice physique, tandis que pour les Modernes il est une catastrophe et un thème à tragédies, comme, par exemple, dans *Le Cid* de Corneille et dans un drame allemand plus récent, intitulé *La Force des circonstances*, mais qui devrait s'appeler plutôt *La Force du préjugé*. Mais si, un jour, un soufflet est donné dans l'Assemblée nationale à Paris, alors l'Europe entière en retentit. Les réminiscences classiques ainsi que les exemples de l'Antiquité, rapportés plus haut, doivent avoir tout à fait mal disposé les « hommes d'honneur » ; nous leur recommandons, comme antidote, de lire dans *Jacques le Fataliste*, ce chef-d'œuvre de Diderot, l'histoire de *Monsieur Desglands* ; ils y trouveront un type hors ligne d'honneur chevaleresque moderne qui pourra les délecter et les édifier à plaisir.

De tout ce qui précède, il résulte des preuves suffisantes que le principe de l'honneur chevaleresque n'est pas un principe primitif, basé sur la nature propre de l'homme ; il est artificiel, et son origine est facile à découvrir. C'est l'enfant de ces siècles où les poings étaient plus exercés que les têtes, et où les prêtres tenaient la raison enchaînée, de ce Moyen Âge enfin tant vanté, et de sa chevalerie. En ce temps, en effet, le bon Dieu n'avait pas la seule mission de veiller sur nous ; il devait aussi juger pour nous. Aussi les causes judiciaires délicates se décidaient par *ordalies* ou *jugements de Dieu*, qui consistaient, à peu d'exceptions près, dans les combats singuliers, non seulement entre chevaliers, mais même entre bourgeois, ainsi que le prouve un joli passage dans le *Henri VI* de Shakespeare (2e partie, acte 2, sc. 3). Le combat singulier ou jugement de Dieu était une instance supérieure à laquelle on pouvait en appeler de toute sentence judiciaire. De cette façon, au lieu de la raison, c'était la force et l'adresse physiques, autrement dit la nature animale, que l'on érigeait en tribunal, et ce n'était pas ce qu'un homme avait fait, mais ce qui lui était arrivé, qui décidait s'il avait tort ou raison, exactement comme procède le principe d'honneur chevaleresque aujourd'hui encore en vigueur. Si l'on conservait encore des doutes sur cette origine du duel et de ses formalités, on n'aurait, pour les lever entièrement, qu'à lire l'excellent ouvrage de J.-G. Mellingen, *The History of Duelling*, 1849. De nos jours encore, parmi les gens qui règlent leur vie sur ces préceptes – on sait que, d'ordinaire, ce ne sont précisément ni les plus instruits ni les plus raisonnables – il en est pour qui l'issue du duel représente effectivement la sentence divine dans le différend qui a amené le combat ; c'est là évidemment une opinion née d'une longue transmission héréditaire et traditionnelle.

Abstraction faite de son origine, le principe d'honneur chevaleresque a pour but immédiat de se faire accorder, par la menace de la force physique, les témoignages extérieurs de l'estime que l'on croit trop difficile ou superflu d'acquérir réellement. C'est à peu près comme si quelqu'un chauffait avec sa main la boule d'un thermomètre et voulait prouver, par l'ascension de la colonne de mercure, que sa chambre est bien chauffée. À considérer la chose de plus près, en voici le principe : de même que l'honneur bourgeois, ayant en vue les rapports pacifiques des hommes entre eux, consiste dans l'opinion que nous méritons pleine *confiance*, parce que nous respectons scrupuleusement les droits de chacun, de même l'honneur chevaleresque consiste dans l'opinion que nous sommes *à craindre*, comme étant décidés à défendre nos propres droits à outrance. La maxime qu'il vaut mieux inspirer la crainte que la confiance ne serait pas si fausse, vu le peu de fond que l'on peut faire de la justice des hommes, si nous vivions dans l'état de nature où chacun doit par soi-même garder sa personne et défendre ses droits. Mais elle ne trouve plus d'application dans notre époque de civilisation, où l'État a pris sur lui la protection de la personne et de la propriété ; elle n'est plus là que comme ces châteaux et ces donjons de l'époque du droit manuaire, inutiles et abandonnés, au milieu de campagnes bien cultivées, de chaussées animées, voire même de voies ferrées. L'honneur chevaleresque, par là même qu'il professe la maxime précédente, s'est rejeté nécessairement sur ces préjudices à la personne que l'État ne punit que légèrement, ou ne punit pas du tout, en vertu du principe : *De minimis lex non curat*[24], ces délits ne causant qu'un dommage insignifiant, et n'étant même parfois que de simples taquineries. Pour maintenir son domaine dans une sphère très élevée, il a attribué à la personne une valeur dont l'exagération est hors de toute proportion avec la nature, la condition et la destinée de l'homme ; il pousse cette valeur jusqu'à faire de l'individu quelque chose de sacré, et, trouvant tout à fait insuffisantes les peines prononcées par l'État contre les petites offenses à la personne, il prend sur lui de les punir lui-même, par des punitions toujours corporelles et même par la mort de l'offenseur. Il y a évidemment, au fond, l'orgueil le plus démesuré et l'outrecuidance la plus révoltante à oublier la nature réelle de l'homme et à prétendre le revêtir d'une inviolabilité et d'une irréprochabilité absolues. Mais tout homme décidé à maintenir de semblables principes par la violence et qui professe la maxime : *Qui m'insulte ou me frappe doit périr*, mérite pour cela seul d'être expulsé de tout pays[25]. Il est vrai qu'on met en avant toute sorte de prétextes pour farder cet orgueil incommensurable. De deux hommes intrépides, dit-on, aucun ne cédera ; dans la plus légère collision, ils en viendraient aux injures, puis aux coups et enfin au meurtre : il est donc préférable, par égard pour les convenances, de franchir les degrés intermédiaires et de recourir immédiatement aux armes. Les détails de la procédure ont été formulés alors en un système d'un pédantisme rigide, ayant ses lois et ses règles et qui est bien la farce la plus lugubre du monde ; on peut y voir, sans contredit, le panthéon glorieux de la folie. Mais le point de départ même est faux ; dans les choses de minime importance (les affaires graves restant toujours déférées à la décision des tribunaux), de deux hommes intrépides il y en a toujours un qui cède, savoir le plus sage : quand il ne s'agit que d'opinions, on ne s'en occupera même pas. Nous en trouvons la preuve dans le peuple, ou, pour mieux dire, dans toutes les nombreuses classes sociales qui n'admettent pas le principe de l'honneur chevaleresque ; ici, les différends suivent leur cours naturel, et cependant l'homicide y est cent fois moins fréquent que dans la fraction minime, 1/1 000 à peine, qui s'y soumet : les rixes mêmes sont rares. On prétend, en outre, que ce principe, avec ses duels, est un pilier qui maintient le bon ton et les belles manières dans la société ; qu'il est un rempart qui met à l'abri des éclats de la brutalité et de la grossièreté. Cependant, à Athènes, à Corinthe, à Rome, il y avait de la bonne et même de la très bonne société, des manières élégantes et du bon ton, sans qu'il eût été nécessaire d'y implanter l'honneur chevaleresque en guise de croquemitaine. Il est vrai de dire aussi que les femmes ne régnaient pas dans la société antique comme chez nous. Outre le caractère frivole et puéril que prend ainsi l'entretien, puisqu'on en bannit tout sujet de conversation nourrie et sérieuse, la présence des femmes dans notre société contribue certainement pour une grande part encore à accorder au courage personnel le pas sur toute autre qualité, tandis qu'en réalité il n'est qu'un mérite très subordonné, une simple vertu de sous-officier, dans laquelle les animaux même nous sont supérieurs ; en effet, ne dit-on pas : « Courageux comme un lion » ? Mais il y a plus : au rebours de l'assertion précédemment rapportée, le principe de l'honneur chevaleresque est souvent le refuge assuré de la malhonnêteté et de la méchanceté dans les affaires graves, et en même temps, dans les petites, un asile de l'insolence, de l'impudence et de la grossièreté, car on supporte en silence quantité de très fâcheuses inconvenances, pour la bonne raison que personne ne se soucie de risquer sa vie en voulant les châtier. En témoignage, nous voyons le duel dans toute sa floraison et pratiqué avec le sérieux le plus sanguinaire chez cette nation précisément qui, dans ses relations politiques et financières, a montré un manque d'honnêteté réelle : c'est à ceux qui en ont fait l'épreuve qu'il faut demander de quelle nature sont les relations privées avec les individus de cette nation ; et, pour ce qui est de leur urbanité et de leur culture sociale, elles ont de longue date une célébrité comme modèles négatifs.

Tous ces motifs qu'on allègue sont donc mal fondés. On pourrait affirmer avec plus de raison que, de même que le chien gronde quand on le gronde et caresse quand on le caresse, de même il est dans la nature de l'homme de rendre hostilité pour hostilité et d'être exaspéré et irrité par les manifestations du dédain ou de la haine. Cicéron l'a déjà dit : « *Habet quendam aculeum contumelia, quem pati prudentes ac viri boni difficillime possunt* » (Toute injure a un aiguillon dont les prudents et les sages même supportent difficilement la piqûre), et en effet nulle part au monde (si nous en exceptons quelques sectes pieuses) on ne supporte avec calme des injures, ou, à plus forte raison, des coups. Néanmoins, la nature ne nous enseigne rien qui aille au-delà d'une représaille équivalente à l'offense ; elle ne nous apprend pas à punir de mort celui qui nous accuserait de mensonge, de bêtise ou de lâcheté. La vieille maxime germanique : « *À un soufflet par un stylet* », est une superstition chevaleresque révoltante. En tout cas, c'est à la colère qu'il appartient de rendre ou de venger les offenses, et non pas à l'honneur ou au devoir, auxquels le principe de l'honneur chevaleresque en impose l'obligation. Il est très certain plutôt qu'un reproche n'offense que dans la mesure où il porte ; ce qui le prouve, c'est que la moindre allusion, frappant juste, blesse beaucoup plus profondément que l'accusation la plus grave quand elle n'est pas fondée. Par conséquent, quiconque a la conscience assurée de n'avoir pas mérité un reproche peut le dédaigner et le dédaignera. Le principe de l'honneur lui demande, au contraire, de montrer une susceptibilité qu'il n'a pas et de venger dans le sang des offenses qui ne le blessent nullement. C'est tout de même avoir une bien mince opinion de sa propre valeur que de chercher à étouffer toute parole qui tendrait à la mettre en doute. La véritable estime de soi donnera le calme et le mépris réel des injures ; à son défaut, la prudence et la bonne éducation nous commandent de sauver l'apparence et de dissimuler notre colère. Si en outre nous parvenions à nous dépouiller de cette superstition du principe d'honneur chevaleresque, si personne n'admettait plus qu'une insulte fût capable d'enlever ou de restituer quoi que ce soit à l'honneur ; si l'on était convaincu qu'un tort, une brutalité ou une grossièreté ne sauraient être justifiés à l'instant par l'empressement qu'on mettrait à en donner satisfaction, c'est-à-dire à se battre, alors tout le monde arriverait bientôt à comprendre que, lorsqu'il s'agit d'invectives et d'injures, c'est le vaincu qui sort vainqueur d'un tel combat, et que, comme dit Vincenzo Monti, il en est des injures comme des processions d'église qui reviennent toujours à leur point de départ. Il ne suffirait plus alors, comme actuellement, de débiter une grossièreté pour mettre le droit de son côté ; le jugement et la raison auraient alors une bien autre autorité, pendant qu'aujourd'hui ils doivent, avant de parler, voir s'ils ne heurtent pas en quoi que ce soit l'opinion des esprits bornés et des imbéciles qu'irrite et alarme déjà leur seule apparition ; sans quoi l'intelligence peut se trouver dans le cas de jouer, sur un coup de dés, la tête où elle réside contre le cerveau plat où loge la stupidité. Alors la supériorité intellectuelle obtiendrait réellement dans la société la primauté qui lui est due et que l'on donne aujourd'hui, bien que d'une manière déguisée, à la supériorité physique et au courage à la hussarde ; il y aurait aussi, pour les hommes éminents, un motif de moins pour fuir la société, comme ils le font actuellement. Un tel revirement donnerait naissance *au véritable bon ton* et fonderait la *véritable bonne société*, dans la forme où, sans doute, elle a existé à Athènes, à Corinthe, et à Rome. À qui voudrait en connaître un échantillon, je recommande de lire le *Banquet* de Xénophon.

L'homme, un animal frappeur

Le dernier argument à la défense du code chevaleresque sera indubitablement ainsi conçu : « Allons donc ! mais alors un homme pourrait bien, Dieu nous garde ! donner un coup à un autre homme ! » À quoi je pourrais répondre, sans phrases, que le cas s'est présenté bien assez souvent dans ces 999/1 000 de la société chez qui ce code n'est pas admis, sans qu'un seul individu en soit mort, tandis que, chez ceux qui en suivent les préceptes, chaque coup, dans la règle, devient une affaire mortelle.

Mais je veux examiner la question plus en détail. Je me suis bien souvent donné de la peine pour trouver dans la nature animale ou intellectuelle de l'homme quelque raison valable ou seulement plausible, fondée non sur de simples façons de parler, mais sur des notions distinctes, qui puisse justifier cette conviction, enracinée dans une portion de l'espèce humaine, qu'un coup est une chose horrible : toutes mes recherches ont été vaines. Un coup n'est et ne sera jamais qu'un petit mal physique que tout homme peut occasionner à un autre, sans rien prouver par là, sinon qu'il est plus fort ou plus adroit, ou que l'autre n'était pas sur ses gardes. L'analyse ne fournit rien au-delà. En outre, je vois ce même chevalier pour qui un coup reçu de la main d'un homme semble de tous les maux le plus grand, recevoir un coup dix fois plus violent de son cheval et assurer, en traînant la jambe et dissimulant sa douleur, que ce n'est rien. Alors j'ai supposé que cela tenait à la main de l'homme. Cependant je vois notre chevalier, dans un combat, recevoir de la main d'un homme des coups d'estoc et de taille et assurer encore que ce sont des bagatelles qui ne valent pas la peine d'en parler. Plus tard, j'apprends même que des coups de plat de lame ne sont à beaucoup près pas aussi terribles que des coups de bâton, tellement que tout récemment encore les élèves des écoles militaires étaient passibles des premiers et jamais des autres. Mais il y a plus : à une réception de chevalier, le coup de plat de lame est un très grand honneur. Et voilà que j'ai épuisé tous mes motifs psychologiques et moraux, et il ne me reste plus à considérer la chose que comme une ancienne superstition, profondément enracinée, comme un nouvel exemple, à côté de tant d'autres, de tout ce qu'on peut en faire accroire aux hommes. C'est ce que prouve encore ce fait bien connu, qu'en Chine les coups de canne sont une punition civile, très fréquemment employée même à l'égard des fonctionnaires de tous les degrés ; ce qui démontre que, là-bas, la nature humaine, même chez les gens les plus civilisés, ne parle pas comme chez nous[26].

En outre, un examen impartial de la nature humaine nous apprend que *frapper* est aussi naturel à l'homme que mordre l'est aux animaux carnassiers et donner des coups de tête aux bêtes à cornes ; l'homme est à proprement parler un *animal frappeur*. Aussi sommes-nous révoltés quand parfois nous apprenons qu'un homme en a mordu un autre ; par contre, donner ou recevoir des coups est chez l'homme un effet aussi naturel que fréquent. On comprend facilement que les gens d'une éducation supérieure cherchent à se soustraire à de pareils effets, en dominant réciproquement leur penchant naturel. Mais il y a vraiment de la cruauté à faire accroire à une nation entière, ou même seulement à une classe d'individus, que recevoir un coup est un malheur épouvantable, qui doit être suivi de meurtre et d'homicide. Il y a trop de maux réels en ce monde pour qu'il soit permis d'augmenter leur nombre et d'en créer d'imaginaires qui en amènent de trop réels à leur suite ; c'est ce que fait cependant ce sot et méchant préjugé. Comme conséquence, je ne puis que désapprouver les gouvernements et les corps législatifs qui lui viennent en aide en travaillant avec ardeur à faire abolir, pour le civil comme pour le militaire, les punitions corporelles. Ils croient agir en cela dans l'intérêt de l'humanité, quand, tout au contraire, ils travaillent ainsi à consolider cet égarement dénaturé et funeste auquel tant de victimes ont déjà été sacrifiées. Pour toutes fautes, sauf les plus graves, infliger des coups est la punition qui, chez l'homme, se présente la première à l'esprit ; c'est donc la plus naturelle ; qui ne se soumet pas à la raison se soumettra aux coups. Punir par une bastonnade modérée celui qu'on ne peut atteindre dans sa fortune, quand il n'en a pas, ni dans sa liberté, quand on a besoin de ses services, est un acte aussi juste que naturel. Aussi n'apporte-t-on aucune bonne raison à l'encontre ; on se contente d'invoquer la *dignité de l'homme*, façon de parler qui ne s'appuie pas sur quelque notion claire, mais toujours et encore sur le fatal préjugé dont nous parlions plus haut. Un fait récent des plus comiques vient confirmer cet état de choses : plusieurs États viennent de remplacer, dans l'armée, les coups de canne par les coups de latte ; ces derniers, tout comme les autres, produisent indubitablement une douleur physique et sont censés néanmoins n'être ni infamants ni déshonorants.

Contre le duel

En stimulant ainsi le préjugé qui nous occupe, on encourage en même temps le principe de l'honneur chevaleresque et du même coup le duel, pendant que d'autre part on s'efforce ou plutôt on prétend s'efforcer d'abolir le duel par des lois[27]. Aussi voyons-nous ce fragment du droit du plus fort, transporté à travers les temps, du plus sauvage Moyen Âge jusque dans le XIXe siècle, s'étaler aujourd'hui encore scandaleusement au grand jour ; il est temps enfin de l'en expulser honteusement. Aujourd'hui, quand il est interdit d'exciter méthodiquement des chiens ou des coqs à se battre les uns contre les autres (en Angleterre, au moins, ces combats sont punis), il nous est donné de voir des créatures humaines, excitées contre leur gré à des combats à mort : c'est ce ridicule préjugé, ce principe absurde de l'honneur chevaleresque, ce sont ses stupides représentants et ses champions qui, pour la première misère venue, imposent aux hommes l'obligation de se battre entre eux comme des gladiateurs. Je propose à nos puristes allemands de remplacer le mot *Duell*, dérivé probablement, non pas du latin *duellum*, mais de l'espagnol *duelo*, peine, plainte, grief, par le mot de *Ritterhetze* (combat de chevaliers, comme on dit : combats de coqs ou de bulldogs). On a, certes, ample matière à rire de voir les allures pédantes avec lesquelles on accomplit toutes ces folies. Il n'en est pas moins révoltant que ce principe, avec son code absurde, constitue un État dans l'État, qui, ne reconnaissant d'autre droit que celui du plus fort, tyrannise les classes sociales qui sont sous sa domination, en établissant un tribunal permanent de la Sainte-Vehme ; chacun peut être cité par chacun à comparaître ; les motifs de la citation, faciles à trouver, font l'office de sbires du tribunal, et la sentence prononce la peine de mort contre les deux parties. C'est, naturellement, le repaire du fond duquel l'être le plus méprisable, à la seule condition d'appartenir aux classes soumises aux lois de l'honneur chevaleresque, pourra menacer, voire tuer les hommes les plus nobles et les meilleurs, qui sont précisément ceux qu'il hait nécessairement. Puisque aujourd'hui la justice et la police ont gagné à peu près assez d'autorité pour qu'un coquin ne puisse plus nous arrêter sur les grands chemins pour nous crier : La bourse ou la vie ! il serait temps que le bon sens prît assez d'autorité, lui aussi, pour que le premier coquin venu ne puisse plus, au milieu de notre existence la plus paisible, nous troubler en nous criant : L'honneur ou la vie ! Il faut enfin délivrer les classes supérieures du poids qui les accable ; il faut nous affranchir tous de cette angoisse de savoir que nous pouvons, à tout instant, être appelés à payer de notre vie la brutalité, la grossièreté, la bêtise ou la méchanceté de tel individu à qui il aura plu de les déchaîner contre nous. Il est criant, il est honteux de voir deux jeunes écervelés sans expérience, tenus d'expier leur moindre querelle avec leur sang, leur santé ou leur vie. Voici un fait qui prouve à quelle hauteur s'est élevée la tyrannie de cet État dans l'État et où en est arrivé le pouvoir de ce préjugé : on a vu souvent des gens se tuer de désespoir pour n'avoir pu rétablir leur honneur chevaleresque offensé, soit parce que l'offenseur était de trop haute ou de trop basse condition, soit pour toute autre cause de disproportion qui rendait le duel impossible ; une telle mort n'est-elle pas tragi-comique ?

Tout ce qui est faux et absurde se révèle finalement par là que, arrivé à son développement parfait, il porte comme fleur une contradiction ; pareillement, dans le cas présent, la contradiction s'épanouit sous la forme de la plus criante antinomie ; en effet, le duel est défendu à l'officier, et néanmoins celui-ci est puni de destitution lorsque, le cas échéant, il refuse de se battre.

Puisque j'y suis, je veux aller plus loin avec mon franc-parler. Examinée avec soin et sans prétention, cette grande différence, que l'on fait sonner si haut, entre tuer son adversaire dans un combat au grand jour et à armes égales ou par embûche, est fondée simplement sur ce que, comme nous l'avons dit, cet État dans l'État ne reconnaît d'autre droit que celui du plus fort et en a fait la base de son code après l'avoir élevé à la hauteur d'un jugement de Dieu. Ce qu'on appelle en effet un combat loyal ne prouve pas autre chose, si ce n'est qu'on est le *plus fort* ou le *plus adroit*. La justification que l'on cherche dans la publicité du duel présuppose donc que le *droit du plus fort* est réellement un *droit*. Mais, en réalité, la circonstance que mon adversaire sait mal se défendre me donne bien la *possibilité*, mais non le *droit* de le tuer ; ce droit, ou autrement dit ma *justification morale*, ne peut découler que des *motifs* que j'ai de lui arracher la vie. Admettons maintenant que ces motifs existent et soient suffisants ; alors il n'y a plus aucune raison de se demander qui de nous deux manie le mieux le pistolet ou l'épée, alors il est indifférent que je le tue de telle ou telle façon, par-devant ou par-derrière. Car, moralement parlant, le droit du plus fort n'a pas plus de poids que le droit du plus rusé, et c'est ce dernier dont on fait usage quand on tue dans un guet-apens : ici, le droit du poing vaut exactement le droit de la tête. Remarquons, en outre, que dans le duel même on pratique les deux droits, car toute feinte, dans l'escrime, est une ruse. Si je me tiens pour moralement autorisé à arracher la vie à un homme, c'est une sottise de m'en rapporter encore à la chance s'il sait manier les armes mieux que moi, car, dans ce cas, c'est lui au contraire qui, après m'avoir offensé, me tuera par-dessus le marché. Rousseau est d'avis qu'il faut venger une offense non par un duel, mais par l'assassinat ; il émet cette opinion, avec beaucoup de précautions, dans la 21e note, si mystérieusement conçue, du IVe livre de l'*Émile*. Mais il est encore si fortement imbu du préjugé chevaleresque, qu'il considère le reproche de mensonge comme justifiant déjà l'assassinat, tandis qu'il devrait savoir que tout homme a mérité ce reproche d'innombrables fois, et lui tout le premier et au plus haut degré. Il est évident que ce préjugé, qui autorise à tuer l'offenseur à la condition que le combat se fasse au grand jour et à armes égales, considère le droit de la force comme étant réellement un droit, et le duel comme un jugement de Dieu. L'Italien, au moins, qui, enflammé de colère, fond sans façons à coups de couteau sur l'homme qui l'a offensé, agit d'une manière logique et naturelle : il est plus rusé, mais pas plus méchant que le duelliste. Si l'on voulait m'opposer que ce qui me justifie de tuer mon adversaire en duel, c'est que de son côté il s'efforce d'en faire autant, je répondrais qu'en le provoquant je l'ai mis dans le cas de légitime défense. Se mettre ainsi mutuellement et intentionnellement dans le cas de légitime défense ne signifie rien autre, au fond, que chercher un prétexte plausible pour le meurtre. On pourrait trouver plutôt une justification dans la maxime :

« *Volenti non fit injuria* » (On ne fait pas tort à qui consent), puisque c'est d'un commun accord que l'on risque sa vie ; mais à cela on peut répliquer que *volens* n'est pas exact, car la tyrannie du principe d'honneur chevaleresque et de son code absurde est l'*alguazil* qui a traîné les deux champions, ou l'un des deux au moins, jusque devant ce tribunal sanguinaire de la Sainte-Vehme.

Je me suis étendu longuement sur l'honneur chevaleresque ; mais je l'ai fait dans une bonne intention et parce que la philosophie est l'Hercule qui seul peut combattre les monstres moraux et intellectuels sur terre. Deux choses principalement distinguent l'état de la société moderne de celui de la société antique, et cela au détriment de la première, à qui elles prêtent une teinte sérieuse, sombre, sinistre, qui ne voilait pas l'Antiquité, ce qui fait que celle-ci apparaît, candide et sereine, comme le matin de la vie. Ce sont : le principe de l'honneur chevaleresque et le mal vénérien, *par nobile fratrum*[28] ! À eux deux ils ont empoisonné νειχος χαι φιλια (la haine et l'amour) de la vie. De fait, l'influence de la maladie vénérienne est beaucoup plus étendue qu'il ne semble au premier abord, en ce que cette influence n'est pas seulement physique, mais aussi morale. Depuis que le carquois de l'amour porte ainsi des flèches empoisonnées, il s'est introduit dans la relation mutuelle des sexes un élément hétérogène, hostile, je dirais diabolique, qui fait qu'elle est imprégnée d'une sombre et craintive méfiance ; les effets indirects d'une telle altération dans le fondement de toute communauté humaine se font sentir également, à des degrés divers, dans toutes les autres relations sociales ; mais leur analyse détaillée m'entraînerait trop loin. Analogue, bien que d'une tout autre nature, est l'influence du principe de l'honneur chevaleresque, cette farce sérieuse, inconnue des Anciens, qui rend la société moderne raide, morne et inquiète, puisque toute parole fugitive y est scrutée et ruminée. Mais ce n'est pas tout ! Ce principe est un minotaure universel auquel il faut sacrifier annuellement un grand nombre de fils de nobles maisons, pris non dans un seul État, comme pour le monstre antique, mais dans tous les pays de l'Europe. Aussi est-il temps enfin d'attaquer courageusement la Chimère corps à corps, comme je viens de le faire. Puisse le XIXe siècle exterminer ces deux monstres des Temps modernes ! Nous ne désespérons pas de voir les médecins y arriver, pour l'un, au moyen de la prophylactique. Mais c'est à la philosophie qu'il appartient d'anéantir la Chimère en redressant les idées ; les gouvernements n'ont pu y réussir par le maniement des lois, et du reste le raisonnement philosophique seul peut attaquer le mal dans sa racine. Jusque-là, si les gouvernements veulent sérieusement abolir le duel et si le mince succès de leurs efforts ne tient qu'à leur impuissance, je viens leur proposer une loi dont je garantis l'efficacité et qui ne réclame ni opérations sanglantes, ni échafauds, ni potences, ni prisons perpétuelles. C'est au contraire un petit, tout petit remède homéopathique des plus faciles ; le voici : « Quiconque enverra ou acceptera un cartel recevra *à la chinoise*, en plein jour, devant le corps de garde, douze coups de bâton de la main du caporal ; les porteurs du cartel ainsi que les seconds en recevront chacun six. Pour les suites éventuelles des duels accomplis, on suivra la procédure criminelle ordinaire. » Quelque *chevalier* m'objectera peut-être qu'après avoir subi une pareille punition maint « homme d'honneur » sera capable de se brûler la cervelle ; à cela je réponds : Il vaut mieux qu'un tel fou se tue lui-même que de tuer un autre homme. Mais je sais très bien qu'au fond les gouvernements ne poursuivent pas sérieusement l'abolition des duels. Les appointements des employés civils, mais surtout ceux des officiers (sauf les grades élevés), sont bien inférieurs à la valeur de ce qu'ils produisent. On leur solde la différence en honneur. Celui-ci est représenté par des titres et des décorations, et, dans une acception plus large, par l'honneur de la fonction en général. Or, pour cet honneur, le duel est un excellent cheval de main dont le dressage commence déjà dans les universités. C'est de leur sang que les victimes payent le déficit des appointements.

L'honneur national

Pour ne rien omettre, mentionnons encore ici l'*honneur national*. C'est l'honneur de tout un peuple considéré comme membre de la communauté des peuples. Cette communauté ne reconnaissant d'autre forum que celui de la force, et chaque membre ayant par conséquent à sauvegarder soi-même ses droits, l'honneur d'une nation ne consiste pas seulement dans l'opinion bien établie qu'elle mérite confiance (le crédit), mais encore qu'elle est assez forte pour qu'on la craigne ; aussi une nation ne doit-elle laisser impunie aucune atteinte à ses droits. L'honneur national combine donc le point d'honneur bourgeois avec celui de l'honneur chevaleresque.

La gloire des actes et des œuvres

Dans ce qu'on *représente*, il nous reste à examiner en dernier lieu la gloire. Honneur et gloire sont jumeaux, mais à la façon des Dioscures dont l'un, Pollux, était immortel, et dont l'autre, Castor, était mortel : l'honneur est le frère mortel de l'immortelle gloire. Il est évident que ceci ne doit s'entendre que de la gloire la plus haute, de la gloire vraie et de bon aloi, car il y a certes maintes espèces éphémères de gloire. En outre, l'honneur ne s'applique qu'à des qualités que le monde exige de tous ceux qui se trouvent dans des conditions pareilles, la gloire qu'à des qualités qu'on ne peut exiger de personne ; l'honneur ne se rapporte qu'à des mérites que chacun peut s'attribuer publiquement, la gloire qu'à des mérites que nul ne peut s'attribuer soi-même. Pendant que l'honneur ne va pas au-delà des limites où nous sommes personnellement connus, la gloire, à l'inverse, précède dans son vol la connaissance de l'individu et la porte à sa suite aussi loin qu'elle parviendra elle-même. Chacun peut prétendre à l'honneur ; à la gloire, les exceptions seules, car elle ne s'acquiert que par des productions exceptionnelles. Ces productions peuvent être des *actes* ou des *œuvres* : de là deux routes pour aller à la gloire. Une grande âme par-dessus tout nous ouvre la voie des actes ; un grand esprit nous rend capable de suivre celle des œuvres. Chacun des deux a ses avantages et ses inconvénients propres. La différence capitale, c'est que les actions passent, les œuvres demeurent. L'action la plus noble n'a toujours qu'une influence temporaire ; l'œuvre de génie par contre subsiste et agit, bienfaisante et élevant l'âme, à travers tous les âges. Des actions, il ne reste que le souvenir qui devient toujours de plus en plus faible, défiguré et indifférent ; il est même destiné à s'effacer graduellement en entier, si l'histoire ne le recueille pour le transmettre, pétrifié, à la postérité. Les œuvres, en revanche, sont immortelles par elles-mêmes, et les ouvrages écrits surtout peuvent vivre à travers tous les temps. Le nom et le souvenir d'Alexandre le Grand sont seuls vivants aujourd'hui ; mais Platon et Aristote, Homère et Horace sont eux-mêmes présents ; ils vivent et agissent directement. Les Veda, avec leurs Upanishad, sont là devant nous ; mais, de toutes les actions accomplies de leur temps, pas la moindre notion n'est parvenue jusqu'à nous [29]. Un autre désavantage des actions, c'est qu'elles dépendent de l'occasion qui, avant tout, doit leur donner la possibilité de se produire : d'où il résulte que leur gloire ne se règle pas uniquement sur leur valeur intrinsèque, mais encore sur les circonstances qui leur prêtent l'importance et l'éclat. Elle dépend, en outre, lorsque, comme à la guerre, les actions sont purement personnelles, du témoignage d'un petit nombre de témoins oculaires ; or il peut se faire qu'il n'y ait pas eu de témoins, ou que ceux-ci parfois soient injustes ou prévenus. D'autre part, les actions, étant quelque chose de pratique, ont l'avantage d'être à la portée de la faculté de jugement de tous les hommes ; aussi leur rend-on immédiatement justice dès que les données sont exactement fournies, à moins toutefois que les motifs n'en puissent être nettement connus ou justement appréciés que plus tard, car, pour bien comprendre une action, il faut en connaître le motif.

Pour les œuvres, c'est l'inverse ; leur production ne dépend pas de l'occasion, mais uniquement de leur auteur, et elles restent ce qu'elles sont en elles-mêmes et par elles-mêmes, aussi longtemps qu'elles durent. Ici, en revanche, la difficulté consiste dans la faculté de les juger, et la difficulté est d'autant plus grande que les œuvres sont d'une qualité plus élevée : souvent, il y a manque de juges compétents ; souvent aussi, ce sont les juges impartiaux et honnêtes qui font défaut. De plus, ce n'est pas une unique instance qui décide de leur gloire ; il y a toujours lieu à appel. En effet, si, comme nous l'avons dit, la mémoire des actions arrive seule à la postérité et telle que les contemporains l'ont transmise, les œuvres au contraire y arrivent elles-mêmes et telles qu'elles sont, sauf les fragments disparus : ici donc, plus de possibilité de dénaturer les données, et, si même à leur apparition le milieu a pu exercer quelque influence nuisible, celle-ci disparaît plus tard. Pour mieux dire même, c'est le temps qui produit, un à un, le petit nombre de juges vraiment compétents, appelés, comme des êtres exceptionnels qu'ils sont, à en juger de plus exceptionnels encore : ils déposent successivement dans l'urne leurs votes significatifs, et par là s'établit, après des siècles parfois, un jugement pleinement fondé et que la suite des temps ne peut plus infirmer. On le voit, la gloire des œuvres est assurée, infaillible. En revanche, il faut un concours de circonstances extérieures et un hasard pour que l'auteur arrive, de son vivant, à la gloire ; le cas sera d'autant plus rare que le genre des œuvres est plus élevé et plus difficile. Aussi Sénèque a-t-il dit (Ép. 79), dans un langage incomparable, que la gloire suit aussi infailliblement le mérite que l'ombre suit le corps, bien qu'elle marche, comme l'ombre, tantôt devant, tantôt derrière. Après avoir développé cette pensée, il ajoute : *« Etiamsi omnibus tecum viventibus* silentium livor indixerit, *venient qui sine offensa, sine gratia, judicent »* (Quand nos contemporains *se tairaient de nous par envie*, il en viendra d'autres qui, sans faveur et sans passions, nous rendront justice) ; ce passage nous montre en même temps que l'art d'étouffer méchamment les mérites par le silence et par une feinte ignorance, dans le but de cacher au public ce qui est bon, au profit de ce qui est mauvais, était déjà pratiqué par la canaille de l'époque où vivait Sénèque, comme il l'est par la canaille de la nôtre, et qu'aux uns, comme aux autres, c'est *l'envie qui leur clôt la bouche.*

Chacun n'apprécie que ce qui lui est homogène

D'ordinaire, la gloire est d'autant plus tardive qu'elle sera plus durable, car tout ce qui est exquis mûrit lentement. La gloire appelée à devenir éternelle est comme le chêne qui croît lentement de sa semence ; la gloire facile, éphémère, ressemble aux plantes annuelles, hâtives ; quant à la fausse gloire, elle est comme ces mauvaises herbes qui poussent à vue d'œil et qu'on se hâte d'extirper. Cela tient à ce que plus un homme appartient à la postérité, autrement dit à l'humanité entière en général, plus il est étranger à son époque ; car ce qu'il crée n'est pas destiné spécialement à celle-ci comme telle, mais comme étant une partie de l'humanité collective ; aussi, de pareilles œuvres n'étant pas teintées de la couleur locale de leur temps, il arrive souvent que l'époque contemporaine les laisse passer inaperçues. Ce que celle-ci apprécie, ce sont plutôt ces œuvres qui traitent des choses fugitives du jour ou qui servent le caprice du moment ; celles-là lui appartiennent en entier, elles vivent et meurent avec elle. Aussi l'histoire de l'art et de la littérature nous apprend généralement que les plus hautes productions de l'esprit humain ont, de règle, été accueillies avec défaveur et sont restées dédaignées jusqu'au jour où des esprits élevés, attirés par elles, ont reconnu leur valeur et leur ont assigné une considération qu'elles ont conservée dès lors. En dernière analyse, tout cela repose sur ce que chacun ne peut réellement comprendre et apprécier que ce qui lui est homogène. Or l'homogène pour l'homme borné, c'est ce qui est borné ; pour le trivial, c'est le trivial ; pour l'esprit diffus, c'est le diffus, et pour l'insensé l'absurde ; ce que chacun préfère, ce sont ses propres œuvres, comme étant entièrement de la même nature.

Déjà le vieil Épicharme, le poète fabuleux, chantait ainsi :

Θαυμαστον ουδεν εστι, με ταυθ' ουτω λεγειν
Και ανδανειν αυτοισιν αυτους, χαι δοχειν
Καλως πεφυχεναι' χαι γαρ ο χυων χυνι
Καλλιστον ειμεν φαινεται, χαι βους βοϊ
Ονος δε ονω χαλλιστον, υς δε υϊ

Ce qu'il faut traduire, afin que cela ne soit perdu pour personne :

« Il n'est pas étonnant que je parle dans mon sens, et ceux qui se plaisent à eux-mêmes croient qu'ils sont remplis de mérites louables ; de même rien ne semble plus beau au chien que le chien, au bœuf que le bœuf, à l'âne que l'âne et au cochon que le cochon. »

Le bras le plus vigoureux lui-même, quand il lance un corps léger, ne peut lui communiquer assez de mouvement pour voler loin et frapper fort ; le corps retombera inerte et tout près, parce que l'objet, manquant de masse matérielle propre, ne peut admettre la force extérieure ; tel sera aussi le sort des grandes et belles pensées, des chefs-d'œuvre du génie, quand, pour les admettre, il ne se rencontre que de petits cerveaux, des têtes faibles ou de travers. C'est là ce que les sages de tous les temps ont sans cesse déploré tout d'une voix. Jésus, fils de Sirach, par exemple, dit : « *Qui parle à un fou parle à un endormi. Quand il a fini de parler, l'autre demande : Qu'est-ce qu'il y a ?* » – Dans Hamlet : « *A knavish speech sleeps in a fool's ear* (Un discours fripon dort dans l'oreille d'un sot). » – Goethe, à son tour :

Das glücklichste Wort es wird verhöhnt,
Wenn der Hörer ein Schiefohr ist.

(Le mot le plus heureux est déprécié quand l'auditeur a l'oreille de travers.)

Et le même :

Du wirkest nicht, Alles bleibt so stumpf,
Sei guter Dinge !
Der Stein im Sumpf
Macht keine Ringe.

(Tu ne peux agir, tout demeure inerte ; ne te désole pas ! Le caillou jeté dans un bourbier ne fait pas de ronds.)

Voici maintenant Lichtenberg : « *Quand une tête et un livre en se heurtant rendent un son creux, cela vient-il toujours du livre ?* » Le même dit ailleurs : « *De tels ouvrages sont des miroirs ; quand un singe s'y mire, ils ne peuvent réfléchir les traits d'un apôtre.* »

Rapportons encore la belle et touchante plainte du vieux papa Gellert ; elle le mérite bien :

Dass oft die allerbesten Gaben
Die wenigsten Bewundrer haben,
Und dass der grösste Theil der Welt
Das Schlechte für das Gute hält ;
Dies Uebel sieht man alle Tage.
Jedoch, wie wehrt man dieser Pest ?
Ich zweifle, dass sich diese Plage
Aus unsrer Welt verdrängen lässt.
Ein einzig Mittel ist auf Erden,
Allein es ist unendlich schwer :
Die Narren müssen weise werden ;
Und seht ! sie werden's nimmermehr
Nie kennen sie den Werth der Dinge.
Ihr Auge schliesst, nicht ihr Verstand
Sie loben ewig das Geringe,
Weil sie das Gute nie gekannt.

(Que de fois les meilleures qualités trouvent le moins d'admirateurs, et que de fois la plupart du monde prend le mauvais pour le bon ! C'est là un mal que l'on voit tous les jours. Mais comment éviter cette peste ? Je doute que cette calamité puisse être chassée de ce monde. Il n'est qu'un seul moyen sur terre, mais il est infiniment difficile : c'est que les fous deviennent sages. Mais quoi ! ils ne le deviendront jamais. Ils ne connaissent pas la valeur des choses ; c'est par la vue, ce n'est pas par la raison qu'ils jugent. Ils louent constamment ce qui est petit, car ils n'ont jamais connu ce qui est bon.)

À cette incapacité intellectuelle des hommes qui fait, comme le dit Goethe, qu'il est moins rare de voir naître une œuvre éminente que de la voir reconnue et appréciée, vient s'ajouter encore leur perversité morale se manifestant par l'envie. Car par la gloire qu'on acquiert, il y a un homme de plus qui s'élève au-dessus de ceux de son espèce ; ceux-ci sont donc rabaissés d'autant, de manière que tout mérite extraordinaire obtient sa gloire aux dépens de ceux qui n'ont pas de mérites :

Wenn wir Andern Ehre geben,
Müssen wir uns selbst entadeln.

(Goethe, *Divan.*)

(Quand nous rendons honneur aux autres, nous devons nous déprécier nous-mêmes.)

Voilà qui explique pourquoi, dès qu'apparaît une œuvre supérieure dans n'importe quel genre, toutes les nombreuses médiocrités s'allient et se conjurent pour l'empêcher de se faire connaître, et pour l'étouffer si c'est possible. Leur mot d'ordre tacite est : *« À bas le mérite. »* Ceux-là mêmes qui ont eux aussi des mérites et qui sont déjà en possession de la gloire qui leur en revient ne voient pas volontiers poindre une gloire nouvelle dont l'éclat diminuerait d'autant l'éclat de la leur. Goethe lui-même a dit :

Hätt' ich gezaudert zu werden,
Bis man mir's Leben gegönnt,

Ich wäre noch nicht auf Erden,
Wie ihr begreifen könnt,
Wenn ihr seht, wie sie sich geberden,
Die, um etwas zu scheinen,
Mich gerne möchten verneinen.

(Si j'avais attendu pour naître que l'on m'accordât la vie, je ne serais pas encore de ce monde, comme vous pouvez le comprendre en voyant comment se démènent ceux-là qui, pour paraître quelque chose, nieraient volontiers mon existence.)

Ainsi donc, pendant que l'*honneur* trouve le plus souvent des juges équitables, pendant que l'envie ne l'attaque pas et qu'on l'accorde même à tout homme par avance, à crédit, la *gloire*, d'autre part, doit être conquise de haute lutte, en dépit de l'envie, et c'est un tribunal de juges décidément défavorables qui décerne la palme. Nous pouvons et nous voulons partager l'honneur avec chacun, mais la gloire acquise par un autre diminue la nôtre ou nous en rend la conquête plus pénible. En outre, la difficulté d'arriver à la gloire par des œuvres est en raison inverse du nombre d'individus dont se compose le public de ces œuvres, et cela pour des motifs faciles à saisir. Aussi la peine est-elle plus grande pour les œuvres dont le but est d'instruire que pour celles qui ne se proposent que d'amuser. C'est pour les ouvrages de philosophie que la difficulté est la plus grande, parce que l'enseignement qu'ils promettent, douteux d'une part, sans profit matériel de l'autre, s'adresse, pour commencer, à un public composé exclusivement de concurrents. Il ressort de ce que nous venons de dire sur les difficultés pour arriver à la gloire, que le monde verrait naître peu ou point d'œuvres immortelles, si ceux qui en peuvent produire ne le faisaient pas pour l'amour même de ces œuvres, pour leur propre satisfaction, et s'ils avaient besoin pour cela du stimulant de la gloire. Bien plus, quiconque doit produire le bon et le vrai et fuir le mauvais bravera l'opinion des masses et de leurs organes ; donc il les méprisera. Aussi a-t-on très justement fait observer, Osorio *(De gloria)* entre autres, que la gloire fuit devant ceux qui la cherchent et suit ceux qui la négligent, parce que les premiers s'accommodent au goût de leurs contemporains, tandis que les autres l'affrontent.

Autant il est difficile d'acquérir la gloire, autant est-il facile de la conserver. En cela aussi elle est en opposition avec l'honneur. Celui-ci s'accorde à chacun, même à crédit, et l'on n'a plus qu'à le garder. Mais là est la tâche, car une seule action indigne le fait perdre irrévocablement. Au contraire, la gloire ne peut réellement jamais être perdue, car l'action ou l'œuvre qui l'ont amenée demeure à jamais accomplie, et la gloire en reste à l'auteur, quand même à l'ancienne il n'en ajouterait plus de nouvelle. Si néanmoins elle s'éteint, si l'auteur lui survit, c'est qu'elle était fausse, c'est-à-dire qu'il ne l'avait pas méritée ; elle venait d'une évaluation exagérée et momentanée du mérite ; c'était une gloire dans le genre de celle de Hegel et que Lichtenberg décrit en disant qu'elle avait été *« proclamée à son de trompette par une coterie d'amis et de disciples et répercutée par l'écho des cerveaux creux ; mais comme la postérité sourira quand, un jour, frappant à la porte de ces cages à mots bariolés, de ces charmants nids d'une mode envolée, de ces demeures de conventions expirées, elle trouvera tout, tout absolument vide, et pas une pensée pour répondre avec confiance* : ENTREZ ! ».

L'important est de mériter la gloire, non de l'obtenir

En définitive, la gloire se fonde sur ce qu'un homme est en comparaison des autres. Elle est donc par essence quelque chose de relatif et ne peut avoir aussi qu'une valeur relative. Elle disparaîtrait totalement si les autres devenaient ce que l'homme célèbre est déjà. Une chose ne peut avoir de valeur absolue que si elle garde son prix en toutes circonstances ; dans le cas présent, ce qui aura une valeur absolue, ce sera donc ce qu'un homme est directement et par lui-même : c'est là par conséquent ce qui constituera nécessairement la valeur et la félicité d'un grand cœur et d'un grand esprit. Ce qu'il y a de précieux, ce n'est donc pas la gloire, mais c'est de la mériter. Les conditions qui en rendent digne sont, pour ainsi dire, la substance ; la gloire n'est que l'accident ; cette dernière agit sur l'homme célèbre comme symptôme extérieur qui vient confirmer à ses yeux la haute opinion qu'il a de lui-même ; on pourrait dire que, semblable à la lumière qui ne devient visible que réfléchie par un corps, toute supériorité n'acquiert la pleine conscience d'elle-même que par la gloire. Mais le symptôme même n'est pas infaillible, vu qu'il existe de la gloire sans mérite et du mérite sans gloire. Lessing dit à ce sujet d'une façon charmante : « *Il y a des hommes célèbres, il y en a qui méritent de l'être.* » Ce serait en vérité une bien misérable existence que celle dont la valeur ou la dépréciation dépendraient de ce qu'elle paraît aux yeux des autres, et telle serait la vie du héros et du génie si le prix de leur existence consistait dans la gloire, c'est-à-dire dans l'approbation d'autrui. Tout être vit et existe avant tout pour son propre compte, par conséquent principalement en soi et par soi. Ce qu'un homme est, de quelque manière que ce soit, il l'est tout d'abord et principalement pour lui-même ; si, considérée ainsi, la valeur en est minime, c'est qu'elle l'est aussi, considérée en général. L'image au contraire de notre être, tel qu'il se réfléchit dans les têtes des autres hommes, est quelque chose de secondaire, de dérivé, d'éventuel, ne se rapportant que fort indirectement à l'original. En outre, les têtes des masses sont un local trop misérable pour que notre vrai bonheur y puisse trouver sa place. On ne peut y rencontrer qu'un bonheur chimérique. Quelle société mélangée ne voit-on pas réunie dans ce temple de la gloire universelle ! Capitaines, ministres, charlatans, bateleurs, danseurs, chanteurs, millionnaires et juifs : oui, les mérites de tous ces gens-là y sont bien plus sincèrement appréciés, y trouvent bien plus d'*estime sentie* que les mérites intellectuels, surtout ceux d'ordre supérieur, qui n'obtiennent de la grande majorité qu'une *estime sur parole*. Au point de vue eudémonologique, la gloire n'est donc que le morceau le plus rare et le plus savoureux servi à notre orgueil et à notre vanité. Mais on trouve surabondamment d'orgueil et de vanité chez la plupart des hommes, bien qu'on les dissimule ; peut-être même rencontre-t-on ces deux conditions au plus haut degré chez ceux qui possèdent à n'importe quel titre des droits à la gloire et qui le plus souvent doivent porter bien longtemps dans leur âme la conscience incertaine de leur haute valeur, avant d'avoir l'occasion de la mettre à l'épreuve et ensuite de la faire reconnaître : jusqu'alors, ils ont le sentiment de subir une secrète injustice[30]. En général, et comme nous l'avons dit au commencement de ce chapitre, le prix attaché à l'opinion d'autrui est tout à fait disproportionné et déraisonnable, à ce point que Hobbes a pu dire, en termes très énergiques, mais très justement : *« Toute jouissance de l'âme, toute satisfaction vient de là que, se comparant aux autres, on puisse avoir une haute opinion de soi-même. »* (*De cive*, I, 5.) Ainsi s'explique le grand prix que l'on attache à la gloire, et les sacrifices que l'on fait dans le seul espoir d'y arriver un jour :

Fame is the spur, that the clear spirit doth raise
(That last infirmity of noble minds)
To scorn delights and live laborious days.

(La renommée est l'éperon qui pousse les esprits éminents [dernière faiblesse des nobles âmes] à dédaigner les plaisirs et à consacrer leur vie au travail.)

Et ailleurs :

how hard it is to climb
The hights were Fame's proud temple shines afar.

(Qu'il est dur de grimper aux sommets où brille au loin le temple de la Renommée.)

C'est pourquoi aussi la plus vaniteuse de toutes les nations a toujours à la bouche le mot « gloire » et considère celle-ci comme le mobile principal des grandes actions et des grandes œuvres. Seulement, comme la gloire n'est incontestablement que le simple écho, l'image, l'ombre, le symptôme du mérite, et comme en tout cas ce qu'on admire doit avoir plus de valeur que l'admiration, il s'ensuit que ce qui rend vraiment heureux ne réside pas dans la gloire, mais dans ce qui nous l'attire, dans le mérite même, ou, pour parler plus exactement, dans la disposition d'esprit et les facultés qui fondent le mérite soit dans l'ordre moral soit dans l'ordre intellectuel. Car ce qu'un homme peut être de meilleur, c'est nécessairement pour lui-même qu'il doit l'être ; ce qui se réfléchit de son être dans la tête des autres, ce qu'il vaut dans leur opinion n'est qu'accessoire et d'un intérêt subordonné pour lui. Par conséquent, celui qui ne fait que mériter la gloire, quand même il ne l'obtient pas, possède amplement la chose principale et a de quoi se consoler de ce qui lui manque. Ce qui rend un homme digne d'envie, ce n'est pas d'être tenu pour grand par ce public si incapable de juger et souvent si aveugle, c'est d'être grand ; le suprême bonheur non plus n'est pas de voir son nom aller à la postérité, mais de produire des pensées qui méritent d'être recueillies et méditées dans tous les siècles. C'est là ce qui ne peut lui être enlevé, « των εφ' ημιν[31] » ; le reste est « των ουχ εφ' ημιν[32] ».

Si, au contraire, l'admiration même était l'objet principal, c'est que le sujet n'en serait pas digne. Tel est en effet le cas pour la fausse gloire, c'est-à-dire la gloire non méritée. Celui qui la possède doit s'en contenter pour tout aliment, puisqu'il n'a pas les qualités dont cette gloire ne doit être que le symptôme, le simple reflet. Mais il se dégoûtera souvent de cette gloire même : il arrive un moment où, en dépit de l'illusion sur son propre compte que la vanité lui procure, il sera pris de vertige sur ces hauteurs qu'il n'est pas fait pour habiter, ou bien il s'éveille en lui un vague soupçon de n'être que du cuivre doré ; il est saisi de la crainte d'être dévoilé et humilié comme il le mérite, surtout alors qu'il peut lire déjà sur le front des sages le jugement de la postérité. Il ressemble à un homme possédant un héritage en vertu d'un faux testament. Le retentissement de la gloire vraie, de celle qui vivra à travers les âges futurs, n'arrive jamais aux oreilles de celui qui en est l'objet et pourtant on le tient pour heureux. C'est que ce sont les hautes facultés auxquelles il doit sa gloire, c'est le loisir de les développer, c'est-à-dire d'agir en conformité de sa nature, c'est d'avoir pu ne s'occuper que des sujets qu'il aimait ou qui l'amusaient, c'est là ce qui l'a rendu heureux ; ce n'est aussi que dans ces conditions que se produisent les œuvres qui iront à la gloire. C'est donc sa grande âme, c'est la richesse de son intelligence, dont l'empreinte dans ses œuvres force l'admiration des temps à venir, qui sont la base de son bonheur ; ce sont encore ses pensées dont la méditation fera l'étude et les délices des plus nobles esprits à travers d'innombrables siècles. Avoir mérité la gloire, voilà ce qui en fait la valeur comme aussi la propre récompense. Que des travaux appelés à la gloire éternelle l'aient parfois obtenue déjà des contemporains, c'est là un fait dû à des circonstances fortuites et qui n'a pas grande importance. Car les hommes manquent d'ordinaire de jugement propre, et surtout ils n'ont pas les facultés voulues pour apprécier les productions d'un ordre élevé et difficile ; aussi suivent-ils toujours sur ces matières l'autorité d'autrui, et la gloire suprême est accordée de pure confiance par quatre-vingt-dix-neuf admirateurs sur cent. C'est pourquoi l'approbation des contemporains, quelque nombreuses que soient leurs voix, n'a que peu de prix pour le penseur ; il n'y distingue toujours que l'écho de quelques voix peu nombreuses qui ne sont elles-mêmes parfois qu'un effet du moment. Un virtuose se sentirait-il bien flatté par les applaudissements approbatifs de son public s'il apprenait que, sauf un ou deux individus, l'auditoire est composé en entier de sourds qui, pour dissimuler mutuellement leur infirmité, applaudissent bruyamment dès qu'ils voient remuer les mains du seul qui entend ? Que serait-ce donc s'il apprenait aussi que ces chefs de claque ont souvent été achetés pour procurer le plus éclatant succès au plus misérable racleur ! Ceci nous explique pourquoi la gloire contemporaine subit si rarement la métamorphose en gloire immortelle ; d'Alembert rend la même pensée dans sa magnifique description du temple de la gloire littéraire : « *L'intérieur du temple n'est habité que par des morts qui n'y étaient pas de leur vivant, et par quelques vivants que l'on met à la porte, pour la plupart, dès qu'ils sont morts.* »

Pour le dire en passant, élever un monument à un homme de son vivant, c'est déclarer que pour ce qui le concerne on ne se fie pas à la postérité. Quand malgré tout un homme arrive pendant sa vie à une gloire que les générations futures confirmeront, ce ne sera jamais que dans un âge avancé : il y a bien quelques exceptions à cette règle pour les artistes et les poètes, mais il y en a beaucoup moins pour les philosophes. Les portraits d'hommes célèbres pour leurs œuvres, peints généralement à une époque où leur célébrité était déjà établie, confirment la règle précédente ; ils nous les représentent d'ordinaire vieux et tout blancs, les philosophes surtout. Au point de vue eudémonologique, toutefois, la chose est parfaitement justifiée. Avoir gloire et jeunesse à la fois, c'est trop pour un mortel. Notre existence est si pauvre que ses biens doivent être répartis avec plus de ménagement. La jeunesse a bien assez de richesse propre ; elle peut s'en contenter. C'est dans la vieillesse, quand jouissances et plaisirs sont morts, comme les arbres pendant l'hiver, que l'arbre de la gloire vient bourgeonner à propos, comme une verdure d'hiver ; on peut encore comparer la gloire à ces poires tardives qui se développent pendant l'été, mais qu'on ne mange qu'en hiver. Il n'y a pas de plus belle consolation pour le vieillard que d'avoir incorporé toute la vigueur de sa jeunesse dans des œuvres qui ne vieillissent pas en même temps que lui.

La gloire conférée par les sciences

Examinons maintenant de plus près la route qui conduit à la gloire par les sciences, celles-ci étant la branche le plus à notre portée ; nous pourrons établir à leur égard la règle suivante. La supériorité intellectuelle dont témoigne la gloire scientifique se manifeste toujours par une combinaison neuve de certaines données. Ces dernières peuvent être d'espèces très diverses, mais la gloire attachée à leur combinaison sera d'autant plus grande et plus étendue qu'elles-mêmes seront plus généralement connues et plus accessibles à chacun. Si ces données sont, par exemple, des chiffres, des courbes, une question spéciale de physique, de zoologie, de botanique ou d'anatomie, des passages corrompus d'auteurs anciens, des inscriptions à demi effacées ou dont l'alphabet nous manque, ou des points obscurs de l'histoire, dans tous ces cas la gloire qu'on acquerra à les combiner judicieusement ne s'étendra guère plus loin que la connaissance même de ces données et par conséquent ne dépassera pas le cercle d'un petit nombre d'hommes qui vivent d'ordinaire dans la retraite et sont jaloux de la gloire dans leur profession spéciale. Si, au contraire, les données sont de celles que tout le monde connaît, si ce sont par exemple des facultés essentielles et universelles de l'esprit ou du cœur humain, ou bien des forces naturelles dont l'action se passe constamment sous nos yeux, ou bien encore la marche, familière à tous, de la nature en général, alors la gloire de les avoir mises en plus grande lumière par une combinaison neuve, importante et évidente, se répandra avec le temps dans le sein de l'humanité civilisée presque tout entière. Car, si les données sont accessibles à chacun, leur combinaison généralement le sera aussi. Néanmoins la gloire sera toujours en rapport avec la difficulté à surmonter. En effet, plus les données sont connues du grand nombre, plus il sera difficile de les combiner d'une manière neuve et juste à la fois, puisqu'une infinité d'esprits s'y seront déjà essayés et auront épuisé les combinaisons possibles. En revanche, les données inaccessibles au grand public, et dont la connaissance ne s'acquiert que par des voies longues et laborieuses, admettront encore le plus souvent des combinaisons nouvelles ; quand on les aborde avec une raison droite et un jugement sain, donc avec une supériorité intellectuelle moyenne, on peut aisément avoir la chance d'arriver à une combinaison neuve et juste. Mais la gloire ainsi obtenue aura, à peu de chose près, pour limite le cercle même de la connaissance de ces données. Car la solution des problèmes de cette nature exige, à la vérité, beaucoup de travail et d'étude, ne serait-ce que pour parvenir à en connaître les données ; d'autre part, les données pour les problèmes de la première espèce, où la gloire à acquérir est précisément la plus élevée et la plus vaste, sont connues de tout le monde et sans effort ; mais, s'il faut peu de travail pour les connaître, il faudra d'autant plus de talent, de génie même pour les combiner. Or il n'y a pas de travail qui, pour la valeur propre ou pour celle qu'on lui attribue, puisse soutenir la comparaison avec le talent ou le génie.

Faut-il se spécialiser ?

Il résulte de là que ceux qui se savent doués d'une raison solide et d'un jugement droit, sans avoir pourtant le sentiment de posséder une intelligence hors ligne, ne doivent pas reculer devant les longues études et les recherches laborieuses ; ils pourront s'élever par là au-dessus des hommes à la portée desquels se trouvent les données universellement connues, et atteindre des régions écartées, accessibles seulement à l'activité du savant. Car ici le nombre des concurrents est infiniment moindre, et un esprit quelque peu supérieur trouvera bientôt l'occasion d'une combinaison neuve et juste ; le mérite de sa découverte pourra même s'appuyer en même temps sur la difficulté d'arriver à la connaissance des données. Mais la multitude ne percevra que de loin le bruit des applaudissements que ces travaux vaudront à leur auteur de la part de ses confrères en science, seuls connaisseurs en la matière. En poursuivant jusqu'à son terme la route ici indiquée, on peut même déterminer le point où les données, par leur extrême difficulté d'acquisition, suffisent à elles seules, en dehors de toute combinaison, pour fonder une gloire. Tels sont les voyages dans les pays très éloignés et peu visités ; on devient célèbre par ce qu'on a vu, non par ce qu'on a pensé. Ce système a encore ce grand avantage qu'il est plus facile de communiquer aux autres les choses qu'on a vues que celles qu'on a pensées, de même que le public comprend plus aisément les premières que les secondes ; on trouve aussi de cette façon plus de lecteurs. Car, ainsi qu'Asmus (Matthias Claudius) l'a déjà dit :

Wenn jemand eine Reise thut,
So kann er was erzählen.

(Après un grand voyage, on a bien des choses à raconter.)

Mais il en résulte aussi que, lorsqu'on fait la connaissance personnelle d'hommes célèbres de cette espèce, on se rappelle souvent l'observation d'Horace :

Cœlum, non animum, mutant, qui trans mare currunt.

(*Ép.* I, 11, v. 27.)

(C'est changer de climat, ce n'est pas changer d'humeur, que de courir au-delà des mers.)

En ce qui concerne maintenant l'homme doué de hautes facultés, celui qui seul peut oser aborder la solution de ces grands et difficiles problèmes traitant des choses générales et universelles, celui-là fera bien d'une part d'élargir le plus possible son horizon, mais d'autre part il devra l'étendre également dans toutes les directions, sans s'égarer trop profondément dans quelqu'une de ces régions plus spéciales, connues seulement de peu d'individus ; en d'autres mots, sans pénétrer trop avant dans les détails spéciaux d'une seule science, et bien moins encore faire de la micrologie, dans quelque branche que ce soit. Car il n'a pas besoin de s'adonner aux choses difficilement accessibles pour échapper à la foule des concurrents ; ce qui est à la portée de tous lui fournira précisément matière à des combinaisons neuves, importantes et vraies. Mais, par là même, son mérite pourra être apprécié par tous ceux qui connaissent les données, et c'est la plus grande partie du genre humain. Voilà la raison de l'immense différence entre la gloire réservée aux poètes et aux philosophes et celle accessible aux physiciens, chimistes, anatomistes, minéralogistes, zoologues, philologues, historiens et autres.

CHAPITRE V

Parénèses et maximes

Ici moins que partout j'ai la prétention d'être complet ; sans quoi j'aurais à répéter les nombreuses, et en partie excellentes, règles de la vie données par les penseurs de tous les temps, depuis Théognis et le pseudo-Salomon jusqu'à La Rochefoucauld ; je ne pourrais pas éviter non plus beaucoup de lieux communs des plus rebattus. Ne pouvant être complet, j'ai dû renoncer aussi presque entièrement à tout ordre systématique. Que le lecteur s'en console, car en pareilles matières un traité complet et systématique eût été infailliblement ennuyeux. Je n'ai consigné que ce qui m'est venu tout d'abord à l'esprit, ce qui m'a semblé digne d'être communiqué et ce qui, autant que je me le rappelais, n'avait pas encore été dit, pas aussi complètement du moins et pas sous cette même forme ; je ne fais donc que glaner dans ce vaste champ où d'autres ont récolté avant moi.

Toutefois pour apporter un peu de suite dans cette grande variété d'opinions et de conseils relatifs à mon sujet, je les classerai en maximes générales et en maximes concernant notre conduite envers nous-même, puis envers les autres et enfin en face de la marche des choses et du sort en ce monde.

I. – Maximes générales

Se procurer un logis à l'épreuve des flammes

1. Je considère comme la règle suprême de toute sagesse dans la vie la proposition énoncée par Aristote dans son *Éthique à Nicomaque* (VII, 12) : « ο φρονιμος το αλυπον διωχει, ου το ηδυ », ce qui peut se traduire ainsi : *Le sage poursuit l'absence de douleur et non le plaisir.* La vérité de cette sentence repose sur ce que tout plaisir et tout bonheur sont de nature négative, la douleur par contre de nature positive. J'ai développé et prouvé cette thèse dans mon ouvrage principal, vol. I, § 58. Je veux cependant l'expliquer encore par un fait d'observation journalière. Quand notre corps tout entier est sain et intact, sauf une petite place blessée ou douloureuse, la conscience cesse de percevoir la santé du tout ; l'attention se dirige tout entière sur la douleur de la partie lésée, et le plaisir, déterminé par le sentiment total de l'existence, s'efface. De même, quand toutes nos affaires marchent à notre gré, sauf une seule qui va à l'encontre, c'est celle-ci, fût-elle de minime importance, qui nous trotte constamment par la cervelle, c'est sur elle que se reporte toujours notre pensée et rarement sur les autres choses, plus importantes, qui marchent à notre souhait. Dans les deux cas, c'est la *volonté* qui est lésée, la première fois telle qu'elle *s'objective* dans l'organisme, la seconde fois dans les efforts de l'homme ; nous voyons, dans les deux cas, que sa satisfaction n'agit jamais que négativement, et que, par conséquent, elle

n'est pas éprouvée directement du tout ; c'est tout au plus par voie réflexe qu'elle arrive à la conscience. Ce qu'il y a de positif au contraire, c'est l'empêchement de la volonté, lequel se manifeste directement aussi. Tout plaisir consiste à supprimer cet empêchement, à s'en affranchir, et ne saurait être, par conséquent, que de courte durée.

Voilà donc sur quoi repose l'excellente règle d'Aristote rapportée ci-dessus, d'avoir à diriger notre attention non sur les jouissances et les agréments de la vie, mais sur les moyens d'échapper autant qu'il est possible aux maux innombrables dont elle est semée. Si cette voie n'était pas la vraie, l'aphorisme de Voltaire : *« Le bonheur n'est qu'un rêve et la douleur est réelle »*, serait aussi faux qu'il est juste en réalité. Aussi, quand on veut arrêter le bilan de sa vie au point de vue eudémonologique, il ne faut pas établir son compte d'après les plaisirs qu'on a goûtés, mais d'après les maux auxquels on s'est soustrait. Bien plus, l'eudémonologie, c'est-à-dire un traité de la vie heureuse, doit commencer par nous enseigner que son nom même est un euphémisme, et que par « vivre heureux » il faut entendre seulement « moins malheureux », en un mot, supportablement. Et, de fait, la vie n'est pas là pour qu'on en jouisse, mais pour qu'on la subisse, pour qu'on s'en acquitte ; c'est ce qu'indiquent aussi bien des expressions telles que, en latin : *« degere vitam*[33] », *« vita defungi*[34] » ; en italien : *« si scampa cosi*[35] » ; en allemand : *« man muss suchen, durchzukommen*[36] », *« er wird schon durch die Welt kommen*[37] », et autres semblables. Oui, c'est une consolation, dans la vieillesse, que d'avoir derrière soi le labeur de la vie. L'homme le plus heureux est donc celui qui parcourt sa vie sans douleurs trop grandes, soit au moral, soit au physique, et non pas celui qui a eu pour sa part les joies les plus vives ou les jouissances les plus fortes. Vouloir mesurer sur celles-ci le bonheur d'une existence, c'est recourir à une fausse échelle. Car les plaisirs sont et restent négatifs ; croire qu'ils rendent heureux est une illusion que l'envie entretient et par laquelle elle se punit elle-même. Les douleurs au contraire sont senties positivement, c'est leur absence qui est l'échelle du bonheur de la vie. Si, à un état libre de douleur vient s'ajouter encore l'absence de l'ennui, alors on atteint le bonheur sur terre dans ce qu'il a d'essentiel, car le reste n'est plus que chimère. Il suit de là qu'il ne faut jamais acheter de plaisirs au prix de douleurs, ni même de leur menace seule, vu que ce serait payer du *négatif* et du *chimérique* avec du *positif* et du *réel*. En revanche, il y a bénéfice à sacrifier des plaisirs pour éviter des douleurs. Dans l'un et l'autre cas, il est indifférent que les douleurs suivent ou précèdent les plaisirs. Il n'y a vraiment pas de folie plus grande que de vouloir transformer ce théâtre de misères en un lieu de plaisance, et de poursuivre des jouissances et des joies au lieu de chercher à éviter la plus grande somme possible de douleurs. Que de gens cependant tombent dans cette folie ! L'erreur est infiniment moindre chez celui qui, d'un œil trop sombre, considère ce monde comme une espèce d'enfer et n'est occupé qu'à s'y procurer un logis à l'épreuve des flammes. Le fou court après les plaisirs de la vie et trouve la déception ; le sage évite les maux. Si malgré ses efforts il n'y parvient pas, la faute en est alors au destin et non à sa folie. Mais pour peu qu'il y réussisse, il ne sera pas déçu, car les maux qu'il aura écartés sont des plus réels. Dans le cas même où le détour fait pour leur échapper eût été trop grand et où il aurait sacrifié inutilement des plaisirs, il n'a rien perdu en réalité : car ces derniers sont chimériques, et se désoler de leur perte serait petit ou plutôt ridicule.

Pour avoir méconnu cette vérité à la faveur de l'optimisme, on a ouvert la source de bien des calamités. En effet, dans les moments où nous sommes libres de souffrances, des désirs inquiets font briller à nos yeux les chimères d'un bonheur qui n'a pas d'existence réelle et nous induisent à les poursuivre : par là nous attirons la douleur qui est incontestablement réelle. Alors nous nous lamentons sur cet état exempt de douleurs que nous avons perdu et qui se trouve maintenant derrière nous comme un paradis que nous avons laissé échapper à plaisir, et nous voudrions vainement rendre non avenu ce qui est avenu. Il semble ainsi qu'un méchant démon soit constamment occupé, par les mirages trompeurs de nos désirs, à nous arracher à cet état exempt de souffrances, qui est le bonheur suprême et réel. Le jeune homme s'imagine que ce monde qu'il n'a pas encore vu est là pour être goûté, qu'il est le siège d'un bonheur positif qui n'échappe qu'à ceux qui n'ont pas l'adresse de s'en emparer. Il est fortifié dans sa croyance par les romans et les poésies, et par cette hypocrisie avec laquelle le monde, partout et toujours, se sert des apparences extérieures. Je reviendrai tout à l'heure là-dessus. Désormais, sa vie est une chasse au bonheur positif, menée avec plus ou moins de prudence ; et ce bonheur positif est, à ce titre, censé composé de plaisirs positifs. Quant aux dangers auxquels on s'expose, eh bien, il faut en prendre son parti. Cette chasse entraîne à la poursuite d'un gibier qui n'existe en aucune façon, et finit d'ordinaire par conduire au malheur bien réel et bien positif. Douleurs, souffrances, maladies, pertes, soucis, pauvreté, déshonneur et mille autres peines, voilà sous quelles formes se présente le résultat. Le désabusement arrive trop tard. Si, au contraire, on obéit à la règle ici exposée, si l'on établit le plan de sa vie en vue d'éviter les souffrances, c'est-à-dire d'écarter le besoin, la maladie et toute autre peine, alors le but est réel ; on pourra obtenir quelque chose, et d'autant plus que le plan aura été moins dérangé par la poursuite de cette chimère du bonheur positif. Ceci s'accorde avec ce que Goethe, dans *Les Affinités électives*, fait dire à Mittler, qui est toujours occupé du bonheur des autres : « *Celui qui veut s'affranchir d'un mal sait toujours ce qu'il veut : celui qui cherche mieux qu'il n'a est aussi aveugle qu'un cataracté.* » Ce qui rappelle ce bel adage français : « *le mieux est l'ennemi du bien* ». C'est de là également que l'on peut déduire l'idée fondamentale du cynisme, telle que je l'ai exposée dans mon grand ouvrage, tome II, chap. 16. Qu'est-ce en effet qui portait les cyniques à rejeter toutes jouissances, si ce n'est la pensée des douleurs dont elles s'accompagnent de près ou de loin ? Éviter celles-ci leur semblait autrement important que se procurer les premières. Profondément pénétrés et convaincus de la condition négative de tout plaisir et positive de toute souffrance, ils faisaient tout pour échapper aux maux, et pour cela jugeaient nécessaire de repousser entièrement et intentionnellement les jouissances qu'ils considéraient comme des pièges tendus pour nous livrer à la douleur.

Certes nous naissons tous en Arcadie, comme dit Schiller, c'est-à-dire, nous abordons la vie pleins de prétentions au bonheur, au plaisir, et nous entretenons le fol espoir d'y arriver. Mais, règle générale, arrive bientôt le destin, qui nous empoigne rudement et nous apprend que rien n'est *à nous*, que tout est *à lui*, en ce qu'il a un droit incontesté non seulement sur tout ce que nous possédons et acquérons, sur femme et enfants, mais même sur nos bras et nos jambes, sur nos yeux et nos oreilles, et jusque sur ce nez que nous portons au milieu du visage. En tout cas, il ne se passe pas longtemps, et l'expérience vient nous faire comprendre que bonheur et plaisir sont un mirage qui, visible de loin seulement, disparaît quand on s'en approche, mais qu'en revanche souffrance et douleur ont de la réalité, qu'elles se présentent immédiatement et par elles-mêmes, sans prêter à l'illusion ni à l'attente. Si la leçon porte ses fruits, alors nous cessons de courir après le bonheur et le plaisir, et nous nous attachons plutôt à fermer, autant que possible, tout accès à la douleur et à la souffrance. Nous reconnaissons aussi que ce que le monde peut nous offrir de mieux, c'est une existence sans peine, tranquille, supportable, et c'est à une telle vie que nous bornons nos exigences, afin d'en pouvoir jouir plus sûrement. Car, pour ne pas devenir très malheureux, le moyen le plus certain est de ne pas demander à être très heureux. C'est ce qu'a reconnu Merck, l'ami de jeunesse de Goethe, quand il a écrit : *« Cette vilaine prétention à la félicité, surtout dans la mesure où nous la rêvons, gâte tout ici-bas. Celui qui peut s'en affranchir et ne demande que ce qu'il a devant soi, celui-là pourra s'en tirer. » (Corresp. de Merck.)* Il est donc prudent d'abaisser à une échelle très modeste ses prétentions aux plaisirs, aux richesses, au rang, aux honneurs, etc., car c'est cette lutte pour le bonheur, pour la splendeur et les jouissances qui nous attire les plus grandes infortunes. Mais une telle conduite est déjà sage et avisée par là seul qu'il est très facile d'être extrêmement malheureux et qu'il est, non pas difficile, mais tout à fait impossible, d'être très heureux. Le chantre de la sagesse a dit avec raison :

Auream quisquis mediocritatem
Diligit, tutus caret obsoleti
Sordibus tecti, caret invidenda
Sobrius aula.

Sævius ventis agitatur ingens
Pinus : et celsæ graviore casu
Decidunt turres : feriuntque summos
Fulgura montes.

(Horace, l. II, od. 10.)

(Quiconque élit la médiocrité toute d'or a la sécurité, qui le garde des laideurs sordides d'un toit délabré, la modération, qui le garde d'un palais sujet à l'envie.

Les vents agitent plus fréquemment le pin immense, les tours élevées croulent d'une chute plus pesante, les éclairs frappent le sommet des monts.) – (Trad. F. Villeneuve, *Les Belles Lettres*.)

Quiconque, s'étant pénétré des enseignements de ma philosophie, sait que toute notre existence est une chose qui devrait plutôt ne pas être et que la suprême sagesse consiste à la nier et à la repousser, celui-là ne fondera de grandes espérances sur aucune chose ni sur aucune situation, ne poursuivra avec emportement rien au monde et n'élèvera de grandes plaintes au sujet d'aucun mécompte, mais il reconnaîtra la vérité de ce que dit Platon (*Rép.*, X, 604) : « ουτε τι των ανθρωπινων αξιον μεγαλης σπουδης » (Rien des choses humaines n'est digne d'un grand empressement), et cette autre vérité du poète persan :

As-tu perdu l'empire du monde ?
Ne t'en afflige point ; ce n'est rien.
As-tu conquis l'empire du monde ?
Ne t'en réjouis pas ; ce n'est rien.
Douleurs et félicités, tout passe,
Passe à côté du monde, ce n'est rien.

(Anwari Soheili.)

(Voir l'épigraphe du *Gulistan* de Sadi, traduit en allemand par Graf.)

Ce qui augmente particulièrement la difficulté de se pénétrer de vues aussi sages, c'est cette hypocrisie du monde dont j'ai parlé plus haut, et rien ne serait utile comme de la dévoiler de bonne heure à la jeunesse. Les magnificences sont pour la plupart de pures apparences, comme des décors de théâtre, et l'essence de la chose manque. Ainsi des vaisseaux pavoisés et fleuris, des coups de canon, des illuminations, des timbales et des trompettes, des cris d'allégresse, etc., tout cela est l'enseigne, l'indication, le hiéroglyphe de la *joie* ; mais le plus souvent la joie n'y est pas : elle seule s'est excusée de venir à la fête. Là où réellement elle se présente, là elle arrive d'ordinaire sans se faire inviter ni annoncer, elle vient d'elle-même et *sans façons*, s'introduisant en silence, souvent pour les motifs les plus insignifiants et les plus futiles, dans les occasions les plus journalières, parfois même dans des circonstances qui ne sont rien moins que brillantes ou glorieuses. Comme l'or en Australie, elle se trouve éparpillée, çà et là, selon le caprice du hasard, sans règle ni loi, le plus souvent en poudre fine, très rarement en grosses masses. Mais aussi, dans toutes ces manifestations dont nous avons parlé, le seul but est de faire accroire aux autres que la joie est de la fête ; l'intention, c'est de produire l'illusion dans la tête d'autrui.

Comme de la joie, ainsi de la tristesse. De quelle allure mélancolique s'avance ce long et lent convoi ! La file des voitures est interminable. Mais regardez un peu à l'intérieur : elles sont toutes vides, et le défunt n'est, en réalité, conduit au cimetière que par tous les cochers de la ville. Parlante image de l'amitié et de la considération en ce monde ! Voilà ce que j'appelle la fausseté, l'inanité et l'hypocrisie de la conduite humaine. Nous en avons encore un exemple dans les réceptions solennelles avec les nombreux invités en habits de fête ; ceux-ci sont l'enseigne de la noble et haute société : mais, à sa place, c'est la peine, la contrainte et l'ennui qui sont venus : car où il y a beaucoup de convives il y a beaucoup de racaille, eussent-ils tous des crachats sur la poitrine. En effet, la véritable bonne société est partout et nécessairement très restreinte. En général, ces fêtes et ces réjouissances, avec tout leur éclat et leur vacarme, portent toujours en elles quelque chose qui sonne creux ou, pour mieux dire, qui sonne faux, précisément parce qu'elles contrastent avec la misère et l'indigence de notre existence, et que toute opposition fait mieux ressortir la vérité. Mais, vu du dehors, tout cela fait de l'effet ; et c'est là le but. Chamfort dit d'une manière charmante : « *La société, les cercles, les salons, ce qu'on appelle le monde est une pièce misérable, un mauvais opéra, sans intérêt, qui se soutient un peu par les machines, les costumes et les décorations.* » Les académies et les chaires de philosophie sont également l'enseigne, le simulacre extérieur de la *sagesse* ; mais elle aussi s'abstient le plus souvent d'être de la fête, et c'est ailleurs qu'on la trouverait. Les sonneries de cloches, les vêtements sacerdotaux, le maintien pieux, les simagrées, sont l'enseigne, le faux-semblant de la dévotion, et ainsi de suite. C'est ainsi que presque toutes choses en ce monde peuvent être dites des noisettes creuses ; le noyau est rare par lui-même, et plus rarement encore est-il logé dans la coque. Il faut le chercher tout autre part, et on ne le rencontre d'ordinaire que par un hasard.

Comment évaluer la félicité d'un homme

2. Quand on veut évaluer la condition d'un homme au point de vue de sa félicité, ce n'est pas de ce qui le divertit, mais de ce qui l'attriste qu'on doit s'informer ; car, plus ce qui l'afflige sera insignifiant en soi, plus l'homme sera heureux ; il faut un certain état de bien-être pour être sensible à des bagatelles ; dans le malheur, on ne les sent pas du tout.

Pourquoi fatiguer ton âme en des desseins éternels ?

3. Il faut se garder d'asseoir la félicité de sa vie sur une *base large* en élevant de nombreuses prétentions au bonheur : établi sur un tel fondement, le bonheur croule le plus facilement, parce qu'il offre plus de champ aux accidents, et que ceux-ci arrivent infailliblement. L'édifice du bonheur se comporte donc sous ce rapport au rebours de tous les autres, qui sont d'autant plus solides que leur base est plus large. Placer ses prétentions le plus bas possible, en proportion de ses ressources de toute espèce, voilà la voie la plus sûre pour éviter de grands malheurs.

C'est en général une folie des plus grandes et des plus répandues que de prendre, de quelque façon que ce soit, de *vastes dispositions* pour sa vie. Car d'abord, pour le faire, on compte sur une vie d'homme pleine et entière, à laquelle cependant arrivent peu de gens. En outre, quand même on vivrait une existence aussi longue, elle ne se trouverait pas moins être trop courte pour les plans conçus ; leur exécution réclame toujours plus de temps qu'on ne supposait ; ils sont de plus exposés, comme toutes choses humaines, à tant d'échecs et à tant d'obstacles de toute nature, qu'on peut rarement les mener jusqu'à leur terme. Finalement, alors même qu'on a réussi à tout obtenir, on s'aperçoit qu'on a négligé de tenir compte des modifications que le temps produit en *nous-même* ; on n'a pas réfléchi que, ni pour créer ni pour jouir, nos facultés ne restent invariables dans la vie entière. Il en résulte que nous travaillons souvent à acquérir des choses qui, une fois obtenues, ne se trouvent plus être à notre taille ; il arrive encore que nous employions aux travaux préparatoires d'un ouvrage, des années qui, dans l'entre-temps, nous enlèvent insensiblement les forces nécessaires à son achèvement. De même, des richesses acquises au prix de longues fatigues et de nombreux dangers ne peuvent souvent plus nous servir, et nous nous trouvons avoir travaillé pour les autres ; il en résulte encore que nous ne sommes plus en état d'occuper un poste enfin obtenu après l'avoir poursuivi et ambitionné pendant de longues années. Les choses sont arrivées trop tard pour nous, ou, à l'inverse, c'est nous qui arrivons trop tard pour les choses, alors surtout qu'il s'agit d'œuvres ou de productions ; le goût de l'époque a changé ; une nouvelle génération a grandi qui ne prend aucun intérêt à ces matières ; ou bien d'autres nous ont devancés par des chemins plus courts, et ainsi de suite. Tout ce que nous avons exposé dans ce paragraphe 3, Horace l'a eu en vue dans les vers suivants :

Quid æternis minorem
Consiliis animum fatigas ?

(L. II, Ode 11, v. 11 et 12.)

(Pourquoi fatiguer ton âme de desseins éternels qui la dépassent ?)

Cette méprise si commune est déterminée par l'inévitable illusion d'optique des yeux de l'esprit, qui nous fait apparaître la vie comme infinie ou comme très courte, selon que nous la voyons de l'entrée ou du terme de notre carrière. Cette illusion a cependant son bon côté ; sans elle, nous produirions difficilement quelque chose de grand.

Mais il nous arrive en général dans la vie ce qui arrive au voyageur : à mesure qu'il avance, les objets prennent des formes différentes de celles qu'ils montraient de loin et ils se modifient pour ainsi dire à mesure qu'on s'en rapproche. Il en advient ainsi principalement de nos désirs. Nous trouvons souvent autre chose, parfois même mieux que ce que nous cherchions ; souvent aussi ce que nous cherchons, nous le trouvons par une tout autre voie que celle vainement suivie jusque-là. En particulier, là où nous pensions trouver un plaisir, un bonheur, une joie, c'est, à leur place, un enseignement, une explication, une connaissance, c'est-à-dire un bien durable et réel en place d'un bien passager et trompeur, qui s'offre souvent à nous. C'est cette pensée qui court, comme une basse fondamentale, à travers tout le livre de *Wilhelm Meister* ; c'est un roman intellectuel et par cela même d'une qualité supérieure à tous les autres, même à ceux de Walter Scott, qui ne sont tous que des œuvres morales, c'est-à-dire qui n'envisagent la nature humaine que par le côté de la volonté ! Dans *La Flûte enchantée*, hiéroglyphe grotesque, mais expressif et profond, nous trouvons également cette même pensée fondamentale symbolisée en grands et gros traits comme ceux des décorations de théâtre ; la symbolisation serait même parfaite si, au dénouement, Pamino, ramené par le désir de posséder Tamina, au lieu de celle-ci, ne demandait et n'obtenait que l'initiation dans le temple de la Sagesse ; en revanche, Papagéno, l'opposé nécessaire de Pamino, obtiendra sa Papagéna. Les hommes supérieurs et nobles saisissent vite cet enseignement du destin et s'y prêtent avec soumission et reconnaissance : ils comprennent que dans ce monde on peut bien trouver l'instruction, mais non le bonheur ; ils s'habituent à échanger des espérances contre des connaissances ; ils s'en contentent et disent finalement avec Pétrarque :

Altro diletto, che'mparar, non provo[38].

Ils peuvent même en arriver à ne plus suivre leurs désirs et leurs aspirations qu'en apparence pour ainsi dire et comme un badinage, tandis qu'en réalité et dans le sérieux de leur for intérieur ils n'attendent que de l'instruction ; ce qui les revêt alors d'une teinte méditative, géniale et élevée. Dans ce sens, on peut dire aussi qu'il en est de nous comme des alchimistes, qui, pendant qu'ils ne cherchaient que de l'or, ont trouvé la poudre à canon, la porcelaine, des médicaments et jusqu'à des lois naturelles.

II. – Concernant notre conduite envers nous-même

Savoir jeter un regard sur le plan réduit de la vie

4. Le manœuvre qui aide à élever un édifice, n'en connaît pas le plan d'ensemble, ou ne l'a pas toujours sous les yeux ; telle est aussi la position de l'homme, pendant qu'il est occupé à dévider un à un les jours et les heures de son existence, par rapport à l'ensemble de sa vie et au caractère total de celle-ci. Plus ce caractère est digne, considérable, significatif et individuel, plus il est nécessaire et bienfaisant pour l'individu de jeter de temps en temps un regard sur le plan réduit de sa vie. Il est vrai que pour cela il lui faut avoir fait déjà un premier pas dans le « γνῶθι σεαυτόν » (connais-toi toi-même) : il doit donc savoir ce qu'il veut réellement, principalement et avant tout ; il doit connaître ce qui est essentiel à son bonheur, et ce qui ne vient qu'en seconde, puis en troisième ligne ; il faut qu'il se rende compte, en gros, de sa vocation, de son rôle et de ses rapports avec le monde. Si tout cela est important et élevé, alors l'aspect du plan réduit de sa vie le fortifiera, le soutiendra, l'élèvera plus que toute autre chose ; cet examen l'encouragera au travail et le détournera des sentiers qui pourraient l'égarer.

Le voyageur, alors seulement qu'il arrive sur une éminence, embrasse d'un coup d'œil et reconnaît l'ensemble du chemin parcouru, avec ses détours et ses courbes ; de même aussi, ce n'est qu'au terme d'une période de notre existence, parfois de la vie entière, que nous reconnaissons la véritable connexion de nos actions, de nos œuvres et de nos productions, leur liaison précise, leur enchaînement et leur valeur. En effet tant que nous sommes plongés dans notre activité, nous n'agissons que selon les propriétés constantes de notre caractère, sous l'influence des motifs et dans la mesure de nos facultés, c'est-à-dire par une nécessité absolue ; nous ne faisons à un moment donné que ce qui à ce moment-là nous semble juste et convenable. La suite seule nous permet d'apprécier le résultat, et le regard jeté en arrière sur l'ensemble nous montre seul le *comment* et le *par quoi*. Aussi, au moment où nous accomplissons les plus grandes actions, où nous créons des œuvres immortelles, nous n'avons pas la conscience de leur vraie nature : elles ne nous semblent que ce qu'il y a de plus approprié à notre but présent et de mieux correspondant à nos intentions ; nous n'avons d'autre impression que d'avoir fait précisément ce qu'il fallait faire actuellement ; ce n'est que plus tard, de l'ensemble et de son enchaînement, que notre caractère et nos facultés ressortent en pleine lumière ; par les détails, nous voyons alors comment nous avons pris la seule route vraie parmi tant de chemins détournés, comme par inspiration et guidés par notre génie. Tout ce que nous venons de dire est vrai en théorie comme en pratique et s'applique également aux faits inverses, c'est-à-dire au mauvais et au faux.

Souhaiter la bienvenue au présent

5. Un point important pour la sagesse dans la vie, c'est la proportion dans laquelle nous consacrons une part de notre attention au présent et l'autre à l'avenir, afin que l'un ne nous gâte pas l'autre. Il y a beaucoup de gens qui vivent trop dans le présent : ce sont les frivoles ; d'autres, trop dans l'avenir : ce sont les craintifs et les inquiets. On garde rarement la juste mesure. Ces hommes qui, mus par leurs désirs, et leurs espérances, vivent uniquement dans l'avenir, les yeux toujours dirigés en avant, qui courent avec impatience au-devant des choses futures, car, pensent-ils, celles-là vont leur apporter tout à l'heure le vrai bonheur, mais qui, en attendant, laissent fuir le présent qu'ils négligent sans en jouir, ressemblent à ces ânes, en Italie, à qui l'on fait presser le pas au moyen

d'une botte de foin attachée par un bâton devant leur tête : ils voient la botte toujours tout près devant eux et ont toujours l'espoir de l'atteindre. De tels hommes en effet s'abusent eux-mêmes sur toute leur existence en ne vivant perpétuellement qu'*ad interim*, jusqu'à leur mort. Aussi, au lieu de nous occuper sans cesse exclusivement de plans et de soins d'avenir, ou de nous livrer, à l'inverse, aux regrets du passé, nous devrions ne jamais oublier que le présent seul est réel, que seul il est certain, et qu'au contraire l'avenir se présente presque toujours autre que nous ne le pensions et que le passé lui aussi a été différent ; ce qui fait que, en somme, avenir et passé ont tous deux bien moins d'importance qu'il ne nous semble. Car le lointain, qui rapetisse les objets pour l'œil, les grossit pour la pensée. Le présent seul est vrai et effectif ; il est le temps réellement rempli, et c'est sur lui que repose exclusivement notre existence. Aussi doit-il toujours mériter à nos yeux un accueil de bienvenue ; nous devrions goûter, avec la pleine conscience de sa valeur, toute heure supportable et libre de contrariétés ou de douleurs actuelles, c'est-à-dire ne pas la troubler par des visages qu'attristent des espérances déçues dans le passé ou des appréhensions pour l'avenir. Quoi de plus insensé que de repousser une bonne heure présente ou de se la gâter délibérément par inquiétude de l'avenir ou par chagrin du passé ! Donnons son temps au souci, voire au repentir ; ensuite, quant aux faits accomplis, il faut se dire :

Αλλα τα μεν προτετυχθαι εασομεν αχνυμενοι περ,
Θυμον ενι στηθεσσι φιλον δαμασαντες αναγχη.

(Donnons, bien qu'à regret, tout ce qui est passé à l'oubli ; il est nécessaire d'étouffer la colère dans notre sein.)

Quant à l'avenir :

Ητοι ταυτα θεων εν γουνασι χειται.

(Tout cela repose sur les genoux des dieux.)

En revanche, quant au présent, il faut penser comme Sénèque : « *Singulas dies, singulas vitas puta* » (Chaque jour séparément est une vie séparée), et se rendre ce seul temps réel aussi agréable que possible.

Les seuls maux futurs qui doivent avec raison nous alarmer sont ceux dont l'arrivée et le moment d'arrivée sont certains. Mais il y en a bien peu qui soient dans ce cas, car les maux sont ou simplement possibles, tout au plus vraisemblables, ou bien ils sont certains, mais c'est l'époque de leur arrivée qui est douteuse. Si l'on se préoccupe des deux espèces de malheurs, on n'a plus un seul moment de repos. Par conséquent, afin de ne pas perdre la tranquillité de notre vie pour des maux dont l'existence ou l'époque sont indécises, il faut nous habituer à envisager les uns comme ne devant jamais arriver, les autres comme ne devant sûrement pas arriver de sitôt.

Mais plus la peur nous laisse de repos, plus nous sommes agités par les désirs, les convoitises et les prétentions. La chanson si connue de Goethe : « *Ich hab' mein' Sach auf nichts gestellt* » (J'ai placé mon souhait dans rien), signifie, au fond, qu'alors seulement qu'il a été évincé de toutes ses prétentions et réduit à l'existence telle qu'elle est, nue et dépouillée, l'homme peut acquérir ce calme de l'esprit qui est la base du bonheur humain, car ce calme est indispensable pour jouir du présent et par suite de la vie entière. C'est à cet effet également que nous devrions toujours nous rappeler que le jour d'*aujourd'hui* ne vient qu'une seule fois et plus jamais. Mais nous nous imaginons qu'il reviendra demain : cependant *demain* est un autre jour qui lui aussi n'arrive qu'une fois. Nous oublions que chaque jour est une portion intégrante, donc irréparable, de la vie, et nous le considérons comme contenu dans la vie de la même manière que les individus sont contenus dans la notion de l'ensemble. Nous apprécierions et nous goûterions aussi bien mieux le présent, si, dans les jours de bien-être et de santé, nous reconnaissions à quel point, pendant la maladie ou l'affliction, le souvenir nous représente comme infiniment enviable chaque heure libre de douleurs ou de privations ; c'est comme un paradis perdu, comme un ami méconnu. Mais, au contraire, nous vivons nos beaux jours sans leur accorder d'attention, et alors seulement que les mauvais arrivent, nous voudrions rappeler les autres. Nous laissons passer à côté de nous, sans en jouir et sans leur accorder un sourire, mille heures sereines et agréables, et plus tard, aux temps sombres, nous reportons vers elles nos vaines aspirations. Au lieu d'agir ainsi, nous devrions rendre hommage à toute actualité supportable, même la plus banale, que nous laissons fuir avec tant d'indifférence, et dont nous pressons même peut-être impatiemment la fuite ; nous devrions toujours nous rappeler que ce présent se précipite en ce même instant dans cette apothéose du passé, où désormais, rayonnant de la lumière de l'impérissabilité, il est conservé par la mémoire, pour se représenter à nos yeux comme l'objet de notre plus ardente aspiration, alors que, surtout aux heures mauvaises, le souvenir vient lever le rideau.

La restriction rend heureux

6. *Se restreindre rend heureux*. Plus notre cercle de vision, d'action et de contact est étroit, plus nous sommes heureux ; plus il est vaste, plus nous nous trouvons tourmentés ou inquiétés. Car, en même temps que lui, grandissent et se multiplient les soucis, les désirs et les alarmes. C'est même pour ce motif que les aveugles ne sont pas aussi malheureux que nous pourrions le croire *a priori* ; on peut en juger au calme doux, presque enjoué de leurs traits. Cette règle nous explique aussi en partie pourquoi la seconde moitié de notre vie est plus triste que la première. En effet, dans le cours de l'existence, l'horizon de nos vues et de nos relations va s'élargissant. Dans l'enfance, il est borné à l'entourage le plus proche et aux relations les plus étroites ; dans l'adolescence, il s'étend considérablement ; dans l'âge viril, il embrasse tout le cours de notre vie et s'étend souvent même jusqu'aux relations les plus éloignées, jusqu'aux États et aux peuples ; dans la vieillesse, il embrasse les générations futures. Toute limitation au contraire, même dans les

choses de l'esprit, profite à notre bonheur. Car moins il y a d'excitation de la volonté, moins il y aura de souffrance ; or nous savons que la souffrance est positive et le bonheur simplement négatif. La limitation du cercle d'action enlève à la volonté les occasions extérieures d'excitation ; la limitation de l'esprit, les occasions intérieures. Cette dernière a seulement l'inconvénient d'ouvrir l'accès à l'ennui qui devient la source indirecte d'innombrables souffrances, parce qu'on recourt à tous les moyens pour le chasser ; on essaye des distractions, des réunions, du luxe, du jeu, de la boisson, et de mille autres choses ; de là dommages, ruine et malheurs de toute sorte. *Difficilis in otio quies*[39]. Pour montrer en revanche combien la limitation extérieure est bienfaisante pour le bonheur humain, autant que quelque chose peut l'être, combien elle lui est même nécessaire, nous n'avons qu'à rappeler que le seul genre de poèmes qui entreprenne de peindre des gens heureux, l'idylle, les représente toujours placés essentiellement dans une condition et un entourage des plus limités. Ce même sentiment produit aussi le plaisir que nous trouvons à ce qu'on appelle des tableaux de genre. En conséquence, nous trouverons du bonheur dans la plus grande *simplicité* possible de nos relations et même dans l'*uniformité* du genre de vie, tant que cette uniformité n'engendrera pas l'ennui : c'est à cette condition que nous porterons plus légèrement la vie et son fardeau inséparable ; l'existence s'écoulera, comme un ruisseau, sans vagues et sans tourbillons.

Savoir suspendre l'étude

7. Ce qui importe, en dernière instance, à notre bonheur ou à notre malheur, c'est ce qui remplit et occupe la conscience. Tout travail purement intellectuel apportera, au total, plus de ressources à l'esprit capable de s'y livrer, que la vie réelle avec ses alternatives constantes de réussites et d'insuccès, avec ses secousses et ses tourments. Il est vrai que cela exige déjà des dispositions d'esprit prépondérantes. Il faut remarquer en outre que, d'une part, l'activité extérieure de la vie nous distrait et

nous détourne de l'étude et enlève à l'esprit la tranquillité et le recueillement réclamés, et que, d'autre part, l'occupation continue de l'esprit rend plus ou moins incapable de se mêler au train et au tumulte de la vie réelle ; il est donc sage de suspendre une telle occupation lorsque des circonstances quelconques nécessitent une activité pratique et énergique.

L'expérience nous sert de professeur particulier

8. Pour vivre avec une *prudence* parfaite et pour retirer de sa propre expérience tous les enseignements qu'elle contient, il est nécessaire de se reporter souvent en arrière par la pensée et de récapituler ce qu'on a vu, fait, appris et senti en même temps dans la vie ; il faut aussi comparer son jugement d'autrefois avec son opinion actuelle, ses projets et ses aspirations avec leur résultat et avec la satisfaction que ce résultat nous a donnée. L'expérience nous sert ainsi de professeur particulier qui vient nous donner des répétitions privées. On peut aussi la considérer comme le texte, la réflexion et les connaissances en étant le commentaire. Beaucoup de réflexion et de connaissances avec peu d'expérience ressemblent à ces éditions dont les pages présentent deux lignes de texte et quarante de commentaires. Beaucoup d'expérience accompagnée de peu de réflexion et d'instruction rappelle ces éditions de *Deux-Ponts* qui n'ont pas de notes et laissent bien des passages incompris dans le texte.

C'est à ces préceptes que se rapporte la maxime de Pythagore, d'avoir à passer en revue avant de s'endormir le soir, ce qu'on a fait dans la journée. L'homme qui s'en va vivant dans le tumulte des affaires ou des plaisirs sans jamais ruminer son passé et qui se contente de dévider l'écheveau de sa vie, perd toute raison claire ; son esprit devient un chaos, et dans ses pensées pénètre une certaine confusion dont témoigne sa conversation abrupte, fragmentaire et pour ainsi dire hachée menu. Cet état sera d'autant plus prononcé que l'agitation extérieure, la somme des impressions sera plus grande et l'activité intérieure de l'esprit moindre.

Observons ici qu'après un laps de temps, quand les relations et les circonstances qui agissaient sur nous ont disparu, nous ne pouvons plus faire revenir et revivre la disposition et la sensation produites alors en nous ; mais ce que nous pouvons bien nous rappeler, ce sont nos *manifestations* à cette occasion. Or celles-ci sont le résultat, l'expression et la mesure de celles-là. Aussi la mémoire ou le papier devraient-ils soigneusement conserver les traces des époques importantes de notre vie. Tenir son journal est très utile pour cela.

La solitude, lot des esprits supérieurs

9. Se suffire à soi-même, être tout en tout pour soi, et pouvoir dire : « *Omnia mea mecum porto*[40] », voilà certainement pour notre bonheur la condition la plus favorable ; aussi ne saurait-on assez répéter la maxime d'Aristote : « Η ευδαιμονια των αυταρχων εστι » (Le bonheur est à ceux qui se suffisent à eux-mêmes. *Éth. à Eud.*, 7, 2.) [C'est au fond la même pensée, rendue d'une manière charmante, qu'exprime la sentence de Chamfort mise en tête de ce traité.] Car, d'une part, il ne faut compter avec quelque assurance que sur soi-même ; d'autre part, les fatigues et les inconvénients, le danger et les contrariétés que la société apporte avec elle, sont innombrables et inévitables.

Il n'y a pas de voie qui nous éloigne plus du bonheur que la vie en grand, la vie des noces et festins, celle que les Anglais appellent le *high life*, car, en cherchant à transformer notre misérable existence en une succession de joies, de plaisirs et de jouissances, l'on ne peut manquer de trouver le désenchantement, sans compter les mensonges réciproques que l'on se débite dans ce monde-là et qui en sont l'accompagnement obligé[41].

Et tout d'abord toute société exige nécessairement un accommodement réciproque, une volonté d'harmonie : aussi, plus elle est nombreuse, plus elle devient fade. On ne peut être *vraiment soi* qu'aussi longtemps qu'on est seul ; qui n'aime donc pas la solitude n'aime pas la liberté, car on n'est libre qu'étant seul. Toute société a pour compagne inséparable la contrainte et réclame des sacrifices qui coûtent d'autant plus cher que la propre individualité est plus marquante. Par conséquent, chacun fuira, supportera ou chérira la solitude en proportion exacte de la valeur de son propre moi. Car c'est là que le mesquin sent toute sa mesquinerie et le grand esprit toute sa grandeur ; bref, chacun s'y pèse à sa vraie valeur. En outre un homme est d'autant plus essentiellement et nécessairement isolé, qu'il occupe un rang plus élevé dans le nobiliaire de la nature. C'est alors une véritable jouissance pour un tel homme, que l'isolement physique soit en rapport avec son isolement intellectuel : si cela ne peut pas être, le fréquent entourage d'êtres hétérogènes le trouble ; il lui devient même funeste, car il lui dérobe son moi et n'a rien à lui offrir en compensation. De plus, pendant que la nature a mis la plus grande dissemblance, au point de vue moral comme au point de vue intellectuel, entre les hommes, la société, n'en tenant aucun compte, les fait tous égaux, ou plutôt, à cette inégalité naturelle, elle substitue les distinctions et les degrés artificiels de la condition et du rang qui vont souvent diamétralement à l'encontre de cette liste par rang telle que l'a établie la nature. Ceux que la nature a placés bas se trouvent très bien de cet arrangement social, mais le petit nombre de ceux qu'elle a placés haut n'ont pas leur compte ; aussi se dérobent-ils d'ordinaire à la société : d'où il résulte que le vulgaire y domine dès qu'elle devient nombreuse. Ce qui dégoûte de la société les grands esprits, c'est l'égalité des droits et des prétentions qui en dérivent, en regard de l'inégalité des facultés et des productions (sociales) des autres. La soi-disant bonne société apprécie les mérites de toute espèce, sauf les mérites intellectuels ; ceux-ci y sont même de la contrebande. Elle impose le devoir de témoigner une patience sans bornes pour toute sottise, toute folie, toute absurdité, pour toute stupidité ; les mérites personnels, au contraire, sont tenus de mendier leur pardon ou de se cacher, car la supériorité intellectuelle, sans aucun concours de la volonté, blesse par sa seule existence.

Donc cette prétendue bonne société n'a pas seulement l'inconvénient de nous mettre en contact avec des gens que nous ne pouvons ni approuver ni aimer, mais encore elle ne nous permet pas d'être nous-même, d'être tel qu'il convient à notre nature ; elle nous oblige plutôt, afin de nous mettre au diapason des autres, à nous ratatiner pour ainsi dire, voire à nous défigurer nous-même. Des discours spirituels ou des saillies ne sont de mise que dans une société spirituelle ; dans la société ordinaire, ils sont tout bonnement détestés, car pour plaire dans celle-ci il faut absolument être plat et borné. Dans de pareilles réunions, on doit, avec une pénible abnégation de soi-même, abandonner les trois quarts de sa personnalité pour s'assimiler aux autres. Il est vrai qu'en retour on gagne ces autres ; mais plus on a de valeur propre, plus on verra qu'ici le gain ne couvre pas la perte et que le marché aboutit à notre détriment, car les gens sont d'ordinaire insolvables, c'est-à-dire qu'ils n'ont rien dans leur commerce qui puisse nous indemniser de l'ennui, des fatigues et des désagréments qu'ils procurent ni du sacrifice de soi-même qu'ils imposent : d'où il résulte que presque toute société est de telle qualité que celui qui la troque contre la solitude fait un bon marché. À cela vient encore s'ajouter que la société, en vue de suppléer à la supériorité véritable, c'est-à-dire à l'intellectuelle qu'elle ne supporte pas et qui est rare, a adopté sans motifs une supériorité fausse, conventionnelle, basée sur des lois arbitraires, se propageant par tradition parmi les classes élevées et, en même temps, variant comme un mot d'ordre ; c'est celle que l'on appelle le *bon ton*, *« fashionableness »*. Toutefois, quand il arrive que cette espèce de supériorité entre en collision avec la véritable, la faiblesse de la première ne tarde pas à se montrer. En outre, « quand le bon ton arrive, le bon sens se retire[42] ».

En thèse générale, on ne peut être à l'unisson parfait qu'avec soi-même ; on ne peut pas l'être avec son ami, on ne peut pas l'être avec la femme aimée, car les différences de l'individualité et de l'humeur produisent toujours une dissonance, quelque faible qu'elle soit. Aussi la paix du cœur véritable et profonde et la parfaite tranquillité de l'esprit, ces biens suprêmes sur terre après la santé, ne se trouvent que dans la solitude et, pour être permanents, que dans la retraite absolue. Quand alors le moi est grand et riche, on goûte la condition la plus heureuse qui soit à trouver en ce pauvre bas monde. Oui, disons-le ouvertement : quelque étroitement que l'amitié, l'amour et le mariage unissent les humains, on ne veut, entièrement et de bonne foi, de bien qu'à soi seul, ou tout au plus encore à son enfant. Moins on aura besoin, par suite de conditions objectives ou subjectives, de se mettre en contact avec les hommes, mieux on s'en trouvera. La solitude, le désert permettent d'embrasser d'un seul regard tous ses maux, sinon de les éprouver d'un seul coup ; la société, au contraire, est *insidieuse* ; elle cache des maux immenses, souvent irréparables, derrière une apparence de passe-temps, de causeries, d'amusements de société et autres semblables. Une étude importante pour les hommes serait d'apprendre de bonne heure à supporter la solitude, cette source de félicité et de tranquillité intellectuelle.

De tout ce que nous venons d'exposer il résulte que celui-là est le mieux partagé qui n'a compté que sur lui-même et qui peut en tout être tout à lui-même. Cicéron a dit : *« Nemo potest non beatissimus esse, qui est totus aptus ex sese, quique in se uno ponit omnia »* (Parad. II) (Celui qui ne relève que de lui-même et met en lui tous ses biens doit nécessairement être le plus heureux des hommes). En outre, plus l'homme a en soi, moins les autres peuvent lui apporter. C'est ce certain sentiment, de pouvoir se suffire entièrement, qui empêche l'homme de valeur et riche à l'intérieur d'apporter à la vie en commun les grands sacrifices qu'elle exige et bien moins encore de la rechercher au prix d'une notable abnégation de soi-même. C'est le sentiment opposé qui rend les hommes ordinaires si sociables et si accommodants ; il leur est, en effet, plus facile de supporter les autres qu'eux-mêmes. Notons encore ici que ce qui a une valeur réelle n'est pas apprécié dans le monde, et que ce qui est apprécié n'a pas de valeur. Nous en trouvons la preuve et le résultat dans la vie retirée de tout homme de mérite et de distinction. Il s'ensuit que ce sera pour l'homme éminent faire acte positif de sagesse que de restreindre, s'il le faut, ses besoins, rien que pour pouvoir garder ou étendre sa liberté, et de se contenter du moins possible pour sa personne, quand le contact avec les hommes est inévitable.

Ce qui d'autre part rend encore les hommes sociables, c'est qu'ils sont incapables de supporter la solitude et de se supporter eux-mêmes quand ils sont seuls. C'est leur vide intérieur et leur fatigue d'eux-mêmes qui les poussent à chercher la société, à courir les pays étrangers et à entreprendre des voyages. Leur esprit, manquant du ressort nécessaire pour s'imprimer un mouvement propre, cherche à l'accroître par le vin, et beaucoup d'entre eux finissent ainsi par devenir des ivrognes. C'est dans ce même but qu'ils ont besoin de l'excitation continue venant du dehors et notamment de celle produite par des êtres de leur espèce, car c'est la plus énergique de toutes. À défaut de cette irritation extérieure, leur esprit s'affaisse sous son propre poids et tombe dans une léthargie écrasante[a]. On pourrait dire également que chacun d'eux n'est qu'une petite fraction de l'idée de l'humanité, ayant besoin d'être additionné de beaucoup de ses semblables pour constituer en quelque sorte une conscience

a. Tout le monde sait qu'on allège les maux en les supportant en commun : parmi ces maux, les hommes semblent compter l'ennui, et c'est pourquoi ils se groupent, afin de s'ennuyer en commun. De même que l'amour de la vie n'est au fond que la peur de la mort, de même l'*instinct social* des hommes n'est pas un sentiment direct, c'est-à-dire ne repose pas sur l'*amour de la société*, mais sur la *crainte de la solitude*, car ce n'est pas tant la bienheureuse présence des autres que l'on cherche ; on fuit plutôt l'aridité et la désolation de l'isolement, ainsi que la monotonie de la propre conscience ; pour échapper à la solitude, toute compagnie est bonne, même la mauvaise, et l'on se soumet volontiers à la fatigue et à la contrainte que toute société apporte nécessairement avec soi. – Mais quand le dégoût de tout cela a pris le dessus, quand, comme conséquence, on s'est fait à la solitude et l'on s'est endurci contre l'impression première qu'elle produit, de manière à ne plus en éprouver ces effets que nous avons retracés plus haut, alors on peut, tout à l'aise, rester toujours seul ; on ne soupirera plus après le monde, précisément parce que ce n'est pas là un besoin direct et parce qu'on s'est accoutumé désormais aux propriétés bienfaisantes de la solitude.

humaine entière ; par contre, celui qui est un homme complet, un homme *par excellence*, celui-là n'est pas une fraction ; il représente une unité entière et se suffit par conséquent à lui-même. On peut, dans ce sens, comparer la société ordinaire à cet orchestre russe composé exclusivement de cors et dans lequel chaque instrument n'a qu'une note ; ce n'est que par leur coïncidence exacte que l'harmonie musicale se produit. En effet, l'esprit de la plupart des gens est monotone comme ce cor qui n'émet lui aussi qu'un son : ils semblent réellement n'avoir jamais qu'un seul et même sujet de pensée, et être incapables d'en avoir un autre. Ceci explique donc à la fois comment il se fait qu'ils soient si ennuyeux et si sociables, et pourquoi ils vont le plus volontiers par troupeau : « *The gregariousness of mankind*[43]. » C'est la monotonie de leur propre être qui est insupportable à chacun d'entre eux : « *Omnis stultitia laborat fastidio sui* » (Toute sottise est accablée par le dégoût d'elle-même). Ce n'est que réunis et par leur réunion qu'ils sont quelque chose, tout comme ces sonneurs de cor. L'homme intelligent au contraire est comparable à un virtuose qui exécute son concert *à lui seul*, ou bien encore à un piano. Pareil à ce dernier, qui est à lui tout seul un petit orchestre, il est un petit monde, et ce que les autres ne sont que par une action d'ensemble, lui l'offre dans l'unité d'une seule conscience. Ainsi que le piano, il n'est pas une partie de la symphonie, il est fait pour le solo et pour la solitude ; quand il doit prendre part au concert avec les autres, cela ne peut être que comme voix principale avec accompagnement, encore comme le piano, ou pour donner le ton dans la musique vocale, toujours comme le piano. Celui qui aime cependant à aller dans le monde, pourra tirer de la comparaison précédente cette règle que ce qui manque en qualité aux gens avec lesquels il est en relation, doit être suppléé jusqu'à un certain point par la quantité. Le commerce d'un seul homme intelligent pourrait lui suffire ; mais, s'il ne trouve que de la marchandise de qualité ordinaire, il sera bon d'en avoir à foison, pour que la variété et l'action combinée produisent quelque effet, par analogie avec l'orchestre de cors russes, déjà mentionné : et que le ciel lui accorde la patience qu'il lui faudra !

C'est encore à ce vide intérieur et à cette nullité des gens qu'il faut attribuer ce fait que, lorsque des hommes d'une étoffe meilleure se groupent en vue d'un but noble et idéal, le résultat sera presque toujours le suivant : il se trouvera quelques membres de ce *plebs* de l'humanité qui, pareil à la vermine, pullule et envahit toute chose en tout lieu, toujours prêt à s'emparer de tout indistinctement pour soulager son ennui ou d'autres fois son indigence – il s'en trouvera, dis-je, qui s'insinueront dans l'assemblée ou s'y introduiront à force d'importunité, et alors ou bien ils détruiront bientôt toute l'œuvre, ou bien ils la modifieront au point que l'issue en sera à peu près l'opposé du but primitif.

On peut encore envisager la sociabilité chez les hommes comme un moyen de se réchauffer réciproquement l'esprit, analogue à la manière dont ils se chauffent mutuellement le corps quand, par les grands froids, ils s'entassent et se pressent les uns contre les autres. Mais qui possède en soi-même beaucoup de calorique intellectuel n'a pas besoin de pareils entassements. On trouvera dans le deuxième volume de ce recueil, au chapitre final, un apologue [44] imaginé par moi à ce sujet. La conséquence de tout cela c'est que la sociabilité de chacun est à peu près en raison inverse de sa valeur intellectuelle ; dire de quelqu'un : « Il est très insociable », signifie à peu de chose près : « C'est un homme doué de hautes facultés. »

La solitude offre à l'homme intellectuellement haut placé un double avantage : le premier, d'être avec soi-même, et le second de n'être pas avec les autres. On appréciera hautement ce dernier si l'on réfléchit à tout ce que le commerce du monde apporte avec soi de contrainte, de peine et même de dangers. *« Tout notre mal vient de ne pouvoir être seuls »*, a dit La Bruyère. La sociabilité appartient aux penchants dangereux et pernicieux, car elle nous met en contact avec des êtres qui en grande majorité sont moralement mauvais et intellectuellement bornés ou détraqués. L'homme insociable est celui qui n'a pas besoin de tous ces gens-là. Avoir suffisamment en soi pour pouvoir se passer de société est déjà un grand bonheur, par là même que presque tous nos maux dérivent de la société, et que la tranquillité d'esprit qui, après la santé, forme l'élément le plus essentiel de notre bonheur, y est mise en péril et ne peut exister sans de longs moments de solitude. Les philosophes cyniques renoncèrent aux biens de toute espèce pour jouir du bonheur que donne le calme intellectuel : renoncer à la société en vue d'arriver au même résultat, c'est choisir le moyen le plus sage. Bernardin de Saint-Pierre dit avec raison et d'une façon charmante : *« La diète des aliments nous rend la santé du corps, et celle des hommes la tranquillité de l'âme. »* Aussi celui qui s'est fait de bonne heure à la solitude et à qui elle est devenue chère a-t-il acquis une mine d'or. Mais cela n'est pas donné à chacun. Car de même que c'est la misère qui, d'abord, rapproche les hommes, de même plus tard, le besoin écarté, c'est l'ennui qui les rassemble. Sans ces deux motifs, chacun resterait probablement à l'écart, quand ce ne serait déjà que parce que dans la solitude seule le milieu qui nous entoure correspond à cette importance exclusive, à cette qualité de créature unique que chacun possède à ses propres yeux, mais que le train tumultueux du monde réduit à rien, vu que chaque pas lui donne un douloureux démenti. En ce sens, la solitude est même l'état naturel de chacun ; elle le replace, nouvel Adam, dans sa condition primitive de bonheur, dans l'état approprié à sa nature.

Oui ! mais Adam n'avait ni père ni mère ! C'est pourquoi, d'un autre côté, la solitude n'est pas naturelle à l'homme, puisque à son arrivée au monde il ne se trouve pas seul, mais au milieu de parents, de frères et de sœurs, autrement dit au sein d'une vie en commun.

Par conséquent, l'amour de la solitude ne peut pas exister comme penchant primitif ; il doit naître comme un résultat de l'expérience et de la réflexion et se produire toujours en rapport avec le développement de la force intellectuelle propre et en proportion des progrès de l'âge : d'où il suit qu'en somme l'instinct social de chaque individu sera dans le rapport inverse de son âge. Le petit enfant pousse des cris de frayeur et se lamente dès qu'on le laisse seul, ne fût-ce qu'un moment. Pour les jeunes garçons, devoir rester seuls est une sévère pénitence. Les adolescents se réunissent volontiers entre eux ; il n'y a que ceux doués d'une nature plus noble et d'un esprit plus élevé qui recherchent déjà parfois la solitude ; néanmoins passer toute une journée seuls leur est encore difficile. Pour l'homme fait, c'est chose facile ; il peut rester longtemps isolé, et d'autant plus longtemps qu'il avance davantage dans la vie. Quant au vieillard, unique survivant de générations disparues, mort d'une part aux jouissances de la vie, d'autre part élevé au-dessus d'elles, la solitude est son véritable élément. Mais, dans chaque individu considéré séparément, les progrès du penchant à la retraite et à l'isolement seront toujours en raison directe de sa valeur intellectuelle. Car, ainsi que nous l'avons déjà dit, ce n'est pas là un penchant purement naturel, provoqué directement par la nécessité ; c'est plutôt seulement l'effet de l'expérience acquise et méditée ; on y arrive surtout après s'être bien convaincu de la misérable condition morale et intellectuelle de la plupart des hommes, et ce qu'il y a de pire dans cette condition c'est que les imperfections morales de l'individu conspirent avec ses imperfections intellectuelles et s'entraident mutuellement ; il se produit alors les phénomènes les plus repoussants qui rendent répugnant, et même insupportable, le commerce de la grande majorité des hommes. Et voilà comment, bien qu'il y ait tant de mauvaises choses en ce monde, la société en est encore la pire : Voltaire lui-même, Français sociable, a été amené à dire : *« La terre est couverte de gens qui ne méritent pas qu'on leur parle. »* Le tendre Pétrarque, qui a si vivement et avec tant de constance aimé la solitude, en donne le même motif :

Cercato ho sempre solitaria vita
(Le rive il sanno, e le campagne, e i boschi),
Per fuggir quest'ingegni storti e loschi,
Che la strada del ciel' hanno smarita.

(J'ai toujours recherché une vie solitaire [les rivages, et les campagnes, et les bois le savent], pour fuir ces esprits difformes et myopes, qui ont perdu la route du ciel.)

Il donne les mêmes motifs dans son beau livre *De vita solitaria*, qui semble avoir servi de modèle à Zimmermann pour son célèbre ouvrage intitulé *De la solitude*. Chamfort, avec sa manière sarcastique, exprime précisément cette origine secondaire et indirecte de l'insociabilité, quand il dit : « *On dit quelquefois d'un homme qui vit seul : Il n'aime pas la société. C'est souvent comme si l'on disait d'un homme qu'il n'aime pas la promenade, sous le prétexte qu'il ne se promène pas volontiers le soir dans la forêt de Bondy.* » *Saadi, dans le Gulistan*, s'exprime dans le même sens : « *Depuis ce moment, prenant congé du monde, nous avons suivi le chemin de l'isolement ; car la sécurité est dans la solitude.* » Angelus Silesius, âme douce et chrétienne, dit la même chose dans son langage à part et tout mystique :

> *Hérode est un ennemi, Joseph est la raison*
> *À qui Dieu révèle en songe (en esprit) le danger.*
> *Le monde est Bethléem, l'Égypte la* solitude *:*
> *Fuis, mon âme ! fuis, ou tu meurs de douleur.*

Voici également comment s'exprime Giordano Bruno : « *Tanti uomini, che in terra hanno voluto gustare vita celeste, dissero con una voce : ecce elongavi fugiens et mansi in solitudine* » (Tous ceux qui ont voulu goûter sur terre la vie céleste, ont dit d'une voix : « Voici que je me suis éloigné en courant et je suis resté dans la solitude »). Saadi, le Persan, en parlant de lui-même, dit encore dans le *Gulistan* : « *Fatigué de mes amis à Damas, je me retirai dans le désert auprès de Jérusalem, pour rechercher la société des animaux.* » Bref, tous ceux que Prométhée avait façonnés de la meilleure argile ont parlé dans le même sens. Quelles jouissances peuvent en effet trouver ces êtres privilégiés dans le commerce de créatures avec lesquelles ils ne peuvent avoir de relations pour établir une vie en commun que par l'intermédiaire de la plus basse et la plus vile part de leur propre nature, c'est-à-dire par tout ce qu'il y a dans celle-ci de banal, de trivial et de vulgaire ? Ces êtres ordinaires ne peuvent s'élever à la hauteur des premiers, n'ont d'autre ressource comme ils n'auront d'autre tâche que de les abaisser à leur propre niveau. À ce point de vue, c'est un sentiment aristocratique qui nourrit le penchant à l'isolement et à la solitude. Tous les gueux sont d'un sociable à faire pitié : en revanche, à cela seul on voit qu'un homme est de plus noble qualité, quand il ne trouve aucun agrément aux autres, quand il préfère de plus en plus la solitude à leur société et qu'il acquiert insensiblement, avec l'âge, la conviction que sauf de rares exceptions il n'y a de choix dans le monde qu'entre la solitude et la vulgarité. Cette maxime, quelque dure qu'elle semble, a été exprimée par Angelus Silesius lui-même, malgré toute sa charité et sa tendresse chrétiennes :

La solitude est nécessaire : cependant évite seulement de te commettre, Et tu pourras partout être dans un désert.

Pour ce qui concerne notamment les esprits éminents, il est bien naturel que ces véritables éducateurs de tout le genre humain éprouvent aussi peu d'inclination à se mettre en communication fréquente avec les autres, qu'en peut ressentir le pédagogue à se mêler aux jeux bruyants de la troupe d'enfants qui l'entourent. Car, nés pour guider les autres hommes vers la vérité sur l'océan de leurs erreurs, pour les retirer de l'abîme de leur grossièreté et de leur vulgarité, pour les élever vers la lumière de la civilisation et du perfectionnement, ils doivent, il est vrai, vivre parmi ceux-là, mais sans leur appartenir réellement ; ils se sentent, par conséquent, dès leur jeunesse, des créatures sensiblement différentes ; mais la conviction bien distincte à cet égard ne leur arrive qu'insensiblement, à mesure qu'ils avancent en âge ; alors ils ont soin d'ajouter la distance physique à la distance intellectuelle qui les sépare du reste des hommes, et ils veillent à ce que personne, à moins d'être soi-même plus ou moins un affranchi de la vulgarité générale, ne les approche de trop près.

Il ressort de tout cela que l'amour de la solitude n'apparaît pas directement et à l'état d'instinct primitif, mais qu'il se développe indirectement, particulièrement dans les esprits distingués, et progressivement, non sans avoir à surmonter l'instinct naturel de la sociabilité, et même à combattre, à l'occasion, quelque suggestion méphistophélique :

Hör' auf, mit deinem Gram zu spielen,
Der, wie ein Geier, dir am Leben frisst :
Die schlechteste Gesellschaft lässt dich fühlen
Dass du ein Mensch mit Menschen bist.

(Cesse de jouer avec ton chagrin, qui, pareil à un vautour, te ronge l'existence : la pire compagnie te fait sentir que tu es un homme avec des hommes.)

La solitude est le lot de tous les esprits supérieurs ; il leur arrivera parfois de s'en attrister, mais ils la choisiront toujours comme le moindre de deux maux. Avec les progrès de l'âge néanmoins, le *sapere aude*[45] devient à cet égard de plus en plus facile et naturel ; vers la soixantaine, le penchant à la solitude arrive à être tout à fait naturel, presque instinctif. En effet, tout se réunit alors pour le favoriser. Les ressorts qui poussent le plus énergiquement à la sociabilité, savoir l'amour des femmes et l'instinct sexuel, n'agissent plus à ce moment ; la disparition du sexe fait même naître chez le vieillard une certaine capacité de se suffire à soi-même, qui peu à peu absorbe totalement l'instinct social. On est revenu de mille déceptions et de mille folies ; la vie d'action a cessé d'ordinaire ; on n'a plus rien à attendre, plus de plans ni de projets à former ; la génération à laquelle on appartient réellement n'existe plus ; entouré d'une race étrangère, on se trouve déjà objectivement et essentiellement isolé. Avec cela, le vol du temps s'est accéléré, et l'on voudrait l'employer encore intellectuellement. Car à ce moment, pourvu que la tête ait conservé ses forces, les études de toute sorte sont rendues plus faciles et plus intéressantes que jamais par la grande somme de connaissances et d'expérience acquise, par la méditation progressivement plus approfondie de toute pensée, ainsi que par la grande aptitude pour l'exercice de toutes les facultés intellectuelles. On voit clair dans maintes choses qui autrefois étaient comme plongées dans un brouillard ; on obtient des résultats, et l'on sent entièrement sa supériorité. À la suite d'une longue expérience, on a cessé d'attendre grand-chose des hommes, puisque, à tout prendre, ils ne gagnent pas à être connus de plus près ; on sait plutôt que, sauf quelques rares aubaines, on ne rencontrera de la nature humaine que des exemplaires très défectueux et auxquels il vaut mieux ne pas toucher. On n'est plus exposé aux illusions ordinaires, on voit bien vite ce que chaque homme vaut, et l'on n'éprouvera que rarement le désir d'entrer en rapport plus intime avec lui. Enfin, lorsque surtout on reconnaît dans la solitude une amie de jeunesse, l'habitude de l'isolement et du commerce avec soi-même s'est implantée, et c'est alors une seconde nature. Aussi l'amour de la solitude, cette qualité qu'il fallait jusque-là conquérir par une lutte contre l'instinct de sociabilité, est désormais naturel et simple ; on est à son aise dans la solitude comme le poisson dans l'eau. Aussi tout homme supérieur, ayant une individualité qui ne ressemble pas aux autres, et qui par conséquent occupe une place unique, se sentira soulagé dans sa vieillesse par cette position entièrement isolée, quoiqu'il ait pu s'en trouver accablé pendant sa jeunesse.

Certes, chacun ne possédera sa part de ce privilège réel de l'âge que dans la mesure de ses forces intellectuelles ; c'est donc l'esprit éminent qui l'acquerra avant tous les autres, mais, à un degré moindre, chacun y arrivera. Il n'y a que les natures les plus pauvres et les plus vulgaires qui seront, dans la vieillesse, aussi sociables qu'autrefois : elles sont alors à charge à cette société, avec laquelle elles ne cadrent plus ; et tout au plus arriveront-elles à être tolérées, au lieu d'être recherchées comme jadis.

On peut encore trouver un côté téléologique à ce rapport inverse dont nous venons de parler, entre le nombre des années et le degré de sociabilité. Plus l'homme est jeune, plus il a encore à apprendre dans toutes les directions ; or la nature ne lui a réservé que l'enseignement mutuel que chacun reçoit dans le commerce de ses semblables et qui fait qu'on pourrait appeler la société humaine une grande maison d'éducation bell-lancastrienne, vu que les livres et les écoles sont des institutions artificielles, bien éloignées du plan de la nature. Il est donc très utile pour l'homme de fréquenter l'institution naturelle d'éducation d'autant plus assidûment qu'il est plus jeune.

« Nihil est ab omni parte beatum[46] », dit Horace, et *« Point de lotus sans tige »*, dit un proverbe indien ; de même, la solitude, à côté de tant d'avantages, a aussi ses légers inconvénients et ses petites incommodités, mais qui sont minimes en regard de ceux de la société, à tel point que l'homme qui a une valeur propre trouvera toujours plus facile de se passer des autres que d'entretenir des relations avec eux. Parmi ces inconvénients, il en est un dont on ne se rend pas aussi facilement compte que des autres ; c'est le suivant : de même qu'à force de garder constamment la chambre notre corps devient tellement sensible à toute impression extérieure que le moindre petit air frais l'affecte maladivement, de même notre humeur devient tellement sensible par la solitude et l'isolement prolongés, que nous nous sentons inquiété, affligé ou blessé par les événements les plus insignifiants, par un mot, par une simple mine même, tandis que celui qui est constamment dans le tumulte ne fait pas seulement attention à ces bagatelles.

Il peut se trouver tel homme qui, notamment dans sa jeunesse, et quelque souvent que sa juste aversion de ses semblables l'ait fait déjà fuir dans la solitude, ne saurait à la longue en supporter le vide ; je lui conseille de s'habituer à emporter avec soi, dans la société, une partie de sa solitude ; qu'il apprenne à être seul jusqu'à un certain point même dans le monde, par conséquent à ne pas communiquer aussitôt aux autres ce qu'il pense ; d'autre part, à ne pas attacher trop de valeur à ce qu'ils disent, mais plutôt à ne pas en attendre grand-chose au point de vue moral comme au point de vue intellectuel, et par suite à fortifier en soi cette indifférence à l'égard de leurs opinions qui est le plus sûr moyen de pratiquer constamment une louable tolérance. De cette façon, bien qu'il se trouve parmi eux, il ne sera pas véritablement en leur société, mais aura vis-à-vis d'eux une attitude plus purement objective, ce qui le protégera contre un contact trop intime avec le monde, et par là contre toute souillure, à plus forte raison contre toute lésion. Il existe une description dramatique remarquable d'une pareille société entourée de barrières ou de retranchements, dans la comédie *El café, o sea la Comedia nueva*[47], de Moratín ; on la trouve dans le caractère de don Pedro, surtout aux scènes 2 et 3 du Ier acte.

Dans cet ordre d'idée, nous pouvons aussi comparer la société à un feu auquel le sage se chauffe à distance convenable, mais sans y porter la main, comme le fou qui, après s'être brûlé, fuit dans la froide solitude et gémit de ce que le feu brûle.

Étouffer l'envie comme un méchant démon

10. L'*envie* est naturelle à l'homme, et cependant elle est un vice et un malheur tout à la fois[48]. Nous devons donc la considérer comme une ennemie de notre bonheur et chercher à l'étouffer comme un méchant démon. Sénèque nous le commande par ces belles paroles : « *Nostra nos sine comparatione delectent : nunquam erit felix quem torquebit felicior* » (*De ira*, III, 30) (Jouissons de ce que nous avons sans faire de comparaison ; il n'y aura jamais de bonheur pour celui que tourmente un bonheur plus grand). Et ailleurs : « *Quum adspexeris quot te antecedant, cogita quot sequantur* » (Ép. 15) (Au lieu de regarder combien de personnes il y a au-dessus de vous, songez combien il y en a au-dessous) ; il nous faut donc considérer plus souvent ceux dont la condition est pire que ceux dont elle semble meilleure que la nôtre. Quand des malheurs réels nous frappent, la consolation la plus efficace, quoique dérivée de la même source que l'envie, sera la vue de souffrances plus grandes que les

nôtres, et à côté de cela la fréquentation des personnes qui se trouvent dans notre cas, de nos compagnons de malheur.

Voilà pour le côté actif de l'envie. Pour le côté passif, il y a à observer que nulle haine n'est aussi implacable que l'envie ; aussi, au lieu d'être sans cesse occupé avec ardeur à exciter celle-ci, ferions-nous mieux de nous refuser cette jouissance, comme bien d'autres plaisirs, vu ses funestes conséquences.

Il existe *trois aristocraties* : 1. celle de la naissance et du rang ; 2. celle de l'argent ; 3. celle de l'esprit. Cette dernière est en réalité la plus distinguée et se fait aussi reconnaître pour telle, pourvu qu'on lui en laisse le temps : Frédéric le Grand n'a-t-il pas dit lui-même : « *Les âmes privilégiées rangent à l'égal des souverains ?* » Il adressait ces paroles à son maréchal de la cour, qui se trouvait choqué de ce que Voltaire était appelé à prendre place à une table réservée uniquement aux souverains et aux princes du sang, pendant que ministres et généraux dînaient à celle du maréchal. Chacune de ces aristocraties est entourée d'une *armée spéciale d'envieux*, secrètement aigris contre chacun de ses membres, et occupés, lorsqu'ils croient n'avoir pas à le redouter, à lui faire entendre de mille manières : « Tu n'es rien de plus que nous. » Mais ces efforts trahissent précisément leur conviction du contraire. La conduite à tenir par les *enviés*, consiste à conserver à distance tous ceux qui composent ces bandes et à éviter tout contact avec eux, de façon à en rester séparés par un large abîme ; quand la chose n'est pas faisable, ils doivent supporter avec un calme extrême les efforts de l'envie, dont la source se trouvera ainsi tarie. C'est ce que nous voyons aussi appliquer constamment. En revanche, les membres de l'une des aristocraties s'entendront d'ordinaire fort bien et sans éprouver d'envie avec les personnes faisant partie de chacune des deux autres, et cela parce que chacun met dans la balance son mérite comme équivalent de celui des autres.

Sangle ferme, puis laisse aller

11. Il faut mûrement et à plusieurs reprises méditer un projet avant de le mettre en œuvre, et même, après l'avoir pesé scrupuleusement, faut-il encore faire la part de l'insuffisance de toute science humaine ; vu les bornes de nos connaissances, il peut toujours y avoir des circonstances qu'il a été impossible de scruter ou de prévoir et qui pourraient venir fausser le résultat de toute notre spéculation. Cette réflexion mettra toujours un poids dans le plateau négatif de la balance et nous portera, dans les affaires importantes, à ne rien mouvoir sans nécessité : « *Quieta non movere*[49]. » Mais, une fois la décision prise et la main mise à l'œuvre, quand tout doit suivre son cours et que nous n'avons plus qu'à attendre l'issue, il ne faut plus se tourmenter par des réflexions réitérées sur ce qui est fait et par des inquiétudes toujours renaissantes sur le danger possible : il faut au contraire se décharger entièrement l'esprit de cette affaire, clore tout ce compartiment de la pensée et se tranquilliser par la conviction d'avoir tout pesé mûrement en son temps. C'est ce que conseille aussi de faire ce proverbe italien : « *Legala bene, e poi lascia la andare* » (Sangle ferme, puis laisse aller). Si, malgré tout, l'issue tourne à mal, c'est que toutes choses humaines sont soumises à la chance et à l'erreur. Socrate, le plus sage des hommes, avait besoin d'un *démon* tutélaire pour voir le vrai, ou au moins éviter les faux pas dans ses propres affaires personnelles ; cela ne prouve-t-il pas que la raison humaine n'y suffit point ? Aussi cette sentence, attribuée à un pape, que nous sommes nous-mêmes, en partie au moins, coupables des malheurs qui nous frappent, n'est pas vraie sans réserve et toujours, quoiqu'elle le soit dans la plupart des cas. C'est ce sentiment qui semble faire que les hommes cachent autant que possible leur malheur et qu'ils cherchent, aussi bien qu'ils y peuvent réussir, à se composer une mine satisfaite. Ils craignent qu'on ne conclue du malheur à la culpabilité.

En cas d'événement malheureux

12. En présence d'un événement malheureux, déjà accompli, auquel par conséquent on ne peut rien changer, il ne faut pas s'abandonner même à la pensée qu'il pourrait en être autrement, et encore moins réfléchir à ce qui aurait pu le détourner ; car c'est là ce qui porte la gradation de la douleur jusqu'au point où elle devient insupportable et fait de l'homme un « εαυτοντιμωρουμενος » (« bourreau de soi-même »). Faisons plutôt comme le roi David, qui assiégeait sans relâche Jéhovah de ses prières et de ses supplications pendant la maladie de son fils et qui, dès que celui-ci fut mort, fit une pirouette en claquant des doigts et n'y pensa plus du tout. Celui qui n'est pas assez léger d'esprit pour se conduire de même, doit se réfugier sur le terrain du fatalisme et se pénétrer de cette haute vérité que tout ce qui arrive, arrive nécessairement, donc inévitablement.

Toutefois cette règle n'a de valeur que dans un sens. Elle est valable pour nous soulager et nous calmer immédiatement dans un cas de malheur ; mais lorsque, ainsi qu'il arrive le plus souvent, la faute en est, au moins en partie, à notre propre négligence ou à notre propre témérité, alors la méditation répétée et douloureuse des moyens qui auraient pu prévenir le funeste événement est une mortification salutaire, propre à nous servir de leçon et d'amendement pour l'avenir. Surtout ne faut-il pas, comme on a pourtant coutume de faire, chercher à excuser, à farder, ou à amoindrir à ses propres yeux les fautes dont on est évidemment coupable ; il faut se les avouer et se les représenter dans toute leur étendue, afin de pouvoir prendre la ferme décision de les éviter à l'avenir. Il est vrai qu'on se procure ainsi le très douloureux sentiment du mécontentement de soi-même, mais « ο μη δαρεις ανθρωπος ου παιδευεται » (sans châtiment, pas d'éducation).

Refréner la fantaisie

13. En tout ce qui concerne notre bonheur ou notre malheur, *il faut tenir la bride à notre fantaisie* : ainsi, avant tout, ne pas bâtir des châteaux en l'air ; ils nous coûtent trop cher, car il nous faut, immédiatement après, les démolir, avec force soupirs. Mais nous devons nous garder bien plus encore de nous donner des angoisses de cœur en nous représentant vivement des malheurs qui ne sont que possibles. Car, si ceux-ci étaient complètement imaginaires ou du moins pris dans une éventualité très éloignée, nous saurions immédiatement, à notre réveil d'un pareil songe, que tout cela n'était qu'illusion ; par conséquent, nous nous sentirions d'autant plus réjouis par la réalité qui se trouve être meilleure, et nous en retirerions peut-être un avertissement contre des accidents fort éloignés, quoique possibles. Seulement notre fantaisie ne joue pas facilement avec de pareilles images ; elle ne bâtit guère, par pur amusement, que des perspectives riantes. La matière de ses rêves sombres, ce sont des malheurs qui, bien qu'éloignés, nous menacent effectivement dans une certaine mesure ; voilà les objets qu'elle grossit, dont elle rapproche la possibilité en deçà de la vérité, et qu'elle peint des couleurs les plus effrayantes. Au réveil, nous ne pouvons pas secouer un semblable rêve comme nous le faisons d'un songe agréable, car ce dernier est démenti sans délai par la réalité, et ne laisse tout au plus après soi qu'un faible espoir de réalisation. En revanche, quand nous nous abandonnons à des idées noires *(blue devils)*, nous rapprochons des images qui ne s'éloignent plus aussi facilement : car la possibilité de l'événement, d'une manière générale, est avérée, et nous ne sommes pas toujours en état d'en mesurer exactement le degré ; elle se transforme alors bien vite en probabilité, et nous voilà ainsi en proie à l'anxiété. C'est pourquoi nous ne devons considérer ce qui intéresse notre bonheur ou notre malheur qu'avec les yeux de la raison et du jugement ; il faut donc réfléchir sèchement et froidement, et n'opérer qu'avec des notions abstraites. L'imagination doit rester hors de jeu, car elle ne sait pas juger ; elle

ne peut que présenter aux yeux des images qui émeuvent l'âme gratuitement et souvent très douloureusement. C'est le soir que cette règle devrait être le plus strictement observée. Car, si l'obscurité nous rend peureux et nous fait voir partout des figures effrayantes, l'imprécision des idées, qui lui est analogue, produit le même résultat ; en effet, l'incertitude engendre le manque de sécurité ; par là, les objets de notre méditation, quand ils concernent nos propres intérêts, prennent facilement, le soir, une apparence menaçante et deviennent des épouvantails ; à ce moment, la fatigue a revêtu l'esprit et le jugement d'une obscurité subjective, l'intellect est affaissé et « θορυβουμενος » (troublé) et ne peut rien examiner à fond. Ceci arrive le plus souvent la nuit, au lit ; l'esprit étant entièrement détendu, le jugement n'a plus sa pleine puissance d'action, mais l'imagination est encore active. La nuit prête alors à tout être et à toute chose sa teinte noire. Aussi nos pensées, au moment de nous endormir ou au moment où nous nous réveillons pendant la nuit, nous font-elles voir les objets aussi défigurés et aussi dénaturés qu'en rêve ; nous les verrons d'autant plus noirs et plus terrifiants qu'ils touchent de plus près à des affaires personnelles. Le matin, ces épouvantails disparaissent, tout comme les songes : c'est ce que signifie ce proverbe espagnol : *« Noche tinta, blanco el día »* (La nuit est colorée, blanc est le jour). Mais dès le soir, sitôt la bougie allumée, la raison, la raison aussi bien que l'œil, voit moins clair que pendant le jour ; aussi ce moment n'est-il pas favorable aux méditations sur des sujets sérieux et principalement sur des sujets désagréables. C'est le matin qui est l'heure favorable pour cela, comme, en général, pour tout travail, sans exception, travail d'esprit ou travail physique. Car le matin, c'est la jeunesse du jour : tout y est gai, frais et facile ; nous nous sentons vigoureux et nous disposons de toutes nos facultés. Il ne faut pas l'abréger en se levant tard, ni le gaspiller en occupations ou en conversations vulgaires ; au contraire, il faut le considérer comme la quintessence de la vie et, pour ainsi dire, comme quelque chose de sacré. En revanche, le soir est la vieillesse du jour : nous sommes abattus, bavards et étourdis. Chaque journée est une *petite vie*, chaque réveil et chaque lever une petite naissance, chaque frais matin une petite jeunesse, et chaque coucher avec sa nuit de sommeil une petite mort.

Mais, d'une manière générale, l'état de la santé, le sommeil, la nourriture, la température, l'état du temps, les milieux, et bien d'autres conditions extérieures influent considérablement sur notre disposition, et celle-ci à son tour sur nos pensées. De là vient que notre manière d'envisager les choses, de même que notre aptitude à produire quelque œuvre, est à tel point subordonnée au temps et même au lieu. Goethe dit :

Nehmt die gute Stimmung wahr,
Denn sie kommt so selten.

(Saisissez la bonne disposition, car elle arrive si rarement.)

Ce n'est pas seulement pour des conceptions objectives et pour des pensées originales qu'il nous faut attendre s'il leur plaît de venir et à quel moment, mais même la méditation approfondie d'une affaire personnelle ne réussit pas toujours à une heure fixée d'avance et au moment où nous voulons nous y livrer ; elle aussi choisit elle-même son temps ; c'est alors seulement que le fil convenable d'idées se développe spontanément, et que nous pouvons le suivre avec une entière attention.

Pour mieux refréner la fantaisie, ainsi que nous le recommandons, il ne faut pas lui permettre d'évoquer et de colorer vivement des torts, des dommages, des pertes, des offenses, des humiliations, des vexations, etc., subis dans le passé, car par là nous réveillons l'indignation, la colère, et tant d'autres passions haineuses, dès longtemps assoupies, qui reviennent salir notre âme. Suivant une belle comparaison du néoplatonicien Proclus, ainsi qu'on rencontre dans chaque ville, à côté des nobles et des gens distingués, la populace de toute sorte (οχλος), ainsi dans tout homme, même le plus noble et le plus élevé, se trouve à l'état de virtualité l'élément bas et vulgaire de la nature humaine, et même bestiale. Cette populace ne doit pas être excitée au tumulte ; il ne faut pas lui permettre non plus de se montrer aux fenêtres, car la vue en est fort laide. Or ces productions de la fantaisie, dont nous parlions tout à l'heure, ce sont les démagogues parmi cette populace. Ajoutons que la moindre contrariété, qu'elle provienne des hommes ou des choses, si nous nous occupons constamment à la ruminer et à nous la dépeindre sous des couleurs voyantes et à une échelle grossie, peut grandir jusqu'à devenir un monstre qui nous mette hors de nous. Il faut au contraire prendre très prosaïquement et très froidement tout ce qui est désagréable, afin de s'en tourmenter le moins possible.

De même que de petits objets, tenus tout près devant l'œil, diminuent le champ de la vision et cachent le monde, de même les hommes et les choses de notre entourage le plus prochain, quand ils seraient les plus insignifiants et les plus indifférents, occuperont souvent notre attention et nos pensées au-delà de toute convenance et, de plus, d'une manière peu réjouissante, écartant des pensées et des affaires importantes. Il faut réagir contre cette tendance.

Se consoler des privations

14. À la vue de biens que nous ne possédons pas, nous nous disons très volontiers : « Ah ! si cela m'appartenait ! » et c'est cette pensée qui nous rend la privation sensible. Au lieu de cela, nous devrions plus souvent nous demander : « Comment serait-ce *si cela ne m'appartenait pas* ? » J'entends par là que nous devrions parfois nous efforcer de nous représenter les biens que nous possédons comme ils nous apparaîtraient après les avoir perdus ; et je parle ici des biens de toute espèce : richesse, santé, amis, maîtresse, épouse, enfant, cheval et chien ; car ce n'est le plus souvent que la perte des choses qui nous en enseigne la valeur. Au contraire, la méthode que nous recommandons ici aura pour premier résultat de faire que leur possession nous rendra immédiatement plus heureux qu'auparavant, et en

second lieu elle fera que nous nous précautionnerons par tous les moyens contre leur perte : ainsi nous ne risquerons pas notre avoir, nous n'irriterons pas nos amis, nous n'exposerons pas à la tentation la fidélité de notre femme, nous surveillerons la santé de nos enfants, et ainsi de suite. Nous cherchons souvent à égayer la teinte morne du présent par des spéculations sur des possibilités de chances favorables, et nous imaginons toute sorte d'espérances chimériques dont chacune est grosse de déceptions ; aussi celles-ci ne manquent pas d'arriver dès que celles-là sont venues se briser contre la dure réalité. Il vaudrait mieux choisir les mauvaises chances pour thèmes de nos spéculations ; cela nous porterait à prendre des dispositions à l'effet de les écarter et nous procurerait parfois d'agréables surprises quand ces éventualités ne se réaliseraient pas. N'est-on pas bien plus gai au sortir de quelque transe ? Il est même salutaire de nous représenter à l'esprit certains grands malheurs qui peuvent éventuellement venir nous frapper ; cela nous aide à supporter plus facilement des maux moins graves lorsqu'ils viennent effectivement nous accabler, car nous nous consolons alors par un retour de pensée sur ces malheurs considérables qui ne se sont pas réalisés. Mais il faut avoir soin, tout en pratiquant cette règle, de ne pas négliger la précédente.

Compartimenter nos pensées

15. Les événements et les affaires qui nous concernent se produisent et s'entrecroisent isolément, sans ordre et sans rapport mutuel, en contraste frappant les uns avec les autres et sans autre lien que de se rapporter à nous ; il en résulte que les pensées et les soins nécessaires devront être tout aussi nettement séparés, afin de correspondre aux intérêts qui les ont provoqués. En conséquence, quand nous entreprenons une chose, il faut en finir avec elle, en faisant abstraction de toute autre affaire, afin d'accomplir, de goûter ou de subir chaque chose en son temps, sans souci de tout le reste ; nous devons avoir, pour ainsi dire, des compartiments pour nos pensées, et n'en ouvrir qu'un

seul pendant que tous les autres restent fermés. Nous y trouvons cet avantage de ne pas gâter tout petit plaisir actuel et de ne pas perdre tout repos par la préoccupation de quelque lourd souci ; nous y gagnons encore cela qu'une pensée n'en chasse pas une autre, que le soin d'une affaire importante n'en fait pas négliger beaucoup de petites, etc. Mais surtout l'homme capable de pensées nobles et élevées ne doit pas laisser son esprit s'absorber dans des affaires personnelles et se préoccuper de soins bas au point de fermer l'accès à ses hautes méditations, car ce serait vraiment *« propter vitam, vivendi perdere causas »* (pour vivre, perdre les causes de la vie). Il est indubitable que pour faire exécuter à notre esprit toutes ces manœuvres et contre-manœuvres, il nous faut, comme en bien d'autres circonstances, exercer une contrainte sur nous-même ; toutefois nous devrions en puiser la force dans cette réflexion que l'homme subit de monde extérieur de nombreuses et puissantes contraintes auxquelles nulle existence ne peut se soustraire, mais qu'un petit effort exercé sur soi-même et appliqué au bon endroit peut obvier souvent à une grande pression extérieure ; de même, un petit secteur dans le cercle, voisin du centre, correspond à une ouverture parfois centuple à la périphérie. Rien ne nous soustrait mieux à la contrainte du dehors que la contrainte de nous-même : voilà la signification de cette sentence de Sénèque : *« Si tibi vis omnia subjicere, te subjice rationi »* (Ép. 37) (Si vous voulez que toutes choses vous soient soumises, soumettez-vous d'abord à la raison). En outre, cette contrainte sur nous-même, nous l'avons toujours en notre puissance, et dans un cas extrême, ou bien lorsqu'elle porte sur notre point le plus sensible, nous avons la faculté de la relâcher un peu, tandis que la pression extérieure est pour nous sans égard, sans ménagement et sans pitié. C'est pourquoi il est sage de prévenir celle-ci par l'autre.

S'abstenir et tenir bon

16. Borner ses désirs, refréner ses convoitises, maîtriser sa colère, se rappelant sans cesse que chaque individu ne peut jamais atteindre qu'une partie infiniment petite de ce qui est désirable et qu'en revanche des maux sans nombre doivent frapper chacun ; en un mot, « απεχειν χαι ανεχειν » (s'abstenir et tenir bon), voilà la règle sans l'observation de laquelle ni richesse ni pouvoir ne pourront nous empêcher de sentir notre misérable condition. Horace dit à ce sujet :

Inter cuncta leges, et percontabere doctos
Qua ratione queas traducere leniter ævum ;
Ne te semper inops agitet vexetque cupido,
Ne pavor, et verum mediocriter utilium spes.

(Cependant, lis et cause avec les doctes ; cherche ainsi à mener doucement ta vie ; sans quoi, le désir t'agite et te blesse en te laissant toujours pauvre, sans crainte et sans l'espérance des choses médiocrement utiles.) (Traduction L. de Lisle, Ép. I, 18, vers 96-99.)

Nos forces réclament un emploi

17. « Ο βιος εν τη χινησει εστι » (La vie est dans le mouvement), a dit Aristote avec raison : de même que notre vie physique consiste uniquement dans un mouvement incessant et ne persiste que par lui, de même notre vie intérieure, intellectuelle demande une occupation constante, une occupation avec n'importe quoi, par l'action ou par la pensée ; c'est ce que prouve déjà cette manie des gens désœuvrés, et qui ne pensent à rien, de se mettre immédiatement à tambouriner avec leurs doigts ou avec le premier objet venu. C'est que l'agitation est le principe de notre existence ; une inaction complète devient bien vite insupportable, car elle engendre le plus horrible ennui. C'est en

réglant cet instinct qu'on peut le satisfaire méthodiquement et avec plus de fruit. L'activité est indispensable au bonheur ; il faut que l'homme agisse, fasse quelque chose si cela lui est possible ou apprenne au moins quelque chose ; ses forces demandent leur emploi, et lui-même ne demande qu'à leur voir produire un résultat quelconque. Sous ce rapport, sa plus grande satisfaction consiste à faire, à confectionner quelque chose, panier ou livre ; mais ce qui donne du bonheur immédiat, c'est de voir jour par jour croître son œuvre sous ses mains et de la voir arriver à sa perfection. Une œuvre d'art, un écrit ou même un simple ouvrage manuel produisent tout cet effet ; bien entendu, plus la nature du travail est noble, plus la jouissance est élevée. Les plus heureux à cet égard sont les hommes hautement doués qui se sentent capables de produire des œuvres importantes, vastes et fortement raisonnées. Cela répand sur toute leur existence un intérêt d'ordre supérieur et lui communique une saveur qui fait défaut aux autres ; aussi la vie de ceux-ci est-elle insipide auprès de la leur. En effet, pour les hommes éminents, la vie et le monde, à côté de l'intérêt commun, matériel, en ont encore un autre plus élevé, un intérêt formel, en ce qu'ils contiennent la substance de leurs œuvres, et c'est à rassembler ces matériaux qu'ils s'occupent activement pendant le cours de leur existence, dès que leur part des misères terrestres leur donne un moment de répit. Leur intellect est aussi en quelque sorte double : une partie est pour les affaires ordinaires (objets de la volonté) et ressemble à celui de tout le monde ; l'autre est pour la conception purement objective des choses. Ils vivent ainsi d'une vie double, spectateurs et acteurs à la fois, pendant que les autres ne sont qu'acteurs. Cependant il faut que tout homme s'occupe à quelque chose, dans la mesure de ses facultés. On peut constater l'influence pernicieuse de l'absence d'activité régulière, d'un travail quel qu'il soit, pendant les voyages d'agrément de longue durée, où de temps en temps on se sent assez malheureux, par la seule raison que, privé de toute occupation réelle, on se trouve pour ainsi dire arraché à son élément naturel. Prendre de la peine et lutter contre les résistances est un besoin pour l'homme, comme de creuser pour la taupe. L'immobilité qu'amènerait la satisfaction complète d'une jouissance permanente lui serait insupportable. Vaincre des obstacles est la plénitude de la jouissance dans l'existence humaine, que ces obstacles soient d'une nature matérielle comme dans l'action et l'exercice, ou d'une nature spirituelle comme dans l'étude et les recherches : c'est la lutte et la victoire qui rendent l'homme heureux. Si l'occasion lui en manque, il se la crée comme il peut : selon que son individualité le comporte, il chassera ou jouera au bilboquet, ou, poussé par le penchant inconscient de sa nature, il suscitera des querelles, ourdira des intrigues, machinera des tromperies ou n'importe quelle autre vilenie, rien que pour mettre un terme à l'état d'immobilité qu'il ne peut supporter. *« Difficilis in otio quies »* (Le calme est difficile dans l'inaction).

Les lutins qui nous harcèlent

18. Ce ne sont pas les *images de la fantaisie* mais des *notions nettement conçues* qu'il faut prendre pour guide de ses travaux. Le contraire arrive le plus souvent. À y regarder de plus près, on trouve que ce qui, dans nos déterminations, vient en dernière instance rendre l'arrêt décisif, ce ne sont pas ordinairement des notions et des jugements, mais c'est une image de la fantaisie qui représente l'un des termes de l'alternative et s'y substitue. Je ne sais plus dans quel roman de Voltaire ou de Diderot la vertu apparaît toujours au héros placé comme Hercule adolescent au carrefour de la vie, sous les traits de son vieux gouverneur tenant de la main gauche sa tabatière, de la droite une prise de tabac et moralisant ; le vice, en revanche, sous les traits de la femme de chambre de sa mère. C'est particulièrement pendant la jeunesse que le but de notre bonheur se fixe sous la forme de certaines images qui planent devant nous et qui persistent souvent pendant la moitié, quelquefois même pendant la totalité de la vie. Ce sont là de vrais lutins qui nous harcèlent ; à peine atteints, ils s'évanouissent, et l'expérience vient nous

apprendre qu'ils ne tiennent rien de ce qu'ils promettaient. De ce genre sont certaines scènes de la vie domestique, civile, sociale ou rurale, les images de l'habitation et de notre entourage, les insignes honorifiques, les témoignages de respect, etc. ; *« chaque fou a sa marotte*[50] *»* ; l'image de la bien-aimée en est une aussi. Il est bien naturel qu'il en soit ainsi ; car ce que l'on voit, étant l'*immédiat*, agit aussi plus immédiatement sur notre volonté que le concept, la pensée abstraite, qui ne donne que le *général* sans le *particulier* ; or c'est ce dernier qui contient précisément la réalité : le concept ne peut donc agir que médiatement sur la volonté. Et cependant il n'y a que le concept qui tienne parole : aussi est-ce un témoignage de culture intellectuelle que de mettre en lui seul toute sa foi. Par moments, le besoin se fera certainement sentir de l'expliquer ou de le paraphraser au moyen de quelques images, mais *« cum grano salis*[51] *»*.

Maîtriser l'impression présente

19. La règle précédente rentre dans cette autre maxime plus générale, qu'il faut toujours maîtriser l'impression de tout ce qui est présent et visible. Cette impression, en regard de la simple pensée, de la connaissance pure, est incomparablement plus énergique, non en vertu de sa matière et de sa valeur, qui sont souvent très insignifiantes, mais en vertu de sa forme, c'est-à-dire de l'évidence et de la présence directe, qui pénètre l'esprit dont elle trouble le repos ou ébranle les desseins. Car ce qui est présent, ce qui est visible, pouvant facilement être embrassé d'un regard, agit toujours d'un seul coup et avec toute sa puissance ; par contre, les pensées et les raisons, devant être méditées pièce à pièce, demandent du temps et de la tranquillité et ne peuvent donc être à tout moment et entièrement présentes à l'esprit. C'est pour cela qu'une chose agréable à laquelle la réflexion nous a fait renoncer nous charme encore par sa vue ; de même, une opinion dont nous connaissons cependant l'entière fausseté nous blesse ; une offense nous irrite, bien que nous

sachions qu'elle ne mérite que le mépris ; de même encore, dix raisons contre l'existence d'un danger sont renversées par la fausse apparence de sa présence réelle, etc. Dans toutes ces circonstances, c'est la déraison originelle de notre être qui prévaut. Les femmes sont fréquemment sujettes à de pareilles impressions, et peu d'hommes ont une raison assez prépondérante pour n'avoir pas à souffrir de leurs effets. Lorsque nous ne pouvons pas les maîtriser entièrement par la pensée seule, ce que nous avons de mieux à faire alors est de neutraliser une impression par l'impression contraire : par exemple, l'impression d'une offense par des visites chez les gens qui nous estiment, l'impression d'un danger qui nous menace par la vue réelle des moyens propres à l'écarter. Un Italien, dont Leibniz nous raconte l'histoire (*Nouv. Essais*, liv. I, ch. II, § 11), réussit même à résister aux douleurs de la torture : pour cela, par une résolution prise d'avance, il imposa à son imagination de ne pas perdre de vue un seul instant l'image de la potence à laquelle l'aurait fait condamner un aveu ; aussi criait-il de temps en temps : *« Io ti vedo*[52] », paroles qu'il expliqua plus tard comme se rapportant au gibet. Pour la même raison, quand tous autour de nous sont d'une opinion différente de la nôtre et se conduisent en conséquence, il est très difficile de ne pas se laisser ébranler, quand même on serait convaincu qu'ils sont dans l'erreur. Pour un roi fugitif, poursuivi et voyageant sérieusement *incognito*, le cérémonial de subordination que son compagnon et confident observera quand ils sont entre quatre yeux doit être un cordial presque indispensable pour que l'infortuné n'arrive pas à douter de sa propre existence.

Pour conserver la santé

20. Après avoir fait ressortir, dès le deuxième chapitre, la haute valeur de la santé comme condition première et la plus importante de notre bonheur, je veux indiquer ici quelques règles très générales de conduite, pour la fortifier et la conserver.

Pour s'endurcir, il faut, tant qu'on est en bonne santé, soumettre le corps dans son ensemble, comme dans chacune de ses parties, à beaucoup d'effort et de fatigue, et s'habituer à résister à tout ce qui peut l'affecter, quelque rudement que ce soit. Dès qu'il se manifeste, au contraire, un état morbide soit du tout, soit d'une partie, on devra recourir immédiatement au procédé contraire, c'est-à-dire ménager et soigner de toute façon le corps ou sa partie malade : car ce qui est souffrant et affaibli n'est pas susceptible d'endurcissement.

Les muscles se fortifient ; les nerfs, au contraire, s'affaiblissent par un fort usage. Il convient donc d'exercer les premiers par tous les efforts convenables et d'épargner au contraire tout effort aux seconds ; par conséquent, gardons nos yeux contre toute lumière trop vive, surtout quand elle est réfléchie, contre tout effort pendant le demi-jour, contre la fatigue de regarder longtemps de trop petits objets ; préservons nos oreilles également des bruits trop forts, mais surtout évitons à notre cerveau toute contention forcée, trop soutenue ou intempestive ; conséquemment, il faut le laisser reposer pendant la digestion, car à ce moment cette même force vitale qui, dans le cerveau, forme les pensées, travaille de tous ses efforts dans l'estomac et les intestins, à préparer le chyme et le chyle ; il doit également reposer pendant et après un travail musculaire considérable. Car, pour les nerfs moteurs, comme pour les nerfs sensitifs, les choses se passent de la même manière, et, de même que la douleur ressentie dans un membre lésé a son véritable siège dans le cerveau, de même ce ne sont pas les bras et les jambes qui se meuvent et travaillent, mais le cerveau, c'est-à-dire cette portion du cerveau qui, par l'intermédiaire de la moelle allongée et de la moelle épinière, excite les nerfs de ces membres et les fait ainsi se mouvoir. Par suite aussi, la fatigue que nous éprouvons dans les jambes ou les bras a son siège réel dans le cerveau ; c'est pourquoi les membres dont le mouvement est soumis à la volonté, c'est-à-dire part du cerveau, sont les seuls qui se fatiguent, tandis que ceux dont le travail est involontaire, comme le cœur, sont infatigables. Évidemment alors, c'est nuire au cerveau que d'exiger de lui de l'activité musculaire énergique et de la tension d'esprit, que ce soit simultanément ou même seulement après un trop court intervalle. Ceci n'est nullement en contradiction avec le fait qu'au début d'une promenade, ou en général pendant de courtes marches, on remarque une activité renforcée de l'esprit ; car dans ce dernier cas il n'y a pas encore de fatigue des parties du cerveau indiquées précédemment, et d'autre part cette légère activité musculaire, en accélérant la respiration, porte le sang artériel, mieux oxygéné aussi, à monter vers le cerveau. Mais il faut surtout donner au cerveau la pleine mesure de sommeil nécessaire à sa réfection, car le sommeil est pour l'ensemble de l'homme ce que le remontage est à la pendule (voir *Le Monde comme volonté et comme repr.*, vol. II, chap. 19). Cette mesure devra être d'autant plus grande que le cerveau sera plus développé et plus actif ; cependant l'outrepasser serait un pur gaspillage de temps, car le sommeil perd alors en intensité ce qu'il gagne en extension (voir *Le Monde c. v. et c. r.*, vol. II[53]). En général, pénétrons-nous bien de ce fait que notre *penser* n'est autre chose que la fonction organique du cerveau, et partant se comporte, pour ce qui regarde la fatigue et le repos, d'une manière analogue à celle de toute autre activité organique. Un effort excessif fatigue le cerveau comme il fatigue les yeux. On a dit avec raison : Le cerveau pense comme l'estomac digère. L'idée folle d'une âme immatérielle, simple, essentiellement et constamment pensante, partant infatigable, qui serait là dans le cerveau en simple locataire et n'aurait besoin de rien au monde, a certainement poussé plus d'un homme à une conduite insensée qui a émoussé ses forces intellectuelles ; Frédéric le Grand, par exemple, n'a-t-il pas essayé une fois de se déshabituer totalement du sommeil ? Les professeurs de philosophie devraient bien ne pas encourager une pareille illusion, nuisible même en pratique, par leur philosophie de vieilles femmes qui-veut-rester-conforme-au-catéchisme. Il faut apprendre à considérer les forces intellectuelles comme étant absolument des fonctions physiologiques, afin de savoir les manier, les ménager ou les fatiguer en conséquence ; on doit se rappeler que toute souffrance, toute incommodité, tout désordre dans une partie quelconque du corps, affecte l'esprit. Pour bien se pénétrer de cette vérité, il faut lire Cabanis : *Des rapports du physique et du moral de l'homme*.

C'est pour avoir négligé de suivre ce conseil que bien des grands esprits et bien des grands savants sont tombés, sur leurs vieux jours, dans l'imbécillité, dans l'enfance et jusque dans la folie. Si, par exemple, de célèbres poètes anglais de notre siècle, tels que Walter Scott, Wordsworth, Southey et plusieurs autres, arrivés à la vieillesse et même dès leur soixantaine sont devenus intellectuellement obtus et incapables, même imbéciles, il faut sans doute l'attribuer à ce que, séduits par des honoraires élevés, ils ont tous exercé la littérature comme un métier, en écrivant pour de l'argent. Ce métier entraîne à une fatigue contre nature : quiconque attelle son Pégase au joug et pousse sa Muse du fouet aura à l'expier de la même manière que celui qui a rendu à Vénus un culte forcé. Je soupçonne que Kant lui-même, dans un âge avancé, devenu déjà célèbre, s'est livré à un travail excessif et a provoqué par là cette seconde enfance dans laquelle il a vécu ses quatre dernières années.

Chaque mois de l'année a une influence spéciale et directe, c'est-à-dire indépendante des conditions météorologiques, sur notre santé, sur l'état général de notre corps, et même sur l'état de notre esprit.

III. – Concernant notre conduite envers les autres

Nul ne peut modifier son individualité

21. Pour se pousser à travers le monde, il est utile d'emporter avec soi une ample provision de *circonspection* et d'*indulgence* ;

la première nous garantit contre les préjudices et les pertes, la seconde nous met à l'abri de disputes et de querelles.

Qui est appelé à vivre parmi les hommes ne doit repousser d'une manière absolue aucune individualité, du moment qu'elle est déjà déterminée et donnée par la nature, l'individualité fût-elle la plus méchante, la plus pitoyable ou la plus ridicule. Il doit plutôt l'accepter comme étant quelque chose d'immuable et qui, en vertu d'un principe éternel et métaphysique, doit être telle qu'elle est ; au pis aller, il devra se dire : « Il faut bien qu'il y en ait de cette espèce-là aussi. » S'il prend la chose autrement, il commet une injustice et provoque l'autre à un combat à la vie et à la mort. Car nul ne peut modifier son individualité propre, c'est-à-dire son caractère moral, ses facultés intellectuelles, son tempérament, sa physionomie, etc. Si donc nous condamnons son être sans réserve, il ne lui restera plus qu'à combattre en nous un ennemi mortel, puisque nous ne voulons lui reconnaître le droit d'exister qu'à la condition de devenir un autre que celui qu'il est immuablement. C'est pourquoi, quand on veut vivre parmi les hommes, il faut laisser chacun exister et l'accepter avec l'individualité, quelle qu'elle soit, qui lui a été départie ; il faut se préoccuper uniquement de l'utiliser autant que sa nature et sa constitution le permettent, mais sans espérer la modifier et sans la condamner purement et simplement telle qu'elle est[a]. Voilà la vraie signification de ce dicton : « *Vivre et laisser vivre.* » Toutefois la tâche est moins facile qu'elle n'est équitable, et heureux celui à qui il est donné de pouvoir à jamais éviter certaines individualités ! En attendant, pour apprendre à supporter les hommes, il est bon d'exercer sa patience sur les objets inanimés qui, en vertu d'une nécessité mécanique ou de toute autre nécessité physique, contrarient obstinément notre action ; nous avons pour cela des occasions journalières. On apprend ensuite à reporter sur les hommes, la patience ainsi acquise, et l'on se fait à cette pensée qu'eux aussi, toutes les fois

a. À l'égard de maint individu, le plus sage est de se dire : « *Je ne le changerai pas, je veux donc l'utiliser.* »

qu'ils nous sont un obstacle, le sont forcément, en vertu d'une nécessité naturelle aussi rigoureuse que celle avec laquelle agissent les objets inanimés ; que, par conséquent, il est aussi insensé de s'indigner de leur conduite que d'une pierre qui vient rouler sous nos pieds.

Les âmes sœurs se saluent de loin

22. Il est surprenant de voir à quel point se manifeste dans la conversation l'homogénéité ou l'hétérogénéité d'esprit et de caractère entre les hommes ; elle devient sensible à la moindre occasion. Entre deux personnes de natures essentiellement dissemblables qui causeront sur les sujets les plus indifférents, les plus éloignés, chaque phrase de l'une déplaira plus ou moins à l'autre, un mot parfois ira jusqu'à la mettre en colère. Quand elles se ressemblent au contraire, elles sentent aussitôt et en tout un certain accord qui, lorsque l'homogénéité est très marquée, se fond en une harmonie parfaite et peut aller jusqu'à l'unisson. Ainsi s'explique premièrement pourquoi les individus très ordinaires sont tellement sociables et trouvent si facilement partout de l'excellente société, ce qu'ils appellent « d'aimables, bonnes et braves gens ». C'est l'inverse pour les hommes qui ne sont pas ordinaires, et ils seront d'autant moins sociables qu'ils sont plus distingués ; tellement que parfois, dans leur isolement, ils peuvent éprouver une véritable joie à avoir découvert chez un autre une fibre quelconque, si mince qu'elle puisse être, de la même nature que la leur. Car chacun ne peut être à un autre homme que ce que celui-ci est au premier. Comme l'aigle, les esprits réellement supérieurs airent sur la hauteur, solitaires. Cela explique, en second lieu, comment les hommes de même disposition se trouvent si vite réunis, comme s'ils s'attiraient magnétiquement : les âmes sœurs se saluent de loin. On pourra remarquer cela le plus fréquemment chez les gens à sentiments bas ou de faible intelligence ; mais c'est seulement parce que ceux-ci s'appellent légion, tandis que les bons et les nobles sont et s'appellent les natures rares. C'est ainsi qu'il se fera, par exem-

ple, que dans quelque vaste association, fondée en vue de résultats effectifs, deux fieffés coquins se reconnaissent mutuellement aussi vite que s'ils portaient une cocarde et se rapprochent aussitôt pour forger quelque abus ou quelque trahison. De même, supposons, *per impossibile*, une société nombreuse composée entièrement d'hommes intelligents et spirituels, sauf deux imbéciles qui en feraient partie aussi ; ces deux se sentiront sympathiquement attirés l'un vers l'autre, et bientôt chacun des deux se réjouira dans son cœur d'avoir enfin rencontré au moins un homme raisonnable. Il est vraiment remarquable de voir de ses yeux comment deux êtres, principalement parmi ceux qui sont moralement et intellectuellement inférieurs, se reconnaissent à première vue, tendent ardemment à se rapprocher, se saluent aimablement et joyeusement, et courent l'un au-devant de l'autre comme d'anciennes connaissances ; cela est si frappant que l'on est tenté d'admettre, selon la doctrine bouddhique de la métempsycose, qu'ils étaient déjà liés d'amitié dans une vie antérieure.

Cependant il est un fait qui, même dans le cas de grande harmonie, maintient les hommes éloignés les uns des autres et qui va jusqu'à faire naître entre eux une dissonance passagère : c'est la différence de la disposition du moment qui est presque toujours autre chez chacun, selon sa situation momentanée, l'occupation, le milieu, l'état de son corps, le courant actuel de ses pensées, etc. C'est là ce qui produit des dissonances parmi les individualités qui s'accordent le mieux. Travailler sans relâche à corriger ce qui fait naître ces troubles et imposer à tous la même gamme tempérée, serait l'effet d'une suprême culture intellectuelle. On aura la mesure de ce que peut produire pour la société l'égalité de sentiments, par ce fait que les membres d'une réunion, même très nombreuse, seront portés aux échanges les plus animés, auxquels tous prennent une part sincère, pour leur plus grande satisfaction, dès que quelque chose d'extérieur, un danger, une espérance, une nouvelle, la vue d'une chose extraordinaire, un spectacle, de la musique, ou n'importe quoi, vient les impressionner tous au même instant et de la même manière.

Car ces motifs subjuguent tous les intérêts particuliers et font naître de la sorte l'accord parfait des esprits. À défaut d'une pareille influence objective, on a recours d'ordinaire à quelque ressource subjective, et c'est alors la bouteille qui est appelée habituellement à procurer une disposition commune à la compagnie. Le thé et le café sont également employés à cet effet.

Mais ce même désaccord qu'amène si facilement dans toute réunion la diversité d'humeur momentanée donne aussi l'explication partielle de ce phénomène que chacun apparaît comme idéalisé, parfois même transfiguré dans le souvenir, quand celui-ci n'est plus sous l'empire de cette influence passagèrement perturbatrice ou de toute autre semblable. La mémoire agit à la manière de la lentille convergente dans la chambre obscure : elle réduit toutes les dimensions et produit de la sorte une image bien plus belle que l'original. Chaque absence nous procure partiellement l'avantage d'être vus sous cet aspect. Car bien que, pour achever son œuvre, le souvenir idéalisateur demande un temps considérable, néanmoins son travail commence immédiatement. C'est pourquoi même il est sage de ne se montrer à ses connaissances et à ses bons amis qu'à de longs intervalles ; on remarquera, en se revoyant, que le souvenir a déjà travaillé.

Chacun ne saisit autrui que dans la mesure de sa propre intelligence

23. Nul ne peut voir *par-dessus soi*. Je veux dire par là qu'on ne peut voir en autrui plus que ce qu'on est soi-même, car chacun ne peut saisir et comprendre un autre que dans la mesure de sa propre intelligence. Si celle-ci est de la plus basse espèce, tous les dons intellectuels les plus élevés ne l'impressionneront nullement, et il n'apercevra dans cet homme si hautement doué que ce qu'il y a de plus bas dans l'individualité, savoir toutes les faiblesses et tous les défauts de tempérament et de caractère. Voilà de quoi le grand homme sera composé aux yeux de l'autre. Les facultés intellectuelles éminentes de l'un

existent aussi peu pour le second que les couleurs pour les aveugles. C'est que tous les esprits sont invisibles pour qui n'a pas soi-même d'esprit : et toute évaluation est le produit de la valeur de l'estimé par la sphère d'appréciation de l'estimateur.

Il résulte de là que lorsqu'on cause avec quelqu'un on se met toujours à son niveau, puisque tout ce qu'on a au-delà disparaît, et même l'abnégation de soi qu'exige ce nivellement reste parfaitement méconnue. Si donc on réfléchit combien la plupart des hommes ont de sentiments et de facultés de bas étage, en un mot combien ils sont *communs*, on verra qu'il est impossible de parler avec eux sans devenir soi-même *commun* pendant cet intervalle (par analogie avec la répartition de l'électricité) ; on saisira alors la signification propre et la vérité de cette expression allemande : *« sich gemein machen »* (se mettre de pair à compagnon, s'acoquiner), et l'on cherchera à éviter toute compagnie avec laquelle on ne peut communiquer que moyennant la *partie honteuse*[54] de sa propre nature. On comprendra également qu'en présence d'imbéciles et de fous il n'y a qu'*une seule* manière de montrer qu'on a de la raison : c'est de ne pas parler avec eux. Mais il est vrai qu'alors, en société, maint homme pourra se trouver dans la situation d'un danseur, entrant dans un bal où il n'y aurait que des perclus ; avec qui dansera-t-il ?

Les bruyants

24. J'accorde toute ma considération, comme à un élu sur cent individus, à celui qui étant inoccupé, parce qu'il attend quelque chose, ne se met pas immédiatement à frapper ou à tapoter en mesure avec tout ce qui lui tombe sous la main, avec sa canne, son couteau, sa fourchette ou avec tout autre objet. Il est probable que cet homme-là pense à quelque chose. On reconnaît à la mine de la plupart des gens que chez eux la vue remplace entièrement le penser ; ils cherchent à s'assurer de leur existence en faisant du bruit, à moins qu'ils n'aient un cigare sous la main, ce qui leur rend le même service. C'est pour la

même raison qu'ils sont constamment tout yeux, tout oreilles pour tout ce qui se passe autour d'eux.

Estime et amour

25. La Rochefoucauld a très justement observé qu'il est difficile de beaucoup estimer un homme et de l'aimer beaucoup à la fois[55]. Nous aurions donc le choix entre briguer l'amour ou l'estime des gens. Leur amour est toujours intéressé, bien qu'à des titres divers. De plus, les conditions auxquelles on l'acquiert ne sont pas toujours faites pour nous en rendre fiers. Avant tout, on se fera aimer dans la mesure dans laquelle on baissera ses prétentions à trouver de l'esprit et du cœur chez les autres, mais cela sérieusement, sans dissimulation, et non en vertu de cette indulgence qui prend sa source dans le mépris. Pour compléter les prémisses qui aideront à tirer la conclusion, rappelons encore cette sentence si vraie d'Helvétius : *« Le degré d'esprit nécessaire pour nous plaire est une mesure assez exacte du degré d'esprit que nous avons. »* C'est tout le contraire quand il s'agit de l'estime des gens : on ne la leur arrache qu'à leur corps défendant ; aussi la cachent-ils le plus souvent. C'est pourquoi elle nous procure une bien plus grande satisfaction intérieure ; elle est en proportion avec notre valeur, ce qui n'est pas vrai directement de l'amour des gens, car celui-ci est subjectif et l'estime objective. Mais l'amour nous est certainement plus utile.

L'inappréciable moi

26. La plupart des hommes sont tellement personnels qu'au fond rien n'a d'intérêt à leurs yeux qu'eux-mêmes et exclusivement eux. Il en résulte que, quoi que ce soit dont on parle, ils pensent aussitôt à eux-mêmes, et que tout ce qui, par hasard et du plus loin que ce soit, se rapporte à quelque chose qui les touche, attire et captive tellement toute leur attention qu'ils n'ont plus la liberté de saisir la partie objective de l'entretien ;

de même, il n'y a pas de raisons valables pour eux dès qu'elles contrarient leur intérêt ou leur vanité. Aussi sont-ils si facilement distraits, si facilement blessés, offensés ou froissés que, lors même qu'on cause avec eux, à un point de vue objectif, sur n'importe quelle matière, on ne saurait assez se garder de tout ce qui pourrait, dans le discours, avoir un rapport possible, peut-être fâcheux avec le précieux et délicat *moi* que l'on a devant soi ; rien que ce moi ne les intéresse, et, pendant qu'ils n'ont ni sens ni sentiment pour ce qu'il y a de vrai et de juste, ou de beau, de fin, de spirituel dans les paroles d'autrui, ils possèdent la plus délicate sensibilité pour tout ce qui, du plus loin et le plus indirectement, peut toucher leur mesquine vanité ou se rapporter désavantageusement, en quelque façon que ce soit, à leur inappréciable moi. Ils ressemblent, dans leur susceptibilité, à ces roquets auxquels on est si facilement exposé, par mégarde, à marcher sur la patte et dont il faut subir ensuite les piailleries ; ou bien encore à un malade couvert de plaies et de meurtrissures et qu'il faut éviter soigneusement de toucher. Il y en a chez qui la chose est poussée si loin, qu'ils ressentent exactement comme une offense l'esprit et le jugement que l'on montre, ou qu'on ne dissimule pas suffisamment, en causant avec eux ; ils s'en cachent, il est vrai, au premier moment, mais ensuite celui qui n'a pas assez d'expérience réfléchira et se creusera vainement la cervelle pour savoir par quoi il a pu s'attirer leur rancune et leur haine. Mais il est tout aussi facile de les flatter et de les gagner. Par suite, leur sentence est, d'ordinaire, achetée : elle n'est qu'un arrêt en faveur de leur parti ou de leur classe et non un jugement objectif et impartial. Cela vient de ce que chez eux la volonté surpasse de beaucoup l'intelligence et de ce que leur faible intellect est entièrement soumis au service de la volonté dont il ne peut s'affranchir un seul moment.

Cette pitoyable subjectivité des hommes, qui les fait tout rapporter à eux et revenir, de tout point de départ, immédiatement et en droite ligne vers leur personne, est surabondamment prouvée par l'*astrologie*, qui rapporte la marche des grands corps de l'Univers au chétif moi et qui trouve une corrélation entre les comètes dans le ciel et les querelles et les gueuseries sur la terre. Mais cela s'est toujours passé ainsi, même dans les temps les plus reculés (voir par exemple Stobée, *Eclog.*, l. I, ch. 22, 9, p. 478).

Patience ! Les pendules se remettront à l'heure

27. Il ne faut pas désespérer à chaque absurdité qui se dit en public ou dans la société, qui s'imprime dans les livres et qui est bien accueillie ou du moins n'est pas réfutée ; il ne faut pas croire non plus que cela restera acquis à jamais. Sachons, pour notre consolation, que plus tard et insensiblement la chose sera repensée, élucidée, méditée, pesée, discutée et le plus souvent jugée justement à la fin, en sorte que, après un laps de temps variable en raison de la difficulté de la matière, presque tout le monde finira par comprendre ce que l'esprit lucide avait vu de prime abord. Il est certain que dans l'entre-temps il faut prendre patience. Car un homme d'un jugement juste parmi des gens qui sont dans l'erreur ressemble à celui dont la montre va juste dans une ville dont toutes les horloges sont mal réglées. Lui seul sait l'heure exacte, mais à quoi bon ? Tout le monde se règle sur les horloges publiques qui indiquent une heure fausse, ceux-là même qui savent que la montre du premier donne seule l'heure vraie.

On peut très bien se passer d'eux

28. Les hommes ressemblent aux enfants qui prennent de mauvaises manières dès qu'on les gâte ; aussi ne faut-il être trop indulgent ni trop aimable envers personne. De même qu'ordinairement on ne perdra pas un ami pour lui avoir refusé un prêt, mais plutôt pour le lui avoir accordé, de même ne le perdra-t-on pas par une attitude hautaine et un peu de négligence, mais plutôt par un excès d'amabilité et de prévenance : il devient alors arrogant, insupportable, et la rupture ne tarde pas à se produire. C'est surtout l'idée qu'on a besoin d'eux que les

hommes ne peuvent absolument pas supporter ; elle est toujours suivie inévitablement d'arrogance et de présomption. Chez quelques gens, cette idée naît déjà par cela seul qu'on est en relation ou bien qu'on cause souvent ou familièrement avec eux : ils s'imaginent aussitôt qu'il faut bien leur passer quelque chose et ils chercheront à étendre les bornes de la politesse. C'est pourquoi il y a si peu d'individus qu'on puisse fréquenter un peu plus intimement ; surtout faut-il se garder de toute familiarité avec des natures de bas étage. Que si, par malheur, un individu de cette espèce s'imagine que j'ai beaucoup plus besoin de lui qu'il n'a besoin de moi, alors il éprouvera soudain un sentiment comme si je lui avais volé quelque chose : il cherchera à se venger et à rentrer dans sa propriété. N'avoir jamais et d'aucune façon besoin des autres et le leur faire voir, voilà absolument la seule manière de maintenir sa supériorité dans les relations. En conséquence, il est sage de leur faire sentir de temps en temps à tous, homme ou femme, qu'on peut très bien se passer d'eux ; cela fortifie l'amitié : il est même utile de laisser s'introduire parfois, dans notre attitude à l'égard de la plupart d'entre eux, une parcelle de dédain ; ils n'en attacheront que plus de prix à notre amitié. *« Chi non istima, vien stimato »* (Qui n'estime pas est estimé), dit finement un proverbe italien. Mais, si quelqu'un a réellement une grande valeur à nos yeux, il faut le lui dissimuler comme si c'était un crime. Cela n'est pas précisément réjouissant, mais en revanche c'est vrai. C'est à peine si les chiens supportent un excès de bienveillance, bien moins encore les hommes.

Ne pas s'y fier

29. Les gens d'une espèce plus noble et doués de facultés plus élevées trahissent, principalement dans leur jeunesse, un manque surprenant de connaissance des hommes et de savoir-faire ; ils se laissent ainsi facilement tromper ou égarer ; tandis que les natures inférieures savent bien mieux et bien plus vite se tirer d'affaire dans le monde ; cela vient de ce que, à défaut

d'expérience, l'on doit juger *a priori* et qu'en général aucune expérience ne vaut l'*a priori*. Chez les gens de calibre ordinaire, cet *a priori* leur est fourni par leur propre moi, tandis qu'il ne l'est pas à ceux de nature noble et distinguée, car c'est par là précisément que ceux-ci diffèrent des autres. En évaluant donc les pensées et les actes des hommes ordinaires d'après les leurs propres, le calcul se trouve être faux.

Mais même alors qu'un tel homme aura appris enfin *a posteriori*, c'est-à-dire par les leçons d'autrui et par sa propre expérience, ce qu'il y a à attendre des hommes ; même alors qu'il aura compris que les cinq sixièmes d'entre eux sont ainsi faits, moralement et intellectuellement, que celui qui n'est pas forcé par les circonstances d'être en relation avec eux fait mieux de les éviter dès l'abord et de se tenir autant que possible hors de leur contact, même alors cet homme ne pourra, presque jamais, avoir une connaissance *suffisante* de leur petitesse et de leur mesquinerie ; il aura durant toute sa vie à étendre et à compléter cette notion ; mais jusqu'alors il fera encore bien des faux calculs à son détriment. Et ensuite, bien que pénétré des enseignements reçus, il lui arrivera encore parfois, se trouvant dans une société de gens qu'il ne connaît pas encore, d'être émerveillé en les voyant tous paraître, dans leurs discours et dans leurs manières, entièrement raisonnables, loyaux, sincères, honnêtes et vertueux, et peut-être bien aussi intelligents et spirituels. Mais que cela ne l'égare pas ; cela provient tout simplement de ce que la nature ne fait pas comme les méchants poètes, qui, lorsqu'ils ont à présenter un coquin ou un fou, s'y prennent si lourdement et avec une intention si accentuée que l'on voit paraître pour ainsi dire derrière chacun de ces personnages l'auteur désavouant constamment leur caractère et leurs discours et disant à haute voix et en manière d'avertissement : « Celui-ci est un coquin, cet autre un fou ; n'ajoutez pas foi à ce qu'il dit. » La nature au contraire s'y prend à la façon de Shakespeare et de Goethe : dans leurs ouvrages, chaque personnage, fût-il le diable lui-même, tant qu'il est en scène et parle, a raison dans ce qu'il dit ; il est conçu d'une manière si objectivement réelle qu'il nous attire et nous force à prendre part à ses intérêts ; pareil aux créations de la nature, il est le développement d'un principe intérieur en vertu duquel ses discours et ses actes apparaissent comme naturels et par conséquent comme nécessaires. Donc celui qui croit que dans le monde les diables ne vont jamais sans cornes et les fous sans grelots sera toujours leur proie ou leur jouet. Ajoutons encore à tout cela que, dans leurs relations, les gens font comme la lune et les bossus, c'est-à-dire qu'ils ne nous montrent jamais qu'une face ; ils ont même un talent inné pour transformer leur visage, par une mimique habile, en un masque représentant très exactement *ce qu'ils devraient être* en réalité ; ce masque, découpé exclusivement à la mesure de leur individualité, s'adapte et s'ajuste si bien que l'illusion est complète. Chacun se l'applique toutes les fois qu'il s'agit de se faire bien voir. Il ne faut pas plus s'y fier qu'à un masque de toile cirée, et rappelons-nous cet excellent proverbe italien : *« Non è si tristo cane, che non meni la coda »* (Il n'est si méchant chien qui ne remue la queue).

Gardons-nous bien, en tout cas, de nous faire une opinion très favorable d'un homme dont nous venons de faire la connaissance ; nous serions ordinairement déçus à notre confusion, peut-être même à notre détriment. À ce propos, encore une observation digne d'être notée : c'est précisément dans les petites choses, où il ne songe pas à soigner sa contenance, que l'homme dévoile son caractère ; c'est dans des actions insignifiantes, quelquefois dans de simples manières, que l'on peut facilement observer cet égoïsme illimité, sans égard pour personne, qui ne se démentira pas non plus ensuite dans les grandes choses, mais qui se dissimulera. Que de semblables occasions ne soient pas perdues pour nous ! Quand un individu se conduit sans aucune discrétion dans les petits incidents journaliers, dans les petites affaires de la vie, auxquelles s'applique le : *« De minimis lex non curat »* (La loi ne s'occupe pas des affaires minimes), quand il ne recherche dans ces occasions que son intérêt ou ses aises au détriment d'autrui, ou s'approprie ce qui est là pour servir à tous, etc., cet individu, soyez-en bien convaincu, n'a pas dans le cœur le sentiment du juste ; il sera un gredin tout aussi bien dans les grandes circonstances, toutes les fois que la loi ou la force ne lui lieront pas les bras ; ne permettez pas à cet homme de franchir votre seuil. Oui, je l'affirme, qui viole sans scrupule les règlements de son club violera également les lois de l'État dès qu'il pourra le faire sans danger[56].

Quand un homme avec qui nous sommes en rapport plus ou moins étroit nous fait quelque chose qui nous déplaît ou nous fâche, nous n'avons qu'à nous demander s'il a ou non assez de prix à nos yeux pour que nous acceptions de sa part, une seconde fois et plus souvent encore, un traitement semblable, voire un peu plus accentué (pardonner et oublier signifient jeter par la fenêtre des expériences chèrement acquises). Dans le cas affirmatif, tout est dit ; car parler simplement ne servirait de rien : il faut alors laisser passer la chose, avec ou sans admonition ; mais nous devrons nous rappeler que, de cette façon, nous nous en attirons la répétition. Dans le cas d'une réponse négative, il nous faut, sur-le-champ et à jamais, rompre avec le cher ami, ou, si c'est un serviteur, le congédier. Car il fera, le cas échéant, inévitablement et exactement la même chose, ou quelque chose d'entièrement analogue, quand même en ce moment il nous jurerait le contraire, bien haut et bien sincèrement. On peut tout oublier, tout, excepté soi-même, excepté son propre être. En effet, le caractère est absolument incorrigible, parce que toutes les actions humaines partent d'un principe intime, en vertu duquel un homme doit toujours agir de même dans les mêmes circonstances et ne peut pas agir autrement. Lisez mon mémoire couronné sur la prétendue liberté de la volonté et chassez toute illusion. Se réconcilier avec un ami avec lequel on avait rompu est donc une faiblesse que l'on aura à expier alors que celui-ci, à la première occasion, recommencera à faire exactement ce qui avait amené la rupture, et même avec un peu plus d'assurance, car il a la secrète conscience de nous être indispensable. Ceci s'applique également aux domestiques congédiés que l'on reprend à son service.

Nous devons tout aussi peu, et pour les mêmes motifs, nous attendre à voir un homme se comporter de la même manière qu'une fois précédente, quand les circonstances ont changé. Au contraire, la disposition d'esprit et la conduite des hommes changent tout aussi vite que leur intérêt : les intentions qui les meuvent émettent leurs lettres de change à si court terme, qu'il faudrait avoir soi-même la vue plus courte encore pour ne pas les laisser protester.

Supposons maintenant que nous voulions savoir comment agira une personne dans une situation où nous avons l'intention de la placer ; pour cela, il ne faudra pas compter sur ses promesses et ses protestations. Car, en admettant même qu'elle parle sincèrement, elle n'en parle pas moins d'une chose qu'elle ignore. C'est donc par l'appréciation des circonstances dans lesquelles elle va se trouver, et de leur conflit avec son caractère, que nous aurons à prévoir son attitude.

En thèse générale, pour acquérir la compréhension nette et approfondie si nécessaire de la véritable et triste condition des hommes, il est éminemment instructif d'employer, comme commentaire à leurs menées et leur conduite sur le terrain de la vie pratique, leurs menées et à leur conduite, telles que nous les trouvons dans les œuvres littéraires, et *vice versa*. Cela est très utile pour ne se tromper ni sur soi ni sur eux. Mais, dans le cours de cette étude, aucun trait de grande infamie ou sottise, que nous rencontrons soit dans la vie soit en littérature, ne devra nous devenir matière à nous attrister ou irriter ; il devra servir uniquement à nous instruire comme nous offrant un trait complémentaire du caractère de l'espèce humaine, qu'il sera bon de ne pas oublier. De cette façon, nous envisagerons la chose comme le minéralogiste considère un spécimen bien caractérisé d'un minéral, qui lui serait tombé entre les mains. Il y a des exceptions, il y en a même d'incompréhensiblement grandes, et les différences entre les individualités sont immenses ; mais, pris en bloc, on l'a dit dès longtemps, le monde est mauvais ; les sauvages s'entre-dévorent et les civilisés s'entretrompent, et voilà ce qu'on appelle le cours du monde. Les États, avec leurs ingénieux mécanismes dirigés contre le dehors et le dedans et avec leurs voies de contrainte, que sont-ils donc, sinon des mesures établies pour mettre des bornes à l'iniquité illimitée des hommes ? Ne voyons-nous pas, dans l'histoire entière, chaque roi, dès qu'il est solidement assis et que son pays jouit de quelque prospérité, en profiter pour tomber avec son armée, comme avec une bande de brigands, sur les États voisins ? Toutes les guerres ne sont-elles pas, au fond, des actes de brigandage ? Dans l'Antiquité reculée comme aussi pendant une partie du Moyen Âge, les vaincus devenaient les esclaves des vainqueurs, ce qui, au fond, revient à dire qu'ils devaient travailler pour ceux-ci ; mais ceux qui payent des contributions de guerre doivent en faire autant, c'est-à-dire qu'ils livrent le produit de leur travail antérieur. *Dans toutes les guerres, il ne s'agit que de voler*, a écrit Voltaire ; et que les Allemands se le tiennent pour dit.

Se garder de toute affectation

30. Aucun caractère n'est tel qu'on puisse l'abandonner à lui-même et le laisser aller entièrement ; il a besoin d'être guidé par des notions et des maximes. Mais si, poussant la chose à l'extrême, on voulait faire du caractère non pas le résultat de la nature innée, mais uniquement le produit d'une délibération raisonnée, par conséquent un caractère entièrement acquis et artificiel, on verrait bientôt se vérifier la sentence latine : *« Naturam expelles furca, tamen usque recurret »* (Chassez le naturel, il revient au galop). En effet, on pourra très bien comprendre, découvrir soi-même et formuler admirablement une règle de conduite envers les autres, et néanmoins, dans la vie réelle, on péchera aussitôt après contre elle. Toutefois, il ne faut pas pour cela perdre courage et croire qu'il soit impossible de diriger sa conduite dans la vie sociale par des règles et des maximes abstraites, et qu'il vaille mieux, par conséquent, se laisser aller tout bonnement. Car il en est de celles-ci comme de toutes les instructions et directions théoriques pour un usage pratique ; comprendre la règle est une chose, et apprendre à l'appliquer

une autre. La première s'acquiert d'un seul coup par l'intelligence, la seconde peu à peu par l'exercice. On montre à l'élève les touches d'un instrument, les parades et les attaques au fleuret ; il se trompe immédiatement, malgré la meilleure volonté, et s'imagine alors que se rappeler ces leçons dans la rapidité de la lecture musicale, ou dans l'ardeur du combat, est chose presque impossible. Et cependant, petit à petit, à force de trébucher, de tomber et de se relever, l'exercice finit par les lui apprendre ; il en est de même pour les règles de grammaire, quand on apprend à écrire et à parler en latin. Ce n'est pas autrement que le rustre devient courtisan ; le cerveau brûlé, un homme du monde distingué ; l'homme ouvert, taciturne ; le noble, sarcastique. Néanmoins cette éducation de soi-même, obtenue ainsi par une longue habitude, agira toujours comme un effort venant de l'extérieur, auquel la nature ne cesse jamais de s'opposer, et malgré lequel elle arrive parfois à éclater inopinément. Car toute conduite ayant pour mobile des maximes abstraites se rapporte à une conduite mue par le penchant primitif et inné, comme un mécanisme fait de main d'homme, une montre, par exemple, où la forme et le mouvement sont imposés à une matière qui leur est étrangère, se rapporte à un organisme vivant, où forme et matière se pénètrent mutuellement et ne font qu'un. Ce rapport entre le caractère acquis et le caractère naturel confirme la pensée énoncée par l'empereur Napoléon : « *Tout ce qui n'est pas naturel est imparfait.* » Ceci est vrai en tout et pour tous, au physique comme au moral ; et la seule exception que je me rappelle à cette règle, c'est l'exemple, bien connu des minéralogistes, de l'aventurine naturelle, qui ne vaut pas l'artificielle.

Aussi, gardons-nous de toute *affectation*. Elle provoque toujours le mépris : d'abord elle est une tromperie, et comme telle une lâcheté, car elle repose sur la peur ; ensuite elle implique condamnation de soi-même par soi-même, puisqu'on veut paraître ce qu'on n'est pas et qu'on estime être meilleur que ce que l'on est. Le fait d'affecter une qualité, de s'en vanter, est un aveu qu'on ne la possède pas. Que de gens se vantent de quoi que ce soit, courage ou érudition, intelligence ou esprit, succès auprès des femmes ou richesses, ou noblesse, et l'on pourra en conclure que c'est précisément sur ce chapitre-là qu'il leur manque quelque chose ; car celui qui possède réellement et complètement une qualité ne songe pas à l'étaler et à l'affecter ; il est parfaitement tranquille sous ce rapport. C'est ce que veut dire ce proverbe espagnol : *« Herradura que chacolotea clavo le falta »* (À ferrure qui sonne il manque un clou). Il ne faut certes pas, nous l'avons déjà dit, lâcher entièrement les rênes et se montrer en entier tel qu'on est ; car le côté mauvais et bestial de notre nature est considérable et a besoin d'être voilé ; mais cela ne légitime que l'acte négatif, la dissimulation, mais nullement le positif, la simulation. Il faut savoir aussi que l'on reconnaît l'affectation dans un individu avant même d'apercevoir clairement ce qu'il affecte au juste. Enfin, cela ne peut pas durer à la longue, et le masque finira par tomber un jour. *« Nemo potest personam diu ferre fictam ; ficta cito in naturam suam recidunt »* (Sénèque, *De clem.*, l. I, c. 1) (Personne ne peut longtemps porter le masque, tout ce qui est déguisé reprend bientôt sa nature).

Autrui, un miroir pour s'amender

31. De même qu'on porte le poids de son propre corps sans le sentir, comme on le sentirait de tout corps étranger qu'on voudrait mouvoir, de même on ne remarque que les défauts et les vices des autres, et non les siens. Mais en revanche chacun possède en autrui un miroir dans lequel il peut voir distinctement ses propres vices, ses défauts, ses mauvaises manières et ses côtés répugnants. Mais il fait d'ordinaire comme le chien qui aboie contre le miroir, parce qu'il ne sait pas que c'est lui-même qu'il y aperçoit et qu'il s'imagine voir un autre chien. Qui critique les autres travaille à son propre amendement. Ceux-là donc qui ont une tendance habituelle à soumettre tacitement dans leur for intérieur les manières des hommes, et en général tout ce qu'ils font ou ne font pas, à une critique atten-

tive et sévère, ceux-là travaillent ainsi à se corriger et à se perfectionner eux-mêmes : car ils auront assez d'équité, ou du moins assez d'orgueil et de vanité pour éviter ce qu'ils ont tant de fois et si rigoureusement blâmé. C'est l'inverse qui est vrai pour les *tolérants*, savoir : *« Hanc veniam damus petimusque vicissim »* (Nous accordons et réclamons le pardon tour à tour). L'Évangile moralise admirablement sur ceux qui voient la paille dans l'œil du voisin et ne voient pas la poutre dans le leur ; mais la nature de l'œil ne lui permet de regarder qu'au-dehors, il ne peut pas se voir lui-même ; c'est pourquoi remarquer et blâmer les défauts des autres est un moyen propre à nous faire sentir les nôtres. Il nous faut un miroir pour nous corriger. Cette règle est bonne également quand il s'agit du style et de la manière d'écrire ; celui qui en ces matières admire toute nouvelle folie, au lieu de la blâmer, finira par l'imiter. De là vient qu'en Allemagne ces sortes de folies se propagent si vite. Les Allemands sont très tolérants : on s'en aperçoit. *Hanc veniam damus petimusque vicissim*, voilà leur devise.

Les relations réelles reposent le plus souvent sur quelque intérêt matériel

32. L'homme de noble espèce, pendant sa jeunesse, croit que les relations essentielles et décisives, celles qui créent les liens véritables entre les hommes, sont de nature *idéale*, c'est-à-dire fondées sur la conformité de caractère, de tournure d'esprit, de goût, d'intelligence, etc. ; mais il s'aperçoit plus tard que ce sont les *réelles*, c'est-à-dire celles qui reposent sur quelque intérêt matériel. Ce sont celles-ci qui forment la base de presque tous les rapports, et la majorité des hommes ignore totalement qu'il en existe d'autres. Par conséquent, chacun est choisi en raison de sa fonction, de sa profession, de sa nation ou de sa famille, donc somme toute suivant la position et le rôle attribués par la *convention* ; c'est d'après cela qu'on assortit les gens et qu'on les classe comme articles de fabrique. Par contre, ce qu'un homme est en soi et pour soi, comme homme, en vertu de ses qualités

propres, n'est pris en considération que selon le bon plaisir, par exception ; chacun met ces choses de côté dès que cela lui convient mieux, donc la plupart du temps, et l'ignore sans plus de façons. Plus un homme a de valeur personnelle, moins ce classement pourra lui convenir ; aussi cherchera-t-il à s'y soustraire. Remarquons cependant que cette manière de procéder est basée sur ce que dans ce monde, où la misère et l'indigence règnent, les ressources qui servent à les écarter sont la chose essentielle et nécessairement prédominante.

L'amitié vraie

33. De même que le papier-monnaie circule en place d'argent, de même, au lieu de l'estime et de l'amitié véritables, ce sont leurs démonstrations et leurs allures imitées le plus naturellement possible qui ont cours dans le monde. On pourrait, il est vrai, se demander s'il y a vraiment des gens qui méritent l'estime et l'amitié sincères. Quoi qu'il en soit, j'ai plus de confiance dans un brave chien, quand il remue la queue, que dans toutes ces démonstrations et ces façons.

La vraie, la sincère amitié présuppose que l'un prend une part énergique, purement objective et tout à fait désintéressée au bonheur et au malheur de l'autre, et cette participation suppose à son tour une véritable identification de l'ami avec son ami. L'égoïsme de la nature humaine est tellement opposé à ce sentiment que l'amitié vraie fait partie de ces choses dont on ignore, comme du grand serpent de mer, si elles appartiennent à la fable ou si elles existent en quelque lieu. Cependant il se rencontre parfois entre les hommes certaines relations qui, bien que reposant essentiellement sur des motifs secrètement égoïstes et de natures différentes, sont additionnées néanmoins d'un grain de cette amitié véritable et sincère, ce qui suffit à leur donner un tel cachet de noblesse qu'elles peuvent, en ce monde des imperfections, porter avec quelque droit le nom d'amitié. Elles s'élèvent haut au-dessus des liaisons de tous les jours ; celles-ci sont à vrai dire de telle nature que nous n'adresserions plus la parole à la plupart de nos bonnes connaissances, si nous entendions comment elles parlent de nous en notre absence.

À côté des cas où l'on a besoin de secours sérieux et de sacrifices considérables, la meilleure occasion pour éprouver la sincérité d'un ami, c'est le moment où vous lui annoncez un malheur qui vient de vous frapper. Vous verrez alors se peindre sur ses traits une affliction vraie, profonde et sans mélange, ou au contraire, par son calme imperturbable, par un trait se dessinant fugitivement, il confirmera la maxime de La Rochefoucauld : « *Dans l'adversité de nos meilleurs amis, nous trouvons toujours*[57] *quelque chose qui ne nous déplaît pas.* » Ceux qu'on appelle habituellement des amis peuvent à peine, dans ces occasions, réprimer le petit frémissement, le léger sourire de la satisfaction. Il y a peu de choses qui mettent les gens aussi sûrement en bonne humeur que le récit de quelque calamité dont on a été récemment frappé, ou encore l'aveu sincère qu'on leur fait de quelque faiblesse personnelle. C'est vraiment caractéristique.

L'éloignement et la longue absence nuisent à toute amitié, quoiqu'on ne l'avoue pas volontiers. Les gens que nous ne voyons pas, seraient-ils nos plus chers amis, s'évaporent insensiblement avec la marche du temps jusqu'à l'état de notions abstraites, ce qui fait que notre intérêt pour eux devient de plus en plus une affaire de raison, pour ainsi dire de tradition ; le sentiment vif et profond demeure réservé à ceux que nous avons sous les yeux, même quand ceux-là ne seraient que des animaux que nous aimons. Tellement la nature humaine est guidée par les sens. Ici encore, Goethe a raison de dire :

Die Gegenwart ist eine mächt'ge Göttin.

(Tasso, acte 4, sc. 4.)

(Le présent est une puissante divinité.)

Les *amis de la maison* portent ordinairement à bon droit ce nom, car ils sont plus attachés à la maison qu'au maître ; ils ressemblent aux chats plus qu'aux chiens.

Les amis se disent sincères ; ce sont les ennemis qui le sont ; aussi devrait-on, pour apprendre à se connaître soi-même, prendre leur blâme comme on prendrait une médecine amère.

Comment peut-on prétendre que les amis sont rares, dans le besoin ? Mais c'est le contraire. À peine a-t-on fait amitié avec un homme, que le voilà aussitôt dans le besoin et qu'il vous emprunte de l'argent.

Pourquoi toute supériorité d'esprit a la propriété d'isoler

34. Comme il faut être novice pour croire que montrer de l'esprit et de la raison est un moyen de se faire bien voir dans la société ! Bien au contraire, cela éveille chez la plupart des gens un sentiment de haine et de rancune, d'autant plus amer que celui qui l'éprouve n'est pas autorisé à en déclarer le motif ; bien plus, il se le dissimule à lui-même. Voici en détail comment cela se passe : de deux interlocuteurs, dès que l'un remarque et constate une grande supériorité chez l'autre, il en conclut tacitement, et sans en avoir la conscience bien exacte, que cet autre remarque et constate au même degré l'infériorité et l'esprit borné du premier. Cette conclusion excite sa haine, sa rancune, sa rage la plus amère[58]. Aussi Gracián dit-il avec raison : *« Para ser bien quisto, el único medio vestirse la piel del mas simple de los brutos »* (Pour être bien tranquille, le seul moyen est de revêtir la peau du plus simple des animaux). Mettre au jour de l'esprit et du jugement, n'est-ce pas une manière détournée de reprocher aux autres leur incapacité et leur bêtise ? De plus, une nature vulgaire se révolte à l'aspect d'une nature opposée ; le fauteur secret de la révolte, c'est l'envie. Car satisfaire sa vanité est, ainsi qu'on peut le voir à tout moment, une jouissance qui, chez les hommes, passe avant toute autre, mais qui n'est possible qu'en vertu d'une comparaison entre eux-mêmes et les autres. Mais il n'est pas de mérites dont ils soient plus fiers que ceux de l'intelligence, vu que c'est sur ceux-là que se fonde leur supériorité à l'égard des animaux[59]. Il est donc de la plus grande témérité de leur montrer

une supériorité intellectuelle marquée, surtout devant témoins. Cela provoque leur vengeance, et d'ordinaire ils chercheront à l'exercer par des injures, car ils passent ainsi du domaine de l'intelligence à celui de la volonté, sur lequel nous sommes tous égaux. Si donc la position et la richesse peuvent toujours compter sur la considération dans la société, les qualités intellectuelles ne doivent nullement s'y attendre ; dans le cas le plus favorable, on les ignore ; mais, autrement, on les envisage comme une espèce d'impertinence, ou comme un bien que son propriétaire a acquis par des voies illicites et dont il a l'audace de se targuer ; aussi chacun se propose-t-il en secret de lui infliger ultérieurement quelque humiliation dans un autre domaine, et l'on n'attend pour cela qu'une occasion favorable. C'est à peine si, par une attitude des plus humbles, on réussira à arracher le pardon de sa supériorité d'esprit, comme on arrache une aumône. Saadi dit dans le *Gulistan* : « *Sachez qu'il se trouve chez l'homme irraisonnable cent fois plus d'aversion pour le raisonnable que celui-ci n'en ressent pour le premier.* » Par contre, l'infériorité intellectuelle équivaut à un véritable titre de recommandation. Car le sentiment bienfaisant de la supériorité est pour l'esprit ce que la chaleur est pour le corps ; chacun se rapproche de l'individu qui lui procure cette sensation, par le même instinct qui le pousse à s'approcher du poêle ou à aller se mettre au soleil. Or il n'y a pour cela que l'être décidément inférieur, en facultés intellectuelles pour les hommes, en beauté pour les femmes. Il faut avouer que, pour laisser paraître de l'infériorité non simulée, en présence de bien des gens, il faut en posséder une dose respectable. En revanche, voyez avec quelle cordiale amabilité une jeune fille médiocrement jolie va à la rencontre de celle qui est foncièrement laide. Le sexe masculin n'attache pas grande valeur aux avantages physiques, bien que l'on préfère se trouver à côté d'un plus petit que d'un plus grand que soi. En conséquence, parmi les hommes, ce sont les bêtes et les ignorants qui sont en faveur et recherchés partout ; parmi les femmes, les laides ; on leur fait immédiatement la réputation d'avoir un cœur excellent, vu que chacun a besoin d'un prétexte pour justifier sa sympathie, à ses yeux et à ceux des autres. Pour cette raison, toute supériorité d'esprit a la propriété d'isoler : on la fuit, on la hait, et pour avoir un prétexte on prête à celui qui la possède des défauts de toute sorte[60]. La beauté produit exactement le même effet parmi les femmes ; les jeunes filles, quand elles sont très belles, ne trouvent pas d'amies, pas même de compagnes. Qu'elles ne s'avisent pas de se présenter quelque part pour une place de demoiselle de compagnie ; dès qu'elles paraîtront, le visage de la dame chez qui elles espèrent entrer s'assombrira ; car, soit pour son propre compte, soit pour celui de ses filles, elle n'a nullement besoin d'une jolie figure pour repoussoir. Il en est tout autrement, en revanche, quand il s'agit des avantages du rang, car ceux-ci n'agissent pas, comme les mérites personnels, par effet de contraste et de relief, mais par voie de réflexion, comme les couleurs environnantes quand elles se réfléchissent sur le visage.

La méfiance est un compliment

35. La paresse, l'égoïsme et la vanité ont très souvent la plus grande part dans la confiance que nous montrons à autrui : paresse, lorsque, pour ne pas examiner, veiller, faire par nous-même, nous préférons nous fier à un autre ; égoïsme, lorsque le besoin de parler de nos affaires nous porte à lui en faire quelque confidence ; vanité, quand ces affaires sont de nature à nous en rendre glorieux. Mais nous n'en exigeons pas moins que l'on apprécie notre confiance.

Nous ne devrions jamais, au contraire, être irrités par la méfiance, car elle renferme un compliment à l'adresse de la probité, et c'est l'aveu sincère de son extrême rareté qui fait qu'elle appartient à ces choses dont on met l'existence en doute.

Allier la politesse à la fierté est un coup de maître

36. J'ai exposé dans ma *Morale* l'une des bases de la *politesse*, cette vertu cardinale chez les Chinois ; l'autre est la suivante. La

politesse repose sur une convention tacite de ne pas remarquer les uns chez les autres la misère morale et intellectuelle de la condition humaine, et de ne pas se la reprocher mutuellement ; d'où il résulte, au bénéfice des deux parties, qu'elle apparaît moins facilement.

Politesse est prudence ; impolitesse est donc niaiserie : se faire, par sa grossièreté, des ennemis, sans nécessité et de gaieté de cœur, c'est de la démence ; c'est comme si l'on mettait le feu à sa maison. Car la politesse est, comme les jetons, une monnaie notoirement fausse : l'épargner prouve de la déraison ; en user avec libéralité, de la raison. Toutes les nations terminent leurs lettres par cette formule : *« Votre très humble serviteur »*, *« Your most obedient servant »*, *« Suo devotissimo servo »*. Les Allemands seuls suppriment le *« Diener »* (serviteur), car ne n'est pas vrai, disent-ils. Celui, au contraire, qui pousse la politesse jusqu'au sacrifice d'intérêts réels, ressemble à un homme qui donnerait des pièces d'or en place de jetons. De même que la cire, dure et cassante de sa nature, devient moyennant un peu de chaleur si malléable qu'elle prend toutes les formes qu'il plaira de lui donner, on peut, par un peu de politesse et d'amabilité, rendre souples et complaisants jusqu'à des hommes revêches et hostiles. La politesse est donc à l'homme ce que la chaleur est à la cire.

Il est vrai de dire qu'elle est une rude tâche, en ce sens qu'elle nous impose des témoignages de considération pour tous, alors que la plupart n'en méritent aucune ; en outre, elle exige que nous feignions le plus vif intérêt, quand nous devons nous sentir heureux de ne leur en porter nullement. Allier la politesse à la fierté est un coup de maître.

Les offenses, consistant toujours au fond dans des manifestations de manque de considération, ne nous mettraient pas si facilement hors de nous si, d'une part, nous ne nourrissions pas une opinion très exagérée de notre haute valeur et de notre dignité, ce qui est de l'orgueil démesuré, et si, d'autre part, nous nous étions bien rendu compte de ce que d'ordinaire, au fond de son cœur, chacun croit et pense au sujet des autres. Quel criant contraste pourtant entre la susceptibilité de la plupart des gens pour la plus légère allusion critique dirigée contre eux et ce qu'ils auraient à entendre s'ils pouvaient surprendre ce que disent d'eux leurs connaissances ! Nous ferions mieux de toujours nous souvenir que la politesse n'est qu'un masque ricaneur ; de cette façon, nous ne nous mettrions pas à jeter les hauts cris, toutes les fois que le masque se dérange un peu ou qu'il est déposé pour un instant. Quand un individu devient ouvertement grossier, c'est comme s'il se dépouillait de ses vêtements et se présentait *in puris naturalibus*[61]. Il faut avouer qu'il se montre fort laid ainsi, comme la plupart des gens dans cet état.

Pourquoi l'originalité est indispensable, même dans la vie pratique

37. Il ne faut jamais prendre modèle sur un autre pour ce qu'on veut faire ou ne pas faire, car les situations, les circonstances, les conditions ne sont jamais les mêmes et parce que la différence de caractère donne aussi une tout autre teinte à l'action ; c'est pourquoi *« duo cum faciunt idem, non est idem »* (quand deux hommes font la même chose, ce n'est pas la même chose). Il faut, après mûre réflexion, après méditation sérieuse, agir conformément à son propre caractère. L'originalité est donc indispensable même dans la vie pratique ; sans elle, ce qu'on fait ne s'accorde pas avec ce qu'on est.

S'abstenir de toute observation critique

38. Ne combattez l'opinion de personne ; songez que, si l'on voulait dissuader les gens de toutes les absurdités auxquelles ils croient, on n'en aurait pas fini, quand on atteindrait l'âge de Mathusalem.

Abstenons-nous aussi, dans la conversation, de toute observation critique, fût-elle faite dans la meilleure intention, car blesser les gens est facile, les corriger difficile, sinon impossible.

Quand les absurdités d'une conversation que nous sommes dans le cas d'écouter commencent à nous mettre en colère, il faut nous imaginer que nous assistons à une scène de comédie entre deux fous : « *Probatum est* » (c'est un remède éprouvé). L'homme né pour instruire le monde sur les sujets les plus importants et les plus sérieux peut s'estimer heureux quand il s'en tire sain et sauf.

Énoncer nos opinions froidement

39. Celui qui veut que son opinion trouve crédit doit l'énoncer froidement et sans passion. Car tout emportement procède de la volonté ; c'est donc à *celle-ci* et non à la connaissance, qui est froide de sa nature, que l'on attribuerait le jugement émis. En effet, la volonté étant le principe radical dans l'homme, et la connaissance n'étant que secondaire et venue accessoirement, on considérera plutôt le jugement comme né de la volonté excitée que l'excitation de la volonté comme produite par le jugement.

Ne pas se louer soi-même

40. Il ne faut pas se laisser aller à se louer soi-même, alors même qu'on en aurait tout le droit. Car la vanité est chose si commune, le mérite au contraire si rare, que toutes les fois que nous semblons nous louer, quelque indirectement que ce soit, chacun pariera cent contre un que ce qui a parlé par notre bouche c'est la vanité, et qu'elle n'a pas assez de raison pour comprendre le ridicule de la vanterie. Néanmoins, Bacon de Verulam pourrait bien n'avoir pas tout à fait tort quand il prétend que le « *semper aliquid hæret* » (il en reste toujours quelque chose) n'est pas vrai uniquement de la calomnie, mais aussi de la louange de soi-même, et quand il la recommande à doses modérées[62].

Face au mensonge et à la dissimulation

41. Quand vous soupçonnez quelqu'un de mentir, feignez la crédulité ; alors il devient effronté, ment plus fort, et on le démasque. Si vous remarquez au contraire qu'une vérité qu'il voudrait dissimuler lui échappe en partie, faites l'incrédule, afin que, provoqué par la contradiction, il fasse avancer toute la réserve, et la vérité apparaîtra entièrement.

Le silence de nos secrets

42. Considérons toutes nos affaires personnelles comme des secrets ; au-delà de ce que les bonnes connaissances voient de leurs propres yeux, il faut leur rester entièrement inconnu. Car ce qu'elles sauraient touchant les choses les plus innocentes peut, en temps et lieu, nous être funeste. De toute façon, il vaut mieux manifester sa raison par tout ce que l'on tait que par ce qu'on dit. Effet de prudence dans le premier cas, de vanité dans le second. Les occasions de se taire et celles de parler se présentent en nombre égal, mais nous préférons souvent la fugitive satisfaction que procurent les dernières au profit durable que nous tirons des premières. On devrait se refuser jusqu'à ce soulagement de cœur que l'on éprouve à se parler parfois à haute voix à soi-même, ce qui arrive facilement aux personnes vives, pour n'en pas prendre l'habitude ; car, par là, la pensée devient à tel point l'âme et la sœur de la parole, qu'insensiblement nous arrivons à parler aussi avec les autres comme si nous pensions tout haut ; et cependant la prudence commande d'entretenir un large fossé toujours ouvert entre la pensée et la parole.

Il nous semble parfois que les autres ne peuvent absolument pas croire à une chose qui nous concerne, tandis qu'ils ne songent nullement à en douter ; s'il nous arrive cependant d'éveiller ce doute en eux, alors en effet ils ne pourront plus y ajouter foi. Mais nous ne nous trahissons souvent que dans l'idée qu'il est impossible qu'on ne le remarque pas ; c'est ainsi aussi que nous nous précipitons en bas d'une hauteur par l'effet d'un vertige, c'est-à-dire de cette pensée qu'il n'est pas possible de rester fermement à cette place et que l'angoisse d'y rester est si poignante qu'il vaut mieux l'abréger : cette illusion s'appelle vertige.

D'autre part, il faut savoir que les gens, même ceux qui ne trahissent par ailleurs qu'une médiocre perspicacité, sont d'excellents algébristes quand il s'agit des affaires personnelles des autres ; dans ces matières, une seule quantité étant donnée, ils résolvent les problèmes les plus compliqués. Si, par exemple, on leur raconte une histoire passée en supprimant tous les noms et toutes les autres indications sur les personnes, il faut se garder d'introduire dans la narration le moindre détail positif et spécial, tel que la localité, ou la date, ou le nom d'un personnage secondaire, ou quoi que ce soit qui aurait avec l'affaire la connexion la plus éloignée, car ils y trouvent aussitôt une grandeur donnée positivement, à l'aide de laquelle leur perspicacité algébrique déduit tout le reste. L'exaltation de la curiosité est telle dans ces cas, qu'avec son secours la volonté met les éperons aux flancs de l'intellect, qui, poussé de la sorte, arrive aux résultats les plus lointains. Car, autant les hommes ont peu d'aptitude et de curiosité pour les vérités *générales*, autant ils sont avides des vérités individuelles.

Voilà pourquoi le silence a été si instamment recommandé par tous les docteurs en sagesse avec les arguments les plus divers à l'appui. Je n'ai donc pas besoin d'en dire davantage et me contenterai de rapporter quelques maximes arabes très énergiques et peu connues : *« Ce que ton ennemi ne doit pas apprendre, ne le dis pas à ton ami. » – « Tant que je garde mon secret, il est mon prisonnier ; dès que je le lâche, c'est moi qui deviens son prisonnier. » – « À l'arbre du silence pend son fruit, la tranquillité. »*

À propos du vol

43. Point d'argent mieux placé que celui dont nous nous sommes laissé dépouiller, car il nous a immédiatement servi à acheter de la prudence.

Pas d'animosité, mais de la mémoire

44. Ne gardons d'animosité contre personne, autant que possible ; contentons-nous de bien noter les « procédés » de chacun, et souvenons-nous-en, pour fixer par là la valeur de chacun au moins en ce qui nous concerne, et pour régler en conséquence notre attitude et notre conduite envers les gens ; soyons toujours bien convaincus que le caractère ne change jamais : oublier un vilain trait, c'est jeter par la fenêtre de l'argent péniblement acquis. Mais, en suivant ma recommandation, on sera protégé contre la folle confiance et contre l'amitié déraisonnable. « *Ni aimer ni haïr* » comprend la moitié de toute sagesse ; « *ne rien dire et ne rien croire* », voilà l'autre moitié. Il est vrai qu'on tournera volontiers le dos à un monde qui rend nécessaires des règles comme celles-là et comme les suivantes.

Colère et haine doivent s'exprimer en actes

45. Montrer de la colère ou de la haine dans ses paroles ou dans ses traits est inutile, est dangereux, imprudent, ridicule, vulgaire. On ne doit donc témoigner de colère ou de haine que par des actes. La seconde manière réussira d'autant plus sûrement qu'on se sera mieux gardé de la première. Les animaux à sang froid sont les seuls venimeux.

Avec ou sans accent

46. « *Parler sans accent*[63] » : cette vieille règle des gens du monde enseigne qu'il faut laisser à l'intelligence des autres le soin de démêler ce que vous avez dit ; leur compréhension est lente, et, avant qu'elle ait achevé, vous êtes loin. Au contraire, « *parler avec accent* » signifie s'adresser au sentiment, et alors tout est renversé. Il est telles gens à qui l'on peut, avec un geste poli et un ton amical, dire en réalité des sottises sans danger immédiat.

IV. – Concernant notre conduite en face de la marche du monde et en face du sort

Kaléidoscope

47. Quelque forme que revête l'existence humaine, les éléments en sont toujours semblables ; aussi les conditions essentielles en restent-elles les mêmes, qu'on vive dans une cabane ou à la cour, au couvent, ou à l'armée. Malgré leur variété, les événements, les aventures, les accidents heureux ou malheureux de la vie rappellent les articles de confiseur ; les figures sont nombreuses et variées, il y en a de contournées et de bigarrées ; mais le tout est pétri de la même pâte, et les incidents arrivés à l'un ressemblent à ceux survenus à l'autre bien plus que celui-ci ne s'en doute à les entendre raconter. Les événements de notre vie ressemblent encore aux images du kaléidoscope : à chaque tour, nous en voyons d'autres, tandis qu'en réalité c'est toujours la même chose que nous avons devant les yeux.

La vie, une partie d'échecs avec le sort

48. Trois puissances dominent le monde, a dit très justement un Ancien : « συνεσις, χρατος, χαι τυχη », prudence, force et fortune. Cette dernière, selon moi, est la plus influente. Car le cours de la vie peut être comparé à la marche d'un navire. Le sort, la « τυχη », la *« secunda aut adversa fortuna*[64] », remplit le rôle du vent qui rapidement nous pousse au loin en avant ou en arrière, pendant que nos propres efforts et nos peines ne sont que d'un faible secours. Leur office est celui des rames ; quand celles-ci, après bien des heures d'un long travail, nous ont fait avancer d'un bout de chemin, voilà subitement un coup de vent qui nous rejette d'autant en arrière. Le vent, au contraire, est-il favorable, il nous pousse si bien que nous pouvons nous passer de rames. Un proverbe espagnol exprime excellemment cette

puissance de la fortune : « *Da ventura a tu hijo, y echa lo en el mar* » (Donne à ton fils du bonheur, et jette-le à la mer).

Mais le hasard est une puissance maligne, à laquelle il faut se fier le moins possible. Et cependant quel est, entre tous les dispensateurs de biens, le seul qui, lorsqu'il donne, nous indique en même temps, à ne pas s'y tromper, que nous n'avons nul droit de prétendre à ses dons, que nous devons en rendre grâces non à notre mérite, mais à sa seule bonté et à sa faveur, et qu'à cause de cela précisément nous pouvons nourrir la réjouissante espérance de recevoir avec humilité bien d'autres dons encore, tout aussi peu mérités ? C'est le hasard : lui, qui entend cet art royal de faire comprendre que, opposé à sa faveur et à sa grâce, tout mérite est sans force et sans valeur.

Lorsqu'on jette les yeux en arrière sur le chemin de la vie, et lorsque, embrassant dans l'ensemble son cours tortueux et perfide comme le labyrinthe, on aperçoit tant de bonheurs manqués, tant de malheurs attirés, on est amené facilement à exagérer les reproches qu'on s'adresse à soi-même. Car la marche de notre existence n'est pas uniquement notre propre œuvre ; elle est le produit de deux facteurs, savoir la série des événements et la série de nos décisions, qui sans cesse s'engrènent et se modifient réciproquement. En outre, notre horizon, pour les deux facteurs, est toujours très limité, vu que nous ne pouvons prédire nos résolutions longtemps à l'avance, et, encore moins, prévoir les événements ; dans les deux séries, il n'y a que celles du moment qui nous soient bien connues. C'est pourquoi, aussi longtemps que notre but est encore éloigné, nous ne pouvons même pas gouverner droit sur lui ; tout au plus pouvons-nous nous diriger approximativement et par des probabilités ; il nous faut donc souvent louvoyer. En effet, tout ce qui est en notre pouvoir, c'est de nous décider chaque fois selon les circonstances présentes, avec l'espoir de tomber assez juste pour que cela nous rapproche du but principal. En ce sens, les événements et nos intentions fondamentales sont comparables à deux forces agissant dans des directions différentes, et dont la résultante représente la marche de notre vie. Térence a dit : « *In vita est hominum quasi cum ludas tesseris : si illud quod maxime opus est jactu, non cadit, illud, quod cecidit forte, id arte ut corrigas* » (Il en est de la vie humaine comme d'une partie de dés ; si l'on n'obtient pas le nombre dont on a besoin, il faut savoir tirer parti de celui que le sort a amené) ; c'est une espèce de trictrac que Térence doit avoir eu en vue dans ce passage. Nous pouvons dire en moins de mots : Le sort mêle les cartes, et nous, nous jouons. Mais, pour exprimer ce que j'entends ici, la meilleure comparaison est la suivante. Les choses se passent dans la vie comme au jeu d'échecs : nous combinons un plan ; mais celui-ci reste subordonné à ce qu'il plaira de faire, dans la partie d'échecs à l'adversaire, dans la vie au sort. Les modifications que notre plan subit à la suite sont, le plus souvent, si considérables que c'est à peine si dans l'exécution il est encore reconnaissable à quelques traits fondamentaux.

Au reste, dans le cours de notre existence, il y a quelque chose qui est placé plus haut que tout cela. Il est, en effet, d'une vérité banale et trop souvent confirmée, que nous sommes fréquemment plus fous que nous ne le croyons ; en revanche, avoir été plus sage qu'on ne le supposait soi-même, voilà une découverte que font ceux-là seuls qui se sont trouvés dans ce cas, et, même alors, longtemps après seulement. Il y a en nous quelque chose de plus avisé que la tête. Nous agissons, en effet, dans les grands moments, dans les pas importants de la vie, moins par une connaissance exacte de ce qu'il convient de faire que par une impulsion intérieure ; on dirait un instinct venant du plus profond de notre être, et ensuite nous critiquons notre conduite en vertu de notions précises, mais à la fois mesquines, acquises, voire empruntées, d'après des règles générales, ou selon l'exemple de ce que d'autres ont fait, et ainsi de suite, sans peser assez qu'*« une chose ne convient pas à tous »* ; de cette manière, nous devenons facilement injustes envers nous-mêmes. Mais la fin démontre qui a eu raison, et seule une vieillesse que l'on atteint sans encombre autorise à juger la question, tant par rapport au monde extérieur que par rapport à soi-même.

Peut-être cette impulsion intérieure est-elle guidée, sans que nous nous en apercevions, par des songes prophétiques, oubliés au réveil, qui donnent ainsi précisément à notre vie cette tonalité toujours égale, cette unité dramatique que ne pourrait lui prêter la conscience cérébrale si souvent chancelante, abusée et si facilement variable ; c'est là peut-être ce qui fait, par exemple, que l'homme appelé à produire de grandes œuvres dans une branche spéciale en a, dès sa jeunesse, le sentiment intime et secret, et travaille en vue de ce résultat, comme l'abeille à la construction de sa ruche. Mais pour chaque homme, ce qui le pousse, c'est ce que Baltasar Gracián appelle *« la gran sindereesis »*, c'est-à-dire le soin instinctif et énergique de soi-même, sans lequel l'être périt. Agir en vertu de *principes abstraits* est difficile, et ne réussit qu'après un long apprentissage et, même alors, pas toujours ; souvent aussi, ces principes sont insuffisants. En revanche, chacun possède certains *principes innés et concrets*, logés dans son sang et dans sa chair, car ils sont le résultat de tout son penser, de son sentir et de son vouloir. La plupart du temps, il ne les connaît pas *in abstracto*, et ce n'est qu'en portant ses regards sur sa vie passée qu'il s'aperçoit leur avoir obéi sans cesse et avoir été mené par ces principes comme par un fil invisible. Selon leur qualité, ils le conduiront à son bonheur ou à son malheur.

Le changement seul est la chose immuable

49. On devrait ne jamais perdre de vue l'action qu'exerce le temps ni la mobilité des choses ; par conséquent, dans tout ce qui arrive actuellement, il faudrait évoquer aussitôt l'image du contraire : ainsi, dans le bonheur, se représenter vivement l'infortune ; dans l'amitié, l'inimitié ; par le beau temps, la mauvaise saison ; dans l'amour, la haine ; dans la confiance et l'épanchement, la trahison et le repentir ; et l'inverse également. Nous trouverions là une source intarissable de véritable sagesse pour ce monde, car nous serions toujours prudents et nous ne nous laisserions pas abuser si facilement. Du reste, dans la plupart des cas, nous n'aurions fait ainsi qu'anticiper sur l'action

du temps. Il n'est peut-être aucune notion pour laquelle l'expérience soit aussi indispensable que pour la juste appréciation de l'inconstance et de la vicissitude des choses. Comme chaque situation, pour le temps de sa durée, existe nécessairement et par conséquent de plein droit, il semble que chaque année, chaque mois, chaque jour va enfin conserver ce plein droit pour l'éternité. Mais rien ne le conserve, ce droit d'actualité, et le changement seul est la chose immuable. L'homme prudent est celui que n'abuse pas la stabilité apparente et qui prévoit, en outre, la direction dans laquelle s'opérera le prochain changement[a]. Ce qui fait que les hommes considèrent ordinairement l'état précaire des choses ou la direction de leur cours comme ne devant jamais changer, c'est que, tout en ayant les effets sous les yeux, ils ne saisissent pas les causes ; or ce sont celles-ci qui portent en elles le germe des futurs changements ; l'effet, qui seul existe à leurs yeux, ne contient rien de semblable. Ils s'attachent au résultat, et quant à ces causes qu'ils ignorent, ils supposent que, ayant pu produire l'effet, elles seront aussi capables de le maintenir. Ils ont en cela cet avantage que, lorsqu'ils se trompent, c'est toujours *uni sono*, d'une seule voix ; aussi la calamité que cette erreur attire sur leur tête est toujours générale, tandis que le penseur, quand il se trompe, reste, en outre, isolé. Pour le dire en passant, ceci confirme mon assertion que l'erreur provient toujours d'une conclusion d'effet à cause (voir *Le Monde comme v. et cr.*, vol. I, § 15).

Toutefois il ne convient qu'en théorie d'*anticiper sur le temps* en prévoyant son effet, et non pas pratiquement ; ce qui veut

a. Le *hasard* a un si grand rôle dans toutes les choses humaines, que lorsque nous cherchons à obvier par des sacrifices immédiats à quelque danger qui nous menace de loin, celui-ci disparaît souvent par un tour imprévu que prennent les événements, et non seulement les sacrifices faits restent perdus, mais le changement qu'ils ont amené devient lui-même désavantageux en présence du nouvel état des choses. Aussi avec nos mesures ne devons-nous pas pénétrer trop avant dans l'avenir ; il faut compter aussi sur le hasard et affronter hardiment plus d'un danger, en se fondant sur l'espoir de le voir s'éloigner, comme tant de sombres nuées d'orages.

dire qu'il ne faut pas empiéter sur l'avenir en demandant *avant* le temps ce qui ne peut venir qu'*avec* le temps. Quiconque s'avise de le faire éprouvera qu'il n'est pas d'usurier pire et plus intraitable que le temps, et que, lorsqu'on lui demande des avances de payement, il exige de plus lourds intérêts que n'importe quel juif. Par exemple, on peut, au moyen de chaux vive et de chaleur, pousser la végétation d'un arbre au point de lui faire porter en quelques jours ses feuilles, ses fleurs et ses fruits ; mais il dépérit ensuite. Quand l'adolescent veut exercer dès à présent, même pendant peu de semaines, la puissance génitale de l'homme fait, et accomplir à dix-neuf ans ce qui lui sera facile à trente, le temps lui en fera bien l'avance, mais une partie de la force de ses années à venir, peut-être une partie même de sa vie, servira d'intérêt. Il est des maladies que l'on ne peut guérir convenablement et radicalement qu'en leur laissant suivre leur cours naturel ; elles disparaissent alors d'elles-mêmes, sans laisser de trace. Mais si l'on demande à se rétablir immédiatement, tout de suite, alors encore le temps devra faire l'avance ; la maladie sera écartée, mais l'intérêt sera représenté par un affaiblissement et des maux chroniques pour toute la vie. Lorsque, en temps de guerre ou de troubles, on veut trouver de l'argent bien vite, tout de suite, on est obligé de vendre au tiers de leur valeur, et peut-être moins encore, des immeubles ou des papiers de l'État, dont on obtiendrait le prix intégral si on laissait faire le temps, c'est-à-dire si l'on attendait quelques années ; mais on l'oblige à des avances. Ou bien encore on a besoin d'une certaine somme pour faire un long voyage : on pourrait ramasser l'argent nécessaire en un ou deux ans en épargnant sur ses revenus. Mais on ne veut pas attendre : on emprunte ou bien on prend sur son capital ; en d'autres mots, le temps est appelé à faire une avance. Ici, l'intérêt sera le désordre faisant irruption dans les finances, et un déficit permanent et croissant dont on ne peut plus se débarrasser. C'est là donc l'usure pratiquée par le temps, et tous ceux qui ne peuvent pas attendre seront ses victimes. Il n'est pas d'entreprise plus coûteuse que de vouloir précipiter le cours mesuré du temps. Gardons-nous donc de lui devoir des intérêts.

Sacrifier aux esprits malins

50. Entre les cerveaux communs et les têtes sensées, il y a une différence caractéristique et qui se produit fréquemment dans la vie ordinaire : c'est que les premiers, quand ils réfléchissent à un danger possible dont ils veulent apprécier la grandeur, ne cherchent et ne considèrent que ce qui *peut être arrivé* déjà de semblable ; tandis que les secondes pensent par elles-mêmes à ce qui *pourrait arriver*, se rappelant le proverbe espagnol qui dit : « *Lo que no acaece en un año, acaece en un rato* » (Ce qui n'arrive pas en un an arrive en un instant). Du reste, la différence dont je parle est toute naturelle ; car, pour embrasser du regard *ce qui peut arriver*, il faut du jugement, et, pour voir *ce qui est arrivé*, les sens suffisent.

Sacrifions aux esprits malins ! voilà quelle doit être notre devise. Ce qui veut dire qu'il ne faut pas reculer devant certains frais de soins, de temps, de dérangement, d'embarras, d'argent ou de privations, quand on peut ainsi fermer l'accès à l'éventualité d'un malheur et faire que, plus l'accident peut être grave, plus la possibilité en devienne faible, éloignée et invraisemblable. L'exemple le plus frappant à l'appui de cette règle, c'est la prime d'assurance. Celle-ci est un sacrifice public et général sur l'autel des esprits malins.

L'influence calmante qu'exerce la certitude de l'inévitable

51. Nul événement ne doit nous faire éclater en grands éclats de joie ni de lamentations, en partie à cause de la versatilité de toutes choses qui peut à tout moment modifier la situation, et en partie à cause de la facilité de notre jugement à se tromper sur ce qui nous est salutaire ou préjudiciable ; ainsi il est arrivé à chacun, au moins une fois dans sa vie, de gémir sur ce qui s'est trouvé plus tard être tout ce qu'il y avait de plus heureux

pour lui, ou d'être ravi de ce qui est devenu la source de ses plus grandes souffrances. Le sentiment que nous recommandons ici, Shakespeare l'a exprimé dans les beaux vers suivants :

I have felt so many quirks of joy and grief
That the first face of neither, on the start,
Can woman me unto it.

(J'ai éprouvé tant de secousses de joie et de douleur que le premier aspect et le choc imprévu de l'une ou de l'autre ne peuvent plus me faire descendre à la faiblesse d'une femme.) – (*Tout est bien...*, acte 3, sc. 2.)

De toute façon, l'homme qui reste calme dans les revers, prouve qu'il sait combien les maux possibles dans la vie sont immenses et multiples, et qu'il ne considère le malheur qui survient en ce moment que comme une petite partie de ce qui pourrait arriver : c'est là le sentiment stoïque, qui porte à ne jamais être *« conditionis humanæ oblitus »* (oublieux de la condition humaine), mais à se rappeler sans cesse la triste et déplorable destinée générale de l'existence humaine, ainsi que le nombre infini de souffrances auxquelles elle est exposée. Pour aviver ce sentiment, il n'y a qu'à jeter partout un regard autour de soi : en tout lieu, on aura bientôt sous les yeux cette lutte, ces trépignements, ces tourments pour une misérable existence, vide et sans profit. Alors on rabattra de ses prétentions, on saura s'accommoder de l'imperfection de toutes choses et de toutes conditions, et l'on verra venir les désastres pour apprendre à les éviter ou à les supporter. Car les revers, grands ou petits, sont l'élément propre de notre vie. Voilà ce qu'on devrait toujours avoir présent à l'esprit, sans pour cela, en vrai « δυσχολος » (grincheux), se lamenter et se contorsionner avec Beresford à cause des incessants *miseries of human life*, et encore moins *in pulicis morsu Deum invocare* (invoquer Dieu pour une morsure de puce) ; il faut, en « ευλαβης » (homme prudent), pousser si loin la prudence à prévenir et écarter les malheurs, qu'ils viennent des hommes ou des choses, et se perfectionner si bien dans cet art, que, pareil à un fin renard, on évite avec soin tout accident (il n'est le plus souvent qu'une maladresse déguisée), petit ou grand.

La raison principale pour laquelle un événement malheureux est moins lourd à porter quand nous l'avons considéré à l'avance comme possible et que nous en avons pris notre parti, comme on dit, cette raison doit être la suivante : lorsque nous pensons avec calme à un malheur avant qu'il se produise, comme à une simple possibilité, nous en apercevons l'étendue clairement et de tous les côtés, et nous en avons alors la notion comme de quelque chose de fini et de facile à embrasser d'un regard ; par suite, lorsqu'il arrive effectivement, il ne peut pas agir avec plus de poids qu'il n'en a en réalité. Si, au contraire, nous n'avons pas pris ces précautions, si nous sommes frappés sans préparation, l'esprit effrayé ne peut, au premier abord, mesurer exactement son étendue, et, ne pouvant le voir d'un seul regard, il est porté à le considérer comme immense, ou, au moins, comme beaucoup plus grand qu'il ne l'est vraiment. C'est ainsi que l'obscurité et l'incertitude grossissent tout danger. Ajoutons que, en considérant ainsi à l'avance un malheur comme possible, nous avons médité en même temps sur les motifs que nous aurons de nous en consoler et sur les moyens d'y remédier, ou pour le moins nous nous sommes familiarisés avec sa vue.

Mais rien ne nous fera supporter avec plus de calme les malheurs, que de bien nous convaincre de la vérité que j'ai fermement établie, en remontant à ses principes premiers, dans mon ouvrage couronné sur *Le libre arbitre* ; je l'ai énoncée en ces termes : *Tout ce qui arrive, du plus grand au plus petit, arrive nécessairement*. Car l'homme sait bien vite se résigner à ce qui est inévitablement nécessaire, et la connaissance du précepte ci-dessus lui fait envisager tous les événements, même ceux qu'amènent les hasards les plus étranges, comme aussi nécessaires que ceux qui dérivent des lois les mieux connues et se conforment aux prévisions les plus exactes. Je renvoie donc le lecteur à ce que j'ai dit (voyez *Le Monde comme volonté et comme représentation*, t. I, § 55) sur l'influence calmante qu'exerce la certitude de l'inévitable et du nécessaire. Tout homme qui s'en sera pénétré commencera par faire ce qu'il peut faire, puis souffrira de bonne grâce ce qu'il doit souffrir.

Nous pouvons considérer les petits accidents qui viennent nous agacer à toute heure, comme destinés à nous tenir en haleine, afin que la force nécessaire pour supporter les grands malheurs ne se relâche pas entièrement dans les jours heureux. Quant aux tracasseries journalières, aux petits frottements dans les rapports entre les hommes, aux chocs insignifiants, aux inconvenances, aux commérages et autres choses semblables, il faut être cuirassé à leur égard, c'est-à-dire non seulement ne pas les prendre à cœur et les ruminer, mais ne pas même les ressentir ; ne nous laissons pas toucher par tout cela, repoussons-le du pied comme les cailloux qui gisent sur la route, et n'en faisons jamais un objet intime de réflexion et de méditation.

Sage circonspection

52. Le plus souvent, ce sont simplement leurs propres sottises que les gens appellent communément le sort. On ne peut donc assez se pénétrer de ce beau passage d'Homère (*Il.*, XXIII, 313 et suiv.) où il recommande la « μητις », c'est-à-dire une sage circonspection. Car, si l'on n'expie ses fautes que dans l'autre monde, c'est déjà dans celui-ci qu'on paye ses sottises, bien que de temps à autre celles-ci trouvent grâce, à l'occasion.

Ce n'est pas le tempérament violent, c'est la prudence qui fait paraître terrible et menaçant : tellement le cerveau de l'homme est une arme plus redoutable que la griffe du lion.

L'homme du monde parfait serait celui que l'indécision ne ferait jamais rester à court et que rien non plus ne ferait se presser.

Courageux, mais pas téméraire

53. Le courage est, après la prudence, une condition essentielle à notre bonheur. Certes, on ne peut se donner ni l'une ni l'autre de ces qualités ; on hérite la première de son père et la seconde de sa mère ; cependant, par une résolution bien prise et par de l'exercice, on parvient à augmenter la part qu'on en possède. Dans ce monde où le sort est d'airain, il faut avoir un caractère d'airain, cuirassé contre la destinée et armé contre les hommes. Car toute cette vie n'est qu'un combat ; chaque pas nous est disputé, et Voltaire dit avec raison : « *On ne réussit dans ce monde qu'à la pointe de l'épée, et on meurt les armes à la main.* » Aussi est-ce d'une âme lâche, dès que les nuages s'amoncellent ou se montrent seulement à l'horizon, de se laisser abattre, de perdre courage et de gémir. Que notre devise soit plutôt :

Tu ne cede malis, sed contra audentior ito.
(Ne cède pas à l'adversité, mais marche hardiment contre elle.)

Tant qu'il n'y a encore que du doute sur l'issue d'une chose dangereuse, tant qu'il reste une possibilité pour que le résultat soit favorable, ne faiblissez pas, ne songez qu'à la résistance ; de même qu'il ne faut pas désespérer du beau temps, aussi longtemps qu'il reste encore au ciel un petit coin bleu. Il faut même en arriver à pouvoir dire :

Si fractus illabatur orbis,
Impavidum ferient ruinæ.

(Si le monde s'écroulait brisé, ses ruines le frapperaient sans l'effrayer.)

Ni l'existence tout entière ni à plus forte raison ses biens ne méritent en définitive tant de lâche terreur et tant d'angoisses :

Quocirca vivite fortes,
Fortiaque adversis opponite pectora rebus.

(C'est pourquoi vivez vaillamment et opposez un cœur ferme à l'adversité.)

Cependant un excès est possible : le courage peut dégénérer en témérité. La poltronnerie, dans une certaine mesure, est même nécessaire à la conservation de notre existence sur la terre ; la lâcheté n'est que l'excès de cette mesure. C'est ce que Bacon de Verulam a si bien exposé dans son explication étymologique du *terror Panicus*, explication qui laisse loin derrière elle celle qui nous a été conservée, due à Plutarque (*De Iside et Osir.*, ch. 14). Bacon la fait dériver de Pan, personnifiant la nature ; puis il ajoute : « La nature a mis le sentiment de la crainte et de la terreur dans tout ce qui est vivant pour garder la vie et son essence, et pour éviter et chasser les dangers. Cependant cette même nature ne sait pas garder la mesure : aux craintes salutaires elle en mêle toujours de vaines et de superflues : tellement que nous trouverions (si nous pouvions voir l'intérieur) tous les êtres, surtout les créatures humaines, remplis de terreurs paniques. » Au reste, ce qui caractérise la terreur panique, c'est qu'elle ne se rend pas compte distinctement de ses motifs ; elle les présume plus qu'elle ne les connaît, et, au besoin, elle donne la peur elle-même pour motif à la peur.

CHAPITRE VI

De la différence des âges de la vie

Ce que l'âge modifie en nous

Voltaire a dit admirablement :

Qui n'a pas l'esprit de son âge,
De son âge a tout le malheur.

Il nous faut donc, pour clore ces considérations eudémonologiques, jeter un coup d'œil sur les modifications que l'âge apporte en nous.

Dans tout le cours de notre vie, nous ne possédons que le *présent* et rien au-delà. La seule différence, c'est, en premier lieu, qu'au commencement nous voyons un long avenir devant nous, et vers la fin un long passé derrière nous ; en second lieu, que notre tempérament, mais jamais notre caractère, parcourt une série de modifications connues, qui donnent chacune une teinte différente au présent.

L'enfance, un âge heureux de compréhension intuitive du monde

J'ai exposé dans mon grand ouvrage (vol. II, ch. 31) comment et pourquoi, dans l'*enfance*, nous sommes beaucoup plus portés vers la *connaissance* que vers la *volonté*. C'est là-dessus précisément que repose cette félicité du premier quart de la vie qui nous le fait apparaître ensuite derrière nous comme un paradis perdu. Nous n'avons, pendant l'enfance, que des relations peu nombreuses et des besoins limités, par suite, peu d'excitation de la volonté : la plus grande part de notre être est employée à *connaître*. L'intellect, comme le cerveau, qui à sept ans atteint toute sa grosseur, se développe de bonne heure, bien qu'il ne mûrisse que plus tard, et cherche sans cesse sa nourriture dans tout l'univers de cette existence encore nouvelle où tout, absolument tout est revêtu du vernis brillant que lui prête le charme de la nouveauté. De là vient que nos années d'enfance sont une poésie ininterrompue. Car l'essence de la poésie, comme de tous les arts, est de percevoir dans chaque chose isolée l'idée platonique, c'est-à-dire l'essentiel, ce qui est commun à toute l'*espèce* ; chaque objet nous apparaît ainsi comme représentant tout son genre, et *un cas* en vaut mille. Quoiqu'il semble que dans les scènes de notre jeune âge nous ne soyons occupés que de l'objet ou de l'événement individuel du moment, et encore seulement dans la mesure où notre volonté du moment y est intéressée, au fond cependant il n'en est pas ainsi. En effet, la vie, avec toute son importance, s'offre à nous si neuve encore, si fraîche, avec des impressions si peu émoussées par leur retour fréquent, que, avec toutes nos activités enfantines, nous nous occupons, toujours secrètement et sans intention distincte, à saisir dans les scènes et les événements isolés, l'essence même de la vie, les types fondamentaux de ses formes et de ses images. Nous voyons, comme l'exprime Spinoza, tous les objets et toutes les personnes *sub specie æternitatis*[65]. Plus nous sommes jeunes, plus chaque chose isolément représente pour nous son genre tout entier. Cet effet va diminuant graduellement, d'année en année : et c'est là ce qui détermine la différence si considérable d'impression que produisent sur nous les objets dans la jeunesse ou dans l'âge avancé. Les expériences et les connaissances acquises pendant l'enfance et la première jeunesse deviennent ensuite les types constants et les rubriques de toutes les expériences et connaissances ultérieures, pour ainsi dire les catégories dans lesquelles nous rangeons, sans en avoir toujours la conscience exacte, tout ce que nous rencontrons plus tard. Ainsi se forme, dès nos années d'enfance, le fondement solide de notre manière, superficielle ou profonde, d'envisager le monde ; elle se développe et se complète par la suite, mais ne change plus dans ses points principaux. C'est donc en vertu de cette manière de voir, purement objective, par conséquent poétique, essentielle à l'enfance, où elle est soutenue par le fait que la volonté est encore bien loin de se manifester avec toute son énergie, que l'enfant s'occupe beaucoup plus à connaître qu'à vouloir. De là ce regard sérieux, contemplatif de certains enfants, dont Raphaël a tiré si heureusement parti pour ses anges, surtout dans sa *Madone sixtine*. C'est pourquoi également les années d'enfance sont si heureuses que leur souvenir est toujours mêlé d'un douloureux regret. Pendant que d'une part nous nous consacrons ainsi, avec tout notre sérieux, à la connaissance *intuitive* des choses, d'autre part l'éducation s'occupe à nous procurer des *concepts*. Mais les concepts ne nous donnent pas l'essence propre des choses ; celle-ci, qui constitue le fond et le véritable contenu de toutes nos connaissances, repose principalement sur la compréhension *intuitive* du monde. Mais cette dernière ne peut être acquise que par nous-même et ne saurait d'aucune manière nous être *enseignée*. D'où il résulte que notre valeur intellectuelle, tout comme notre valeur morale, n'entre pas du dehors dans nous, mais sort du plus profond de notre propre être, et toute la science pédagogique d'un Pestalozzi ne parviendra jamais à faire d'un imbécile-né un penseur : non, mille fois non ! imbécile il est né, il doit mourir imbécile. Cette intime compréhension contemplative du monde extérieur nouvellement offert à notre vue explique aussi pourquoi tout ce qu'on a vu et appris pendant l'enfance se grave si fortement dans la mémoire. En effet, nous nous y sommes occupés exclusivement, rien ne nous en a distraits, et nous avons considéré les choses que nous voyions comme uniques de leur espèce, bien plus, comme les seules existantes. Plus tard, le nombre considérable des choses alors connues nous enlève le courage et la patience. Si l'on veut bien se rappeler ici ce que j'ai exposé dans le deuxième volume de mon grand ouvrage (chap. 30), savoir : que l'existence *objective* de toutes choses, c'est-à-dire la *représentation* pure, est toujours agréable, tandis que leur existence *subjective*, qui est dans le *vouloir*, est fortement mélangée de douleur et de chagrin, alors on admettra bien, comme expression résumée de la chose, la proposition suivante : Toutes les choses sont belles *à la vue* et affreuses dans leur *être* (herrlich zu *sehn*, aber schrecklich zu *seyn*). Il résulte de tout ce qui précède que, pendant l'enfance, les objets nous sont connus bien plus par le côté de la *vue*, c'est-à-dire de la représentation, de l'objectivité, que par celui de l'*être*, qui est en même temps celui de la volonté. Comme le premier est le côté réjouissant des choses et que leur côté subjectif et effrayant nous est encore inconnu, le jeune intellect prend toutes les images que la réalité et l'art lui présentent pour autant d'êtres heureux : il s'imagine qu'autant elles sont belles à *voir*, autant et plus elles le sont à *être*. Aussi la vie lui apparaît comme un éden : c'est là cette Arcadie où tous nous sommes nés. Il en résulte, un peu plus tard, la soif de la vie réelle, le besoin pressant d'agir et de souffrir, nous poussant irrésistiblement dans le tumulte du monde. Ici, nous apprenons à connaître l'autre face des choses, celle de l'*être*, c'est-à-dire de la volonté, que nous croisons à chaque pas. Alors s'approche peu à peu la grande désillusion ; quand elle est arrivée, on dit : « L'âge des illusions est passé[66] », et pourtant elle avance toujours davantage et devient de plus en plus complète. Ainsi, nous pouvons dire que pendant l'enfance la vie se présente comme un décor de théâtre vu de loin ; pendant la vieillesse, comme le même, vu de près.

Voici encore un sentiment qui vient contribuer au bonheur de l'enfance : ainsi qu'au commencement du printemps tout feuillage a la même couleur et presque la même forme, ainsi, dans la première enfance, nous nous ressemblons tous, et nous nous accordons parfaitement. Mais avec la puberté commence la divergence qui va toujours augmentant, comme celle des rayons d'un cercle.

Durant la jeunesse, une chasse au bonheur

Ce qui trouble, ce qui rend malheureuses les années de jeunesse, le reste de cette première moitié de la vie si préférable à la seconde, c'est la chasse au bonheur, entreprise dans la ferme conviction qu'on peut le rencontrer dans l'existence. C'est là la source de l'espérance toujours déçue, qui engendre à son tour le mécontentement. Les images trompeuses d'un vague rêve de bonheur flottent devant nos yeux sous des formes capricieusement choisies, et nous cherchons vainement leur original. Aussi sommes-nous pendant la jeunesse presque toujours mécontents de notre état et de notre entourage, quels qu'ils soient, car c'est à eux que nous attribuons ce qui revient partout à l'inanité et à la misère de la vie humaine, avec lesquelles nous faisons connaissance pour la première fois en ce moment, après nous être attendus à bien autre chose. On gagnerait beaucoup à enlever de bonne heure, par des enseignements convenables, cette illusion propre à la jeunesse qu'il y a beaucoup à trouver dans le monde. Mais au contraire la vie se fait le plus souvent connaître à nous par la poésie avant de se révéler par la réalité. À l'aurore de notre jeunesse, les scènes que l'art nous dépeint s'étalent brillantes à nos yeux, et nous voilà tourmentés du désir de les voir réalisées, de saisir l'arc-en-ciel. Le jeune homme attend sa vie sous la forme d'un roman intéressant. Ainsi naît cette illusion que j'ai décrite dans le deuxième volume de mon ouvrage déjà cité. Car ce qui prête leur charme à toutes ces images, c'est que précisément elles ne sont que des images et non des réalités, et qu'en les contemplant nous nous trouvons dans l'état de calme et de contentement parfait de la connaissance pure. Se réaliser signifie être rempli par le vouloir, et celui-ci amène infailliblement des douleurs. Ici encore, je dois renvoyer le lecteur que le sujet intéresse au deuxième volume de mon livre.

Si donc le caractère de la première moitié de la vie est une aspiration inassouvie au bonheur, celui de la seconde moitié est l'appréhension du malheur. Car à ce moment on a reconnu plus ou moins nettement que tout bonheur est chimérique, toute souffrance, au contraire, réelle. Alors les hommes, ceux-là du moins dont le jugement est sensé, au lieu d'aspirer aux jouissances, ne cherchent plus qu'une condition affranchie de douleur et de trouble[67]. Lorsque, dans mes années de jeunesse, j'entendais sonner à ma porte, j'étais tout joyeux, car je me disais : « Ah ! enfin ! » Plus tard, dans la même situation, mon impression était plutôt voisine de la frayeur ; je pensais : « Hélas ! déjà ! » Les êtres distingués et bien doués, ceux qui, par là même, n'appartiennent pas vraiment au reste des hommes et se trouvent plus ou moins isolés, en proportion de leurs mérites, éprouvent aussi à l'égard de la société humaine ces deux sentiments opposés : dans leur jeunesse, c'est fréquemment celui d'en être *délaissés* ; dans l'âge mûr, celui d'en être *délivrés*. Le premier, qui est pénible, provient de leur ignorance ; le second, agréable, de leur connaissance du monde. Par conséquent, la seconde moitié de la vie, comme la seconde partie d'une période musicale, a moins de fougue et plus d'apaisement que la première ; cela vient de ce que la jeunesse s'imagine monts et merveilles au sujet du bonheur et des jouissances que l'on peut rencontrer sur terre, la seule difficulté consistant à les atteindre, tandis que la vieillesse sait qu'il n'y a rien à y trouver : parfaitement apaisée à cet égard, elle goûte tout présent supportable et prend plaisir même aux petites choses.

Ce que l'homme mûr a gagné par l'expérience de la vie, ce qui fait qu'il voit le monde autrement que l'adolescent et le jeune homme, c'est avant tout l'*absence de prévention*. Lui, le premier, commence à voir les choses simplement et à les prendre pour ce qu'elles sont ; tandis que, aux yeux du jeune homme et de l'adolescent, une illusion composée de rêveries créées par lui-même, de préjugés transmis et de fantaisies étranges, voilait ou déformait le monde véritable. La première tâche que l'expérience trouve à accomplir est de nous délivrer des chimères et des notions fausses accumulées pendant la jeunesse. En garantir les jeunes gens serait certainement la meilleure éducation à leur donner, bien qu'elle soit simplement négative ; mais c'est là une bien difficile affaire. Il faudrait, dans ce but, commencer par maintenir l'horizon de l'enfant aussi étroit que possible, ne lui procurer dans ses limites que des notions claires et justes et ne l'élargir que graduellement, après qu'il aurait la connaissance bien exacte de tout ce qui y est situé, et ayant toujours soin qu'il n'y reste rien d'obscur, rien qu'il n'aurait compris qu'à demi ou de travers. Il en résulterait que ses notions sur les choses et sur les relations humaines, bien que restreintes encore et très simples, seraient néanmoins distinctes et vraies, de manière à n'avoir plus besoin que d'extension et non de redressement ; on continuerait ainsi jusqu'à ce que l'enfant fût devenu jeune homme. Cette méthode exige surtout qu'on ne permette pas la lecture de romans ; on les remplacera par des biographies convenablement choisies, comme par exemple celle de Franklin, ou l'histoire d'*Antoine Reiser* par Moritz, et autres semblables.

Tant que nous sommes jeunes, nous nous imaginons que les événements et les personnages importants et riches de conséquences pour notre vie feront leur apparition dans notre existence avec tambour et trompette ; dans l'âge mûr, un regard rétrospectif nous montre qu'ils s'y sont tous glissés sans bruit, par la porte dérobée et presque inaperçus.

On peut aussi, au point de vue qui nous occupe, comparer la vie à une étoffe brodée dont chacun ne verrait, dans la première moitié de son existence, que l'endroit, et, dans la seconde, que l'envers ; ce dernier côté est moins beau, mais plus instructif, car il permet de reconnaître l'enchaînement des fils.

La supériorité intellectuelle même la plus grande ne fera valoir pleinement son autorité dans la conversation qu'après la quarantième année. Car la maturité propre à l'âge et les fruits de l'expérience peuvent bien être surpassés de beaucoup, mais jamais remplacés par l'intelligence ; ces conditions fournissent, même à l'homme le plus ordinaire, un contrepoids à opposer à la force du plus grand esprit, tant que celui-ci est encore jeune. Je ne parle ici que de la personnalité, non des œuvres.

Aucun homme quelque peu supérieur, aucun de ceux qui

n'appartiennent pas à cette majorité des cinq sixièmes des humains si strictement dotée par la nature, ne pourra s'affranchir d'une certaine teinte de misanthropie quand il a dépassé la quarantaine. Car, ainsi qu'il était naturel, il avait jugé les autres d'après lui et a été peu à peu tiré d'erreur ; il a compris qu'ils sont bien arriérés par rapport à lui soit par la tête, soit par le cœur, le plus souvent même par les deux, et qu'ils ne pourront jamais balancer leur compte ; aussi évite-t-il volontiers tout commerce avec eux, comme, du reste, tout homme aimera ou haïra la solitude, c'est-à-dire sa propre société, en proportion de sa valeur intérieure. Kant traite aussi de ce genre de misanthropie dans sa *Critique de la faculté de juger*, vers la fin de la note générale au § 29 de la première partie.

C'est un mauvais symptôme, au point de vue moral comme au point de vue intellectuel, pour un jeune homme, de se retrouver facilement au milieu des menées humaines, d'y être bientôt à son aise et d'y pénétrer comme préparé à l'avance ; cela annonce de la vulgarité. Par contre, une attitude décontenancée, hésitante, maladroite et à contresens est, en pareille circonstance, l'indice d'une nature de noble espèce.

Les multiples illusions du temps

La sérénité et le courage que l'on apporte à vivre pendant la jeunesse tiennent aussi en partie à ce que, gravissant la colline, nous ne voyons pas la mort, située au pied de l'autre versant. Le sommet une fois franchi, nous voyons de nos yeux la mort, que nous ne connaissions jusque-là que par ouï-dire, et, comme à ce moment les forces vitales commencent à baisser, notre courage faiblit en même temps ; une gravité morne chasse alors la pétulance juvénile et s'imprime sur nos traits. Tant que nous sommes jeunes, nous croyons la vie sans fin, quoi qu'on nous puisse dire, et nous usons du temps à l'avenant. Plus nous vieillissons, plus nous en devenons économes. Car, dans l'âge avancé, chaque jour de la vie qui s'écoule produit en nous le sentiment qu'éprouve un condamné à chaque pas qui le rapproche de l'échafaud.

Considérée du point de vue de la jeunesse, la vie est un avenir infiniment long ; de celui de la vieillesse, un passé très court, tellement qu'au début elle s'offre à nos yeux comme les objets vus par le petit bout de la lunette, et à la fin comme vus par le gros bout. Il faut avoir vieilli, c'est-à-dire avoir vécu longuement, pour reconnaître combien la vie est courte. Plus on avance en âge, plus les choses humaines, toutes tant qu'elles sont, nous paraissent minimes ; la vie, qui pendant la jeunesse était là, devant nous, ferme et comme immobile, nous semble maintenant une fuite rapide d'apparitions éphémères, et le néant de tout ici-bas apparaît. Le temps lui-même, pendant la jeunesse, marche d'un pas plus lent ; aussi le premier quart de notre vie est non seulement le plus heureux, mais aussi le plus long ; il laisse donc beaucoup plus de souvenirs, et chaque homme pourrait, à l'occasion, raconter de ce premier quart plus d'événements que des deux suivants. Au printemps de la vie, comme au printemps de l'année, les journées finissent même par devenir d'une longueur accablante. À l'automne de la vie comme à l'automne de l'année, elles sont courtes, mais plus sereines et plus constantes.

Pourquoi, dans la vieillesse, la vie qu'on a derrière soi paraît-elle si brève ? C'est parce que nous la tenons pour aussi courte que le souvenir que nous en avons. En effet, tout ce qu'il y a eu d'insignifiant et une grande partie de ce qu'il y a eu de pénible ont échappé à notre mémoire ; il y est donc resté bien peu de chose. Car, de même que notre intellect en général est très imparfait, de même notre mémoire l'est aussi : il faut que nous exercions nos connaissances, et que nous repassions notre passé ; sans quoi les deux disparaissent dans l'abîme de l'oubli. Mais nous ne revenons pas volontiers par la pensée sur les choses insignifiantes, ni d'ordinaire sur les choses désagréables, ce qui serait pourtant indispensable pour les garder dans la mémoire. Or les choses insignifiantes deviennent toujours plus nombreuses, car bien des faits qui au premier abord nous semblaient importants perdent tout intérêt à mesure qu'ils se répètent ; les retours, au commencement, ne sont que fréquents, mais par la suite ils deviennent innombrables. Aussi nous rappelons-nous mieux nos jeunes années que celles qui ont suivi. Plus nous vivons longtemps, moins il y a d'événements qui nous semblent assez graves ou assez significatifs pour mériter d'être repassés, ce qui est l'unique moyen d'en garder le souvenir ; à peine ont-ils passé, nous les oublions. Et voilà pourquoi le temps fuit, laissant de moins en moins de traces derrière soi.

Mais nous ne revenons pas volontiers non plus sur les choses désagréables, alors surtout qu'elles blessent notre vanité ; et c'est le cas le plus fréquent, car peu de désagréments nous arrivent sans notre faute. Nous oublions donc également beaucoup de choses pénibles. C'est par l'élimination de ces deux catégories d'événements que notre mémoire devient si courte, et elle le devient, à proportion, d'autant plus que la matière est plus longue. De même que les objets situés sur le rivage deviennent de plus en plus petits, vagues et indistincts à mesure que notre barque s'en éloigne, ainsi s'effacent les années écoulées, avec nos aventures et nos actions. Il arrive aussi que la mémoire et l'imagination nous retracent une scène de notre vie, dès longtemps disparue, avec tant de vivacité qu'elle nous semble dater de la veille et nous apparaît tout proche de nous. Cet effet résulte de ce qu'il nous est impossible de nous représenter avec la même intensité le long espace de temps qui s'est écoulé entre alors et à présent, et que nous ne pouvons pas l'embrasser du regard en un seul tableau ; de plus, les événements accomplis dans cet intervalle sont oubliés en grande partie, et il ne nous en reste plus qu'une connaissance générale, *in abstracto*, une simple idée et non une image. Alors ce passé lointain et isolé se présente si rapproché qu'il semble que c'était hier ; le temps intermédiaire a disparu, et notre vie entière nous paraît d'une brièveté incompréhensible. Parfois même, dans la vieillesse, ce long passé que nous avons derrière nous, et par suite notre âge même, peut à un certain moment nous sembler presque fabuleux : ce qui résulte principalement de ce que nous voyons toujours devant nous le même présent immobile. En définitive, tous ces phénomènes intérieurs sont fondés sur ce que ce n'est pas notre être par lui-même, mais seulement son image visible, qui existe sous la forme du temps, et sur ce que le présent est le point de contact entre le monde extérieur et nous, entre l'objet et le sujet.

On peut encore se demander pourquoi, dans la jeunesse, la vie paraît s'étendre devant nous à perte de vue. C'est d'abord parce qu'il nous faut la place pour y loger les espérances illimitées dont nous la peuplons et pour la réalisation desquelles Mathusalem serait mort trop jeune ; ensuite, parce que nous prenons pour échelle de sa mesure le petit nombre d'années que nous avons déjà derrière nous ; mais leur souvenir est riche en matériaux et long, par conséquent, car la nouveauté a donné de l'importance à tous les événements ; aussi nous y revenons volontiers par la pensée, nous les évoquons souvent dans notre mémoire et finissons par les y fixer.

Il nous semble parfois que nous désirons ardemment nous retrouver dans tel *lieu* éloigné, tandis que nous ne regrettons, en réalité, que le *temps* que nous y avons passé quand nous étions plus jeunes et plus frais. Et voilà comment le *temps* nous abuse sous le masque de l'*espace*. Allons à l'endroit tant désiré, et nous nous rendrons compte de l'illusion.

Jeunesse et vieillesse

Il existe deux voies pour atteindre un âge très avancé, toutefois à la condition *sine qua non* de posséder une constitution intacte ; pour l'expliquer, prenons l'exemple de deux lampes qui brûlent : l'une brûlera longtemps, parce que, avec peu d'huile, elle a une mèche très mince ; l'autre, parce que, avec une forte mèche, elle a aussi beaucoup d'huile : l'huile, c'est la force vitale, la mèche en est l'emploi appliqué à n'importe quel usage.

Sous le rapport de la force vitale, nous pouvons nous comparer, jusqu'à notre trente-sixième année, à ceux qui vivent des intérêts d'un capital ; ce qu'on dépense aujourd'hui se trouve remplacé demain. À partir de là, nous sommes semblables à un rentier qui commence à entamer son capital. Au début, la chose n'est pas sensible : la plus grande partie de la dépense se remplace encore d'elle-même, et le minime déficit qui en résulte passe inaperçu. Peu à peu, il grossit, il devient apparent, et son accroissement lui-même s'accroît chaque jour ; il nous envahit toujours davantage ; chaque *aujourd'hui* est plus pauvre que chaque *hier* ; et nul espoir d'arrêt. Comme la chute des corps, la perte s'accélère rapidement, jusqu'à disparition totale. Le cas le plus triste est celui où tous deux, forces vitales et fortune, celle-ci non plus comme terme de comparaison, mais en réalité, sont en voie de fondre simultanément ; aussi l'amour de la richesse augmente avec l'âge. En revanche, dans nos premières années, jusqu'à notre majorité et un peu au-delà, nous sommes, sous le rapport de la force vitale, semblables à ceux qui, sur les intérêts, ajoutent encore quelque chose au capital : non seulement ce qu'on dépense se renouvelle tout seul, mais le capital lui-même augmente. Ceci arrive aussi parfois pour l'argent, grâce aux soins prévoyants d'un tuteur, honnête homme. Ô jeunesse fortunée ! Ô triste vieillesse ! Il faut, malgré tout cela, ménager les forces de la jeunesse. Aristote observe (*Politique*, liv. dern., ch. 5[68]) que, parmi les vainqueurs aux jeux Olympiques, il ne s'en est trouvé que deux ou trois qui, vainqueurs une première fois comme jeunes gens, aient triomphé encore comme hommes faits, parce que les efforts prématurés qu'exigent les exercices préparatoires épuisent tellement les forces, qu'elles font défaut plus tard, dans l'âge viril. Ce qui est vrai de la force musculaire l'est encore davantage de la force nerveuse dont les productions intellectuelles ne sont toutes que les manifestations : voilà pourquoi les *ingenia præcocia*, les enfants prodiges, ces fruits d'une éducation en serre chaude, qui étonnent dans leur bas âge, deviennent plus tard des têtes parfaitement ordinaires. Il est même fort possible qu'un excès d'application précoce et forcée à l'étude des langues anciennes soit la cause qui a fait tomber plus tard tant de savants dans un état de paralysie et d'enfance intellectuelle.

J'ai remarqué que le caractère chez la plupart des hommes semble être plus particulièrement adapté à un des âges de la vie, de manière que c'est à cet âge-là qu'ils se présentent sous leur jour le plus favorable. Les uns sont d'aimables jeunes gens, et puis c'est fini ; d'autres, dans leur maturité, sont des hommes énergiques et actifs auxquels l'âge, en avançant, enlève toute valeur ; d'autres enfin se présentent le plus avantageusement dans la vieillesse, pendant laquelle ils sont plus doux, parce qu'ils ont plus d'expérience et plus de calme : c'est le cas le plus fréquent chez les Français. Cela doit provenir de ce que le caractère lui-même a quelque chose de juvénile, de viril ou de sénile, en harmonie avec l'âge correspondant, ou amendé par cet âge.

De même que sur un navire nous ne nous rendons compte de sa marche que parce que nous voyons les objets situés sur la rive s'éloigner à l'arrière et par suite devenir plus petits, de même nous ne nous apercevons que nous devenons vieux, et toujours plus vieux, qu'à ce que des gens d'un âge toujours plus avancé nous semblent jeunes.

Nous avons déjà examiné plus haut comment et pourquoi, à mesure qu'on vieillit, tout ce qu'on a vu, toutes les actions et tous les événements de la vie laissent dans l'esprit des traces de moins en moins nombreuses. Ainsi considérée, la jeunesse est le seul âge où nous vivions avec entière conscience ; la vieillesse n'a qu'une demi-conscience de la vie. Avec les progrès de l'âge, cette conscience diminue graduellement ; les objets passent rapidement devant nous sans faire d'impression, semblables à ces œuvres d'art qui ne nous frappent plus quand nous les avons souvent vues ; on fait la besogne que l'on a à faire, et l'on ne sait même plus ensuite si on l'a faite. Pendant que la vie devient de plus en plus inconsciente, pendant qu'elle marche à grands pas vers l'inconscience complète, par là même la fuite du temps s'accélère. Durant l'enfance, la nouveauté des choses et des événements fait que tout s'imprime dans notre conscience ; aussi les jours sont-ils d'une longueur à perte de vue. Il nous en arrive de même, et pour la même cause, en voyage, où un mois nous paraît plus long que quatre à la maison. Malgré cette nouveauté, le temps, qui nous *semble* plus long, nous *devient*, dans l'enfance comme en voyage, en réalité souvent plus long que dans la vieillesse ou à la maison. Mais insensiblement l'intellect s'émousse tellement par la longue habitude des mêmes perceptions, que de plus en plus tout finit par glisser sur lui sans l'impressionner, ce qui fait que les jours deviennent toujours plus insignifiants et conséquemment toujours plus courts ; les heures de l'enfant sont plus longues que les journées du vieillard. Nous voyons donc que le temps de la vie a un mouvement accéléré comme celui d'une sphère roulant sur un plan incliné ; et, de même que sur un disque tournant chaque point court d'autant plus vite qu'il est plus éloigné du centre, de même, pour chacun et proportionnellement à sa distance du commencement de sa vie, le temps s'écoule plus vite et toujours plus vite. On peut donc admettre que la longueur de l'année, telle que l'évalue notre disposition du moment, est en rapport inverse du quotient de l'année divisé par l'âge ; quand, par exemple, l'année est le cinquième de l'âge, elle paraît dix fois plus longue que lorsqu'elle n'en est que le cinquantième. Cette différence dans la rapidité du temps a l'influence la plus décisive sur toute notre manière d'être à chaque âge de la vie. Elle fait d'abord que l'enfance, quoique n'embrassant que quinze ans à peine, est pourtant la période la plus longue de l'existence, et par conséquent aussi la plus riche en souvenirs ; ensuite elle fait que, dans tout le cours de la vie, nous sommes soumis à l'ennui dans le rapport inverse de notre âge. Les enfants ont constamment besoin de passer le temps, que ce soit par les jeux ou par le travail ; si le passe-temps s'arrête, ils sont aussitôt pris d'un formidable ennui. Les adolescents y sont encore fortement exposés et redoutent beaucoup les heures inoccupées. Dans l'âge viril, l'ennui disparaît de plus en plus : et pour les vieillards le temps est toujours trop court et les jours volent avec la rapidité de la flèche. Bien entendu, je parle d'hommes et non de brutes vieillies. L'accélération dans la marche du temps supprime donc le plus souvent l'ennui dans un âge plus avancé ; d'autre part, les passions, avec leurs tourments, commencent à se taire ; il en résulte qu'en somme, et pourvu que la santé soit en bon état, le fardeau de la vie est, en réalité, plus léger que pendant la jeunesse : aussi appelle-t-on l'intervalle qui précède l'apparition de la débilité et des infirmités de la vieillesse : les *meilleures années*. Peut-être le sont-elles en effet au point de vue de notre agrément ; mais en revanche les années de jeunesse, où tout fait impression, où chaque chose entre dans la conscience, conservent l'avantage d'être la saison fertilisante de l'esprit, le printemps qui détermine les bourgeons. Les vérités profondes, en effet, ne s'acquièrent que par l'intuition et non par la spéculation, c'est-à-dire que leur première perception est immédiate et provoquée par l'impression momentanée : elle ne peut donc se produire que tant que l'impression est forte, vive et profonde. Tout dépend donc, sous ce rapport, de l'emploi des jeunes années. Plus tard, nous pouvons agir davantage sur les autres, même sur le monde entier, car nous sommes nous-mêmes achevés et complets, et nous n'appartenons plus à l'impression ; mais le monde agit moins sur nous. Ces années-ci sont donc l'époque de l'action et de la production ; les premières sont celles de la compréhension et de la connaissance intuitives.

Dans la jeunesse, c'est la contemplation ; dans l'âge mûr, la réflexion qui domine ; l'une est le temps de la poésie, l'autre plutôt celui de la philosophie. Dans la pratique également, c'est par la perception et son impression que l'on se détermine pendant la jeunesse ; plus tard, c'est par la réflexion. Cela tient en partie à ce que dans l'âge mûr les images se sont présentées et groupées autour des concepts en nombre suffisant pour leur donner de l'importance, du poids et de la valeur, ainsi que pour modérer en même temps, par l'habitude, l'impression des perceptions. Par contre, l'impression de tout ce qui est visible, donc du côté extérieur des choses, est tellement prépondérante pendant la jeunesse, surtout dans les têtes vives et riches d'imagination, que les jeunes gens considèrent le monde comme un tableau ; ils se préoccupent principalement de la figure et de l'effet qu'ils y font, bien plus que de la disposition intérieure qu'il éveille en eux. Cela se voit déjà à la vanité de leur personne et à leur coquetterie.

La plus grande énergie et la plus haute tension des forces intellectuelles se manifestent indubitablement pendant la jeunesse et jusqu'à la trente-cinquième année au plus tard : à partir de là, elles décroissent, quoique insensiblement. Néanmoins l'âge suivant et même la vieillesse ne sont pas sans compensations intellectuelles. C'est à ce moment que l'expérience et l'instruction ont acquis toute leur richesse : on a eu le temps et l'occasion de considérer les choses sous toutes leurs faces et de les méditer ; on les a rapprochées les unes des autres, et l'on a découvert les points par où elles se touchent, les parties par où elles se joignent ; c'est maintenant, par conséquent, qu'on les saisit bien et dans leur enchaînement complet. Tout s'est éclairci. C'est pourquoi l'on sait plus à fond les choses même que l'on savait déjà dans la jeunesse, car pour chaque notion on a plus de données. Ce que l'on croyait savoir quand on était jeune, on le sait réellement dans l'âge mûr ; en outre, on sait effectivement davantage et l'on possède des connaissances raisonnées dans toutes les directions et, par là même, solidement enchaînées, tandis que dans la jeunesse notre savoir est toujours défectueux et fragmentaire. L'homme parvenu à un âge bien avancé aura seul une idée complète et juste de la vie, parce qu'il l'embrasse du regard dans son ensemble et dans son cours naturel, et surtout parce qu'il ne la voit plus, comme les autres, uniquement du côté de l'entrée, mais aussi du côté de la sortie ; ainsi placé, il en reconnaît pleinement le néant, pendant que les autres sont encore le jouet de cette illusion constante que « c'est maintenant que ce qu'il y a de vraiment bon va arriver ». En revanche, pendant la jeunesse, il y a plus de conception ; il s'ensuit que l'on est en état de produire davantage avec le peu que l'on connaît ; dans l'âge mûr, il y a plus de jugement, de pénétration et de profondeur. C'est déjà pendant la jeunesse que l'on recueille les matériaux de ses notions propres, de ses vues originales et fondamentales, c'est-à-dire de tout ce qu'un esprit privilégié est destiné à donner en cadeau au monde ; mais ce n'est que bien des années plus tard qu'il devient maître de son sujet. On trouvera, la plupart du temps, que les grands écrivains n'ont livré leurs chefs-d'œuvre que vers leur cinquantième année. Mais la jeunesse n'en reste pas moins la racine de l'arbre de la connaissance, bien que ce soit la couronne de l'arbre qui porte les fruits. Mais de même que chaque époque, même la plus pitoyable, se croit plus sage que toutes celles qui l'ont précédée, de même à chaque âge l'homme se croit supérieur à ce qu'il était auparavant ; tous les deux font souvent erreur. Pendant les années de la croissance physique, où nous grandissons également en forces intellectuelles et en connaissances, l'*aujourd'hui* s'habitue à regarder l'*hier* avec dédain. Cette habitude s'enracine et persévère même alors que le déclin des forces intellectuelles a commencé et que l'aujourd'hui devrait plutôt regarder l'hier avec considération : on déprécie trop à ce moment les productions et les jugements de ses jeunes années.

Il est à remarquer surtout que, quoique la tête, l'intellect soit tout aussi inné, quant à ses propriétés fondamentales, que le caractère ou le cœur, néanmoins l'intelligence ne demeure pas aussi invariable que le caractère : elle est soumise à bien des modifications qui, en bloc, se produisent même régulièrement, car elles proviennent de ce que d'une part sa base est physique et d'autre part sa matière empirique. Cela étant, sa force propre a une croissance continue jusqu'à son point culminant, et ensuite sa décroissance continue jusqu'à l'imbécillité. Mais, d'autre part, la matière aussi sur laquelle s'exerce toute cette force et qui l'entretient en activité, c'est-à-dire le contenu des pensées et du savoir, l'expérience, les connaissances, l'exercice du jugement et sa perfection qui en résulte, toute cette matière est une quantité qui croît constamment jusqu'au moment où, la faiblesse définitive survenant, l'intellect laisse tout échapper. Cette condition de l'homme d'être composé d'une partie absolument invariable (le caractère) et d'une autre (l'intellect) qui varie régulièrement et dans deux directions opposées, explique la diversité de l'aspect sous lequel il se manifeste et de sa valeur aux différents âges de sa vie.

Dans un sens plus large, on peut dire aussi que les quarante premières années de l'existence fournissent le texte, et les trente suivantes le commentaire, qui seul nous en fait alors bien comprendre le sens vrai et l'enchaînement, la morale à en tirer, et toutes les subtilités.

Mais particulièrement vers son terme, la vie rappelle la fin d'un bal masqué, quand on retire les masques. On voit à ce moment quels étaient réellement ceux avec lesquels on a été en contact pendant la vie. En effet, les caractères se sont montrés au jour, les actions ont porté leurs fruits, les œuvres ont trouvé leur juste appréciation, et toutes les fantasmagories se sont évanouies. Car il a fallu le temps pour tout cela. Mais ce qu'il y a de plus étrange, c'est qu'on ne connaît et comprend bien et soi-même, et son but, et ses aspirations, surtout en ce qui concerne les rapports avec le monde et les hommes, que vers la fin de la vie. Souvent, mais pas toujours, on aura à se classer plus bas que ce qu'on supposait naguère ; mais parfois aussi on s'accordera une place supérieure : en ce dernier cas, cela provient de ce que l'on n'avait pas une connaissance suffisante de la bassesse du monde, et le but de la vie se trouvait ainsi placé trop haut. Nous apprenons accessoirement ce que nous valons.

On a coutume d'appeler la jeunesse le temps heureux, et la vieillesse le temps triste de la vie. Cela serait vrai si les passions rendaient heureux. Mais ce sont elles qui ballottent la jeunesse de çà et de là, tout en lui donnant peu de joies et beaucoup de souffrances. Elles n'agitent plus l'âge froid, qui revêt bientôt une apparence contemplative : car la connaissance devient libre et prend la haute main. Or la connaissance est, par elle-même, exemple de douleur ; par conséquent, plus elle prédominera dans la conscience, plus celle-ci sera heureuse. On n'a qu'à réfléchir que toute jouissance est de nature négative et la douleur positive, pour comprendre que les passions ne sauraient rendre heureux et que l'âge n'est pas à plaindre parce que quelques jouissances lui sont interdites ; toute jouissance n'est que l'apaisement d'un besoin, et l'on n'est pas plus malheureux de perdre la jouissance en même temps que le besoin, qu'on ne l'est de ne pouvoir plus manger après avoir dîné, ou de devoir veiller après une pleine nuit de sommeil. Platon (dans son introduction à la *République*) a bien autrement raison d'estimer la vieillesse heureuse d'être délivrée de l'instinct sexuel qui jusque-là nous troublait sans relâche. On pourrait presque soutenir que les fantaisies diverses et incessantes qu'engendre l'instinct sexuel, ainsi que les émotions qui en résultent, entretiennent dans l'homme une bénigne et constante démence, aussi longtemps qu'il est sous l'influence de cet instinct ou de ce diable dont il est sans cesse possédé, au point de ne devenir entièrement raisonnable qu'après en être délivré. Toutefois il est certain que, en général et abstraction faite de toutes les circonstances et conditions individuelles, un air de mélancolie et de tristesse est propre à la jeunesse, et une certaine sérénité à la vieillesse ; et cela seulement parce que le jeune homme est encore le serviteur, et même le corvéable de ce démon qui lui accorde difficilement une heure de liberté et qui est aussi l'auteur, direct ou indirect, de presque toutes les calamités qui frappent ou menacent l'homme. La vieillesse a la sérénité de celui qui, délivré de fers longtemps portés, jouit désormais de la liberté de ses mouvements. D'autre part cependant, on pourrait dire que, le besoin sexuel une fois éteint, le véritable noyau de la vie est consumé, et qu'il ne reste plus que l'enveloppe, ou que la vie ressemble à une comédie dont la représentation, commencée par des hommes vivants, s'achèverait par des automates revêtus des mêmes costumes.

Quoi qu'il en soit, la jeunesse est le moment de l'agitation, la vieillesse celui du repos : cela suffit pour juger de leurs plaisirs respectifs. L'enfant tend avidement les mains dans l'espace, après tous ces objets, si bariolés et si divers, qu'il voit devant lui ; tout cela l'excite, car son sensorium est encore si frais et si jeune. Il en est de même, mais avec plus d'énergie, pour le jeune homme. Lui aussi est excité par le monde aux couleurs voyantes et aux figures multiples : et son imagination lui attache aussitôt plus de valeur que le monde n'en peut offrir. Aussi la jeunesse est-elle pleine d'exigences et d'aspirations dans le vague, qui lui enlèvent ce repos sans lequel il n'est pas de bonheur. Avec l'âge, tout cela se calme, soit parce que le sang s'est refroidi et que l'excitabilité du sensorium a diminué, soit parce que l'expérience, en nous édifiant sur la valeur des choses et sur le contenu des jouissances, nous a affranchis peu à peu des illusions, des chimères et des préjugés qui voilaient et déformaient jusque-là l'aspect libre et net des choses, de façon que nous les connaissons maintenant toutes plus justement et plus clairement ; nous les prenons pour ce qu'elles sont, et nous acquérons plus ou moins la conviction du néant de tout sur terre. C'est précisément ce qui donne à presque tous les vieillards, même à ceux d'une intelligence fort ordinaire, une certaine apparence de sagesse qui les distingue des plus jeunes qu'eux. Mais tout cela produit principalement le calme intellectuel, qui est un élément important, je dirais même la condition et l'essence du bonheur. Tandis que le jeune homme croit qu'il pourrait conquérir en ce monde Dieu sait quelles merveilles s'il savait seulement où les trouver, le vieillard est pénétré de la maxime de l'Ecclésiaste : « *Tout est vanité* », et il sait bien maintenant que toutes les noix sont creuses, quelque dorées qu'elles puissent être.

Ce n'est que dans un âge avancé que l'homme arrive entièrement au *nil admirari* d'Horace, c'est-à-dire à la conviction directe, sincère et ferme, de la vanité de toutes choses et de l'inanité de toutes pompes en ce monde. Plus de chimères ! Il ne se berce plus de l'illusion qu'il réside quelque part, palais ou chaumière, une félicité spéciale, plus grande que celle dont il jouit pour l'essentiel lui-même partout, toutes les fois qu'il est libre de toute douleur physique ou morale. Il n'y a plus de distinction à ses yeux entre le grand et le petit, entre le noble et le vil, mesurés à l'échelle d'ici-bas. Cela donne au vieillard un calme d'esprit particulier qui lui permet de regarder en souriant les vains prestiges de ce monde. Il est complètement désabusé ; il sait que la vie humaine, quoi qu'on fasse pour l'accoutrer et l'attifer, ne tarde pas à se montrer, dans toute sa misère, à travers ces oripeaux de foire ; il sait que, quoi qu'on fasse pour la peindre et l'orner, elle est, en somme, toujours la même chose, c'est-à-dire une existence dont il faut estimer la valeur réelle par l'absence des douleurs et non par la présence des plaisirs et encore moins du faste (Horace, *Ép.*, l. I, 12, v. 1-4). Le trait fondamental et caractéristique de la vieillesse est le désabusement ; plus de ces illusions qui donnaient à la vie son charme et à l'activité leur aiguillon ; on a reconnu le néant et la vanité de toutes les magnificences de ce monde, surtout de la pompe, de la splendeur et de l'éclat des grandeurs ; on a éprouvé l'infimité de ce qu'il y a au fond de presque toutes ces choses que l'on désire et de ces jouissances auxquelles on aspire, et l'on est arrivé ainsi peu à peu à se convaincre de la pauvreté et du vide de l'existence. Ce n'est qu'à soixante-dix ans que l'on comprend bien le premier verset de l'Ecclésiaste. Mais c'est là ce qui donne aussi à la vieillesse une certaine teinte morose.

On croit communément que la maladie et l'ennui sont le lot de l'âge. La première ne lui est pas essentielle, surtout quand on a la perspective d'atteindre une vieillesse très avancée, car *crescente vita, crescit sanitas et morbus*[69]. Et, quant à l'ennui, j'ai démontré plus haut pourquoi la vieillesse a moins à le redouter que la jeunesse : l'ennui n'est pas non plus le compagnon obligé de la solitude, vers laquelle effectivement l'âge nous pousse, pour des motifs faciles à saisir : il n'accompagne que ceux qui n'ont connu que les jouissances des sens et les plaisirs de la société, et qui ont laissé leur esprit sans l'enrichir et leurs facultés sans les développer. Il est vrai que dans un âge avancé les forces intellectuelles déclinent aussi ; mais, là où il y en a eu beaucoup, il en restera toujours assez pour combattre l'ennui. En outre, ainsi que nous l'avons montré, la raison gagne en vigueur par l'expérience, les connaissances, l'exercice et la réflexion ; le jugement devient plus pénétrant, et l'enchaînement des idées devient clair ; on acquiert de plus en plus en toutes matières des vues d'ensemble sur les choses : la combinaison toujours renouvelée des connaissances que l'on possède déjà, les acquisitions nouvelles qui viennent à l'occasion s'y ajouter, favorisent dans toutes les directions les progrès continus de notre développement intellectuel, dans lequel l'esprit trouve à la fois son occupation, son apaisement et sa récompense. Tout cela compense jusqu'à un certain point l'affaiblissement intellectuel dont nous parlions. Nous savons de plus que dans la vieillesse le temps court plus rapidement ; il neutralise ainsi l'ennui. Quant à l'affaiblissement des forces physiques, il n'est pas très nuisible, sauf le cas où l'on a besoin de ces forces pour la profession que l'on exerce. La pauvreté pendant la vieillesse est un grand malheur. Si on l'a écartée et si l'on a conservé sa santé, la vieillesse peut être une partie très supportable de la vie. L'aisance et la sécurité sont ses principaux besoins : c'est pourquoi l'on aime alors l'argent plus que jamais, car il supplée les forces qui manquent. Abandonné de Vénus, on cherchera volontiers à s'égayer chez Bacchus. Le besoin de voir, de voyager, d'apprendre est remplacé par celui d'enseigner et de parler. C'est un bonheur pour le vieillard d'avoir conservé l'amour de l'étude, ou de la musique, ou du théâtre et en général la faculté d'être impressionné jusqu'à un certain degré par les choses extérieures ; cela arrive pour quelques-uns jusque dans l'âge le plus avancé. Ce que l'homme *a par soi-même* ne lui profite jamais mieux que dans la vieillesse. Mais il est vrai de dire que la plupart des individus, ayant été de tout temps obtus d'esprit, deviennent de plus en plus des automates à mesure qu'ils avancent dans la vie : ils pensent, ils disent, ils font toujours la même chose, et aucune impression extérieure ne peut changer le cours de leurs idées ou leur faire produire quelque chose de nouveau. Parler à de semblables vieillards, c'est écrire sur le sable : l'impression s'efface presque instantanément. Une vieillesse de cette nature n'est plus alors sans doute que le *caput mortuum*[70] de la vie. La nature semble avoir voulu symboliser l'avènement de cette seconde enfance par une troisième dentition qui se déclare dans quelques rares cas chez des vieillards.

L'affaissement progressif de toutes les forces à mesure qu'on vieillit est certes une bien triste chose, mais nécessaire et même bienfaisante ; autrement, la mort, dont il est le prélude, deviendrait trop pénible. Aussi l'avantage principal que procure un âge très avancé est l'*euthanasie*, c'est-à-dire la mort éminemment facile, sans maladie qui la précède, sans convulsions qui l'accompagnent, une mort où l'on ne se sent pas mourir. J'en ai donné une description dans le deuxième volume de mon ouvrage, au chapitre 41.

Les *Upanishad* védiques (vol. 2) donnent 100 ans pour la *durée naturelle* de la vie, et avec raison, à mon avis ; en effet, j'ai remarqué que ceux-là seulement qui dépassent 90 ans ont le privilège de finir par l'*euthanasie*, c'est-à-dire qu'ils meurent sans maladie, sans apoplexie, sans convulsion, sans râle, quelquefois même sans pâlir, le plus souvent assis, après leur repas : il serait plus exact de dire qu'ils ne meurent pas, ils cessent de vivre seulement. À tout âge antérieur à celui-là, on ne meurt que de maladie, donc prématurément[a].

La vie humaine, à proprement parler, ne peut être dite ni longue ni courte[b], car, au fond, elle est l'échelle avec laquelle nous mesurons toutes les autres longueurs de temps.

La différence fondamentale entre la jeunesse et la vieillesse reste toujours celle-ci : que la première a la vie, la seconde la mort en perspective ; que, par conséquent, l'une possède un passé court avec un long avenir, et l'autre l'inverse. Sans doute, le vieillard n'a plus que la mort devant soi ; mais le jeune a la

a. Dans l'Ancien Testament (Ps. 90, 10), la durée de la vie humaine est évaluée à 70, au plus à 80 ans ; et, chose plus importante, Hérodote (I, 32, et III, 22) en dit autant. Mais c'est faux et ce n'est que le résultat d'une manière grossière et superficielle d'interpréter l'expérience journalière. Car, si la durée naturelle de la vie était de 70-80 ans, les hommes entre 70 et 80 ans devraient *mourir de vieillesse* ; ce qui n'est pas du tout : ils *meurent de maladies*, comme leurs cadets ; or la maladie, étant essentiellement une anomalie, n'est pas la fin naturelle. Ce n'est qu'entre 90 et 100 ans qu'il devient normal de *mourir de vieillesse*, sans maladie, sans agonie, sans râle, sans convulsions, parfois sans pâlir, en un mot d'*euthanasie*. – Sur ce point aussi, les *Upanishad* ont donc raison en fixant à 100 ans la durée naturelle de la vie.

b. Car quelque longtemps que l'on vive, on ne possède rien au-delà du présent indivisible ; mais le souvenir perd, chaque jour, par l'oubli plus qu'il ne s'enrichit par l'accroissement.

vie ; et il s'agit maintenant de savoir laquelle des deux perspectives offre le plus d'inconvénients, et si, à tout prendre, la vie n'est pas préférable à avoir derrière que devant soi ; l'Ecclésiaste n'a-t-il pas déjà dit : *« Le jour de la mort est meilleur que le jour de la naissance »* (7, 2) ? En tout cas, demander à vivre longtemps est un souhait téméraire. Car *« quien larga vida vive mucho mal vide »* (qui vit longtemps voit beaucoup de mal), dit un proverbe espagnol.

Les planètes et les âges

Ce n'est pas, comme le prétendait l'astrologie, les existences individuelles, mais bien la marche de la vie de l'homme en général, qui se trouve inscrite dans les planètes ; en ce sens que, dans leur ordre, elles correspondent chacune à un âge, et que la vie est gouvernée à tour de rôle par chacune d'entre elles. – MERCURE régit la dixième année. Comme cette planète, l'homme se meut avec rapidité et facilité dans une orbite très restreinte ; la moindre vétille est pour lui une cause de perturbation ; mais il apprend beaucoup et aisément, sous l'empire du dieu de la ruse et de l'éloquence. – Avec la vingtième année commence le règne de VÉNUS : l'amour et les femmes le possèdent entièrement. – Dans la trentième année, c'est MARS qui domine : à cet âge, l'homme est violent, fort, audacieux, belliqueux et fier. – À quarante ans, ce sont les quatre petites planètes qui gouvernent : le champ de sa vie augmente : il est *frugi*, c'est-à-dire qu'il se consacre à l'utile, de par la vertu de CÉRÈS ; il a son foyer domestique, de par VESTA ; il a appris ce qu'il a besoin de savoir, par l'influence de PALLAS, et, pareille à JUNON, l'épouse règne en maîtresse dans la maison [71]. – Dans la cinquantième année domine JUPITER : l'homme a déjà survécu à la plupart de ses contemporains, et il se sent supérieur à la génération actuelle. Tout en possédant la pleine jouissance de ses forces, il est riche d'expérience et de connaissances : il a (dans la mesure de son individualité et de sa position) de l'autorité sur tous ceux qui l'entourent. Il n'entend plus recevoir d'ordres, il veut commander à son tour. C'est maintenant que, dans sa sphère, il est le plus apte à être guide et dominateur. Ainsi culmine Jupiter et, comme lui, l'homme de cinquante ans. – Mais ensuite, dans la soixantième année, arrive SATURNE et, avec lui, la lourdeur, la lenteur et la ténacité du *plomb* :

> *But old folks, many feign as they were dead ;*
> *Unwieldy, slow, heavy and pale as lead.*

(Mais beaucoup de vieillards ont l'air d'être déjà morts ; ils sont pâles, lents, lourds et inertes comme le plomb.) – (Shakespeare, *Roméo et Juliette*, acte 2, sc. 5.)

– Enfin vient URANUS : c'est le moment d'aller au ciel, comme on dit. – Je ne puis tenir compte ici de NEPTUNE (ainsi l'a-t-on nommé par irréflexion), du moment que je nc puis pas l'appeler de son vrai nom, qui est ÉROS. Sans quoi j'aurais voulu montrer comment le commencement se relie à la fin, et de quelle manière Éros est en connexion mystérieuse avec la Mort, connexion en vertu de laquelle l'ORCUS ou l'AMENTHÈS des Égyptiens (d'après Plutarque, *de Iside et Osir.*, ch. 29) est le : « λαμβανων χαι διδους[72] », par conséquent non seulement « CELUI QUI PREND », mais aussi « CELUI QUI DONNE » ; j'aurais montré comment la *Mort* est le grand *réservoir de la vie*. C'est bien de là, oui de là, c'est de l'*Orcus* que tout vient, et c'est là qu'a déjà été tout ce qui a vie en ce moment : si seulement nous étions capables de comprendre le tour de passe-passe par lequel cela se pratique ! alors tout serait clair.

Traduction de J.-A. Cantacuzène
revue et corrigée
par Richard Roos

NOTES

1. Schopenhauer entend par son grand ouvrage son traité intitulé : *Die Welt als Wille und Vorstellung (Le Monde comme volonté et comme représentation).*

2. Sur le profit à tirer de l'adversité (trad. du latin).

3. De droit divin (trad. du latin).

4. Chacun aime ce qui lui ressemble (trad. du latin).

5. Tu possèdes, tu es possédé (trad. du latin).

6. Un esprit sain dans un corps sain (trad. du latin).

7. Aristote dit que tous les hommes de génie sont mélancoliques (trad. du latin).

8. Le long loisir d'hommes ignorants (trad. de l'italien).

9. Excellence, vertu (trad. du grec).

10. Le calme est difficile dans l'inaction (trad. du latin).

11. Maître de soi (trad. du latin).

12. En français dans l'original.

13. *Scire tuum nihil est, nisi te scire hoc sciat alter* (Ton savoir n'est rien, si tu ne sais pas que les autres le savent).

14. Obstination (trad. du latin).

15. En français, dans l'original.

16. Les frères allemands (trad. de l'allemand).

17. En français dans l'original.

18. À la mesure de ses propres forces (trad. du latin).

19. Le mal suprême (trad. du latin).

20. Chose horrible à dire (trad. du latin).

21. Pourquoi disserter ? (trad. du latin).

22. Les outrages (trad. du grec).

23. Sur la constance du sage (trad. du latin).

24. La loi ne s'occupe pas des broutilles (trad. du latin).

25. L'honneur chevaleresque est l'enfant de l'orgueil et de la folie (la vérité opposée à ces préceptes se trouve nettement exprimée dans la comédie *El principe constante* par ces mots : *Esa es la herencia de Adán*). Le sens propre de ces mots est que la misère est le lot des fils d'Adam.

Il est frappant que cet extrême orgueil ne se rencontre qu'au sein de cette religion qui impose à ses adhérents l'extrême humilité ; ni les époques antérieures, ni les autres parties du monde ne connaissent ce principe de l'honneur chevaleresque. Cependant ce n'est pas à la religion qu'il faut en attribuer la cause, mais au régime féodal sous l'empire duquel tout noble se considérait comme un petit souverain ; il ne reconnaissait aucun juge parmi les hommes, qui fût placé au-dessus de lui ; il apprenait à attribuer à sa personne une inviolabilité et une sainteté absolues ; c'est pourquoi tout attentat contre cette personne, un coup, une injure, lui semblait un crime méritant la mort. Aussi le principe de l'honneur et le duel n'étaient-ils à l'origine qu'une affaire concernant les nobles ; elle s'étendit plus tard aux officiers, auxquels s'adjoignirent ensuite parfois, mais jamais d'une manière constante, les autres classes plus élevées, dans le but de ne pas être dépréciées. Les ordalies, quoiqu'elles aient donné naissance aux duels, ne sont pas l'origine du principe de l'honneur ; elles n'en sont que la conséquence et l'application : quiconque ne reconnaît à aucun homme le droit de le juger en appelle au Juge divin. – Les ordalies elles-mêmes n'appartiennent pas exclusivement au christianisme ; on les retrouve fréquemment dans le brahmanisme, bien que le plus souvent aux époques reculées ; cependant il en existe encore des vestiges aujourd'hui.

26. Vingt ou trente coups de canne sur le derrière, c'est, pour ainsi dire, le pain quotidien des Chinois. C'est une correction paternelle du mandarin, laquelle n'a rien d'infamant, et qu'ils reçoivent avec actions de grâces (*Lettres édifiantes et curieuses*, éd. 1819, vol. XI, p. 454).

27. Voici, selon moi, quel est le véritable motif pour lequel les gouvernements ne s'efforcent qu'en apparence de proscrire les duels, chose bien facile, surtout dans les universités, et d'où vient qu'ils prétendent ne pouvoir réussir : l'État n'est pas en mesure de payer les services de ses officiers et de ses employés civils à leur valeur entière en argent ; aussi fait-il consister l'autre moitié de leurs émoluments en *honneur*, représenté par des titres, des uniformes et des décorations. Pour maintenir ce prix idéal de leurs services à un cours élevé, il faut, par tous les moyens, entretenir, aviver et même exalter quelque peu le sentiment de l'honneur ; comme à cet effet l'honneur bourgeois ne suffit pas, pour la simple raison qu'il est la propriété commune de tout le monde, on appelle au secours l'honneur chevaleresque que l'on stimule, comme nous l'avons montré. En Angleterre, où les gages des militaires et des civils sont beaucoup plus forts que sur le continent, on n'a pas besoin d'un pareil expédient ; aussi, depuis une vingtaine d'années surtout, le duel y est-il presque complètement aboli ; et, dans les rares occasions où il s'en produit encore, on s'en moque comme d'une folie. Il est certain que la grande *Anti-duelling Society*, qui compte parmi ses membres une foule de lords, d'amiraux et de généraux, a beaucoup contribué à ce résultat, et le Moloch doit se passer de victimes.

28. Une noble paire de frères (trad. du latin).

29. Aussi est-ce faire un mauvais compliment lorsque, ainsi qu'il est de mode aujourd'hui, croyant faire honneur à des *œuvres*, on les intitule des *actes*. Car les œuvres sont, par leur essence, d'une espèce supérieure. Un acte n'est toujours qu'une action basée sur un *motif*, par conséquent, quelque chose d'isolé, de transitoire, et appartenant à cet élément général et primitif du monde, à la *volonté*. Une grande et belle œuvre est une chose durable, car son importance est universelle, et elle procède de l'intelligence, de cette

intelligence innocente, pure, qui s'élève comme un parfum au-dessus de ce bas monde de la volonté.

Parmi les avantages de la gloire des actions, il y a aussi celui de se produire ordinairement d'un coup avec un grand éclat, si grand parfois que l'Europe entière en retentit, tandis que la gloire des œuvres n'arrive que lentement et insensiblement, faible, d'abord, puis de plus en plus forte, et n'atteint souvent toute sa puissance qu'après un siècle ; mais alors elle reste parfois pendant des milliers d'années, parce que les œuvres restent aussi. L'autre gloire, la première explosion passée, s'affaiblit graduellement, est de moins en moins connue et finit par ne plus exister que dans l'histoire à l'état de fantôme.

30. Comme notre plus grand plaisir consiste en ce qu'on nous admire, mais comme les autres ne consentent que très difficilement à nous admirer même alors que l'admiration serait pleinement justifiée, il en résulte que celui-là est le plus heureux qui, n'importe comment, est arrivé à s'admirer sincèrement soi-même. Seulement il ne doit pas se laisser égarer par les autres.

31. Ce qui dépend de nous (trad. du grec).

32. Ce qui n'en dépend pas (trad. du grec).

33. Passer sa vie (trad. du latin).

34. En finir avec la vie, mourir (trad. du latin).

35. On s'en sort comme ça (trad. de l'italien).

36. On doit essayer d'arriver au bout (trad. de l'allemand).

37. Cela adviendra (trad. de l'allemand).

38. Un autre plaisir, que m'apprend-il ? Je n'essaie pas (trad. de l'italien).

39. Le calme est difficile dans l'inaction (trad. du latin).

40. Je porte tous mes biens sur moi (trad. du latin).

41. Ainsi que notre corps est enveloppé dans ses vêtements, ainsi notre esprit est revêtu de mensonges. Nos paroles, nos actions, tout notre être est menteur, et ce n'est qu'à travers cette enveloppe que l'on peut deviner parfois notre pensée vraie, comme à travers les vêtements les formes du corps.

42. En français dans le texte.

43. Le caractère grégaire de l'humanité (trad. de l'anglais).

44. Voici l'apologue mentionné ci-dessus :

Par une froide journée d'hiver, un troupeau de porcs-épics s'était mis en groupe serré pour se garantir mutuellement contre la gelée par leur propre chaleur. Mais tout aussitôt ils ressentirent les atteintes de leurs piquants, ce qui les fit s'éloigner les uns des autres. Quand le besoin de se chauffer les eut rapprochés de nouveau, le même inconvénient se renouvela, de façon qu'ils étaient ballottés deçà et delà entre les deux souffrances, jusqu'à ce qu'ils eussent fini par trouver une distance moyenne qui leur rendît la situation supportable. Ainsi, le besoin de société, né du vide et de la monotonie de leur propre intérieur, pousse les hommes les uns vers les autres ; mais leurs nombreuses qualités repoussantes et leurs insupportables défauts les dispersent de nouveau. La distance moyenne qu'ils finissent par découvrir et à laquelle la vie en commun devient possible, c'est la *politesse* et les *belles manières*. En Angleterre, on crie à celui qui ne se tient pas à cette distance : *Keep your distance !* – Par ce moyen, le besoin de chauffage mutuel n'est, à la vérité, satisfait qu'à moitié, mais en revanche on ne ressent pas la blessure des piquants. – Celui-là cependant qui possède beaucoup de calorique propre préfère rester en dehors de la société pour n'éprouver ni ne causer de peine. (*Parerga et Paralipomena*, t. II, chap. 31, § 400.)

45. Ose savoir (trad. du latin).

46. Rien n'est heureux à tous points de vue (trad. du latin).

47. Le café, ou la comédie nouvelle (trad. de l'espagnol).

48. L'*envie*, dans les hommes, montre combien ils se sentent malheureux, et la constante *attention* qu'ils portent à tout ce que font ou ne font pas les autres montre combien ils s'ennuient.

49. Ne pas déplacer ce qui ne bouge pas (trad. du latin).

50. En français dans le texte.

51. Avec un grain de sel, distance, ironie (trad. du latin).

52. Je te vois (trad. de l'italien).

53. Le sommeil est une petite portion de *mort* que nous empruntons *anticipando* et par le moyen de laquelle nous regagnons et renouvelons la vie épuisée dans l'espace d'un jour. *Le sommeil est un emprunt fait à la mort* (en français dans le texte). Le sommeil emprunte à la mort pour entretenir la vie. Ou bien, il est l'*intérêt payé provisoirement à la mort*, qui elle-même est le payement intégral du capital. Le remboursement total est exigé dans un délai d'autant plus long que l'intérêt est plus élevé et se paye plus régulièrement.

54. En français dans le texte.

55. Voici le texte de la maxime à laquelle Schopenhauer fait allusion : « Il est difficile d'aimer ceux que nous n'estimons point ; mais il ne l'est pas moins d'aimer ceux que nous estimons beaucoup plus que nous. » (La Roch., éd. de la Bibl. nationale, p. 71, 303.)

56. Si dans les hommes, tels qu'ils sont pour la plupart, le bon dépassait le mauvais, il serait plus sage de se fier à leur justice, à leur équité, leur gratitude, leur fidélité, leur affection ou leur pitié qu'à leur crainte ; mais, comme c'est tout l'inverse, c'est l'inverse qui est le plus sage.

57. Schopenhauer force la note ; car La Rochefoucauld a dit : nous trouvons *souvent*...

58. Cf. les citations du Dr Johnson et de Merck, l'ami de jeunesse de Goethe, *Le Monde comme volonté et comme représentation*, t. II, chap. 19.

59. On peut dire que l'homme s'est donné lui-même la *volonté*, car il *est* lui-même cette volonté ; mais l'*intellect* est un don qu'il a reçu du ciel, c'est-à-dire de l'éternelle et mystérieuse destinée et de sa nécessité, dont sa mère n'a été que l'instrument.

60. Pour *faire son chemin dans le monde*, amitiés et camaraderie sont, entre tous, le moyen le plus puissant. Or *les grandes capacités donnent de la fierté* ;

on est peu fait alors à flatter ceux qui n'en ont guère et devant lesquels, à cause de cela même, il faut dissimuler et renier ses hautes qualités. La conscience de n'avoir que des moyens bornés agit à l'inverse ; elle s'accorde parfaitement avec l'humilité, l'affabilité, la complaisance, et le respect de ce qui est bas ; elle aide, par conséquent, à se faire des amis et des protecteurs.

Ceci ne s'applique pas seulement aux fonctions de l'État, mais aussi aux places honorifiques, aux dignités, et même à la gloire dans le monde savant ; ce qui fait que, par exemple, dans les académies, la bonne et brave médiocrité occupe toujours la haute place, et que les gens de mérite n'y entrent que tard ou pas du tout : il en est de même en toute chose.

61. Dans sa nudité naturelle (trad. du latin).

62. Voir *De augmentis scientiarum*, Lud. Batav., 1645, l. VIII, ch. 2, p. 644 et suiv.

63. En français dans le texte.

64. La fortune propice ou adverse (trad. du latin).

65. Sous l'aspect de l'éternité (trad. du latin).

66. En français dans le texte.

67. Dans l'âge mûr, on s'entend mieux à se garder contre le malheur, dans la jeunesse à le supporter.

68. Il y a erreur : ce n'est pas au chapitre 5, mais au chapitre 8, que se trouve l'observation citée par Schopenhauer.

69. Comme la vie s'allonge, s'allongent santé et maladie (trad. du latin).

70. Tête morte (trad. du latin).

71. Environ 60 planètes télescopiques ont encore été découvertes depuis ; mais c'est là une innovation dont je ne veux pas entendre parler. Aussi j'en use à leur égard comme les professeurs de philosophie en ont usé vis-à-vis de moi : je n'en veux rien savoir, car elles m'embarrassent.

72. Recevant et donnant (trad. du grec).

KIERKEGAARD

PRÉFACE

Introduction

Lorsqu'en 1841 le jeune Kierkegaard soutient sa thèse à l'université de Copenhague, Hegel**, grande figure de l'idéalisme* allemand, est mort depuis dix ans, mais sa pensée exerce encore une puissante force d'attraction. Non sans résistances. La réaction anti-hégélienne était déjà à l'œuvre un peu partout en Europe. Le « solitaire de Copenhague » va s'engager dans la bataille au nom de sa foi et de ses plus intimes déchirures. Avec ses armes, l'esprit, l'ironie, l'humour. Contre tous les systèmes philosophiques et contre le plus achevé de ces systèmes, celui de Hegel, Kierkegaard va s'affirmer comme le penseur de l'existence* singulière. Il va contester le plus impressionnant projet philosophique qui ait jamais été : l'élévation de la philosophie au statut de « science ». Les systèmes dans lesquels la pensée, la vie et l'histoire des hommes viennent s'insérer à des places logiquement définies, rigoureusement déterminées selon un ordre déductif où les oppositions des thèses et des antithèses engendrent des synthèses qui les dépassent, ne sont pour Kierkegaard que des « palais d'idées ». « Sur le papier, la médiation a assez bon air. On pose d'abord le fini, puis l'infini et l'on dit (sur le papier) : il s'agit de les concilier. » Ce faisant, « M. le

* Les termes suivis d'un astérisque figurent dans le glossaire, p. 295.
** Les termes suivis de deux astérisques figurent dans l'index, p. 893.

Spéculant » oublie qu'il est lui-même un existant et qu'il ne peut, par conséquent, rien médiatiser ; mais « sur le papier, on produit même l'existence au moyen de la médiation ». Précisons que Kierkegaard appelle « médiation » ce que Hegel appelait « dépassement » *(Aufhebung)*. Et scandale des scandales, le christianisme était un moment de l'histoire, de l'historique révolu. Ainsi les « faiseurs de systèmes » réduisaient l'existence à un concept et le christianisme à un moment de l'histoire. Mais, pour Kierkegaard, ce n'est là que « folie du rabâchage ». La « fantasmagorie » de la providentielle médiation confond dépasser et passer outre. Hegel est le philosophe de la réconciliation triomphante, Kierkegaard sera celui qui souligne les paradoxes et les déchirures et ne se laissera pas « charmer par le prestige des concepts ». Le défi est lancé. La réplique sera définitive. Le système hégélien n'est pas en mesure de rendre compte de la situation concrète de l'homme dans le monde. L'abstraction qui le caractérise manque, dans sa démarche même, la spécificité de l'existence. L'existence est un phénomène insaisissable par la seule pensée pure et en cela irréductible à tout système. La vérité jusqu'ici enseignée est à une distance incommensurable de l'homme aux prises avec les vicissitudes de l'existence. La vérité est au contraire subjective et l'homme doit la faire sienne. Elle n'est pas l'objet d'un savoir, elle ne s'enseigne pas, on ne l'apprend pas, on se l'approprie. L'individu concret, vivant « ici et maintenant », est la résonance de cette vérité si singulière. L'existence est dans l'effort, dans l'incertitude, dans le devenir. L'homme a « à être ». Il lui incombe de trouver une vérité qui soit une pour lui, l'idée pour laquelle il voudrait vivre ou mourir. L'individu doit donc dessiner son horizon à travers ses choix personnels. Ce souci de préserver l'individu est chez Kierkegaard d'inspiration chrétienne. La finalité ultime de l'homme sera de « devenir chrétien ». Mais, alors, il faudra vivre passionnément un christianisme authentique, *via dolorosa*, et combattre le christianisme galvaudé de son époque.

Radicale et sans compromis, la pensée de Kierkegaard s'écarte résolument de la philosophie universitaire de son temps. Elle est une philosophie autre qui scrute la singularité de l'individu et le prend tout entier, esprit et chair, raison et passion dans sa souffrance, ses doutes, ses amours... Mais s'opposer à la philosophie de son temps, penser hors de ses cadres universitaires n'allait pas sans risques. Une telle attitude éveillait immédiatement les soupçons. Kierkegaard, un philosophe, vraiment ? Ne serait-il pas plutôt un « poète du religieux » comme il s'est lui-même nommé, égaré dans la philosophie ? Et son œuvre ne plaidait pas la cause de la philosophie telle qu'on l'entendait alors. Regardez ! Elle mêle tous les genres sur tous les tons ou presque. Ouvrez son premier grand ouvrage, et convenez qu'il est bien étrange. Des aphorismes, une étude du *Don Juan* de Mozart, un essai sur un tout autre sujet, un autre encore et soudain le journal d'un séducteur ! Est-ce là œuvre d'un philosophe ? Pis encore, quand il se veut philosophe, il publie une « brochure » qu'il intitule « *Miettes philosophiques ou Une miette de philosophie* » ! Pour ce qui est de la philosophie, une miette lui suffit. Et enfin, qui est cet auteur qui ne signe pas ses œuvres de son nom, s'inventant à chaque fois des pseudonymes pour le moins curieux. Telle est l'impression première que tout lecteur aura en découvrant l'œuvre de Kierkegaard qui va l'arracher à ses cartésiennes habitudes et l'installer au cœur d'une œuvre déconcertante, au cœur d'une méditation radicalement nouvelle sur l'existence. Si Kierkegaard fut immédiatement reconnu comme un très grand écrivain, certains ont longtemps douté de sa qualité de philosophe. Conscient de la radicale nouveauté de son propos, Kierkegaard n'emprunte pas les formes traditionnelles du discours philosophique. Et au contraire. La vie toujours placée sous le signe du multiple ne peut s'exprimer que par la diversité des styles qui donne chaque fois une tonalité, une musique, une atmosphère différentes. Aux traités érudits, le penseur de la subjectivité* préfère les « miettes », les « silhouettes » ou autre « post-scriptum non scientifique ». Aux démonstrations pesantes, le journal d'un séducteur... Car la philosophie se « vit ». Elle ne s'enseigne pas, chaque homme l'« éprouve ». Kierkegaard, à l'instar des Grecs qu'il admirait, a pensé sa vie et vécu sa pensée. Il se mettra constamment en scène et fera de sa vie une œuvre.

Né en 1813 au Danemark, Søren est le septième et dernier enfant d'un berger devenu riche bonnetier, homme rongé par le poids d'un blasphème : un jour de mauvais temps où il gardait son troupeau, il maudit Dieu pour cette existence misérable. Dès lors, pétri de remords, il vécut dans la crainte du châtiment divin. La mort de cinq de ses enfants puis celle de sa femme le persuadèrent que c'est à travers sa famille que Dieu avait choisi de le punir, le condamnant, dans un très proche avenir, à rester seul avec sa douleur. De ce père tourmenté, les deux fils survivants, Peter et Søren, reçurent une éducation rigoriste et sévère, dans le plus strict respect du piétisme. Le piétisme, courant issu du protestantisme, mettait l'accent, comme son nom l'indique, sur la nécessité de la piété personnelle et du sentiment religieux, au détriment de la stricte orthodoxie doctrinale. C'était un christianisme très sombre qui se référait essentiellement au péché originel, à la crucifixion et à la souffrance. De cette éducation, Kierkegaard dira plus tard qu'elle fut, « à vues humaines, une folie ». Ce père était aussi un homme épris de culture qui aimait à réunir chez lui les personnalités en vue de la capitale. Le fils qui assista très tôt à ces soirées fut fasciné par la puissance dialectique « sans pareille » de son père. Il lui transmit aussi cela : une initiation précoce aux joutes virtuoses de la pensée dialectique. Après une scolarité sans éclat sauf en latin, le jeune Kierkegaard s'inscrit à l'université, en théologie. Il étudie la philosophie de Hegel, le romantisme* allemand et se passionne pour la musique et le théâtre. À la mort de sa mère en 1834, il quitte le foyer familial et mène une existence de dandy. Mais sous la frivolité perce l'inquiétude. Il note dans son journal : « Ce qui proprement me fait défaut est de me mettre en accord avec moi-même, de savoir ce que je dois faire et non pas ce que je dois connaître [...] Il s'agit de comprendre ma destination, de voir ce que la divinité veut au fond que je fasse ; il s'agit de trouver une vérité qui soit une pour moi, de trouver l'idée pour laquelle je veux vivre et mourir. » En 1838, son père meurt peu de temps après lui avoir avoué, un soir d'ivresse, ses fautes. Kierkegaard évoquera dans son journal un « tremblement de terre » dont il gardera toujours le secret : « affreux bouleversement qui soudain m'imposa une nouvelle loi d'interprétation infaillible de tous les phénomènes [...] C'est alors que je sentis le silence de mort s'accroître autour de moi [...] » Il est convaincu que lui et son frère ne dépasseront jamais l'âge de trente-trois ans. Ce « tremblement de terre » a bien sûr intrigué et divisé la critique. Il semble que le père lui ait avoué non seulement avoir maudit Dieu alors qu'il était un jeune berger, mais aussi avoir abusé de sa servante peu avant la mort de sa première femme. Il épousera précipitamment sa servante, qui était enceinte. On peut raisonnablement penser que ces « confidences » ne furent pas sans conséquences pour le fils. Choc salutaire dans un premier temps. Il reprend ses études et soutient deux ans plus tard sa thèse : *Le Concept d'ironie constamment rapporté à Socrate*, où il définit l'ironie* par l'affirmation de la subjectivité contre l'objectivité. Deux mois après la soutenance de sa thèse survient l'autre événement décisif de sa vie : la rupture brutale et sans motif apparent de ses fiançailles avec Régine Olsen**, rencontrée quatre ans plus tôt. Rupture définitive après une année de souffrance et de tourments. La blessure ne guérira jamais et Régine restera omniprésente dans ses pensées et dans son œuvre.

Désespéré, il part, s'enfuit plutôt à Berlin. De retour à Copenhague, il publie en 1843 plusieurs ouvrages majeurs sous des pseudonymes différents : *Ou bien... ou bien...*, dont une partie restée célèbre, *Le Journal du séducteur*. Le séducteur qu'il met en scène joue avec une cruauté raffinée des sentiments sincères d'une jeune fille. Chaque geste de passion est froidement calculé. Kierkegaard a-t-il écrit ce *Journal* pour que sa fiancée se détache définitivement de lui ? Auréolé de scandale, c'est un succès immédiat. Et le premier malentendu. C'est l'écrivain du *Journal* qu'on acclame, pas le penseur, encore moins le philosophe. De 1843 à 1849, une œuvre considérable s'édifie. Kierkegaard mêle sur sa palette lyrisme et philosophie, réflexion religieuse et démonstration. En l'espace de six ans paraissent entre autres : *Crainte et tremblement*, *La Reprise*, *Les Miettes philosophiques*, *Le Concept d'angoisse*, *Étapes sur le chemin de la vie*, *Post-scriptum aux Miettes philosophiques*, *Vie et règne de l'amour*, *Deux petits traités éthico-religieux* et *Le Traité du désespoir*. Production à bien des égards exceptionnelle, par son ampleur, par son style, par sa forme même et dont cette liste n'est pas complète. Mais, surtout, la pensée de Kierkegaard ouvrait de nouveaux horizons à la philosophie. Existence, nausée, angoisse, déréliction, temporalité, il est le premier qui ait employé ces mots au sens où nous les entendons aujourd'hui, le premier qui ait exploré, parfois jusqu'à la folie, ces thèmes dont les générations suivantes vont s'emparer jusqu'à aujourd'hui encore. En 1846, il fait l'objet d'une campagne virulente instiguée par *Le Corsaire*, un journal satirique. Il en est très affecté et se mure dans le silence entre 1851 et 1854. Il n'en sortira que pour s'opposer violemment au clergé danois. Il ridiculise les « prêtres fonctionnaires » et une Église devenue « compagnie d'assurance pour l'au-delà ». Son état de santé s'aggrave et il meurt en 1855, après avoir refusé les derniers sacrements.

L'existence selon Kierkegaard est pure possibilité, vertige des possibilités qui suscite le pathétique*, l'angoisse* et le désespoir*. Cette existence, il faut l'interroger. En regard des systèmes antérieurs, mais aussi et surtout selon les nouvelles modalités qui s'offrent à l'horizon de la pensée moderne.

Penser l'existence ?

La subjectivité

La subjectivité contre les systèmes philosophiques

Le rôle du penseur est de devenir subjectif. Il doit sans cesse lutter contre sa tendance à l'abstraction, toujours s'attacher à ne pas se délivrer de soi-même. Il doit en outre préserver une tension perpétuelle entre le vécu et la transcendance* de Dieu. « Penseur privé », il se situe dans l'écart. Cette discordance l'immerge dans le réel et ne l'éloigne pas de l'individu concret. En assignant une telle tâche au penseur, Kierkegaard réfute les systèmes philosophiques antérieurs. Il s'insurge notamment contre la tentative hégélienne d'assimilation réciproque du réel et du rationnel. Absurde ! Construire un système signifie qu'on se place sous le signe de la nécessité rationnelle qui tend à exclure toute contingence. Une telle conception de la philosophie ne peut donner à voir l'existence qui est précisément devenir et contingence*. C'est tout particulièrement dans le *Post-scriptum aux Miettes philosophiques* que Kierkegaard attaque le système hégélien. Avec cette ironie joyeuse qui lui est propre, il montre « que le langage de l'abstraction ne laisse pas à proprement parler apparaître la difficulté de l'existence et de l'existant [...], et il faut donc ne se commettre que prudemment avec un hégélien, et, avant tout, s'assurer d'avec qui on a l'honneur de parler, si c'est un homme, un homme existant, s'il est lui-même *sub specie aeterni* (du point de vue de l'éternité) aussi quand il dort, mange, se mouche et fait tout ce que fait un homme [1] ? ». Ainsi Hegel décidément ne peut rendre compte de la subjectivité existentielle qui est au cœur de la pensée de Kierkegaard. Le statut de cette subjectivité est singulier en ce qu'elle n'est ni le sujet théorique, ni le sujet pratique, ni le sujet sensible. Elle est plutôt liée de différentes manières à ces multiples sujets. Elle ne s'appréhende pas soi-même par la réflexion comme coïncidence avec soi, dans une présence immédiate de la pensée à elle même, qui définit le sujet théorique. Ainsi Kierkegaard réfute l'acception kantienne de la conscience « unificatrice de l'expérience ». Elle n'est en aucun cas un savoir des choses ou de soi. Toute la pensée contemplative et spéculative se trouve mise à mal. La subjectivité n'est pas non plus porteuse de la loi morale. Il n'est dès lors nullement question de chercher en elle les fondements de la morale. Kierkegaard déplace l'interrogation morale ainsi : *comment* un individu parvient à la vie éthique*.

1. *Post-scriptum aux Miettes philosophiques*, voir p. 486 de la présente édition.

La subjectivité n'est pas exactement le sujet sensible capable d'appréhender les objets du monde, ni le sujet du jugement de goût. Elle est comprise comme un rapport de soi à soi au travers du monde et d'autrui. Elle se déploie en fait sous une multitude d'affects* tels que la crainte, l'angoisse, le désespoir, la souffrance ou la joie.

Tout système impose une limite et une détermination à ses concepts, aussi la spécificité de la subjectivité lui échappe-t-elle. Kierkegaard reproche en ce sens à Hegel d'avoir cherché à dépasser la croyance en l'intégrant à son système, manquant ainsi la spécificité de la subjectivité qui fait l'épreuve de cette croyance. La subjectivité ne va pas de soi parce qu'elle est inachèvement. En effet, l'individu est en devenir, il a « à être ». La subjectivité est un phénomène fondateur et irréductible : elle est la vérité. Vérité au regard des systèmes objectifs et historiques qui portent en creux des concepts dépersonnalisants. La vérité n'est pas objective, elle est subjective. Cette subjectivité ne peut cependant se poser que selon des modalités négatives : définie positivement, elle serait faussement appréhendée comme close sur elle-même et perdrait son imprévisibilité. C'est cette singularité du sujet en devenir que Kierkegaard veut maintenir à travers ses polémiques : la vérité subjective n'existe que par opposition à la vérité objective. En effet, la voie de l'objectivité s'apparente à la démarche scientifique. Pour la pensée spéculative, le sujet est annihilé face à l'objet de connaissance et de contemplation. La vérité revêt un caractère universel et impersonnel. En revanche, pour Kierkegaard, la subjectivité diffère d'un individu à l'autre et incarne la voie de la vérité. C'est au regard de chaque individu que la vérité trouve son sens. S'opposer à la philosophie spéculative implique de ne plus se tourner vers un hypothétique objet de connaissance, mais de se retourner vers soi. Il s'agit là d'une véritable conversion vers l'intériorité. La vérité occupe néanmoins un statut paradoxal en ce qu'elle confronte deux réalités incommensurables : la vérité objective impersonnelle et la vérité subjective individuelle. Cette conception s'oppose à la philosophie classique, pour laquelle la vérité est adéquation à l'objet. Si paradoxal que cela puisse paraître, c'est l'être aux prises avec ses affects qui est principe de vérité. La vérité est ainsi multiple, car c'est la tension vers la vérité qui est la marque de la vérité. Là est le paradoxe* : la vérité ne peut être appréhendée adéquatement, puisque l'homme n'est pas à la mesure de Dieu, qui est pourtant la vérité ultime de l'homme. C'est dans cet écart à la vérité que l'individu se meut. La vérité pure, celle de Dieu, existe sur le mode de la nostalgie, de l'idéal. La conception de la subjectivité comme vérité participe d'une philosophie de la différence : il y a un écart irréductible entre l'homme et la vérité pure. La recherche de la vérité se substitue ainsi au concept de vérité. Elle est mouvement vers la connaissance de soi, quand bien même cet effort serait infini. Par ce mouvement, l'homme est de même nature que la vérité. Celle-ci est en effet consubstantielle à la subjectivité et il incombe à l'homme de devenir soi. La subjectivité doit réaliser concrètement la vérité qu'elle est sous forme de potentiel. Mais cette unité et identité de soi que l'individu doit atteindre constituent une tâche infinie.

La pseudonymie

Le penseur subjectif est un penseur privé qui délivre un message par des voies indirectes. C'est pour cette raison que Kierkegaard a publié de nombreux ouvrages sous divers pseudonymes. Il s'agit là d'une véritable stratégie de communication. La pseudonymie donne à voir la « variété psychologique des différences individuelles [1] ». Ces figures existentielles fictives participent d'une certaine conception de la vie, ainsi Don Juan** ou Faust** illustrant le stade esthétique*. Ils dévoilent alors les différentes possibilités concrètes d'existence. C'est là encore un moyen pour le penseur subjectif de s'immerger dans le concret et l'expérience. L'œuvre se veut description psychologique la plus adéquate à la subjectivité existentielle. C'est dans un texte

1. *Ibid.*, voir p. 621-622 de la présente édition.

final du *Post-Scriptum*[1] que Kierkegaard révèle la nature et la fonction des discours pseudonymes. Il revendique la paternité de son œuvre, tout en affirmant l'autonomie de l'univers pseudonymique. Les personnages fictifs — tels Johannès de Silentio, Constantin Constantius, Climacus ou anti-Climacus — représentent un type concret d'existence possible. En outre, l'abstraction hégélienne a vidé le sujet de son sens. Il convient donc de le réaffirmer au travers de ces individualités. Les pseudonymes ne sont pas des masques, mais ils incarnent une entité autonome. La forme du penseur subjectif est son style selon Kierkegaard, et c'est en cela que la pseudonymie revêt une importance particulière. Elle permet d'appréhender l'existence telle que Kierkegaard la conçoit.

L'existence

Existence et pensée

L'existence de l'individu revêt une signification particulière que l'on ne peut expliquer sans établir une distinction préalable, inhérente à la langue danoise : *Tilvaerelse* et *Existents* sont deux concepts désignant l'existence. Le premier désigne l'existence de fait, et le second exprime le mouvement qui conduit de ce fait brut à l'existence. Le *Post-scriptum aux Miettes philosophiques* étudie la relation problématique entre l'existence et la pensée. Il y dénonce notamment le langage logique de l'abstraction qui identifie la pensée et l'être en excluant le mouvement et le devenir. La pensée laisse alors choir l'existence à l'extérieur, suscitant une scission entre la logique et l'existence. Au regard de cet écart incommensurable qui sépare la pensée et l'être, il incombe à l'homme, en tant qu'il existe, d'accomplir cette séparation en posant l'impossibilité de penser ce que l'on est et d'être ce que l'on pense. C'est pour cette raison qu'il faut affirmer que l'existence précède la pensée. Elle est un phénomène fondateur et

1. *Ibid.*, voir p. 621 de la présente édition.

inéluctable. Il faut en effet exister pour pouvoir penser. Il revient à l'homme de séparer pensée et existence en ce qu'il est à la fois existence et pensée de son existence. Contrairement à Dieu, qui ne pense pas mais crée, l'homme est conscient d'exister et d'être conjointement existant et pensant. L'homme existe de fait dans la pure facticité, mais, à la différence de l'animal, il porte en lui la possibilité d'accomplir ce mouvement vers soi : il a l'existence pour tâche.

L'existence comme possibilité

L'existence est relation au monde, elle est projet et anticipation. Elle est mouvement vers l'avenir et suppose la contingence : exister implique des choix, sans détermination ni nécessité. Seule la liberté préside aux actes. Kierkegaard s'oppose là encore à la possibilité hégélienne, qui est passive. Selon Hegel, le possible parvient nécessairement à l'effectivité du réel. Or il n'y a pas de nécessité pour Kierkegaard, mais un horizon des possibles qui s'offre à l'homme, et qu'il lui appartient de choisir ou non. L'existence de l'homme n'est pas spéculative, elle est concrète. Elle est pétrie des possibles qui lui permettront de donner une forme à sa singularité. C'est pourquoi l'individu comme auteur de ses choix existentiels a une place centrale chez Kierkegaard. L'existence est dialectique* en ce qu'elle est mouvement, changement. Exister, c'est devenir, passer du même à l'autre, de celui qu'on est à celui qu'on sera. L'individu se recherche à travers les autres et lui-même. Au regard de ce parcours intérieur, des doutes et des incertitudes émaillent sa vie. L'angoisse, le désespoir ou la mort sont dialectiques en ce qu'ils provoquent un mouvement vers autre chose. Ces situations de tension inhérentes à l'existence expriment le rapport de l'homme au monde et à Dieu. La dialectique ne résout pas les conflits, mais elle témoigne de ces tensions. Celles-ci se traduisent dans la relation de l'homme au monde et à lui-même, notamment au travers du pathétique, de l'angoisse et du désespoir.

Le pathétique

C'est le pathétique qui domine la relation de la subjectivité au monde extérieur. Le pathos existentiel est un agir qui transforme l'existence car il établit un rapport avec l'absolu. La souffrance participe en ce sens du pathos. Par elle, l'individu s'approprie sa propre existence. Il s'agit ainsi pour l'individu non de la fuir à tout prix mais de persévérer dans la souffrance. Se détourner de la frivolité de l'existence immédiate implique la souffrance. En effet, le sens que l'on donne à son existence doit être absolu et non pas relatif. Or une telle attitude suscite de la souffrance : plus l'homme chemine, plus il prend conscience de son néant face à Dieu. La souffrance est donc inhérente à ce mouvement existentiel.

L'angoisse

L'angoisse est le vertige de la liberté qui saisit l'individu. Kierkegaard le premier introduit l'angoisse en philosophie avec *Le Concept de l'angoisse*. Publié en 1844, cet ouvrage se veut « simple éclaircissement psychologique » et non pas philosophique. Heidegger** cependant, philosophe déclaré d'exception, ne manquera pas de s'en inspirer. L'angoisse désigne cette affection de l'âme sans objet, lorsque l'homme est livré à l'infini des possibles, ce qui la différencie de la peur, qui est toujours peur « de » quelque chose. Kierkegaard distingue l'angoisse objective de l'angoisse subjective. La première est celle de l'homme générique, qui, du fait même de son existence, est confronté à la liberté. Celle-ci est survenue dans le monde avec le péché originel. Dès lors, tout homme n'est déjà plus innocent, portant en creux la culpabilité. Adam, premier homme à faire l'épreuve de la condition humaine, a été confronté à « la possibilité infinie de pouvoir [1] », c'est-à-dire à une angoissante liberté. Il ne connaissait pas la conséquence de ses actes mais il

1. *Le Concept de l'angoisse*, voir p. 639 de la présente édition.

savait que rien ne l'empêcherait d'agir à sa guise, Dieu l'ayant créé libre. L'angoisse subjective est celle de l'individu concret qui découvre l'abîme des possibles dans sa propre existence. Elle est « vertige de la liberté[1] », une liberté concrète et finie. Elle est une expérience vécue et ne peut être appréhendée au travers d'un discours philosophique qui la confinerait dans le domaine spéculatif. Il est nécessaire de se déprendre de la logique, afin de rendre compte de la liberté et de l'angoisse qu'elle génère. La psychologie décrit des états là où la philosophie cherche à circonscrire, limiter, bref donner des définitions. Pour Kierkegaard, seule l'hypothèse du salut parvient à apaiser le moi* angoissé. La foi* apaise l'homme de l'angoisse devant l'infini des possibles. Néanmoins, l'angoisse est inhérente à l'homme en ce qu'il est esprit et conscience de soi. Elle est consubstantielle à la spiritualité de l'individu. Kierkegaard est le premier à affirmer que l'angoisse est l'attitude fondamentale de l'homme qui comprend sa condition dans le monde. Il se situe face au possible, portant le poids de la liberté.

Le désespoir

Alors que l'angoisse est liée à la situation de l'homme dans le monde, le désespoir figure le rapport du moi avec lui-même. Kierkegaard conçoit le moi comme un rapport, s'opposant par là aux conceptions antérieures. Pour Kant**, le moi assigne une unité à la pensée et accompagne toutes les représentations. Hegel assimile le moi à la simple « certitude-de-soi » et minimise son rôle. Il est toujours appréhendé abstraitement sous forme d'une unité stable. Kierkegaard réfute cette idée d'unité de la conscience. Le moi est un « rapport se rapportant à lui-même[2] » et non plus unité. Il est alors une formation instable, soumise à l'angoisse, au doute, à la maladie et à la mort. Le désespoir naît de la discordance de la synthèse « d'infini et de

1. *Ibid.*, voir p. 642 de la présente édition.
2. *Traité du désespoir*, voir p. 651 de la présente édition.

fini, de temporel et d'éternel[1] » qu'est l'individu. Il a la liberté d'être ou de ne pas être soi-même. Néanmoins, il se situe toujours dans l'écart : sa nature finie l'empêche d'être lui-même, au repos. Et, s'il refuse d'être lui-même, il lui est impossible de sortir du rapport du moi. La prise de conscience de la séparation entre le moi subjectif et le moi objectif engendre le désespoir, cette maladie mortelle. Il ne s'agit pas là de comprendre l'issue du désespoir comme mort. Ce mal ne conduit pas à la mort, mais il est sans fin. Le désespéré souhaite la mort du moi, c'est-à-dire la transformation du rapport du moi avec lui-même. Or le moi comme rapport à soi ne peut pas mourir, son instabilité étant constitutive. Il y a dès lors deux types de désespoir : le premier récuse l'infini du moi, ignorant par là toute vie intérieure et sa myriade d'interrogations existentielles : Qui suis-je ? Dieu existe-t-il ? Quel est le sens de l'existence ? Ce désespoir est le plus partagé. Il est celui des hommes privés de spiritualité véritable qui se contentent d'un « prêt-à-penser » distillé par des philosophes ou des mystiques. Le second désespoir révèle le manque de nécessité ou de liberté. Le moi s'engouffre dans l'abîme de l'infini des possibles, chez l'esthète par exemple. Le moi du fataliste ou du déterministe pense que tout est nécessité. Ainsi, au regard de l'infini des possibles, certains individus répondent par le désir, d'autres par la mélancolie et l'imagination (la crainte, l'angoisse, l'espérance). Le pathétique, l'angoisse et le désespoir sont ainsi des situations concrètes que rencontre l'homme, placé devant l'infini des possibles. L'individu se jette dans cet horizon et aspire à une vérité qui résonne en lui, une vérité subjective. C'est à ce moment, celui du choix, que trois possibilités fondamentales d'existence s'offrent à lui.

Les trois stades de l'existence

Au regard du vertige des possibles, inhérent à la condition de l'individu dans le monde, différentes manières d'exister sont

1. *Ibid.*

explorées par Kierkegaard. L'individu se trouve jeté dans le monde, plongé dans l'abîme de l'infini des possibles et trois types de rapport au monde, à lui-même et à Dieu s'offrent à lui. Ils sont tous trois la résonance d'une vérité subjective. Kierkegaard montre qu'« il y a trois sphères d'existence : l'esthétique*, l'éthique* et la religieuse*. À ces trois sphères correspondent deux zones limites : l'ironie est la zone limite entre l'esthétique et l'éthique ; l'humour*, la zone limite entre l'éthique et le religieux[1] ». Cette « phénoménologie* » de l'existence est donnée à voir au travers de figures littéraires, mythiques ou bibliques. Ces trois manières d'être au monde s'excluent les unes les autres et ne peuvent aucunement faire l'objet de synthèse. Ce serait en effet spéculer dans l'abstraction et se méprendre sur la nature même de l'individu, être concret de l'existence dans l'espèce humaine. Aucun système objectif de l'existence n'est tenable aux yeux de Kierkegaard. Tout passage d'un stade à un autre est un saut*, fruit d'une décision personnelle. Aussi, c'est l'individu qui éprouve, ressent, change ou recule. Aucune nécessité logique ou dialectique ne préside à ses choix, lui seul dessine son horizon.

Le stade esthétique

C'est tout particulièrement dans *Ou bien... ou bien...*, publié en 1843, que Kierkegaard expose le stade esthétique au travers de trois figures : Ahasvérus** le juif errant toujours en quête d'un pays, Don Juan insatiable séducteur et Faust avide de savoir. L'on s'intéressera plus précisément aux deux dernières. Le stade esthétique est équivoque en ce que Kierkegaard le conçoit au regard de la vie et de l'art. En effet, l'esthétique n'est nullement une théorie de l'art. Elle désigne l'individu vivant dans l'instant, fuyant les autres et soi-même. Une telle existence se situe sous l'égide du désir et de l'imagination, aussi le moi se

1. *Post-scriptum aux Miettes philosophiques*, voir p. 577 de la présente édition.

trouve-t-il dépourvu d'une unité déterminée. La vie dans ses innombrables possibilités est esthétique. Néanmoins seul l'art peut incarner ces différentes expressions. C'est pour cette raison que les figures subjectives utilisées sont à la limite de l'art et de la vie, entre l'imaginaire et le réel. L'individu esthétique rêve sa vie dans un monde qui n'est que représentation. Il structure son existence en fonction de figures archétypales. Sa vie se trouve alors subordonnée à une conception romantique du monde : l'esthète mesure la réalité à l'aune d'un idéal, aussi la rejette-t-il violemment.

C'est à l'âge de vingt ans que Kierkegaard mène une existence de dandy. Il fréquente les cafés où l'on parle de littérature, de politique et de femmes. Il observe les femmes et imagine à partir de chacune d'entre elles une possibilité d'existence. Il goûte alors à l'infini des possibles sans en choisir aucun. Sa vie d'esthète est forgée par son imagination. Elle est construction de l'esprit, comme dans un roman. Il effleure différents mondes sans en embrasser aucun. Le fait de ne pas choisir revêt à ses yeux un caractère singulier et unique*, dont il se délecte.

C'est dans *Ou bien... ou bien...*, que Kierkegaard fait référence à Don Juan : ce dernier incarne l'autonomie du désir sensuel, la puissance de la vie et de l'instant. Au regard de la fugacité du plaisir, il n'a de cesse de partir à la recherche d'une nouvelle conquête. Son insatisfaction perpétuelle reflète l'échec de sa démarche : au travers de toutes ses conquêtes, il recherche « la » femme, quête inaccessible s'il en est. Il est l'homme du désir et des jouissances terrestres qui se refuse à toute décision, à tout choix. Il succombe devant le vertigineux abîme des possibles. C'est un être indéterminé, trop pétri des résonances de son désir. Il est non-identité, échappant à soi et aux autres. Il est sans forme ni consistance, perpétuellement en mouvement et insaisissable. C'est la musique de Mozart qui donne le mieux à comprendre cette figure sans figure selon Kierkegaard : la puissance élémentaire du désir de Don Juan se situe à la limite du dicible et du visible. Aussi la musique est-elle l'expression esthétique la plus adéquate de cette « génialité sensuelle ». Elle représente l'anhistoricité du désir et la nature fluide et insaisissable du séducteur espagnol. L'éphémère de la sensualité est mis en exergue dans cet opéra de Mozart.

Faust illustre également l'esthète, mais dans un autre domaine : celui du savoir. Il incarne le démoniaque par rapport à l'esprit. Dans sa quête de savoir, il échoue, certain seulement de l'ignorance humaine. Il stigmatise les failles de l'idéal du savoir et recherche alors dans la vie esthétique un palliatif. En rejetant l'esprit pour lui préférer l'immédiateté, il séduit Marguerite, une jeune fille innocente. Il est une sorte de penseur hégélien, aspirant à constituer un système absolu du savoir, et se détournant de la réalité de l'existence. Il est le paradigme de ces penseurs qui, au regard de leur volonté de rationalisation, ne s'avèrent être que des êtres imaginaires, dépourvus d'existence réelle. Faust échoue dans sa quête de vie, après avoir désespéré du savoir.

Faust et Don Juan représentent les figures antithétiques de la séduction : Don Juan est en quête d'une féminité abstraite qu'il cherche à atteindre au travers de ses conquêtes. Il n'obéit alors qu'à son désir immédiat. Faust, en revanche, est déterminé par la réflexion et le désespoir du savoir. Il ne s'intéresse qu'à une seule femme. Tous deux portent en creux le démoniaque et donnent à voir la scission entre le corps et l'esprit, établie par le christianisme. Le stade esthétique reconnaît pour ultime finalité la jouissance et elle cherche à dépasser la condition humaine, refusant tout choix. Une telle manière d'exister n'est pas tenable aux yeux de Kierkegaard, même s'il sait la décrire de manière très suggestive, ayant lui-même été un esthète à un moment de sa vie. Il dénonce toute la vacuité et l'ennui qu'elle porte en elle. L'esthète place sa vie sous le signe de l'échec. En effet, les plaisirs se répètent et sont éphémères. Il résonne d'une infinité de désirs et se trouve alors en proie à l'angoisse. L'angoisse de la possibilité du choix, du bien et de l'engagement. Rompre avec la vie esthétique suppose un changement radical dans sa manière d'être au monde : penser sa vie, inscrire son intériorité dans le monde. Mais, pour ce faire, il s'agit d'effectuer un saut dialectique, fruit d'une longue réflexion et d'une décision individuelle. Et c'est l'ironie qui participe de cette mise en question de la vie esthétique, mettant en exergue l'échec auquel une telle existence est vouée.

L'ironie

L'ironie fait prendre conscience à l'individu esthétique que sa vie est illusion et vacuité. Elle « accentue infiniment dans l'intériorité le propre je par rapport à l'exigence éthique [...] et vient donc plutôt après l'immédiateté [1] ». Elle met ainsi l'esthète à distance de soi et du monde, en lui permettant de porter un regard sur le véritable sens de sa vie : celle-ci n'est qu'apparence et non-vérité. Il se fourvoie dans une telle direction. L'ironie souligne l'échec d'une telle existence et implique la nécessité d'un choix : ou bien demeurer dans l'apparence et la vacuité de l'existence, ou bien effectuer le saut dans l'éthique ou le religieux. Elle présente la possibilité d'un changement existentiel. L'esthète vit sous le règne de l'instant, et l'ironie parvient à le dépasser par la réflexion et « une certaine culture de l'esprit [2] ». En regard de l'indétermination de l'esthète, elle montre que le choix est individualisation de la personnalité. Ainsi, l'ironie est prise de conscience de l'intériorité. Dès lors, elle n'appartient plus à l'esthétique, mais ne participe pas non plus de l'éthique : elle est réflexion et se déprend de l'immédiateté. Néanmoins elle n'a pas de pouvoir décisionnel et insiste seulement sur les contradictions inhérentes à la vie esthétique. Kierkegaard la conçoit comme un stade intermédiaire. C'est seulement lorsque l'ironiste « choisira » qu'il effectuera le saut dans l'éthique.

1. *Post-scriptum aux Miettes philosophiques*, voir « Le pathétique », p. 579 de la présente édition.
2. *Ibid.*

Le stade éthique, aux confins de l'esthétique et à la limite du religieux

Le stade éthique occupe une position particulière. Il se situe aux confins de l'esthétique et à la limite du religieux. Ce stade de « passage » porte un regard en direction de l'esthétique dans *Ou bien... ou bien...* [1], et se trouve confronté au religieux dans *Crainte et tremblement.*

L'esthète se préoccupe uniquement de l'instant présent, cherchant par là à satisfaire son désir insatiable. En fuyant un choix d'existence, il est condamné à l'angoisse et au désespoir. Sa vie est vouée à l'échec. L'homme éthique, en revanche, choisit de s'inscrire dans le temps et d'être soi-même. Il confère une forme à son existence en se conformant à l'universel. C'est en effet le choix de soi dans sa valeur éternelle qui suscite le saut dans l'éthique. Son existence se place dans le respect du devoir et de la fidélité à soi-même. L'homme éthique construit son intériorité selon des règles précises, échappant ainsi à l'arbitraire. Ce qui importe le plus n'est pas le fait de choisir telle chose, mais bien plutôt de choisir, c'est-à-dire s'engager concrètement dans l'existence. L'éthique prend en compte autrui tout en choisissant l'universel. La vie morale et la vie intérieure se trouvent alors intrinsèquement liées. La figure de l'époux constitue l'un des paradigmes de la vie éthique. Il incarne en effet la norme sociale et l'intériorisation de certaines valeurs esthétiques comme l'érotisme sous le joug de normes. Le stade éthique n'exclut pas l'esthétique, mais la subsume sous des valeurs morales. En choisissant de s'inscrire dans le réel, l'homme éthique fait résonner librement sa volonté avec les devoirs de la vie sociale. Chacune de ses actions est l'expression de sa liberté. Il a compris la valeur éternelle de l'individu. Il ne se soumet pas au devoir par habitude — ce serait alors faire fi de sa personnalité — mais

1. *Ou bien... ou bien...*, voir « L'équilibre entre l'esthétique et l'éthique », pp. 723 à 748 de la présente édition.

il choisit librement d'agir. Il possède alors son propre *télos*[1]. En dépassant ainsi le stade esthétique, l'homme éthique se heurte au religieux. Il incarne la victoire de la liberté et est promu en véritable héros. En faisant le choix de soi contre la fugacité de l'instant, il s'inscrit dans une histoire personnelle. Kierkegaard récuse en ce sens la philosophie romantique et idéaliste. Pour Hegel notamment, l'histoire n'est pas constituée d'une multitude d'événements et de dates, elle est au contraire déploiement d'une nécessité et « lieu » de manifestation de l'esprit universel. L'histoire universelle analysée comme synthèse est refusée par Kierkegaard : seules des histoires personnelles et subjectives existent, dont la synthèse est illusoire.

La position médiane du stade éthique se retrouve dans *Crainte et tremblement*, lorsque l'individu est confronté au religieux. En s'inscrivant librement dans des normes morales, il peut être confronté à de véritables conflits intérieurs. Abraham** est mis à l'épreuve par Yahvé lorsqu'il lui demande le sacrifice de son fils Isaac**. Obéir à Dieu signifie enfreindre la loi morale. Abraham doit affronter un dilemme : ou bien il se conforme à la loi générale, ou bien il choisit la suprématie de l'ordre divin. Les valeurs du monde éthique sont alors ébranlées en ce qu'elles se révèlent être limitées. L'exigence de Dieu à l'égard d'Abraham se situe au-delà de l'éthique. Elle est contre la raison. Il doit sacrifier son amour pour son fils à son amour pour Dieu. Un tel acte implique une « suspension téléologique de l'éthique[2] ». Deux mouvements se dessinent alors : Abraham peut obéir à Dieu et atteindre en cela la conscience d'un soi éternel. Sa foi est affirmée « en vertu de l'absurde ». Retrouver une seconde fois son fils nécessite une grâce de Dieu. Il s'inscrit dans l'éternel et s'arrache à l'instant en suspendant l'éthique pour la poser à nouveau. Le conflit de l'éthique et du religieux réside dans ce mouvement de résignation infinie et ce mouvement finissant de la foi. Contrairement à Agamemnon** qui

1. *Télos* : mot grec signifiant « le but », la « finalité ».
2. *Crainte et tremblement*, voir p. 800 et suiv. de la présente édition.

sacrifie Iphigénie** par devoir moral envers la cité, l'acte d'Abraham n'est pas éthique. Il est relation absolue à Dieu. Aucune médiation n'est possible, il ne peut parler, car, « dès que je parle, j'exprime le général et, si je me tais, nul ne peut me comprendre[1] ». La suspension de l'éthique implique donc celle du langage. D'où l'existence d'une première éthique et d'une seconde. En effet, la seconde éthique, au regard de la suspension de la première, exprime le devoir absolu envers l'absolu. Au-delà de la morale objective, elle est absolument objective, incommensurable et indicible. Une relation singulière de l'individu à l'absolu se trouve alors nouée. La seconde éthique n'a que faire du général et de l'objectif. Une telle relation à l'absolu est de l'ordre du paradoxe absolu. Néanmoins, suspendre l'éthique ne signifie pas la supprimer. À cet égard, le « chevalier de la foi » constitue le paradigme le plus saisissant de la survivance de la première éthique : il vit dans le fini, mais rompt sans cesse avec lui.

L'existence de ces deux éthiques souligne la position singulière du stade éthique : il ne peut être confiné dans un stade d'existence déterminée. Il déborde, comme on l'a montré précédemment, le stade esthétique, et il donne à voir l'espace religieux, introduisant ainsi au troisième stade d'existence.

L'humour

À l'instar de l'ironie, « flottement » entre l'esthétique et l'éthique, l'humour est à la limite de l'éthique et du religieux. L'humoriste a déjà effectué le saut dans l'éthique mais pas dans le religieux. Il va plus loin que l'ironiste dans sa réflexion : il prend conscience de son néant, là où l'ironie ne doutait pas de son moi. Tout pour lui devient matière à réflexion, y compris lui-même. Il trouve son incarnation dans l'homme religieux, qui connaît les limites humaines. Là où l'ironiste stigmatisait cet écart incommensurable entre l'éternité et notre finitude*,

1. *Ibid.*

l'humoriste fait preuve de détachement au regard de cette distorsion. Un tel détachement n'appartient déjà plus au stade éthique, mais pas encore au stade religieux*, qui sera conciliation par la foi. Le comique, dit Kierkegaard « est partout où il y a de la contradiction[1] ». L'humour naît de la prise de conscience d'une telle situation de disproportion. Le général, la raison, échoue, et c'est l'humoriste qui le sait. Dieu seul peut répondre aux aspirations des individus, en ce qu'il échappe à la raison. Cela aussi, l'humoriste en est conscient. C'est seulement lorsqu'il aura intériorisé — et pas seulement apprécié — cette distance qu'il sera à même d'effectuer un saut dans le religieux.

Le stade religieux

Le religieux est une forme de vie qui nécessite un saut qualitatif. Le christianisme, selon Kierkegaard, provoque un bouleversement de l'intériorité et instaure un rapport singulier entre l'individu et Dieu. C'est la conscience du péché qui met en place cette relation : bien que l'existence de l'homme soit placée sous le signe de la finitude, il aspire à une perfection et veut s'élever vers elle. Le péché originel est une faute absolue, en rupture avec l'immanence* et témoignant de l'errance de l'homme, qui a rompu avec l'innocence de la nature sans pour autant s'être soumis à Dieu. L'action doit trouver sa norme dans un concept, le bien, qui lui est transcendant. Lorsque Kierkegaard parle de péché dans *Le Concept de l'angoisse*, c'est pour mieux souligner la transcendance absolue de Dieu. Contrairement à l'éthique, qui se préoccupe du général et de l'universel, la foi est un rapport subjectif à Dieu. Dieu est l'autre dans son sens absolu, il est étranger au monde et aux règles qui le régissent. Le péché n'appartient à aucune histoire universelle et objective, il porte simplement la solitude de chaque homme. Pour Kierkegaard, chacun possède en lui du mystérieux, de

1. *Post-scriptum aux Miettes philosophiques*, voir « Le pathétique », p. 583 de la présente édition.

l'inexprimable qui importe plus qu'un discours philosophique. Une telle médiation donnerait à voir une solution théorique des conflits intérieurs. En ce sens, elle est caduque. Comme on l'a vu précédemment avec Abraham, la foi est l'affaire individuelle d'une subjectivité face à l'absolu. Le religieux occupe ainsi un espace de solitude. La foi revêt la dimension d'un défi du désespéré qui choisit ce paradoxe absolu : l'abîme vertigineux qui sépare l'individu de l'homme-Dieu, le Christ. L'univers du croyant n'est alors pas pétri de certitudes ou de bien-être. Il est au contraire dans la crainte et l'angoisse, exacerbées par la solitude et cet écart entre l'homme et Dieu. Seule l'angoisse apparaît comme une certitude. Plus l'homme est accablé par le péché et la faute, plus il aspire au stade religieux. Le christianisme porte en filigrane un scandale : le Christ s'exprime tel un dieu, mais il a souffert en homme. L'homme prie Dieu afin qu'il lui inspire la foi, mais cette prière est elle-même un don de Dieu. Le christianisme, tel qu'il est institutionnalisé, est dénué de ce scandale selon Kierkegaard. Il ne s'attache qu'à la morale et demeure en cela au stade éthique. Il ne parvient jamais à appréhender le scandale et le paradoxe. La faute incombe à ses contemporains, dit Kierkegaard : au regard de leurs réflexions sur le Christ, ils mettent l'accent sur l'homme et non sur Dieu. Or la véritable foi est paradoxe : l'individu s'y jette pour échapper à l'angoisse de la finitude, même si la foi elle-même est porteuse d'angoisse. L'alternative de la foi n'est pas dénuée d'une véritable incertitude : ai-je fait le bon choix ? Ainsi la foi n'a pas de vertus apaisantes. Au contraire, elle suscite une angoisse liée au salut de l'âme qui n'est pas assuré au croyant. C'est dans cette position d'incertitude que l'homme accède à la subjectivité absolue : il est un individu en relation absolue à Dieu. C'est au regard du péché que chaque homme entretient une relation particulière avec l'absolu. La conscience et la méditation de ce paradoxe participent du stade religieux. Le christianisme et l'existence présupposent scandale, paradoxe, incertitude, solitude et angoisse. C'est pour cette raison que la question cruciale est celle du devenir chrétien. La foi, dit

Kierkegaard, est « dans le scandale de l'absurde [...], maintenue fermement dans la passion de l'intériorité, laquelle passion est justement le rapport de l'intériorité à la plus haute puissance[1] ». La foi est vérité* subjective. Elle nécessite un engagement existentiel paradoxal, en ce qu'il peut se heurter à la morale objective et mondaine. Devenir chrétien, c'est avoir « à être », relever le défi de l'engagement absolu pour la vérité absolue. Kierkegaard esquisse un véritable projet existentiel : devenir chrétien, c'est réitérer la passion du Christ et aspirer au sacrifice. C'est accepter que la vérité soit souffrance.

Conclusion

Ainsi, avec Kierkegaard, ce sont les modalités d'existence de l'individu qui deviennent les objets de la réflexion philosophique. La finitude, le désespoir ou l'angoisse notamment participent de l'édification de la conscience et de la vérité. L'homme ne peut dès lors plus être appréhendé au travers de spéculations qui manqueraient la concrétude et la contingence de son existence. L'existence, objet et sujet de sa philosophie, révèle un individu dont l'essence même est possibilité. En érigeant le *pathos* humain en philosophie, il lui a conféré une légitimité. L'individu aux prises avec ses doutes et les vicissitudes de l'existence est devenu la matière d'une pensée qui n'est pas séparée du concret. Car c'est la vie concrète que Kierkegaard garde toujours en vue. Il définit un homme libre de choisir — bien ou mal —, engagé dans le monde et appelé par la transcendance. En elle, il trouvera sa vérité singulière, sa raison d'être.

C'est en ce sens que la philosophie de Kierkegaard est une pensée existentielle. Il ouvre ainsi la voie à l'existentialisme*, qui trouvera chez le penseur danois un précurseur décisif. Au regard de ce courant, l'individu est une réalité d'expérience conçue comme rapport au moi, aux autres et au monde. Il est

1. *Post-scriptum aux Miettes philosophiques*, voir « Conclusion », p. 613 de la présente édition.

en projet, confronté à la liberté et au possible. On peut songer à cet égard à Sartre**, qui élaborera une philosophie de l'engagement, plaçant au centre l'homme comme liberté. Outre cet existentialisme athée, on trouve des affinités avec Kierkegaard chez Gabriel Marcel**, représentant de l'« existentialisme chrétien » : il s'agit pour l'homme de choisir entre l'avoir ou l'être, c'est-à-dire entre la possession du monde par la technique ou le mystère de l'être dont témoigne notre existence. Karl Jaspers** trouvera également chez Kierkegaard des ressources afin d'élaborer ses concepts de faute, de liberté et de communication.

La pensée de Kierkegaard n'a rien perdu de son actualité. Elle nous rappelle sans cesse que l'homme est libre et responsable de ses choix. Il a « à être », à sa manière, à tout instant de sa vie. Et si notre existence est doute et angoisse, c'est qu'elle se mesure à l'aune de notre liberté. Qu'elle soit sous le regard de Dieu ou sous celui des hommes, c'est à nous de lui donner son sens. À nous seuls.

Aurélie Garon

Chronologie

1813 : Naissance à Copenhague.
1830 : Études à l'université.
1837 : Rencontre avec Régine Olsen.
1838 : Mort de son professeur et ami Möller**.
Mort de son père et surgissement du « grand tremblement de terre ».
1840 : Fiançailles avec Régine Olsen.
1841 : Il soutient sa thèse, *Le Concept d'ironie constamment rapporté à Socrate*, puis rompt ses fiançailles. Il part pour Berlin suivre les cours de Schelling.
1843 : Publication de *Ou bien... ou bien...*, *Crainte et tremblement*, *La Reprise*.
1844 : Publication des *Miettes philosophiques* et du *Concept de l'angoisse*.
1845 : Publication des *Étapes sur le chemin de la vie*.
1846 : Attaque virulente du *Corsaire*, journal satirique, à l'encontre de Kierkegaard. Publication du *Post-scriptum aux Miettes philosophiques*.
1849 : Publication du *Traité du désespoir*.
1850 : Publication de *L'Exercice du christianisme*.
1851 : Publication de différents *Discours édifiants*.
1855 : Conflit avec le clergé danois. Il publie à compte d'auteur un pamphlet, *L'Instant*. Il meurt en refusant les derniers sacrements.

Glossaire**

Affect : ensemble de phénomènes de la sensibilité, émanant d'états affectifs. C'est un mouvement de la sensibilité qui implique une cause extérieure (le rapport de l'homme au monde ou à Dieu comme l'**angoisse**) ou intérieure (le rapport de l'homme à lui-même comme le **désespoir**).

Angoisse : Kierkegaard a introduit le concept d'angoisse en philosophie. L'angoisse désigne l'attitude de l'homme qui prend la mesure de sa situation dans le monde. Un écart incommensurable le sépare de l'absolu. Son existence se situe alors sous l'égide de la limitation, de l'incertitude et de la précarité, en un mot de la **finitude**. L'angoisse, contrairement à la peur, n'a pas d'objet déterminé. Elle révèle la possibilité de la liberté, une liberté concrète et finie. Ce « vertige » de la liberté ne peut être appréhendé au travers du discours philosophique qui produit des concepts. Il convient plutôt de se rendre sur le terrain de la psychologie à laquelle il appartient de décrire des états et non d'énoncer des définitions. Il existe deux types d'angoisse : l'angoisse subjective et l'angoisse objective. La première est celle de l'homme générique face auquel la possibilité de la liberté se dessine ; le péché est entré dans le monde par elle. L'angoisse subjective est celle de l'individu concret immergé dans son propre possible à travers ses actes et ses péchés, il entrevoit alors l'hypothèse du Salut par la **foi**, seule certitude inébranlable. L'homme porte en lui une angoisse intrinsèquement liée à sa spiritualité.

** Les noms suivis de deux astérisques figurent dans l'index p. 893.

Contingence : s'oppose à la nécessité. Les actes d'un homme libre sont toujours contingents. Ce qui est contingent peut ne pas être.

Désespoir : le désespoir est la « maladie mortelle » du moi. L'homme a la liberté d'être ou de ne pas être soi-même. La négation de l'infini en soi, de sa vie intérieure est la forme la plus répandue du désespoir. Il s'agit là des hommes refusant de poser des questions essentielles sur le sens de la vie ou de Dieu. Ils attendent alors des philosophes ou autres un « prêt-à-penser » pour combler leur intériorité. Une autre forme de désespoir provient d'un manque de liberté ou de nécessité, c'est-à-dire une fuite du moi vers l'infini des possibles (comme dans la vie **esthétique**) ou au contraire une résignation au déterminisme et à la fatalité.

Dialectique : alors que Hegel fait de la dialectique une caractéristique de la pensée, Kierkegaard l'érige en clef de voûte de l'existence. Exister, c'est devenir, passer du même à l'autre d'une manière concrète et réelle. Tous les concepts kierkegaardiens liés à l'existence sont dialectiques en ce qu'ils désignent un mouvement vers autre chose : l'**angoisse**, le **désespoir**, l'**ironie**, l'**humour**, l'**unique**... La dialectique existentielle est subjective : elle se rapporte à l'individu concret livré au monde. Elle met en rapport les situations de tension inhérentes à l'existence mais ne résout pas les conflits. Elle n'effectue pas de synthèse.

Esthétique : voir **Stade esthétique.**

Éthique : voir **Stade éthique.**

Existence : l'existence n'est pas un simple fait brut. Elle est mouvement, effort. L'homme est devenir, il a « à être ». Exister signifie trouver une **vérité** pour laquelle l'individu voudrait vivre ou mourir.

Existentialisme : cette philosophie se préoccupe de l'existence de l'homme au regard de la réalité concrète et de son engagement dans le monde. Elle s'érige contre les systèmes philosophiques épris d'abstraction. Au commencement, l'homme est néant, en ce qu'il est une pure possibilité d'être, et son existence est absurde, en ce sens qu'elle est dépourvue de tout fondement. L'homme doit ainsi conférer un sens à sa vie, il n'est que ce qu'il fait de lui-même. Être, c'est se choisir par un libre engagement. La **liberté** est absolue, ce qui engendre l'**angoisse** métaphysique. Celle-ci lui fait prendre conscience de son néant tout en lui dessinant un horizon des possibles. La caractérisation de la condition humaine comme existence se trouve dans *Être et temps* (1927) de Martin Heidegger**, et dans l'ouvrage de Karl Jaspers** *Philosophie* (1932). En France, les principaux représentants de ce mouvement sont Jean-Paul Sartre** et Gabriel Marcel**. Il faut néanmoins distinguer la philosophie existentielle qui s'intéresse à la vie concrète de l'homme dans le monde (Jaspers notamment) et la philosophie existentiale qui cherche à comprendre l'être de l'homme, sa réalité ontologique (Heidegger et Sartre). La première est une description empirique de l'existence alors que la seconde est une métaphysique qui cherche sa signification fondamentale.

Finitude : caractère de ce qui est fini. La conscience humaine se révèle dans l'**angoisse** de la mort, dans les limites qui lui sont imparties.

Foi : elle se scinde en deux mouvements : le premier est celui de la résignation, qui prend la mesure de l'écart entre le réel et Dieu. En second lieu, l'individu se livre à Dieu, au regard de l'absurdité de toute espérance : il retrouve le monde après y avoir renoncé. C'est le mouvement de la **foi** qui le reconduit vers le réel et lui permet ainsi d'atteindre la véritable intériorité. Ce double mouvement nécessite du temps, dans le sens où seul l'événement suscite la foi. En outre, la foi abolit le temps en donnant accès à l'éternité du temps religieux. Dès lors, elle fait figure d'immédiateté conquise.

Humour : il se situe à la limite de l'**éthique** et du **religieux**, sans pour autant relever de ces stades. Il met en exergue l'échec de l'éthique. L'humoriste souffre plus que l'ironiste dans le sens où il est allé vers l'éthique mais ne s'est pas résolu au **saut** dans la **foi**.

Idéalisme : doctrine philosophique qui nie l'existence du monde extérieur et le réduit aux représentations que nous forgeons. Kant** et Hegel** notamment participent de ce courant. C'est une pensée explicative qui cherche à justifier toutes les données de la conscience. Mais l'homme réel reste à l'écart de cette philosophie.

Immanence : le principe d'immanence énonce que tout est intérieur à tout. C'est tout ce qui est contenu dans la nature d'un être.

Ironie : elle est une mise à distance de soi avec soi. Elle fait prendre conscience de la vacuité et de l'illusion du **stade esthétique**. Elle place l'individu devant l'alternative : ou bien demeurer dans la vanité de l'existence esthétique, ou bien effectuer le **saut** en choisissant l'**éthique** ou le **religieux**.

Moi : au moi comme unité, Kierkegaard oppose le moi comme rapport. Il est instable, fragile, variable, sujet à l'**angoisse**. L'indécision, la maladie et la mort le caractérisent.

Paradoxe : l'**existence** est paradoxale sous toutes ses désignations. La venue du Christ dans le monde et le scandale de sa crucifixion incarnent le paradoxe à son plus haut point : c'est par lui que la vérité éternelle surgit dans la temporalité. De sorte que Dieu, qui est mais n'existe pas, devient un existant au travers du Christ : il est mais n'existe pas, tel est le paradoxe absolu.

Pathétique : le *pathos* désigne en grec ce que l'on ressent. Pour Kierkegaard le *pathos* ne signifie pas simplement ce que l'on éprouve, mais le rapport au monde extérieur. Le pathétique est une transformation de l'**existence**, une action qui cherche à établir un rapport total avec l'absolu. Pour ce faire, l'individu doit connaître la souffrance car elle seule lui permet de prendre possession de soi. S'il s'agit d'un être religieux, la souffrance devient passion.

Phénoménologie : description des phénomènes, de ce qui est. Elle est aussi un courant philosophique qui cherche à découvrir les structures transcendantes de la conscience par la simple description des choses elles-mêmes.

Religieux : voir **Stade religieux**.

Romantisme : il exalte le sentiment de la nature dans la littérature allemande, puis trouve son expression philosophique entre 1790 et 1800 dans la doctrine de Schelling ou de Fichte. La nostalgie et la théorie de la nature comme médiatrice entre l'homme et Dieu en sont les principales caractéristiques.

Saut : il est un changement radical de perspective et intervient dans la théorie des stades de l'existence. La vérité est transcendance, relation absolue vécue d'une manière subjective et concrète. Cette relation s'effectue par le saut. C'est par cet acte que la **subjectivité** se met en rapport avec la **vérité**.

Stade esthétique : c'est le premier stade, celui de l'homme vivant dans l'instant, fuyant les autres et lui-même. Trois personnages incarnent cette fuite : Ahasvérus**, le juif errant, toujours à la recherche d'un pays, Faust** en quête de savoir et Don Juan** poursuivant insatiablement, jusqu'à la mort, son désir de sensualité.

Stade éthique : il se situe dans l'entre-deux, aux confins de l'**esthétique** et à la limite du **religieux**. L'homme éthique se conforme au général et à l'universel. Le mariage constitue le paradigme le plus saisissant de ce stade : il se plie à la norme sociale. L'homme éthique choisit, mais par devoir.

Stade religieux : seule une « suspension de l'éthique » permet de l'atteindre. La morale n'a plus sa place, car il est question d'une relation unique de l'homme à la **transcendance**. C'est une conversion vers l'intériorité dont le chemin est ponctué par la souffrance. L'homme trouve sa **vérité** en Dieu.

Subjectivité : elle se situe au centre de sa pensée. C'est l'individu concret, confronté aux vicissitudes de l'existence qui doit être pris en compte. En cela, il s'oppose aux systèmes philosophiques antérieurs qui se préoccupent uniquement de l'objectivité. L'abstraction, la spéculation manquent la spécificité de l'existence. Le sujet est singulier, indéterminé et libre. Il ne participe d'aucun système et produit son propre horizon.

Transcendance : elle désigne l'absolu ou Dieu, par opposition à l'immanence. Elle se situe à une distance incommensurable de l'homme.

Unique : c'est l'accomplissement de l'homme porté à son paroxysme. Celui-ci est d'abord un individu – une occurrence de l'espèce –, puis, en effectuant un cheminement intérieur, il se pose en tant que personne et acquiert une individualité. La personnalité participe de la prise de conscience d'un moi synthétique qui porte la possibilité de devenir unique devant Dieu.

Vérité : la vérité est subjective. Elle est propre à chaque individu qui doit se forger un chemin de vie. Elle nécessite une conversion intérieure. Il existe certes une vérité pure, absolue, celle de Dieu. Mais l'homme est fini et se situe à une distance incommensurable d'elle. Néanmoins, exister c'est effectuer ce mouvement vers l'absolu, quand bien même il serait tâche infinie.

La Reprise

Le 11 octobre.

Mon silencieux confident !

Ma vie en est réduite à son extrémité ; j'éprouve du dégoût pour l'existence, qui est sans saveur, sans sel ni sens. Si j'étais plus affamé que Pierrot, je n'aurais quand même pas le goût de me nourrir de l'explication que proposent les hommes. On enfonce le doigt dans la terre pour sentir à l'odeur dans quel pays on est ; j'enfonce le doigt dans l'existence – elle n'a odeur de rien. Où suis-je ? Que veut dire : le monde ? Que signifie ce mot ? Qui m'a joué le tour de me plonger dans le grand tout et de m'y laisser maintenant ? Qui suis-je ? Comment suis-je entré dans le monde ; pourquoi n'ai-je pas été consulté, pourquoi ne m'a-t-on pas fait connaître les us et coutumes au lieu de m'incorporer dans les rangs, comme si j'avais été acheté par un racoleur de matelots ? Comment ai-je été intéressé à cette vaste entreprise qu'on appelle réalité ? Pourquoi dois-je être intéressé ? N'est-ce pas affaire de liberté ? Et si je suis forcé de l'être, où est le directeur ? J'ai une remarque à lui faire. N'y a-t-il aucun directeur ? Où dois-je adresser ma plainte ? L'existence est assurément un débat ; puis-je demander que mes observations soient prises en considération ? Si on doit prendre l'existence comme elle est, ne serait-il pas bien mieux de savoir comment elle est ? Que veut dire : imposteur ? Cicéron ne dit-il pas qu'on en découvre un en posant la question : *cui bono* [à qui le profit] ? Je laisse chacun poser la question et je pose la question à chacun : ai-je tiré quelque profit de faire mon malheur et celui d'une jeune fille ? Coupable – qu'est-ce que cela veut dire ? Est-ce un tour de sorcellerie ? Ne sait-on pas avec sûreté comment il se fait qu'un homme soit coupable ? Personne ne veut répondre ? N'est-ce pas de la dernière importance pour tous les messieurs concernés ?

Ma raison s'y perd, ou plutôt j'en perds l'usage ? Un instant je suis las et abattu, bien plus, comme mort d'indifférence ; à l'instant suivant je suis furieux et je m'élance, désespéré, d'un bout du monde à l'autre, pour trouver un homme sur qui je pourrais passer ma colère. Tout mon être dans sa quintessence crie la contradiction avec lui-même. Comment s'est-il fait que je sois devenu coupable ? Ou bien suis-je non coupable ? Pourquoi suis-je donc appelé ainsi dans tous les idiomes ? Quelle lamentable invention que la langue des hommes : elle dit une chose et en pense une autre !

Traduction de Nelly Viallaneix

Miettes philosophiques
ou
Une miette de philosophie

PAR
JOHANNES CLIMACUS
ÉDITÉ PAR
S. KIERKEGAARD[1]

Peut-on faire partir de l'histoire une certitude éternelle ? trouver à un pareil point de départ un intérêt autre qu'historique ? fonder sur un savoir historique une félicité éternelle ?

Préface

Plutôt bien pendu que mal marié.

SHAKESPEARE.

Ce qu'on offre ici au lecteur n'est qu'une brochure, *proprio Marte, propriis auspiciis, proprio stipendio*[2], sans nulle prétention à prendre part à l'effort de nos philosophes où l'on se distingue par plus d'un rôle : d'introduction, de passage, de conclusion, comme avant-coureur, participant, collaborateur, ou encore comme suiveur volontaire, et, sinon en héros, comme héros relatif, ou, au pis-aller, comme pur et simple clairon. Ce n'est qu'une brochure et qui ne sera rien de plus, même si, comme le *magister*[3] de Holberg, je la fais *volente deo* suivre d'une ou deux douzaines d'autres ; non, rien de plus, pas plus que l'homme qui pond comme on dit de la copie ne devient écrivain à pondre des in-folio. Non, l'effort reste chez moi à la mesure des aptitudes, ce n'est pas, comme ce noble Romain[4], *merito magis quam ignavia* que je me retiens de m'enrôler dans l'hégélianisme, l'oisiveté chez moi vient de l'indolence, *ex animi sententia*, et pour de bonnes raisons. Je ne veux pourtant pas commettre d'απραγμοσυνη[5] qui est toujours un crime d'État, mais surtout en période d'effervescence, les Anciens allant alors jusqu'à la défendre, sous peine de mort. Mais supposons qu'en ne s'abstenant pas on se rende coupable d'un crime plus grand encore, qu'on ne fasse qu'ajouter au désordre : ferait-on pas mieux alors de ne se mêler que de soi ? Tout le monde n'a pas la chance, dans son activité de pensée, de rencontrer les préoccupations générales, de tomber si juste même que le public ait presque du mal à trancher jusqu'à quel point on se soucie de soi ou de lui ; Archimède ne continuait-il pas tranquillement à étudier ses cercles lors de la prise de Syracuse, et n'est-ce pas au soldat romain qui le tuait qu'il dit ces belles paroles : *Nolite perturbare circulos meos* ? Mais faute d'avoir cette chance, qu'on cherche un autre modèle. Leur ville menacée d'un siège par Philippe, comme tous les Corinthiens se remuaient affairés, l'un à fourbir ses armes, l'autre à porter des pierres, un troisième à réparer le rempart, Diogène, à cette vue, serra vite son manteau et se mit à grand zèle à rouler son tonneau de long en large par les rues. Et comme on lui demandait pourquoi, il répondit : moi aussi j'ai à faire et je roule mon tonneau pour n'être pas le seul oisif parmi tant de gens actifs. Pareille conduite au moins n'est pas sophistique, s'il est vrai qu'Aristote a raison de dire que l'art des sophistes, au fond, c'est de gagner de l'argent. Une conduite comme celle de Diogène ne prête pas à l'équivoque, car qui aurait l'inconcevable idée de le tenir pour le libérateur et le bienfaiteur de sa ville ? et de même, qui aurait l'impossible idée – le pire danger, à mon sens du moins, pouvant échoir à mon dessein – de faire de ma brochure un événement mondial ou de croire que l'auteur fût cet as du système[6] attendu dans notre cher Copenhague comme un autre Salomon Veau d'Or[7]. Le coupable d'une idée pareille, s'il existait, devrait d'abord être d'une bêtise remarquable ; puis, sans doute à force de brailler au jour le jour dans un chœur antistrophique, chaque fois qu'on lui faisait accroire qu'allait commencer une ère ou une époque nouvelle, son braillage devrait lui avoir si bien vidé la tête de son lot de bon sens, déjà parcimonieux, que notre homme eût versé dans l'extase de ce qu'on pourrait appeler le délire hurlant de la folie supérieure, dont le symptôme est de brailler des braillements convulsifs, ayant pour contenu des mots comme Ère ! Époque ! Époque et Ère ! Système ! Notre bienheureux vit alors dans un état d'irrationnelle exaltation, vivant en effet comme si chaque jour était un de ces jours intercalaires non seulement qui n'arrivent que tous les quatre ans mais que tous les mille ans ; et pendant ce temps-là, le concept, comme un bateleur de foire, tenu de répéter ses tours, ne cesse de convertir les contraires jusqu'à en retourner notre homme. Dieu me préserve avec ma brochure de voir jamais l'intervention d'un de ces crétins de braillards m'arracher à mon insouciance satisfaite d'auteur d'un petit écrit, empêchant ainsi quelque brave lecteur d'y fouiller à son aise pour y trouver de quoi s'en servir : situation où je me verrais mis dans le tragi-comique embarras de devoir rire de mon propre malheur comme dut faire du sien la bonne ville de Frédéricia en lisant dans le journal la nouvelle d'un incendie dans ses murs : « On battait la générale, les pompes filaient à travers les rues » – bien qu'il n'y ait à Frédéricia qu'une seule pompe et guère plus d'une rue ; ce qui forçait à conclure que l'unique pompe de l'endroit, au lieu de courir au feu, s'était pavanée à faire la rue dans les deux sens – sans compter que ma brochure ne rappelle, semble-t-il, rien moins que le bruit d'un roulement de tambour, et que son auteur moins qu'aucun autre se sente porté à battre la générale.

Et alors, mon opinion ?... que personne ne me la demande, et après la question de savoir si j'en ai une, quoi de plus indifférent à autrui que de savoir la mienne ? Une opinion, c'est pour moi trop et trop peu d'en avoir, et cela implique une sécurité et une douceur de vivre, tout comme d'avoir ici-bas femme et enfants, ce qui n'est pas le lot de l'homme forcé de se débattre jour et nuit sans même être sûr de son pain. Or, dans le monde de l'esprit, c'est mon cas ; car à quoi me suis-je formé et me forme encore ? n'est-ce pas d'être toujours comme un danseur léger au service de l'idée, à l'honneur si possible du dieu et pour mon propre plaisir, renonçant aux félicités du foyer et aux prestiges bourgeois, à cette *communio bonorum* et à cette heureuse conformité des joies qu'est le fait d'avoir une opinion ? – Si j'en ai quelque récompense, si comme le desservant à l'autel je mange moi-même une part de ce qu'on y offre... c'est mon affaire ; celui que je sers est de toute solidité, comme disent les financiers, et d'une tout autre que celle qu'ils entendent. Par contre, que quelqu'un ait la politesse de me prêter une opinion et pousse la galanterie jusqu'à l'adopter parce que mienne, je plains sa politesse d'aller à un indigne, et tant pis pour son opinion qu'il n'en ait d'autre que la mienne ; ma vie, en effet, je peux la risquer, jouer avec elle sans perdre le sérieux – mais celle d'un autre, non. Voilà tout ce que je peux, l'unique que je puisse faire pour l'idée, moi qui n'ai pas de savantes leçons à lui offrir, « à peine de petites à 1 drachme, encore bien moins de grandes à 50 », comme dit Socrate *(Cratyle)*. Ma vie est tout ce que j'ai, et sans hésiter je la risque chaque fois qu'une difficulté se montre. Danser alors est chose légère, car la pensée de la mort est une experte danseuse, et c'est la mienne, tout être humain m'étant trop lourd ; aussi, *per deos obsecro*, arrière les inviteuses ! je ne danse pas.

J. C.

PROPOSITION

L’ignorant qui pose la question ne sait même pas
ce qui l’amène à la poser.

CHAPITRE I

Hypothèse fictive

A

À quel point la vérité peut-elle s'apprendre ? Ce sera notre première question. Une question socratique, ou qui l'est devenue par celle que posait Socrate : si la vertu peut s'enseigner ? Ne la définissait-il pas en effet comme un savoir ? (voir le *Protagoras*, le *Gorgias*, le *Ménon*, l'*Euthydème*). Mais, si tant est qu'elle s'enseigne, il faut bien présupposer qu'elle n'existe pas ; voulant donc l'apprendre, on la cherche. Ici l'on bute alors sur cette difficulté que Socrate dans le *Ménon* (à la fin du § 80) signale comme une « proposition batailleuse » : à savoir qu'il est également impossible à un homme de chercher ce qu'il sait, et de chercher ce qu'il ne sait pas ; car ce qu'il sait, comment le sachant, peut-il le chercher ? et ce qu'il ne sait pas, comment peut-il le chercher ne sachant même pas quoi chercher ? Socrate résout la difficulté en montrant que toute étude, toute recherche n'est que du souvenir, et qu'ainsi celui qui ignore n'a qu'à recourir au souvenir pour prendre par soi-même conscience de ce qu'il sait. La vérité n'a donc pas à être introduite en lui, elle y est déjà. Cette idée, dont Socrate poursuit les conséquences, concentre en somme en elle le pathétique des Grecs, puisqu'elle devient une preuve de l'immortalité de l'âme, preuve rétrograde bien entendu, autrement dit une preuve de la préexistence de l'âme[a].

À ce titre, on voit clairement avec quelle admirable continuité Socrate est resté fidèle à lui-même, réalisant en artiste ce qu'il avait compris. Il est resté un accoucheur, non « faute d'avoir le positif[b] », mais parce qu'il voyait bien là le suprême rapport à atteindre envers autrui. En quoi il ne cessera d'avoir raison de toute éternité ; car, même en postulant un point de départ divin, d'homme à homme, c'est là le vrai rapport, pour peu qu'on ait en vue l'absolu et qu'au lieu de badiner avec le contingent on renonce du fond du cœur à comprendre cet à mi-chemin qui semble le plaisir des hommes et le secret de nos hégéliens. Au contraire, Socrate était un accoucheur diplômé du dieu même ; l'œuvre qu'il accomplissait était une commission divine (voir l'*Apologie* de Platon) bien que pour les hommes il eût l'air d'un original (ατοπωτατος[8], *Théétète*, § 149) ; et c'était bien comme la volonté divine, et Socrate l'entendait bien ainsi quand il disait qu'elle lui défendait d'enfanter (μαιευεσθαι με ὁ εος αναγχαζει, γενᾶν δε απεχωλυσεν[9], *Théétète*,

a. Prise au sens absolu, c'est-à-dire sans tenir compte des diverses phases de la préexistence, on retrouve cette idée grecque à travers la spéculation du Moyen Âge et de nos jours : une création éternelle ; une émanation éternelle du Père ; un devenir éternel de Dieu ; un sacrifice éternel de soi ; une surrection passée ; un jugement déjà accompli. Toutes ces idées sont cette idée grecque du souvenir, seulement on ne s'en doute pas toujours parce qu'on y atteint en passant outre. Si l'on décompose l'idée en un dénombrement des divers états de la préexistence, les *prae* éternels de cette philosophie d'approximation deviennent alors comme les *post* éternels de l'approximation correspondante. On explique la contradiction de l'existence en stipulant un *prae* conforme au besoin qu'on en a (un état antérieur en vertu duquel l'individu est arrivé à son état actuel, autrement inexplicable) ou en stipulant le *post* dont on a besoin (une autre planète où l'on fait à l'individu un sort meilleur, en considération de quoi son état actuel cesse d'être inexplicable).

b. C'est ce qu'on dit de nos jours où l'on possède le positif, à peu près comme un polythéiste qui ferait fi de la négativité du monothéisme : car le polythéiste a tant de dieux, quand le monothéiste n'en a qu'un ; et les philosophes ont tant d'idées qui toutes n'ont qu'une certaine valeur, quand Socrate n'en a qu'une, mais celle-ci absolue.

§ 150) ; car, entre hommes, la maïeutique est tout ce qu'il est possible de faire, l'enfantement reste l'affaire de la divinité.

Pour Socrate, un point de départ dans le temps n'est par là même qu'un accident, une chose sans portée, une occasion ; le maître non plus n'est davantage, et s'il entend se donner avec son savoir d'une autre manière, alors il ne donne rien, mais vous dépouille, il n'est pas même votre ami, encore moins votre maître. On touche ici l'esprit profond de la pensée socratique, cette noble, cette parfaite humanité, qui fut la sienne et qui ne lie pas partie avec la vaine clique des têtes rapides, mais se sent tout aussi proche d'un peaussier ; aussi eut-il tôt fait de « se rendre compte que la physique n'est pas dans les attributions de l'homme, et c'est pourquoi il commença de philosopher sur l'éthique dans les ateliers et sur la place publique » (Diogène de Laërte, II, 5, 21), mais quel que fût l'interlocuteur, il raisonnait toujours avec lui dans l'absolu. Est-ce avec des moitiés d'idée, à coups de marchandages et de tiraillements, d'affirmations et de reculs, comme si jusqu'à un certain point on avait toujours une dette envers autrui, sans cependant en avoir ; à coups de mots en l'air, expliquant tout, sauf quel est ce certain point ; est-ce avec tout cela qu'on dépassera Socrate ? Jamais, pas plus qu'on n'atteindra ainsi le concept de la révélation ; on ne fera que rester dans le bavardage. Du point de vue socratique, en effet, tout homme n'a d'autre centre que soi, et le monde entier ne fait que se concentrer en lui, parce que se connaître soi-même c'est connaître Dieu. C'est ainsi que Socrate se comprenait lui-même et que, d'après lui, tout homme devait s'entendre, et, par cet entendement même, entendre son rapport à autrui, toujours avec autant d'humilité que de fierté. À cette fin, Socrate avait assez de courage et de prudence, non seulement pour se suffire à lui-même, mais pour n'être avec d'autres que l'occasion, fût-ce même avec le plus stupide. Ô magnanimité rare, et qui l'est surtout de nos jours où le pasteur se croit un peu plus que le bedeau, où la moitié des gens se disent une autorité, alors que toutes ces petites différences et cette orgie d'autorité se noient dans la médiation d'une folie générale et d'un *commune naufragium*[10] ; car tandis que jamais personne n'a incarné vraiment l'autorité, ni fait de bien à autrui en l'incarnant, ni su se rallier de client, on réussit mieux avec une autre méthode : voit-on jamais en effet d'échec avec un fou ? un seul se met en route, et toute la bande le suit[11].

En va-t-il ainsi s'il s'agit d'apprendre la vérité, qu'importe alors que je l'aie sue de Socrate ou de Prodicos ou d'une servante ? cela ne peut m'occuper qu'en historien, ou, si je verse dans l'exaltation de Platon, qu'en poète. Mais cette ferveur, pour belle qu'elle soit, et bien que je me souhaite à moi et à tous cette ευχαταφορια εις παθος[12], dont seuls les stoïques pouvaient nous détourner, et quoique je n'aie pas assez de magnanimité et d'abnégation socratiques pour penser qu'elle n'est que du néant – cette ferveur cependant n'est qu'une illusion, comme dirait Socrate, et même une confusion où nos petites différences humaines fermentent presque avec volupté. De même quel autre intérêt qu'historique peut-il y avoir pour moi à savoir que la doctrine de Socrate ou de Prodicos fût telle ou telle, car la vérité où je repose était en moi, et c'est par moi qu'elle s'est produite, et même Socrate n'était pas plus capable de me la donner, qu'un cocher de traîner le fardeau de son cheval, quoique du fouet il l'y puisse aider[a]. Comment mon rapport à Socrate et à Prodicos m'occuperait-il à propos de mon salut éternel, celui-ci m'étant donné rétrogradement dans la possession de la vérité que je détenais dès le commencement, sans le savoir ? Supposons même que je rencontre dans une autre vie Socrate, Prodicos ou la servante ; ici encore, aucun d'eux ne serait rien de plus que l'occasion, ce que Socrate sans broncher exprime en disant que même chez les morts il ne ferait

---

a. Je citerai, comme simple propos d'un tiers, un passage du *Clitophon*, ce dialogue passant pour apocryphe. Clitophon reproche à Socrate de n'être qu'encourageant[13] (προτετραμμενος) à l'égard de la vertu, entendant par là que, dès qu'il l'a assez recommandée en général, il nous abandonne à nous-mêmes. Dans l'esprit de Clitophon, la raison probable de cette conduite, c'est ou que Socrate n'en sait pas davantage, ou qu'il n'en veut dire plus (voir § 410).

que poser des questions, car l'idée finale dans toute question c'est que l'interrogé lui-même possède au fond la vérité, et l'aura par lui-même. Le point de départ temporel est un néant ; car à l'instant même où je découvre avoir su la vérité de toute éternité, mais sans le savoir, du même coup cet instant s'enfouit dans l'éternel, absorbé par lui, de sorte que je ne pourrais même pas le trouver, si je le cherchais, parce qu'il ne se localise point mais n'est qu'un *ubique et nusquam.*

B

Inversement, pour qu'un point de départ temporel ne soit pas du néant, il faut que l'instant dans le temps ait une importance décisive, de sorte qu'en aucun point du temps ni de l'éternité je ne puisse l'oublier, l'éternel n'existait pas auparavant ayant pris l'être en cet instant. Partons maintenant de cette donnée pour voir ce que devient la question : si la vérité peut s'apprendre.

A) L'état antérieur

Nous tombons d'abord sur la difficulté socratique de savoir comment chercher la vérité, l'impossibilité étant égale, qu'on l'ait ou qu'on ne l'ait pas. Le raisonnement socratique ne supprimait pas à vrai dire la disjonction, puisqu'il en résultait qu'au fond tout le monde a la vérité. C'était là son explication, et nous en avons vu les suites à l'égard de l'instant. Or pour que celui-ci ait une importance décisive, il faut que l'homme qui cherche n'ait jusqu'à cet instant pas eu la vérité, même sans le savoir, sinon l'instant ne sera que celui de l'occasion ; il faut même que l'homme ne soit pas le chercheur, car c'est là notre mode d'exprimer la difficulté faute de vouloir l'expliquer comme fait le socratisme. Cet homme doit donc être défini comme hors de la vérité (non pas allant à elle en prosélyte, mais s'éloignant d'elle) ou comme non-vérité. Il est donc la non-vérité. Mais comment faire alors qu'il se rappelle, ou à quoi rime de lui rappeler ce qu'il n'a pas su, et dont par conséquent il ne peut se ressouvenir !

B) Le maître

Si le maître doit être l'occasion éveillant le souvenir du disciple, comment peut-il contribuer à ce qu'il se souvienne, c'est-à-dire sache la vérité, puisque le disciple est la non-vérité ? Ce que le maître peut alors être pour lui l'occasion de se rappeler, c'est en effet qu'il est la non-vérité. Mais c'est ce retour du disciple sur lui-même qui l'exclut de la vérité, plus que son ignorance naguère d'être la non-vérité. Ainsi le maître, par cet éveil même du souvenir dans le disciple, l'écarte de lui-même, avec cette seule différence que le disciple, par ce retour sur soi, au lieu de découvrir qu'il savait la vérité, découvre sa non-vérité ; et pour cet acte de conscience il y a ceci de socratique que le maître, quel qu'il soit, fût-il même un dieu, n'est que l'occasion ; car ma propre non-vérité je ne peux que la découvrir seul, elle n'est découverte en effet que quand c'est *moi* qui la découvre ; avant, elle ne l'est point, même le monde entier l'eût-il sue. (Sous la donnée admise plus haut au sujet de l'instant, c'est ici la seule analogie avec le socratisme.)

Si maintenant le disciple doit recevoir la vérité, il faut alors que le maître la lui apporte ; davantage même, il faut encore qu'il lui donne la condition pour la comprendre ; car, si le disciple même constituait en lui-même cette condition, il n'aurait qu'à se souvenir ; il en est de cette condition en effet comme du pouvoir d'interroger sur la vérité : condition et question impliquent la chose conditionnée et la réponse. (Autrement l'instant n'aurait qu'un sens socratique.)

Mais celui qui donne au disciple non seulement la vérité mais encore la condition, n'est pas un maître. Tout enseignement repose en fin de compte sur la présence de la condition ; manque-t-elle, un maître alors ne peut rien ; car pour pouvoir, force serait au maître non de transformer, mais de recréer le disciple avant de l'entreprendre. Tâche impossible aux hommes, et qui ne peut être, si elle doit se faire, que l'œuvre de la divinité.

Or, si le disciple existe, il a bien été créé, et comme tel il faut que Dieu ait conditionné en lui l'intelligence de la vérité (car autrement il ne serait, avant de recevoir la condition, qu'un animal et ne redeviendrait homme que par ce maître, qui, avec la condition, lui donne la vérité) ; mais pour que l'instant ait une importance décisive (et à moins de l'admettre, on retombe dans le socratisme), le disciple doit être sans la condition, donc en avoir été dépouillé. Ce qui ne peut avoir été le fait du dieu (étant une contradiction), ni d'un accident (car il serait contradictoire que ce qui est inférieur pût vaincre le supérieur), il faut donc qu'il en ait été lui-même l'artisan. S'il avait pu perdre la condition sans que ce fût de son fait et se trouver en cet état de perte sans en être cause soi-même, il n'aurait que par accident possédé la condition, ce qui est contradictoire, puisque la condition de la vérité est une essentielle condition. La non-vérité donc est non seulement hors de la vérité, mais polémiquement contre la vérité, ce qui revient à dire que le disciple lui-même a gâché et continue de gâcher la condition.

Le maître est donc le dieu lui-même qui, occasion agissante, est cause que le disciple se souvient d'être la non-vérité et de l'être par sa propre faute. Mais cet état d'être la non-vérité et de l'être par sa propre faute, quel nom lui donner ? Appelons-le *péché*.

Le maître est donc le dieu qui donne et la condition et la vérité. Mais comment appeler maintenant un tel maître ? car là-dessus, nous sommes bien d'accord, c'est que nous voilà bien au-delà des attributions d'un maître. Tant que le disciple est dans la non-vérité, mais l'est par lui-même (mais l'être autrement d'après ce qui précède lui est impossible), on pourrait le croire libre : car être près de soi-même, n'est-ce pas de la liberté ? Et pourtant, il est non libre et lié et exclu ; car être exempt de la vérité, c'est être exclu, et être exclu par soi-même, n'est-ce pas être lié ? Mais quand on est lié par soi-même, ne peut-on se délier ou se délivrer soi-même ? car ce qui me lie, ce même pouvoir ne peut-il aussi me libérer, s'il le veut, et comme ce pouvoir c'est moi-même, comment ne le pourrais-je pas ? Mais d'abord il me faudrait le vouloir. Ainsi supposons que le souvenir qu'occasionne le maître (il ne faut jamais oublier que c'est lui l'occasion) me pénètre à ce point, supposons que le disciple le veuille. En ce cas (le cas où en le voulant il le peut par lui-même) le fait d'avoir été lié serait un état passé qui, au moment de la libération, n'aurait laissé nulle trace, l'instant perdrait ainsi toute importance décisive ; le disciple aurait ignoré s'être lui-même lié, et à présent il se délivrerait [a]. Dans ce

a. Ici, prenons tout notre temps, il n'y a pas de quoi se presser. Aller lentement certes fait parfois manquer le but, mais à se presser trop parfois on le dépasse. Nous en parlerons un peu à la grecque. Supposons qu'un enfant ait reçu un petit cadeau d'argent et qu'il ait pu ainsi choisir entre un bon livre par exemple ou un jouet, le prix étant le même ; or il s'est acheté le jouet, peut-il pour le même argent s'acheter alors le livre ? Certainement non ; puisque l'argent est déjà dépensé. Mais il peut aller trouver le libraire et lui demander s'il ne veut pas reprendre le jouet en échange du livre. Or supposez que le libraire réponde : Mon cher enfant, ton jouet n'a plus de valeur ; tu aurais, il est vrai, quand tu avais encore l'argent, aussi bien pu acheter le livre que le jouet ; mais il y a ceci de particulier avec un jouet : une fois acheté, il perd toute valeur. Est-ce que l'enfant ne se dira pas que c'est assez bizarre ? Et pareillement il y eut aussi un temps où, pour le même prix, l'homme pouvait acheter la liberté et la non-liberté, et ce prix, c'était le libre choix de l'âme et l'abandon au choix. C'est alors que l'homme choisit la non-liberté ; mais, s'il venait à présent demander au dieu de la lui échanger, la réponse serait sans doute : Certes, il y eut un temps où tu aurais pu acheter ce que tu voulais, mais il y a ceci de singulier avec la non-liberté, qu'une fois achetée, elle n'a plus aucune valeur, malgré qu'on la paie aussi cher – Ne croyez-vous pas que cet homme dirait : c'est pourtant bizarre. Ou supposez deux armées rangées en bataille et qu'un chevalier survienne, toutes deux l'invitent à prendre part au combat, mais il choisit l'une d'elles, est vaincu et pris. Captif, il comparaît devant le vainqueur et a la bassesse de lui offrir de le servir aux conditions naguère offertes. Ne croyez-vous pas que le vain-

raisonnement, l'instant n'a plus d'importance décisive, et c'est justement ce que nous voulions admettre comme hypothèse. D'après elle donc, il ne pourra se libérer par lui-même. (Et il en est bien ainsi en vérité ; car il emploie la force de la liberté au service de la non-liberté, puisqu'il y est librement ; ainsi s'accroît la force de la non-liberté augmentée de l'autre et elle fait de lui l'esclave du péché). – Mais, de quel nom appeler alors un pareil maître, qui lui rend la condition et avec elle la vérité ? Appelons-le un *sauveur*, car son disciple, il le sauve de la non-liberté, il le sauve de lui-même ; un *libérateur*, car il délivre celui qui s'était capturé soi-même, et nul n'est captif d'aussi terrible manière, et nulle captivité n'est aussi impossible à rompre que celle où l'individu se détient lui-même ! Mais ce n'est pas encore assez dire ; car, par la non-liberté, le disciple s'est rendu coupable de quelque chose ; si donc ce maître lui donne la condition et la vérité, c'est qu'il est un *rédempteur* qui ôte la colère répandue sur la faute.

Un tel maître, le disciple ne l'oubliera jamais ; car, du même coup, il retomberait à lui-même comme quelqu'un jadis en possession de la condition, et que son oubli de l'existence de Dieu fit tomber dans la non-liberté. S'ils se rencontrent dans une

---

queur lui dirait : Mais mon cher, maintenant tu es mon prisonnier, il y a bien eu un temps où tu eusses pu faire un autre choix, mais à présent tout est changé. Quelle bizarrerie en tout ceci ! Pour qu'il en fût autrement, que l'instant n'eût pas d'importance décisive, au fond l'enfant devrait avoir acheté le livre, mais seulement ne pas s'en douter et être dans l'illusion d'avoir acheté le jouet ; il faudrait qu'au fond le prisonnier eût combattu dans le bon camp, mais sans avoir été aperçu à cause du brouillard, et qu'au fond il eût tenu pour celui dont il se figure à présent être le prisonnier. – Comme dit Aristote [Citation libre de l'*Éthique à Nicomaque*, 3, 5, 14] : « Ni l'impie ni le vertueux certes, ne sont maîtres de leur conduite morale, mais ils l'étaient au début de devenir l'un ou l'autre ; comme celui qui jette une pierre est maître, avant de la jeter, mais non après. » Sinon, le geste de jeter serait une illusion, et le jeteur garderait toujours la pierre dans la main, puisque pas plus que « la flèche volante » des sceptiques la pierre ne volerait pas [Il est impossible que la flèche puisse voler, expliquait Zénon d'Élée, puisque, à chaque point de sa trajectoire, elle doit être en repos].

autre vie, le maître pourrait encore, à celui qui ne l'eût pas reçue, donner la condition, mais pour celui l'ayant déjà reçue, autre il apparaîtra. La condition en effet n'était qu'un dépôt, et le dépositaire en doit toujours rendre compte. Mais un tel maître, comment l'appeler ? Il est certes au pouvoir d'un maître d'apprécier les progrès ou les reculs d'un disciple, mais de le juger non pas ; car il lui faut être assez socratique pour comprendre que l'essentiel, il ne peut le donner au disciple. Ce maître dont il s'agit n'est donc pas au fond *magister* mais *juge*. Même quand il a le plus revêtu la condition et s'est par elle le plus enfoncé dans la vérité, même alors notre disciple ne pourra jamais oublier ce maître-là, ni le faire disparaître comme dans le socratisme, solution pourtant d'une autre profondeur que tant d'étroitesse hors de propos et tant de trompeuse ferveur, et même solution maxima, si celle de notre hypothèse n'est pas la vérité.

Et maintenant, parlons de l'instant. Celui dont il s'agit est d'une particulière nature. Certes il est bref et temporel, comme l'est toujours l'instant, passant comme lui et déjà chose passée dans l'instant d'après ; et cependant, il est décisif et plein d'éternité. Un tel instant exige vraiment un nom particulier : appelons-le *Plénitude du temps*.

C) Le disciple

Quand le disciple est la non-vérité (et autrement on retombe au socratisme), tout en étant un homme, et qu'il reçoit maintenant la condition et la vérité, il n'est pas vrai qu'il ne devienne homme qu'à ce jour, l'étant déjà, mais il en devient un autre, ce qu'on ne doit pas entendre à la légère comme quand on devient un autre de même qualité qu'avant, non, il devient un homme d'une autre qualité ou, comme nous pourrions aussi dire, un homme *nouveau*.

En tant que non-vérité, il ne cessait de s'éloigner de la vérité ; mais à recevoir dans l'instant la condition, sa marche a pris la direction contraire, autrement dit, s'est renversée. Appelons ce changement *conversion*, bien que ce soit là un mot encore inemployé, mais c'est ce qui nous le fait choisir précisément, pour ne pas nous laisser troubler, car il est comme fait pour le changement dont il est question.

Si l'on était dans la non-vérité par sa propre faute, cette conversion ne se fait point sans entrer dans la conscience, ou sans qu'on devienne conscient d'y avoir été par sa propre faute ; et c'est avec cette conscience qu'on prend congé de son état antérieur. Mais comment prendre congé, sans tristesse dans l'âme ? Cependant la tristesse ici, c'est d'être resté si longtemps dans l'état antérieur. Appelons cette tristesse du *repentir* ; car qu'est-ce que se repentir, sinon regarder en arrière, mais de manière par là à accélérer précisément le pas vers ce qui est devant soi.

Si l'on était dans la non-vérité et qu'à présent avec la condition on reçoive la vérité, il s'opère un changement en nous comme du non-être à l'être. Mais ce passage du non-être à l'être, c'est celui de la naissance. Cependant, celui qui existe ne peut pas naître, et pourtant ici il naît. Appelons ce passage *la re-naissance*, par laquelle il vient au monde une seconde fois, tout comme à la naissance, individu isolé qui ne sait rien encore du monde où il pénètre, ni s'il est habité, ni s'il s'y trouve d'autres hommes ; car on a déjà vu des baptêmes *en masse*, mais a-t-on jamais pu renaître *en masse* !

Comme celui que la maïeutique socratique aida à s'accoucher lui-même en oubliait toute autre chose au monde et dans une acception plus profonde ne devait rien à personne, de même l'homme né une seconde fois ne doit rien à personne, mais tout au divin Maître ; et, à l'instar de Celui qui pour soi-même oublia le monde entier, à son tour pour ce maître il faut qu'il s'oublie soi-même.

S'il faut donc que *l'instant* ait portée décisive, – et sinon on ne parle que comme Socrate, quoi qu'on dise, et malgré tous les mots bizarres dont on use, et quoique, à ne se comprendre même pas, on se figure être allé bien plus loin que ce grand sage si simple, ce juge intègre entre le dieu, les hommes et lui-même, d'une autre intégrité que Minos, Éaque, et Rhadamanthe ; – voilà faite la rupture, et l'homme ne peut plus revenir sur ses pas, et n'aura plus plaisir à se souvenir de ce que le retour sur lui-même lui remettra en mémoire ; et encore moins sera-t-il capable par ses seules forces de tirer à nouveau le dieu de son côté.

Mais tout ce développement se laisse-t-il concevoir ? Nous ne nous presserons pas pour la réponse, car on en attend une, bien sûr, non seulement de ceux que leur prolixité de réflexion empêcha toujours d'en formuler, mais encore de ceux qui, certes avec une rapidité merveilleuse à répondre, n'ont pas déployé la lenteur désirable à scruter la difficulté avant de l'expliquer. Avant de répondre, nous demanderons donc qui doit répondre à la question. Le fait d'être né, se laisse-t-il penser ? Eh ! pourquoi pas ? mais qui alors sera tenu de le penser : l'homme qui est né, ou l'homme qui n'est pas né ? Cette alternative-ci est bien une absurdité qui n'a pu venir à l'esprit de personne ; car quelqu'un de né ne saurait en avoir l'idée. Or, quand l'homme né pense sa propre naissance, il pense bien ce passage du non-être à l'être. Sans doute en est-il de même pour la seconde naissance. Ou la difficulté ici est-elle venue de ce fait que le non-être avant cette seconde naissance contient plus d'être que le non-être qui précède notre première naissance ? Mais ce fait d'être une seconde fois, qui donc alors le pensera ? Il faut que ce soit l'homme né une seconde fois, car que celui qui ne l'est pas le fasse serait une absurdité, et que de ridicule si l'homme qui n'est point né une seconde fois en prenait l'idée !

Si l'on possède originellement la condition de comprendre la vérité, notre pensée tire l'existence de Dieu de notre propre existence. Si l'on est dans la non-vérité, cet état ne pourra nous tirer de nous-mêmes et le souvenir ne nous aidera pas à remonter plus haut. Pour arriver à penser plus loin, c'est à *l'Instant* d'en décider (quoiqu'il ait déjà agi pour nous faire comprendre que nous sommes la non-vérité). Faute de nous en rendre compte, il n'y a qu'à nous renvoyer à Socrate, et bien que notre présomption de l'avoir de beaucoup dépassé, causerait force tracas à ce sage, comme ceux qui dans leur rage contre Socrate, à chaque bourde qu'il leur arrachait (ἐπειδάν τινα λῆρον αὐτῶν ἀφαιρῶμαι)[14], allaient jusqu'à vouloir le mordre pour de bon (voir *Théétète*, § 151). – Dans *l'Instant*, l'homme prend conscience d'être né ; car son état précédent, dont il n'a pas à se prévaloir, était de n'être pas ; dans *l'Instant*, il prend conscience de la seconde naissance ; car son état précédent était de n'être pas. Si cet état précédent avait été d'être, en aucun de ces deux cas l'instant n'eût eu pour lui d'importance décisive, comme nous l'avons développé plus haut. Tandis que tout le pathétique de la pensée grecque se concentre sur le souvenir, celui de notre hypothèse se concentre dans l'instant, et quoi d'étonnant à cela ! ou serait-ce une chose indifférente que de passer du non-être au devenir ?

Voilà donc cette hypothèse fictive ! Mais quelqu'un dira peut-être : « En fait de fiction, celle-ci est la plus ridicule de toutes ! ou plutôt tu es le plus ridicule de tous ceux qui en bâclent ; car, même la plus absurde garde toujours ceci de vrai peut-être, c'est qu'on en est l'auteur ; mais ta conduite par contre rappelle un lazzarone se faisant payer pour montrer une région que n'importe qui peut voir ; tu es comme l'homme qui vers le soir exhibait pour de l'argent un bélier que le matin on pouvait voir gratis broutant l'herbe des champs. » – « Peut-être dis-tu vrai, cher objecteur, je me cache de honte. Mais admettons que je fusse à ce point ridicule ; laisse-moi me rattraper alors par une autre fiction. Il y a déjà des siècles qu'on a inventé la poudre, je serais donc ridicule aussi de feindre en être l'inventeur ; mais serait-il ridicule aussi de croire que quelqu'un l'eût été ? Écoute, j'aurai la politesse de croire que c'est toi l'auteur de ma fiction, en fait d'urbanité, que veux-tu de plus ? Ou si tu nies que c'est toi, nieras-tu aussi que quelqu'un l'ait inventée, c'est-à-dire un autre homme ? Auquel cas, je risque autant de l'avoir inventée que n'importe quel humain. Ainsi, tu ne te fâches pas de me voir me targuer à faux d'une chose appartenant à un autre, mais tu le fais de me voir me targuer à faux de ce qui ne relève d'aucun humain, et tu te fâches autant quand, mensongèrement, je t'impute l'invention. Quelle étrangeté qu'existe une chose de ce genre, dont chacun, le sachant, sait aussi qu'il ne l'a pas trouvée, sans jamais n'obtenir, comme au jeu du coucou, qu'une dénégation, s'adressât-on à tous les hommes ! Et cependant cette étrangeté m'enchante sans mesure, puisqu'elle vérifie la justesse de l'hypothèse et qu'elle la prouve. Quelle absurdité en effet d'exiger d'un homme qu'il découvre par lui-même qu'il n'a pas été ! Mais ce passage est celui de la seconde naissance, du non-être à l'être. Qu'après coup cet homme-là comprenne, rien de gênant ici, car pour savoir user de la poudre, en analyser les parties, en est-on pour cela l'inventeur ? Ainsi, libre à toi, cher objecteur, de te fâcher contre moi, et contre quiconque se targuera de l'invention, mais quel besoin pour cela de te fâcher contre l'idée ! »

CHAPITRE II

Le dieu comme maître et sauveur
(Essai poétique)

Considérons un moment Socrate qui, lui aussi, fut un maître. D'une certaine condition par sa naissance, il fut formé dans le peuple auquel il appartenait, et vers sa maturité, sentant en soi une vocation qui l'entraînait et comme un aiguillon, il commença de sa façon à enseigner à d'autres. Après avoir ainsi vécu quelque temps comme Socrate l'obscur, il apparut, quand le moment lui sembla opportun, comme Socrate l'enseigneur. Lui qui avait suivi l'influence des circonstances, il y mit à son tour sa marque. À accomplir son œuvre, il satisfaisait autant à sa propre exigence intérieure qu'à celle que d'autres pouvaient avoir sur lui. En ce sens – et c'est bien comme l'entendait Socrate – le maître trouve sa place naturelle dans un rapport d'échanges où la vie et les circonstances deviennent pour lui l'occasion d'être un maître, et où lui-même à son tour est l'occasion pour d'autres d'apprendre quelque chose. Son rôle est donc toujours autant autopathique [15] que sympathique. C'est de cette façon aussi que Socrate l'entendait ; de là son refus de recevoir de la gloire, des dignités, ou de l'argent pour son enseignement, puisqu'il jugeait tout avec l'intégrité d'un mort. Ô rare simplicité ! si rare de nos jours, où sommes d'argent et couronnes d'honneur ne sauraient être assez grandes ni assez brillantes pour récompenser l'éclat de l'enseignement, mais où aussi c'est précisément tout l'or et la gloire du monde qui récompensent l'enseignement, tant ce sont choses équivalentes. Mais c'est que notre temps a le positif et s'y entend et qu'au contraire Socrate en était dépourvu. Reste à voir si ce défaut expliquerait son manque d'horizon dû sans doute à son zèle à embrasser l'humain, à se châtier lui-même avec cette même divine jalousie qu'il mettait à châtier autrui et où s'exprimait son amour du divin ? D'homme à homme c'est là le service suprême ; le disciple est pour le maître l'occasion de se comprendre soi-même, et réciproquement le maître est pour le disciple celle de se comprendre soi-même ; le maître ne laisse après lui pas de créance sur l'âme du disciple, pas plus que le disciple ne peut prétendre que le maître lui doive quelque chose. Et si j'avais la ferveur d'un Platon, si le cœur me battait avec la fougue d'Alcibiade, avec plus de fougue encore qu'aux Corybantes [16], en écoutant Socrate et que ma passion à l'admirer ne se pût calmer qu'en embrassant ce Sage magnifique, Socrate sans doute souriant de moi dirait : « Ô mon cher, que tu es au fond un amant trompeur, toi qui me veux adorer à cause de ma sagesse, et pour lors être toi-même celui qui m'a le mieux compris, celui à l'étreinte admirative de qui je ne pourrais m'arracher ; serais-tu au fond un séducteur ? » Et si je refusais alors de le comprendre, sa froide ironie sans doute ferait mon désespoir, en m'expliquant m'être autant redevable que moi à lui. Ô rare probité qui ne trompe personne, pas même celui qui mettrait sa félicité à l'être ; ô rareté de nos jours, où l'on ne voit personne qui n'aille plus loin que Socrate dans l'art de s'estimer soi-même, de pousser un disciple, d'être d'un commerce sensible ou de trouver de la volupté aux compresses chaudes de l'admiration ! Ô fidélité rare qui ne séduit personne, pas même celui qui se sert de tous les arts de la séduction [17] pour se laisser séduire !

Mais le dieu n'a pas besoin de disciple pour voir clair en soi, et nulle occasion ne peut donc l'inciter au point qu'en efficace l'occasion égale la décision. Qui peut alors le pousser à apparaître ? Il faut qu'il se meuve par lui-même, sans cesser d'être ce qu'Aristote dit de lui, αχινητος παντα αινει [18]. Mais s'il se meut de lui-même, ce n'est pas un besoin qui le pousse, comme de ne pas pouvoir lui-même supporter le silence mais devoir éclater en paroles. Mais s'il se meut de lui-même, et non par besoin, quel moteur alors le pousse sinon l'amour, qui justement n'a pas à satisfaire un besoin extérieur mais intérieur. La décision divine, sans nul rapport d'égale réciprocité avec l'occasion, doit exister de toute éternité, quoique, en se réalisant dans le temps, elle devienne précisément *l'instant* ; car là où l'occasion et son effet se correspondent, comme dans le désert la réponse au cri, là l'instant n'apparaît pas, mais le souvenir l'engloutit dans son éternité. L'instant naît justement du rapport de la décision éternelle à l'inégale occasion. S'il n'en est pas ainsi, on retombe au socratisme et l'on n'obtient ni dieu ni décision éternelle ni instant.

C'est donc l'amour qui fait qu'éternellement le dieu s'y décide ; mais comme son amour est la cause, lui aussi doit être son but ; car quelle contradiction que le dieu eût un motif sans un but correspondant ! Il faut donc que l'amour s'adresse au disciple, que le but doit être de gagner ; car seul l'amour fait du différent l'égal, et hors de l'égalité ou de l'unité point de compréhension ; or, sans plénitude de compréhension le maître n'est pas le dieu, à moins d'en chercher la faute chez le disciple qui ne voulut point ce qu'on lui avait rendu possible.

Cet amour cependant est foncièrement malheureux ; tant d'inégalité en effet sépare maître et disciple, et ce qui semble si facile, ce pouvoir du dieu de se faire comprendre, ne l'est pas tellement, alors qu'il ne doit pas détruire leur différence.

Nous ne nous presserons pas, et s'il semble à quelqu'un que c'est perdre du temps au lieu d'en venir au résultat, notre consolation c'est qu'il ne s'ensuit pas de là encore que notre peine soit perdue. – On a souvent parlé dans le monde d'amour malheureux, et chacun sait fort bien ce que le terme veut dire : les amants ne peuvent pas s'unir ; quant aux raisons, dame ! il peut y en avoir tant ! Il est une autre sorte d'amour malheureux, celui qui nous occupe, dont aucun cas terrestre n'offre une entière analogie, mais que nous pouvons cependant, en usant pour un temps d'un langage imparfait, nous figurer sur terre. Le malheur n'en est pas l'impossibilité pour les amants de s'unir, mais celle pour eux de se comprendre. Chagrin infiniment plus profond que l'autre dont parlent les hommes ; car ce malheur-ci vise dans l'amour le cœur et blesse pour l'éternité, il n'est point comme l'autre qui ne nous frappe qu'au-dehors dans notre temporel, et qui pour les âmes généreuses compte aussi peu qu'un ricanement sur des amoureux d'ici-bas qui restent sans s'unir. Et ce chagrin, d'une autre profondeur, n'appartient en propre qu'à l'homme supérieur, seul à comprendre aussi cette incompréhension ; n'appartient au fond qu'au dieu seul, nul rapport humain ne pouvant offrir d'analogie valable. Toutefois pour inciter l'esprit à saisir le divin nous allons en esquisser une.

Supposons qu'il y eût un roi aimant une fille du peuple. Mais déjà le lecteur a peut-être perdu patience à ce début qui sonne comme dans un conte et sans le moindre système ; oh ! je sais bien que le docte Polos [19] trouvait fâcheux que Socrate ne parlât jamais que de boire et de manger et de médecins et d'autres futilités, dont lui Polos ne parlait point (voir le *Gorgias*) ; mais Socrate n'avait-il pas au moins un avantage, celui de posséder là-dessus, comme chacun de nous dès l'enfance, les connaissances nécessaires ? et ne serait-ce pas souhaitable – chose fort au-dessus de mes talents – de pouvoir m'en tenir au boire et manger, sans que j'aie encore besoin d'ajouter les rois qui n'ont pas toujours les pensées de tout le monde, si tant est qu'il leur arrive de penser en rois ? mais est-ce impardonnable à moi qui ne suis qu'un poète, et qui vais, me souvenant des belles paroles de Thémistocle, déployer la tapisserie de mon récit afin de n'en point cacher les figures en la laissant roulée [20]. Supposons donc un roi aimant une pauvre fille. Le cœur du roi, indemne de ce savoir qu'on prêche trop bruyamment, avait l'inexpérience de ces difficultés que découvre la raison pour capturer les cœurs et qui donnent bien de l'ouvrage aux poètes et rendent leurs formules magiques indispensables. Sa décision fut facile à accomplir, les ministres craignant tous en effet sa colère et ne se risquant à quelque remarque, et tous les États étrangers tremblant devant sa puissance et n'allant pas jusqu'à ne pas envoyer d'ambassade avec leurs vœux aux noces, et nul reptile de cour enfin n'osant ramper pour le mordre de peur de se faire écraser la tête. Accordez donc les harpes, poètes, commencez à chanter, que rien ne manque à la fête pendant le triomphe de l'amour ; car quels airs de victoire n'a-t-il pas quand il unit l'égal ! mais quel triomphe quand il égalise dans l'amour l'inégal ! – Mais alors surgit un souci dans l'âme du souverain ; sauf un roi aux royales pensées, qui en rêverait en effet ? À personne il ne souffla mot de son inquiétude ; l'eût-il fait, quel est le courtisan qui ne lui aurait dit : « Votre mariage, Majesté, est pour la jeune fille un bienfait dont elle ne saurait vous remercier de toute sa vie » ; ce qui eût sans doute mis le roi en colère contre le courtisan qu'il eût alors fait exécuter pour crime de lèse-majesté envers l'aimée ; et par là aussi notre courtisan eût fait de la peine au roi. Solitaire celui-ci tournait et retournait son chagrin dans son cœur : la fille serait-elle tout de même heureuse de ce mariage ? gagnerait-elle assez de ressort pour ne jamais se rappeler ce que le roi ne tenait qu'à oublier, c'est-à-dire sa qualité de roi et la fille de rien qu'elle avait été. Autrement si s'éveillait ce souvenir et qu'il détournât parfois comme un rival heureux ses pensées loin du roi, s'il l'attirait dans l'hermétisme d'une secrète douleur ou qu'il passât parfois sur l'âme comme la mort sur la tombe, en quoi consistait donc la splendeur de l'amour ! N'eût-elle pas eu alors plus de bonheur d'être restée dans son obscurité, aimée d'un de ses semblables, contente de peu dans sa pauvre chaumière, mais mettant du ressort dans son amour, et gaie du matin au soir ? Quelle surabondance ici de douleur, et comme mûrie et pliant presque sous le poids de sa fécondité, n'attendant plus que l'heure de la moisson, quand la pensée du roi en extraira comme un fléau tout le grain des soucis. Car même le contentement de la fille de n'être rien ne pourrait satisfaire le roi, justement parce qu'il l'aimait et qu'il lui était encore plus dur d'être son bienfaiteur que de la perdre. Et si alors elle n'eût pas même pu le comprendre ; car dès qu'on parle improprement de l'humain, plus rien n'empêche, n'est-ce pas ? d'admettre une diversité de l'esprit rendant la compréhension impossible – quel chagrin dormant n'y a-t-il pas au fond de cet amour malheureux et quel appel oserait l'éveiller ? Mais l'homme n'a pas à connaître cette souffrance, car lui, nous le renverrons à Socrate ou à ce qui, dans un sens encore plus beau, a le pouvoir de faire d'inégaux des égaux.

Or si *l'instant* doit avoir une importance décisive (sans quoi on retombe au socratisme, bien qu'on croie être allé plus loin), le disciple est dans la non-vérité, il y est même par sa propre faute – tout en étant pourtant l'objet de l'amour du dieu qui veut devenir son maître, et dont le souci est de rétablir l'égalité. Faute d'y réussir, l'amour sera malheureux, et l'enseignement vide de sens, parce que maître et disciple n'auront pu se comprendre. La belle affaire pour le dieu ! pensera-t-on sans doute, puisqu'il n'a pas besoin du disciple ; mais on oublie, ou plutôt on prouve ainsi hélas ! à quelle distance on est de le comprendre ; car ce qu'on oublie, c'est qu'il aime le disciple. Et de même que ce chagrin royal ne se rencontre que dans une âme de roi et que, dans la foule des langues humaines, pas une ne le mentionne seulement, de même tout le langage des hommes est trop égoïste pour soupçonner pareil chagrin. Aussi bien le dieu s'en est-il réservé tout l'insondable : savoir qu'il peut rejeter de lui le disciple, se passer de lui, que ce disciple par sa propre faute est voué à la perdition, que lui, le dieu, n'a qu'à l'y laisser s'engloutir – savoir l'impossibilité ou presque de soutenir le ressort du disciple, sans quoi la compréhension et l'égalité disparaissent, sans quoi l'amour n'est qu'un malheur. L'homme sans le soupçon au moins de ce chagrin n'est qu'une âme basse, d'une moindre frappe comme la menue monnaie sans l'effigie[21] de César ni de Dieu.

Voilà donc la tâche à entreprendre, et nous y invitons le poète, s'il ne l'a pas déjà été ailleurs, et s'il n'est pas tel qu'il faille, avec les joueurs de flûte et autres baladins, le chasser de la maison du chagrin, afin d'y faire entrer la joie. Cette tâche du poète, c'est de trouver une solution, un point d'unité où la compréhension de l'amour domine en vérité, où l'inquiétude du dieu se soit remise de sa douleur ; car c'est cela l'insondabilité de l'amour, d'un amour qui ne se contente point de ce que son objet peut-être en sa folie proclamerait comme sa félicité.

A. L'unité s'obtient par un relèvement. C'est alors le dieu qui hausse le disciple jusqu'à lui, le magnifie, le délecte d'une joie millénaire (mille ans ne sont-ils pas pour lui comme une journée[22] ?) et dans un tumulte ravi lui fait oublier l'incompréhension. Hélas ! le disciple pencherait peut-être fort à se trouver déjà bien heureux ; et quel coup magnifique, ainsi comme cette fille du peuple, de faire soudain sa fortune du simple fait que le dieu ait jeté ses yeux sur lui ! Quel coup de l'aider à prendre tout en vain, séduit par son propre cœur ! Mais ce noble roi ne perçait-il pas déjà la difficulté ? Un peu connaisseur des hommes, il voyait bien qu'au fond la jeune fille était dupe, et c'en est bien la pire façon, que de ne pas même s'en douter mais d'être comme enchantée par ses habits de reine.

L'unité pourrait s'obtenir par l'apparition au disciple du dieu qui accepte son adoration et le fait s'en oublier lui-même. Ainsi le roi eût pu se montrer à la fille du peuple dans toute sa gloire, faisant se lever le soleil de sa magnificence sur sa chaumière, briller sur le coin de terre où il lui était apparu, et la faisant s'oublier elle-même dans une adoratrice admiration. Hélas ! ceci peut-être eût contenté la fille, mais non le roi qui, lui, ne cherchait pas sa propre glorification mais celle de la fille ; de là son chagrin si lourd de n'être compris par elle ; mais plus lourd encore pourtant, s'il avait fallu la tromper. Et déjà de donner à son amour une expression imparfaite, ce serait aux yeux du roi une tromperie, quoique personne ne le comprît, et que le blâme des gens tentât de blesser son âme.

Ce n'est donc pas cette voie-là qui rend l'amour heureux, peut-être en apparence celui du disciple et de la fille, mais non celui du maître et du roi qu'aucune illusion ne saurait contenter. Ainsi le dieu trouve sa joie à vêtir le lys de plus de splendeur que Salomon[23] ; mais s'il pouvait s'agir d'une compréhension entre eux, quelle triste illusion pour le lys que de s'imaginer à la vue de ses vêtements splendides être aimé à cause d'eux ; et tandis qu'à présent, plein de confiance, il pousse dans le pré, qu'il joue avec le vent sans plus de souci que son souffle, dans l'autre cas quel dépérissement je pense, et comme il manquerait de ressort pour soulever sa tête. Et c'était bien là l'inquiétude du dieu ; car la tige du lys est tendre et vite brisée. Mais si l'instant doit avoir une importance décisive, à quel point ineffable alors montera son inquiétude ! Il y eut jadis un peuple fort entendu aux choses divines, or ce peuple croyait qu'on mourait de voir le dieu [24]. Qui comprend cette contradiction de la douleur : ne point se révéler, et faire mourir l'amour ; se révéler, et faire mourir l'aimée ? Oh ! que de fois le cœur des hommes ne soupire-t-il après la puissance et la force ! et leur pensée y revenant toujours, comme si de les obtenir résolvait tout, ils ne soupçonnent pas qu'il n'y a pas que de la joie dans le ciel [25] mais aussi de la douleur car quel poids de devoir refuser au disciple ce qu'il désire de toute son âme, et de devoir le lui refuser précisément parce que c'est lui qu'on aime !

B. Il faut donc établir l'unité d'une autre manière. Ici encore rappelons-nous Socrate, car qu'exprimait son ignorance sinon cette base d'unité qu'exigeait son amour pour le disciple ? mais cette unité était aussi, comme nous l'avons vu, la vérité. Si au contraire *l'instant* doit avoir une importance décisive (–), la vérité n'est donc pas dans cette unité-là ; car le disciple doit tout au maître. De même que pour la pensée socratique l'amour du maître ne serait que celui d'un imposteur, s'il laissait le disciple se croire réellement son débiteur, alors qu'il devrait l'aider à se suffire à lui-même, ainsi l'amour du dieu, s'il veut être le maître, ne doit pas être qu'un amour qui vienne au secours mais qui fasse naître, par quoi le dieu enfante le disciple ou, comme nous avons dit, le fait renaître, expression employée par nous pour signifier le passage du non-être à l'être. La vérité donc c'est que le disciple lui doit tout ; mais cette dette même ne facilite pas la compréhension du disciple : n'être plus rien sans être pourtant anéanti, devoir tout à ce maître tout en gardant sa confiance en soi, comprendre la vérité et qu'en même temps c'est elle qui le délivre, saisir toute la faute qu'est sa non-vérité et qu'alors dans la vérité il reconquiert son ressort ! D'homme à homme être l'accoucheur est le suprême rapport, mais enfanter est réservé au dieu dont l'amour est celui *qui enfante*, amour qu'il ne faut pas confondre pourtant avec celui dont parle si bien Socrate dans une fête. Car il n'entendait pas alors le rapport du maître au disciple, mais celui de l'autodidacte au beau, quand, faisant abstraction de la beauté éparse, il a la vision du beau en soi et enfante ainsi mainte belle parole et pensée magnifique πολλους χαι χαλους λογους χαι μεγαλοπρεπεις τιχτει χαι διαιοηματα εν φιλοσοφια αφθονω[26] (*Le Banquet*, § 210, D.) ; et ici il est vrai de dire que ce qu'il enfante et produit ainsi, il le portait depuis longtemps au fond de lui-même (§ 209, C.). La condition, il l'a donc en lui-même, et cette production (cette naissance) n'est qu'une apparition de ce qui était déjà là, et c'est pourquoi l'instant dans cet accouchement s'engloutit du même coup dans le souvenir. Et quant à celui qui naît en mourant de plus en plus, évidemment on peut de moins en moins dire de lui qu'il naît, puisqu'il ne fait que se ressouvenir de plus en plus clairement qu'il est ; et celui qui à son tour enfante lui-même les manifestations du Beau ne les enfante pas mais laisse en lui le Beau les enfanter de soi.

Alors si l'unité est irréalisable par le relèvement de l'un, force est de la tenter par l'abaissement de l'autre. Appelons X le disciple, il faut que dans cet X soit impliqué aussi le plus humble des hommes ; car si même Socrate ne liait pas partie avec la clique des intelligences, comment le dieu ferait-il alors des distinctions ? Pour que l'unité s'établisse il faut que le dieu se fasse égal au disciple. Ainsi apparaîtra-t-il égal au plus humble. Mais le plus humble, n'est-ce pas celui qui doit servir les autres ? c'est donc sous la forme de *serviteur* que le dieu apparaîtra. Mais cette forme n'en est pas une d'emprunt comme le manteau de pauvre du roi, mal ajusté précisément et le trahissant ; pas une d'emprunt non plus comme le léger manteau d'été de Socrate, dont le tissu fait de rien cache et pourtant révèle ; non, elle est sa forme véritable ; car c'est là l'insondable de l'amour, cette volonté sans rire mais grave et véritable d'être l'égal de l'aimée ; et c'est là son omnipuissance décisive que de pouvoir ce que n'ont pu ni Socrate ni le roi, ce qui ne faisait de leur forme d'emprunt qu'une sorte de dérobade.

Le voilà donc... le dieu. Où ? Mais là ! ne peux-tu donc le voir ? Il est le dieu, sans cependant avoir rien où reposer sa tête[27], ni oser la reposer sur aucun homme afin de ne lui être à scandale. Il est le dieu, et cependant sa marche est plus précautionneuse que si le portaient des anges, de peur non de se blesser le pied, mais d'écraser les hommes dans la poussière alors qu'ils se scandalisent de lui. Il est le dieu, et cependant son regard s'appuie inquiet sur le genre humain, car la tige délicate des individus se brise aussi vite qu'un brin d'herbe. Quelle vie, pur amour, pur chagrin, que de vouloir exprimer l'unité et de n'être point compris ! que d'être obligé de craindre notre perdition à tous et pourtant de ne pouvoir en vérité en sauver un seul que par cette voie ! Chagrin pur, alors qu'en même temps toutes les heures du jour sont remplies du chagrin du disciple qui se confie à lui. Voici donc le dieu sur la terre, égal au dernier des derniers par l'omnipuissance de son amour. Il sait que le disciple est la non-vérité, s'il allait se tromper, s'il allait succomber et perdre son ressort ! Quel poids de porter ainsi le ciel et la terre par un *fiat* tout-puissant, de sorte que tout croulerait, s'il manquait la moindre parcelle de temps ! Mais quel fardeau facile, au lieu de porter la possibilité de scandale du genre humain, quand c'est par amour qu'on en est devenu le sauveur !

Mais la forme de serviteur n'en était pas une d'emprunt, c'est pourquoi le dieu doit tout souffrir, tout subir, tout endurer, la faim au désert, la soif dans les supplices, l'abandon dans la mort, s'égaler absolument au dernier des derniers... vois quel homme ! car ce n'est pas seulement la souffrance dans la mort qu'il fait sienne, mais toute cette vie est une passion, et cet amour qui souffre, qui donne tout, est lui-même le nécessiteux. Admirable abnégation ! même au plus humble des disciples il demande plein d'inquiétude : m'aimes-tu maintenant ? car il sait lui-même où est la menace du danger, et pourtant il sait aussi que toute voie plus facile lui serait une tromperie, quoique le disciple ne pût le comprendre.

Apparaître autrement ne serait pour l'amour qu'une tromperie, parce que force serait au maître ou d'opérer d'abord un changement du disciple (or l'amour ne change pas l'être qu'il aime, mais se change lui-même) et de lui en masquer la nécessité ; ou, mais quelle légèreté ! de continuer d'ignorer que toute leur compréhension mutuelle n'était qu'une illusion (c'est là la non-vérité du paganisme). Toute autre apparition serait pour l'amour du dieu une tromperie. Et quand même j'eusse plus de larmes que les yeux d'une pécheresse repentante, et que chacune des miennes eût plus de prix que toutes celles d'une pécheresse pardonnée [28] ; quand même trouverais-je une place plus humble encore qu'aux pieds du maître [29], et y pourrais-je m'asseoir plus humblement qu'une femme dont le cœur n'eût élu que l'unique nécessaire ; quand même aimerais-je ce maître avec plus de probité que le serviteur fidèle qui l'aime jusqu'à l'ultime goutte de son sang ; et eussé-je à ses yeux plus de grâce que la plus pure des femmes – quand même, si malgré tous ces titres j'allais le prier de changer sa décision et d'apparaître sous une autre forme, bref de s'épargner, me regardant, il dirait : Homme, qu'ai-je à faire de toi ? Arrière, Satan que tu es, bien que tu ne le comprennes pas toi-même ! Ou si par exception il levait le bras pour commander et que son geste fût obéi et qu'alors je me figurasse le mieux comprendre et l'aimer davantage, je le verrais sans doute pleurer sur moi aussi et me dire : Comment as-tu pu à ce point me devenir infidèle, à ce point attrister mon amour ! tu n'aimes donc que le tout-puissant, le faiseur de miracles, non celui qui s'est abaissé en s'égalant à toi.

Mais la forme de serviteur n'en était pas une d'emprunt, aussi faut-il qu'il rende le souffle dans la mort et se dépouille de la terre. Et ma douleur fût-elle plus profonde que celle de la mère quand l'épée lui perce le cœur [30], et ma condition plus terrible que celle du croyant quand les forces de la foi se brisent, et ma misère touchât-elle plus que celle du crucifié qui cloue son espérance et ne garde que la croix – quand même, si j'allais le prier de s'épargner et de me rester, sans doute alors le verrais-je triste à en mourir, mais triste aussi sur moi, cette souffrance étant pour mon bien ; mais son chagrin aussi serait que je n'aie pu le comprendre. Ô calice d'amertume ! si l'ignominie de la mort est plus amère que l'absinthe aux mortels, qu'est-elle alors pour l'immortel ! Ô breuvage aigre – et de plus d'aigreur que le vinaigre – que d'avoir pour se rafraîchir l'incompréhension de l'aimé ! Dans la détresse, quelle consolation de souffrir en coupable ! mais quelle alors de souffrir innocent !

Ainsi le poète ; car comment songerait-il que cette manière de se manifester vise à produire le plus épouvantable dénouement ? comment s'aviserait-il de jouer en étourdi avec la douleur du dieu et, par quel mensonge poétique, d'éliminer l'amour pour y introduire la colère ?

Et le disciple, n'a-t-il ni lot ni part à cette passion, encore que son sort ne soit celui du maître ? Et pourtant il en doit être ainsi, et toute cette souffrance vient de l'amour, justement parce que le dieu ne se jalouse pas lui-même, mais veut dans son amour être égal au plus humble. Plantez un gland de chêne dans un vase de terre, il le fait éclater, versez du vin nouveau dans de vieilles outres, elles crèvent : mais que se passe-t-il alors quand le dieu s'implante dans la faiblesse humaine s'il ne devient pas un nouvel homme, un nouveau vase ! Mais ce devenir, quel travail difficile ! quel rude enfantement ! Et la compréhension, quelle fragilité que son état ! et qui frise à tout instant les bornes de l'erreur, quand l'angoisse de la faute cherche à troubler la paix de l'amour ! Et cette compréhension, quel état d'épouvante ! car il est moins redoutable de tomber sur le visage, alors que les montagnes tremblent[31] à la voix du dieu, que d'être assis près de lui comme près d'un égal ; et pourtant c'est justement le désir du dieu que cette égalité familière.

Si quelqu'un maintenant venait me dire : « Ta fiction est le plus abject plagiat qu'il y ait jamais eu, n'étant ni plus ni moins que ce que chaque enfant sait », j'apprendrais non sans honte je crois que je suis un menteur. Mais pourquoi le plus abject ? Le poète qui plagie ne vole-t-il pas toujours un autre poète, et ne sommes-nous pas ainsi tous également abjects ? mon vol même est moins malfaisant peut-être, car plus vite découvert. Mais qui est alors le poète ? Si j'avais la politesse de te tenir pour l'être, toi qui me condamnes, peut-être te fâcherais-tu encore une fois. N'est-il donc pas de poète, quoiqu'il y ait pourtant une fiction ? L'étrange chose ! comme d'entendre un jeu de flûte, sans qu'il y eût de joueur de flûte. Ou cette invention de ton cru serait-elle comme ces proverbes dont on ignore l'auteur, l'humanité semblant toute y avoir collaboré ; et ne serait-ce pas pour cela que tu taxais mon plagiat de la pire abjection, comme un vol fait non pas à un seul mais à tous les hommes, et parce que mon orgueil, quoique je ne sois qu'un individu et même un abject voleur, se donnait ainsi mine d'être tout le genre humain ? En ce cas, si je faisais le tour des hommes, et que je visse que tout le monde sans doute le connaissait mais que chacun savait aussi n'en être pas l'auteur, est-ce que j'en pourrais conclure : c'est donc que le genre humain l'a fait ? L'étrange conclusion ! Car si c'est l'œuvre du genre humain, ne peut-on dire alors qu'un chacun a un même titre égal à l'avoir fait ? Ne te semble-t-il pas que nous voici embarqués dans une affaire difficile, alors qu'au début tout semblait si vite tranché par ta colère, quand tu tenais sèchement mon invention pour le dernier des plagiats et que j'avais honte de me l'entendre dire ? Ainsi n'est-ce peut-être nullement une invention, ni le fait en tout cas d'un homme ou du genre humain ; et, je t'entends maintenant, c'est pour cela que tu taxais ma façon d'agir de dernier des plagiats, comme étant un vol fait non à un seul homme ni au genre humain mais à la Divinité, ou parce que étant comme un escamotage d'elle-même, vrai blasphème, et que moi simple individu et même vilain voleur, j'affectais d'être le dieu ; ô mon cher ! à présent je t'entends à fond, oui j'entends la justice de ta colère. Mais c'est alors qu'aussi j'ai l'âme prise d'un nouvel étonnement et même comble d'adoration ; car à son tour quelle étrangeté, en effet, si c'eût été une invention humaine ! Certes l'homme pourrait songer à s'inventer égal au dieu ou inversement égaler le dieu à lui, mais inventerait-il que le dieu s'invente égal à l'homme ? Non ; car si le dieu ne laisse rien soupçonner de lui, comment l'homme aurait-il cette idée que le dieu bienheureux pût avoir besoin de lui ? Quelle dépravation de pensée ! ou plutôt disons qu'une idée si dépravée n'aurait pu naître en lui, quoique, dès que le dieu la lui a confiée, il dise plein d'adoration : cette idée-là n'a pas levé dans mon cœur, et qu'il lui trouve une beauté de miracle. Et tout cela n'en est-il pas un ? et ce mot sur mes lèvres n'est-il pas comme derechef une heureuse prédiction ? car, comme je le disais bien, et comme tu le dis toi-même sans y penser, ne sommes-nous pas ici devant le *miracle* ? Et puisque nous voilà maintenant tous deux devant ce miracle, dont le solennel silence ne peut être troublé des disputes humaines sur le mien et le tien et dont la voix de majesté couvre infiniment nos petits conflits humains, il faut bien que tu me pardonnes l'étrange égarement où je fus de l'avoir inventé. C'était là une erreur, et l'invention différait trop de tout ce qu'inventent les hommes pour en être une, elle était *le miracle*.

CHAPITRE III

Le paradoxe absolu
(Une chimère métaphysique)

Malgré tous ses efforts pour amasser des connaissances sur l'homme et se connaître soi-même, malgré même la persistance des siècles à le célébrer comme l'homme qui connut sans doute le mieux l'homme, Socrate avoue pourtant que sa répugnance à réfléchir sur la nature d'êtres comme Pégase et les Gorgones venait de ne s'être encore rendu compte s'il n'était pas lui-même (le connaisseur humain) un monstre plus étrange que Typhon, ou un être plus aimable et plus simple, participant de nature à quelque chose de divin (voir *Phèdre* 229, E). Voilà qui semble paradoxal. Mais il ne faut pas penser de mal du paradoxe, cette passion de la pensée, et les penseurs qui en manquent sont comme des amants sans passion, c'est-à-dire de piètres partenaires. Mais le paroxysme de toute passion est toujours de vouloir sa propre perte, et c'est également la suprême passion de l'intelligence que de rechercher le choc, nonobstant que ce choc d'une façon ou d'autre mène à sa propre ruine. C'est là le paradoxe suprême de la pensée, que de vouloir découvrir quelque chose qu'elle-même ne peut penser. Cette passion de la pensée reste au fond partout présente en elle, même dans celle de l'individu, dans la mesure où, quand il pense, il n'est pas que lui-même. Mais l'habitude empêche de s'en apercevoir. De même la marche de l'homme, d'après ce qu'enseignent les naturalistes, n'est qu'une chute continue ; mais l'homme sage et rangé, qui s'en va le matin à son bureau et rentre pour le dîner, dira sans doute que c'est là une exagération, car son pas habituel c'est tout à fait la médiation ; comment s'apercevrait-il qu'il ne cesse de tomber, lui qui ne fait qu'aller droit devant soi !

Cependant, pour enfin commencer, faisons une proposition hardie ; supposons que nous sachions ce qu'est un homme[a]. Nous avons là le critère du vrai qu'a *cherché*, ou *mis en doute*, ou *postulé* ou *exploité* fructueusement toute la philosophie grecque. Et n'est-ce pas curieux qu'il en soit ainsi des Grecs ? N'y a-t-il pas là comme un bref résumé de l'importance du génie grec, une épigramme qu'il s'est trouvée lui-même et qui lui rend bien mieux justice en effet que tout ce qu'on écrit de souvent prolixe sur lui ? Ainsi la proposition vaut bien qu'on l'accepte, et elle le vaut encore pour une autre raison, puisque aux deux chapitres précédents déjà nous l'avons expliquée, tandis qu'à vouloir expliquer Socrate autrement que nous on risque fort de tomber dans les pièges des sceptiques grecs, des plus anciens comme des plus tardifs. Si l'on ne s'en tient à la théorie socratique du souvenir et à sa thèse que tout l'homme est dans l'individu, Sexte l'Empirique vous guette, prêt à rendre le passage qu'est « apprendre » non seulement difficile mais impossible ; et Protagoras, partant du point où l'autre en est resté, déclare l'homme la mesure de toutes choses[32], c'est-à-dire mesure pour les autres, nullement au sens socratique où l'individu est sa propre mesure ni plus ni moins.

a. Peut-être semblera-t-il ridicule de vouloir donner à cette proposition la forme du doute en la « supposant » ; car ces choses-là, qui les ignore à notre époque théocentrique ? Plût au ciel qu'il en fût ainsi ! Démocrite aussi le savait, qui donne de l'homme cette définition : « L'homme est ce que tout le monde sait », et il poursuit : « car nous savons tous ce qu'est un chien, un cheval, une plante, etc., mais rien de tout cela n'est l'homme. » Nous n'aurons pas la méchanceté ni l'esprit de Sexte l'Empirique, lequel en tire, comme on sait, la conclusion bien fondée que l'homme est un chien, car l'homme est ce que tout le monde sait, et nous savons tous ce qu'est un chien, *ergo*... non, nous n'aurons pas cette méchanceté-là ; mais, la chose est-elle donc de nos jours si bien tirée au clair, que notre époque n'ait pas à s'inquiéter un peu à son propre sujet en pensant au pauvre Socrate et à son embarras ?

Nous savons donc ce qu'est l'homme, et ce savoir que je serai le dernier de tous à minimiser, peut constamment s'enrichir et grossir d'importance, et donc devenir aussi la vérité ; mais là aussi s'arrête l'intelligence – comme s'arrêta Socrate ; car voici s'éveiller alors la passion paradoxale de l'intelligence qui cherche à se heurter et, sans bien se comprendre, cherche sa propre perte. N'en est-il de même du paradoxe de l'amour ? L'homme vit tranquille en lui-même, soudain s'éveille le paradoxe de l'égoïsme déguisé en amour pour un autre, pour un être qui manque. (Toujours l'égoïsme est au fond de l'amour ou il y périt ; aussi, pour s'imaginer une religion de l'amour, faudrait-il, et l'épigramme ici égale la vérité, ne lui présupposer qu'une seule condition, qu'un unique postulat : s'aimer soi-même, pour commander ensuite d'aimer le prochain comme soi-même[33].) Et comme le paradoxe de l'amour change l'amant au point de l'empêcher presque de se reconnaître (au témoignage même des poètes qui sont les avocats de l'amour, comme à celui des amants eux-mêmes, puisqu'ils ne se laissent enlever par les poètes que les discours mais non les sentiments), de même ce paradoxe soupçonné de l'intelligence réagit sur l'homme et sa connaissance de soi-même, de sorte que cet homme qui croyait se connaître ne sait plus avec certitude, s'il n'est pas après tout un animal plus étrangement complexe que Typhon, ou s'il a dans son être un élément plus doux et plus divin (σχοπω ου ταντα, αλλα εμαυτον, ειτε τι θηριον ων τυγχανω πολυπλοχωτερον χαι μαλλον επι τε θυμμενον, ειτε ημερωτερον, τε χαι απλουστερον ζωον, θειας τινος χαι ατυφου μοιρας φυσει μετεχον) (*Phèdre*, § 230 A[34]).

Mais qu'est donc cet Inconnu auquel se heurte l'intelligence dans sa passion paradoxale, et qui trouble même pour l'homme sa connaissance de soi ? C'est l'Inconnu. Mais du moins n'est-ce rien d'humain, car l'homme est en terrain connu, ni quelque autre chose connue des hommes. Appelons donc cet Inconnu *le dieu*. Ce n'est qu'un nom que nous lui donnons. Vouloir prouver qu'existe cet Inconnu (le dieu), l'intelligence n'en aura sans doute guère l'idée. Si le dieu n'existe en effet, c'est bel et bien une impossibilité de le prouver, mais, s'il existe, quelle folie que de vouloir le faire ! puisque à l'instant où commence la preuve, je l'ai déjà présupposé, non comme chose douteuse, ce qu'une présupposition, comme telle, ne saurait être, mais comme chose hors de question, sinon je n'eusse pas entrepris de le prouver, comprenant d'un coup d'œil l'impossibilité de l'entreprise s'il n'existait pas. Si par contre, par prouver l'existence du dieu, j'entends vouloir prouver que cet Inconnu, qui existe, est le dieu, j'use d'une expression peu heureuse, car je ne prouve alors rien, et rien moins que toute une existence, mais je développe un concept. En somme vouloir prouver qu'une chose existe n'est pas un jeu, et, le pire encore pour les courageux qui s'y risquent, c'est que l'ouvrage est trop difficile pour que la notoriété attende ceux qui s'y mettent. L'ensemble de la démonstration tourne toujours en tout autre chose, en un développement ultérieur de la conclusion que je tirais d'avoir admis l'existence de la chose en question. Ainsi, que j'opère sur le terrain des faits sensibles et palpables ou sur celui des idées, jamais ma conclusion n'aboutit à l'existence, mais elle en part. On ne prouve pas par exemple l'existence d'une pierre, mais que cette chose existante est une pierre ; le tribunal ne prouve pas l'existence d'un criminel, mais que l'accusé qui certes existe, est un criminel. Appelez l'existence un *accessorium* ou l'éternel *prius*, jamais elle ne sera démontrable. Prenons bien tout notre temps, n'y ayant pas lieu pour nous de nous presser comme pour ceux qui, soucieux d'eux-mêmes ou du dieu ou d'autre chose, sont forcés de trouver vite une preuve de l'existence de l'objet de leur souci. Auquel cas les raisons de se hâter ne manquent pas, surtout si l'intéressé bien sincèrement se rend compte du risque, pour lui ou la chose en question, de n'exister qu'après qu'il l'aura prouvé, au lieu de penser secrètement en fraude qu'au fond elle existe quand même, avec ou sans preuve.

Vouloir tirer des actes de Napoléon celle de son existence serait-il pas une excentricité ? car, s'il est vrai que son existence explique bien des actes, ceux-ci ne prouvent pas « son » existence, la sienne, à moins de l'avoir déjà admise dans ce mot même. Cependant dans la mesure où Napoléon n'est qu'un individu, il manque entre lui et ses actes un rapport absolu, excluant qu'un autre aussi eût pu accomplir les mêmes. Peut-être est-ce ce manque qui m'empêche de conclure des actes à l'existence. Si ces actes, je les appelle ceux de Napoléon, inutile de prouver, puisque je l'ai déjà nommé. Si j'ignore l'auteur des actes, comment par les actes prouver jamais qu'ils sont de Napoléon ? mais je pourrais (dans le pur abstrait) prouver que de pareils actes sont d'un grand chef de guerre, etc. Un rapport absolu au contraire relie le dieu et ses actes, Dieu n'étant pas un nom mais un concept, peut-être est-ce pour cela que son *essentia involvit existentiam*[a]. Les actes de Dieu donc, seul le

a. Ainsi dit Spinoza, qui cherche, en approfondissant le concept de Dieu, à en tirer rationnellement l'existence, non, bien entendu, comme une qualité fortuite, mais comme une catégorie essentielle. Là est la profondeur de Spinoza, mais voyons comment il s'y prend. Dans ses *principia philosophiae Cartesianae, Pars I, Propositio VII, Lemma I,* il dit : « *quo res sua natura perfectior est, eo majorem existentiam et magis necessariam involvit ; et contra, quo magis necessariam existentiam res sua natura involvit, eo perfectior.* » Ainsi plus une chose est parfaite, plus elle a d'être ; et plus elle a d'être, plus elle est parfaite. Ceci cependant est une tautologie qui ressort encore mieux d'une note, la *nota II : quod hic non loquimur de pulchritudine et aliis perfectionibus, quas homines ex superstitione et ignorantia perfectiones vocare voluerunt. Sed per perfectionem intelligo tantum realitatem sive esse*. Il explique *perfectio* par *realitas, esse* ; donc plus parfaite est la chose, plus elle *est* ; mais sa perfection est d'avoir en elle plus d'*esse*, ce qui revient à dire : plus elle est, plus elle est. Voilà pour la tautologie, mais continuons. Ce qui manque chez Spinoza, c'est une distinction entre l'être réel et l'être idéal. L'usage, en lui-même peu clair, qui parle de plus ou de moins d'être, donc de différences de degré quant à être, accroît encore la confusion quand on ne fait pas ladite distinction, autrement dit, quand Spinoza certes parle avec profondeur, mais ne s'enquiert pas d'abord de la difficulté. Par rapport à l'être réel, parler de plus ou moins d'être n'a pas de sens commun. Une mouche qui est a tout autant d'être que le dieu. En fait d'être réel, la sottise de ma remarque ici en a tout autant que la profondeur de Spinoza, car sur ce terrain de l'être réel, ce qui compte, c'est la dialectique d'Hamlet : être ou ne pas être. L'être réel est indifférent à toutes les différences qui déterminent l'essence, et tout ce qui est participe sans jalousie mesquine à l'être et y participe également. Il est vrai qu'idéalement il n'en va pas de même. *Mais dès que je parle idéalement de l'être, je ne parle plus de l'être, mais de l'essence.* Le nécessaire a l'idéalité

dieu peut les faire ; fort bien, mais quels sont les actes du dieu ? D'existence immédiate, ces actes d'où je veux prouver son existence, n'en ont aucune. Ou est-ce chose qui crève tellement les yeux que de voir la sagesse dans la nature, la bonté ou la sagesse dans la Providence ? Ne va-t-on pas ici au-devant des plus terribles scrupules, et n'est-ce pas impossible d'être quitte d'eux tous ? Non, d'un tel ordre des choses je ne tirerai pas vraiment la preuve de l'existence de Dieu, et même si je commençais, je n'en finirais jamais, et de plus force me serait sans cesse de vivre *in suspenso*, dans la crainte qu'il n'arrive soudain quelque chose d'aussi terrible que la perte de mes petites preuves. De quels actes donc est-ce que je tire ma preuve ? De ceux qu'on envisage idéalement, c'est-à-dire, de ceux qui ne se manifestent pas immédiatement. Mais alors, certainement ma preuve ne sort pas des actes, elle développe seulement un idéalisme que j'ai présupposé ; fort de ma confiance en *lui*, j'ose défier toutes les objections même celles qui sont encore à venir. En commençant, j'ai donc présupposé l'idéalisme, et ma réussite également à le mener à bonne fin ; mais qu'ai-je fait d'autre que présupposer l'existence du dieu, en qui ma confiance est au fond mon premier moteur.

Et comment l'existence du dieu résulte-t-elle alors de la preuve ? Cela va-t-il tout simplement ? N'en est-il pas ici comme de ces jouets lestés qu'on appelle des poussahs ? Dès qu'on le lâche, le poussah se redresse sur sa boule. Dès qu'on lâche : il faut donc le lâcher. De même avec la preuve ; tant que je ne lâche pas ma démonstration (c'est-à-dire tant que je

---

suprême, aussi est-il. Mais cet être-là est son essence, ce qui l'empêche justement de devenir dialectique à l'intérieur des catégories de l'être réel, parce qu'il est ; et l'on ne peut non plus dire du nécessaire qu'il a plus ou moins d'être par rapport à autre chose. C'est ce que jadis, imparfaitement certes, on a exprimé ainsi : si Dieu est possible, il est *ipso facto* nécessaire (Leibniz). La phrase de Spinoza garde donc toute sa justesse, et la tautologie reste dans la règle, mais évidemment aussi Spinoza ne fait que tourner ainsi la difficulté ; car le difficile, c'est de saisir l'être réel et d'y faire entrer dialectiquement l'idéalité de Dieu.

continue mon action de prouver), l'existence n'apparaît pas en résultat, parce qu'à défaut d'autres raisons je suis en train de la prouver ; mais dès que je lâche la preuve, l'existence est là. Cependant ce fait même de lâcher, c'est déjà aussi quelque chose, n'est-ce pas *meine Zuthat*[35] ? devrait-ce donc pas aussi entrer en compte, ce petit instant, si bref soit-il – car être long il n'en a pas besoin, étant un *saut*[36]. Si petit que soit ce moment, fût-il à l'instant même, il faut qu'il entre en compte. Et si l'on prétend l'oublier, je me servirai de lui, afin de montrer qu'il existe quand même, pour raconter une petite anecdote[37]. Chrysippe s'efforçait de sortir du va-et-vient d'un sorite en cherchant un arrêt où apparût la qualité nouvelle. Le point que Carnéade n'arrivait pas à saisir, c'est à quel moment le tas change réellement de nature. Chrysippe alors lui dit qu'on pouvait s'arrêter un instant de compter et ensuite, ensuite... eh bien on y verrait plus clair. Mais Carnéade répondit : à ton gré, mais pour moi inutile de te gêner, tu peux non seulement t'arrêter, mais même aller te coucher, rien n'y fera ; à ton réveil nous recommencerons, où tu en es resté. Et voilà bien aussi la vérité : on n'avance pas plus ses affaires qu'on ne les retarde à aller se coucher.

Aussi à vouloir prouver l'existence de Dieu (dans un autre sens que de se préciser le concept de Dieu, et sans cette *reservatio finalis*, démontrée par nous, comme quoi l'existence même issue de la preuve s'obtient par un saut), prouve-t-on à défaut d'elle autre chose, qui souvent n'a peut-être même pas besoin de l'être et qui en tout cas n'est jamais mieux prouvé ; car le fou nie dans son cœur l'existence de Dieu, mais celui qui se parle à lui-même ou dit aux autres : attends un peu, et je vais la prouver ! quel drôle de sage ce serait[a] ! S'il n'est pas, au moment même de commencer sa preuve, également incertain de l'existence ou non du dieu, il ne la prouvera évidemment pas ; et, si telle est bien d'abord son incertitude, jamais il n'arrivera même à commencer, en partie par crainte de ne pas réussir,

a. Quel excellent sujet de comique délirant !

le dieu n'existant pas peut-être, en partie faute d'avoir de quoi commencer. Dans l'Antiquité, on ne se fût guère occupé sans doute de pareilles choses. Socrate du moins, qui formula, comme on dit, la preuve physico-téléologique de l'existence de Dieu, s'y prenait autrement. Il présuppose toujours l'existence divine, et c'est sur cette base qu'il cherche à pénétrer la nature de l'idée de finalité. Lui eût-on demandé la raison de sa méthode, il aurait sans doute déclaré n'avoir pas assez de courage pour se risquer dans pareil voyage d'exploration sans cette assurance derrière soi de l'existence divine. Sur le verbe du dieu il jette comme un filet pour capturer l'idée de la finalité ; car la nature elle-même est fertile en épouvantails et en feintes pour nous troubler.

La passion paradoxale de l'intelligence se heurte donc toujours à cet Inconnu certes existant, mais qui reste inconnu et, comme tel, inexistant. Là s'arrête l'intelligence, cependant sa paradoxologie ne laisse pas de la pousser jusque-là et de s'en occuper ; prétendre en effet exprimer notre rapport à l'Inconnu en niant son existence, c'est impossible, puisque cette négation implique justement un rapport. Mais qu'est-ce donc que cet Inconnu ? car dire que c'est le dieu nous indique seulement que c'est l'inconnu. Alléguer à son sujet que c'est l'inconnu par incapacité de le connaître, et, le pourrait-on même, par incapacité de l'exprimer, voilà qui ne satisfait pas la passion, bien qu'elle n'ait pas tort de voir dans l'Inconnu sa limite ; mais une limite, c'est précisément pour la passion sa torture et son aiguillon. Impossible pourtant à elle de passer outre, qu'elle risque une sortie *via negationis* ou *via eminentiae*[38].

Qu'est-ce donc cet Inconnu ? C'est la limite où l'on arrive toujours, et à ce titre, quand à la catégorie du mouvement on substitue celle du repos, c'est ce qui diffère, l'absolument différent. Mais c'est un différent absolu, et sans nul indice distinctif. Défini comme le différent absolu il semble sur le point de se révéler, mais c'est une erreur, la différence absolue ne pouvant même pas être pensée par l'intelligence ; car ne pouvant se nier de façon absolue, elle use d'elle-même à cette fin et pense donc sans sortir d'elle-même ce différent qu'elle pense par elle-même ; et de façon absolue ne pouvant pousser au-delà d'elle-même, elle ne pense donc qu'en prolongement d'elle-même la sublimité qu'elle pense par elle-même. À moins donc que l'Inconnu (le dieu) ne reste que simple limite, l'idée une de la différence se brouille dans les représentations multiples de la différence. L'Inconnu se situe ainsi dans une διασπορα, et l'intelligence aura dans ce qui s'offre et dans les trouvailles possibles de l'imagination (le prodigieux, le ridicule, etc.) toute commodité de choisir.

Mais une telle différence ne se laisse pas fixer. Chaque fois qu'on croit le faire, ce n'est au fond qu'un acte d'arbitraire et au tréfonds de la crainte de Dieu couve comme une folie l'arbitraire capricieux qui sait qu'il a lui-même produit le dieu. Or si la différence ne se laisse pas retenir, faute de signe distinctif, il en va de la différence et de l'égalité comme de tous les contraires de ce genre : ils sont identiques. La différence en s'accrochant à l'intelligence l'a troublée au point que l'autre ne se reconnaît plus et tout logiquement se confond avec elle. Dans le domaine de l'imagination, en fait d'inventions le paganisme n'a pas été à court ; quant à notre dernière supposition, cette ironie d'elle-même que pratique l'intelligence, je ne ferai que l'esquisser en quelques traits, sans me soucier si elle a été historique ou non. Voici donc une existence humaine entre tant d'autres. Cet homme ne diffère pas d'autrui par son air, il a grandi comme tout le monde, il se marie, trouve un emploi, a le souci du pain du lendemain, comme c'est le devoir des hommes ; car il peut être très beau de vouloir vivre comme l'oiseau du ciel, mais ce n'est point permis, et peut mener à la plus triste issue, qu'on ait l'endurance de tenir jusqu'à en mourir de faim ou qu'on vive du bien des autres. Cet homme-là est en même temps le dieu. Mais d'où le sais-je ? Je ne puis en effet le savoir ; car je devrais alors connaître le dieu et la différence ; et celle-ci je ne la connais pas, l'intelligence l'ayant faite égale à ce dont elle diffère. Ainsi le dieu est devenu le pire des imposteurs, du fait que l'intelligence s'est trompée elle-même. Ce dieu, qu'elle a obtenu, est aussi proche de nous que possible, et cependant aussi éloigné.

Quelqu'un dira peut-être : « Je te savais bien chasseur de chimères, mais crois-tu vraiment que j'aille me mettre martel en tête d'une de cette sorte, si bizarre ou si ridicule qu'elle n'est venue sans doute à personne, et d'abord si absurde qu'il me faudrait vider ma connaissance de son contenu avant de l'inventer ? » Mais bien sûr, c'est ce qu'il te faudra ; le moyen en effet de garder toutes les présuppositions qu'elle contient et de prétendre en même temps raisonner sur elle sans *a priori* ? Tu ne vas pourtant pas nier la conséquence de tout ce développement, à savoir que l'intelligence, en définissant l'Inconnu comme du différent, finit par s'égarer et confond la différence avec l'égalité ? Mais de cela semble s'ensuivre autre chose : c'est que l'homme, afin de vraiment savoir quelque chose de l'Inconnu (du dieu), doit d'abord le savoir différent de lui, absolument différent de lui. D'elle-même l'intelligence ne peut l'apprendre (puisque comme on l'a vu c'est une contradiction) ; pour y parvenir, il faut qu'elle le tienne du dieu, et même en ce cas, elle ne pouvait encore le comprendre et ne peut donc pas le savoir ; car comment comprendrait-elle le différent absolu ? Si ceci n'est pas clair sur le coup, ce le sera davantage dans sa conséquence ; car si le dieu diffère absolument de l'homme, celui-ci diffère absolument du dieu, mais comment l'intelligence le concevrait-elle ? nous touchons là semble-t-il à un paradoxe. Déjà pour savoir que le dieu est le différent, l'homme a besoin du dieu, et voici qu'il apprend que le dieu est absolument différent de lui. Mais cette différence absolue du dieu ne peut tenir alors à ce que l'homme doit au dieu (car à ce titre l'homme a bien des affinités avec lui) mais à ce qu'il doit à lui-même ou à sa culpabilité même. En quoi consiste alors la différence, sinon dans le péché, puisque la différence, l'absolue différence, c'est l'homme lui-même qui doit en être coupable. C'est ce que nous exprimâmes plus haut, en disant que l'homme est la non-vérité, et qu'il l'est par sa propre faute ; et nous convînmes en plaisantant, mais pourtant sérieusement, que c'était trop que d'exiger de l'homme qu'il le découvrît par lui-même. Nous voilà retombés à la même découverte. Le connaisseur des hommes fut assez perplexe à son propre sujet en butant sur la différence ; il se demandait presque s'il était un monstre plus étrange que Typhon, ou s'il y avait en lui quelque chose de divin. Que lui manqua-t-il donc ? La conscience du péché, qu'il était tout aussi incapable d'enseigner à autrui qu'aucun autre à lui-même, et que seul le dieu pouvait lui faire connaître – s'il voulait prendre le rôle de maître. Mais dans notre essai de fiction, c'est bien ce qu'il voulait, et, pour ce rôle, s'égaler à l'individu afin de pouvoir être compris tout à fait de lui. Ainsi le paradoxe tourne encore plus au terrible, ou plutôt quoique le même, il a cette dualité de nature qui le révèle absolu : négative, en faisant ressortir l'absolue différence du péché, positive, en visant à abolir cette absolue différence dans l'égalité absolue.

Or un tel paradoxe se laisse-t-il concevoir ? Nous ne sommes pas pressés, et quand on lutte pour résoudre un problème, on ne lutte pas comme dans les courses du stade, ce n'est pas une victoire de vitesse mais de vérité. L'intelligence certes ne le conçoit pas, comment d'elle-même en aurait-elle l'idée ! Et quand le paradoxe est annoncé, comment le comprendrait-elle ! Elle n'a que le sentiment qu'il peut bien être sa perte. À ce titre, elle a contre lui bien des objections, et cependant ce qu'elle veut, d'autre part, dans sa passion paradoxale, n'est-ce pas sa propre perte ? Mais cette perte de l'intelligence, le paradoxe aussi la veut, et ainsi ils s'entendent tout de même ; mais leur entente n'existe qu'à l'instant même de la passion. Regardons ce qui se passe dans l'amour, quoiqu'il ne rende qu'imparfaitement la situation. L'égoïsme est à l'origine du sentiment pour autrui, mais quand sa passion paradoxale culmine, il veut précisément sa propre perte. C'est ce que veut aussi l'amour, ainsi ces deux puissances s'entendent dans la passion de l'instant, et cette passion-là est justement l'amour. Or pourquoi l'amant serait-il incapable de le concevoir, quoique celui dont l'égoïsme se débat contre l'amour ne puisse ni le concevoir ni ne l'ose, puisque c'est la perte. De même avec la passion de l'amour. Il est vrai l'égoïsme y sombre toujours, mais toutefois sans s'anéantir, il est fait seulement prisonnier, fournissant les *spolia opima* de l'amour, mais sa résurrection reste possible, et ce sont là des déchirements de l'amour. De même aussi avec le rapport du paradoxe à l'intelligence, sauf que cette passion a un autre nom, ou mieux sauf qu'il nous faut tâcher de lui en trouver un.

APPENDICE

Le scandale du paradoxe
(Une illusion acoustique)

Si le paradoxe et l'intelligence se heurtent dans une compréhension commune de leur différence, la rencontre sera heureuse comme la compréhension de l'amour, heureuse dans cette passion qui n'a point reçu encore de nous un nom, et que nous ne nommerons que plus tard. Si le heurt ne se fait pas de concert, le rapport sera malheureux, et, si j'ose dire, cet amour malheureux de l'intelligence (qui ne rappelle bien entendu que l'amour malheureux issu d'un amour-propre mal compris ; à cela se borne l'analogie, puisque ici le pouvoir du hasard ne peut rien) nous pourrions le définir du terme plus précis de *scandale*.

Or tout scandale dans son dernier fond est une souffrance[a]. Il en est ici comme de cet amour malheureux ; même quand l'égoïsme (et ne semble-t-il pas déjà contradictoire que l'amour de soi-même soit une souffrance ?) éclate dans le plus fol exploit, en coup plus qu'étonnant, même alors il souffre, c'est un blessé, et de la douleur de la blessure sort cette trompeuse manifestation de force, ce semblant d'action qui fait facilement illusion, surtout parce que, plus qu'autre chose, l'amour-propre

a. Le langage a raison dans le mot de passion (de *pati*) d'insister sur la souffrance de l'âme ; alors que l'emploi du mot : passion nous fait penser plutôt à l'impétuosité convulsive qui étonne, et oublier ainsi qu'il s'agit d'une souffrance. Tels par exemple l'orgueil, le défi, etc.

cache sa souffrance. Bien plus, même quand il abat l'objet de l'amour, quand en bourreau de soi-même il se dresse à l'indifférence de l'endurcissement et se martyrise pour montrer de l'indifférence, bien plus, même quand il s'abandonne à une étourderie toute triomphante du succès de sa dissimulation (cette forme-ci fait le plus illusion), encore alors c'est un souffrant. De même aussi le scandale ; quelque expression qu'il prenne, même quand insolemment il étale la gloire de l'a-spiritualité, c'est toujours un souffrant ; et que le scandalisé, dans son effondrement, fixe sur le paradoxe des regards de mendiant qui pétrifient à force de souffrir, ou que, s'armant de la satire, avec la flèche du persiflage il vise même comme s'il était loin – toujours c'est un souffrant, et son mal le tient de près ; qu'il vienne enlever au souffrant sa dernière miette de joie et de consolation ou qu'il le fortifie – le scandale est toujours une souffrance, une lutte avec plus fort que soi, et dans son effort sa position rappelle celle d'un lutteur à l'échine brisée, ce qui n'est pas sans donner une souplesse spéciale.

Rien ne nous empêche toutefois de distinguer entre scandale passif et toujours assez agissant pour ne point se laisser totalement détruire (le scandale toujours étant une action, non un événement qu'on subit) ni que le scandale actif pousse toujours la faiblesse jusqu'à ne pouvoir point se détacher de la croix où il reste cloué ni s'arracher le trait qui l'a blessé[a].

Mais justement, parce que ainsi le scandale est un état souffrant, sa découverte pour ainsi parler relève non de l'intelligence mais du paradoxe ; car, comme la vérité, le paradoxe aussi est

---

a. Le langage démontre aussi que tout scandale est passif. On dit : être scandalisé, ce qui exprime plutôt l'état, mais on emploie dans un sens identique « *prendre* du scandale » (l'identité de l'actif et du passif). En grec, on dit σχανδαλιξεσαι. Ce mot vient de σχανδαλον (un choc) et signifie donc être choqué. Ici on voit clairement le sens ; ce n'est pas le scandale qui choque, mais qui subit le choc, donc passivement, bien qu'assez activement pour se donner le choc. Ainsi l'intelligence n'a pas elle-même inventé le scandale ; car la passion paradoxale du heurt, que développe l'intelligence isolée, ne découvre ni le paradoxe ni le scandale.

index sui et falsi, et le scandale, hors d'état de se comprendre lui-même[a], est compris du paradoxe. Aussi tandis que le scandale, quelque expression qu'il prenne, se fait toujours entendre d'ailleurs, et même du côté opposé, c'est pourtant le paradoxe qui retentit en lui, et nous voilà bien devant une illusion acoustique. Mais si le paradoxe est *index* et *judex sui et falsi*, on peut alors voir dans le scandale une preuve indirecte le vérifiant ; car le scandale est le mécompte, cette conséquence de la non-vérité qui sert au paradoxe pour vous tenir à distance. L'homme qui se scandalise, ses paroles ne sortent pas de son fond, leur source vient du paradoxe, comme l'homme qui en parodie un autre n'invente rien mais ne fait que le copier à rebours. Plus l'expression du scandale creuse les profondeurs de la passion (active ou passive), mieux s'avère tout ce qu'il doit au paradoxe. Ainsi n'est-il donc pas l'invention de l'intelligence, tant s'en faut ! car il faudrait alors qu'elle eût pu inventer le paradoxe ; non, c'est avec le paradoxe que le scandale *prend l'être* ; il *prend l'être*, et nous revoici de nouveau devant l'instant, ce centre autour duquel tout tourne. Récapitulons. Ne pas admettre l'instant, c'est revenir à Socrate, et n'était-ce pas lui que nous voulions quitter pour aller à la découverte ? À établir l'instant, on a le paradoxe ; car dans sa forme la plus abrégée le paradoxe peut s'appeler l'instant ; c'est l'instant qui fait du disciple la non-vérité ; l'homme qui se connaissait se perd en perplexité sur lui-même et, au lieu de la connaissance de soi, prend conscience du péché, etc. ; dès que nous posons l'instant, tout va tout seul.

Pour le psychologue le scandale va se nuancer alors en maintes catégories plus ou moins actives et plus ou moins passives. Se mettre à les décrire n'entre pas dans l'intérêt de la recherche présente, mais il importe de retenir que tout scandale en son essence est une fausse compréhension de *l'instant*,

a. Ainsi le socratisme a raison de dire, que tout péché est ignorance : incompréhension de soi dans la vérité ; mais cela n'exclut pas qu'il puisse se vouloir dans la non-vérité.

puisque on se scandalise en somme du paradoxe, lequel à son tour est l'instant.

La dialectique de l'instant n'est pas difficile. Du point de vue socratique il n'est ni à voir ni à discerner, n'ayant point d'existence présente, ni de passé, ni de futur ; voilà bien pourquoi le disciple est lui-même la vérité, et l'instant de l'occasion n'a pas plus de consistance qu'un faux titre ne fait partie intégrante d'un livre ; et voilà pourquoi l'instant de la décision est une *folie* ; car dès qu'on pose la décision, le disciple (cf. plus haut) devient la non-vérité, mais c'est justement ce qui fait de commencer dans l'instant une nécessité. L'expression du scandale, c'est de traiter l'instant de folie, le paradoxe de folie ; expression qui n'est que l'affirmation par le paradoxe de l'absurdité de l'intelligence, mais qui a l'air par une résonance de sortir du scandale. Ou bien l'instant doit toujours arriver, on le *considère* (à ses signes) et l'on veut qu'il soit du *considérable*, mais le paradoxe ayant fait de l'intelligence l'absurde, ce que l'intelligence prend pour considérable n'est nullement un critère.

Le scandale reste donc en dehors du paradoxe, et pour cause : *quia absurdum*[39]. Cependant la découverte n'en est pas due à l'intelligence, puisque au contraire on la doit au paradoxe qui reçoit maintenant du scandale la preuve. L'intelligence dit que le paradoxe est l'absurde, mais ce n'est là qu'une parodie, car le paradoxe est toujours le paradoxe, un *quia absurdum*. Le scandale reste hors du paradoxe et garde pour lui la vraisemblance, tandis que le paradoxe est le sommet de l'invraisemblance. Encore ici l'intelligence n'est pour rien dans la découverte, elle ne fait que tourner son bavardage au gré du paradoxe, si étrange que cela semble ; c'est le paradoxe qui dit lui-même : comédies, romans et mensonges doivent être vraisemblables[40], mais moi comment le serais-je ? Le scandale reste en dehors du paradoxe, quoi de prodigieux à cela, puisque le paradoxe est le prodige ? Voilà ce que l'intelligence n'a pas découvert, au contraire, c'est le paradoxe qui l'a mise, comme au jeu, sur la sellette, et qui lui réplique alors : Eh bien ! de quoi t'étonnes-tu ? il en est précisément comme tu dis, et l'étonnant c'est ta croyance que ce soit là une objection ; mais la vérité dans la bouche d'un hypocrite m'est plus chère que de l'entendre d'un ange et d'un apôtre[41]. Quand l'intelligence se rengorge de sa splendeur en comparaison du paradoxe sis au plus bas de la misère et du mépris, ce n'est pas elle qui l'a découvert, mais le paradoxe lui-même qui en est l'inventeur, et qui laisse à l'intelligence tout le splendide, même les péchés splendides *(vitia splendida*[42]*)*. Quand l'intelligence veut prendre pitié du paradoxe et l'aider à trouver l'explication, celui-ci certes ne s'y plie pas, mais trouve normal qu'elle agisse ainsi ; nos philosophes ne sont-ils pas là pour ravaler au quotidien et au banal les choses surnaturelles[43] ? Quand l'intelligence n'arrive pas à se mettre dans la tête le paradoxe, ce n'est pas elle qui l'a découvert, mais le paradoxe lui-même, assez paradoxal pour ne pas rougir de la traiter de bûche et de cruche, ne sachant tout au plus que dire oui ou non sur le même sujet, ce qui est d'une piètre théologie[44]. De même avec le scandale. Tout ce qu'il dit du paradoxe, c'est de ce dernier qu'il le tient quoique, profitant d'une illusion acoustique, il prétende l'avoir découvert lui-même.

Cependant, quelqu'un dira peut-être : « Ça finit par être ennuyeux avec toi ; encore la même rengaine ; tous les propos que tu mets dans la bouche du paradoxe ne sont pas du tout de toi. » – « Comment le seraient-ils, puisque appartenant au paradoxe ! » – « Épargne toi de sophistiquer, tu comprends bien ce que je veux dire, ces propos ne sont pas de toi, ils sont archiconnus, et tout le monde sait de qui ils sont. » – « Oh ! mon cher, ce que tu dis là ne me fait nulle peine, comme tu le crois peut-être, j'en ai au contraire une joie immense ; car, pour l'avouer, j'en frémissais à les écrire, je ne me reconnaissais plus, moi qui ne manque d'habitude ni de timidité ni de crainte, d'avoir osé les dire ! Cependant si ces propos ne sont pas de moi, voudrais-tu me dire alors de qui ils sont ? » – « Rien de plus facile. Le premier est de Tertullien, le second, de Hamann, et le troisième également, le quatrième, qu'on répète souvent est de Lactance[45], le cinquième, de Shakespeare, dans une comédie qui s'appelle : *Tout est bien qui finit bien*, acte II, scène III, le sixième de Luther[46], le septième est une réplique du Roi Lear. Tu vois, je suis au courant et sais te prendre dans tes larcins. » – « Oh je m'en aperçois bien, mais veux-tu me dire maintenant si tous ces hommes-là n'ont pas parlé du rapport d'un paradoxe au scandale, et n'as-tu pas remarqué que ce n'étaient pas eux les scandalisés, mais au contraire les tenants du paradoxe, ce qui ne les empêche pas de parler comme si c'était eux qui se scandalisent : le scandale pourrait-il trouver expression plus significative ? Quelle étrangeté que le paradoxe ôte ainsi au scandale le pain de la bouche et en fasse un art famélique où l'on touche zéro pour sa peine, mais aussi cocasse qu'une distraction d'un jury de doctorat, si l'un de ses membres, au lieu d'attaquer le candidat, se mettait à le défendre ! Ne te semble-t-il pas en être ainsi ? Pourtant, le scandale a au moins un mérite, celui de dégager en traits plus nets la différence ; car, dans cette passion heureuse, à laquelle nous n'avons pas encore mis un nom, la différence tombe bien d'accord avec l'intelligence. De la différence, il en faut pour s'accorder dans un tiers, mais la différence, c'était précisément que l'intelligence renonçât à elle-même, et que le paradoxe s'abandonnât *(halb zog sie ihn, halb sank er hin*[47]*)*, et l'accord est dans cette passion heureuse qui finira bien par avoir un nom, encore que ce point-ci soit le moindre de l'affaire ; qu'importe, si mon bonheur reste sans nom... pourvu que je sois heureuse, je n'en demande pas plus.

CHAPITRE IV

La contemporanéité du disciple

Voici donc le dieu apparu en maître qui enseigne (nous restons en effet dans le plan de notre fiction) ; il a pris la forme d'un serviteur ; car d'envoyer un autre à sa place, un haut chargé de pouvoirs, cela ne pouvait le satisfaire, pas plus qu'un roi magnanime d'envoyer à sa place l'homme le plus accrédité de son royaume. Mais le dieu avait encore une autre raison : car d'homme à homme, le socratisme n'est-il pas le suprême rapport, le vrai suprême ? Si le dieu donc n'était pas venu lui-même, tout fût resté socratique, nous n'aurions pas eu l'instant et nous eussions été privés de paradoxe. La forme de serviteur prise par le dieu n'est cependant pas feinte, c'en est une réelle, non pas un corps parastatique, mais un corps réel, et dès l'heure où la résolution toute-puissante de son omnipuissant amour a fait de lui le serviteur, le dieu s'est comme capté en elle, et force lui est ensuite bon gré mal gré de continuer (pour parler une langue impropre). Comment pourra-t-il alors se trahir ? il n'a point la faculté du noble roi en question de faire voir tout d'un coup qu'il est le roi, faculté qui n'est cependant pas une perfection chez ce roi, mais ne montre que son impuissance et celle de sa résolution, c'est-à-dire son incapacité de fait à devenir ce qu'il voudrait. Or, sans pouvoir envoyer personne à sa place, le dieu pourrait bien mander d'avance quelqu'un qui éveille l'attention du disciple. Ce précurseur ne peut évidemment rien savoir de ce qu'enseignera le dieu, dont la présence, en effet, loin d'être une rencontre de hasard avec sa doctrine, en est un trait essentiel ; car la présence du dieu sous forme humaine, même sous l'humilité du serviteur, c'est justement la doctrine, et le dieu doit lui-même fournir la condition (voir ch. I), autrement le disciple ne comprendrait rien. Un pareil précurseur peut donc éveiller l'attention du disciple, mais non faire plus.

Mais le dieu n'a point pris la forme d'un serviteur pour se moquer des hommes ; son propos ne peut donc être de passer ainsi à travers le monde, sans que nul ne le sache. C'est donc qu'il tient à faire entendre quelque chose de lui-même, quoique toute accommodation pour faire comprendre n'aide pas essentiellement à celui qui ne reçoit pas la condition – aussi ne lui extorque-t-on au fond cette accommodation qu'à contrecœur – et quoiqu'elle risque donc aussi bien d'éloigner le disciple que de le rapprocher. Il s'est humilié lui-même en prenant la forme d'un serviteur[48], mais n'est pourtant pas venu vivre au service de tel ou tel, vaquant à sa besogne sans faire comprendre à personne, au maître ou aux compagnons, qui il était ; une pareille colère, oserions-nous l'attribuer au dieu ? Avoir pris la forme d'un serviteur veut donc seulement dire qu'il était des petites gens, l'homme de peu, que le somptueux de l'habit[49] ni quelque autre avantage ne distinguaient de la masse, quelqu'un d'indiscernable des autres hommes, pas même pour ces légions sans nombre d'anges[50] qu'il avait laissées derrière lui quand il se réduisit à cette humilité. Mais quoiqu'il fût cet humble, son souci ne sera point comme celui des hommes en général ; il s'en ira, insoucieux d'héritage et de partage de biens terrestres comme celui qui n'a rien et ne désire rien avoir, insoucieux de sa pâture comme l'oiseau du ciel, insoucieux de toit ou de foyer, comme celui qui n'a point de gîte ou de nid[51] et qui n'en cherche point ; insoucieux de suivre les morts à leur dernière demeure, sans se retourner vers ce qui d'ordinaire attire l'attention des hommes, sans liens d'aucune femme qui le charme et l'attache à vouloir lui plaire ; mais uniquement ne cherchant que l'amour du disciple. Tout cela sonne fort beau, mais est-ce aussi convenable ? Cette forme d'un serviteur n'élève-t-elle pas ainsi le dieu au-dessus de ce qu'on tient d'ordinaire pour valable ? car est-il juste qu'un homme ait l'insouciance de l'oiseau, sans même voler de-ci de-là en quête de sa nourriture, puisqu'il devrait pourtant aviser au lendemain ? Rêver le dieu autrement nous ne pouvons, mais que prouve une fiction ? est-il permis de vagabonder ainsi et d'entrer où l'on se trouve à la tombée du soir ? c'est à se demander si vraiment un homme oserait agir de même, sinon le dieu n'a point réalisé l'humain. Certes, s'il en a le pouvoir, il ose aussi le faire ; s'il peut ainsi s'éperdre au service de l'esprit au point d'en oublier le manger et le boire, s'il est sûr que leur privation ne le distraira point, que la gêne ne détraquera sa machine physique ni ne lui fera regretter de n'avoir pas compris d'abord les premiers rudiments avant d'en vouloir comprendre plus, certes, alors il osera en effet, et sa grandeur aura plus d'éclat qu'un lys dans sa tranquille assurance.

Déjà cette absorption sublime dans son œuvre vaudra sans doute au maître l'attention de la foule, et c'est dans celle-ci à son tour que pourra se trouver le disciple, lequel a bien des chances à son tour d'appartenir plutôt aux parties les plus humbles du peuple ; car les sages et les savants commenceront sans doute par lui poser d'argutieuses questions, l'inviteront à des colloques, ou lui feront subir un examen pour lui assurer après un emploi fixe et un gagne-pain.

Voici donc le dieu à se promener dans la ville où il a apparu (savoir laquelle est indifférent) ; sa seule nécessité de vivre est de prêcher sa doctrine, qui lui tient lieu de manger et de boire ; enseigner les hommes est son travail et s'occuper des disciples le repose de ce travail ; d'amis, il n'en a point ni de parents, mais les disciples lui sont des frères et sœurs. On s'explique sans peine alors comment se trame vite un bruit qui prend la foule curieuse dans ses filets. Partout où se montre le maître, le peuple s'amasse autour de lui, curieux de voir, curieux d'entendre, avide de pouvoir raconter aux autres qu'on l'a vu et entendu. Mais cette foule curieuse, est-ce le disciple ? Point du tout. Ou que l'un des docteurs attitrés de ladite ville[52] vienne en secret voir le dieu pour se mesurer avec lui dans la dispute de l'entretien, est-ce là le disciple ? Point du tout ; si la foule ou ce docteur *apprend* quelque chose, le dieu n'est alors, dans toute la rigueur socratique du sens, que l'occasion.

Or l'apparition du dieu est la nouvelle du jour sur la place du marché, dans les familles, au conseil assemblé, au palais du prince, elle est l'occasion de mainte sotte et vaine parole, et peut-être aussi de méditations plus sérieuses – mais pour le disciple la nouvelle du jour n'est pas l'occasion d'autre chose, même pas d'un repliement sur lui-même en toute probité socratique, non elle est l'éternel, l'éternité qui commence. La nouvelle du jour commence l'éternité ! Le dieu se fût-il prêté à naître au hasard d'une auberge, à être emmailloté de guenilles et couché dans une crèche, est-ce plus contradictoire que si la nouvelle du jour est le maillot de l'éternel et même, comme dans le cas supposé ici, est sa forme réelle, faisant ainsi de l'*instant* réellement la décision de l'éternité ! Si le dieu ne donnait pas en outre la condition pour comprendre ce qu'est l'instant, comment le disciple s'en aviserait-il ? mais que le dieu même la donne en outre, nous l'avons justement exposé plus haut comme conséquence de *l'instant*, en montrant avec que l'instant est le paradoxe, sans lequel, au lieu d'aller plus loin, on retourne à Socrate.

Ici, veillons bien d'abord à mettre en évidence que le disciple contemporain n'échappe pas non plus à la question d'un point de départ historique ; car, faute d'y veiller déjà la difficulté se révélera un peu plus tard (ch. V) insurmontable, quand il s'agira du cas de ce disciple que nous appellerons le disciple de seconde main. Un point de départ historique de la connaissance éternelle échoit aussi au contemporain ; car n'est-il pas précisément le contemporain du fait historique qui ne veut pas être l'instant occasionnel ? Or ce fait d'histoire n'aura pas pour lui qu'un simple intérêt historique, mais conditionnera sa félicité éternelle, il faut même (renversons les conséquences) qu'il en soit ainsi, sinon le maître en question n'est point un dieu, mais un simple Socrate qui, faute de se comporter comme lui, n'est même pas un Socrate.

Mais comment le disciple arrive-t-il alors à s'aboucher avec ce paradoxe ? car nous ne disons pas qu'il doive le comprendre, mais seulement se rendre compte qu'il est ici devant le paradoxe. Comment la chose arrive, nous l'avons déjà montré ; c'est par un heurt heureux de l'intelligence et du paradoxe dans l'instant, quand l'intelligence s'élimine elle-même et que le paradoxe s'abandonne ; et le tiers en qui cela arrive (car ce n'est pas le fait de l'intelligence, alors en congé, ni du paradoxe, alors qui s'abandonne – tout cela s'effectue donc bien en quelque tiers), c'est cette passion heureuse à laquelle nous donnerons maintenant un nom, bien que ce ne soit pas précisément le nom qui nous intéresse. Nous l'appellerons *la foi*. Cette passion doit donc être sans doute la condition qu'on sait que le paradoxe fournit avec. Car ne l'oublions pas : si le paradoxe ne donne pas en même temps la condition, c'est que le disciple alors en est possesseur ; mais la posséder, c'est être soi-même la vérité, et l'instant alors n'est plus qu'occasionnel (voir ch. I).

Le disciple contemporain a pleine facilité d'ailleurs d'avoir toute information historique. Mais qu'on se souvienne que, pour la naissance du dieu, il sera toujours dans le même cas que le disciple de seconde main, car dès qu'on presse sur l'exactitude absolue du savoir historique, il n'y aura qu'une personne d'informée complètement, et c'est la femme par qui le dieu se fit mettre au monde. Le rôle de témoin historique est donc assez difficile au disciple contemporain, mais le malheur c'est que savoir une circonstance historique, et même les savoir toutes avec la certitude du témoin oculaire, ne fait nullement d'un témoin un disciple, ce qui est une évidence, ce savoir ne signifiant pour lui rien d'autre que de l'histoire. Déjà il appert ici que l'histoire, son contenu concret, n'a pas d'importance ; nous pouvons faire à cet endroit entrer en jeu l'ignorance, et lui faire détruire pièce à pièce, détruire historiquement l'histoire ; pourvu que subsiste encore l'instant comme point de départ de l'éternel, le paradoxe est sauf. Supposez qu'un contemporain ait de lui-même réduit son sommeil au plus bref pour suivre ce maître qu'il suivrait plus inséparablement que le petit poisson [53] ne suit le requin ; qu'il ait à son service cent espions pour guetter partout le maître, qu'il confère avec eux tous les soirs jusqu'à savoir le signalement du maître dans les moindres détails, et ce qu'il a dit, où il s'est tenu à toute heure du jour, son zèle lui faisant regarder même les pires insignifiances comme choses d'importance – ce contemporain-là serait-il le disciple ? Point du tout. Il pourrait se laver les mains, si l'on venait l'accuser d'inexactitude historique, mais ce serait tout. Supposez qu'un autre n'ait eu cure que de la doctrine professée à l'occasion par ce maître, que les moindres mots sortis de la bouche de ce maître aient eu plus d'importance pour lui que le pain quotidien, qu'il ait eu lui aussi une centaine d'agents au guet de la moindre syllabe, afin de n'en rien perdre ; et qu'il confère activement avec eux pour dresser le plus sûr exposé de la doctrine, serait-ce pour cela le disciple ? Point du tout, pas plus que Platon ne fut autre chose que le disciple de Socrate[54]. Supposez qu'un contemporain ait séjourné en pays étrangers et ne rentre dans le sien que quand ce maître n'a plus qu'un jour ou deux à vivre, supposez-le empêché encore ici par ses affaires de voir ce maître et n'arrivant qu'à la fin quand l'autre va rendre l'âme, cette ignorance authentique mettrait-elle obstacle à ce qu'il pût être le disciple, si l'instant pour lui était la décision de l'éternité ? Pour le premier contemporain, cette vie du maître n'aurait été qu'un événement historique, pour le second ce maître eût été l'occasion de se comprendre lui-même, et ce maître il pourra l'oublier (voir ch. I) ; car, en face d'un entendement éternel de soi-même, un savoir sur le maître est un savoir fortuit et historique, une affaire de mémoire. Tant que l'éternité et l'histoire restent extérieures l'une à l'autre, l'histoire n'est qu'une occasion. Mais ce contemporain, sans pousser pourtant le zèle jusqu'à être le disciple, mettez-le à pérorer très haut sur tout ce qu'il devait à ce maître, bref des louanges à n'en plus finir et d'une dorure presque inestimable, supposez-le se fâchant contre nous pour avoir voulu lui expliquer que ce maître n'avait été que l'occasion, eh bien ! pas plus ses louanges que sa colère ne profiteraient à notre examen pour une seule et même raison :

c'est qu'il aurait voulu, sans même le courage de comprendre, s'offrir la folle audace d'aller plus loin. Avec des boniments et des parades comme les siens, on ne trompe que soi et les autres, pour autant qu'on se persuade avec autrui avoir réellement des idées... alors que c'est à un autre qu'on les doit. Mais bien que la politesse d'ordinaire ne vous coûte rien, celle de notre homme ici lui coûte cher ; car ses remerciements enthousiastes, qui vont peut-être jusqu'aux larmes et jusqu'à en tirer aux autres d'émotion, sont une erreur : les idées en effet qu'il a, il ne les doit en vérité à personne d'autre, et les bavardages non plus. Combien hélas ! on fait l'erreur de pousser la politesse à vouloir être tant et plus redevables à Socrate, malgré qu'ils ne lui devaient rien du tout ! Car la meilleure façon de comprendre Socrate, c'est précisément de savoir qu'on ne lui doit rien, ce que Socrate préfère et qu'il est beau d'avoir pu préférer ; et celui qui se croit une grande dette envers lui peut être plus que certain que Socrate le dispense avec joie de s'acquitter, lui qui n'apprendrait pas sans tristesse sans doute avoir fait cadeau à l'intéressé de quelque fonds de roulement à faire fructifier. Si leur rapport au contraire n'est pas, comme nous l'admettons, socratique, le disciple doit *tout* au maître (dette impossible quand il s'agit de Socrate puisqu'il se disait, comme on sait, incapable d'*enfanter*) et ce rapport-là ne s'exprime pas en balivernes et parades, mais seulement par cette passion heureuse que nous appelons la foi, et dont l'objet est le paradoxe, seul conciliateur justement des contradictions, étant l'éternisation de l'histoire et l'historisation de l'éternité. À comprendre autrement le paradoxe, on conserve l'honneur de l'avoir expliqué, mais cet honneur on ne l'a acquis qu'en ne voulant pas se contenter de le comprendre.

On le voit donc facilement (si besoin est d'ailleurs de démontrer ce qu'implique la mise en congé de l'intelligence), la foi n'est pas une connaissance ; car toute connaissance, ou en est une de l'éternité excluant le temporel et l'histoire comme indifférents, ou bien n'est que pure connaissance historique ; mais quelle connaissance aurait pour objet cette absurdité d'identifier l'éternité à l'histoire ? Si je reconnais la doctrine de Spinoza, je ne m'occupe pas, au moment où j'en ai connaissance, de Spinoza, mais de sa doctrine, tandis qu'à d'autres moments je m'occupe de lui historiquement ; le rapport au contraire du disciple au maître en question est celui d'un croyant, c'est-à-dire qu'il s'occupe éternellement de l'existence historique de ce maître.

À supposer maintenant que ce rapport soit bien tel (sans quoi on retombe au socratisme), c'est-à-dire que ce soit ce maître lui-même qui donne aussi au disciple la condition, alors l'objet de la foi ne sera plus *la doctrine* mais *le maître* ; car au fond du socratisme justement le disciple, étant lui-même la vérité et ayant la condition, a le pouvoir de rejeter le maître, c'est même l'art, l'héroïsme socratique précisément, d'aider l'homme à savoir le faire. Le maître doit donc toujours soutenir la foi. Mais le maître, pour pouvoir donner la condition, doit être le dieu, et, pour amener le disciple à la posséder, doit être l'homme. Cette contradiction à son tour est l'objet de la foi, elle est le paradoxe, l'instant. Le don de la condition une fois pour toutes fait par le dieu à l'homme, voilà l'éternel postulat du socratisme, qui ne se heurte pas en ennemi au temps, mais reste incommensurable aux catégories du temporel ; la contradiction humaine est ailleurs, c'est de recevoir dans l'instant cette condition qui, du fait d'en être une pour l'entendement de la vérité, est *ipso facto* l'éternelle condition. Autrement on ne sort pas du souvenir socratique.

On le voit donc aisément (si besoin est d'ailleurs de démontrer ce qui n'est que la suite du congédiement de l'intelligence), la foi n'est pas un acte de volonté ; car tout vouloir humain n'a jamais de pouvoir que dans les bornes de la condition. Ainsi, avec le courage de le vouloir, je comprendrai le socratisme, c'est-à-dire je me comprendrai moi-même, parce que du point de vue socratique je possède la condition et que dès lors je peux le vouloir. Mais si je ne la possède pas (et cette supposition, comme on sait, est faite pour ne pas revenir au socratisme) tout mon vouloir ne sert en somme à rien, quoique, dès le don de la condition, ce qui valait du point de vue socratique vaille de nouveau ici.

Or le disciple contemporain possède, il est vrai, un avantage, à cause duquel hélas ! la postérité, pour ne pas rester sans rien faire, ne manquera pas de le jalouser. Le contemporain, lui, peut aller trouver ce maître et le regarder – et alors, osera-t-il en croire ses yeux ? Et pourquoi pas ? mais en osera-t-il arriver aussi à se croire le disciple ? Point du tout ; s'il les en croit, il sera précisément trompé ; le dieu ne se laisse pas en effet immédiatement connaître. Mais le disciple ne peut-il pas fermer les yeux ? Mais si ! mais que lui sert alors d'être le contemporain ? Et s'il les ferme, sans doute se figurera-t-il le dieu. Mais pouvoir cela par soi, c'est posséder la condition. Et ce qu'il se figure sera sans doute une forme qui se révèle au regard intérieur de l'âme ; or s'il voit cette forme-ci, celle du serviteur le troublera certainement, dès qu'il ouvre les yeux. Continuons : ce maître doit mourir ; bien, et après qu'il est mort, que fait alors celui qui était son contemporain ? Peut-être a-t-il dessiné son portrait, peut-être en a-t-il même toute une suite représentant et rendant tous les changements d'âge et d'état d'âme qui ont pu se produire dans la forme extérieure de ce maître ; s'il les regarde alors et s'assure que le maître avait bien cet air-là, osera-t-il en croire ses yeux ? Et pourquoi pas ? Mais en est-il pour cela le disciple ? Nullement. Mais alors, il peut bien se figurer le dieu ? Mais le dieu ne se laisse point figurer, c'est cette raison-là qui lui fit revêtir la forme de serviteur ; et cependant, cette forme n'était point un faux-semblant, autrement cet instant n'eût pas été l'instant, mais de l'accidentel, de l'apparent disparaissant infiniment en tant qu'occasion en face de l'éternité. Et si le disciple par lui-même pouvait se le figurer, c'est qu'il posséderait lui-même la condition, n'ayant alors qu'à se rappeler, qu'à se représenter le dieu, comme il le pourrait bien tout en l'ignorant. Mais, en ce cas, disparaît alors du même coup cet avertissement comme un atome dans le possible éternel, possible, qui était dans son âme et qui maintenant devient réel, mais qui en retour, en tant que réalité, s'est de toute éternité postulé.

Comment donc l'homme qui veut apprendre devient-il croyant ou disciple ? Par le congé de l'intelligence et le don de la condition. Et celle-ci, quand la reçoit-il ? Dans l'instant. Et qu'est-ce que conditionne cette condition ? Qu'il entende l'éternité. Mais pareille condition ne peut être qu'une condition éternelle. – Ainsi, dans l'instant, il reçoit la condition éternelle, et cela, il le sait de l'avoir reçue dans l'instant, car autrement il ne fait que se ressouvenir qu'il l'avait depuis l'éternité. Dans l'instant, il reçoit la condition et la tient de ce maître lui-même. Faiseurs de boniments et de parades ont beau dire que, bien que ne la tenant pas du maître, il avait pourtant le flair au moins de l'incognito du dieu ; qu'il en avait un sentiment intérieur, tant il se sentait drôle toutes les fois qu'il voyait ce maître ; qu'il y avait chez celui-ci quelque chose dans la voix, la contenance, etc., – tout cela n'est que sornettes de commères, qui, loin de vous muer en disciple, vous font seulement blasphémer le dieu [a]. Cette forme n'était pas un incognito ; et si le dieu, en vertu de sa décision toute-puissante, semblable à son amour, veut s'égaler au plus humble, nul gaillard, pas plus un cabaretier qu'un philosophe en chaire, ne doit se flatter d'assez de ruse pour flairer quoi que ce soit, au cas où le dieu ne donne pas lui-même la condition. Et quand le dieu, sous la forme d'un serviteur, allonge son bras tout-puissant, qu'alors le témoin étonné n'aille pas s'imaginer que c'est parce qu'il s'étonne qu'il est le disciple, et parce qu'il peut en réunir d'autres autour de lui, étonnés à leur tour de ses dires. Si le dieu

a. Toute définition pour rendre le dieu immédiatement reconnaissable est bien une borne millénaire marquant la proximité, mais négativement, n'indiquant pas le chemin vers le paradoxe, mais en sens inverse, en deçà de Socrate et de l'ignorance socratique. Qu'on y veille, afin d'éviter dans le monde de l'esprit la mésaventure de ce voyageur, à qui un Anglais, questionné par lui si c'était le chemin de Londres, avait répondu que oui, mais qui malgré cela n'y arriva point, l'Anglais ayant passé sous silence qu'il lui fallait faire demi-tour puisqu'il était précisément en train de s'éloigner de Londres.

ne donne pas lui-même la condition, c'est que le disciple a su dès le début déjà ce qui en est du dieu, quoiqu'il ne sût qu'il le savait, tandis que tout le savoir des autres n'est pas le socratisme, mais très au-dessous.

Mais, pour le disciple, l'extérieur du dieu (pas les détails) n'est pas une forme indifférente. Elle est ce qu'il a vu et appréhendé de ses mains ; non cependant que la forme ait d'importance au point qu'il en cesse d'être croyant, s'il lui arrivait un jour de voir le maître dans la rue sans le reconnaître du coup, ou même s'il marchait un bout de chemin à son côté sans s'apercevoir que c'est lui. Au disciple le dieu a donné la condition afin qu'il voie, il lui a ouvert les yeux de la foi. Mais quelle chose terrible que de voir cette forme extérieure ! le fréquenter comme chacun de nous tous, et, à chaque éclipse de la foi, ne plus apercevoir que la forme de serviteur ! Ainsi, quand par la mort son maître l'aura quitté, le souvenir du disciple alors peut bien reproduire la forme, mais est-ce pour cela qu'il croit ! non, mais parce qu'il reçut du maître la condition, l'image authentique du souvenir lui rend la vue du dieu. Tel est le cas du disciple qui sait que, sans la condition, il n'eût rien vu, puisque en premier ce qu'il a compris, c'est qu'il était lui-même la non-vérité.

Mais alors la foi est tout autant paradoxale que le paradoxe ? Certainement, sinon comment aurait-elle dans le paradoxe son objet, et trouverait-elle son bonheur dans son rapport à lui ? La foi est un miracle, et tout ce qui vaut pour le paradoxe vaut aussi pour la foi. Mais à l'intérieur de ce miracle tout se passe encore comme dans le socratisme, sans pourtant que le miracle jamais s'abolisse, ce qui veut dire que la condition éternelle est donnée dans le temps. Socratiques restent ici tous les rapports ; car celui de contemporain à contemporain, en tant que croyants l'un et l'autre, est tout socratique, l'un ne devant rien à l'autre, mais tous les deux devant tout à Dieu.

Peut-être dira-t-on : « Mais le contemporain alors ne retire nul avantage de l'être ; et cependant, à admettre ce que tu as admis de l'apparition du dieu, il semble si naturel de proclamer le bonheur de la génération contemporaine d'avoir vu et entendu ! » – « Eh oui, c'est naturel, si naturel que je pense que cette génération-là s'est aussi proclamée bienheureuse ; admettons-le donc, sinon en effet elle ne le serait pas, et notre glorification exprime seulement que, dans les mêmes circonstances, à agir autrement on eût pu devenir bienheureux. Mais en ce cas la glorification peut fort bien prendre alors des sens archidivers si l'on y réfléchit, à la fin même elle versera peut-être en pleine ambiguïté. Par exemple si un empereur, comme on le lit dans de vieilles chroniques, célébrait ses noces huit jours de suite par une fête comme on n'en vit jamais ; l'air qu'on respirait était saturé de parfums, tandis qu'on ne cessait de l'entendre vibrer de lyres et de chants, pour rehausser le plaisir de toutes les choses sans prix offertes avec tant d'opulence. Jour et nuit, car la nuit s'éclairait comme le jour à l'éclat des flambeaux, mais qu'on la vît de jour ou aux lumières, la reine offrait plus de délices et de grâce qu'aucune femme ici-bas, et tout était un enchantement, merveilleux comme l'accomplissement plus hardi encore du plus hardi désir... or supposons tout cela arrivé, et que force nous fût de nous contenter de la maigre nouvelle que c'était arrivé, comment ne pas priser alors, humainement parlant, le bonheur des contemporains ! les contemporains, c'est-à-dire ceux qui ont vu et entendu et saisi de leurs mains, car autrement à quoi bon l'être ? La splendeur des noces impériales et cette prodigalité de plaisirs, n'était-ce pas choses directes à voir et à toucher ? qu'on n'a donc, si l'on a vraiment été contemporain, pas pu ne pas voir et dont on a laissé son cœur s'éjouir. Mais si c'était maintenant une splendeur autre, et qu'ainsi elle n'ait pas été directement visible, à quoi servirait-ce alors d'être le contemporain ? en serait-on pour cela celui de la splendeur ? Pareil contemporain ne peut pas s'appeler bienheureux, ni on ne peut priser ses yeux et ses oreilles, puisqu'il n'était contemporain, et ne voyait ni n'entendait rien de ces splendeurs, non que la cause pourtant en ait été le manque de temps et d'occasion (au sens immédiat), mais un manque possible d'autre chose nonobstant maintes chances de voir et d'entendre qui favorisaient sa présence, et malgré qu'il n'eût pas négligé (au sens immédiat) de s'en servir. Mais qu'est-ce à dire alors ? qu'on peut être contemporain, sans pourtant l'être, qu'on peut ainsi être contemporain et cependant, quoique usant de cet avantage (au sens immédiat), être le non-contemporain ? Ce qui revient à poser l'impossibilité d'être immédiatement contemporain d'un tel maître et d'un tel événement, de sorte que le contemporain réel ne l'est pas en vertu de la contemporanéité immédiate, mais de quelque chose d'autre. Donc : le contemporain peut en dépit de sa contemporanéité être le non-contemporain ; mais si le contemporain réel ne l'est pas en vertu de la contemporanéité immédiate, *ergo* le non-contemporain aussi (au sens immédiat) doit pouvoir être le contemporain par ce quelque chose d'autre, par quoi le contemporain devient le contemporain réel. Mais le non-contemporain (au sens immédiat) : c'est l'homme de la postérité, donc l'homme postérieur pourra constituer le contemporain réel. Ou est-ce être contemporain, et ce contemporain que nous exaltons, que de pouvoir dire : j'ai mangé et bu sous ses yeux, et ce maître a enseigné sur nos places publiques, je l'ai vu bien des fois, c'était un homme sans apparence, de petite origine, et seuls quelques-uns croyaient trouver en lui le prodige, ce que je ne pouvais nullement découvrir, quoique vraiment, s'il s'agit d'avoir été son contemporain, je l'aie été plus que personne. Ou la vraie contemporanéité être le contemporain, est-ce d'être celui à qui le dieu doive répondre, s'ils venaient un jour à se rencontrer dans une autre vie et que l'autre voulût se targuer de sa contemporanéité : « Je ne te connais point. » Ce qui en vérité n'était rien de moins qu'exact, ce contemporain-là n'ayant point connu le maître, seul le croyant (c'est-à-dire le contemporain non immédiat) le connaît qui du maître lui-même a reçu la condition, et par là le connut comme il le fut de lui [55]. » – « Arrête-toi un instant, si tu continues de parler de la sorte, je ne pourrai pas placer un mot ; car sais-tu bien que tu parles comme si tu passais une soutenance de thèse ! même tu parles comme un livre, et ce qui est là ta malchance, comme un livre bien déterminé ; car te voilà de nouveau, à ton insu ou non, en train d'insérer quelques paroles qui ne sont pas de toi et ne sont pas non plus mises par toi dans la bouche de celui que tu fais parler ; mais tout le monde les connaît, et la seule différence, c'est que tu les emploies au singulier au lieu du pluriel. Les termes de la Bible[56] (car c'est un texte biblique) sont ainsi : nous avons mangé et bu sous ses yeux, et il a enseigné dans nos places publiques – en vérité je ne vous connais point. Mais tant pis ! seulement ne va pas trop loin, quand, de cette réponse du maître à l'individu : Je ne te connais point, tu conclus qu'il n'a pas été contemporain du maître et ne l'a point connu ? Si l'empereur de ton histoire avait fait la même réponse à quelqu'un soutenant avoir été contemporain de ses noces magnifiques, ton empereur aurait-il prouvé que l'autre ne l'avait pas été ? » – « Bien sûr que non ; tout au plus aurait-il prouvé sa propre folie de ne pas même se contenter, comme Mithridate, de savoir tous les noms de ses soldats, mais de vouloir connaître tous ses contemporains et décider, par cette connaissance, si tel ou tel l'avait été ou non. L'empereur était bien directement connaissable, aussi quelqu'un peut-il très bien l'avoir connu sans l'avoir été de lui ; mais ce maître dont nous parlons, loin d'être directement connaissable, ne l'était que quand il donnait lui-même la condition. Car, quand on la recevait, on la recevait de lui-même, et il faut donc que le maître connaisse quiconque le connaît, et nul ne peut connaître le maître s'il n'est lui-même connu de lui. N'en est-il pas ainsi, et ne perces-tu pas déjà le sens implicite de nos paroles ? Si le croyant est celui qui croit et qui connaît le dieu du fait de recevoir du dieu même la condition, il faut que l'homme postérieur reçoive tout pareillement la condition du dieu même, et il ne peut la recevoir de seconde main, car pour ce faire il faudrait que cette seconde main fût encore le dieu, auquel cas tout ce qu'on a dit d'elle est comme si l'on n'avait rien dit. Mais si l'homme postérieur reçoit du dieu même la condition, il est contemporain, le contemporain réel, ce qu'est seul le croyant et ce qu'est tout croyant. » – « Maintenant que tu le dis, je le vois bien, et déjà j'en distingue les conséquences aux multiples ramifications, tout en m'étonnant de n'y avoir pas songé moi-même, et je donnerais cher pour avoir été l'auteur de la découverte. » – « Et moi, je payerais encore plus cher pour l'avoir compris à fond, car voilà qui m'intéresse plus que de savoir qui fit la découverte. Mais je n'ai pas encore compris tout à fait, comme je te le montrerai en une occasion imminente où je me fierai alors à ton secours, toi qui tout de suite as tout compris. Par contre, si tu le permets, je vais ici même donner ce que les jurisconsultes appellent un duplicata de ce que jusqu'ici j'ai moi-même exposé et compris. Et pendant que je le dresse, surveille toi-même ton droit et revendique-le ; car je te cite par la présente *sub pœna praeclusi et perpetui silentii*. La contemporanéité immédiate ne peut être que l'occasion. *a)* Elle peut être pour le contemporain celle de recevoir un savoir historique. À cet égard, le contemporain du mariage impérial est plus heureux que celui du maître ; car celui-ci n'a que l'occasion de voir la forme du serviteur et tout au plus quelque action singulière, dont il ne saura qu'à moitié s'il doit admirer ou s'indigner d'être mystifié lui-même, vu qu'il n'ira guère persuader ce maître de refaire son exploit comme un prestidigitateur qui donne ainsi aux spectateurs l'occasion de mieux éventer le tour et d'en voir l'agencement. *b)* Elle peut être pour le contemporain l'occasion d'un repliement intérieur socratique qui fasse s'évanouir alors la contemporanéité comme un néant en face de l'éternité qu'on découvre en soi-même. *c)* Finalement (ce que nous admettons pour ne pas retomber au socratisme), elle devient pour le contemporain, en tant qu'il est la non-vérité, l'occasion de recevoir du dieu la condition et de voir alors la splendeur avec les yeux de la foi. Ah ! la béatitude d'un tel contemporain ! mais qui n'est pourtant pas un témoin oculaire (au sens immédiat), non, c'est en tant que croyant qu'il est le contemporain par *l'autopsie* de la foi. Mais, dans cette autopsie-là, tout non-contemporain (au sens immédiat) à son tour est le contemporain. Si donc un homme postérieur, peut-être même ému de sa propre ferveur romanesque, désire être le contemporain (au sens immédiat), il prouve par là sa propre imposture, reconnaissable comme le faux Smerdis à son manque d'oreilles... celles de la foi, bien qu'il en ait de trop longues – mais des oreilles d'âne, celles qu'allongent en vain les contemporains immédiats – pour être un vrai contemporain. Si un homme postérieur continue à rêver de la splendeur d'être contemporain (au sens immédiat) et à vouloir partir à sa recherche, il n'y a qu'à le laisser partir ; mais à le suivre alors du regard, tu verras vite à sa marche et au chemin pris qu'il ne va pas vers l'épouvante du paradoxe, mais s'élance comme un maître à danser pour arriver à temps au mariage impérial. Et, quoiqu'il couvre son expédition d'un nom sacré et prêche de se grouper aux autres pour entreprendre en foule le voyage, il ne risque guère de découvrir la Terre sainte (la véritable), puisqu'elle ne se trouve ni sur la carte ni sur la terre, et que son voyage n'est qu'une farce, comme quand les enfants au colin-maillard s'accompagnent à la porte de la grand-mère. Et quand bien même il ne s'accorderait de repos ni jour ni nuit, courrait plus vite qu'un cheval ou qu'un mensonge d'homme, ce ne serait courir qu'après la lune et faire sur soi la même méprise que l'oiseleur, car si l'oiseau ne vient vers lui, à quoi sert vraiment de courir après avec la glu ? – À un seul égard je serais tenté de proclamer le contemporain (au sens immédiat) plus heureux que l'homme postérieur. Car si nous supposons des siècles entre cet événement et l'existence de cet homme, il a dû y avoir dans l'intervalle tant de racontars des gens sur ce sujet, tant de piètres racontars, que les bruits faux et confus qu'avait à subir le contemporain étaient en somme bien moins défavorables à la possibilité de la vraie compréhension ; et ceci est d'autant plus vrai que, très vraisemblablement, l'écho séculaire, comme celui de certaines de nos églises, n'éclabousserait pas seulement la foi de commérages, mais la ferait fuser elle-même en commérages, chose impossible dans la première génération, où la foi a dû se manifester dans toute sa primitivité, par son contraste aisé à discerner de tout le reste.

INTERMÈDE

Le passé est-il plus nécessaire que l'avenir ?
ou
Pour être devenu réel le possible en est-il devenu plus nécessaire qu'il ne l'était ?

Supposons maintenant, mon cher lecteur, que ce maître a paru, qu'il est mort et enterré, il doit donc s'écouler un temps entre les chapitres IV et V. N'arrive-t-il pas de même au théâtre, qu'il y ait entre deux actes des années d'intervalle ? Pour marquer ce disparaître du temps, on fait souvent jouer par l'orchestre une symphonie ou quelque autre morceau : pour abréger le temps, on le remplit. Pareillement je me suis aussi mis en tête de combler l'intervalle en réfléchissant à la question ci-dessus. Quant à sa durée, tu pourrais, lecteur, la fixer toi-même, mais si bon te semble, nous allons supposer, pour combiner le sérieux et le plaisant, qu'il s'est juste écoulé dix-huit cent quarante-trois ans. Comme tu vois, pour faire illusion, force m'est donc de me donner bonne mesure, car dix-huit siècles et demi ou presque sont un délai de faveur peu commun, qui risque vite de me mettre dans l'embarras inverse de celui de nos philosophes à qui le temps en général ne permet que des esquisses ; embarras inverse aussi de celui des historiens à court de temps et non de matière. Si donc tu me taxes de prolixité, de rabâchages, « sur le même sujet[57] » bien entendu, considère bien que c'est pour faire illusion, et tu me pardonneras alors d'être prolixe et ton explication te satisfera autrement mieux que de me prêter l'irrévérence d'avoir pensé que la chose méritait réflexion même de ta part, comme si je te soupçonnais de ne t'être pas bien compris toi-même à ce sujet ; alors que je ne doute ni de ta pleine compréhension, ni de ton adhésion à la philosophie de nos jours, laquelle comme notre époque semble atteinte d'une étrange distraction en prenant le titre pour l'exposé ! Car quel prodige, quelle prodigieuse grandeur a jamais égalé nos philosophes actuels, les temps actuels... en fait de titres !

1. Le devenir

Comment se change ce qui devient ou quel est le changement du devenir (χινησις[58]) ? Tout autre changement (αλλοιωσις[59]) présuppose l'existence de ce qui subit le changement, même si le changement consiste à cesser d'exister. Il n'en est pas de même du devenir ; car si ce qui devient ne reste pas en soi toujours le même à travers le changement du devenir, ce n'est pas le devenir de *cette* chose-ci mais d'une autre, et alors la question est passible d'une μεταβασις εις αλλο γενος[60]. Dans ce cas en effet, celui qui questionne, ou voit dans le changement du devenir un autre changement qui lui embrouille la question, ou il distingue mal l'objet du devenir, ce qui le rend incapable de la poser. Si un plan se faisant change en soi, ce n'est plus ce plan-ci qui se fait ; par contre, s'il reste inchangé en devenant, quel est alors le changement du devenir ? Ici, ce n'en est pas un dans l'essence mais dans l'être, et qui va du non-être à l'être. Or ce non-être, que quitte ce qui devient, il faut également qu'il existe ; sinon « ce qui devient ne resterait pas inchangé dans le devenir », à moins de n'avoir pas du tout existé, ce qui, pour une autre raison, rendrait à son tour le changement du devenir absolument différent de tout autre changement, puisqu'il n'y aurait aucun changement ; car tout changement présuppose toujours quelque chose. Or cet être qui est en même temps un non-être, c'est le possible ; et un être qui est de l'être, c'est bel et bien l'être réel ou la réalité, comme le changement du devenir est le passage du possible à la réalité[61].

Le nécessaire peut-il devenir ? Le devenir est un changement, mais le nécessaire ne peut aucunement changer, se rapportant toujours à lui-même et s'y rapportant toujours de la même façon. Tout devenir est une *souffrance*, et le nécessaire ne peut pas souffrir, ne connaît pas la souffrance de la réalité, laquelle est que le possible (non seulement le possible exclu, mais même le possible adopté) se révèle du néant à l'instant où il devient réel ; car c'est par la réalité que le possible est *anéanti*. Tout ce qui devient prouve par son devenir même qu'il n'est pas nécessaire ; car la seule chose qui ne peut pas devenir est le nécessaire, parce que le nécessaire *est*.

La nécessité est-elle donc une synthèse de possible et de réel[62] ? – Mais quel sens aurait cette définition ? Le possible et le réel diffèrent non pas d'essence, mais d'être ; comment faire alors de cette différence une synthèse qui serait de la nécessité, celle-ci n'étant pas une catégorie de l'être mais de l'essence, puisque l'essence du nécessaire c'est d'être ? S'il en est ainsi, le possible et le réel, en devenant le nécessaire, feraient une essence absolument autre, ce qui n'est pas un changement, et, en devenant nécessité ou le nécessaire, deviendraient la seule chose excluant le devenir, ce qui est aussi impossible que contradictoire. (La proposition d'Aristote[63] « il est possible », « il est possible que non », « il n'est pas possible ». – La doctrine des propositions fausses et vraies d'Épicure ne fait ici qu'embrouiller le raisonnement, puisqu'il a en vue l'essence et non l'être, et que par conséquent cette voie-ci ne mène à rien en ce qui regarde la détermination de l'avenir.)

Le nécessaire est chose à part, rien ne devient avec nécessité, pas plus que le nécessaire ne devient ou qu'une chose en devenant ne devient le nécessaire. Rien n'est parce qu'il est nécessaire, mais le nécessaire existe parce qu'il est nécessaire, ou parce que le nécessaire est. Le réel n'est pas plus nécessaire que le possible, car le nécessaire est absolument différent des deux. (Doctrine d'Aristote[64] sur les deux espèces du possible par rapport au nécessaire. Son erreur est de commencer par la thèse que tout nécessaire est possible. Pour éviter alors de se démentir et même de tomber dans la contradiction au sujet du nécessaire, il s'en tire en créant deux espèces de possible, au lieu de voir que sa première thèse était fausse par le fait que le possible n'entre pas dans le nécessaire.)

Le changement du devenir est la réalité, le passage s'opère par la liberté. Aucun devenir n'est nécessaire ; ni avant de s'effectuer, car ainsi il ne peut devenir, ni après, car alors il ne serait pas devenu.

Tout devenir se fait librement, non par nécessité, ce qui devient ne devient jamais en vertu d'une raison, mais toujours par une cause. Toute cause finit en une cause librement agissante. L'illusion des causes intermédiaires est que le devenir semble nécessaire ; leur vérité, c'est que devenues elles-mêmes elles remontent en dernier ressort à une cause librement agissante. Même la conséquence rigoureuse d'une loi naturelle ne démontre la nécessité d'aucun devenir, dès qu'on réfléchit finalement au devenir. De même avec les manifestations de la liberté, dès qu'au lieu de se laisser tromper par celles-ci on ne regarde que son devenir.

2. L'histoire

Tout ce qui est devenu est, par là même, de l'histoire ; car même si l'on ne peut faire aucune affirmation historique là-dessus, l'attribut décisif de l'histoire reste toujours affirmable : elle est devenue. Les faits dont le devenir est le devenir simultané (*nebebeinander*[65], l'espace) n'ont pas d'autre histoire que celle-ci ; mais même ainsi *(en masse)*, et sans tenir compte de ce qu'une interprétation plus spirituelle appelle plus particulièrement l'histoire de la nature, la nature a de l'histoire.

Mais l'histoire est le passé (car le présent en bordure de l'avenir n'est pas encore devenu de l'histoire) ; comment dire alors que la nature, bien qu'immédiatement présente, soit de l'histoire, si l'on n'a pas en vue par là cette interprétation plus spirituelle ? La difficulté tient à ce que la nature est trop abstraite pour être proprement dialectique en face du temps. C'est là son imperfection de n'avoir d'histoire que de cette manière, et c'est sa perfection d'en avoir tout de même un soupçon (à savoir d'être devenue : le passé ; et d'être : le présent) ; tandis que l'éternité, sa perfection, c'est de ne pas contenir d'histoire, d'être seule à être, tout en étant parfaitement vide d'histoire.

Cependant le devenir peut inclure en soi un redoublement, c'est-à-dire une possibilité de devenir à l'intérieur de son propre devenir. C'est ici le lieu de l'histoire proprement dite, qui est dialectique en face du temps. Le devenir qu'elle a en commun avec celui de la nature est un possible, qui, au regard de la nature, s'identifie à son entière réalité. Mais ce devenir proprement historique n'en est pas moins intérieur à un devenir, chose qu'il faut toujours retenir. Le devenir plus particulier de l'histoire s'opère par une cause d'une liberté d'action relative, qui, à son tour, en dernier ressort, renvoie à une cause d'une absolue liberté d'action.

3. Le passé

Ce qui est arrivé est arrivé et ne peut se refaire ; donc ne peut pas être changé (le stoïcien Chrysippe, le mégarien Diodore[66]). Cette invariabilité est-elle celle de la nécessité ? Celle du passé s'est effectuée, elle, par un changement, par celui du devenir, mais cette invariabilité-ci, pour n'en avoir pas exclu avant, n'exclut naturellement pas tout changement ; vu que tout changement (dialectique en face du temps) n'est exclu que parce qu'il l'est à tout instant. Regarder le passé comme nécessaire s'obtient en oubliant qu'il est devenu ; mais cette oubliance-là serait-elle aussi nécessaire ?

Ce qui est arrivé est arrivé tel qu'il est arrivé, et ainsi est-ce invariable ; mais cette invariabilité est-elle celle de la nécessité ? L'invariabilité du passé consiste dans l'impossibilité pour son « ainsi » réel de devenir autre, mais s'ensuit-il que le « comment » possible de ce passé n'aurait pu devenir autre ? Par contre, l'invariabilité du nécessaire est de se rapporter toujours à lui-même et toujours de la même façon, d'exclure tout changement, et de ne point se contenter de l'invariabilité du passé, celle-ci étant, on l'a vu, non seulement dialectique, en face d'un changement antérieur d'où elle résulte, mais même en face d'un changement supérieur qui l'abolit (par exemple celui du repentir qui veut abolir une réalité).

L'avenir n'est pas encore arrivé, mais il n'en est pas pour cela moins nécessaire que le passé, puisque le passé n'est pas devenu nécessaire parce qu'il est arrivé, alors qu'au contraire il a montré par là qu'il ne l'était pas. Si le passé était devenu nécessaire, on ne pourrait pas en conclure à l'inverse pour l'avenir, il s'ensuivrait au contraire que l'avenir également serait nécessaire. Que la nécessité s'insère en un seul point, et il n'est plus question du passé ni d'avenir. Vouloir prédire l'avenir (prophétiser) et vouloir entendre la nécessité du passé sont une seule et même chose, et ce n'est qu'affaire de mode si telle génération trouve l'un plus plausible que l'autre. Le passé est sans conteste devenu ; le devenir est le changement de la réalité par la liberté. Or si le passé était devenu nécessaire, il ne serait plus du ressort de la liberté, du ressort de ce qui l'a fait devenir. Mauvaise posture alors pour la liberté ! qui ferait rire et pleurer ensemble, puisque coupable de ce qui n'était pas de son ressort, puisque productrice de ce qu'avalait la nécessité. Elle-même deviendrait une illusion non moins que le devenir ; au lieu de la liberté, on aurait de la magie[67], au lieu du devenir, une fausse alerte[a].

4. L'entendement du passé

Catégorie de l'espace, la nature n'existe qu'immédiatement. Ce qui est dialectique en face du temps a en soi une ambiguïté :

---

a. La génération prophétisante, dédaigneuse du passé, refuse d'entendre les témoignages de l'Écriture ; la génération empressée à entendre la nécessité du passé n'aime point qu'on pose des questions sur l'avenir. Leur conduite à toutes deux ne sont pas de la logique ; et chacune en effet aura l'occasion, dans des conséquences opposées, de constater l'égarement de sa conduite. La méthode absolue, invention de Hegel, déjà en sa logique, est chose malaisée, que dis-je ? une tautologie brillante qui a soutenu la superstition scientifique de force signes et prodiges. Dans les sciences historiques elle est une idée fixe ; et s'il est vrai qu'ici, se faisant concrète dès le début (l'histoire est bien la concrétion de l'idée) la méthode a fourni à Hegel l'occasion d'étaler une rare érudition, une rare puissance de modeler la matière devenue par lui plus que grouillante, elle a été cause aussi d'une distraction dans l'esprit de l'élève : justement par sa grande vénération, son admiration de la Chine et de la Perse, des quatre monarchies universelles (découverte déjà saisie par Geert Westphaler[68] et qui, dans la postérité, a donné le branle aux bavardages d'une ribambelle de Geert Westphaler hégéliens[69]), il en a peut-être oublié de vérifier si sortait bien aussi à la fin, à l'issue de cette promenade enchanteresse, ce qui n'avait pas cessé d'être promis dès le début, le point capital, l'irremplaçable malgré toutes les splendeurs du monde, le seul dédommagement de cette impatience intempestive où l'on était contenu : la vérité de la méthode ! Pourquoi s'être fait concret dès le début, pourquoi se mettre d'abord à expérimenter *in concreto* ? ou quelle impossibilité de résoudre déjà, dans la froide brièveté de l'abstraction, sans divertissements ni sortilèges, ce que veut dire la concrétisation de l'idée, ce qu'est le devenir, quel est notre rapport à ce qui est devenu, etc. ? Pourquoi laisser en suspens ces questions ? n'aurait-on pu expliquer déjà dans la logique ce qu'est le passage, avant d'aller écrire trois volumes où on le démontrait dans les définitions catégoriques ! c'était étonner ainsi la superstition, et rendre précaire la situation de celui qui aime à devoir beaucoup à cet esprit supérieur et à lui être obligé, mais sans pouvoir en oublier pourtant ce que Hegel lui-même devait tenir pour capital.

celle de pouvoir, après avoir été présent, subsister comme passé. L'histoire au sens propre est toujours du passé (c'est du fini ; jours ou années, le recul n'y fait rien) et, comme passé, elle est réelle ; car il est de science sûre et certaine qu'elle est arrivée ; mais le fait même d'être arrivée constitue à son tour l'incertain de l'histoire qui empêchera toujours l'entendement de concevoir le passé comme ayant été ainsi de toute éternité. Seule cette contradiction d'incertain et de certain, *discrimen* du devenu ainsi que du passé, fait comprendre le passé ; à comprendre autrement, l'entendement s'est mépris sur lui-même (croyant voir là un entendement) et sur son objet (croyant voir en pareille chose l'objet d'un entendement). Tout entendement du passé qui veut le comprendre à fond en le construisant ne fait que se tromper à fond. (Une théorie de la manifestation[70], au lieu de la construction, fait illusion à première vue, mais, le moment suivant, on se trouve devant une construction fabriquée après coup et la manifestation nécessaire.) Le passé n'est pas nécessaire au moment qu'il devient ; il ne l'est pas devenu en devenant (une contradiction), et le devient encore moins par l'entendement de personne. (L'éloignement dans le temps trompe le sens de l'esprit comme l'éloignement dans l'espace cause l'erreur des sens. Le contemporain ne voit pas la nécessité de ce qui devient, mais, quand il y a des siècles entre le devenir et l'observateur... alors il voit la nécessité, tel celui qui voit à distance le carré comme un rond.) Si le passé devenait nécessaire par l'entendement, il gagnerait ce que perdrait l'entendement, puisque alors ce dernier entendrait autre chose, ce qui serait un mauvais entendement. Si l'objet entendu se change dans l'entendement, celui-ci se change en erreur. Une connaissance du présent ne confère au présent aucune nécessité, non plus qu'une prescience de l'avenir n'en confère à l'avenir (Boethius[71]), ni une connaissance du passé au passé ; car l'entendement ni la connaissance n'ont jamais de quoi donner.

Aussi entendre le passé, être l'*Historico-philosophus*, est-ce être un prophète à rebours (Daub). Être prophète ici signifie justement qu'à la base de la certitude du passé il y a cette incertitude qui le caractérise de la même façon que l'avenir, cette possibilité (Leibniz[72] – les mondes possibles) d'où le passé ne pourrait jamais *résulter* avec nécessité, *nam necessarium se ipso prius sit, necesse est.* L'historien retombe donc au cœur du passé, pris par cette passion qu'est le sens passionné du devenir, je veux dire l'admiration[73]. Si le philosophe n'admire rien du tout (et, sans une sorte non plus de contradiction nouvelle, comment avoir l'idée d'admirer une construction nécessaire ?), il est par là même étranger à l'histoire ; car partout où entre en jeu le devenir (qui est bien dans le passé), l'incertitude du plus certainement devenu (celle du devenir) ne peut s'exprimer que par cette passion convenable et nécessaire au philosophe (Platon – Aristote[74]). Même si le devenu est des plus certains, même si l'admiration y consent d'avance en disant que, s'il n'était arrivé, il faudrait l'inventer (Baader), même alors la passion de l'admiration reste contradictoire, en voulant mensongèrement affubler de nécessité le devenu et se duper elle-même. Déjà le mot de méthode, comme aussi le concept, démontre suffisamment que la progression dont on peut parler ici est téléologique ; et toute progression de cette sorte comporte à tout instant une pause (ici l'admiration est *in pausa* et attend le devenir) qui est celle du devenir et de la possibilité précisément parce que le τελος[75] est extérieur. S'il n'y a de possible qu'une seule voie, le τελος, est non en dehors mais dans la progression même ou plutôt derrière, comme pour la progression de l'immanence[76].

Ceci pour l'entendement du passé. On a présupposé cependant que le savoir du passé est donné ; mais comment s'acquiert-il ? Point de perception immédiate de l'histoire, parce qu'elle a en elle la *duplicité* du devenir. L'impression immédiate d'un phénomène de nature ou d'un événement n'est pas une impression de l'histoire ; car immédiatement *le devenir* ne peut être perçu, mais seulement le présent ; mais le présent de l'histoire porte en lui le devenir, sinon comment serait-il le présent de l'histoire !

La perception et la connaissance immédiates ne peuvent pas tromper. Déjà il appert par là que l'histoire ne saurait être leur objet, ayant en elle une duplicité qui est celle du devenir. Par rapport à l'immédiat le devenir est une duplicité qui rend douteux ce qui a le plus de certitude. Si par exemple votre vue perçoit une étoile, elle vous sera douteuse à l'instant où vous voulez vous rendre compte du fait qu'elle est devenue. C'est comme si la réflexion ôtait l'étoile à la vue. Une chose au moins est donc claire : notre organe de l'histoire doit être conforme à elle, doit comporter en soi ces correspondances par quoi sa certitude abolit toujours l'incertitude répondant à celle du devenir, laquelle est double : étant ou le néant du non-être, ou le possible détruit qui est en même temps la destruction de tout autre possible. C'est précisément la nature de la foi ; car dans la certitude de la foi il y a toujours, comme chose abolie une incertitude analogue en tout à celle du devenir. La foi croit ce qu'elle ne voit pas ; elle ne croit que l'étoile est, cela se voit, mais elle croit que l'étoile est devenue. Il en est de même pour un événement. Ce qui est arrivé est immédiatement connaissable, mais nullement le fait d'être arrivé, pas même le fait d'arriver, même si, comme on dit, il crève les yeux. La duplicité des faits arrivés c'est d'être arrivés, d'être le lieu du passage venant du Néant, du non-être et du comment d'une possibilité multiple. La perception et la connaissance immédiates ignorent l'incertitude avec laquelle la foi s'approche de son objet, mais ignorent aussi la certitude qui se dégage de l'incertitude.

La perception et la connaissance immédiates ne peuvent pas tromper. L'intelligence de ce point importe pour comprendre le doute et par là assigner à la foi sa place. Cette idée de l'infaillibilité des sens est derrière le scepticisme grec, si étrange que cela semble. Ce n'est pourtant pas si difficile à comprendre, ni quelle lumière cette idée jette sur la foi, quand on n'a pas la tête complètement troublée par le doute général des hégéliens, contre lequel il est bien inutile vraiment de sermonner ; car ce qu'ils disent est de nature à plutôt favoriser en nous un doute modeste, en nous demandant s'il est bien vrai qu'ils aient douté de quelque chose.

Le scepticisme grec est un retrait (εποχη[77]) ; ils doutaient en vertu non de la connaissance, mais de la volonté (refuser d'approbation – μετρίοπαδειυ[78]). Il s'ensuit alors que le doute ne se laisse abolir que par la liberté, par un acte de volonté, ce que comprendrait tout sceptique grec puisqu'il s'est compris lui-même ; mais il ne détruirait pas son scepticisme, justement parce que ce qu'il *veut* c'est douter. Là-dessus libre à lui ; mais qu'on n'aille pas lui attribuer la bêtise de croire qu'on doutait avec nécessité, et – ce qui est encore plus bête – que, si c'était le cas, le doute pouvait être détruit. Le sceptique grec ne nie pas la vérité de la perception et de la connaissance immédiate, mais l'erreur, dit-il, a une tout autre raison, elle vient de la conclusion que j'en tire. Pourvu que je puisse m'abstenir de conclure, et je ne serai pas trompé. Ainsi quand par exemple ma vue à distance me fait voir rond un objet que de près on voit carré, ou qu'elle me montre dans l'eau un bâton brisé, bien qu'il soit droit quand on l'en sort, ce n'est pas le sens qui m'a trompé, je ne le suis que quand je fais une conclusion sur ce bâton ou cet objet. C'est pourquoi le scepticisme se tient toujours *in suspenso*, et c'est là l'état qu'il *voulait*. Si donc le scepticisme grec a été appelé φιλοσοφια ζητητιχη, απορτιχη, σχcπτιχη[79], ces attributs n'expriment pas ce qu'il y a en lui de caractéristique, lui qui n'a toujours employé la connaissance que pour sauvegarder l'attitude essentielle au sceptique, et qui, pour ne se laisser prendre à faire une conclusion, refusait d'énoncer θετιχως[80] le résultat négatif de la connaissance. Pour les sceptiques l'attitude était l'essentiel (τελος δε οι σχεπτιχοι[81] φασι την εποχην, ἡ σχιας τροπον επαχολουθει ἡ αταραξια, Diog. L. lib. IX, § 107[82]). À l'opposé on voit maintenant sans peine que la foi n'est pas une connaissance, mais un acte de la liberté, une manifestation de la volonté. Elle croit au devenir, elle a alors aboli en elle cette incertitude correspondante au néant du non-être ; croit à elle l'« ainsi » du devenu, elle a alors aboli en elle le « comment » possible du devenu, et, sans contester le possible d'un autre « ainsi », cependant « ainsi » du devenu est pour la foi le point le plus certain.

Dans la mesure maintenant où tout ce qui, par la foi devenu

de l'histoire et, à ce titre, devenu l'objet de la foi (le contenu de l'histoire et l'objet de la foi se correspondent), est immédiatement et se perçoit immédiatement, tout cela ne trompe pas. Que le contemporain ouvre donc bien ses yeux, etc., mais qu'il fasse bien attention à la conclusion. Immédiatement il ne peut connaître qu'un fait est devenu, mais par nécessité non plus ; car la première expression du devenir est précisément d'interrompre la continuité. Dès l'instant que la foi croit qu'un fait est devenu, qu'il est arrivé, elle rend ce fait, ce devenu, douteux dans le devenir et son « ainsi » douteux dans le « comment » possible du devenir. La conclusion de la foi n'en est pas une, c'est une décision : de là l'exclusion du doute. Quand la foi conclut : ceci est, *donc* est devenu, on pourrait y voir une conclusion d'effet à cause. Cependant ce n'est pas tout à fait cela, et même si ce l'était, il faut se rappeler que la conclusion de la connaissance va de la cause à l'effet ou plutôt de raison à conséquence (Jacobi[83]). Ce n'est pas tout à fait cela, car immédiatement je ne perçois ni ne connais que ce que je perçois et connais immédiatement soit un effet, car immédiatement je constate seulement que cela est. Que ce soit un effet, est chose que je crois ; car, pour affirmer que c'en est un, il faut que j'aie déjà rendu cette perception immédiate douteuse dans l'incertitude du devenir. Mais si la foi s'y résout, le doute est détruit ; du même coup l'équilibre, l'indifférence du doute s'abolit, non par connaissance mais par volonté. La foi est donc approximativement la chose la plus discutable (car l'incertitude du doute, puissante et invincible pour interpréter de *deux* manières – *disputare*, s'anéantit dans la foi) et également la moins discutable en vertu de sa nouvelle qualité. La foi est l'opposé du doute. Foi et doute ne sont pas deux genres de connaissance à déterminer en continuité l'un de l'autre, car ni l'un ni l'autre n'est un acte de connaissance, ce sont des passions contraires. La foi est le sens du devenir, et le doute une protestation contre toute conclusion voulant dépasser la perception et la connaissance immédiates. Le douteur ne conteste pas par exemple l'existence même, mais il n'en conclut rien ; car il ne veut être dupe. Il a beau user de la dialectique pour rendre toujours deux contraires également probables, ce n'est pas en vertu d'elle qu'il pose son scepticisme, ce ne sont là qu'ouvrages avancés, accommodations humaines ; aussi n'en a-t-il nul résultat, pas même négatif (ce qui est déjà reconnaître la connaissance), mais c'est la volonté qui le décide à s'arrêter et à reculer (φιλοσοφια εφεχτιχη[84]) devant toute conclusion.

Quand on n'est pas contemporain d'un fait de l'histoire, au lieu de l'immédiat de la perception et de la connaissance (qui pourtant ne peut pas connaître l'histoire), on a l'information des contemporains avec laquelle on est dans le même rapport que les contemporains avec l'immédiat ; car même si le récit d'une information a subi des changements, on ne peut la négliger jusqu'à lui refuser un consentement qui la rend historique sans la changer en non-histoire pour soi. L'immédiateté du récit, c'est-à-dire le fait de sa présence, est le présent immédiat, mais l'histoire au présent, c'est d'être du devenu, l'histoire au passé, c'est que c'était un présent par le fait d'être devenu. Or dès que l'homme postérieur croit au passé (non à sa vérité ; ce qui est une affaire de l'entendement regardant l'essence non pas l'être ; mais dès qu'il croit que c'était un présent par le fait d'être devenu), l'incertitude du devenir y habite, et cette incertitude du devenir (le néant du non-être – le « comment » possible de l'« ainsi » réel) doit être pour lui de même sorte que pour le contemporain, son esprit doit être *in suspenso* comme celui du contemporain. Il n'a donc plus un immédiat devant lui, mais non plus de nécessité du devenir, il n'a que l'« AINSI » du *devenir.* L'homme postérieur croit bien alors sans doute en vertu des dires du contemporain, mais seulement comme fait le contemporain en vertu de la perception et de la connaissance immédiates ; car, pour croire, ce n'est pas en vertu d'elles que le contemporain le peut, et de même pas davantage l'homme postérieur en vertu du récit.

*

Le passé ne devient donc à aucun moment nécessaire, pas plus qu'il n'était nécessaire quand il est devenu, ni ne s'est révélé tel au contemporain qui l'a cru, c'est-à-dire a cru qu'il était devenu ; car foi et devenir se correspondent et concernent des catégories abolies de l'être : le passé et l'avenir ; et le présent, seulement en tant qu'on le voit sous la catégorie abolie de l'être comme du devenu ; tandis que la nécessité concerne l'essence, en ce sens que la catégorie de l'essence est justement d'exclure le devenir. La possibilité, d'où est résulté le possible devenu réel, accompagne toujours le devenu et reste auprès du passé, même s'il s'écoulait des millénaires dans l'intervalle ; dès que l'homme postérieur répète que c'est chose devenue (ce qu'il fait en y croyant) il en répète le possible, sans qu'importe ici qu'il s'agisse ou non d'accrocher à cette possibilité des idées particulières.

APPENDICE

Application

Ce qu'on vient de lire vaut pour l'histoire pure et simple dont la contradiction n'est que d'être devenue, n'est que celle[a] du devenir ; car ici encore il ne faut se faire illusion, comme si, pour comprendre qu'une chose est devenue, c'était plus facile après qu'avant ; si l'on est de cet avis, c'est qu'on ne comprend pas encore qu'elle est devenue, on n'a que la perception et l'immédiat de la connaissance du présent, qui n'embrassent pas le devenir.

Nous allons maintenant revenir à notre fiction et supposer que le dieu *a été*. S'il s'agit de l'histoire pure et simple, il reste acquis qu'elle ne peut devenir historique pour la perception et la connaissance immédiates, pas plus pour le contemporain que pour l'homme postérieur. Or le fait historique en question (qui est le contenu de notre fiction) a cette spécificité de n'être pas un simple fait historique, mais un fait basé sur une contradiction (ce qui suffit pour montrer qu'aucune différence ne sépare le contemporain immédiat et l'homme postérieur ; car, en face d'une contradiction et le risque qu'il y a d'y consentir, le contemporain immédiat ne jouit d'aucun avantage sur l'autre).

---

a. Il ne faut pas prendre ici le mot de contradiction dans le sens estompé où Hegel s'est figuré et a fait croire aux autres et à la contradiction elle-même, qu'elle avait un pouvoir créateur. Tant que rien n'est devenu, la contradiction n'est que la poussée de l'admiration, son propre *nisus*[85] et non celui du devenir ; une fois la chose devenue, la contradiction est de nouveau là comme le *nisus* de l'admiration dans la passion qui reproduit le devenir.

Cependant c'est toujours un fait historique, et qui ne l'est que pour la foi. La foi est donc ici prise d'abord au sens simple et commun de l'attitude devant l'histoire ; mais ensuite il faut la comprendre en un sens tout éminent, comme ce mot ne peut le présenter qu'une seule fois, ou plutôt bien des fois mais dans une seule question. Dans le plan éternel on ne *croit* pas que le dieu existe, même si l'on en admet l'existence. Ce serait un langage erroné. Socrate n'y croyait pas. Ce qu'il savait du dieu, il y arrivait par le souvenir, et l'existence du dieu n'était pour lui aucunement chose d'histoire. La grosse imperfection de sa connaissance de dieu à côté de celle qu'on a quand, comme nous le supposons, on reçoit du dieu même la condition, cela ne nous regarde pas ici ; car la foi ne porte pas sur l'essence mais sur l'être, et supposer l'existence du dieu le détermine dans le plan éternel et non dans l'histoire. L'histoire, c'est que le dieu *est devenu* (pour le contemporain), qu'il a été un présent par le fait d'*être devenu* (pour l'homme postérieur). Mais ici précisément gît la contradiction. Immédiatement personne ne peut devenir le contemporain de ce fait historique (voir ci-dessus) ; c'est l'objet de la foi, puisqu'il regarde le devenir. Il ne s'agit pas ici de la vérité du fait, mais de savoir si l'on veut admettre que le dieu est devenu, par quoi on fait entrer l'essence éternelle du dieu dans les catégories dialectiques du devenir.

Voici donc où en est notre fait historique : il n'a ni contemporain immédiat, étant de l'histoire à la première puissance (la foi au sens ordinaire) ; ni contemporain à la seconde puissance, étant basé sur une contradiction (la foi au sens éminent). Mais cette dernière identité de ceux qui diffèrent pourtant le plus d'époque, engloutit la diversité existant, à l'égard de la contemporanéité immédiate, entre ceux qui diffèrent d'époque. Chaque fois que le croyant prend ce fait pour objet de la foi, le rend historique pour lui, il reproduit les catégories dialectiques du devenir. Ni les flots des siècles dans l'intervalle, ni le cortège sans nombre de conséquences n'importent ; le fait n'en sera pas pour cela plus nécessaire (et les conséquences mêmes en dernier ressort ne seront que d'une nécessité relative, puisqu'elles reposent sur cette cause librement agissante) ; encore moins – ce qui serait la pire déraison – pourrait-il devenir nécessaire par les conséquences, celles-ci d'habitude ayant leur raison en autre chose, et ne la déterminant pas. Quels préparatifs, quels signes, quels symptômes qu'ait vus le contemporain ou l'homme postérieur, ce fait-là n'était cependant pas nécessaire quand il devint, c'est-à-dire que ce fait n'a pas plus de nécessité comme avenir que comme passé.

CHAPITRE V
Le disciple de seconde main

« Mon cher lecteur, comme, d'après notre feinte même, s'étendent dix-huit cent quarante-trois ans entre le disciple contemporain et cette conversation, n'est-ce pas une occasion suffisante de poser la question d'un disciple de seconde main, ce cas ayant dû bien souvent se reproduire ? On ne peut guère en effet la repousser, non plus que celle qui s'impose d'une explication des difficultés susceptibles de s'offrir quand il s'agit de définir le *disciple* de seconde main par ses ressemblances et différences avec le contemporain. Mais en outre ne devons-nous pas d'abord, en considérant la question, voir si elle est aussi fondée qu'empressée à se présenter. Car qu'elle se révèle mal fondée ou qu'on ne puisse la poser sans faire un pas de clerc, sans donc perdre toute qualité pour inculper de sottise l'homme d'assez de raison pour ne pas trouver de réponse... les difficultés paraîtront écartées. » – « Indéniablement ; car, à une question impossible, répondre n'est pas un embarras, et la difficulté s'allège à un point extraordinaire. » – « C'est tirer là une conséquence qui n'y est pas, car si la difficulté était de se rendre compte qu'on ne peut poser cette question ? Ou peut-être t'en es-tu déjà aperçu ; était-ce là peut-être le sens de ce que tu disais dans notre dernière conversation (ch. IV) : que tu m'avais compris, ainsi que toutes les conséquences de mes propos, alors que je n'avais pas encore achevé de me comprendre ? » – « Pas du tout, ce n'était pas ma pensée, aussi peu que d'avoir voulu dire que la question n'est pas recevable, d'autant moins qu'elle en comporte alors une autre déjà, celle d'une différence peut-être entre toutes les personnes rangées sous la rubrique du disciple de seconde main ; en d'autres termes il s'agit de savoir s'il est juste de diviser un espace de temps si énorme en deux parts si inégales : le contemporain – l'homme postérieur ? » – « Tu veux dire qu'on pourrait parler d'un disciple de cinquième, de septième main, etc. ; mais même si pour te satisfaire on le faisait, s'ensuit-il que toutes ces difficultés, si n'en éclatait pas la discordance intérieure, ne devraient pas se résumer sous une seule étiquette en face de celle de disciple contemporain ? Ou ferait-on bien toujours, quand on en parle, de t'imiter, d'avoir ainsi la simplicité, ce qui était chez toi de l'astuce, de changer la question du disciple de seconde main en une tout autre, ce qui te fournirait l'occasion, au lieu d'approuver ou non mon propos, de m'attraper sur une tout autre question ? Mais tu ne tiens sans doute pas à poursuivre cette conversation, de crainte qu'elle ne dégénère en sophistique et chamaillerie ; je l'arrête donc, mais, de ce que je vais développer, tu verras que je n'ai pas négligé les remarques échangées entre nous. »

1. Le disciple de seconde main en sa diversité d'avec lui-même

D'après le titre on ne vise pas ici le rapport du disciple secondaire au contemporain, mais la diversité qu'on a en vue est celle où l'identité des différences internes subsiste en face d'autre chose ; car la diversité qui n'est qu'intérieure ne sort pas de son identité avec elle-même. C'est pourquoi il n'y a pas d'arbitraire à s'interrompre où l'on veut ; car la différence relative, quand elle reste intérieure à la qualité définie, n'est pas un sorite d'où un coup de mains fasse soudain surgir la qualité. Un sorite ne se produirait qu'au cas où l'on gâterait de dialectique la contemporanéité, en montrant par exemple qu'en un sens personne ne pourrait être contemporain à tout moment ; ou bien en demandant où cesse alors la contemporanéité, où commence la non-contemporanéité, et s'il n'y aurait pas des confins où marchander, dont la commère intelligence pût dire : jusqu'à un certain point, etc. Toute subtilité inhumaine de ce genre ne mène à rien, sinon peut-être de nos jours à passer pour vraiment spéculatif, maintenant que le sophisme méprisé est, par quelles voies du diable ! devenu le piètre secret de la vraie spéculation, et que le « jusqu'à un certain point » (cette parodie de tolérance qui gaspille partout la médiation), tenu par les Anciens pour le négatif, est devenu le positif, tandis que ce que l'Antiquité appelait le positif, la passion de distinguer, a tourné en sottise.

C'est en les rapprochant qu'on pousse au plus vif les contrastes, aussi allons-nous choisir ici la première génération de disciples secondaires et la dernière (celle qui ferme l'espace de temps donné, les dix-huit cent quarante-trois ans) en tâchant de rester brefs ; car nous parlons en termes non d'histoire, mais d'algèbre, et sans désir de distraire ni d'éblouir personne par la magie de la variété. Par contre nous n'oublierons jamais sous la diversité de maintenir l'identité commune au divers en face du contemporain (on ne verra vraiment qu'au paragraphe suivant comment la question du disciple est de seconde main, à l'entendre dans son essence, est une question mal fondée) vu qu'on ne doit pas laisser croître la diversité jusqu'à tout embrouiller.

a. La première génération de disciples secondaires

Celle-ci a bien l'avantage (relatif) d'être plus voisine de la certitude immédiate, d'être plus près d'obtenir une exacte et sûre information sur ce qui est arrivé, de gens dont la véracité peut se contrôler d'autres manières. Nous avons déjà au chapitre IV calculé cette certitude immédiate. Être quelque peu plus près d'elle, n'est-ce pas une illusion ? car n'être pas près de l'immédiate certitude au point d'être immédiatement certain, c'est en rester éloigné d'une distance absolue. Supputons cependant cette diversité relative (qui distingue la première génération de disciples secondaires en face des postérieurs) ; à combien l'estimer ? Nous ne le pouvons jamais naturellement que par rapport à l'avantage du contemporain ; mais celui-ci (la certitude rigoureusement immédiate) n'en avons-nous pas déjà au ch. IV défini l'ambiguïté (*anceps* – aléatoire) ? et nous y reviendrons plus amplement au paragraphe suivant. – Ou bien supposons dans la génération la plus proche un homme joignant à la puissance la passion d'un tyran, et qu'il ait eu l'idée de ne s'occuper qu'à établir la vérité sur ce point, eût-ce suffi pour qu'il fût le disciple ? Mettons qu'il se saisît de tous les témoins contemporains encore en vie et de leurs proches, qu'il les fît interroger isolément avec la pire rigueur, qu'il les mît en cellule comme les 70 juifs d'Alexandrie, les affamât pour leur arracher la vérité, les soumît aux confrontations les plus insidieuses, rien que pour s'assurer à tout prix une information sûre... toute cette information ferait-elle de lui le disciple ? Ne porterait-il pas plutôt le dieu à sourire de lui, pour avoir voulu ainsi usurper ce qui ne se laisse point acheter pour de l'argent mais non plus prendre de force ? Le fait dont nous parlons fût-il même un simple fait d'histoire, la difficulté ne tarderait guère pourtant, dès l'essai de notre tyran d'établir une parfaite concordance dans tous les détails, chose qui lui tiendrait fort à cœur, la passion de la foi, c'est-à-dire cette passion qui est aussi intense que la foi, s'étant égarée sur le terrain de l'histoire pure et simple. On sait assez que les hommes les plus probes et les plus véraces s'embrouillent le plus facilement dans des contradictions, s'ils sont soumis à un interrogatoire d'inquisiteur qu'inspire une idée fixe ; et qu'il n'y a que les vieux routiers du crime pour ne point se contredire dans leurs mensonges, grâce à cette précision qu'aiguise une mauvaise conscience. Mais, ce point mis à part, le fait dont nous parlons n'est pas que je sache un simple fait historique ; à quoi bon alors tous les efforts de notre tyran ? Eût-il mis sur pied tout un écheveau d'informations concordant à la lettre et à la minute – il n'en serait pas moins sans conteste trompé.

Il aurait, il est vrai, gagné une certitude supérieure à celle du contemporain qui a vu et entendu, mais qui conviendrait de bon gré que souvent ses yeux n'ont rien vu ou mal vu, et de même ses oreilles ; de plus ce contemporain aurait toujours souvenir de n'avoir vu ni entendu le dieu immédiatement, n'ayant vu qu'un homme d'humble apparence qui se disait le dieu – autrement dit, il aurait toujours souvenir que ce fait repose sur une contradiction. Mais notre homme serait bien avancé avec toute l'authenticité de son information ! Certes oui, du point de vue de l'histoire, mais d'un autre, non ; car ce qu'on débite sur la splendeur terrestre du dieu (lui qui pourtant ne vêtit que la forme d'un serviteur – qui ne fut qu'un individu comme nous tous – qu'un objet de scandale), sur sa divinité éclatante (alors que la divinité n'est pourtant pas une catégorie immédiate – et que le maître a dû d'abord développer dans le disciple la plus profonde introspection, la conscience du péché comme condition préalable avant d'être compris par lui) sur le miraculeux immédiat de son œuvre (alors que le miracle n'est pas immédiat, mais n'est que pour la foi, s'il est vrai d'ailleurs que celui qui ne croit pas ne voit pas de miracle) – tous ces discours ne sont ici comme partout que du galimatias, une tentative de vous berner de balivernes.

La génération en question a l'avantage relatif d'être plus près de l'ébranlement du fait. Cette secousse et ses vibrations contribuent à éveiller l'attention, dont l'effet (qui peut très bien aussi tourner en scandale) a déjà été mis en valeur au ch. IV. Être un peu plus près d'elle (par rapport aux hommes postérieurs), mettons que ce soit un avantage, mais qui n'existe cependant que par rapport à l'avantage douteux qu'est celui des contemporains. L'avantage est tout dialectique comme l'attention. Il consiste dans l'éveil de l'attention, qu'on se scandalise ou qu'on croie. L'attention en effet n'a pas la moindre partialité pour la foi, comme si elle sortait de l'attention par voie de simple conséquence. L'avantage est d'entrer dans un état où la décision se révèle plus claire. C'est là un avantage, et le seul de quelque importance, il en a même tant qu'il en est terrifiant et tout le contraire d'une molle commodité. Tant que ce fait-là, par une épaisse insensibilité, ne sera pas tombé dans la routine humaine, chaque génération fera montre à son tour du même fonds de scandale que la première ; car aucune immédiateté ne vous approche davantage de ce fait. On peut être dressé à ce fait tant qu'on voudra, c'est inutile. Par contre, surtout quand le dresseur est déjà bien rompu lui-même en ces matières, ce dressage vous aidera peut-être à une parfaite faconde, mais votre âme n'aura ni soupçon du scandale ni logis pour la foi.

b. La dernière génération

Celle-ci est éloignée de la secousse, mais elle a en revanche pour point d'appui les conséquences, la preuve par probabilité que fournit l'issue finale ; elle a immédiatement devant elle ces conséquences dont le réseau a dû alors envelopper le monde ; elle a toute proche cette preuve par probabilité d'où ne part cependant nul passage immédiat vers la foi, puisque, comme on l'a montré, la foi n'a pas la moindre partialité pour le probable, ce qui serait du reste la calomnier[a]. Si ce fait est entré dans le

a. En général (quelque développement *in concreto* qu'on donne) l'idée de vouloir attacher une preuve de probabilité à l'improbable (pour prouver – que c'est probable ? mais alors le concept s'en trouve transformé ; ou pour prouver – que c'est improbable ? mais n'est-ce pas alors une contradiction de se servir du probable ?) est, comme projet sérieux, si bête qu'on devrait tenir pour impossible qu'elle surgisse ; par contre, comme farce et raillerie je la trouve extrêmement drôle, et très intéressante à mettre au besoin en pratique. – Un grand cœur veut rendre service à l'humanité par une preuve de probabilité afin de lui faciliter l'accès de l'improbable. Il réussit à l'excès ; plein d'émotion il reçoit les félicitations et les remerciements, non seulement des notabilités capables de bien goûter la preuve, mais aussi de la communauté... hélas ! ce grand cœur n'a fait que tout gâter. – Ou bien, c'est quelqu'un avec une conviction, dont le contenu est l'absurde, l'improbable. Notre homme est largement vaniteux. Voici alors, avec lui, comment s'y prendre. À force de douceur et d'égards on arrive à lui faire avancer sa conviction. Ne soupçonnant rien, il l'avance dans toute sa rigueur. Dès qu'il aura fini, on se jette sur lui en piquant sa vanité autant que possible. Il s'embarrasse, s'empêtre, a honte de soi-même, « d'avoir voulu admettre l'absurde ». Au lieu de répondre

monde comme le paradoxe absolu, tous les faits postérieurs n'y changeront rien, restant en effet de toute éternité les conséquences d'un paradoxe, donc en dernier ressort tout aussi improbables que lui ; à moins de supposer que des conséquences (qui ne sont que du dérivé) aient la force rétroactive de transformer le paradoxe, ce qui serait aussi plausible que d'attribuer à un fils la force rétroactive de recréer autrement son père. Même à penser la conséquence en logicien pur, sous la forme donc de l'immanence, il reste ceci de vrai que la conséquence ne se laisse définir qu'identique et homogène à la cause, et ne peut rien moins qu'avoir un pouvoir de métamorphose. L'avantage d'avoir les conséquences pour soi est donc juste aussi douteux que d'avoir la certitude immédiate ; et à les accepter, ces conséquences, de façon immédiate, on sera trompé exactement comme on l'est de confondre la certitude immédiate avec la foi.

L'avantage des conséquences paraît être que le fait en question aurait dû peu à peu être *naturalisé*. Dans ce cas (c'est-à-dire, si c'est concevable) la génération postérieure est nettement avantagée alors sur la contemporaine (et quelle sottise que de parler de la conséquence en ce sens, tout en rêvant du bonheur d'être contemporain du fait) et peut tout à son aise s'approprier le fait, sans ressentir cette ambiguïté de l'attention d'où résulte

---

avec le plus grand sang-froid : « Monsieur, vous êtes une bête ; oui, c'est l'absurde, et cela le restera en dépit de toutes les objections que j'ai méditées, avec bien plus de terreur que personne ne me les représentera jamais, quoique j'aie choisi l'improbable », le voilà à tenter une preuve par probabilité. On vient à son secours, on se laisse convaincre, et tout finit à peu près ainsi : « Ah ! maintenant je vois que c'est la chose la plus probable du monde ! » On le serre dans ses bras, on peut pousser la blague jusqu'à lui donner l'accolade et le remercier *ad meliorem informationem*, on fixe pour un dernier adieu une fois encore son œil romantique, on se sépare de lui en ami et en frère à la vie et à la mort, comme d'une âme à l'unisson comprise pour l'éternité. – Cette raillerie n'est pas injuste, car sans la vanité de notre homme j'eusse été dupe devant le sérieux probe de sa conviction. – Ce que dit Épicure de la condition de l'individu devant la mort (il est vrai que sa réflexion n'est qu'une maigre consolation) est vrai pour le rapport de l'improbable au probable : quand je suis, elle (la mort) n'est pas, et quand elle est, je ne suis pas.

le scandale aussi bien que la foi. Le fait en question cependant ne respecte nul dressage, il est trop fier pour vouloir un disciple désireux d'être des siens en vertu du succès qu'eut la chose, il dédaigne d'être naturalisé par protection d'un roi ou d'un professeur : il reste le paradoxe et ne supporte pas d'être conquis par la spéculation. Ce fait n'est que pour la foi. Or la foi peut bien devenir la *seconde nature* d'un homme, mais celui chez qui elle le devient doit pourtant en avoir eu une *première*, puisque la foi est devenue la seconde. Le fait n'*est naturalisé* que si l'on peut dire de l'individu qu'il naît avec la foi, c'est-à-dire avec sa seconde nature. À commencer ainsi à développer j'entends déjà jubiler tout un galimatias varié ; car le voilà déchaîné, et rien ne l'arrêtera. Son invention a dû venir évidemment du désir d'aller plus loin ; car la philosophie de Socrate n'avait certainement rien d'irraisonnable, encore que nous l'ayons abandonnée pour aller à la découverte de notre hypothèse ci-dessus – et nos gens du galimatias prendraient sans doute à grande offense qu'on conteste qu'ils aient beaucoup dépassé le socratisme. Même une métempsycose reste raisonnable, mais naître avec une seconde nature, une nature autre qui se base sur un fait historique donné dans le temps, n'est-ce pas vraiment un comble de folie ! Dans le socratisme l'individu a existé avant d'exister, et il se souvient de lui-même, ainsi le souvenir est la préexistence (et non pas souvenir de la préexistence) ; la nature (l'unique ; car il n'est pas question ici d'une première et seconde nature) est définie par sa continuité avec elle-même. Ici au contraire tout est orienté en avant et historique, de sorte que naître avec la foi n'est pas moins plausible au fond que naître à l'âge de 24 ans. Si l'on pouvait montrer en effet un individu né avec la foi, ce serait un monstre plus curieux encore que celui des *Neuen Buden* dont parle le barbier dans *L'Affairé*[86], encore qu'aux barbiers et affairés il paraisse un amour de petit être, le suprême triomphe de la spéculation. Ou l'individu naîtrait-il avec deux natures d'un coup, non pas bien entendu deux natures se complétant pour former la nature humaine de tout le monde, mais deux natures humaines entières, dont l'une présuppose un intermédiaire historique ? En ce cas quel embrouillamini que toute notre hypothèse du ch. I ! Nous nous trouverions non plus devant le socratisme, mais devant une confusion que Socrate même serait hors d'état de démêler. Confusion vers l'avant qui ressemble beaucoup à celle qu'avait inventée vers l'arrière Apollonius de Tyane. Il ne se bornait pas en effet à se souvenir de lui-même comme existant avant d'avoir existé (l'éternité, la continuité de la conscience sont la profondeur, l'idée mère du socratisme) mais en esprit pressé il voulait aller outre, cherchant à se rappeler qui il avait été avant d'être lui-même [87]. Si le fait en question est naturalisé, la naissance n'est plus *naître*, elle est en même temps *renaître*, de sorte que celui qui n'a jamais été, il renaît en naissant. Dans la vie de l'individu on l'exprime donc en disant que l'individu naît avec la foi ; pour le genre humain il faudra dire que, postérieurement au fait, il est devenu tout autre, sans cesser d'être défini en continuité de celui qu'il était en premier. En ce cas le genre humain devrait changer de nom, car s'il est vrai que la foi, telle qu'elle est dans notre hypothèse, n'a rien d'inhumain, n'étant qu'une naissance à l'intérieur d'une naissance (la renaissance), elle serait au contraire un monstre chimérique, si elle était telle que l'exigerait la naturalisation.

Pour une autre raison encore l'avantage de la conséquence est douteux, dès qu'il est autre chose qu'une simple conséquence du fait. Supputons-le à son maximum, mettons que le fait en question ait complètement transformé le monde, imprégnant les détails les plus futiles de son omniprésence – mais comment cela s'est-il opéré ? Non d'un seul coup pourtant mais par coups successifs ; et comment successifs ? Sans doute parce que chaque génération à son tour est entrée en rapport avec ce fait. Il faut donc contrôler ce facteur intermédiaire, et ainsi toute la force des conséquences ne peut profiter à quelqu'un que par une conversion. Ou une erreur ne peut-elle aussi avoir des conséquences, ni un mensonge aussi être puissant ? Et n'en a-t-il pas été ainsi à chaque génération ? Or si toutes les générations voulaient confier à la dernière toute la beauté des conséquences sans plus – celles-ci alors ne seraient-elles pas une erreur ? Ou Venise n'est-elle pas bâtie sur la mer, même si à la fin, à force d'y tant bâtir, il y avait une génération ne s'en apercevant pas ? et quelle triste méprise alors, si cette dernière génération se trompait jusqu'à laisser pourrir les pilotis et la ville s'engloutir ? Mais des conséquences bâties sur un paradoxe, sont-elles pas, à parler humainement, construites sur l'abîme ? et leur contenu total qu'on ne vous cède qu'avec la clause que c'est en vertu d'un paradoxe, doit-il donc être reçu comme un bien immobilier, alors que tout est ici flottant ?

c. Comparaison

Nous ne poursuivrons pas plus loin ce que nous venons de développer : laissons à chacun l'occasion de s'exercer à revenir des côtés les plus divers à l'idée développée, laissons-lui l'occasion d'employer son imagination à inventer les cas les plus curieux de différences et de situations relatives pour résoudre ensuite le problème. De cette façon la quantité est limitée et doit avoir libre jeu entre ses limites. La quantité est la grande diversité de la vie et ne cesse d'œuvrer à ses tapisseries bariolées ; elle est comme la Parque fileuse ; mais il s'agit alors pour la pensée de veiller, comme l'autre Parque, à couper le fil, ce qui, sans nous tenir strictement à l'image, doit forcément se faire, chaque fois que la quantité veut former la qualité.

La première génération de disciples secondaires a donc l'avantage de la difficulté ; car quand il s'agit de s'approprier une chose difficile, c'en est un toujours, un allégement même, qu'elle me soit rendue difficile. Si la dernière génération, à la vue de la première pliant presque sous l'épouvante, trouvait à dire : « Mais c'est inconcevable ! tout cela n'est pourtant pas si lourd qu'on ne puisse l'emporter en courant ! » n'y aurait-il pas quelqu'un pour répondre : « Pardon, courez toujours, mais vous feriez peut-être bien de regarder si le poids que vous emportez est bien le poids en question, car nous ne discutons pas, n'est-ce pas ? si un poids creux est lourd. »

La dernière génération a l'avantage du facile ; mais dès qu'elle découvre que ce facile n'est que du précaire engendrant la difficulté, cette difficulté correspondra à celle de l'épouvante, et l'épouvante vous saisira d'une prise aussi primitive que la première génération de disciples secondaires.

2. La question du disciple de seconde main

Avant de passer à son examen réfléchi détachons quelques observations qui orientent. *a*) Si l'on tient le fait pour un simple fait d'histoire, il s'agit d'être contemporain, et c'est alors un avantage de l'être (ceci à entendre comme nous l'avons développé au ch. IV) et d'être aussi près que possible, ou de pouvoir s'assurer de la véracité des contemporains, etc. Tout fait historique n'est qu'un fait relatif, aussi quoi de plus régulier que de laisser le pouvoir relatif qu'est le temps décider du sort relatif des hommes en fait de contemporanéité ; car ce fait n'est pas davantage, et le surestimer en en faisant un absolu n'est qu'enfantillage ou bêtise. *b*) Si le fait est un fait éternel, toutes les époques en sont également voisines, mais, notons bien que nous sommes ici hors de la foi, car la foi et l'histoire se correspondent pleinement, aussi ne fais-je que m'accommoder d'un tour de langage moins correct en usant du mot : fait, tiré du domaine de l'histoire. *c*) Si le fait est un fait absolu, ou pour le définir de plus près encore, s'il est ce que nous avons exposé, alors quelle contradiction que le temps puisse diviser le rapport des hommes à ce fait, puisse y faire des démarcations décisives ! Car ce qui est essentiellement divisible par le temps ne peut pas, par là même, être de l'absolu ; autrement l'absolu lui-même ne serait plus en conséquence qu'un *casus*[88] dans la vie, qu'un *status* par rapport à autre chose, tandis que, quoique déclinable dans tous les *casibus* de la vie, il ne cesse pourtant d'être identique, et, quoique en rapport constant à autre chose, d'être pourtant un *status absolutus*. Mais ce fait absolu est cependant en même temps historique. Faute d'y veiller, tout notre développement hypothétique en serait détruit ; car nous ne parlerions plus alors que d'un fait éternel. Le fait absolu reste un fait historique, et à ce titre est l'objet de la foi. Il faut donc certes accentuer son historicité, sans toutefois la rendre décisive pour les individus au sens absolu ; ce qui serait retomber dans *a* (quoique à l'entendre ainsi l'historicité soit une contradiction, un simple fait historique n'étant pas un fait absolu et n'ayant pas pouvoir d'entraîner de décision absolue) ; en revanche il ne faut pas non plus ôter au fait son caractère historique, car on n'a plus alors qu'un fait éternel. Or comme ce caractère historique est pour le contemporain l'occasion d'être le disciple, pourvu, notons-le, qu'il reçoive du dieu même la condition (autrement on retombe dans le socratisme), de même le récit des contemporains sera pour tout homme postérieur l'occasion d'être disciple, pourvu bien entendu qu'il reçoive du dieu même la condition.

Passons maintenant à l'objet même de ce chapitre. C'est du dieu même qu'on reçoit la condition, quand c'est par elle qu'on devient le disciple. S'il en est ainsi (et c'est ce que nous avons développé plus haut, en montrant que la contemporanéité immédiate n'est que l'occasion, sans dire par là bien entendu que la condition fût dès lors sans autre formalité dans celui qui subit l'occasion), où y a-t-il place alors pour cette question du disciple de seconde main ? Car celui qui tient directement du dieu ce qu'il a, l'a évidemment de première main ; et celui qui ne l'a pas du dieu même n'est pas disciple.

Supposons les choses autrement : que la génération de disciples contemporains ait reçu du dieu la condition, et qu'alors les générations suivantes dussent la recevoir de ces contemporains ; que s'ensuivrait-il ? Ne gâchons pas notre attention en l'arrêtant à cette pusillanimité historique capable, par une contradiction de plus qui mène à une confusion de plus (car une fois déchaîné le chaos ne s'arrête plus), d'ambitionner le récit de ces contemporains comme si tout en dépendait. Non, car si le contemporain doit communiquer à l'homme postérieur aussi la condition, il faut que ce dernier croie à lui. C'est de lui qu'il la reçoit, et par là le contemporain devient objet de foi pour l'homme postérieur, car celui de qui l'individu reçoit la condition est *eo ipso* (voir plus haut) l'objet de la foi, il est le dieu.

Une telle insanité suffira, je crois, à faire fuir l'idée de cette supposition. Si au contraire l'homme postérieur reçoit du dieu aussi la condition, le socratisme reparaît, mais bien entendu à l'intérieur de cette différence totale qu'entraînent le fait et le rapport de l'individu (du contemporain et de l'homme postérieur) au dieu. Par contre l'insanité susdite est hors de l'esprit, sans prendre le mot ici dans le sens où l'on dit du fait et du rapport de l'individu au dieu qu'ils sont hors de l'esprit humain. Notre acceptation hypothétique du fait et du rapport de l'individu au dieu ne contient pas de contradiction, et la pensée peut donc s'en occuper comme de la suprême étrangeté. Quant à l'insane conséquence en question, elle contient au contraire une contradiction ; au lieu de se borner à statuer une absurdité laquelle est notre acceptation hypothétique, elle produit, dans le cadre de cette absurdité, cette contradiction d'un dieu qui est dieu pour le contemporain et d'un contemporain à son tour dieu pour une tierce personne. Notre hypothèse ainsi n'outrepassait Socrate qu'en mettant le dieu en rapport à l'individu, mais quel effronté s'en irait chanter à Socrate cette sornette d'un homme étant dieu dans son rapport à un autre homme ? Non, ce problème du rapport d'un homme à un homme, Socrate l'entendait avec un héroïsme qu'il faut déjà de l'intrépidité pour comprendre. Et cependant il s'agit, dans le cadre de notre hypothèse actuelle, d'acquérir la même compréhension, de comprendre également ici qu'un individu, qui croit, ne doit rien à autrui mais tout au dieu. La difficulté de l'acquérir et surtout celle de la conserver (car la compréhension une fois pour toutes, sans penser les objections concrètes, c'est-à-dire en se leurrant d'avoir compris, rien de plus malin) s'aperçoivent sans peine ; et quand on commence à s'exercer dans cet art de comprendre, plus d'une fois sans doute on se surprendra à mécomprendre, et, si l'on veut s'expliquer à d'autres, qu'on prenne bien garde. Mais ce point compris, on comprendra aussi l'impossibilité, partout et toujours, d'un disciple de seconde main ; car le croyant (et lui seul est le disciple) a toujours l'*autopsie* de la foi, et, bien loin de voir par les yeux d'autrui, il ne voit rien que d'identique à ce que voit tout croyant – avec les yeux de la foi.

Que peut donc faire le contemporain pour l'homme postérieur ? a) Il peut lui raconter qu'il a lui-même cru ce fait ; ce qui au fond ne lui communique rien (on exprime par là le défaut de contemporanéité immédiate et la contradiction qui sert de base au fait) mais n'est qu'une occasion. Car quand je dis : telle ou telle chose est arrivée, je raconte de l'histoire ; mais quand je dis : « je crois et j'ai cru que ceci est arrivé, *bien que cela soit une folie pour la raison et un scandale au cœur humain* », j'ai au même instant tout fait pour empêcher un autre de se déterminer en continuité de moi, pour décliner toute sorte d'association, chacun, en isolé, devant exactement agir de même façon. *b*) Il peut, sous la même forme, raconter le contenu du fait, contenu qui n'est cependant que pour la foi, tout comme les couleurs ne sont que pour la vue, et les sons que pour l'ouïe. Sous cette forme, il peut le faire ; sous toute autre, il ne fait que parler en l'air, entraînant peut-être l'homme postérieur à se déterminer en continuité du bavardage.

En quel sens la véracité du contemporain peut-elle avoir de l'intérêt pour l'homme postérieur ? Elle n'en offre aucun pour savoir s'il a bien eu la foi, comme il le professa pour lui-même. Voilà qui ne regarde pas du tout l'homme postérieur, ne lui est de nul profit, ne le rapproche, ni ne l'éloigne de l'acquisition de la foi. Seul celui qui reçoit du dieu la condition (pendant exact de cette exigence faite à l'homme d'abandonner la raison, et d'autre part unique autorité en réplique à la foi), seul celui-là croit. S'il veut croire (c'est-à-dire s'imaginer croire) parce que bien des braves gens de son village ont cru (c'est-à-dire ont dit avoir la foi, car c'est le seul contrôle possible d'un chacun sur autrui ; même si cet autre subissait, endurait, souffrait tout pour la foi ; son voisin spectateur ne peut aller au-delà de ce que cet autre dit de lui-même, car le mensonge peut aller exactement jusqu'où va la vérité – aux yeux des hommes – sinon de Dieu), quel imbécile alors ! et ce n'est, au fond, que le hasard qui le décide, ou à croire par son sentiment propre et par une opinion, peut-être répandue, sur la foi des braves gens, ou à croire un Münchhausen [89]. La véracité des contemporains doit-elle avoir de l'intérêt pour lui (hélas ! et soyez sûrs que c'est une chose qui fera grosse sensation et donnera lieu à des in-folio d'écritures ; car ce faux-semblant de sérieux, à soupeser si tel ou tel est digne de foi, accoutre excellemment votre paresse d'esprit et ces ragots d'Europe), ce ne peut être que pour le côté historique. Et quelle histoire ? Celle qui ne peut être que l'objet de la foi, et qui reste incommunicable de l'un à l'autre, c'est-à-dire qu'on peut bien se la communiquer de l'un à l'autre, mais, remarquons-le, sans que l'autre y croie, tandis qu'en la communiquant sous forme de foi on contribue justement à empêcher l'autre de l'encaisser sans plus. Si le fait en question était un simple fait historique, l'exactitude de l'historien importerait fort. Mais ce n'est ici point le cas ; car même des plus ténus détails on ne distille pas la foi. Dans le plan de l'histoire, la forme d'homme prise par le dieu est le principal, et le reste, les détails historiques n'ont pas même l'importance qu'ils auraient si, au lieu du dieu, il s'agissait d'un homme. Les juristes disent qu'un crime capital absorbe tous ceux de moindre gravité – de même la foi ; son absurdité absorbe la totalité des petitesses. Des discordances, qui feraient ailleurs de la brouille, ne troublent pas ici et ne font rien à l'affaire. Par contre il est grave que quelqu'un, tablant sur des petitesses, prétende adjuger la foi au plus offrant ; si grave même en effet qu'il n'en atteindra jamais la foi. Même si la génération contemporaine n'eût laissé que ces mots : « nous avons cru que le dieu a paru en telle année sous l'humble forme d'un serviteur, qu'il a vécu et enseigné parmi nous, et qu'ensuite il est mort » – c'est plus qu'assez. Ce faisant elle eût fait le nécessaire ; car cette petite annonce, ce *nota bene* d'histoire universelle, suffit à servir d'occasion pour les générations postérieures ; et l'information la plus riche ne pourra de toute éternité jamais être davantage pour elles.

Désire-t-on exprimer aussi brièvement que possible le rapport de l'homme postérieur au contemporain, sans pourtant sacrifier la correction à la brièveté, on peut dire alors : l'homme postérieur croit *à la faveur* de l'information du contemporain (l'occasion) grâce à la condition qu'il reçoit lui-même du dieu. L'information du contemporain est l'occasion pour l'homme postérieur, comme la contemporanéité immédiate l'est pour le contemporain ; et si l'information est bien ce qu'elle doit être (celle du croyant), elle occasionnera précisément la même ambiguïté de l'attention qu'il éprouva lui-même à l'occasion de la contemporanéité immédiate. Si telle n'est pas l'information, c'est qu'elle est *ou* d'un historien et ne traite au fond pas l'objet de la foi (comme tel ou tel récit d'un historien contemporain non croyant) ; *ou* d'un philosophe et ne traite pas non plus l'objet de la foi. L'information au contraire que fournit le croyant s'offre de façon à n'être admise par personne sans plus ; car la formule : « je le crois » (en dépit de la raison et de mes propres dons d'invention) est un fâcheux *aber*.

Il n'y a pas de disciple de seconde main. Vus d'un angle essentiel, le premier et le dernier sont pareils, à cette différence près que, pour la génération postérieure, l'occasion est dans l'information du contemporain, tandis que pour le contemporain elle est dans la contemporanéité immédiate. À ce point de vue il ne doit rien à aucune génération. Mais cette contemporanéité immédiate n'est que l'occasion, et quelle meilleure forme en donner peut-être que de dire que le disciple, qui se comprendrait lui-même, devrait justement souhaiter que l'occasion cesse par le second départ d'ici-bas du dieu.

*

Mais dira peut-être quelqu'un : « Quelle bizarrerie ! me voici avoir lu, avec quelque intérêt vraiment et jusqu'au bout, ton exposé, et m'être réjoui de n'y voir ni mot de passe ni secrets entre les lignes. Mais nonobstant tes tours et détours, comme la confiture rejoint toujours le garde-manger, tu finis toujours par y glisser un petit mot qui n'est pas de toi et qui trouble par le souvenir qu'il réveille. Cette idée qu'il est bon pour le disciple que le dieu s'en aille, mais elle se trouve, dans le Nouveau Testament, dans l'Évangile de Jean[90]. Cependant, intentionnellement ou non, que tu aies voulu ou non donner à ton observation un effet particulier en l'enrobant sous cette forme, avec le tour maintenant qu'a pris l'affaire, l'avantage du contemporain, qu'au début je penchais à évaluer très haut, semble considérablement réduit, puisqu'il ne peut être question d'un disciple de seconde main, ce qui en bon français ne signifie rien de moins que l'égalité de tous. Et non seulement cela : ta dernière remarque fait de la contemporanéité immédiate un avantage, semble-t-il, si douteux, que le plus qu'on en puisse dire est qu'il est bon qu'il cesse. Autrement dit, elle est un état intermédiaire qui a bien son importance et qu'on ne peut supprimer sans, comme tu dirais, revenir au socratisme, mais elle n'en a pourtant point d'absolue pour le contemporain, à qui sa cessation n'enlève pas l'essentiel, puisque au contraire il y gagne, encore qu'il perde tout et retombe au socratisme au cas où il n'y eût pas eu de contemporanéité. » – « Bien parlé, dirais-je, si la modestie ne me le défendait ; car tu parles, comme si c'était moi-même. Oui, c'est bien cela ; la contemporanéité immédiate est de nul avantage décisif, si on la creuse bien, et si l'on est sans curiosité, sans hâte, sans désir, ou plutôt si, plein de désir, on n'a pas déjà le pied en l'air pour faire comme ce barbier de Grèce[91] qui ne craignit pas de périr pour être le premier à raconter le grand événement ; si l'on ne pousse pas la bêtise jusqu'à tenir pareille mort pour celle d'un martyr. La contemporanéité immédiate est si loin d'être un avantage que le contemporain doit justement souhaiter qu'elle cesse pour n'être point tenté d'accourir et de voir et d'ouïr de ses yeux et de ses oreilles de chair ; ce qui n'est au total que peine perdue et qu'un piètre et même périlleux effort. Mais, et tu as dû le remarquer toi-même, voilà qui serait mieux à sa place dans une autre méditation où l'on se demanderait quel avantage le croyant, après l'être devenu, peut tirer de sa contemporanéité ; au lieu qu'il ne s'agit ici que de savoir si la contemporanéité immédiate vous facilite de croire. L'homme postérieur ignore ce mode d'être tenté ; car il n'a que l'information du contemporain, qui, pour autant qu'elle en est une, l'est toujours sous la forme prohibitive de la foi. Si donc l'homme postérieur se comprend lui-même, il doit désirer que l'information du contemporain ne soit pas trop étendue, ni surtout débitée en tant de livres qu'ils en couvrent toute la terre. La contemporanéité immédiate recèle une inquiétude qui ne tombe qu'à ces mots : Tout est consommé[92], sans que pourtant l'apaisement doive à son tour bouter dehors l'histoire ; car alors tout redevient socratique. » – « Cette façon-là établit bien l'égalité et y rappelle les parties adverses. » – « C'est aussi mon avis ; mais considère en outre que c'est le dieu même le conciliateur. Comment imaginer qu'il fonde avec quelques hommes un accord qui fasse crier au ciel leur différence d'avec le reste des hommes ? Ce ne serait qu'apporter la discorde. Devrait-il laisser au temps la faculté de décider qui il favoriserait le plus ou ne serait-ce pas de sa dignité d'égaliser pour tous partout et toujours la difficulté de l'accord ; de l'égaliser parce que personne n'a le pouvoir de se donner soi-même la condition, mais ne doit pas non plus, au risque de nouvelles dissensions, la recevoir d'un autre homme ; d'égaliser donc la difficulté mais aussi la faculté, puisque c'est le dieu qui donne la condition. Voilà pourquoi j'ai tenu mon entreprise au début (c'est-à-dire si l'on peut considérer ainsi une hypothèse) pour un projet pieux, et c'est ce qui me fait la regarder encore maintenant de même, sans être indifférent pour cela à aucune objection humaine, puisque au contraire je te prie encore une fois, si tu en as une de bon aloi, de l'émettre. » – « Quel ton brusquement ronflant ! Même sans que la chose le veuille, rien que pour la pompe, il faudrait se résoudre à faire une objection, à moins qu'il y ait plus de pompe à n'en rien faire, et que ton invite solennelle n'ait d'autre intention que de m'imposer par un détour de me taire. Pour qu'à tout le moins l'allure de mon objection ne trouble pas ce beau ton, je m'en vais tirer la mienne de cette pompe ronflante, par laquelle certaine génération très près de nous me semble avoir réussi à se distinguer avantageusement de la contemporaine. Car je me rends bien compte de tout ce que celle-ci a dû ressentir et pâtir de la douleur incluse dans le devenir d'un pareil paradoxe ; ou, comme tu l'as exprimé, de cette implantation du dieu dans la vie ; mais peu à peu il faut cependant que cet ordre nouveau des choses pénètre victorieusement, et l'heure enfin sonnera pour la génération heureuse qui, dans des chants de joie, récoltera les fruits du grain semé dans des larmes chez la première. Mais cette génération triomphante, qui traverse la vie avec chants et musiques, ne diffère-t-elle donc pas de la première et de celles qui la précèdent ? » – « Mais si, incontestablement elle en diffère, et peut-être même au point de ne plus rien garder de cette égalité indispensable pour nous occuper d'elle, indispensable à troubler par sa différence mes efforts pour rétablir l'égalité. Mais une telle génération triomphante qui passe, comme tu dis, à travers la vie dans des chants et musiques, et qui me rappelle, si j'ai bonne mémoire, la traduction gaillarde d'un passage de la Bible par un presque célèbre génie[93] tout fumeux de bière et de paganisme du Nord, cette génération serait-elle vraiment croyante ? À vrai dire, la foi eût-elle jamais l'idée d'avancer triomphalement *en masse*, elle n'aurait pas besoin d'autoriser une ou deux chansons satiriques, car elle échouerait à défendre à tous d'en chanter ! Et même si les gens se taisaient, au-dessus de ce cortège insensé s'entendrait un rire strident comme ces sons moqueurs naturels[94] dans l'île de Ceylan, car la foi qui triomphe passe tout en ridicule. Si les croyants contemporains n'ont pas eu le temps de triompher, quelle autre génération l'aura ? car la tâche est la même, et la foi toujours militante ; et tant qu'il y a lutte, il y a chance de défaite ; aussi en matière de foi, ne triomphe-t-on jamais avant le temps, c'est-à-dire jamais dans le temps ; car où trouver le loisir d'écrire des chansons de victoire et l'opportunité de les chanter ! À le faire, on rappellerait une armée déjà en colonnes d'attaque qui, au lieu d'entrer en campagne, regagnerait en triomphe ses casernes de la ville – même si personne ne riait, même si toute la génération contemporaine sympathisait avec cet abracadabra – n'entendrait-on pas le rire étranglé de l'existence exploser du côté où on l'attendrait le moins ! Aussi bien, en agissant ainsi, le soi-disant croyant de la postérité ne ferait-il, mais en pire, que ce qu'en vain le contemporain voulait demander au dieu (chap. II) quand il n'admettait pas que ce dieu encourût bassesse et mépris ; car ce soi-disant croyant postérieur ne voudrait même pas pour lui-même se contenter de bassesse et de mépris, se contenter de la folie militante, non, il serait prêt à croire, si c'était faisable avec chants et musique. À un tel homme le dieu sans doute ne dirait pas et même ne pourrait dire, comme au contemporain : « Ainsi n'aimes-tu donc que le tout-puissant qui fait des miracles, mais non celui qui s'est abaissé à ta ressemblance. » Et ici assez. Même meilleur dialecticien que je ne suis, j'aurais des limites ; et au fond n'est-ce pas justement l'imperturbable fidélité à l'absolu et aux distinctions absolues qui fait le bon dialecticien ? c'est ce qu'on a complètement oublié aujourd'hui en abolissant le principe de contradiction, sans voir, comme y insistait pourtant Aristote[95], que la formule : « le principe de contradiction est aboli » se base elle-même sur lui ; sinon la formule contraire, qu'il n'est pas aboli, serait également vraie. Une seule remarque encore à propos de tes nombreuses allusions visant toutes au grief que je mêle à mes dires des propos empruntés. Je ne le nie pas ici et je ne cacherai non plus que c'était volontaire et que dans une nouvelle suite à cette brochure, si jamais je l'écris, j'ai l'intention de nommer l'objet de son vrai nom et de revêtir le problème d'un costume historique. Si jamais j'écris une autre suite ! car un faiseur de brochures comme moi manque – ce que tu as des chances d'entendre sur mon compte – totalement de sérieux, comment donc en feindre pour finir afin de plaire aux hommes par une promesse peut-être vaste ? Car écrire une brochure, c'est de la frivolité – mais promettre le système, voilà du sérieux ; et qui vous a fait de plus d'un quidam un monsieur sérieux, à ses yeux comme à ceux des autres. Cependant le costume historique de cette suite se laisse apercevoir sans peine. Comme on sait, le christianisme est en effet le seul phénomène historique à avoir voulu, quoique dans l'histoire et même parce qu'il en est, être pour l'individu le point de départ de sa certitude éternelle, le seul à avoir voulu l'intéresser par un autre biais que celui de l'histoire, à avoir voulu fonder sa félicité éternelle sur son rapport à un fait d'histoire. Nulle philosophie (laquelle n'est que pour la pensée), nulle mythologie (laquelle n'est que pour l'imagination), nul savoir historique (ceci est pour la mémoire) n'ont eu cette idée dont ici on peut dire, en jouant sur les mots, qu'elle n'est née dans aucun cœur d'homme[96]. C'est pourtant ce qu'ici j'ai souhaité d'oublier jusqu'à un certain point, en supposant à l'aide de l'arbitraire illimité d'une hypothèse, que tout n'était qu'une fantaisie drôle de mon cru, mais que je ne lâcherais pas avant de l'avoir creusée. Les moines n'ont jamais réussi à raconter jusqu'au bout l'histoire du monde pour avoir toujours commencé à la création ; s'il faut en parlant du rapport du christianisme à la philosophie, commencer par raconter ce qui a été dit avant, comment arriver alors... non pas à finir, mais même à commencer ? car l'histoire ne cesse, elle, de croître. S'il faut partir de Ponce Pilate, « ce grand penseur, ce sage, *executor Noví Testamenti*[97] » qui n'a pas si mal mérité, à sa manière, du christianisme et de la philosophie, quoiqu'il n'ait pas inventé la médiation ; et, s'il faut même, avant de partir de lui, attendre quelque ouvrage définitif (peut-être le Système) dont on ait déjà publié *ex cathedra* plusieurs fois les bans, comment parvenir jamais à commencer ? »

Morale

Notre entreprise va indiscutablement plus loin que le socratisme, ce qui appert sur tous les points. En est-elle plus vraie ? c'est une autre affaire qui ne peut se décider tout d'un souffle, puisqu'ici l'on a admis un organe nouveau : la foi, et une nouvelle donnée : la conscience du péché ; une décision nouvelle : l'instant, et un maître nouveau : le dieu dans le temps. Sans leur compagnie eussé-je osé – j'en doute – passer à la visite du grand Ironiste admiré depuis des millénaires et dont, autant que personne, je m'approche le cœur battant d'enthousiasme ? Mais outrepasser Socrate, quand on dit au fond la même chose que lui et seulement moins bien – voilà qui à tout le moins n'a rien de socratique.

Traduction du danois
par Knud Ferlov et
Jean-Jacques Gateau

NOTES

1. La traduction a été établie sur le texte de la 2e édition des *Samlede Værker*, éditées par Drachmann, Heiberg et Lange, Copenhague 1920-1931. Les notes de Kierkegaard figurent en bas de page.

2. De mes propres mains, de mon propre chef, à mes propres frais.

3. Personnage de cuistre qui farcit ses phrases de latin dans la comédie *Jacob von Thyboe*, acte III, scène IV.

4. Il s'agit de Salluste : *Jugurtha*, 4. 4, d'où est tirée la citation « plus à bon droit que par paresse ».

5. Abstention.

6. L'as du système ! La pointe vise sans doute *Martensen* (1808-1874), l'un des maîtres de la théologie danoise à l'époque romantique. Il était rentré en 1836 d'un long voyage en Allemagne, en Autriche et en France. Hegel et Schleiermacher venaient de mourir, mais leur influence, leurs œuvres, les discussions hégéliennes passionnaient l'intelligence allemande. Martensen avait aussi pris contact avec des vivants, le poète Lenau à Vienne, le Danois Heiberg, qu'il connut à Paris ; il rentrait la tête et le cœur pleins de nouveautés de l'esprit européen et pressé de les répandre.

D'abord chargé de cours en théologie, puis successeur, pour la philosophie, de l'humaniste Paul Möller dès sa mort, Martensen commença avec éclat à l'Université des cours où affluèrent les étudiants, on s'entassait jusque dans les couloirs. Qu'apportait-il donc ? Il fut alors le grand introducteur de la théologie spéculative allemande. Si dans l'hégélianisme il distingue une gauche et une droite, une gauche radicalisante, tendant à détruire toutes les valeurs existantes dans l'Église et l'État, Martensen sympathise plutôt avec la droite, qui soutient non seulement que tout dans l'hégélianisme est compatible avec le christianisme, mais même que « seul l'hégélianisme peut satisfaire à toutes les exigences chrétiennes ». Sans aller si loin que ces ultras du rationalisme religieux, Martensen a personnifié alors l'esprit conciliateur, la tête savante, mais facile que naturellement Kierkegaard devait avoir en horreur. La religion de Martensen ne renonce à rien : poésie, art, théâtre même et philosophie, optimisme, et pessimisme, son christianisme reste avide de vie et de culture – même les sciences et les mouvements nationaux, même les charmes du monde (Martensen fut du trio constitutif du salon Heiberg à Copenhague) ! Tant de facilité, tant de chance aussi devaient agacer Kierkegaard ; quelle injustice des choses dans ce succès, dans cet engouement des étudiants pour Martensen, si l'on songeait au maître aimé Paul Möller... – Et quand Kierkegaard observe narquois : « ... moi qui n'ai pas été à Paris ou à Londres... », pour qui l'égratignure, sinon pour le commis voyageur triomphant de la théologie rationaliste !

7. Salomon Goldkalb, juif qu'on prend pour un magnat annoncé et dont on attend des merveilles ; dans le premier vaudeville de J. L. HEIBERG, *Le Roi Salomon et Jœrgen le Chapelier*, joué en 1825.

8. Mot à mot : « Tout à fait bizarre », trad. Diès, édit. G. Budé, *Platon*, VIII, 2, p. 166.

9. « Accoucher les autres est contrainte que le dieu m'impose ; procréer est puissance dont il m'a écarté. » Trad. Diès, *ibid.*, p. 168.

10. Du proverbe latin : *commune naufragium dulce.*

11. Allusion à un proverbe danois tiré du jeu du coucou : le fou s'en va et entraîne avec lui le zéro.

12. Disposition à souffrir, la passion étant une souffrance ; expression stoïcienne.

13. Kierkegaard confond προτετραμμενος : encouragé, avec προτετρεπτιχος : encourageant.

14. « Dès la première niaiserie que je leur enlève. » Trad. Diès, édit. G. Budé, p. 170.

15. Il est autant influencé qu'il en influence d'autres.

16. Voir *Le Banquet* 215e et *Criton,* 54 *d.*

17. Voir *Le Banquet* 218.

18. « Sans mouvement lui-même, il meut tout. » Voir la *Métaphysique,* 12, 7, 8.

19. Sophiste, un des interlocuteurs du *Gorgias,* mais la critique que lui prête Kierkegaard est en réalité d'un autre personnage du dialogue (voir 490. C).

20. Voir Plutarque, Thémistocle, 34.

21. Matth., 22, 21.

22. II, Pierre, 3, 8.

23. Matth., 6, 29.

24. Exode, 33, 20.

25. Luc, 15, 7.

26. Il pourra enfanter en foule de beaux, de magnifiques discours, ainsi que des pensées nées dans l'inépuisable aspiration vers le Savoir (traduction Budé).

27. Luc, 9, 58.

28. Luc, 7, 37.

29. Luc, 10, 39.

30. Luc, 2, 35.

31. Exode, 19, 18.

32. On a rétabli dans le texte la vraie formule de Protagoras que Kierkegaard rappelait sous une forme privée de sens.

33. Matth., 22, 39 ; *Marc,* 12, 31.

34. Je le disais à l'instant, ce n'est point elles que j'examine, c'est moi-même : peut-être suis-je une bête plus étrangement diverse et plus fumante d'orgueil que n'est Typhon ? peut-être suis-je un animal plus paisible et moins compliqué, dont la nature participe à je ne sais quelle destinée divine et qui n'est point enfumée d'orgueil ? Trad. Budé.

35. Mon ingrédient.

36. On trouve de nombreuses réflexions dans les *Papiers* (tomes IV et V en particulier), sur la qualité nouvelle et sur ce qui échappe à la pensée logique, à l'intelligence. Le « saut » est à la fois dans le temps l'instant platoni-

cien (voir *Le Concept de l'angoisse*, p. 121) et dans le mouvement, le passage d'un arrêt à l'autre. Kierkegaard dit dans une note (*Papiers*, IV, C, 59) que « le secret de toute existence, le mouvement » – Hegel l'explique « sans beaucoup s'en faire », car il dit quelque part « dans sa *Phénoménologie* qu'il se passe quelque chose derrière le dos – *hinter dem Rucken* – de la conscience ».

37. Voir Cicéron, *Academica*, II, 29, 93.

38. Méthode négative ou positive dans la scolastique pour définir les caractères de Dieu.

39. Attribué à Tertullien.

40. Hamann : *Werke* 1, p. 425.

41. Voir Hamann : *Werke* 1, pp. 406 et 443.

42. Saint Augustin.

43. Shakespeare : *Tout est bien qui finit bien*, II, 3.

44. *Le Roi Lear. « Ay » and « no » too was no good divinity.*

45. Par erreur au lieu de saint Augustin.

46. On ne sait ici à quoi Kierkegaard fait allusion.

47. Goethe : *Balladen, Der Fisher* : à moitié elle l'entraîna, à moitié il s'affaissa.

48. Ép. aux Philippiens, 2, 7.

49. Luc, 7, 25.

50. Matth., 26, 53.

51. Matth., 8, 20.

52. Jean, 3, 1 à 21.

53. Le fandre qui passe pour piloter le requin en quête.

54. C'est-à-dire non celui qui était dans la non-vérité, et hors d'état d'arriver à la vérité par lui-même.

55. Saint Paul, 1re aux Corinth., 8, 3 – et Ép. aux Galates, 4, 9.

56. Luc, 13, 26.

57. Platon, *Corgias*, où Calliclès blâme Socrate de dire toujours les mêmes choses. – « Non seulement les mêmes, Calliclès, mais sur les mêmes sujets », répond Socrate qui retourne le reproche inverse à Calliclès « de ne dire jamais deux fois la même chose sur le même sujet ». Édit. Guillaume Budé.

58. Mot à mot : mouvement, synonyme, chez Aristote, de changement.

59. = changement ; mutation au sens étroit.

60. Passage à un autre genre de concept.

61. Définition aristotélicienne ; voir la *Physique*, 3, 1.

62. Définition de Hegel ; voir sa *Logique*, II, au tome IV des *Werke*.

63. *De l'interprétation*, 12.

64. *Ibid.*, 13.

65. Le coude à coude des foules. Voir Hegel, *Encyclopädie*, § 254.

66. Chrysippe, la colonne du Portique, soutenait que tout arrive par un destin immuable et que par suite bien des choses sont possibles qui pourtant n'arriveront jamais. Les adversaires des stoïciens s'appuyaient sur la définition

du possible que Cicéron rapporte (*De fato*, ch. 6, 7, 9) du sceptique Diodore de l'école de Mégare ; n'est possible que ce qui est réel ou le deviendra. Kierkegaard en tire ici la même conclusion que Cicéron : le passé n'est pas plus nécessaire que l'avenir, seule s'aperçoit l'invariabilité dans le passé, non dans l'avenir.

67. *Magie ou Fausse alerte*, titre d'une comédie de Holberg.

68. Personnage principal d'une comédie de Holberg – *Maître Geert Westphaler ou le barbier loquace* – « capitaine de tous les barbiers du Jütland pour bavarder » et qui revient à tout propos sur son unique voyage en Allemagne.

69. Kierkegaard songe sans doute à l'hégélien danois C. Weis, qui publia dans *Perseus* « Journal pour l'idée spéculative » publié par J. L. Heiberg en 1837-1838, une étude sur *Le Développement historique de l'État*.

70. Voir *Le Concept de l'angoisse*, Introduction, p. 18 de la traduction française publiée par nos soins comme le *Désespoir* à la librairie Gallimard.

71. Boèce, *De consolatione*.

72. *Théodicée*, § 42, 414, 416.

73. Le το θαυμάξειν des dialogues socratiques.

74. Platon. *Théétète*, § 155 *d* : « Il est tout à fait d'un philosophe ce sentiment, s'étonner... » – Aristote, *Métaphysique*, I, 2.

75. Le but, la fin.

76. Voir Hegel, *Werke*, III, p. 64.

77. Retenue.

78. Contenir ses passions.

79. Sextus Empiricus. *Pyrrh. Hypotyp.* I, 7 : philosophie qui recherche, qui doute, qui scrute.

80. Positivement, de façon absolue.

81. Les sceptiques disent que le but est la retenue avec laquelle l'ataraxie suit comme son ombre.

82. L'infaillibilité de la perception et de la connaissance immédiates, c'est ce sur quoi insistent Platon et Aristote. Plus tard, il y a Descartes [dans ses *Principia philosophiæ* 39, et 42...], qui, tout comme les sceptiques grecs, fait provenir l'erreur de la volonté trop impatiente sur la conclusion. Voilà qui jette aussi une lumière sur la foi ; en se décidant à croire le croyant risque d'épouser une erreur, mais il veut croire en dépit de ce risque. Il n'existe pas d'autre manière de croire ; vouloir éviter le risque, c'est prétendre à la certitude de savoir nager avant d'entrer dans l'eau.

83. Jacobi. *Werke*, I, p. 148, et III, p. 367.

84. Philosophie dont l'attitude est la retenue.

85. Effort vers, appétit. Voir Hegel, *Logik*, 1re section, chap. III, note 3.

86. Comédie de Holberg : acte I, scène 6 ; une femme de marin dans les *Neuen Buden* (nouvelles boutiques) a mis au monde 32 enfants d'un coup.

87. Mystique pythagoricien du Ier siècle av. J.-C., il affirmait avoir été pilote d'un bateau égyptien dans une existence antérieure.

88. *Casus, status* : formes grammaticales indiquant le rapport d'un mot à un autre. Le *status absolutus* est en hébreu une forme invariable.

89. C'est-à-dire des fanfaronnades d'aventurier, comme celles que relatent les *Aventures du baron de Münchhausen*.

90. Jean, 16, 7.

91. Barbier du Pirée qui courut le premier à Athènes raconter la nouvelle du désastre de Sicile entendue par hasard dans sa boutique, et qui subit la torture de la roue pour avoir voulu répandre la consternation dans la ville. Plutarque (*Nicias* ; 41) ne dit d'ailleurs pas qu'il mourut, on le détacha plus tard quand le bruit se confirma. Kierkegaard semble confondre l'anecdote avec l'héroïsme du coureur de Marathon.

92. Jean, 19, 30.

93. Allusion à la traduction par Grundtvig de l'Épître aux Éphésiens, 5, 19 « chantez et jouez devant le Seigneur ».

94. D'après Schubert : *Ansichten von der Nachtseite der Naturwissenschaft*, p. 376, 2e édit. : bruits nocturnes dont nul ne savait d'où ils viennent, mais qu'on décrit plus plaintifs que moqueurs.

95. *Métaphysique*, III, 4.

96. I Cor. 2, 9.

97. Voir Hamann : *Werke*, IV, page 274.

Post-scriptum aux Miettes philosophiques

[...]

Seconde partie : Le problème subjectif.

Le rapport du sujet à la vérité du christianisme ou : devenir un chrétien

Ire Section

[...]

CHAPITRE II

Thèses possibles et réelles de Lessing**

Sans oser me réclamer de Lessing, ni me permettre de le donner comme caution, sans obliger personne à se mettre en devoir d'assurer, en raison de la célébrité de Lessing, qu'il a compris ce que je vais dire (ce qui mettrait l'intéressé dans un rapport qui donne à réfléchir vis-à-vis de mon obscurité, laquelle doit repousser tout autant que la célébrité de Lessing attire), je me propose à présent d'exposer ce que – le diable m'emporte – je veux ramener à Lessing, sans être sûr qu'il le reconnaisse pour sien ; par quoi je pourrais presque me sentir tenté à affirmer gaillardement en manière de taquinerie qu'il l'a dit, ne fût-ce qu'indirectement ; ce pour quoi je désirerais le remercier d'une autre manière, dans l'exubérance de mon admiration ; puis, à nouveau, je ne le lui attribuerais que par générosité, dans un sentiment de réserve orgueilleuse et d'affirmation de moi-même, et par là ensuite je craindrais à nouveau de l'offenser ou de lui faire du tort en introduisant son nom dans l'affaire. Oui, c'est pourtant rare de trouver un écrivain de fréquentation aussi agréable que Lessing. Et d'où cela vient-il ? De ce que, je crois, il est si sûr de lui-même. Tout ce commerce trivial et confortable entre un homme remarquable et un homme qui l'est moins, où l'un est génie et maître, l'autre apprenti, domestique de louage, ce commerce est ici empêché. Même si je voulais, à toute force, être le disciple de Lessing, je ne le pourrais pas, il l'a empêché. Comme il est lui-même libre, ainsi, je pense, il veut rendre chacun libre vis-à-vis de lui, en priant qu'on le dispense des exhalaisons et des grossièretés de novice, et en craignant de devenir ridicule par les perroquets, qui fournissent habituellement un écho mécanique de ce que l'on dit.

§ 1. *Le penseur subjectif existant est attentif à la dialectique de la communication.*

Tandis que la pensée objective est indifférente à l'égard du sujet pensant et de son existence, le penseur subjectif en tant qu'existant a un intérêt essentiel à sa propre pensée dans laquelle il existe. C'est pourquoi sa pensée a une autre espèce de réflexion, à savoir celle de l'intériorité, de la possession, par quoi elle appartient au sujet et pas à un autre. Tandis que la pensée objective s'occupe uniquement du résultat et pousse toute l'humanité à tricher en transcrivant et en récitant des résultats et des faits, le penseur subjectif s'occupe uniquement du devenir et omet le résultat, en partie parce que ceci est justement son affaire, car il possède le moyen d'y parvenir, en partie parce qu'en tant qu'existant il est toujours dans le devenir, comme tout homme, d'ailleurs, qui ne s'est pas laissé séduire à devenir objectif, à se transformer d'une façon inhumaine en la spéculation.

La réflexion de l'intériorité est la double réflexion du penseur subjectif. En pensant, il pense le général, mais en tant qu'il existe dans cette pensée, en tant qu'il se l'assimile intérieurement, il s'isole subjectivement toujours davantage.

La différence entre la pensée subjective et la pensée objective doit s'exprimer aussi dans la forme de la communication[a],

a. La double réflexion se trouve déjà dans l'idée de la communication elle-même, en ce que, dans l'intériorité de l'isolement, la subjectivité existante

c'est-à-dire que le penseur subjectif doit immédiatement être attentif au fait que la forme doit avoir, avec art, autant de réflexion qu'il en a lui-même dans sa pensée en existant. Avec art, remarquons-le bien, car le secret ne consiste pas en ce qu'il exprime directement la double réflexion, une telle façon de s'exprimer étant justement une contradiction.

La communication habituelle entre homme et homme est tout à fait immédiate, parce que les hommes en général existent d'une façon immédiate. Quand l'un expose quelque chose et que l'autre accepte mot pour mot cette même chose, on admet

---

qui veut exprimer par l'intériorité la vie de l'éternité, là où rien de social ni de général ne se laisse penser, parce que la catégorie d'existence qu'est le mouvement ne se laisse pas penser, ce pour quoi aucune communication essentielle ne se laisse non plus penser, parce qu'il faut admettre que chacun possède essentiellement tout – en ce que cette subjectivité veut se communiquer, et, donc, veut tout à la fois avoir sa pensée dans l'intériorité de son existence subjective et pourtant se communiquer. Cette contradiction ne peut pas (sauf chez les étourdis pour qui tout est possible) trouver son expression dans une forme directe. – Que le sujet existant ainsi puisse vouloir se communiquer n'est d'ailleurs pas difficile à comprendre. Un amoureux, par exemple, pour qui son amour est justement son intériorité, peut déjà désirer se communiquer, mais pas directement, justement parce que l'intériorité de l'amour est pour lui le principal. Occupé essentiellement à acquérir l'intériorité de l'amour, il n'a aucun résultat et n'en a jamais fini, mais peut néanmoins vouloir volontiers se communiquer, tout en ne pouvant jamais, justement pour cette raison, employer une forme directe, car celle-ci présuppose un résultat acquis. Il en est de même pour un rapport divin. Justement parce que celui qui a un tel rapport est toujours dans le devenir vers l'intérieur, c'est-à-dire dans l'intériorité, il ne peut jamais se communiquer directement, car ici le mouvement est justement l'opposé. La communication directe exige la certitude, mais la certitude est, pour celui qui devient, impossible, et est justement une illusion. Si donc, pour nous servir d'un rapport d'amour, une jeune fille amoureuse soupirait vers le jour du mariage, parce que celui-ci lui donnerait une certitude, si elle se mettait à l'aise en tant que femme mariée dans la sécurité juridique, si, au lieu de soupirer comme une jeune fille, elle bâillait à la façon des gens mariés, l'homme se plaindrait à juste titre de son infidélité, bien qu'elle n'en aime pourtant pas un autre, mais parce qu'elle aurait perdu l'idéal, et ne l'aimerait pas à proprement parler. Or, ceci est dans un rapport amoureux l'infidélité essentielle, tandis que l'amour d'un autre est une chose fortuite.

qu'ils sont d'accord et se sont compris l'un l'autre. Justement parce que celui qui fait l'exposé n'est pas attentif à la double nature de l'existence de la pensée, il ne peut pas non plus être attentif à la double réflexion de la communication.

C'est pourquoi il ne soupçonne pas que cette espèce d'accord peut être le plus grand des malentendus, et pas non plus, naturellement, que, de même que le penseur subjectif existant s'est libéré par cette dualité, de même le secret de la communication consiste justement à rendre l'autre libre, et c'est justement pour cela qu'il ne doit pas se communiquer directement et que cela est même sacrilège. Ceci est d'autant plus vrai que le subjectif est plus essentiel, et c'est donc vrai avant tout dans le domaine religieux, quand celui qui communique n'est pas Dieu lui-même ou ne peut se réclamer de la puissance miraculeuse d'un apôtre, mais quand il est seulement homme et a le souci que ce qu'il dit et fait ait un sens. C'est pourquoi le penseur subjectif religieux, qui, pour être tel, a compris la double nature de l'existence, voit facilement que la communication directe est une tromperie envers Dieu (qu'elle trompe peut-être pour obtenir qu'un autre homme l'adore en vérité), une tromperie envers lui-même (comme s'il avait cessé de se trouver dans l'existence), une tromperie envers un autre (qui possiblement ne reçoit qu'un rapport divin relatif), une tromperie qui le met en contradiction avec toute sa pensée. Maintenant, exprimer ceci directement serait à nouveau une contradiction parce que la forme serait la forme directe, malgré la double réflexion de tout ce qui est énoncé. Exiger d'un penseur qu'il doive contredire par la forme qu'il donne à sa communication toute sa pensée et sa conception de vie, le consoler ensuite par la pensée de l'utilité qu'il procure ainsi, le laisser dans la conviction que personne ne s'en soucie, oui, que dans notre siècle objectif personne ne le remarque, car de telles conséquences extrêmes ne sont que des niaiseries que tout domestique du système considère comme rien : oui, ce sont de bons conseils et qui par-dessus le marché ne coûtent pas cher. Supposons donc que ce soit la conception de vie d'un sujet religieux existant qu'on ne doit pas avoir de disciples, que ceci est une trahison envers Dieu et envers les hommes, supposons qu'un tel homme soit un peu bête (car s'il faut quelque chose de plus que l'honnêteté pour faire son chemin dans le monde, il faut pourtant toujours de la bêtise pour faire son bonheur et être bien compris par beaucoup) et disait cela avec onction et pathos : quoi alors ? Oui, alors il serait compris et dix personnes ne tarderaient pas à se présenter qui, simplement pour être rasées gratis une fois dans la semaine, chercheraient à s'enrôler pour la propagation de cette doctrine, c'est-à-dire qu'il aurait été assez heureux pour trouver, ce qui renforcerait encore la vérité de la doctrine, des disciples qui accepteraient et répandraient cette doctrine qu'on ne peut pas avoir de disciples.

La pensée objective est tout à fait indifférente à l'égard de la subjectivité et, en même temps, à l'égard de l'intériorité et de l'appropriation ; c'est pourquoi sa communication est directe. Naturellement elle n'a pas pour cela besoin d'être facile, mais elle est directe, elle n'a pas la ruse et l'art de la double réflexion, elle n'a pas, quand elle se communique, la même pieuse et humaine sollicitude qu'a cette pensée subjective, elle se laisse comprendre directement, elle se laisse réciter. C'est pourquoi la pensée objective n'est attentive qu'à elle-même et c'est pourquoi elle n'est pas une communication[a], tout au moins une communication artistique, dans la mesure où on a toujours exigé que l'on pense à celui qui reçoit la communication et qu'en raison de sa non-compréhension éventuelle on fasse attention à la

a. Il en est toujours ainsi avec le négatif ; dans la mesure où il est inconsciemment présent, il transforme précisément le positif en négatif ; ici il transforme la communication en illusion, parce que dans la communication on ne pense pas au négatif, mais que celle-ci est pensée purement et simplement d'une façon positive. Dans la tromperie de la double réflexion on pense au caractère négatif de la communication, et c'est pourquoi cette communication, qui en comparaison de l'autre n'a pas l'air d'en être une, est justement une communication.

forme de la communication. La pensée objective[a] est, comme la plupart des gens, si bien intentionnée et si communicative ; elle se communique simplement et recourt tout au plus à des protestations de sa vérité, à des recommandations et à des promesses solennelles qu'un jour tous les hommes reconnaîtront cette vérité – tellement elle est sûre. Ou plutôt : tellement elle est peu sûre, car les protestations et les recommandations et les promesses solennelles qui en effet sont valables pour les autres qui doivent accepter la vérité, pourraient peut-être aussi être valables pour le professeur, qui a besoin de la garantie et de la certitude que donne la majorité. Si ses contemporains lui refusent celle-ci, alors il compte sur l'avenir – tellement il est sûr. Cette certitude ressemble un peu à l'indépendance qui, indépendante du monde, a besoin du monde comme témoin de son indépendance, pour qu'on sache bien qu'on est indépendant.

La forme de la communication est quelque chose d'autre que son expression. Quand la pensée a trouvé son expression verbale correcte, résultat qui est atteint par la première réflexion, alors vient la seconde réflexion, qui est relative au rapport particulier de la communication à l'existant qui la fait et rend son rapport particulier à l'idée. Présentons encore une fois quelques exemples, nous en avons d'ailleurs bien le temps, car ce que j'écris ici n'est pas le dernier paragraphe attendu par lequel le système sera terminé. Supposons[b], donc, que quelqu'un veuille communiquer la conviction suivante : la vérité est l'intériorité ; objectivement il n'y a pas de vérité, mais c'est l'appropriation qui est

a. Il faut toujours avoir présent à l'esprit que je parle du religieux, où la pensée objective, si elle doit être la chose suprême, est justement l'irréligieux. Par contre, partout où la pensée objective est justifiée, sa communication directe est également dans l'ordre, parce qu'elle ne doit justement rien avoir à faire avec la subjectivité.

b. Je dis seulement : supposons, et par cette forme j'ai la permission d'exposer ce qui est le plus certain comme ce qui est le plus absurde ; car même le plus certain n'est pas posé comme le plus certain, mais seulement admis pour expliquer un rapport, et même le plus absurde n'est pas posé essentiellement, mais hypothétiquement pour éclairer un rapport de conséquence.

la vérité. Supposons qu'il ait le zèle et l'enthousiasme de le dire, car, si les gens l'entendaient, alors ils seraient sauvés. Supposons qu'il le dise à chaque occasion, et qu'il fasse impression pas seulement sur les gens qui transpirent facilement, mais aussi sur des hommes forts, quoi alors ? Alors il se trouverait sans doute quelques ouvriers, restés oisifs sur la place publique, et qui, alors seulement, à cet appel, iraient à la vigne pour travailler – à annoncer cette doctrine à tous. Et quoi alors ? Alors il se serait contredit davantage encore qu'il n'avait fait au commencement, car le zèle et l'enthousiasme de le dire et de l'entendre était déjà un malentendu. La chose principale aurait été précisément que ce fût compris, et l'intériorité de la compréhension aurait consisté précisément en ceci que l'individu particulier l'ait compris en lui-même. Maintenant il en est venu au point d'avoir des crieurs publics ; et un crieur public de l'intériorité est un curieux animal. Pour communiquer réellement une telle conviction, il faut de l'art et de la maîtrise de soi ; assez de maîtrise de soi pour comprendre intérieurement que le rapport divin de l'individu particulier est la chose principale, et que l'affairement d'un tiers est un manque d'intériorité et un excès d'aimable bêtise ; et assez d'art, inépuisablement, comme l'intériorité est inépuisable, pour varier la forme doublement réfléchie de la communication. Plus il y a d'art, plus il y a d'intériorité ; oui, s'il avait beaucoup d'art, alors, il pourrait bien dire que lui, qui est certain de pouvoir l'instant suivant assurer l'intériorité de la communication, l'utilise parce qu'il est infiniment soucieux de protéger sa propre intériorité, souci qui sauve celui qui l'a de tout radotage positif. – Supposons que quelqu'un veuille communiquer « ce n'est pas la vérité qui est la vérité, mais c'est la voie qui est la vérité, c'est-à-dire que la vérité n'est que dans le devenir, dans le processus de l'appropriation, et qu'ainsi il n'y a pas de résultat ». Supposons qu'il soit un ami des hommes, qui devrait nécessairement leur faire passer son message à tous. Supposons qu'il s'engage dans un excellent chemin raccourci et s'adresse à eux dans la forme directe par la voie d'un journal d'annonces moyennant quoi il obtiendrait un grand nombre de partisans, tandis que le chemin artistique laisserait dans l'incertitude, malgré ses plus grands efforts, la question de savoir s'il est venu en aide à un seul homme, quoi alors ? Oui, alors sa communication deviendrait précisément un résultat. – Supposons que quelqu'un veuille communiquer que recevoir c'est produire[1]. Supposons qu'il répète cette proposition si souvent qu'elle aille jusqu'à servir comme modèle d'écriture ; alors il aurait vraiment eu une confirmation de sa proposition. – Supposons que quelqu'un veuille communiquer la conviction que le rapport divin d'un homme est un secret. Supposons que ce soit un excellent homme, qui aurait tant de sympathie pour les autres hommes qu'il faudrait qu'il leur dise sa conviction. Supposons qu'il ait pourtant encore assez d'intelligence pour n'être pas sans remarquer la contradiction qu'il y a à communiquer cela directement et qu'il en fasse donc part sous le sceau du secret : quoi alors ? Alors il faudrait soit qu'il admette que le disciple est plus sage que le maître, que le disciple peut réellement taire ce que le maître ne peut pas (remarquable satire sur un maître !), soit qu'il ait reçu le don du galimatias en sorte qu'il ne découvre pas la contradiction. Il en va étrangement avec ces hommes excellents, qu'il leur faille à toute force dire leur sentiment est quand même quelque chose de si touchant – et c'est quelque chose de si vain de croire qu'un autre homme a besoin de l'appui de quelqu'un dans son rapport avec Dieu, comme si Dieu ne pouvait se tirer d'affaire lui-même en ce qui concerne l'intéressé. Mais c'est quelque chose d'un peu fatigant de maintenir dans l'existence la pensée que nous ne sommes rien devant Dieu, que tout notre effort est une plaisanterie. C'est une bonne discipline de respecter chaque homme, en sorte qu'on n'ose pas s'immiscer directement dans son rapport divin, en partie parce qu'on a déjà assez à faire avec le sien propre, en partie parce que Dieu n'est pas un ami de l'indiscrétion.

Partout où l'on reconnaît que le subjectif est important, dans la connaissance que l'appropriation est par conséquent la chose principale, la communication devient une œuvre d'art. Elle est doublement réfléchie, et sa première forme consiste précisément dans la ruse de maintenir pieusement séparées les subjectivités, de peur qu'elles ne tournent (comme du lait) et ne s'écoulent toutes ensemble dans l'objectivité. Ceci est la parole d'adieu de l'objectivité à la subjectivité.

La communication ordinaire, la pensée objective, n'a pas de secrets, seule la pensée subjective doublement réfléchie a des secrets : tout son contenu essentiel est essentiellement secret, parce qu'il ne se laisse pas communiquer directement. Ceci est la signification du secret. La circonstance que la connaissance ne doit pas être exprimée directement, parce que l'essentiel en elle consiste précisément dans l'appropriation, a pour effet qu'elle reste un secret pour chacun qui n'est pas réfléchi doublement en soi de la même manière, mais comme ceci est la forme essentielle de la vérité, celle-ci ne peut être dite d'une autre manière[a]. C'est pourquoi quand quelqu'un veut le communiquer directement, il est bête ; et quand quelqu'un lui demande de le faire il est bête aussi. Vis-à-vis d'une telle communication artistique trompeuse la bêtise humaine habituelle se récrierait : c'est de l'égoïsme. Si alors la bêtise triomphait et que la communication devînt directe, alors la bêtise aurait atteint ce résultat que celui qui ferait la communication serait devenu tout aussi bête.

On peut distinguer entre un secret essentiel et un secret fortuit. Par exemple, ce qui a été dit dans un conseil de gouvernement secret est, aussi longtemps que ce n'est pas connu, un secret fortuit ; car ce pourra en soi être compris directement aussitôt que ce sera connu. C'est un secret fortuit, que personne

a. Si à notre époque un homme vivait qui, développé subjectivement, fût attentif à l'art de la communication, il vivrait de bien précieuses expériences comiques et burlesques. Il serait mis à l'écart, ne pouvant être objectif, et alors il se trouverait bien, finalement, un gaillard objectif ayant bon cœur, un bonhomme systématique qui le prendrait en pitié et l'aiderait à s'introduire à moitié dans les paragraphes ; car ce qu'on tenait pour une impossibilité, de peindre Mars dans l'armure qui le rendait invisible, cela réussirait parfaitement, oui, ce qui est plus extraordinaire encore, cela réussirait à moitié.

ne sait ce qui arrivera dans un an, car, quand ce sera arrivé, on pourra le comprendre directement. Quand, par contre, Socrate s'isolait grâce à son démon de tout rapport, et, par exemple, prenait comme accordé que chacun devait en faire autant, une telle conception de la vie restait essentiellement un secret ou un secret essentiel, car elle ne se laissait pas communiquer directement. Le maximum de ce qu'il pouvait faire était, par son talent, d'aider un autre négativement à arriver à la même conception. Tout le subjectif qui se dérobe, par son intériorité dialectique, à la forme d'expression directe, est essentiellement un secret.

La forme d'une telle communication correspond, dans son art inépuisable, au rapport propre du sujet existant à l'idée et exprime ce rapport. Pour rendre ceci clair dans la forme de l'expérimentation, sans vouloir décider si quelqu'un en a jamais été ou non réellement conscient dans l'existence, c'est-à-dire a ainsi existé ou non, je vais montrer ce qu'est le rapport d'existence.

§ 2. *Le penseur subjectif existant est dans son rapport d'existence à la vérité tout aussi négatif que positif, il a tout autant de comique qu'il a essentiellement de pathos, et il est continuellement dans le devenir, c'est-à-dire qu'il s'efforce.*

Comme le sujet existant est existant (et c'est là le sort de tous les hommes, excepté des hommes objectifs qui ont l'être pur comme lieu de résidence) l'homme est donc dans le devenir. Alors, de même que sa communication pour ce qui est de la forme doit être essentiellement conforme à sa propre existence, de même sa pensée doit correspondre à la forme de son existence. Maintenant, tout le monde connaît par Hegel la dialectique du devenir. Ce qui dans le devenir est la succession alternative entre l'être et le non-être (détermination d'ailleurs quelque peu obscure, en tant que l'être lui-même est en même temps ce qui est continu dans la succession alternative), c'est plus tard le positif et le négatif.

À notre époque on entend assez souvent parler du négatif et des penseurs négatifs, et il faut assez souvent entendre là-dessus les tirades des « positifs » et leurs actions de grâce à Dieu et à Hegel de ce qu'ils ne sont pas comme ces « négatifs », mais de ce qu'ils sont devenus positifs. Le positif, en ce qui concerne la pensée, peut être ramené aux définitions suivantes : certitude sensible, savoir historique et résultat spéculatif. Mais ce positif est justement le non-vrai. La certitude sensible est une tromperie (cf. le scepticisme grec et tout l'exposé de la question dans la philosophie nouvelle, dont on peut beaucoup apprendre) ; le savoir historique est une illusion des sens (car il est un savoir d'approximation) ; et le résultat spéculatif est une fantasmagorie. Tout ce positif n'exprime pas en effet l'état du sujet connaissant dans l'existence, il concerne en conséquence un sujet objectif fictif, et se confondre soi-même avec un tel sujet est ce qu'on appelle se laisser duper et le rester. Tout sujet est un sujet existant ; et c'est pourquoi celui-ci doit s'exprimer essentiellement dans tout ce qu'il connaît, et empêcher que cette connaissance ne s'enferme illusoirement dans une certitude sensible, un savoir historique et un résultat illusoire. Dans le savoir historique un homme arrive à savoir une foule de choses sur le monde, mais rien sur lui-même, il se meut continuellement dans la sphère de la connaissance approximative, cependant qu'il se figure par sa prétendue positivité avoir la certitude, qu'on ne peut pourtant avoir que dans l'absolu où l'on ne peut quand même, en tant qu'existant, être, mais dont on peut seulement se rapprocher sans cesse. Rien d'historique ne peut me devenir absolument certain, excepté ceci que j'existe (ce qui à nouveau ne peut devenir absolument certain pour aucun autre individu, car celui-ci, encore une fois, ne connaît avec une certitude absolue que sa propre existence) ce qui n'est rien d'historique. Le résultat spéculatif est une illusion, en tant que le sujet existant veut, dans la pensée, abstraire du fait qu'il est existant, pour être *sub specie aeterni*.

Les « négatifs » ont donc toujours l'avantage d'avoir quelque chose de positif, à savoir qu'ils font attention au négatif, les positifs n'ont rien du tout, car ils sont trompés. Justement parce que le négatif est présent dans l'existence et est présent partout (car l'être ici-bas, l'existence est toujours dans le devenir), pour cette raison l'unique voie de salut est au contraire de ne cesser de faire attention à lui. Le sujet, du fait qu'il est tranquillisé d'une façon « positive », est justement dupé.

La négativité qui est dans l'existence, ou plus exactement la négativité du sujet existant (que sa pensée doit rendre dans une forme essentiellement adéquate) est fondée sur la synthèse du sujet qu'il est un esprit infini existant. L'infinité, l'éternel est la seule chose certaine, mais en tant que c'est dans le sujet c'est dans l'existence, et la première expression pour le dire est une équivoque : cette contradiction énorme que l'éternel devient, qu'il prend forme.

Ainsi le sujet existant doit avoir pour sa pensée une forme où il peut exprimer cela. Quand il l'exprime par un énoncé direct il dit justement quelque chose qui n'est pas vrai ; car dans l'énoncé direct l'équivoque est précisément laissée de côté, en sorte que la forme de la communication est une cause de trouble, comme quand la langue d'un épileptique dit des mots de travers, encore que celui qui parle ne le remarque peut-être pas autant que l'épileptique. Prenons un exemple. Le sujet existant est éternel, mais en tant qu'existant il est temporel. Or la tromperie de l'infinité consiste en ce que la possibilité de la mort est présente à chaque instant. Par là toute certitude positive est rendue suspecte. Si je n'en suis pas conscient à chaque instant, ma confiance positive en la vie est quelque chose d'enfantin, malgré que cette confiance soit devenue spéculative et pleine de distinction dans son cothurne systématique ; mais si j'en deviens conscient, la pensée de l'infinité est si infinie qu'elle transforme pour ainsi dire mon existence en un rien évanouissant. Comment donc le sujet existant exprime-t-il cette pensée qui est la sienne ? Qu'il en soit ainsi avec l'existence, tout homme le sait, mais les hommes positifs le savent positivement, c'est-à-dire qu'ils ne le savent pas du tout – mais cela se comprend, ils ont aussi, comme on sait, tant à faire avec l'histoire mondiale. Une fois par an, dans une occasion solennelle, cette pensée les saisit, et voici qu'ils affirment dans la forme emphatique de la protestation qu'il en est ainsi. Mais qu'ils ne le remarquent qu'une fois, dans une occasion solennelle, montre suffisamment qu'ils sont très positifs, et qu'ils le disent avec la solennité d'une protestation montre que, même quand ils le disent, ils ne savent pas ce qu'ils disent, ce pour quoi ils peuvent aussi l'oublier de nouveau l'instant suivant. Pour de telles pensées négatives une forme trompeuse est en effet la seule adéquate, parce que la communication directe réside dans la solidité du continu, tandis que l'existence illusoire dans laquelle je saisis la communication m'isole. Quiconque est attentif à cela, quiconque se contente d'être un homme, et a assez de force et de loisirs pour ne pas vouloir se laisser tromper, de façon à pouvoir ensuite, admiré par ceux qui partagent ses sentiments et raillé par l'existence, pérorer sur toute l'histoire mondiale, il évite l'énoncé direct. On sait que Socrate était un fainéant, qui ne se souciait ni d'histoire mondiale ni d'astronomie (il renonça à celles-ci, comme le raconte Diogène [de Laërte] et quand plus tard il s'arrêtait [2] et regardait devant lui, je ne puis – sans d'ailleurs vouloir décider ce qu'il faisait exactement – je ne puis quand même pas supposer qu'il regardait les étoiles) [3], mais qui avait assez de temps et d'originalité pour s'occuper de ce qui est simplement *humain*, occupation qui passe curieusement auprès des *hommes* pour étrange, tandis qu'au contraire il n'est pas étrange de s'occuper avec zèle d'histoire mondiale, d'astronomie et autres choses de ce genre. Dans un excellent article paru dans la revue de Fionie (1845, 3e numéro, p. 55 et suiv.) je vois que Socrate doit avoir été quelque peu ironique. Il était grand temps que cela fût dit, et je suis maintenant en état, si j'avance quelque chose d'analogue, de pouvoir me réclamer de cet article. L'ironie de Socrate prend, entre autres, précisément quand il veut faire entrer en scène l'infini, cette forme qu'en première instance il parle comme un fou. De même que l'existence est pleine de malice, de même son discours l'est aussi, peut-être (car je ne suis pas un homme aussi sûr de lui que « le positif » dans la revue de Fionie) peut-être afin de ne pas gagner un disciple tendre et fidèle qui s'approprierait d'une façon positive l'énonciation de la négativité de l'existence terrestre. Cette folie qui apparaît au premier abord peut en même temps avoir signifié pour Socrate que, pendant qu'il parlait avec les gens, il conférait en même temps *privatissime*, avec l'idée. Il est vrai que personne (de ceux qui ne savent que parler en langage direct) ne pouvait le comprendre, et le dire à quelqu'un une fois pour toutes ne peut servir à rien, car le secret est précisément que cela doit toujours et partout être présent dans la pensée et dans son expression, de même que c'est partout présent dans l'existence. Au surplus il est précisément correct de ne pas être compris, car par là on est garanti contre les malentendus. Ainsi, quand Socrate dit quelque part[4] qu'il est quand même curieux que le batelier qui a transporté des gens de Grèce en Italie se promène tranquillement sur le rivage pour faire sa recette, comme s'il avait rendu un service, alors qu'il ne peut pourtant pas savoir s'il a été utile aux passagers, ou s'il n'aurait pas été meilleur pour ceux-ci d'être noyés dans la mer, il parle à proprement parler comme un fou[a]. Peut-être un de ceux qui étaient présents l'a-t-il réellement regardé comme un fou (car d'après Platon et Alcibiade[5] il semble que ç'ait été à peu près l'avis général de le tenir pour au moins bizarre, ἄτοπος) ; peut-être un autre a-t-il pensé que l'entretien prenait quand même une drôle de tournure, peut-être. Socrate,

a. Si quelqu'un qui vit actuellement parlait ainsi, tout le monde se rendrait bien compte qu'il est fou ; mais les « positifs » savent, ils savent avec une certitude positive que Socrate était un sage ; cela *doit* être tout à fait certain : *ergo*.

au contraire, avait peut-être dans ce temps un petit rendez-vous avec son idée, l'incertitude. Quand il eut saisi l'infinité dans la forme de l'incertitude, il fallait bien que celle-ci fût partout avec lui. Pareille chose ne dérange pas un privat-docent, il s'en occupe une fois par an, avec pathos, dans le paragraphe 14, et il a raison de ne pas s'en occuper autrement, je veux dire s'il a femme et enfants et perspectives d'avancement – mais pas d'intelligence à perdre.

Le penseur subjectif existant qui a l'infini dans son âme, l'a toujours, et c'est pourquoi sa forme ne cesse d'être négative. Quand il en est ainsi, quand il restitue réellement dans son existence, en existant, la forme de l'existence, il ne cesse d'être existentiellement aussi bien négatif que positif, car sa positivité consiste en la poursuite de l'intériorisation dans laquelle il connaît le négatif. Parmi les soi-disant négatifs, il y en a cependant certains qui, après avoir eu vent du négatif, tombent dans le positif et s'en vont dans le monde avec des clameurs pour recommander, imposer et offrir sur le marché leur sagesse négative qui donne le bonheur – et on peut bien aussi vendre à la criée un résultat, tout comme on vend à la criée des harengs du Holstein, etc. Ces crieurs ne sont pas beaucoup plus intelligents que les « positifs » ; en revanche c'est une inconséquence de la part de ceux-ci de se fâcher contre eux, car ils sont essentiellement des « positifs ». Ces crieurs publics ne sont pas des penseurs existants, peut-être le furent-ils autrefois, jusqu'à ce qu'ils eurent trouvé le résultat ; à partir de ce moment ils n'existent plus en tant que penseurs, mais en tant que crieurs publics et vendeurs aux enchères.

Mais le penseur subjectif existant proprement dit, il ne cesse d'être tout autant négatif que positif, et inversement ; il ne cesse de l'être, aussi longtemps qu'il existe, et non pas une fois pour toutes dans une médiation chimérique. Son message correspond à ceci que, par un besoin d'expansion extraordinaire, il ne transforme pas de façon absurde l'existence d'un étudiant en quelque chose d'autre que ce qu'est l'existence humaine en général. Il connaît la négativité de l'infini dans l'existence, il ne cesse de laisser ouverte cette plaie de la négativité, laquelle plaie est parfois le salut (les autres laissent se fermer la plaie et deviennent des positifs – trompés) ; dans la communication il exprime la même chose. C'est pourquoi il n'est jamais un homme qui enseigne, mais un homme qui apprend, et, ne cessant d'être tout autant négatif que positif, il ne cesse de s'efforcer.

De cette manière, un tel penseur subjectif perd naturellement quelque chose, il n'a pas la joie florissante, positive, de la vie. Pour la plupart des hommes la vie se transforme quand ils en sont arrivés à un certain point de leurs recherches ; ils se marient et occupent des situations dans la vie, par suite desquelles ils doivent pour sauver les apparences finir quelque chose, obtenir des résultats (car le respect humain exige d'avoir un résultat ; quant à ce que la honte devant Dieu pourrait exiger, on y pense moins), ainsi on se tient réellement pour fini, ou bien on doit d'après les us et coutumes se tenir pour tel, ou bien on soupire et on se plaint parfois de ce que bien des choses vous empêchent de faire effort. (Quelle offense envers Dieu, si le soupireur le cherchait. Quelle offense envers Dieu si le soupir fait aussi partie des us et coutumes. Quelle contradiction de gémir qu'on ne peut aller à la poursuite du plus haut parce qu'on s'attaque au plus bas, au lieu de cesser ces gémissements et ces désirs vers le plus bas !) Alors on se préoccupe parfois de faire effort, mais ces efforts tardifs ne sont pourtant que de maigres notes marginales à un texte depuis longtemps terminé. De cette manière, on se libère du devoir d'être effectivement attentif aux fatigantes difficultés que contient le plus simple des énoncés : exister en tant qu'homme, tandis qu'en tant que penseur positif on est parfaitement renseigné sur l'histoire mondiale et sur les affaires les plus intimes du Seigneur Dieu.

L'existant ne cesse d'être dans le devenir ; le penseur subjectif qui existe réellement reproduit sans cesse dans sa pensée cette existence qui est la sienne, et met toute sa pensée dans le devenir. Il en va ici comme pour avoir du style ; n'a à proprement parler du style que celui qui ne finit jamais quelque chose, mais, aussi souvent qu'il commence « les eaux de la langue se mettent en mouvement », en sorte que l'expression la plus quotidienne apparaît sous sa plume avec une fraîcheur nouvelle-née.

Être ainsi sans cesse dans le devenir est la tromperie de l'infini dans l'existence. Elle peut conduire un homme sensuel au désespoir, car on sent pourtant sans cesse le besoin d'avoir quelque chose de fini ; mais cette exigence est mauvaise et l'on doit s'y soustraire. Le devenir incessant est l'incertitude de la vie terrestre, dans laquelle tout est incertain. Tout homme le sait bien et il le dit de temps en temps, particulièrement dans une occasion solennelle, non sans sueur et sans larmes, il le dit directement et il émeut soi-même et les autres – et il montre dans l'action ce qu'il montrait déjà dans la forme de ce qu'il déclarait, qu'il ne comprend rien à ce qu'il dit lui-même[a]. Lucien[6] fait raconter à Charon dans les enfers l'histoire suivante : Un homme se trouvait sur terre et parlait avec un de ses amis qu'il invite à déjeuner chez lui en lui promettant un plat rare. L'ami accepte l'invitation avec remerciements. Alors l'homme dit : mais qu'il soit tout à fait certain que tu viendras. Certainement, répondit l'invité. Ainsi se séparèrent-ils et une tuile tomba d'un toit et tua l'invité – n'est-ce pas à mourir de rire, ajoute Charon. Supposons que l'invité ait été un orateur qui, un instant auparavant peut-être, aurait ému lui-même et les autres en parlant sur ce thème que tout est incertain ! Car ainsi parlent les hommes : en un instant ils savent tout et au même instant ils ne le savent

a. On reconnaît une individualité accomplie à la dialectique de la pensée dans laquelle elle a sa vie quotidienne. Avoir sa vie quotidienne dans la dialectique décisive de l'infini et continuer pourtant à vivre : voilà l'art. La plupart des hommes ont, pour l'usage quotidien, des catégories commodes et seulement dans des occasions solennelles celle de l'infini, c'est-à-dire qu'ils ne l'ont jamais. Mais avoir pour l'usage quotidien la dialectique de l'infini et exister en elle est naturellement la plus haute tension d'esprit ; et la plus haute tension d'esprit est de nouveau nécessaire pour que l'exercice, au lieu de nous exercer à exister en elle, ne nous en retire pas trompeusement. Il est bien connu qu'une canonnade a pour effet qu'on ne peut entendre, mais il est aussi connu que, quand on la supporte on peut entendre chaque mot comme quand tout est tranquille. Il en est également ainsi avec l'existence spirituelle potentialisée par la réflexion.

pas. Et c'est pourquoi on considère comme folie et étrangeté de se préoccuper de cela et de ces difficultés, parce que, n'est-ce pas, tout le monde le sait. En effet, ce que chacun ne sait pas, ce qui est un savoir de différence, il est magnifique de s'en préoccuper ; mais ce que chacun sait, là où par conséquent la différence consiste en cette plaisanterie : comment il le sait, se soucier de cela est peine perdue – on ne peut faire rien du tout d'important avec cela. Supposons que l'invité ait répondu en se plaçant sur le terrain de l'incertitude, quoi alors ? Alors ses propos n'auraient pas été très différents de ceux d'un fou, même s'ils n'avaient pas été remarqués comme tels par beaucoup, car cela peut se dire d'une façon si trompeuse que seul s'en aperçoit celui qui est lui-même familier avec de telles pensées. Un tel homme au surplus ne considère pas cela comme fou, ce que ce n'est d'ailleurs pas, car tandis que ce qu'il dit en plaisantant se mélange peut-être d'une façon comique avec le reste, il a peut-être *privatissime* une rencontre avec Dieu, qui est justement présent dès que l'incertitude de tout est pensée comme infinie. C'est pourquoi celui qui a réellement un œil pour Dieu le voit partout, tandis que celui qui ne le voit que dans des occasions extraordinaires ne le voit à proprement parler pas du tout, mais, fourvoyé dans la superstition, ne voit qu'un fantôme.

Que le penseur subjectif existant soit tout autant positif que négatif, on peut aussi l'exprimer en disant qu'il a tout autant de sens du comique que de pathos. Pour les hommes tels qu'ils existent en général, le comique et le pathétique sont partagés, en sorte que l'un a le premier et un autre le second, l'un plus de celui-ci et un autre moins. Par contre, pour celui qui existe sous la double réflexion, le rapport est celui-ci : tout autant de pathos que de comique. Ils se garantissent mutuellement. Le pathos qui n'est pas garanti par le comique est illusion, le comique qui n'est pas garanti par le pathos est manque de maturité. Seul celui qui produit cela lui-même le comprend, autrement non. Ce que Socrate dit de la traversée en bateau a tout l'air d'une plaisanterie, c'était pourtant on ne peut plus sérieux. Si ce n'était que de la plaisanterie, certains peut-être le suivraient, si ce n'était que du sérieux, quelqu'un, de ceux qui transpirent facilement, aurait sûrement un mouvement d'émotion ; mais si, maintenant, Socrate ne l'entendait pas du tout ainsi ? Cela aurait l'air d'une plaisanterie si un invité, en recevant l'invitation, répondait : je viendrai sûrement, crois-moi, à moins qu'une tuile ne me tombe sur la tête et ne me tue, car alors je ne peux venir ; et pourtant cela peut être en même temps le sérieux suprême, et celui qui parle ainsi peut, tout en plaisantant avec quelqu'un, être en la présence de Dieu. Admettons qu'une jeune fille se soit trouvée là, attendant son fiancé sur le bateau dont parle Socrate, admettons qu'elle se hâte vers le port, qu'elle rencontre Socrate et s'enquière auprès de lui, avec toute sa passion amoureuse, de son fiancé ; admettons que ce vieux taquin de Socrate, au lieu de lui répondre, dise : oui, le batelier, naturellement content de soi, se promène en mettant l'argent dans sa poche, bien qu'il ne puisse pourtant savoir avec certitude s'il n'aurait pas été meilleur pour les passagers de périr en mer, quoi alors ? Si la jeune fille était maligne, elle comprendrait que Socrate a dit d'une certaine manière que son fiancé est arrivé, et si ceci était sûr, quoi alors ? Alors elle rirait de Socrate, car elle ne serait quand même pas assez bête pour ne pas savoir avec certitude combien ce serait magnifique que son fiancé fût arrivé. Or cela se comprend, une telle petite jeune fille ne pense naturellement qu'au rendez-vous avec son fiancé et à pouvoir l'embrasser amoureusement sur la terre ferme, et n'est pas assez développée pour un rendez-vous socratique avec le Dieu sur la mer infinie de l'incertitude. Mais supposons à présent que la maligne petite jeune fille soit confirmée, quoi alors ? Alors elle aurait eu tout à fait la même chose à savoir que Socrate – la différence serait seulement dans la manière dont ils le savent. Et pourtant Socrate a sans doute eu toute sa vie dans cette différence ; dans sa soixante-dixième année encore il n'en avait pas fini d'exercer son effort d'une façon toujours plus intérieure sur ce que sait une jeune fille de seize ans. Car il n'était pas quelqu'un qui comprend l'hébreu et peut donc dire à la jeune fille : cela tu ne le peux pas et pour apprendre cela il faut beaucoup de temps ; il n'était pas comme quelqu'un qui sait tailler la pierre, car la jeune fille comprendrait bien qu'elle ne le peut pas et l'admirerait, non, il n'en savait pas plus qu'elle. Rien d'étonnant alors à ce qu'il ait été si indifférent à la mort, car le pauvre garçon s'est sans doute rendu compte lui-même que sa vie était manquée, qu'il était maintenant trop tard pour la recommencer afin d'apprendre ce que ne savent que les hommes remarquables. Rien d'étonnant, même, à ce qu'il ne donne pas beaucoup d'importance à sa mort comme si l'État perdait en lui quelqu'un d'irremplaçable. Hélas ! il a sans doute pensé : si seulement j'avais été professeur d'hébreu, si j'avais été sculpteur ou premier danseur, ou même un génie bienfaisant historico-mondial, oui, alors quelle douleur l'État n'aurait-il pas éprouvée de me perdre, et comme ses habitants auraient su ce que j'aurais eu à leur dire ! Mais on ne s'enquerra pas de moi, car, ce que je sais, tout le monde le sait. Ce Socrate était tout de même un farceur de se moquer de l'hébreu, de la statuaire, de la danse et de la philanthropie historico-mondiale ; et alors se préoccuper encore tellement du Dieu, et à ce point que, bien qu'il n'eût cessé de s'exercer pendant toute sa vie (oui comme un danseur solo à la gloire du Dieu) il attendait l'épreuve du Dieu en doutant qu'il pût la soutenir avec succès, qu'est-ce que cela signifie à la fin ?

La différence relative qu'il y a dans l'immédiateté entre le comique et le tragique disparaît dans la double réflexion, où la différence devient infinie, par quoi survient l'identité. C'est pourquoi, du point de vue religieux, l'expression comique de l'adoration est tout aussi pieuse que son expression pathétique. Ce qui est à la base du comique et du pathétique est la disproportion, la contradiction de l'infini et du fini, de l'éternel et du devenant. C'est pourquoi un pathos qui exclut le comique est un malentendu, n'est pas du tout un pathos. C'est pourquoi le penseur existant subjectif est tout autant *bifrons* que le rapport d'existence. Quand on voit la disproportion en se tournant du côté de l'idée, on a le pathos, et quand l'idée reste en arrière, le comique. Quand le penseur existant subjectif tourne son visage vers l'idée, il saisit la disproportion avec pathos ; quand il tourne le dos à l'idée et laisse celle-ci, rayonnant par-derrière, éclairer la même disproportion, il la saisit avec comique. Ainsi le pathos infini du sentiment religieux de dire Tu à Dieu est infiniment comique quand je tourne le dos et vois dans le fini ce qui de derrière tombe dans celui-ci. Si je n'ai pas épuisé tout le comique je n'ai pas non plus le pathos de l'infini, si j'ai le pathos de l'infini j'ai aussi en même temps le comique. La prière est ainsi le pathos suprême[a] de l'infini, et pourtant elle est comique[b], justement parce que dans son intériorité elle est incommensurable à toute expression extérieure, surtout quand on agit d'après la parole de l'Écriture en parfumant sa tête dans le

---

a. Le socratique regard fixe devant soi est aussi une expression pour le plus haut pathos et, donc, en même temps tout aussi comique. Examinons-le une fois. Donc Socrate s'est arrêté et regarde fixement devant lui. Sur ces entrefaites arrivent deux passants dont l'un dit à l'autre : Que fait là cet homme ? L'autre répond : Rien. Mais admettons que l'un ait pourtant un peu plus de notions de l'intériorité, en sorte qu'il donne à la façon d'agir de Socrate une expression religieuse et dise : il s'abîme dans le divin, il prie. Tenons-nous-en à ce dernier mot : il prie. Mais sans doute se sert-il de mots, peut-être même de beaucoup de mots ? Non, Socrate avait compris son rapport divin de cette manière que, par peur d'en venir à un bavardage insensé, il n'osait rien dire, par peur aussi qu'un vœu formulé de travers ne soit exaucé. De cela il devait bien y avoir eu des exemples, comme cet oracle (Plutarque, *De Pythiae oraculis*, chap. 19, Mor. P. 403 b.) qui prédisait à un homme que tous ses fils deviendraient célèbres ; et comme le père, soucieux, demandait ensuite : et alors sans doute mourront-ils tous misérablement ?, l'oracle répondit : cette prière aussi sera exaucée. L'oracle en effet est ici assez conséquent pour admettre que celui qui le consulte est un homme qui prie, et c'est pourquoi il emploie logiquement le mot exaucée, ce qui est une triste ironie pour l'intéressé. Donc Socrate ne fait rien du tout, il ne s'entretient même pas dans son for intérieur avec le Dieu – et pourtant il fait la chose la plus haute qu'on puisse faire. Socrate s'en est sans doute rendu compte lui-même et a su, en se moquant, le faire ressortir. Par contre, maître Kierkegaard ne l'a probablement pas compris, à en juger par sa dissertation. Il y discute, en effet, en se référant au *Second Alcibiade*, le rapport négatif que Socrate a avec la prière, mais, comme on pouvait s'y attendre à notre époque de la part d'un gradué théologique positif, il ne peut s'empêcher d'apprendre à Socrate dans une note [Mag. Kierkegaard, *Sur le concept de l'ironie*, p. 185, note] que cela n'est pourtant vrai que jusqu'à un certain degré.

b. Je ne parle pas ici du comique fortuit, comme quand un homme en priant tient son chapeau devant les yeux sans avoir remarqué qu'il n'a pas de fond, en sorte que, par hasard, on se trouve voir l'homme face à face.

jeûne et en lavant son visage. Le comique se trouve ici d'une double manière. Le comique qui doit être réprouvé serait mis en lumière si, par exemple, un homme fort comme un Turc se présentait, priant, et pour montrer l'intériorité de sa prière, se tordait dans des attitudes de force qui, surtout s'il avait les bras nus, seraient instructives pour un artiste qui étudie les muscles des bras. Intériorité de la prière et gémissements inexprimables ne sont pas commensurables avec le système musculaire. Le vrai comique est que l'infini peut se produire chez un homme, et que personne, personne, ne peut le découvrir en lui. En ce qui concerne le devenir qui se répète toujours, le comique et le pathétique trouvent tous les deux place dans la répétition de la prière ; l'intériorité infinie de celle-ci semble précisément rendre impossible une répétition, et c'est pourquoi la répétition elle-même fait aussi bien sourire que s'attrister.

Comme le penseur subjectif existant existe lui-même, son mode d'exposé l'exprime aussi, et c'est pourquoi personne ne peut sans plus s'approprier son pathos. Comme les parties comiques dans un drame romantique, ainsi le comique s'insinue dans l'exposé de Lessing, parfois peut-être pas au bon endroit, ou peut-être que si, je ne puis le dire avec certitude. Le pasteur principal Götze est une très divertissante figure que Lessing a conservée de façon comique pour l'immortalité, en l'unissant inséparablement avec sa façon de la présenter. Naturellement, il est gênant qu'on ne puisse s'abandonner à Lessing avec la même confiance qu'au mode de présentation des gens qui, avec un sérieux spéculatif authentique, font d'une chose tout et ainsi en ont fini avec tout.

Que le penseur subjectif existant s'efforce sans cesse ne signifie pourtant pas qu'il ait, au sens fini du mot, un but vers lequel il tend, but qu'après avoir atteint il en aurait fini ; non, il s'efforce d'une façon infinie, ne cesse d'être dans le devenir, ce qui est assuré par le fait qu'il est sans cesse aussi bien négatif que positif et a, essentiellement, tout autant de comique que de pathos, ce qui découle du fait qu'il existe pourtant et exprime cela dans sa pensée. Le devenir est l'existence même du penseur, de laquelle on peut naturellement faire abstraction étourdiment pour devenir objectif. Qu'il soit plus ou moins avancé dans le devenir ne fait essentiellement rien à l'affaire (ce n'est là comme on sait qu'une comparaison finie relative), aussi longtemps qu'il existe il est dans le devenir.

L'existence elle-même, l'exister, est un effort, et est tout autant pathétique que comique ; pathétique, parce que l'effort est infini, c'est-à-dire dirigé vers l'infini, parce qu'il est réalisation d'infini, ce qui signifie le plus haut pathos ; comique, parce que l'effort est une contradiction interne. Du point de vue pathétique, une seconde a une valeur infinie, du point de vue comique, dix mille ans sont une bouffonnerie tout comme la journée d'hier, et pourtant le temps, dans lequel se trouve l'existant, est composé de telles parties. Quand on déclare seulement d'une façon simple et directe que dix mille ans sont une bouffonnerie, survient quelque fou qui trouve que c'est de la sagesse, mais il oublie la contrepartie, qu'une seconde a une valeur infinie. Quand on dit qu'une seconde a une valeur infinie, alors celui-ci ou celui-là demeure interdit et peut mieux comprendre que dix mille ans ont une valeur infinie, et pourtant l'un est tout aussi difficile à comprendre que l'autre, si l'on se laisse seulement le temps de comprendre ce qui doit être compris, ou quand d'une façon ou d'une autre on est si infiniment saisi par la pensée qu'aucun temps, même pas une seconde, ne doit être gaspillée, que la seconde acquiert une valeur infinie.

Cette nature de l'existence rappelle la conception grecque d'Éros qui se trouve dans le *Banquet* et que Plutarque explique correctement dans son ouvrage sur Isis et Osiris (§ 57). Le parallèle avec Isis, Osiris et Typhon n'est pas mon affaire, mais quand Plutarque rappelle qu'Hésiode voit dans le Chaos, la Terre, le Tartare et l'Amour les êtres essentiels, il est très correct de penser en même temps ici à Platon. Car l'Amour signifie évidemment l'existence, ou ce par quoi la vie est dans le Tout, cette vie qui est la synthèse de l'infini et du fini. La pauvreté et la richesse engendrèrent ainsi, d'après Platon, Éros, dont la nature est constituée par les deux. Mais qu'est l'existence ? C'est cet enfant qui est engendré par l'infini et par le fini, par l'éternel et par le temporel, et qui, en conséquence, ne cesse de s'efforcer. Ceci était l'opinion de Socrate : c'est pourquoi l'amour s'efforce toujours, c'est-à-dire : le sujet pensant existe. Seuls les systématiques et les objectifs ont cessé d'être des hommes et ont passé à la spéculation, qui appartient à l'être pur. Le socratique ne doit pas naturellement être compris d'une façon finie comme un effort qui se poursuit et se poursuit sans cesse vers un but qu'on n'atteint pas. Non, mais dans quelque grande mesure que le sujet ait l'infini en lui, par son existence il se trouve dans le devenir. Le penseur qui, dans toute sa pensée, peut oublier de penser aussi qu'il est un existant, n'explique pas l'existence terrestre, mais fait un essai pour cesser d'être un homme et devenir un livre ou un quelque chose d'objectif, ce que ne peut être qu'un Münchhausen. Que la pensée objective ait sa réalité, nous ne le nions pas, mais, par rapport à toute la pensée où la subjectivité doit précisément être accentuée, l'objectivité est un malentendu. Quand un homme ne s'occupe que de logique pendant toute sa vie, il n'en devient quand même pas pour cela la logique, mais existe donc lui-même dans d'autres catégories. Que si maintenant il ne trouve pas que cela vaille la peine de réfléchir à cela, il peut s'en dispenser, il n'est d'ailleurs pas agréable pour lui d'apprendre que l'existence se moque de lui, qui est en passe de devenir purement objectif.

§ 3

Ce qui va être discuté dans ce paragraphe et le suivant se laisse ramener à Lessing, d'une manière plus précise en tant que l'énoncé s'en laisse citer directement, mais non pas pourtant avec une précision directe, car Lessing n'enseigne pas, mais se dérobe subjectivement, sans vouloir obliger personne à l'accepter par égard pour lui, sans vouloir venir en aide à personne pour établir une continuité directe avec l'auteur. Peut-être Lessing lui-même a-t-il compris que pareille chose ne se peut enseigner directement ; tout au moins sa façon de procéder peut ainsi s'expliquer, et peut-être cette explication est-elle correcte, peut-être.

Lessing a dit (S. W., tome V, page 80) que des vérités historiques fortuites ne pouvaient jamais devenir une preuve pour des vérités raisonnables éternelles, et que la transition, par laquelle on veut construire une béatitude éternelle sur une nouvelle historique, est un saut.

Je vais maintenant examiner d'un peu plus près les deux propositions qui viennent d'être présentées et les mettre en connexion avec ce problème des *Miettes* : peut-on construire une béatitude éternelle sur une connaissance historique ? Pourtant, je voudrais d'abord insérer ici une remarque qui peut montrer combien trompeuse est la pensée humaine, combien elle ressemble à la lecture de l'écolier : « il fait comme s'il lisait et ne lit pourtant pas vraiment[7] ». Quand deux pensées appartiennent inséparablement l'une à l'autre, en sorte que quand on peut penser l'une on peut *eo ipso* penser l'autre, alors il n'arrive pas rarement que de bouche en bouche, de génération en génération, circule une opinion qui rend facile de penser l'une des pensées, tandis qu'une opinion opposée rend difficile de penser l'autre, oui, établit la pratique de se rapporter d'une façon sceptique vis-à-vis d'elle. Et pourtant c'est le vrai rapport dialectique que qui peut penser l'une peut *eo ipso* penser l'autre, oui a *eo ipso* pensé l'autre – s'il a pensé la première. Je fais allusion ici au quasi-dogme de l'éternité des peines de l'enfer. Le problème posé dans les *Miettes* était de savoir comment quelque chose d'historique peut devenir décisif pour un bonheur éternel. Quand on dit « décisif », on dit par là *eo ipso* que, en tant qu'une décision est prise (que ce soit pour ou contre) sur le bonheur, elle est prise aussi sur le malheur. Or, il paraît que la première chose est facile à comprendre, tout esprit systématique, tout croyant, et nous sommes tous des croyants n'est-ce pas, l'a comprise, c'est l'enfance de l'art d'avoir un point de départ historique pour son bonheur éternel et de se le représenter en pensée. Au milieu de cette certitude et de cette confiance, survient occasionnellement la question du malheur éternel qui serait rendu décisif par un point de départ historique dans le temps : voyez, voilà qui est ardu, on ne peut tomber d'accord avec soi-même là-dessus, ce qu'on doit admettre, et on tombe d'accord là-dessus, c'est de laisser la question pendante comme quelque chose dont on peut faire usage à l'occasion dans des discours populaires, mais qui n'est pas décidé – ha, ha, ha, et pourtant elle est décidée ; rien n'est plus facile – quand on a décidé la première. Merveilleuse intelligence humaine, qui peut considérer ton regard intelligent sans une silencieuse élévation de l'âme ! Ici tel est donc le résultat des efforts de l'intelligence : on comprend une question, on laisse l'autre en état, c'est-à-dire qu'on ne peut pas la comprendre, et pourtant la première et la seconde sont – oui, je suis presque gêné de le dire – sont une seule et même chose[a]. Si le temps, et en lui le rapport à un phénomène historique, peut être décisif pour un bonheur éternel, il l'est *eo ipso* pour la décision d'un malheur éternel. L'intelligence humaine s'y prend autrement. Une béatitude éternelle est en effet pour chaque individu une éternelle présupposition par-derrière, dans l'immanence. En tant qu'éternel, chacun se trouve à un niveau plus élevé que le temps, et a donc toujours sa béatitude éternelle derrière soi, ce qui veut dire que seul un bonheur éternel est pensable, un malheur éternel ne peut pas du tout être pensé. Ceci est, du point de vue philosophique, tout à fait dans l'ordre. Mais voici qu'arrive le christianisme qui pose l'alternative : ou bien un bonheur éternel, ou bien un

a. En ce sens les *Miettes* auraient pu tout aussi bien former l'antithèse et poser le problème ainsi : comment quelque chose d'historique peut-il devenir décisif pour un malheur éternel ? En ce cas l'intelligence humaine aurait naturellement trouvé que c'était là quelque chose à demander, car on ne peut pas y répondre.

malheur éternel, et la décision dans le temps. Que fait alors l'intelligence humaine ? Non pas ce que font les *Miettes*, elle ne fait pas attention au fait que c'est là un discours difficile et que l'invitation à le penser est la proposition la plus ardue qu'on puisse faire, elle ne fait donc pas ce qui peut se faire tout d'abord, elle ne pose même pas le problème. Non, elle ment un peu, et ensuite cela va presque tout seul. Elle prend le premier membre de l'alternative (c'est-à-dire une béatitude éternelle) et comprend par là la pensée de l'immanence, qui exclut justement l'alternative, et ainsi elle a pensé le tout, jusqu'à ce qu'elle ramasse toutes ses forces en ce qui concerne l'autre membre de l'alternative, et dise qu'on ne peut le penser, ce qui revient à se donner à soi-même un coup sur la bouche et à se reconnaître soi-même comme n'ayant pas pensé le premier. Le paradoxe du christianisme réside en ce qu'il ne cesse de faire usage du temps et de l'historique par rapport à l'éternel, tandis que toute pensée réside dans l'immanence ; et que fait alors l'intelligence humaine ? Elle pense l'immanence comme si celle-ci était la première moitié de l'alternative, et alors elle a pensé le christianisme[a].

Mais revenons à Lessing. Le passage se trouve dans un petit écrit : *Über den Beweis des Geistes und der Kraft*[8] ; à M. le Directeur Schumann. Lessing combat ici ce que j'appellerais : se quantitatiser dans une décision qualitative, il combat le passage direct de la crédibilité historique à la décision d'une béatitude éternelle. Il ne nie pas (car il sait tout de suite faire des concessions, afin que les catégories puissent être claires), que ce qui est raconté dans l'Écriture de miracles et de prophéties ne soit tout aussi digne de foi que d'autres informations historiques, oui, aussi dignes de foi que peuvent être n'importe quelles infor-

a. Les preuves avec lesquelles une pieuse orthodoxie a voulu assurer ce dogme de l'éternité des peines de l'enfer doivent être regardées comme un malentendu. Pourtant sa méthode n'est aucunement de même nature que celle de la spéculation ; car du fait que cette éternité réside dans l'alternative, toute preuve est superflue.

mations historiques : « mais si elles sont seulement aussi dignes de foi, pourquoi les rend-on tout à coup infiniment plus dignes de foi[9] » (p. 79), à savoir en voulant fonder sur elles l'acceptation d'une doctrine qui stipule une béatitude éternelle, donc en voulant bâtir sur elles une béatitude éternelle. Lessing ne demande pas mieux que de croire comme tout le monde qu'un Alexandre a vécu, qu'il s'est soumis toute l'Asie, « mais qui voudrait risquer sur cette croyance quoi que ce soit d'importance grande et durable, dont la perte ne puisse être remplacée[10] ? » (p. 81).

C'est toujours le passage, le passage direct de ce qui est digne de foi historiquement à la décision éternelle, que combat Lessing. C'est pourquoi il prend position en faisant une distinction entre les informations de miracles et de prophéties et la contemporanéité avec celles-ci (les *Miettes* ont prêté attention à cette distinction en établissant la contemporanéité par une expérimentation poétique et en éloignant ainsi ce qu'on appelait le posthistorique). Des informations, c'est-à-dire de l'admission de leur crédibilité, il ne résulte rien, dit Lessing, mais, ajoute-t-il, s'il avait été contemporain des miracles et des prophètes, cela l'aurait aidé[a]. Bien renseigné, comme Lessing l'est toujours, il proteste donc contre une citation d'Origène à moitié fausse qui avait été alléguée pour donner du relief à cette preuve de la vérité du christianisme. Il proteste, en ajoutant les mots par lesquels conclut Origène, où l'on voit qu'Origène admet qu'à son époque encore il arrivait des miracles, et qu'il attribue à ces miracles, dont il est ainsi contemporain, la même force probante qu'à ceux qu'il connaît par les livres.

Lessing ayant pris ainsi position à l'égard d'un exposé donné, il n'a aucune occasion de mettre en relief le problème dialectique de savoir si la contemporanéité est de quelque secours, si

a. Ici pourtant un lecteur se rappellera peut-être ce qui a été dit dans les *Miettes* sur l'impossibilité de devenir contemporain (au sens immédiat) avec un paradoxe, ainsi que du fait que la distinction entre les contemporains et les disciples ultérieurs est quelque peu évanouissante.

elle peut être plus qu'une impulsion, ce que peut être aussi, pourtant, l'information historique. Lessing semble adopter la thèse contraire, peut-être néanmoins n'a-t-il éveillé cette apparence que pour donner plus de clarté dialectique à sa lutte *e concessis* contre un certain adversaire particulier. Les *Miettes*, au contraire, cherchaient à montrer que la contemporanéité ne sert à rien du tout, parce que, de toute éternité, il n'y a jamais eu de passage direct ; ce serait d'ailleurs une injustice sans bornes vis-à-vis de tous ceux qui viennent plus tard, une injustice et une distinction bien pire que celle entre Juifs et Grecs, entre circoncis et incirconcis, que le christianisme a supprimée.

Lessing a résumé lui-même le problème qui l'occupe dans les paroles suivantes imprimées en gros caractères[11] : *Des vérités historiques contingentes ne peuvent jamais devenir la preuve de vérités rationnelles nécessaires*[a]. Ce à quoi on se heurte ici est le prédicat : contingentes *[zufällige]*, ceci induit en erreur, ce semble conduire à la distinction absolue entre vérités historiques essentielles et contingentes, distinction qui n'est pourtant qu'une subdivision. Mais si, malgré l'identité du prédicat plus élevé (« historiques ») on fait une distinction absolue, il pourrait paraître s'ensuivre qu'en ce qui concerne les vérités historiques essentielles on pourrait établir un passage direct. Je pourrais maintenant hausser le ton et dire : il est impossible que Lessing soit aussi inconséquent, *ergo* – et ma vivacité convaincrait sûrement beaucoup de gens. Cependant je me borne à un courtois peut-être, qui suppose que Lessing dans le prédicat « contingent » a caché toute sa pensée, mais en a seulement dévoilé une partie ; en sorte que « contingent » n'implique pas une distinction relative ou une subdivision, mais est un prédicat générique : vérités historiques qui, en tant que telles, sont

a. Si l'on présente ainsi la question, il est bien clair que les *Miettes* combattent à proprement parler Lessing, en tant qu'il a posé le privilège de la contemporanéité dans la négation duquel réside le problème proprement dialectique et par quoi la réponse au problème posé par Lessing reçoit une autre signification.

contingentes. Si telle n'était pas son idée, alors on trouve ici tout le malentendu qui revient toujours dans la philosophie nouvelle : laisser purement et simplement l'éternel devenir historique, et pouvoir comprendre la nécessité[a] de l'historique. Tout ce qui est historique est contingent, car justement par le fait que cela arrive, que cela devient historique, cela reçoit son moment de contingence, car la contingence est précisément le seul facteur de tout ce qui devient. – Là gît à nouveau l'incommensurabilité d'une vérité historique avec une décision éternelle.

Ainsi compris, le passage par lequel quelque chose d'historique et le comportement à son égard devient décisif pour une béatitude éternelle est une μετάβασις εἱς ἄλλο γένος[12] (Lessing dit même : si ce n'est pas cela alors je ne sais pas ce qu'Aristote a entendu par là, p. 82), un saut aussi bien pour les contemporains que pour ceux qui sont venus plus tard. Il est un saut, et ceci est le mot dont Lessing s'est servi à l'intérieur de la limitation fortuite, caractérisée par une distinction illusoire entre contemporanéité et non-contemporanéité. Les mots dont il se sert sont les suivants : « Cela, c'est le vilain large fossé que je ne puis franchir, quelque souvent et quelque sérieusement que j'aie tenté le saut[13] » (p. 83). Peut-être le mot saut n'est-il qu'une tournure de style, peut-être en conséquence la métaphore a-t-elle été faite pour l'imagination par l'addition du prédicat « large », comme si le plus petit saut n'avait pas la propriété de rendre le fossé infiniment large ; comme si, pour quelqu'un qui ne peut pas *du tout* sauter, ce n'était pas aussi difficile, que le fossé soit large ou étroit ; comme si ce n'était pas l'aversion dialectique passionnée pour un saut qui rend le

a. En ce qui concerne ce tour d'adresse systématique à contresens, le lecteur se rappellera peut-être ce qui a été mis en relief dans les *Miettes* [dans l'intermède] que rien de nécessaire n'arrive (parce que ce qui arrive et la nécessité se contredisent mutuellement), et que par conséquent quelque chose est encore moins nécessaire du fait que c'est arrivé, car nécessaire est la seule chose qu'on ne puisse pas devenir, parce qu'on ne cesse de présupposer que cela est.

fossé si infiniment large, de même que la passion de Lady Macbeth rend la tache de sang si monstrueusement grande que l'océan ne pourrait la laver. Peut-être est-ce aussi une ruse de Lessing d'introduire le mot « sérieusement », car quand il s'agit de sauter, surtout quand la métaphore est faite pour l'imagination, le sérieux est passablement bouffon, parce qu'il n'a pas de rapport (ou un rapport comique) avec le saut, car ce n'est pas la largeur du fossé, entendue extérieurement, qui empêche le saut, mais, intérieurement, la passion dialectique qui rend le fossé infiniment large. Avoir été tout près de quelque chose a déjà son côté comique, mais avoir été tout près du saut n'est rien du tout, justement parce que le saut est la catégorie de la décision. Et maintenant, qu'il ait voulu faire le saut avec le plus grand sérieux – oui, Lessing est un polisson, car il a bien plutôt, avec un très grand sérieux, élargi le fossé : n'est-ce pas se moquer du monde ! Pourtant, quand il s'agit du saut, on peut, comme on sait se moquer aussi des gens d'une autre manière plus en faveur : on ferme les yeux, on se prend soi-même par la nuque à la Münchhausen et alors – alors on se trouve de l'autre côté, par-delà la saine intelligence humaine, dans la terre promise systématique.

Cette expression « le saut » est d'ailleurs attachée au nom de Lessing d'une autre manière. Si, en somme, dans la philosophie récente, on trouve rarement un penseur qui rappelle la belle façon grecque de philosopher, en ce qu'il se concentre, dans une certaine occasion, d'une façon ingénieuse, et concentre son existence de penseur en une seule heureuse petite phrase, Lessing fait cela et ainsi fait penser vivement aux Grecs. Son savoir n'est pas un salmigondis savant et une médiation authentiquement spéculative de ce que X. et Y., génies et professeurs, ont pensé et écrit ; son mérite n'est pas d'avoir enfilé toute cette magnificence sur le fil de la méthode historique ; non, bref, en toute simplicité il a son idée personnelle. De même que chez beaucoup de penseurs grecs on peut, au lieu de leur nom, citer leur maxime favorite, de même Lessing a laissé derrière lui un dernier mot. On sait que le « dernier mot » de Lessing a fait couler en son temps pas mal d'encre. Le noble et enthousiaste Jacobi, qui parle souvent avec une aimable sympathie de son besoin d'être compris par d'autres penseurs, et souligne combien désirable est l'accord avec d'autres, était le confesseur à qui il était réservé de conserver le dernier mot de Lessing. Or, cela se comprend, c'était une affaire difficile d'être le confesseur d'un ironiste comme Lessing, et Jacobi a dû souffrir passablement, innocemment en tant qu'on l'a attaqué injustement, et par sa faute en tant que Lessing ne l'avait pourtant aucunement fait venir comme confesseur, encore moins prié de faire connaître leur conversation, et moins que tout de mettre l'accent pathétique à un mauvais endroit.

Dans toute la situation il y a quelque chose de hautement poétique : deux personnalités aussi marquées que Lessing et Jacobi ayant un entretien ensemble, l'inépuisable porte-parole de l'enthousiasme comme observateur et l'astucieux Lessing comme catéchumène. La tâche de Jacobi est de rechercher ce qu'il en est en réalité de ce Lessing. Qu'arrive-t-il ? Avec épouvante il découvre qu'au fond Lessing est tout de même spinoziste. Notre homme enthousiaste tente tout ce qu'il peut et lui propose comme seul moyen de salut ce *salto mortale*. Ici je dois m'arrêter un instant ; il pourrait sembler que finalement Jacobi fût l'inventeur du saut. Il faut pourtant remarquer : d'abord que Jacobi n'est pas tout à fait clair sur la question de savoir où le saut se place essentiellement. Son *salto mortale* n'est avant tout que l'acte de subjectivation vis-à-vis de l'objectivité de Spinoza, non le passage de l'éternel à l'historique. Ensuite, pour ce qui est du saut, Jacobi n'est pas non plus dialectiquement assuré que celui-ci ne se laisse pas directement enseigner ou communiquer. Il est bien l'acte d'isolation en ce que, pour ce qui ne se peut penser, il s'en remet à l'individu de vouloir ou non se décider en vertu de l'absurde, de l'accepter en croyant. Jacobi veut par son éloquence aider les gens à faire le saut. Mais cela est une contradiction, et tout stimulant direct empêche précisément de sauter réellement, ce qui ne doit pas être confondu avec l'assurance qu'on l'aurait bien fait. Supposons que Jacobi ait fait lui-même le saut et, par son éloquence, ait persuadé un élève de vouloir aussi le faire : alors l'élève prendrait bien un rapport direct avec Jacobi et n'en viendrait donc pas à faire lui-même le saut. Le rapport direct d'homme à homme est naturellement beaucoup plus facile, il satisfait la sympathie et l'impulsion personnelle d'une façon beaucoup plus rapide et apparemment plus sûre, et il se comprend directement. Là, on n'a pas besoin de cette dialectique de l'infini pour se conserver soi-même infiniment résigné et infiniment enthousiaste dans la sympathie de l'infini, dont le secret consiste précisément en ce qu'on échappe à l'idée fausse qu'un homme n'est pas, dans son rapport divin, tout aussi grand qu'un autre. Ainsi le soi-disant maître se transforme en un élève qui s'occupe de lui-même, et tout enseignement se transforme en une divine plaisanterie, parce que chaque homme n'est essentiellement enseigné que par Dieu. – Or Jacobi ne désire chez Lessing que de la compagnie pour sauter ; son éloquence est celle de quelqu'un qui aime Lessing, et c'est pourquoi il est pour lui si important d'entraîner Lessing avec lui. On remarque aussitôt ici l'incertitude dialectique : l'homme éloquent, convaincu pour toujours, sent en lui vigueur et force pour gagner d'autres hommes à sa conviction, c'est-à-dire qu'il est suffisamment incertain pour avoir besoin de l'adhésion d'autres hommes à sa conviction enthousiaste. En somme l'enthousiaste qui n'est pas en état d'exprimer son enthousiasme vis-à-vis de chaque homme dans la forme du contraste n'est pas fort, mais faible, et n'a que la force d'une femme qui consiste dans sa faiblesse. Jacobi ne s'entendait pas à se discipliner lui-même avec art, en sorte qu'il se fût contenté d'exprimer l'idée en existant. La contrainte de l'isolement, qui se trouve précisément dans le saut, ne peut le contraindre, il faut qu'il trahisse quelque chose, il ne cesse de déborder en écumant dans cette éloquence qui, en force, en contenu et en bouillonnement lyrique, peut parfois être mise sur le même niveau que Shakespeare, mais qui veut pourtant aider d'autres hommes à avoir un rapport direct avec l'orateur, ou qui veut dans le cas présent lui obtenir la consolation que Lessing est d'accord avec lui.

Mais continuons, Jacobi, ayant donc découvert avec horreur que Lessing est à proprement parler spinoziste, parle avec toute sa conviction. Il veut prendre Lessing d'assaut. Lessing répond[14] : « Bien, très bien ! Je peux faire aussi usage de tout cela ; mais je ne peux pas faire la même chose avec. En somme votre *salto mortale* ne me déplaît pas du tout, et je comprends comment un homme de tête peut de cette façon faire la culbute pour faire des progrès ; prenez-moi avec vous – si cela peut se faire[15]. » Ici on voit remarquablement l'ironie de Lessing, qui sait sans doute que quand il s'agit de sauter il faut bien être seul, et seul aussi pour bien comprendre que c'est une impossibilité. Il faut admirer son urbanité et sa prédilection pour Jacobi, et l'art de la conversation avec lequel il dit si courtoisement : « Prenez-moi avec vous – si cela peut se faire. » Jacobi continue : « Si vous voulez seulement monter sur le tremplin élastique d'où je prends mon élan cela va tout seul. » Ceci est d'ailleurs très bien dit, pourtant c'est là qu'est l'incorrection, qu'il veut faire ici du saut quelque chose d'objectif et quelque chose d'analogue par exemple à la découverte du point d'Archimède. Le bon côté de la réponse est qu'elle ne veut avoir aucun rapport direct, aucune communauté dans le saut. Ensuite vient le *dernier* mot de Lessing : « Pour cela aussi il faut déjà un saut que je ne peux plus exiger de mes vieilles jambes et de ma lourde tête[16]. » Ici Lessing est ironique, avec l'aide du dialectique, tandis que le dernier tour de la phrase a tout à fait le coloris socratique – parler de manger et boire, de médecins, de bêtes de somme, et autres choses de ce genre[a], *item* de ses vieilles jambes et de sa lourde tête. Malgré que le saut, comme il a été remarqué souvent, soit la décision, Jacobi veut quand même ici façonner en quelque sorte un passage vers le saut ; lui, l'homme éloquent, veut attirer Lessing : « Ce n'est rien de plus, dit-il, l'affaire n'est pas si ardue, vous allez seulement sur le

---

a. Cf. *Gorgias*.

tremplin et le saut se fait de lui-même. » Ceci est un excellent exemple de la pieuse tromperie de l'éloquence ; c'est comme si quelqu'un voulait recommander l'exécution par la guillotine et disait : « Le tout est très simple, vous vous mettez seulement sur une planche, ensuite on tire seulement sur une ficelle, alors le couperet tombe et vous êtes exécuté. » Mais supposons maintenant qu'être exécuté soit ce qu'on ne désirait pas : et de même faire le saut. Quand on a de la répugnance pour le saut, une répugnance telle que cette passion rend « le fossé infiniment large », la machine à sauter la plus ingénieusement combinée ne vous est d'aucune aide. Lessing voit très bien que le saut en tant que décisif est qualitativement dialectique et ne permet aucune transition approximative. C'est pourquoi sa réponse est une plaisanterie. Elle n'est rien moins que dogmatique, elle est dialectiquement tout à fait correcte, évasive en ce qui le concerne et, au lieu d'inventer la médiation en toute hâte, il se sert de ses vieilles jambes et de sa lourde tête. Et cela se comprend, qui a des jambes jeunes et une tête légère, il peut bien sauter.

Telle est en gros l'opposition psychologique entre Lessing et Jacobi. Lessing se repose en lui-même et ne sent aucun besoin de communauté ; c'est pourquoi il fait une parade ironique et glisse entre les mains de Jacobi, sur ses vieilles jambes – inaptes au saut. Il ne fait pas de tentative pour persuader Jacobi qu'il n'y a pas de saut[a]. Jacobi au contraire, malgré tout son enthousiasme pour autrui, se cherche lui-même, et sa volonté de convaincre absolument Lessing est précisément pour lui un besoin ; qu'il fasse une pression si vive sur lui montre que ce besoin le pousse vers Lessing (qu'il a besoin de lui) – pour jouer avec les prépositions[17], ce que Jacobi aimait tant[18].

a. Pour Lessing ce fut un bonheur qu'il ne vécût pas dans le dix-neuvième siècle, siècle tout aussi sérieux qu'authentiquement spéculatif-dogmatique. Autrement il aurait peut-être dû passer par cette épreuve qu'un homme on ne peut plus sérieux, qui vraiment ne comprend aucune plaisanterie, fît sérieusement la proposition que Lessing dût retourner au catéchisme pour apprendre le sérieux.

En somme, les discussions entre Jacobi et Mendelssohn par l'intermédiaire d'Émilie [Élise] (Reimarus) sur le rapport de Jacobi à Lessing[19] permettent de se représenter combien inépuisablement Lessing, dans sa gaieté grecque, plaisantait dialectiquement avec Jacobi, dont d'ailleurs il appréciait tant les mérites. Ainsi Jacobi raconte[20] que Lessing lui aurait dit une fois avec un demi-sourire[21] qu'« il était sans doute lui-même l'être le plus haut et, actuellement, dans l'état de la plus extrême contraction[a] ». Quelle merveille qu'on ait pris Lessing pour un panthéiste ! Et pourtant la plaisanterie est si claire (sans que pour cela son énoncé ait lui-même besoin d'être pure plaisanterie) et particulièrement remarquable dans une allusion ultérieure à ce mot. Comme en effet Lessing était avec Jacobi chez Gleim et que pendant le repas il commençait à pleuvoir, ce que Gleim regrettait, car ils voulaient aller ensuite dans le jardin, Lessing dit à Jacobi (sans doute encore avec un demi-sourire) : « Jacobi, vous savez, je le fais peut-être[22]. »

Mendelssohn, qui a eu à se prononcer sur ces choses, a d'ailleurs déclaré très correctement que le saut est le sommet lyrique de la pensée. En tant, en effet, que la pensée[b] s'efforce lyriquement au-delà d'elle-même elle a la volonté de découvrir le paradoxe. Ce pressentiment est l'unité de la plaisanterie et du sérieux, et sur ce point reposent toutes les catégories chrétiennes. En dehors de ce point toute définition dogmatique est

a. Dialectiquement cette confusion n'est pas si facile à expliquer. Dans les *Miettes* [chapitre III], j'ai rappelé comment elle se produit et j'ai rappelé le fait que la connaissance de soi-même de Socrate sombrait dans l'étrange : qu'il ne savait pas avec certitude s'il était un homme ou un animal plus complexe que Typhon.

b. Naturellement je ne parle que de la pensée du penseur subjectif existant. Je n'ai jamais pu comprendre comment un homme devenait la spéculation, la spéculation objective et l'être pur. Un homme en effet peut devenir beaucoup de choses dans le monde, il peut, comme dit la chanson, devenir un gentilhomme, un pauvre homme, un pasteur, un docteur, un cordonnier, un couturier... jusque-là je peux comprendre les Allemands. Il peut aussi devenir un penseur, ou un imbécile ; mais devenir la spéculation est le plus incompréhensible de tous les miracles.

un produit philosophique qui s'est développé au cœur de l'humanité, et une pensée immanente. La dernière chose que la pensée humaine peut vouloir est de vouloir se dépasser elle-même dans le paradoxe. Et le christianisme est justement le paradoxe. – Mendelssohn dit : « Douter quant à savoir, s'il n'y a pas quelque chose qui non seulement dépasse tous les concepts, mais se trouve complètement en dehors du concept, c'est ce que j'appelle un saut au-dessus de soi-même. » Mendelssohn s'interdit cela naturellement et ne sait rien en faire ni de plaisant ni de sérieux[23].

Voilà à peu près ce qu'on peut dire sur le rapport de Lessing au saut. En soi-même ce n'est pas beaucoup et ce qu'il a voulu en faire n'est pas précisément clair au point de vue dialectique ; oui, il n'est même pas clair si, à l'endroit où il en parle dans ses propres œuvres, ce n'est pas un tour pathétique dans le style et, dans la conversation avec Jacobi, une plaisanterie socratique, ou si ces deux antithèses sortent d'une seule et même pensée catégorique du saut, laquelle les supporte. Pour moi, le peu qu'on trouve dans Lessing a eu de l'importance. J'avais lu *Crainte et tremblement* de Johannès de Silentio avant d'avoir l'occasion de lire l'ouvrage de Lessing. Dans cet ouvrage, j'avais été rendu attentif à la façon dont, suivant l'idée de l'auteur, le saut est décisif en tant que décision χατ' ἐξοχὴν[24] précisément pour ce qui est chrétien et pour toute définition dogmatique, ce qui ne se peut atteindre ni par l'intuition intellectuelle de Schelling ni par ce que Hegel, raillant Schelling, veut lui substituer, je veux dire la Méthode, parce que le saut est justement la protestation la plus décisive contre la marche inverse de la méthode. Tout le christianisme découle de la crainte et du tremblement ; oui, il se trouve dans la crainte et le tremblement (que sont précisément les catégories désespérées du christianisme et du saut) dans le paradoxe, soit qu'on l'accepte (c'est-à-dire qu'on est un croyant), soit qu'on le rejette (justement parce qu'il est le paradoxe). Quand, ensuite, je lus Lessing, la question ne m'en devint à vrai dire pas plus claire, car ce que dit Lessing est si peu de chose, mais pourtant ce me fut toujours un encouragement de voir que Lessing y était attentif. Dommage seulement qu'il n'ait pas voulu lui-même suivre cette pensée. Mais il n'avait pas non plus à se tourmenter avec la médiation, avec la divine et adorée médiation qui fait et a fait des miracles et change un homme en la spéculation – et ensorcèle le christianisme. Honneur à la médiation ! Elle peut aussi aider les gens d'une autre manière, comme elle a sans doute aidé l'auteur de *Crainte et tremblement* à chercher l'issue désespérée du saut, exactement comme le christianisme était une issue désespérée, quand il fit son apparition dans le monde, et reste tel à jamais pour quiconque l'embrasse réellement. Il peut bien arriver à un coursier fougueux et ardent que, quand il devient un cheval de louage que monte n'importe quelle mazette, il perde son souffle et son fier maintien – mais dans le monde de l'esprit la paresse n'est jamais victorieuse, elle perd toujours et reste dehors. Que d'ailleurs Johannès de Silentio ait été, ou non, rendu attentif au saut par la lecture de Lessing, je ne puis en décider.

§ 4.

Lessing a dit : *Si Dieu tenait enfermée dans sa main droite toute vérité, et dans sa gauche l'unique et toujours vivace impulsion vers la vérité, même avec cette condition supplémentaire de me tromper toujours et éternellement, et s'il me disait : choisis ! je me jetterais avec humilité sur sa main gauche et dirais : Père, donne ! la vérité pure n'est pourtant que pour toi seul*[25] *!* (cf. Lessing, S. W., tome V, p. 100). – À cette époque, quand Lessing disait ces paroles, le système n'était sans doute pas encore fini ; hélas, et maintenant Lessing est mort ! S'il vivait aujourd'hui où le système est fini, ou en tout cas très avancé et sera fini d'ici dimanche, croyez-moi, Lessing se le serait approprié *des deux mains*, il n'aurait pas eu le temps, ni le scrupule, ni l'arrogance, de jouer en quelque sorte par plaisanterie à « pair ou impair » avec Dieu et de choisir sérieusement la main gauche. Mais le système a aussi plus que ce que Dieu a dans ses deux mains, déjà en ce moment il a plus, à plus forte raison dimanche, quand il sera, tout à fait certainement, fini.

Ces mots se trouvent dans un petit mémoire (*Eine Dupplik*, 1778) publié à l'occasion de la défense, par un homme pieux, de l'histoire de la résurrection contre l'attaque contenue dans les fragments publiés par Lessing. Il est assez connu qu'on n'a pu rien comprendre du tout à l'idée que devait avoir Lessing en publiant ces fragments. Même le savant pasteur en chef Götze ne pouvait dire avec certitude quel passage de l'Apocalypse s'appliquait à Lessing, oui, était réalisé par lui. En ce sens, Lessing a, d'une manière particulière, obligé les gens à accepter son principe par rapport à lui. Tandis que par ailleurs, à cette époque aussi, on entassait habilement résultat sur résultat, on ne pouvait pas du tout tuer Lessing dans les abattoirs historico-mondiaux pour le coucher dans un paragraphe. Il était et demeura une énigme. Si maintenant quelqu'un veut l'évoquer – il n'en sera pas plus avancé.

Mais tout d'abord je veux donner une assurance en ce qui concerne ma modeste personne. Malgré tout, je suis prêt à tomber en adoration devant le système si seulement je puis arriver à le voir. Jusqu'à présent je n'y ai pas réussi, et, bien que j'aie de jeunes jambes, je suis pourtant presque éreinté à courir sans cesse d'Hérode à Pilate. Plusieurs fois j'ai été presque sur le point d'adorer ; mais voyez, à l'instant où j'avais déjà déplié mon mouchoir pour ne pas salir mon pantalon en tombant à genoux, quand, plein de confiance, je demandais pour la dernière fois à l'un des initiés : dis-moi maintenant en toute franchise, est-ce tout à fait terminé, car dans ce cas je vais me jeter à genoux, même si je devais gâter une paire de culottes (en effet, en raison du grand trafic allant vers le système ou en revenant, le chemin n'est pas peu sale), je recevais toujours la réponse :

non, à vrai dire, ce n'est pas encore tout à fait fini. Et ainsi tout était à nouveau remis à plus tard – le système et la génuflexion.

Ainsi, un système et un tout clos sont à peu près une seule et même chose, donc, quand le système n'est pas fini, alors il n'y a pas de système. J'ai déjà rappelé à un autre endroit qu'un système qui n'est pas tout à fait fini est une hypothèse ; par contre, un système à moitié fini est un non-sens. Que si quelqu'un dit : ce n'est qu'une querelle de mots, les adeptes du système disent bien eux-mêmes que le système n'est pas terminé, je demanderais seulement : pourquoi l'appellent-ils un système ? Pourquoi, en bref, ont-ils un double langage ? Quand ils exposent leur « somme » ils ne disent pas que quelque chose manque. Ils donnent ainsi l'occasion aux gens moins informés d'admettre que tout est fini, à moins qu'ils n'écrivent pour des lecteurs mieux informés qu'eux-mêmes, ce qui semblera sans doute impensable aux adeptes du système. Si, par contre, on touche à la construction, alors apparaît le maître constructeur. C'est un homme extrêmement obligeant, courtois et aimable à l'égard des visiteurs, il dit : oui, nous en sommes naturellement encore à bâtir, le système n'est pas encore tout à fait fini. Ne le savait-il donc pas avant, ne le savait-il pas quand il fit expédier à tous les hommes son invitation à devenir bienheureux ? Mais, s'il le savait, pourquoi ne le disait-il pas lui-même, c'est-à-dire pourquoi ne s'abstenait-il pas alors de nommer système le fragment effectué ? Car, disons-le encore une fois : un fragment de système est un non-sens. Un effort poursuivi vers un système est au contraire quand même un effort. Et c'est justement d'un effort, d'un effort continu, que parle Lessing. Et pourtant pas d'un effort vers rien ! Au contraire, Lessing parle, comme on sait, d'un effort vers la vérité ; et il emploie un mot singulier pour désigner cet instinct vers la vérité : l'unique instinct toujours éveillé. Ce mot « unique » ne peut pas être compris autrement qu'au sens d'infini, dans le même sens où il est plus haut d'avoir une pensée, une seule, que beaucoup de pensées. Ainsi parlent-ils tous deux, Lessing et l'adepte du système, d'un effort continu, il y a seulement cette différence que Lessing est assez bête, ou assez sincère, pour l'appeler un effort, l'adepte du système au contraire assez malin ou assez peu sincère pour l'appeler le système. Que dirait-on d'une pareille différence en d'autres conjonctures ? Quand l'agent Behrend[26] perdit un parapluie de soie, il annonça la perte d'un parapluie de nankin, il faisait en effet le raisonnement suivant : si je dis que c'est un parapluie de soie, cela pourra inciter celui qui l'aura trouvé à le garder. L'adepte du système se dit peut-être : si dans le journal et sur la page de titre j'appelle mon travail un effort continu, hélas, qui, alors, l'achètera ou m'admirera ; mais si je l'appelle le système, le système absolu, tout le monde achètera le système – il subsiste seulement cette difficulté que ce que vend l'adepte du système n'est pas le système.

Allons plus loin mais ne nous moquons pas les uns des autres. Moi, Johannes Climacus, ne suis ni plus ni moins qu'un homme ; je suppose que celui avec qui j'ai l'honneur de parler est aussi un homme. S'il veut être la spéculation, la spéculation pure, il faut que je renonce à parler avec lui ; car au même instant il devient, pour moi et pour le faible regard d'un mortel, invisible.

Ainsi : *a*) *il peut y avoir un système logique ;*
b) *mais il ne peut y avoir un système de l'existence.*

a)

α) Cependant si un système logique doit être construit, il faut surtout faire attention à ce qu'on n'y reçoive rien de ce qui est assujetti à la dialectique de l'existence, de ce qui, donc, n'est que parce que cela existe ou a existé, non parce que cela est. Il suit de là très simplement que cette découverte incomparable et incomparablement admirée de Hegel, d'apporter le mouvement dans la logique, consiste justement à introduire la confusion dans la logique[a] (sans compter aussi qu'à un endroit sur deux

a. La légèreté avec laquelle les adeptes du système accordent que Hegel n'a évidemment pas partout réussi à introduire le mouvement dans la logique, à peu près comme quand un épicier pense que quelques raisins secs ne tirent

manque même un simple essai de sa part de nous faire croire qu'il y est). N'est-il pas, aussi, extraordinaire de poser le mouvement comme base dans une sphère où il est impensable, ou de laisser le mouvement expliquer la logique, alors que la logique ne peut pas expliquer le mouvement ? Pour ce qui est de ce point je suis d'ailleurs en mesure de pouvoir me référer à un homme qui pense sainement et a reçu des Grecs une heureuse culture (qualités rares à notre époque !), un homme qui a su se libérer et libérer sa pensée de toutes flagorneries à l'égard de Hegel, tandis qu'autrement chacun veut profiter de la notoriété de Hegel en allant, pour le moins, plus loin que lui, c'est-à-dire qu'il s'approprie Hegel ; un homme qui préfère se satisfaire avec Aristote et avec lui-même – je veux dire Trendelendburg (*Recherches logiques* [Berlin, 1840]). Son mérite consiste, entre autres, à comprendre le mouvement comme l'inexplicable postulat, comme le terrain commun où l'être et la pensée se réunissent, et comme la réciprocité continuée. Je ne puis essayer ici de montrer comment sa conception se rattache aux Grecs, à Aristote, ou à ce qui, d'une façon bizarre en un certain sens, bien que seulement populaire, a beaucoup de ressemblance avec

---

pas à conséquence quand on achète beaucoup par ailleurs, cette condescendance bassement comique est naturellement une façon de mépriser Hegel, telle que ses plus violents adversaires ne s'en sont jamais permis d'analogue. Avant Hegel il y a bien eu aussi des recherches logiques, mais c'est précisément sa méthode qui est tout. Pour lui et pour tout homme qui est assez éveillé pour comprendre ce que cela signifie de vouloir quelque chose de grand, la conjoncture que la méthode ne se trouve pas sur tel ou tel point ne peut être une bagatelle comme quand un épicier et un client se disputent sur le poids de la marchandise. Hegel a justement mis lui-même toute sa renommée dans la méthode, mais une méthode a cette propriété remarquable qu'abstraitement elle n'est rien du tout, c'est précisément dans sa réalisation, dans le fait qu'elle est appliquée, qu'elle est une méthode, et là où elle n'est pas appliquée elle n'est pas la méthode, et quand il n'existe aucune autre méthode, alors il n'existe pas du tout de méthode. C'est aux admirateurs de Hegel qu'il doit être réservé d'en faire un radoteur ; un adversaire saura toujours le respecter pour avoir voulu quelque chose de grand et ne l'avoir pas atteint.

son exposé, à un petit chapitre de l'ouvrage de Plutarque sur Isis et Osiris[27]. Je ne suis pas du tout d'avis que la philosophie hégélienne n'a pas eu d'influence favorable sur Trendelendburg, mais, par bonheur, il s'est rendu compte qu'on ne peut vouloir améliorer la construction de Hegel, aller plus loin, etc. (comme de nos jours plus d'une mazette s'approprie avec illusion et mensonge la renommée de Hegel et fraternise vulgairement avec lui) ; et, d'un autre côté, sobre comme un penseur grec, sans vouloir faire le bonheur de l'humanité, il accomplit quelque chose de grand, et rend heureux celui qui a besoin d'être conduit par lui pour faire connaissance avec les Grecs.

Dans un système logique on ne doit rien laisser entrer de ce qui se rapporte à l'existence, de ce qui n'est pas indifférent à l'égard de l'existence. La supériorité infinie qu'a le logique, en tant qu'objectif, sur toute pensée, est de nouveau limitée par ce fait que du point de vue subjectif il est une hypothèse, justement parce que, pour ce qui est de la réalité, il est indifférent vis-à-vis de l'existence. Ce caractère double est ce qui distingue le logique du mathématique, lequel ne se rapporte pas le moins du monde à l'existence, mais n'a que de l'objectivité – et non de l'objectivité et de l'hypothétique en tant qu'unité et contradiction, où l'hypothétique se rapporte à l'existence d'une façon négative.

Le système logique ne doit pas être une mystification, un discours de ventriloque, où le contenu de l'existence se glisse sournoisement et subrepticement, où la pensée logique, étonnée, retrouve les desseins cachés de M. le Professeur ou de M. le Licencié. Le jugement ici est plus rigoureux quand on pose la question de savoir en quel sens la catégorie est une abréviation de l'existence, si la pensée logique est abstraite d'après l'existence, ou abstraite sans la moindre relation à l'existence. Je voudrais traiter cette question d'une façon un peu plus détaillée à un autre endroit ; et, même si la réponse ne devait pas être satisfaisante, il est quand même toujours bon que la question soit posée.

β) La dialectique du commencement doit être rendue claire. Ce qui est presque amusant en elle, que le commencement est, et de nouveau n'est pas[28] parce qu'il est le commencement, cette remarque dialectique vraie a maintenant assez longtemps servi à un jeu pratiqué dans la Société hégélienne.

Le système, dit-on[29], commence avec l'immédiat ; quelques-uns, par manque de dialectique, sont même assez oratoires pour dire : avec ce qui est le plus immédiat de tout, bien que justement la réflexion comparative qui se trouve dans ces mots puisse devenir dangereuse pour le commencement[a]. Le système commence avec l'immédiat, et par suite sans présupposition, et par suite d'une façon absolue, c'est-à-dire que le commencement du système est le commencement absolu. Ceci est tout à fait correct et a été d'ailleurs suffisamment admiré. Mais pourquoi n'a-t-on pas aussi, avant de commencer avec le système, posé l'autre question aussi importante, tout aussi importante, et n'a-t-on pas élucidé et respecté son contenu : *comment commence le système avec l'immédiat*, c'est-à-dire *commence-t-il immédiatement avec lui ?* À cette question il faut bien répondre non sans restriction. Si l'on admet que le système est après l'existence (ce qui donne lieu à la confusion avec un système de l'existence) alors le système vient derrière, et ainsi ne commence pas immédiatement avec l'immédiat, par lequel commença l'existence, bien que dans un autre sens elle ne commença pas ainsi ; parce que l'immédiat n'est jamais, mais est aboli quand il est. Le commencement du système qui commence avec l'immédiat *est ensuite atteint lui-même par une réflexion.*

Ici réside la difficulté, car si on ne laisse pas échapper cette seule pensée soit par tromperie, soit par étourderie, soit dans une hâte essoufflée pour en avoir fini avec le système, elle est dans toute sa simplicité en état de décider qu'il ne peut y avoir

a. Cela nous entraînerait trop loin de montrer ici comment. Souvent aussi cela n'en vaut pas la peine ; car quand on a péniblement présenté une objection pénétrante, on découvre par la réplique d'un philosophe que le malentendu dans lequel on se trouvait n'était pas qu'on ne pouvait comprendre la philosophie vénérée, mais bien plutôt qu'on s'était laissé amener à croire que le tout était quelque chose – et non une pensée relâchée, dissimulée par les expressions les plus prétentieuses.

de système de l'existence, et que le système logique ne doit pas se vanter d'un commencement absolu, parce qu'un tel commencement est, comme l'être pur, une pure chimère.

Si en effet on ne peut immédiatement commencer avec l'immédiat (lequel immédiat devrait être pensé comme un hasard ou un miracle, c'est-à-dire quelque chose d'impensable) et si, au contraire, ce commencement doit être atteint par une réflexion, on demande tout simplement (hélas ! pourvu que je ne sois pas mis en pénitence pour ma simplicité, car tout le monde peut comprendre ma question et ainsi doit donc avoir honte du savoir populaire du questionneur) : comment est-ce que j'arrête la réflexion qui fut mise en mouvement pour atteindre ce commencement ? La réflexion a en effet cette propriété remarquable qu'elle est infinie. Ceci veut dire en tout cas qu'elle ne peut être arrêtée par elle-même, parce que, comme on sait, elle a besoin d'elle-même quand elle doit s'arrêter elle-même, et ainsi ne peut être guérie que de la même façon qu'une maladie, si celle-ci devait déterminer elle-même ses remèdes, c'est-à-dire si la maladie était alimentée. Peut-être cette infinité de la réflexion est-elle la mauvaise infinité – alors on en a bientôt fini avec nous, car la mauvaise infinité est supposée être quelque chose de méprisable à quoi on doit renoncer, le plus tôt le mieux. Ne pourrais-je à cette occasion me permettre une question ? D'où vient donc que Hegel et tous les hégéliens, qui par ailleurs devraient être des dialecticiens, se fâchent ici, oui deviennent furieux comme des Allemands ? Ou serait-ce une détermination dialectique que « *mauvaise* » ? D'où vient un tel prédicat dans la logique ? Comment le dédain, le mépris, les moyens d'effrayer, trouvent-ils place dans la logique comme motifs permis, en sorte que le commencement absolu est accepté par l'individu parce qu'il a peur de ce que penseront amis et voisins s'il ne le fait pas ? « Mauvais » n'est-il pas une catégorie éthique[a] ? Que veux-je dire quand je parle de la mau-

a. Et si pas éthique, en tout cas une catégorie esthétique, comme quand Plutarque raconte que plusieurs admettaient qu'il n'y avait qu'un seul monde

vaise infinité ? J'accuse l'individu dont il s'agit de ne pas vouloir arrêter l'infinité de la réflexion. Je réclame donc quelque chose de lui ? Mais, d'une façon authentiquement spéculative, j'admets au contraire que la réflexion s'arrête elle-même. Pourquoi est-ce que je réclame donc quelque chose de lui ? Et qu'est-ce que je réclame de lui ? Je réclame une décision. Et par là j'agis bien, car ce n'est que comme cela que la réflexion peut être arrêtée, par contre un philosophe n'agit jamais bien quand il se moque des gens, et en un instant obtient de la réflexion qu'elle s'arrête elle-même dans le commencement absolu, et l'instant d'après tourne en dérision un homme qui a le seul tort d'être assez bête pour croire cela, le dédaigne, pour l'aider de cette façon à arriver au commencement absolu qui, ainsi, se produit de deux façons. Mais en exigeant une décision on renonce à l'absence de présupposition. Ce n'est que quand la réflexion est arrêtée qu'on peut commencer, et la réflexion ne peut être arrêtée que par quelque chose d'autre, et cet autre chose est tout différent du logique, car c'est une décision. Et ce n'est que quand le commencement, par lequel la réflexion s'arrête, est une percée, en sorte que le commencement absolu émerge lui-même à travers la réflexion indéfiniment poursuivie, ce n'est qu'alors que le commencement est sans présupposition. Si au contraire il y a une rupture par quoi la réflexion est interrompue pour que le commencement puisse apparaître, alors ce commencement n'est pas absolu, parce qu'il est survenu par une μετάβχσις εἰς ἄλλο γένος.

Quand le commencement de l'immédiat est atteint par une réflexion, l'immédiat doit avoir une autre signification que celle qu'il a généralement. Des logiciens hégéliens s'en sont bien rendu compte, et c'est pourquoi ils définissent l'immédiat avec lequel commence la logique de la façon suivante : ce qui subsiste de plus abstrait dans une abstraction épuisante. Il n'y a rien à objecter contre cette définition, mais bien contre le fait qu'on

parce qu'ils craignaient qu'autrement il ne s'ensuivit une infinie et accablante infinité de mondes (*De defectu oraculorum*, ch. XXII).

ne respecte pas ce que l'on dit soi-même, car cette définition exprime justement indirectement qu'il n'y a pas un commencement absolu. Comment ? entends-je quelqu'un dire, quand on fait abstraction de tout n'est-ce pas alors, etc. – Oui – *quand* on fait abstraction de tout. Soyons donc des hommes. Cet acte de l'abstraction est, comme l'acte de la réflexion, infini, comment donc l'arrêter – cela ne se peut pourtant... etc. Risquons même une expérience de pensée. Que l'acte de cette abstraction infinie soit réalisé *in actu*, alors le commencement n'est pourtant pas, comme on sait, l'acte de l'abstraction, mais celui-ci vient ensuite. Mais avec quoi donc est-ce que je commence, puisqu'on fait abstraction de tout ? Ah, ici peut-être, un hégélien, touché, se penchera-t-il sur mon sein et balbutiera-t-il dans un transport de joie : avec rien. Et c'est en effet ce que dit le système, qu'il commence avec rien. Mais je devrais poser ma seconde question : comment est-ce que je commence avec ce rien ? Quand en effet l'acte de l'abstraction infinie n'est pas une de ces bouffonneries dont on peut bien faire deux à la fois, quand il est au contraire l'œuvre la plus ardue qui se puisse accomplir, quoi alors ? Alors il me faut toute ma force pour persévérer en lui. Si je laisse aller une partie quelconque de ma force, je n'abstrais pas tout. Quand donc je commence sous cette présupposition, je ne commence pas avec rien, justement parce que à l'instant du commencement je ne fais pas abstraction de tout. Ce qui veut dire que, s'il est possible pour un homme de faire abstraction de tout par la pensée, il est impossible pour lui de faire davantage, car si cela ne va pas en somme au-delà des forces humaines, cela les épuise, en tout cas, absolument. Se fatiguer de l'acte de l'abstraction et pouvoir dans cet état commencer, ce ne sont là que propos d'épiciers qui ne prennent pas très au sérieux une petite irrégularité. L'expression même « commencer avec rien » est d'ailleurs, sans parler de son rapport à l'acte infini de l'abstraction, trompeuse. Commencer avec rien n'est en effet ni plus ni moins qu'une nouvelle façon d'exprimer la dialectique du commencement elle-même. Le commencement est, et de nouveau n'est pas, justement parce qu'il est le commencement ; ceci peut aussi être exprimé ainsi : le commencement commence avec rien. Ce n'est qu'une nouvelle expression, avec laquelle nous n'avons pas fait le moindre pas en avant. Dans le premier cas je pense seulement le commencement *in abstracto*, dans l'autre je pense le rapport du commencement tout aussi abstrait à quelque chose avec quoi on commence ; et il apparaît tout à fait correctement que ce quelque chose, oui, l'unique quelque chose qui correspond à un tel commencement, n'est rien. Mais ce n'est qu'une périphrase tautologique de l'autre proposition : il n'y a pas de commencement. Il n'y a pas de commencement et le commencement commence avec rien sont des propositions tout à fait identiques, et j'en suis toujours au même point.

Comment les choses se présenteraient-elles si, en conséquence, au lieu de parler ou de rêver d'un commencement absolu, nous parlions d'un saut. Se laisser satisfaire par un « pour la plus grande partie », par un « presque aussi bien que », « on peut presque dire », « si on dort là-dessus jusqu'à demain on pourra tout à fait dire » montre seulement qu'on est apparenté à Trop, qui en vint petit à petit à l'opinion qu'avoir été près de passer son examen de droit était tout autant que de l'avoir passé. Tout le monde en rit, mais quand dans le royaume de la vérité, dans le sanctuaire de la science, on raisonne spéculativement d'une façon analogue, alors c'est de la bonne philosophie, de la philosophie authentiquement spéculative. Car Lessing n'était pas un philosophe spéculatif, c'est pourquoi il pensait au contraire qu'une distance infiniment petite rendait le fossé infiniment large, parce que le saut lui-même rend le fossé si large.

Étrange : des hégéliens qui savent dans la logique que la réflexion s'arrête d'elle-même, qu'un doute universel se change de soi-même en son contraire (une vraie histoire de marins, c'est-à-dire une histoire de marins qui n'est pas vraie), ils savent au contraire dans l'usage quotidien, si ce sont des hommes de commerce agréable, s'ils sont comme nous autres et seulement (ce que je suis toujours prêt à accorder) plus savants, plus pleins de talent, etc., ils savent qu'il ne peut être mis fin à la réflexion que par un saut. Arrêtons-nous ici un instant. Quand l'individu ne met pas fin à la réflexion, alors il reste dedans indéfiniment, c'est-à-dire qu'il n'intervient aucune décision[a]. En se perdant ainsi dans la réflexion, l'individu devient à proprement parler objectif et perd de plus en plus la décision de la subjectivité et le retour en lui-même. Et pourtant on veut admettre que la réflexion peut objectivement s'arrêter elle-même, tandis que c'est l'inverse ; elle ne peut être arrêtée objectivement, et quand elle s'arrête subjectivement, alors elle ne s'arrête pas elle-même, mais c'est le sujet qui l'arrête.

Dès que Rötscher par exemple (qui pourtant dans son livre sur Aristophane[30] comprend la nécessité de la transition dans le développement historico-mondial, et, par ailleurs, a déjà compris dans la logique le passage de la réflexion à travers elle-même vers le commencement absolu) se donne pour tâche d'expliquer Hamlet, il sait que la réflexion ne s'arrête qu'en vertu d'une décision, il n'admet pas (dois-je dire que c'est une chose curieuse ?), chose curieuse, il n'admet pas que Hamlet, en continuant à réfléchir, arrive finalement au commencement absolu ; mais dans la logique il admet (dois-je dire que c'est une chose curieuse ?), chose curieuse, il admet vraisemblablement que le passage de la réflexion à travers elle-même s'arrête au commencement absolu. Cela je ne le comprends pas, et cela me fait de la peine de ne pas le comprendre, justement parce que j'admire le talent de Rötscher, sa culture classique, sa conception pleine de goût et pourtant ingénue des phénomènes psychologiques.

Ce que nous disons ici du commencement de la logique (car que cela prouve en même temps qu'il n'y a pas de système de l'existence sera développé plus loin dans le § *b*) est très simple et naïf ; je suis presque gêné de le dire, ou gêné de devoir le dire, gêné de ma situation, de ce qu'un pauvre auteur de libelles,

---

a. Le lecteur se rappellera peut-être que quand l'affaire devient objective il n'y a pas de question d'une béatitude éternelle, parce que cette question réside précisément dans la subjectivité et dans la décision.

qui voudrait plutôt être prosterné à genoux devant le système, est obligé de dire pareille chose. Ce qui a été dit aurait pu l'être aussi d'une autre manière par laquelle cela aurait peut-être fait impression sur celui-ci ou celui-là, son exposé rappelant plus particulièrement des discussions savantes d'une époque révolue[31]. Alors la question serait de savoir quelle est la signification de la phénoménologie hégélienne pour le système, si elle est une introduction ou si elle reste dehors ; et dans le premier cas si elle peut être alors reprise dans le système ; en outre si ne revient pas à Hegel le mérite étonnant d'être auteur non seulement du système, mais de deux, ou de trois systèmes, ce qui quand même ne pourrait être le fait que d'un cerveau systématique incomparable, et ce qui pourtant semble réellement être le cas, car le système est fini plus d'une fois, etc. Tout cela au fond a été assez souvent dit, mais cela a été dit aussi assez souvent d'une façon embrouillée. On a écrit un gros livre là-dessus[32] et d'abord on a exposé tout ce que Hegel a dit, puis on a pris en considération ceci ou cela qui est venu après, et tout cela ne fait que dissiper l'attention et distraire par la prolixité de ce qui peut se dire très brièvement.

γ) Il serait à désirer que, pour éclairer la logique, on s'orientât psychologiquement sur l'état d'esprit de celui qui pense la logique, sur l'espèce de détachement de soi-même requis pour cela, sur le rôle que l'imagination y joue. C'est encore une bien pauvre et on ne peut plus simple remarque, mais qui néanmoins peut être tout à fait vraie et pas du tout superflue : qu'un philosophe est devenu peu à peu un être si fabuleux que c'est à peine si la fantaisie la plus échevelée a jamais trouvé quelque chose d'aussi merveilleux. Comment, en somme, le je empirique se rapporte-t-il au je-je pur ? Qui désire être un philosophe voudrait bien quand même savoir cela, et désirerait avant tout ne pas devenir un être ridicule qui en un, deux, trois, *filiocum*, est changé en la spéculation. Quand celui qui s'occupe de pensée logique est en même temps assez humain pour ne pas oublier que, même s'il en a fini avec le système, il est un être existant, la fantasmagorie et le charlatanisme disparaissent peu à peu. Et même s'il faut un cerveau logique éminent pour renouveler la logique de Hegel, il ne faut à celui qui s'est une fois enthousiasmé sur ce que Hegel a prétendu faire de grand, et a montré son enthousiasme en croyant qu'il l'a réalisé, il ne lui faut qu'une saine intelligence humaine pour se rendre compte qu'en beaucoup d'endroits Hegel s'est comporté d'une façon irresponsable, non envers les épiciers qui ne croient malgré tout que la moitié de ce que dit un homme, mais envers d'enthousiastes jeunes gens qui croyaient en lui. Même quand un tel jeune homme n'est pas doué d'une façon supérieure, s'il a néanmoins de l'enthousiasme pour croire le plus haut, puisque, n'est-ce pas, il s'agit de Hegel, s'il a l'enthousiasme de désespérer de lui-même à l'instant difficile pour ne pas abandonner Hegel – quand un tel homme revient à lui, il a le droit de demander cette Némésis que le rire dévore chez Hegel ce qui lui appartient légitimement. Et un semblable jeune homme fait pourtant beaucoup plus grand cas de Hegel que maint disciple qui, par des incidentes révélatrices, déclare tantôt que Hegel est tout, tantôt qu'il est une bagatelle.

b)

Un système de l'existence ne peut être donné. S'ensuit-il qu'un tel système n'existe pas ? En aucune façon. Ce n'est d'ailleurs pas dit dans les mots qui précèdent. L'existence est elle-même un système – pour Dieu, mais ne peut l'être pour un esprit existant. Être un système et être clos se correspondent l'un à l'autre, mais l'existence est justement l'opposé. Du point de vue abstrait, système et existence ne se peuvent penser ensemble, parce que la pensée systématique pour penser l'existence doit la penser comme abolie, et donc pas comme existante. L'existence est ce qui sert d'intervalle, ce qui tient les choses séparées, le systématique est la fermeture, la parfaite jointure.

Dans la réalité intervient une illusion, une erreur des sens, que les *Miettes*[33], auxquelles je me réfère, ont d'ailleurs essayé de mettre en lumière, en ce qui concerne la question de savoir si le passé est plus nécessaire que le futur. En tant qu'accomplie, l'existence est, bien entendu, finie et close, et tombe donc sous le coup de la conception systématique. Parfait – mais pour qui ? Qui existe soi-même ne peut, comme on sait, acquérir ce caractère clos, extérieur à l'existence, qui correspond à l'éternité, dans laquelle le passé est entré. Quand un penseur veut bien être assez distrait pour oublier sa propre existence, il n'en résulte pourtant pas que spéculation et distraction soient tout à fait la même chose. Au contraire, qu'il existe lui-même indique que l'existence lui pose une exigence, celle-ci que, s'il est grand, son existence à son époque en tant que quelque chose de passé peut être considérée par un penseur systématique comme quelque chose de fini. Mais qui est donc ce penseur systématique ? Oui, c'est celui qui est lui-même en dehors de l'existence et pourtant dans l'existence, qui est éternellement enfermé dans son éternité et qui pourtant renferme en lui l'existence – c'est Dieu. À quoi sert de s'illusionner ! De ce que le monde a maintenant duré depuis six mille ans l'existence n'en pose-t-elle pas moins à l'existant exactement la même exigence que toujours, en sorte que celui-ci n'est pas en imagination un esprit contemplant, mais en réalité un esprit existant ? Toute compréhension ne vient qu'après. Tandis que l'existant d'aujourd'hui vient sans conteste après les six mille ans qui l'ont précédé, il se produirait, si nous admettions qu'il comprît celles-ci systématiquement, cette étrange ironie qu'il ne se comprendrait pas lui-même dans son existence parce qu'il n'aurait pas lui-même ce qu'il s'agirait de comprendre après coup. Il suivrait de là qu'un tel penseur serait, ou bien Dieu lui-même, ou bien un fantastique, « ce que vous voudrez ». Chacun voit certainement ce qu'il y a d'immoral là-dedans et aussi, ensuite, la justesse de ce qu'un autre écrivain [34] a dit du système de Hegel : qu'on reçoit de ses mains un système, le système absolu, fini, – sans recevoir une éthique. Nous pouvons bien sourire des fantasmagories éthico-religieuses du Moyen Âge, de son ascèse et autres choses de ce genre, mais avant tout n'oublions pas que le dévergondage spéculatif de plus bas comique : devenir le Je-Je et ensuite devenir souvent en tant qu'homme un philistin tel qu'aucun homme enthousiaste ne voudrait avoir eu une telle vie – est tout aussi risible.

Pour comprendre l'impossibilité d'un système de l'existence, demandons tout simplement comment un jeune Grec poserait à son maître cette question (et si la haute sagesse peut par ailleurs tout expliquer, mais ne peut pas répondre à une simple question, on voit bien qu'il y a quelque chose qui ne va pas) : qui doit écrire ou terminer un tel système ? Ce doit pourtant bien être un homme, si nous ne voulons pas recommencer avec ce discours étrange qu'un homme puisse devenir la spéculation, le sujet-objet. C'est donc un homme – et c'est pourtant bien un homme vivant, c'est-à-dire existant. Ou bien, si la spéculation, qui édifie le système, est l'effort commun des différents penseurs, dans quelle conclusion dernière se clôt cette communauté, comment devient-elle connue ? N'est-ce pas quand même par un homme ? Comment alors les penseurs individuels se rapportent-ils à cet effort, que sont ici les déterminations intermédiaires entre l'individuel et l'historico-mondial, et alors qu'est-ce que c'est encore que celui qui les enfile toutes sur le fil systématique ? Est-il un homme ou est-il la spéculation ? Mais s'il est un homme, il existe. En somme, pour l'existant il y a à présent deux voies : ou bien il peut faire tout pour oublier son existence, ce par quoi il devient comique, car l'existence a cette propriété particulière que l'existant existe, qu'il le veuille ou non (la contradiction comique de vouloir être ce qu'on n'est pas, par exemple quand un homme veut être un oiseau, n'est pas plus comique que celle qui consiste à vouloir ne pas être ce qu'on est, comme dans le cas présent : existant ; de même qu'on trouve comique aussi dans l'usage courant que quelqu'un oublie comment il s'appelle, ce qui ne signifie pas tant oublier son nom qu'oublier la particularité de son être). Ou bien il peut diriger toute son attention sur le fait qu'il existe. De ce côté il faut avant tout élever contre la spéculation moderne l'objection qu'elle ne repose pas sur une présupposition fausse, mais comique en ce qu'elle a oublié dans une espèce de distraction historico-mondiale ce que signifie : être homme. Non pas être homme en général, on pourrait encore amener la spéculation à y consentir, mais ce que cela signifie que moi et toi, et lui, sommes, chacun pour soi, des hommes.

L'existant qui dirige toute son attention sur le fait qu'*il* existe, à lui aussi sourira, comme une belle sentence, ce mot de Lessing sur l'effort continu, par lequel son auteur ne s'est sans doute pas acquis une gloire immortelle, parce qu'il est très simple, mais que toute personne qui y fait attention doit reconnaître comme vrai. L'existant qui oublie qu'il existe deviendra toujours plus distrait, et comme parfois les gens couchent par écrit le fruit de leur *otium*, ainsi nous pourrons attendre comme le fruit de sa distraction le système de l'existence attendu – non pas nous tous, mais seulement ceux qui sont presque aussi distraits que lui. Tandis qu'ainsi le système hégélien se perd dans la distraction et devient un système de l'existence et, ce qui plus est, un système fini – sans avoir une éthique (dans laquelle l'existence est précisément chez elle), cette philosophie plus simple, qui est présentée par un existant à des existants, mettra l'éthique particulièrement en relief.

Dès qu'on se rappelle que philosopher ne signifie pas tenir des discours fantastiques à des êtres fantastiques, mais que c'est à des existants qu'on parle ; que ce n'est donc pas fantastiquement *in abstracto* qu'il doit être décidé si l'effort continu est quelque chose de moindre que le fini systématique, mais qu'il s'agit de savoir avec quoi des êtres existants doivent se satisfaire, en tant qu'ils existent, l'effort continu devient la seule chose qui ne contienne pas de déception. Même quand quelqu'un a atteint le but suprême, la « répétition », avec quoi il doit comme on sait remplir son existence, s'il ne veut pas régresser (ou devenir un être fantastique), sera de nouveau un effort continu, parce que la conclusion est ici derechef éloignée et ajournée. Il en va ici comme de l'amour tel que Platon le conçoit[35] en tant qu'il est un besoin que ne ressent pas seulement celui qui désire ce qu'il n'a pas, mais aussi celui qui désire ne cesser de posséder ce qu'il a. Du point de vue fantastique, spéculatif et esthétique, on a dans le système, et au cinquième acte du drame, une conclusion positive, mais une telle conclusion n'est valable que pour des êtres fantastiques.

L'effort continu est l'expression pour la conception de vie éthique du sujet existant. C'est pourquoi elle ne doit pas être entendue métaphysiquement, mais il n'y a pas non plus d'individu qui existe métaphysiquement. Ainsi peut se former à contresens une opposition entre le système clos et l'effort continu vers la vérité. On pourrait, et peut-être d'ailleurs l'a-t-on fait, rappeler le mot grec[36] d'après lequel on ne cesse de vouloir être quelqu'un qui apprend. Ceci n'est cependant, dans la sphère où nous sommes, qu'un malentendu. Du point de vue éthique, l'effort continu est au contraire la conscience d'être un existant et l'apprentissage continu est l'expression pour la réalisation permanente qui, aussi longtemps que le sujet existe, n'est terminée à aucun moment. Le sujet est justement conscient du fait qu'il existe et n'est donc pas trompé par lui. Mais la philosophie grecque ne cessait d'avoir un rapport avec l'éthique. C'est pourquoi on ne voyait pas, dans le fait d'apprendre toujours, une grande découverte, ni une entreprise enthousiaste d'un individu éminent, car ce n'était ni plus ni moins que la compréhension du fait qu'on existait, dont il n'y avait pas de mérite à demeurer conscient, tandis que c'était faire preuve d'étourderie que de l'oublier.

On a souvent rappelé de soi-disant systèmes panthéistes et on les a attaqués en disant qu'ils abolissaient la liberté et la différence entre le bien et le mal. Peut-être peut-on dire plus nettement que tout système de ce genre volatilise d'une façon fantastique le concept de l'existence. Mais on a tort de n'affirmer cela que des systèmes panthéistes, bien plutôt aurait-on dû montrer que tout système, justement en raison de son caractère fini, doit être panthéiste. L'existence doit être abolie dans l'éternel avant que le système ne soit clos, aucun résidu ne doit subsister, même pas la moindre breloque comme l'honorable professeur existant qui écrit le système. Mais ce n'est pas ainsi qu'on présente la chose. Non, on combat les systèmes panthéistes tantôt dans des aphorismes tumultueux, qui promettent toujours un nouveau système, tantôt on fabrique une espèce de système et on insère un paragraphe particulier où l'on enseigne que l'on insiste sur le concept de l'existence et de la réalité. Qu'un tel paragraphe se moque de tout le système, qu'au lieu d'être un paragraphe dans le système il soit une protestation absolue contre le système, cela ne fait rien aux affairés adeptes du système. Si le concept existence doit être réellement souligné, cela ne peut se faire dans un paragraphe se trouvant dans le système, et tous les serments directs et les « que le diable m'emporte » ne font que rendre de plus en plus risible cet enseignement absurde. Que l'existence doive vraiment être accentuée, cela doit trouver son expression dans une forme essentielle, et celle-ci vis-à-vis de la ruse de l'existence est une forme indirecte, qu'il n'y a pas de système. Pourtant ceci ne doit pas être affirmé comme une formule, car l'expression indirecte exige un perpétuel rajeunissement dans la forme. Dans les résolutions adoptées par une commission il est admis que l'opinion de la minorité peut être annexée au procès-verbal, mais un système qui contient cette opinion divergente comme un paragraphe est un drôle de monstre. Ce n'est donc pas un miracle que le système se tienne. Fièrement il passe outre aux objections, et s'il s'en présente une seule qui semble éveiller quelque peu l'attention, les entrepreneurs systématiques la font transcrire par un copiste, puis enregistrer dans le système et ainsi, par la reliure, le système se trouve fini.

L'idée du système est le sujet-objet, l'unité de la pensée et de l'être ; l'existence par contre est justement la séparation. Il ne suit de là en aucune façon que l'existence est dépourvue de pensée, mais elle a éloigné et éloigne le sujet de l'objet, la pensée de l'être. Entendue objectivement, la pensée est la pensée pure, qui correspond d'une façon tout aussi objectivement abstraite à son objet, lequel est donc à nouveau elle-même, et la vérité est l'accord de la pensée avec elle-même. Cette pensée objective n'a aucun rapport avec la subjectivité existante, et tandis que subsiste toujours la question difficile de savoir comment le sujet existant se glisse dans cette objectivité où la subjectivité est la subjectivité purement abstraite (ce qui est à nouveau une détermination objective et ne désigne aucun homme existant), il devient certain que la subjectivité existante s'évapore de plus en plus, et devient finalement (si c'est possible pour un homme de devenir pareille chose et si le tout n'est pas quelque chose dont il peut tout au plus avoir une idée par l'imagination) le savoir, la connaissance purement abstraite de ce pur rapport entre la pensée et l'être, cette identité pure, oui, cette tautologie, puisque avec le mot être on ne dit pas que celui qui pense est, mais à vrai dire seulement qu'il est pensant.

Le sujet existant, par contre, existe, et c'est ce que fait, n'est-ce pas, tout homme. Nous ne voulons donc pas être injuste et appeler cette direction objective une divinisation de soi-même athée et panthéiste, mais plutôt la regarder comme une incursion dans le comique ; car qu'à partir de maintenant jusqu'à la fin du monde il ne puisse être rien dit d'autre que des choses tendant à apporter des améliorations nouvelles dans un système qui est presque terminé, ce n'est là qu'une conséquence systématique pour adeptes du système.

En commençant aussitôt, avec des catégories éthiques, la lutte contre cette direction objective, on est injuste et on n'atteint pas son but, parce qu'on n'a rien de commun avec ce qu'on attaque. Mais quand on reste sur le plan métaphysique, on peut, pour rejoindre un tel professeur transfiguré, se servir du comique qui se trouve aussi dans le métaphysique. Si un danseur peut sauter très haut, nous l'admirons, mais si, bien qu'il puisse sauter plus haut qu'aucun danseur, il se donnait l'apparence de pouvoir voler, alors que le rire s'en empare. Sauter signifie que l'on appartient essentiellement à la terre et que l'on respecte les lois de la pesanteur, en sorte que le saut n'est que quelque chose de momentané, mais voler signifie que l'on est affranchi des rapports terrestres comme cela est réservé aux créatures ailées, peut-être aussi aux habitants de la lune, peut-être – peut-être aussi le système ne trouve-t-il que là ses vrais lecteurs. On a supprimé l'humain et tout spéculateur intellectuel se confond lui-même avec l'humanité, par quoi il devient à la fois quelque chose d'infiniment grand et rien du tout, il se confond par distraction avec l'humanité, tout comme la presse d'opposition dit « nous » et les bateliers « le diable nous emporte ». Mais quand on a longtemps juré, on en revient finalement à l'expression directe, parce que tout jurement s'abolit soi-même ; et quand on a appris que n'importe quel bambin peut dire « nous », on se rend compte que cela signifie pourtant davantage d'être *un* homme ; et quand on voit qu'il n'y a pas le moindre boutiquier qui ne puisse jouer au jeu d'être l'humanité, on finit par se rendre compte que d'être purement et simplement un homme est davantage que de jouer ainsi à un jeu de société. Encore un mot : quand un boutiquier fait cela, chacun pense que c'est ridicule, et pourtant c'est tout aussi ridicule quand c'est le plus grand homme qui le fait, et à cet égard on peut très bien rire de lui et néanmoins avoir, comme il se doit, du respect pour ses dons, ses connaissances, etc.

[...]

IIe Section

CHAPITRE III
La subjectivité réelle, l'éthique. Le penseur subjectif

§ 1. – Existence ; Réalité.

Dans la langue de l'abstraction, ce qui constitue la difficulté de l'existence et de l'existant, bien loin d'être éclairci, n'apparaît à vrai dire, jamais ; justement parce que la pensée abstraite est *sub specie aeterni*, elle fait abstraction du concret, du temporel, du devenir de l'existence, de la détresse de l'homme, posé dans l'existence par un assemblage d'éternel et de temporel [a]. Si maintenant on veut admettre que la pensée abstraite est la plus haute, il s'ensuit que la science et les penseurs sortent fièrement

---

a. Que Hegel ne cesse néanmoins, dans sa *Logique*, d'introduire et de faire jouer une représentation qui n'est que trop bien renseignée *in concreto* sur les hommes et les choses, ce dont M. le Professeur a chaque fois, malgré la nécessité du passage, besoin pour aller plus loin, est naturellement une faute que Trendelendburg (*Recherches logiques*, II : la méthode dialectique) a remarquablement mise en lumière. Comment, pour rappeler ce que nous avons ici sous les yeux, s'effectue le passage par lequel l'Existence devient existences ? « L'existence (*Encyclopédie*, 2e édition, 1827, § 123) est l'unité immédiate de la réflexion-en-soi et de la réflexion en-autre-chose. *C'est pourquoi* (?) elle est la masse indéterminée des hommes existants. » Comment la détermination purement abstraite de l'existence en vient-elle ainsi à se fractionner ?

de l'existence et ne nous laissent à nous autres hommes que le pire à supporter. Oui, il en résulte aussi quelque chose pour le penseur abstrait lui-même, à savoir qu'étant aussi après tout un homme existant il doit être distrait de telle ou telle manière.

Questionner abstraitement la réalité (même si c'est correct de la questionner ainsi, car enfin le particulier et le fortuit font partie de la réalité et sont opposés à l'abstraction) et répondre abstraitement à ces questions, est beaucoup moins difficile que de déterminer ce que signifie le fait qu'un certain quelque chose est une réalité. La pensée abstraite fait abstraction en effet de ce quelque chose, mais la difficulté consiste justement à faire la synthèse de ce quelque chose et de l'idéalité de la pensée, à vouloir penser cette synthèse. D'une telle contradiction la pensée abstraite ne peut même pas s'occuper, car, justement, elle l'empêche.

L'embarras de la pensée abstraite se montre précisément dans toutes les questions d'existence, où l'abstraction escamote la difficulté et la met de côté, puis se vante de tout expliquer. Elle explique même l'immortalité, et, voyez, cela va tout à fait bien en ce que immortalité devient identique à l'éternité, cette éternité qui est essentiellement le plan de la pensée. Quant à savoir si un individu existant est immortel, ce qui est justement la difficulté, la pensée abstraite ne s'en soucie pas. Elle est désintéressée, mais la difficulté de l'existence consiste en l'intérêt infini que porte à l'existence celui qui existe. La pensée abstraite m'aide donc à obtenir l'immortalité en ce qu'elle me met à mort en tant qu'individu séparé, et, ensuite, me fait immortel. Elle me vient donc en aide à peu près comme le Docteur de Holberg[37] qui avec sa médecine prenait la vie à son patient – mais aussi chassait la fièvre. Si donc on considère un penseur abstrait qui ne veut pas se tirer au clair et s'avouer à lui-même comment se comporte sa pensée abstraite à l'égard du fait qu'il est un homme existant, il fait, même s'il est très fort, une impression comique, car il est sur le point de cesser d'être un homme. Tandis qu'un homme véritable, synthèse de fini et d'infini, a justement sa réalité dans le maintien de cette synthèse et a un intérêt infini dans l'existence, un tel penseur abstrait est au contraire un être double : d'une part un être fantastique qui vit dans la pure abstraction, et de l'autre une parfois triste figure de professeur qui est mis de côté par cet être abstrait, comme on met sa canne dans un coin. Quand on lit la biographie d'un tel homme (car ses écrits peuvent être remarquables), on a parfois le frisson à la pensée de ce que c'est pourtant que d'être un homme[a]. Qu'une dentellière fasse les plus ravissantes dentelles, il est pourtant triste de penser à cette misérable personne, et, de même, comique est l'effet produit par la vue d'un penseur qui, malgré toute sa prétention, a une existence personnelle de pauvre diable, qui se marie sans doute, mais ne connaît ni ne sent la puissance de l'amour, dont le mariage est donc aussi impersonnel que la pensée, dont la vie personnelle s'écoule sans passion et sans luttes pathétiques, et qui, en bon philistin, ne s'occupe que de savoir quelle est l'université qui offre le meilleur traitement. On ne devrait pas tenir pour possible une semblable discordance dans le domaine de la pensée, on devrait croire que cela n'appartient qu'à la misère du monde extérieur, où un être humain est l'esclave d'un autre, si bien qu'en pensant à la dentellière on ne peut sans larmes admirer les dentelles. On devrait croire qu'un penseur mène la vie humaine la plus riche – il en était ainsi en Grèce.

Avec le penseur abstrait il en va autrement quand, sans s'être compris lui-même ni avoir compris le rapport de la pensée abstraite à l'existence, il suit l'impulsion de son talent, ou est dressé à quelque chose de ce genre. Je sais bien qu'on a coutume d'admirer l'existence d'un artiste qui, sans se rendre compte de ce que cela signifie d'être homme, suit son talent de telle façon que l'admirateur oublie l'homme au profit de son œuvre ; mais je sais aussi qu'une telle existence a son tragique en ce qu'elle est une différence qui n'est pas personnellement reflétée dans

a. Et quand ensuite on lit dans ses écrits : la pensée et l'être sont un, on pense, quand on réfléchit à sa vie et à son existence : l'être avec lequel la pensée est identique, n'est sans doute pas l'être humain.

l'éthique, et je sais aussi qu'en Grèce un penseur n'avait pas une existence misérable en produisant des œuvres d'art, mais était lui-même une œuvre d'art existante. Être penseur devrait pourtant exprimer le moins possible un rapport de différence avec être homme. S'il est avéré que le sens du comique a manqué à un penseur abstrait, cela est *eo ipso* la preuve que toute sa pensée est la production d'un talent peut-être remarquable, mais non pas d'un homme qui a existé en tant qu'homme d'une façon éminente. Et pourtant on professe que la pensée est le bien suprême, que la pensée contient tout, et en même temps on ne trouve rien à redire à ce que le penseur n'existe pas essentiellement en tant qu'homme, mais en tant qu'expression distincte d'un talent. Que l'énonciation de la pensée n'ait pas sa réduplication dans la représentation du penseur, que la propre existence du penseur contredise sa pensée, montre qu'on ne fait que professer. La pensée est plus haute que le sentiment et l'imagination, ceci est enseigné par un professeur qui ne possède lui-même ni pathos ni sentiment ; on professe que la pensée est plus haute que l'ironie et l'humour, et ceci est professé par un penseur qui n'a pas le moindre sens du comique. Comme c'est comique ! De même que toute la pensée abstraite vis-à-vis du christianisme et de tous les problèmes de l'existence est une incursion dans le domaine du comique, de même la prétendue pensée pure est une curiosité psychologique, une ingénieuse espèce de synthèse et de construction dans un milieu fantastique : l'être pur. Diviniser sans plus cette pensée pure comme le bien suprême, montre que le penseur n'a jamais agi en tant qu'homme, qu'il n'a jamais, entre autres, agi d'une manière supérieure, je ne parle pas d'exploits, mais d'intériorité. Mais il faut essentiellement, pour exister en tant qu'homme, agir d'une façon supérieure. Et quand on agit, quand, dans le paroxysme de sa passion subjective, on ose le décisif avec la pleine conscience de sa responsabilité éternelle (ce que tout homme peut), alors on en vient à savoir quelque chose d'autre, et aussi ceci qu'être homme ne consiste pas à cheviller bon an mal an pièces et morceaux pour en faire un système. Quand on existe essentiellement en tant qu'homme on a aussi une certaine réceptivité pour le comique. Je n'affirme pas que tout homme qui existe réellement en tant qu'homme puisse sans plus être un poète ou un acteur comique, mais il a de la réceptivité pour cela.

Que le langage de l'abstraction ne laisse pas à proprement parler apparaître la difficulté de l'existence et de l'existant, je me propose de l'éclairer à propos d'une question décisive sur laquelle on a beaucoup parlé et écrit. Tout le monde sait que la philosophie hégélienne a levé le principe de contradiction, et Hegel lui-même a plus d'une fois fait sévèrement comparaître devant sa cour de justice ces penseurs qui restaient dans la sphère de l'entendement et de la réflexion, et qui, en conséquence, affirmaient qu'il y avait une alternative. Depuis lors c'est devenu un jeu de société très goûté qu'aussitôt que quelqu'un fait allusion à un *aut-aut*, arrive au petit trot un hégélien sur son cheval (comme le garde forestier Jens dans la chronique de Kalundborg[38] qui remporte une victoire, puis s'en retourne chez lui). Chez nous aussi les hégéliens[39] ont fait plus d'une tournée, spécialement contre l'évêque Mynster, pour remporter une brillante victoire de la spéculation, et l'évêque Mynster est devenu plusieurs fois un point de vue surmonté ; bien que, pour un point de vue surmonté, il se porte fort bien, et qu'il y ait plutôt lieu de craindre que l'énorme fatigue de la victoire ait par trop épuisé les invincibles vainqueurs. Et pourtant il semble bien qu'il y ait un malentendu à la base de cette bataille et de cette victoire. Hegel a tout à fait et absolument raison en ce que, du point de vue de l'éternité, *sub specie aeterni*, dans le langage de l'abstraction, il n'y a point d'*aut-aut*, dans la pensée et l'être purs ; comment diable pourrait-il y en avoir, puisque l'abstraction éloigne justement la contradiction, si bien que Hegel et les hégéliens devraient plutôt se donner la peine de nous indiquer ce que signifie cette comédie d'introduire dans la logique la contradiction, le mouvement, le passage, etc. Les défenseurs de l'alternative ont tort quand ils font des incursions dans le domaine de la pensée pure et veulent y défendre leur cause. Comme ce géant, avec lequel combattit Hercule, perdait ses forces toutes les fois qu'il était soulevé de terre, ainsi l'*aut-aut* de la contradiction se trouve *eo ipso* éliminé, aussitôt qu'il est élevé au-dessus de l'existence et conduit dans l'éternité de l'abstraction. D'un autre côté Hegel a tout aussi complètement tort quand, oubliant l'abstraction, il la quitte et se précipite dans l'existence pour supprimer de vive force l'alternative. Ceci en effet ne peut se faire dans l'existence, car alors on supprime l'existence : quand je fais abstraction de l'existence, il n'y a pas d'alternative ; quand je fais abstraction de l'alternative dans l'existence cela signifie que je fais abstraction de l'existence, mais ainsi je ne la supprime tout de même pas dans l'existence. S'il est inexact qu'il y ait quelque chose de vrai dans la théologie qui ne le soit pas dans la philosophie, il est tout aussi exact qu'il y a quelque chose de vrai pour un existant qui ne l'est pas dans l'abstraction, et il est de même éthiquement vrai que l'être pur est une fantasmagorie, et qu'il est interdit à un homme d'oublier qu'il existe. Il faut donc ne se commettre que prudemment avec un hégélien, et, avant tout, s'assurer d'avec qui on a l'honneur de parler, si c'est un homme, un homme existant, s'il est lui-même *sub specie aeterni* aussi quand il dort, mange, se mouche et fait tout ce que fait un homme ? S'il est lui-même le « je-je » pur, ce dont pourtant aucun philosophe n'a jamais eu l'idée, et s'il ne l'est pas, quels sont alors, en tant qu'il existe, les rapports qu'il entretient avec cet état intermédiaire où la responsabilité éthique propre à l'existant est respectée comme il se doit ? S'il existe ? et, dans l'affirmative, s'il n'est pas dans le devenir ? et, dans ce cas, s'il n'a pas de rapports avec quelque chose de futur ? s'il n'a jamais avec le futur de rapport tel qu'il s'agit ? et, au cas où il n'agit jamais, s'il ne veut pas pardonner à un individu doué du sens de l'éthique de dire de lui avec passion et vérité dramatique, qu'il est un crétin ? Mais s'il agit *sensu eminenti*, n'entretient-il pas avec le futur des rapports infiniment passionnés ? N'y a-t-il donc pas là un *aut-aut* ? L'éternité pour un être existant n'est-elle pas – non l'éternité, mais le futur, et n'est-elle pas seulement pour l'éternel, qui ne devient pas, l'éternité ? Qu'on lui demande s'il peut répondre à la question suivante, c'est-à-dire si on peut lui adresser une telle question, à savoir si le fait qu'il abandonne l'existence dans la mesure du possible pour être *sub specie aeterni*, si cela lui arrive, ou s'il le fait en vertu d'une décision, ou si même peut-être il doit le faire ? Car, s'il doit le faire, une alternative se trouve établie *eo ipso* même pour l'*être sub specie aeterni*. Ou s'il est né *sub specie aeterni*, et vit depuis lors *sub specie aeterni*, et ne peut donc même pas comprendre ma question car il n'a jamais eu affaire avec quelque chose de futur ou fait l'expérience de quelque décision ? Dans ce cas, je vois fort bien que ce n'est pas un être humain avec qui j'ai l'honneur de parler. Mais je n'en ai pas encore fini avec cela car il me paraît extraordinaire qu'il se montre de tels êtres énigmatiques. Avant que n'éclate une épidémie de choléra, il arrive généralement une espèce de mouches qu'on ne voit pas en d'autres occasions. Ces penseurs purs de contes de fées ne seraient-ils pas le signe qu'un malheur pour l'humanité est sur le point de se produire, qu'elle est par exemple en danger de perdre le sens de l'éthique et du religieux. Soyons donc prudents à l'égard d'un penseur abstrait qui ne veut pas seulement rester dans l'être pur de l'abstraction, mais qui veut que cela soit pour l'homme ce qu'il y a de plus haut, et qu'une telle pensée qui conduit à l'ignorance de l'éthique et à la méconnaissance du religieux soit la plus haute pensée humaine. En revanche, qu'on n'aille pas dire que *sub specie aeterni*, « là où tout est et rien ne naît » (enseignement des Éléates) il y ait une alternative[a]. Là au contraire où tout est

a. Égaré par l'éternel discours d'un « processus » qui se poursuit toujours et dans lequel les contraires s'unissent dans une unité supérieure, puis encore dans une autre supérieure, et ainsi de suite, on a fait un parallèle entre la doctrine de Hegel et celle de Héraclite, d'après lesquelles tout s'écoule et rien ne subsiste. Ceci est pourtant un malentendu, car tout ce qui est dit chez Hegel du procès et du devenir est illusoire. C'est pourquoi il manque au système une éthique, c'est pourquoi le système est muet quand les générations vivantes et l'individu vivant l'interrogent avec tout leur sérieux sur le devenir, c'est-à-dire pour agir. Il s'ensuit que, malgré tous ses discours de processus, Hegel comprend l'histoire du monde, non dans son devenir, mais à l'aide de

dans le devenir, là où il y a juste ce qu'il faut d'éternité pour retenir en quelque sorte la décision passionnée, là où l'*éternité* se comporte comme le *futur* vis-à-vis de l'homme qui *devient*, là la disjonction absolue est à sa place. Si en effet je pose ensemble éternité et devenir, je n'obtiens pas repos, mais avenir. De là vient probablement que le christianisme a annoncé l'éternité comme l'avenir, parce qu'il a été annoncé comme existant, et c'est pourquoi il admet aussi une alternative absolue.

Toute pensée logique est dans la langue de l'abstraction et *sub specie aeterni*. Penser ainsi l'existence signifie faire abstraction de la difficulté qu'il y a à penser l'éternel dans le devenir, à quoi on est bien obligé puisque celui qui pense est lui-même dans le devenir. De là vient que penser abstraitement est plus facile que d'exister, si ceci ne veut pas dire ce-qu'on-appelle-exister (comme ce qu'on-appelle-un-sujet). Nous avons ici de nouveau un exemple du fait que le devoir le plus simple est le plus difficile. Exister, pense-t-on, n'est pas une affaire, ni à plus forte raison un art : n'existons-nous pas tous ? mais penser abstraitement : voilà quelque chose. Mais exister en vérité, et donc pénétrer son existence par sa conscience, à la fois quasi éternellement, loin au-delà d'elle, et pourtant présent en elle et pourtant dans le devenir : c'est vraiment difficile. Si penser n'était pas devenu de nos jours quelque chose de si bizarre et de si appris, les penseurs feraient sur les hommes une tout autre impression, comme c'était le cas en Grèce où un penseur était en même temps un être existant enthousiaste, passionné par sa

---

l'illusion du passé dans un système fermé d'où tout devenir est exclu. C'est pourquoi un hégélien ne peut, malgré toute sa philosophie, se comprendre lui-même, car il ne peut comprendre que ce qui est passé et fini, mais quelqu'un qui vit encore n'est pourtant pas un mort. Sans doute se console-t-il à la pensée que quand on comprend la Chine et la Perse et six mille années d'histoire mondiale on peut faire fi d'un seul individu même quand on l'est soi-même. Je ne suis pas de cet avis, je comprends mieux les choses dans l'autre sens et je pense que quand quelqu'un ne se comprend pas lui-même sa compréhension de la Chine, de la Perse, etc., doit être d'une espèce particulière.

pensée, comme c'était autrefois le cas dans la chrétienté où un penseur était un croyant qui cherchait passionnément à se comprendre lui-même dans l'existence de la foi. Si à notre époque il en était ainsi avec les penseurs, la pensée pure aurait conduit d'un suicide à un autre ; car le suicide est l'unique conséquence existentielle de la pensée pure, si celle-ci ne doit pas se comporter avec l'être humain comme quelque chose de partiel, qui conclut un arrangement avec les personnalités éthique et religieuse qui coexistent en lui, mais si elle doit être le tout et le bien suprême. Nous ne faisons pas l'éloge du suicide mais bien de la passion dans ce qu'on fait. Or un penseur est au contraire un curieux animal qui à certaines heures du jour fait preuve d'un rare esprit d'ingéniosité, mais autrement n'a rien de commun avec un homme.

Penser l'existence abstraitement et *sub specie aeterni* signifie la supprimer essentiellement, et est analogue au mérite publié à son de trompe qui a consisté à supprimer le principe de contradiction. L'existence ne peut être pensée sans mouvement et le mouvement ne peut être pensé *sub specie aeterni*. Laisser de côté le mouvement n'est pas précisément un coup de maître, et l'introduire comme passage dans la logique, et avec lui le temps et l'espace, ne fait que causer une nouvelle confusion. Dans la mesure cependant où toute pensée est éternelle, il y a une difficulté pour l'existant. Il en est de l'existence comme du mouvement : il est très difficile d'avoir affaire à elle. Si je les pense je les abolis, et je ne les pense donc pas. Ainsi il pourrait sembler correct de dire qu'il y a quelque chose qui ne se laisse pas penser : l'existence. Mais alors la difficulté subsiste que, du fait que celui qui pense existe, l'existence se trouve posée en même temps que la pensée.

Parce que la philosophie grecque n'était pas distraite, le mouvement n'a jamais cessé d'être le sujet de ses efforts dialectiques. Le philosophe grec était un homme existant et ne l'oubliait pas. C'est pourquoi il avait recours au suicide ou à la mort au sens pythagoricien [40] ou au sens socratique pour pouvoir penser. Il était conscient d'être pensant, mais était aussi conscient du fait que l'existence comme milieu était ce qui ne cessait de l'empêcher de penser continûment, parce qu'elle le mettait toujours dans le devenir. Afin donc de pouvoir penser en vérité, il se suicidait. La philosophie moderne sourit avec hauteur de pareils enfantillages, comme si chaque penseur moderne qui sait que la pensée et l'être sont une seule chose ne savait pas en même temps avec tout autant de certitude que cela ne vaut pas la peine d'être ce qu'il pense.

C'est en ce point de l'existence et de l'exigence de l'éthique vis-à-vis de l'homme existant qu'il faut freiner, quand une certaine philosophie abstraite et pensée pure veut tout expliquer en escamotant l'essentiel. Qu'on ose donc seulement avec courage être un homme et qu'on ne se laisse pas séduire et, par crainte ou par timidité, amener à devenir quelque chose comme un fantôme. Ce serait autre chose si la pensée pure voulait s'expliquer sur ses rapports avec l'éthique et avec une individualité éthique existante. Mais cela elle ne le fait jamais, non, elle ne fait même pas semblant de le faire, car autrement elle devrait aussi se commettre avec un autre genre de dialectique, la grecque, c'est-à-dire la dialectique de l'existence. De tout ce qui prend le nom de sagesse, chaque être humain existant a le droit d'exiger le contreseing de l'éthique. Une fois qu'il a pris le départ, un homme, sans remarquer la transition, oublie peu à peu d'exister pour penser *sub specie aeterni* : alors l'objection est d'une autre sorte. À l'intérieur de la pensée pure on peut sans doute faire bien des objections contre le système hégélien, mais elles n'y changent rien d'essentiel. Mais, si disposé que je sois (en tant que modeste lecteur qui ne prétend aucunement à être juge) à admirer la *Logique* de Hegel, si disposé que je sois à admettre que je puis apprendre beaucoup en l'étudiant, tout aussi fier, obstiné, tenace et intrépide suis-je dans mon affirmation : que la philosophie hégélienne en tant qu'elle s'abstient de déterminer ses relations avec l'existant, en tant qu'elle ignore l'éthique, introduit le désordre dans l'existence. Le scepticisme le plus dangereux est toujours celui qui a le moins l'air d'être tel, mais que la pensée pure doive être la vérité positive pour un homme existant, c'est du scepticisme, car cette positivité est chimérique ; pouvoir expliquer le passé et toute l'histoire mondiale est magnifique ; mais si pouvoir seulement comprendre ce qui est passé est le bien suprême pour quelqu'un qui est encore vivant, alors cette positivité est du scepticisme, et un scepticisme d'autant plus dangereux que la quantité énorme de ce qu'on comprend fait davantage illusion. C'est pourquoi, l'attaque indirecte étant la plus dangereuse, il peut arriver quelque chose de terrible à la philosophie hégélienne. Qu'un jeune homme doutant, mais un douteur existant, fasse confiance, avec l'adorable et illimitée ardeur de la jeunesse, à un héros de la connaissance et espère trouver dans la positivité hégélienne la vérité, la vérité pour l'existence : il écrit, ce faisant, sur Hegel, la plus affreuse épigramme. Qu'on ne se méprenne pas sur ma pensée. Je ne veux pas dire que chaque jeune homme soit en état de triompher de Hegel ; en aucune façon ; si le jeune homme est assez présomptueux et impertinent pour le croire, son attaque ne signifie rien. Non, qu'il ne pense pas du tout à une attaque, qu'il se courbe au contraire devant Hegel avec un abandon féminin et sans réserve, mais aussi pourtant avec une force suffisante pour tenir ferme sa question : alors, sans s'en douter, il fait une satire de Hegel. Le jeune homme est un douteur existant ; ne cessant de planer dans le doute, il cherche à saisir la vérité – pour pouvoir vivre en elle. Il est donc affecté négativement, et la philosophie de Hegel est comme on sait positive, rien d'étonnant dès lors à ce qu'il ait confiance en elle ! Mais voyez, la pensée pure est une chimère pour un homme existant, si on doit pouvoir exister dans la vérité. Devoir exister sous la conduite de la pensée pure est comme si on avait à voyager au Danemark avec une petite carte de toute l'Europe sur laquelle le Danemark n'est pas plus grand qu'une plume d'acier – oui, c'est encore plus impossible. L'admiration du jeune homme, son enthousiasme, sa confiance illimitée en Hegel, est justement la satire de Hegel. On s'en serait aperçu depuis longtemps si la pensée pure ne se soutenait pas à l'aide d'une opinion qui en impose aux gens, de telle sorte qu'ils n'osent que dire qu'elle est remarquable et qu'ils l'ont comprise – bien que ceci soit pourtant en un certain sens impossible, puisque personne ne peut être amené par cette philosophie à se comprendre soi-même, ce qui est bien pourtant une condition absolue pour toute autre compréhension. Socrate a dit non sans ironie qu'il ne savait pas avec certitude s'il était un homme ou quelque chose d'autre ; mais un hégélien peut dire au confessionnal en toute solennité : je ne sais pas si je suis un homme, mais j'ai compris le Système. Je préfère pourtant dire : je sais que je suis un homme et je sais que je n'ai pas compris le Système. Et après avoir dit cela tout à fait ouvertement je veux ajouter que si un de nos hégéliens veut bien s'intéresser à moi et m'aider à comprendre le Système je n'y aurai pour ma part aucune objection. Je m'efforcerai d'être aussi bête qu'on peut l'être, pour ne pas avoir, si possible, une seule idée préconçue, en dehors de mon ignorance, de façon à pouvoir apprendre d'autant plus ; et je m'efforcerai d'être aussi indifférent que possible à l'égard de toutes les accusations d'ignorance scientifique, pour seulement être sûr d'apprendre quelque chose.

Exister, si l'on n'entend pas par là un simulacre d'existence, ne se peut faire sans passion. C'est pourquoi chaque penseur grec était aussi, essentiellement, un penseur passionné. Je me suis souvent demandé comment on pouvait amener un homme à être passionné. Si, me suis-je dit, je le mettais sur un cheval et si j'effarouchais ensuite celui-ci et le lançais ventre à terre ; ou, pour faire mieux encore éclater la passion, si je mettais un homme, qui veut arriver le plus tôt possible à un endroit (et qui, donc, est déjà quelque peu passionné) sur un cheval qui peut à peine marcher : et pourtant il en est ainsi avec l'existence, si l'on doit en être conscient. Ou, si l'on attelait à la voiture d'un cocher, qui autrement ne peut se passionner pour rien, un Pégase et une haridelle en lui disant : conduis maintenant – alors je crois que cela réussirait. Ainsi en va-t-il de l'existence si on doit en être conscient. L'éternité est comme ce coursier ailé infiniment rapide, la vie d'ici-bas est une haridelle, et l'homme existant est le cocher, si toutefois l'existence n'est pas ce-qu'on-appelle-existence, car alors l'homme existant n'est pas un cocher, mais un paysan ivre qui est couché dans la voiture et dort, abandonnant les chevaux à eux-mêmes. Bien entendu lui aussi conduit la voiture, lui aussi est cocher, et peut-être y en a-t-il aussi beaucoup qui – existent.

Dans la mesure où l'existence est mouvement, il faut qu'il y ait quand même quelque chose de continu qui unifie le mouvement, sans quoi, en effet, il n'y a pas de mouvement. De même que de dire que tout est vrai signifie que rien n'est vrai, de même dire que tout est en mouvement signifie qu'il n'y a pas de mouvement[a]. L'immuable appartient au mouvement comme son but et sa mesure (tous deux au sens de τέλος et de μέτρου), sans quoi affirmer que tout est en mouvement, si l'on veut aussi supprimer le temps et dire que tout est toujours mouvement, équivaut *eo ipso* à affirmer l'immobilité. C'est pourquoi Aristote, qui de tant de façons fait ressortir le mouvement, dit que Dieu, lui-même immuable, meut tout. Tandis que maintenant la pensée pure supprime sans plus le mouvement ou l'introduit de façon absurde dans la logique, la difficulté pour l'homme existant est de donner à l'existence la continuité sans laquelle tout ne fait que passer et disparaître. Une continuité abstraite n'est pas de la continuité, et l'existence de l'existant empêche essentiellement la continuité, tandis que la passion est la continuité momentanée qui en même temps retient et provoque l'impulsion du mouvement. Pour un homme existant la décision et la « répétition » sont le but du mouvement. L'éternel est la continuité du mouvement, mais une éternité abstraite réside en dehors du mouvement, et une éternité concrète dans l'existant est le maximum de la passion. Toute passion idéalisante[b] est en effet une anticipation de l'éternel dans l'existence pour

a. C'est ce que voulait dire évidemment cet élève d'Héraclite qui disait qu'on ne pouvait pas traverser *une* fois le même fleuve. Johannès de Silentio (dans *Crainte et tremblement*) a fait une allusion à la déclaration de cet élève, mais d'une façon plus rhétorique que véritable.

b. La passion terrestre empêche l'existence en ce qu'elle la transforme en quelque chose de momentané.

celui qui existe vraiment[a] ; on obtient l'éternité de l'abstraction quand on se détourne de l'existence ; un homme existant ne peut être arrivé à la pensée pure que par un début douteux, lequel se venge d'ailleurs par le fait que l'existence de cet homme devient insignifiante et ses discours un peu fous. Ainsi en va-t-il à notre époque pour la plupart des hommes, parmi lesquels on entend si rarement quelqu'un parler comme s'il était conscient d'être un homme individuel existant. Presque tout le monde vaticine panthéistiquement en parlant de millions d'hommes, d'État et du développement historico-mondial de l'humanité. Mais pour un homme existant l'anticipation passionnée de l'éternel n'est pourtant pas la continuité absolue, mais la possibilité de se rapprocher de l'unique vérité qu'il y a pour un homme existant. On en revient par là à ma thèse que la subjectivité est la vérité, car la vérité objective équivaut pour un homme existant à l'éternité de l'abstraction.

L'abstraction est dés-intéressée, mais l'existence est le suprême intérêt de celui qui existe. C'est pourquoi l'homme existant a toujours un τέλος, duquel τέλος Aristote parle quand il dit (*de anima*, III, 10), que le νοῦς θεωρητιχός est différent du νοῦς πραχτιχὸς τῶ τέλει[41]. Mais la pensée pure plane complètement, et pas comme l'abstraction qui se détourne bien de l'existence mais garde pourtant un rapport avec elle : dans son sublime vol plané sans rapports avec un être existant, elle explique tout au-dedans d'elle-même, mais ne s'explique pas elle-même, ce qui rend impossible une explication décisive de ce dont en réalité on demande l'explication. Quand quelqu'un demande ainsi quels sont les rapports de la pensée pure avec un homme existant, comment il se comporte pour entrer en elle, la pensée pure ne répond rien, mais explique

a. On a qualifié la poésie et l'art d'anticipation de l'éternel [cf. Schiller : *L'Idéal et la Vie*]. Si l'on veut les appeler ainsi, il faut pourtant remarquer à ce propos que la poésie et l'art n'ont pas de rapport essentiel avec un homme existant, car la contemplation de la poésie et de l'art, « la joie du beau » est désintéressée et le contemplateur se trouve extérieur à lui-même en tant qu'être existant.

l'existence au-dedans d'elle-même et brouille tout par le fait que l'existence, le récif sur lequel la pensée pure doit faire naufrage, étant volatilisée, se trouve placée au-dedans d'elle-même [42], ce par quoi tout ce que l'on pourrait dire ici de l'existence est essentiellement révoqué. Quand dans la pensée pure on parle d'une unité immédiate de la réflexion-en-soi-même et de la réflexion-dans-les-autres, ainsi que de la disparition de cette unité immédiate, il faut bien qu'il intervienne quelque chose entre les moments de l'unité immédiate. Qu'est-ce que c'est ? Oui, c'est le temps. Mais le temps ne se laisse assigner aucune place dans la pensée pure. Que signifie alors la suspension et le passage et la nouvelle unité ? Et que signifie, en fin de compte, cette façon de ne faire toujours que semblant de penser, parce que tout ce qu'on dit est absolument rétracté ? Et pourquoi n'avoue-t-on pas qu'on pense ainsi, au lieu d'annoncer toujours à son de trompe cette vérité positive de la pensée pure ?

Comme penser et exister ont été posés ensemble dans l'existence par le fait qu'un homme qui existe est un homme qui pense, il y a deux plans : celui de l'abstraction et celui de la réalité. Mais la pensée pure en est un troisième, tout nouvellement inventé. Elle commence, comme on le dit d'ailleurs, après l'abstraction la plus épuisante. Quant au rapport que l'abstraction ne cesse malgré tout d'avoir avec ce dont elle abstrait, la pensée pure – dois-je dire par piété ou par irréflexion ? – n'en sait rien. Cette pensée pure est un refuge contre tous les doutes, elle est l'éternelle vérité positive, ou tout ce qu'il vous plaît d'en dire. En d'autres termes : la pensée pure est un fantôme. Et si la philosophie hégélienne est affranchie de tous les postulats, elle a gagné ce privilège par un postulat insensé : par l'entreprise de la pensée pure.

Pour l'existant, d'exister est le suprême intérêt, et l'intérêt à l'existence est la réalité. Ce qu'est la réalité ne se laisse pas exprimer dans le langage de l'abstraction. La réalité est un *interesse* entre l'unité abstraite hypothétique de la pensée et l'être. L'abstraction traite de la possibilité et de la réalité, mais sa conception de la réalité est une fausse interprétation, car le plan sur lequel nous sommes n'est pas celui de la réalité, mais celui de la possibilité. L'abstraction ne peut se rendre maîtresse de la réalité qu'en l'abolissant, mais l'abolir signifie justement la transformer en possibilité. Tout ce qui est dit de la réalité dans le langage de l'abstraction et à l'intérieur de l'abstraction est dit à l'intérieur de la possibilité ; dans le langage de la réalité toute l'abstraction se rapporte en effet comme une possibilité à la réalité et non pas à une réalité qui se trouverait à l'intérieur de l'abstraction et de la possibilité. La réalité, l'existence, est le moment dialectique dans une trilogie dont le commencement et la fin ne sont pas là pour un homme existant qui en tant qu'existant se trouve dans le moment dialectique. L'abstraction ferme la trilogie. Parfait. Mais comment fait-elle cela ? L'abstraction est-elle donc quelque chose, ou bien plutôt n'est-elle pas un acte de celui qui abstrait ? Mais celui qui abstrait est un être existant et donc, en tant qu'existant, dans le moment dialectique qu'il ne peut réduire ou clore, et encore moins clore d'une façon absolue aussi longtemps qu'il existe. Quand, donc, il le fait, il faut que cela se rapporte à l'existence, dans laquelle il est lui-même, comme une possibilité à la réalité. Il faut qu'il explique comment il se comporte en l'occurrence, c'est-à-dire comment il se comporte en tant qu'existant, ou s'il cesse d'exister, et si cela est permis à un homme existant.

À l'instant même où nous commençons à questionner ainsi, nous sommes sur le plan de l'éthique et nous faisons valoir auprès de l'homme existant l'exigence de l'éthique qui ne peut consister à faire abstraction de l'existence, mais au contraire à devoir exister, ce qui est aussi le suprême intérêt de celui qui existe.

En tant qu'existant il ne peut le moins du monde maintenir absolument la suppression du moment dialectique (de l'existence). Pour cela est requis un autre plan que celui de l'existence, puisque ce dernier est justement le moment dialectique. Si un homme existant peut savoir quelque chose de cette suppression, il ne peut en connaître que comme d'une possibilité qui, quand l'intérêt entre en scène, ne peut être retenue. C'est pourquoi il ne peut en savoir quelque chose que s'il est dés-intéressé, ce que, en tant qu'existant, il ne peut jamais tout à fait réussir à être, et ce que, en tant qu'existant, du point de vue éthique, il n'a pas du tout le droit de vouloir atteindre *approximando*, car l'éthique au contraire rend son intérêt à l'existence infini, si infini que le principe de contradiction en reçoit une validité absolue.

Ce qui a été indiqué plus haut se montre ici à nouveau : l'abstraction ne se commet en aucune façon avec la difficulté qui est propre à l'existence et à l'homme existant. La réalité est plus facile à penser sur le plan de la possibilité que sur celui de l'existence, où celle-ci, en tant que devenir, veut empêcher l'homme existant de penser, comme si la réalité ne se laissait pas penser, alors que l'homme existant est pourtant un homme pensant. Dans la pensée pure on est plongé dans la profondeur d'esprit jusque par-dessus les oreilles, et pourtant on a parfois l'impression que le tout souffre un peu de distraction, car le penseur pur ne voit pas clairement ce que c'est qu'un homme existant.

Tout savoir sur la réalité est possibilité ; la seule réalité dont un être existant ne se borne pas à avoir une connaissance abstraite est la sienne propre, qu'il existe ; et cette réalité constitue son intérêt absolu. L'exigence de l'abstraction à son égard est qu'il se dés-intéresse pour qu'il puisse *savoir* quelque chose ; l'exigence de l'éthique, qu'il s'intéresse infiniment à l'existence.

La seule réalité qu'il y ait pour un homme existant est sa propre réalité éthique ; de toute autre réalité il ne fait que savoir, mais le vrai savoir est une transposition dans la possibilité.

La véracité de la perception sensible est une illusion. Le scepticisme grec et aussi l'idéalisme moderne l'ont montré suffisamment. La véracité que revendique la science historique n'est aussi qu'une illusion, dans la mesure où elle veut être la certitude de la réalité, car le savant ne sait quelque chose d'une réalité historique que quand il l'a réduite en possibilité (ce sujet sera plus amplement traité plus loin). Abstraction est Possibilité,

possibilité anticipante ou rétroactive. La pensée pure est un fantôme.

La vraie subjectivité n'est pas celle qui sait, car par le savoir on se trouve sur le plan de la possibilité, mais la subjectivité de l'éthique et de l'existence. Un penseur abstrait existe bien, mais qu'il existe est plutôt une satire sur lui-même. Qu'il prouve son existence par le fait qu'il pense est une bizarre contradiction, car dans la même mesure où il pense abstraitement il abstrait justement du fait qu'il existe. En tant qu'il abstrait, naturellement son existence ici-bas devient clairement une présupposition dont il veut s'affranchir, mais l'abstraction elle-même devient pourtant une preuve singulière pour son existence terrestre, car celle-ci cesserait justement, si elle réussissait tout à fait. Le *cogito ergo sum* de Descartes n'a été que trop répété. Si on comprend par ce *je* du *cogito* un homme particulier, la phrase ne prouve rien : je *suis* pensant, *ergo* je suis, mais si je *suis* pensant ce n'est pas une merveille que je sois, c'est déjà dit, et, donc, la première partie de la proposition dit même plus que la dernière. Si donc on comprend par le *je* qui réside dans le *cogito* un seul homme particulier existant, la philosophie crie : Folie, folie, il n'est pas question ici de mon *je* ou de ton *je*, mais du *je* pur. Mais ce *je* pur ne peut pourtant pas avoir d'autre existence qu'une existence conceptuelle, que signifie alors la conclusion de la proposition, alors rien n'est déduit, car alors la phrase est une tautologie.

Quand on dit que le penseur abstrait prouve si peu son être par sa pensée qu'il fait plutôt voir que son abstraction ne réussit pas tout à fait à prouver le contraire, quand on dit cela et qu'on veut en déduire au contraire qu'un homme existant, qui existe réellement, ne pense pas du tout, c'est là une interprétation aussi fausse qu'arbitraire. Naturellement il pense, mais il pense tout, au contraire, en relation avec lui-même qui a un intérêt infini pour l'existence. Ainsi Socrate était assurément un penseur, mais, du fait qu'il accentuait infiniment le savoir éthique, lequel a rapport au sujet existant qui s'intéresse infiniment à l'existence, il n'éprouvait que de l'indifférence pour tout autre savoir.

Conclure de la pensée à l'existence est ainsi une contradiction, car la pensée au contraire retire justement l'existence de la réalité et pense celle-ci en la supprimant et en la transposant en possibilité (nous reviendrons là-dessus plus longuement par la suite). De toute autre réalité que de la sienne propre, il est vrai qu'on ne peut savoir quelque chose que par la pensée. En ce qui concerne notre réalité propre, cela dépend de la question de savoir si la pensée réussit à faire complètement abstraction de la réalité. C'est, à vrai dire, ce que veut le penseur abstrait, mais cela ne lui est d'aucun secours : il continue pourtant à exister, et cette persistance de son existence, « cette parfois pitoyable figure de professeur » est une épigramme sur le penseur abstrait, pour ne pas parler des réclamations que l'éthique lui adresse.

En Grèce on faisait pourtant attention à ce que signifie exister. C'est pourquoi l'ataraxie sceptique était une tentative existentielle pour faire abstraction de l'existence. De nos jours on abstrait avec de l'encre d'imprimerie de même qu'on doute de tout une fois pour toutes avec de l'encre d'imprimerie. Ceci entre autres choses a été l'occasion d'une très grande confusion dans la philosophie moderne, et c'est pourquoi les philosophes possèdent tant de courtes sentences sur des devoirs infinis et respectent entre eux cette monnaie de papier, cependant que l'idée ne vient pour ainsi dire à personne de s'essayer soi-même à réaliser par l'existence l'exigence de ces devoirs. De cette manière on peut facilement en finir avec tout et en arriver à commencer sans présupposition. Par exemple la présupposition de douter de tout devrait requérir toute une vie d'homme, eh bien pas du tout, c'est aussi vite fait que dit.

§ 2. – La possibilité plus haute que la réalité. La réalité plus haute que la possibilité. L'idéalité poétique et intellectuelle, l'idéalité éthique.

Aristote remarque dans sa *Poétique*[a] que la poésie est supérieure à l'histoire, parce que l'histoire n'expose que ce qui est arrivé, la poésie, ce qui aurait pu ou dû arriver, c'est-à-dire que la poésie dispose de la possibilité. Par rapport à la réalité, du point de vue poétique et intellectuel, la possibilité est supérieure, l'esthétique et l'intellectuel sont sans intérêt. Mais il n'y a qu'un intérêt ; celui d'exister ; l'absence d'intérêt exprime l'indifférence à l'égard de la réalité. Cette indifférence (de la pensée à l'égard de la réalité) est oubliée dans le *cogito ergo sum* de Descartes, ce qui trouble le désintéressement de l'intellectualité et offense la spéculation comme s'il devait en découler autre chose. Je pense, *ergo* je pense ; la question de savoir si je suis ou si c'est (au sens de la réalité, où *je* signifie un homme particulier existant et *ce* quelque chose de particulier et de défini) est complètement indifférente. Que ce que je pense *soit*, au sens de la pensée, n'a besoin d'aucune preuve ni d'être prouvé par une déduction, car c'est déjà prouvé. Aussitôt que je commence à donner comme but à ma pensée quelque chose d'autre, l'intérêt entre en jeu. Aussitôt qu'il est là, l'éthique est avec lui, et me délivre de tous autres efforts pour prouver mon existence ; en m'obligeant à exister, elle m'empêche de m'engager dans la voie détournée de la déduction d'une manière éthiquement trompeuse et métaphysiquement obscure.

*

* *

Cependant que l'éthique est à notre époque de plus en plus ignorée, cette ignorance a eu en même temps le fâcheux résultat

a. Chapitre IX.

d'introduire le trouble dans la poésie et dans la spéculation, qui ont abandonné l'élévation désintéressée de la possibilité pour chercher à saisir la réalité : au lieu de donner à chacun le sien, on a causé une double confusion. La poésie fait tentatives sur tentatives pour paraître réelle, ce qui n'est pas du tout poétique ; la spéculation veut toujours à nouveau, dans son domaine, atteindre la réalité, étant persuadée que le pensé est le réel, que la pensée n'est pas seulement en état de penser, mais de donner la réalité, ce qui est exactement le contraire ; et en même temps on oublie toujours davantage ce que c'est qu'exister. Le temps et les hommes deviennent de plus en plus irréels, d'où ces succédanés qui doivent remplacer ce qu'on a perdu. On renonce de plus en plus à l'éthique, la vie de l'individu devient agitée non pas seulement poétiquement, mais d'une façon historico-mondiale et, de ce fait, empêchée d'exister éthiquement ; il faut alors se procurer la réalité d'une autre manière. Mais il en est avec cette réalité mal comprise comme quand une génération ou les individus qui la composent ont prématurément vieilli et qu'il faut artificiellement se procurer de la jeunesse. Au lieu que d'exister éthiquement est la réalité, l'époque est devenue contemplatrice[43] d'une façon si prépondérante que non seulement tout le monde l'est, mais que finalement cette contemplation se trouve faussée, étant considérée comme la réalité. On sourit de la vie monacale et, pourtant, jamais ermite n'a vécu d'une façon aussi irréelle que l'on vit de nos jours, car un ermite faisait bien abstraction du monde entier, mais pas de lui-même. On sait décrire le site fantastique d'un monastère : à l'écart, dans la solitude de la forêt, dans les bleus lointains de l'horizon, mais on ne pense pas à la situation fantastique de la pensée pure. Et pourtant l'irréalité pathétique de l'ermite est de beaucoup préférable à l'irréalité comique du penseur pur ; et pourtant l'oubli passionné de l'ermite, qui lui enlève le monde entier, est bien préférable à la distraction comique du penseur historico-mondial qui s'oublie lui-même.

*
* *

Du point de vue éthique, la réalité est plus haute que la possibilité. L'éthique veut précisément détruire le dés-intéressement de la possibilité en faisant de l'existence l'intérêt suprême. C'est pourquoi l'éthique veut empêcher les tentatives de confusion, par exemple celle qui consiste à vouloir *contempler* éthiquement le monde et les hommes. On ne peut pas, en effet, contempler éthiquement, il n'y a qu'une seule contemplation éthique, celle de soi-même. L'éthique ferme son étreinte en un instant sur l'individu, en exigeant de lui qu'il existe éthiquement. Elle ne palabre pas de millions d'hommes et de générations, elle ne prend pas l'humanité en tas, pas plus que la police n'arrête l'humanité pure. L'éthique a affaire à l'Individu et, remarquons-le bien, à chaque individu. De même que Dieu sait combien de cheveux sont sur la tête d'un homme, de même l'éthique sait combien d'hommes existent, et le recensement éthique n'a pas lieu dans l'intérêt d'une somme totale, mais de chaque particulier. L'éthique s'exige elle-même de chaque individu ; seul un tyran ou un homme impuissant se contente de décimer. L'éthique saisit l'individu et exige de lui qu'il s'abstienne de toute contemplation, et surtout de celle du monde et des hommes. Car l'éthique, en tant qu'elle est l'intérieur, ne se laisse pas du tout contempler par quelqu'un qui se tient au-dehors, elle ne se laisse réaliser que par le sujet particulier qui peut savoir ce qui habite en lui. Ceci, qui habite en l'homme, est l'unique réalité qui, du fait qu'on en sait quelque chose, ne devient pas une possibilité, et de laquelle on ne peut pas savoir quelque chose seulement parce qu'on la pense, car c'est la réalité propre de l'homme. D'elle, en tant que réalité pensée, c'est-à-dire en tant que possibilité, il savait quelque chose avant qu'elle ne devînt cette réalité pensée, tandis qu'il ne savait rien de la réalité d'un autre avant qu'il ne la pensât, c'est-à-dire la transformât en possibilité.

*
* *

Pour toute réalité en dehors de moi, il est vrai que je ne peux la saisir qu'en la pensant. Si je devais me l'approprier réellement, il faudrait que je me transformasse en l'autre, celui qui la fait, il faudrait que de cette réalité étrangère je fisse la mienne propre, ce qui est une impossibilité. Si, en effet, je fais d'une réalité étrangère la mienne propre, cela ne signifie pas que, du fait que j'en ai connaissance, je deviens l'autre, mais cela signifie une nouvelle réalité qui m'appartient, en tant que je suis différent de l'autre.

*
* *

Quand je pense quelque chose que je veux faire, mais que je n'ai pas encore faite, cette chose pensée, si précise soit-elle, que l'on peut d'ailleurs tout à fait à juste titre appeler une *réalité pensée*, est une possibilité. Inversement, quand je pense quelque chose qu'un autre a fait, donc une réalité, je retire cette réalité donnée de la réalité et je la transporte dans la possibilité, car une *réalité pensée* est une possibilité et, du point de vue de la pensée, plus haute que la réalité, mais pas du point de vue de la réalité. Ceci marque en même temps qu'éthiquement il n'y a pas de rapport direct entre sujet et sujet. Si j'ai compris un autre sujet, sa réalité est pour moi une possibilité, et cette réalité pensée se comporte en tant que possibilité, comme ma propre pensée de quelque chose que je n'ai pas encore fait se rapporte à l'action correspondant à cette pensée.

*
* *

Frater Taciturnus (*Étapes sur le chemin de la vie*, p. 341) dit : Celui qui, au sujet d'une même chose, ne saisit pas aussi bien la déduction *ab posse ad esse* que *ab esse ad posse*, ne saisit pas l'idéalité, c'est-à-dire ne comprend pas la chose, ne la pense pas (c'est, en effet, de la compréhension d'une réalité étrangère qu'il s'agit). Quand, en effet, celui qui pense avec le dissolvant *posse* (une réalité pensée est une possibilité) se heurte à un *esse* qu'il ne peut dissoudre, alors il doit dire : je ne puis penser cela. Il suspend donc la pensée, et s'il doit ou, plus exactement, s'il veut, néanmoins avoir des rapports avec cette réalité en tant que réalité, ces rapports ne sont pas des rapports de pensée, mais de paradoxe. (Que l'on pense après ce qui précède à la définition de la foi, au sens socratique, *sensu laxiore*, non *sensu strictissimo* : *l'incertitude objective*, car, en effet, le *posse* dissolvant s'est heurté à un *esse* durci, *maintenue dans une intériorité passionnée*.)

*
* *

Demander, en ce qui concerne l'esthétique ou l'intellectuel : ceci ou cela n'est-il pas aussi réel, est-ce aussi réellement arrivé ? c'est une erreur, celle de ne pas comprendre l'idéalité esthétique ou intellectuelle comme une possibilité, et oublier que celui qui détermine ainsi esthétiquement ou intellectuellement le rapport de rang place la perception sensible au-dessus de la pensée. Éthiquement, il est correct de se demander : est-ce réel ? Mais, il faut bien le remarquer, seulement en ce sens où le sujet individuel se questionne éthiquement lui-même sur sa propre réalité. La réalité éthique d'un autre homme ne peut être saisie par lui que par la pensée, c'est-à-dire en tant que possibilité.

*
* *

L'Écriture dit : « Ne jugez pas, afin de n'être pas jugés ». Ceci est exprimé comme un avertissement et une remontrance, mais c'est en même temps une impossibilité. Un homme ne peut juger éthiquement un autre homme, parce qu'il ne le comprend que comme possibilité. Ainsi, quand un homme veut en juger un autre, il ne fait qu'exprimer son impuissance et se juge lui-même.

*

* *

Il est dit dans les *Étapes sur le chemin de la vie* : « Il est en effet intelligent de s'enquérir de deux choses : 1. ce qui est dit est-il possible ? ; 2. puis-je le faire ? Mais inintelligent de s'enquérir de deux choses : 1. est-ce réel ? 2. mon voisin Dupont l'a-t-il fait ? L'a-t-il vraiment fait ? Par là, la question de réalité est accentuée éthiquement. Esthétiquement et intellectuellement il est insensé de s'enquérir de la réalité d'une chose, éthiquement il est insensé de s'enquérir de sa réalité en tant que contemplée ; mais quand je m'en enquiers éthiquement en ce qui concerne ma propre réalité, il s'agit d'une possibilité qui n'est pas seulement esthétique et intellectuelle, c'est-à-dire désintéressée, mais qui est une réalité pensée qui se rapporte à ma propre réalité, à savoir que je peux la réaliser.

*

* *

Le comment de la vérité est précisément la vérité. Il est donc incorrect de répondre à une question dans une langue où elle ne peut pas du tout être posée. Ainsi, expliquer la réalité à l'intérieur de la possibilité. Si, par contre, on s'enquiert de la réalité, non d'une façon esthétique ou intellectuelle, mais seulement éthique, et éthique seulement en ce qui concerne sa propre réalité, alors chaque individu est éthiquement isolé pour lui-même. L'ironie et l'hypocrisie comme antithèses, mais les deux comme expression de la contradiction que l'extérieur n'est pas l'intérieur (du fait que l'hypocrisie donne l'apparence d'être bon et l'ironie d'être mauvais) renforcent cette idée, en ce qui concerne l'examen intérieur éthique, que réalité et fausseté sont tout aussi possibles et que la fausseté peut aller aussi loin que la réalité. Seul l'individu lui-même peut savoir ce qu'il en est. S'enquérir de cette intimité éthique chez un autre individu est déjà contraire à l'éthique en tant que c'est de la dissipation. Mais si néanmoins on s'en enquiert, alors la difficulté est que je ne peux saisir que par la pensée la réalité d'un autre, la transposant ainsi en possibilité, où la possibilité de l'erreur est tout aussi bien pensable. – Ceci est une utile étude préparatoire à l'existence éthique : d'apprendre que chaque homme particulier est seul.

*
* *

Du point de vue esthétique et intellectuel, s'enquérir de la réalité est une erreur ; du point de vue éthique, s'enquérir de la réalité d'un autre homme est une erreur, car on ne doit s'enquérir que de la sienne propre. On voit ici comment la foi (*sensu strictissimo*, qui se rapporte à quelque chose d'historique) est différente de l'esthétique, de l'intellectuel, de l'éthique. S'enquérir avec un intérêt infini d'une réalité qui n'est pas la sienne, c'est vouloir croire, et cela exprime le rapport paradoxal avec le Paradoxe. Esthétiquement on ne peut s'enquérir ainsi, sauf par étourderie, car esthétiquement la possibilité est plus haute que la réalité ; intellectuellement non plus, car, intellectuellement, la possibilité est plus haute que la réalité ; éthiquement non plus, car éthiquement l'individu n'est intéressé infiniment au plus haut point qu'à sa propre réalité. La foi ressemble à l'éthique par l'intérêt infini qui différencie absolument le croyant d'un esthéticien ou d'un penseur. En outre, le croyant se distingue de l'éthicien en ce qu'il porte un intérêt infini à la réalité d'un autre (par exemple que Dieu a vraiment existé dans le temps).

*
* *

Esthétiquement et intellectuellement on peut dire qu'une réalité n'est comprise et pensée que quand son *esse* est dissous dans son *posse*. Éthiquement on peut dire que la possibilité est comprise quand chaque *posse* est en réalité un *esse*. Quand l'esthétique et l'intellectualité y regardent de près, elles protestent chaque *esse* qui n'est pas un *posse* ; quand c'est l'éthique, elle condamne chaque *posse* qui n'est pas un *esse*, c'est-à-dire un *posse* dans l'individu lui-même, car celui-ci, éthiquement, n'a rien à faire avec d'autres individus. À notre époque, tout est brouillé ; on répond à l'esthétique en langage éthique, à la foi en langage intellectuel, etc. On sait le dernier mot de tout, et pourtant on ne fait pas la moindre attention au plan sur lequel chaque question trouve sa réponse. Dans le monde spirituel ceci produit une confusion encore plus grande que si, dans le monde bourgeois, une affaire ecclésiastique était résolue par la commission du pavage des rues.

*
* *

La réalité est-elle alors l'extériorité ? En aucune façon. Du point de vue esthétique et intellectuel on fait remarquer tout à fait à juste titre que l'extérieur n'est une tromperie que pour celui qui ne comprend pas l'idéalité. Frater Taciturnus dit (*loc. cit.*, p. 341) : « La connaissance de l'historique ne fait qu'abuser les sens de celui qui s'en laisse imposer par la matière. Qu'est-ce que je connais historiquement ? La matière. Je connais l'idéalité par moi-même, et, si je ne la connais pas par moi-même, je ne la connais pas du tout, toute la science historique n'y change rien. L'idéalité n'est pas un bien meuble qui se laisse transporter de l'un à l'autre, ou quelque chose qui va par-dessus le marché, quand on en prend de grandes quantités. Si je sais que César était grand, c'est que je sais ce qu'est la grandeur et que je peux la voir, autrement je ne sais pas que César était grand. Les récits de l'histoire, le fait que des personnes de confiance l'affirment, et qu'il n'y a pas de risque à accepter cette façon de voir, car cela doit être établi solidement qu'il a été un grand homme, que son succès le prouve, tout cela ne sert de rien. Aller croire sur la parole d'un autre à l'idéalité ressemble à rire d'un mot d'esprit, non parce qu'on l'a compris, mais parce qu'un autre a dit qu'il était spirituel. S'il en est ainsi, alors le mot d'esprit peut tout aussi bien, pour celui qui rit de confiance, ne pas être dit, il pourra rire avec tout autant d'emphase. » En quoi consiste donc la réalité ? En l'idéalité. Mais, esthétiquement et intellectuellement, l'idéalité est la possibilité (le mouvement *ab esse ad posse*). Éthiquement, l'idéalité est la réalité dans l'individu lui-même. La réalité est l'intériorité qui a un intérêt infini pour l'existence, ce que l'individu éthique a pour lui-même.

*
* *

Quand je comprends un penseur, sa réalité (qu'il a existé en tant qu'individu ; qu'il a lui-même compris cela ainsi, etc. ; qu'il l'a lui-même *vraiment* réalisé, etc.) m'est, juste dans la mesure où je le comprends, complètement indifférente. À cet égard la philosophie et l'esthétique ont raison, et c'est justement ce qu'il faut ne pas perdre de vue. Mais il n'y a encore là aucune défense de la pensée pure en tant que médium de message. Si, en effet, sa réalité m'est, à moi qui m'instruis, indifférente, comme inversement la mienne à lui, il ne s'ensuit nullement qu'il puisse être indifférent à sa propre réalité. Son message doit en porter l'empreinte, non pas directement, car il ne se laisse pas communiquer directement de l'un à l'autre (un tel rapport étant le rapport paradoxal du croyant à l'objet de sa foi), et ne se laisse pas comprendre directement, mais il doit, étant indirect, être compris indirectement.

Quand les sphères particulières ne sont pas maintenues entièrement séparées, tout tombe dans la confusion. Quand, donc, on est curieux de la vie réelle d'un penseur, quand on trouve intéressant d'en savoir quelque chose, on mérite intellectuellement un blâme, car dans la sphère de l'intellectualité le but vers lequel on doit s'efforcer est que la réalité du penseur vous soit complètement indifférente. Mais, par le fait qu'on laisse place aux commérages personnels dans la sphère de l'intellectualité, on prend une ressemblance trompeuse avec un croyant. Un croyant éprouve justement un intérêt infini pour la réalité d'un autre. Ceci est, pour le croyant, décisif, et cet intérêt n'est pas je ne sais quelle curiosité, mais la dépendance absolue vis-à-vis de l'objet de sa foi.

L'objet de la foi est la réalité d'un autre, son attitude un intérêt infini. L'objet de la foi n'est pas une doctrine, car alors le rapport est intellectuel, et il ne faut pas bousiller, mais s'efforcer d'atteindre le point le plus haut du rapport intellectuel. L'objet de la foi n'est pas un professeur qui a une doctrine, car quand un professeur a une doctrine, la doctrine est *eo ipso* plus importante que le professeur, et le rapport est intellectuel ; or, là, il ne faut pas bousiller, mais s'efforcer vers le point le plus haut du rapport intellectuel. Mais l'objet de la foi est la réalité de celui qui enseigne, qu'il existe réellement. C'est pourquoi la réponse de la foi s'énonce d'une façon absolue : oui ou non. Car la réponse de la foi ne se rapporte pas à une doctrine, qu'elle soit vraie ou fausse, pas à un professeur, que sa doctrine soit vraie ou fausse, mais est la réponse à une question de fait : admets-tu qu'il ait existé réellement ? Et, remarquons-le bien, la réponse se fait avec une passion infinie. C'est, en effet, signe d'étourderie, quand il s'agit d'un homme, d'attacher une importance infinie à la question de savoir s'il a existé ou non. C'est pourquoi, quand l'objet de la foi est un homme, le tout n'est qu'une extravagance d'homme stupide, qui n'a même pas compris l'esthétique et l'intellectuel. L'objet de la foi est donc la réalité de Dieu, au sens d'existence. Mais exister signifie avant tout être un Individu, ce pour quoi la pensée doit faire abstraction de l'existence, parce que l'individuel ne se laisse pas penser, mais seulement le général. L'objet de la foi est ainsi la réalité de Dieu dans l'existence : c'est-à-dire comme un individu : c'est-à-dire que Dieu a existé comme un homme individuel.

Le christianisme n'est pas une doctrine de l'unité du divin et de l'humain, du sujet-objet, pour ne rien dire des autres périphrases logiques du christianisme. Si, en effet, le christianisme était une doctrine, le rapport que l'on a avec lui ne serait pas celui de la foi, car à l'égard d'une doctrine il n'y a d'autre rapport qu'intellectuel. Le christianisme n'est donc pas une doctrine, mais le fait que Dieu a existé.

La foi n'est donc pas un enseignement pour *minus habentes* dans la sphère de l'intellectualité, un asile pour têtes faibles. Mais la foi est une sphère en soi, et chaque erreur sur le christianisme est reconnaissable aussitôt au fait qu'elle le transforme en une doctrine et le tire sur le plan de l'intellectualité. Tandis que dans la sphère de l'intellectualité le maximum de ce qu'on peut réaliser est de devenir indifférent envers la réalité du maître, c'est le contraire dans la foi ; le maximum est l'intérêt infini, *quam maxime*, pour la réalité du maître.

*
* *

La propre réalité éthique de l'individu est la seule réalité. Que ceci semble à certains extraordinaire, je ne m'en étonne pas. À moi il me semble bizarre que l'on en ait fini avec le Système et avec les systèmes, sans s'occuper de l'éthique. Si seulement on introduisait à nouveau le dialogue à la façon grecque pour examiner ce qu'on sait et ce qu'on ne sait pas, tout ce qu'il y a d'artificiel dans le contre-nature et d'amphigourique dans le

Système serait bientôt dégonflé. Je ne veux dire en aucune façon que Hegel devrait accepter une conversation avec un quidam quelconque et que, s'il n'était pas compris, cela prouverait quelque chose, bien que les mots simples de Diogène [Laërce] affirmant que Socrate philosophait dans les ateliers et sur la place publique restent toujours pour lui une belle louange. Néanmoins, ce n'est pas là ce que je veux dire, et ma proposition n'est rien moins qu'un attentat bouffon contre la science. Mais qu'un philosophe hégélien, ou Hegel lui-même, accepte de converser avec un homme mûr et expert en dialectique parce qu'il a existé : aussitôt dès le début tout l'artificiel et le chimérique sera évincé. Quand on ne cesse d'écrire ou de dicter des paragraphes en un seul morceau avec la promesse qu'à la fin tout deviendra intelligible, il devient toujours plus difficile de découvrir où se trouve le commencement de la confusion et de trouver un point de départ ferme. – « Tout, dit-on, deviendra clair à la fin », et, en attendant, on fait usage de la catégorie : « ce n'est pas ici le lieu d'examiner la chose de plus près », pierre angulaire du système, une catégorie employée souvent, d'une façon aussi risible, que si quelqu'un, sous la rubrique « Fautes d'impression », citait *une* faute d'impression, puis ajoutait : il s'en trouve bien dans le livre encore d'autres, mais ce n'est pas ici le lieu d'examiner cette question de plus près. Avec l'aide de ces deux dispositions on est continuellement dupé, l'une trompant définitivement et l'autre provisoirement. Si l'on pratiquait le dialogue, tout ce qu'il y a de fantastique dans la Pensée Pure ne ferait aucune impression. Au lieu de donner raison à l'idéalisme, mais, remarquons-le bien, de telle façon que toute la question de la réalité (d'un en-soi qui se dérobe[44]) aurait été écartée, en relation avec la pensée, comme une tentation, qui, comme toutes les autres tentations, ne peut absolument pas être écartée en y cédant ; au lieu de s'opposer à l'erreur de Kant qui amena la réalité à avoir un rapport avec la pensée, au lieu d'adresser la réalité à l'éthique, Hegel alla assurément plus loin, car il devint fantastique et vainquit le scepticisme de l'idéalisme à l'aide de la pensée pure, qui est une hypothèse et, quand elle ne se donne pas pour telle, est quelque chose de fantastique, comme on peut aussi bien rire que pleurer sur le triomphe de la Pensée Pure (qu'en elle la pensée et l'être soient un), car, dans la Pensée Pure, on ne peut absolument pas poser des questions de différence. – Que la pensée soit réelle, la philosophie grecque l'admettait sans plus. Par une réflexion sur la pensée on devait arriver au même résultat, mais pourquoi confonditon la réalité de la pensée avec la réalité ? La réalité de la pensée est possibilité, et la pensée n'a qu'à écarter purement et simplement toute autre question de savoir si elle est réelle.

*
* *

Déjà dans le rapport de Hegel à Kant on peut voir l'erreur de « la méthode ». Un scepticisme qui met l'embargo sur la pensée elle-même ne peut être arrêté par un examen plus approfondi, car cet examen ne peut avoir lieu que par la pensée qui est du côté des rebelles. Il doit donc être interrompu. Répondre à Kant à l'intérieur du jeu d'ombres fantastique de la pensée pure, c'est justement ne pas lui répondre. – Le seul en-soi qui ne puisse être pensé est l'existence, avec laquelle la pensée n'a rien du tout à voir. Mais comment la pensée pure pourrait-elle écarter cette difficulté, puisqu'en tant que pensée pure elle est abstraite ; mais de quoi fait abstraction la pensée pure ? De l'existence, c'est-à-dire de ce qu'elle devrait expliquer.

*
* *

Si l'existence ne peut être pensée et que l'existant est pourtant pensant, qu'est-ce que cela veut dire ? Cela veut dire qu'il pense de façon momentanée, il pense par anticipation et il pense rétrospectivement. Sa pensée ne peut avoir la continuité absolue. Un existant ne peut que d'une façon fantastique être toujours *sub specie aeterni*.

*
* *

Penser, est-ce la même chose que créer, donner l'existence ? Je sais très bien ce qu'on a objecté à une sotte attaque contre la proposition de l'identité de la pensée et de l'être, et je suis tout disposé à reconnaître la justesse de cette objection. On a objecté à juste titre [45] que l'unité de la pensée et de l'être ne devait pas s'entendre pour les existences imparfaites, comme si, par exemple, je pouvais par la pensée produire une rose. (Dans le même sens, on a aussi [*Logique* de Hegel, p. 70] montré, avec un certain manque de respect envers les défenseurs du principe de contradiction, que celui-ci trouve sa plus forte expression dans les existences les plus basses, dans les relations pensées des choses finies : devant et derrière, droite et gauche, dessus et dessous, etc.). Mais alors, pour ce qui est des formes plus hautes d'existence, peut-on dire que la pensée et l'être soient une seule et même chose ? Ainsi, par exemple, en ce qui concerne les idées. Oui, Hegel a raison, et, pourtant, cela ne nous fait pas avancer d'un pas. Le bon, le beau, les idées sont en elles-mêmes si abstraites qu'elles sont indifférentes vis-à-vis de l'existence, autre que l'existence des pensées. Ainsi la raison pour laquelle, ici, l'identité de la pensée et de l'être est justifiée est que par le mot *être* on ne peut comprendre rien d'autre que la pensée. Mais alors la réponse est donc une réponse à une question qu'on ne peut poser sur le plan auquel la réponse appartient. Or donc, un homme particulier existant n'est quand même pas une idée, son existence est quand même quelque chose d'autre que l'existence pensée d'une idée ? Il est vrai qu'exister (au sens : être cet homme particulier) est une imperfection par rapport à l'éternelle vie de l'idée, mais une perfection à côté de ne pas être du tout. L'existence est à peu près un tel état intermédiaire, quelque chose qui convient à un être moyen, comme l'homme. Qu'en est-il donc de la prétendue identité de la pensée et de l'être dans une existence comme celle d'un homme particulier existant ? Suis-je le Bien, parce que je le pense, ou suis-je bon parce que je pense le Bien ? En aucune façon. Suis-je là parce que je le pense ? Les défenseurs de la proposition philosophique de l'identité de la pensée et de l'être disaient eux-mêmes qu'elle n'était pas valable pour les existences imparfaites ; mais d'exister comme homme particulier est-ce une existence parfaite de l'idée ? Telle est la question. Ici, c'est le contraire qui est valable : parce que j'existe et suis pensant, c'est pour cela que je pense que je suis. L'existence sépare ici l'identité idéale de la pensée et de l'être ; il faut que j'existe pour pouvoir penser, et il faut que je puisse penser la bonté, par exemple, pour exister en elle. Exister comme tel homme particulier n'est pas une existence aussi imparfaite que, par exemple, une rose. C'est pourquoi nous, hommes, disons aussi, quelque malheureux que nous puissions être, que c'est pourtant toujours quelque chose de bon d'exister, et je me souviens d'un homme mélancolique qui, une fois, au milieu de ses souffrances, comme il souhaitait la mort, se posa à lui-même, en voyant un panier de pommes de terre, la question de savoir s'il n'avait pas pourtant plus de joie à exister qu'une pomme de terre. Mais être un homme particulier, ce n'est pas non plus une pure existence d'idée. De cette façon n'existe que l'homme en soi, c'est-à-dire qu'il n'existe pas. L'existant est toujours le particulier, l'abstrait n'*existe* pas. Qu'il s'ensuive que l'abstrait n'a pas de réalité est une erreur, mais c'est aussi une erreur de brouiller la discussion en se posant la question de son existence, ou de sa réalité au sens d'existence. Quand, maintenant, un homme *existant* pose la question du rapport de la pensée et de l'être, de la pensée et de l'existence, et que la philosophie explique ce rapport comme étant un rapport d'identité, elle ne répond pas à la question, car elle ne répond pas à celui qui la pose. La philosophie explique ; pensée et être sont un, mais non pas pourtant chez ce qui est par sa seule existence ce qu'il est, par exemple une rose, qui ne contient aucune idée, ainsi non pas là où on voit le plus clairement l'opposition de l'existence et de la pensée ; mais la pensée et l'être sont un là où l'existence est essentiellement indifférente, parce qu'elle est si abstraite qu'elle n'a une existence que dans la pensée. Mais on a ainsi escamoté la réponse à la question posée, qui concernait l'existence d'un homme particulier. Celle-ci ne signifie pas, en effet, un être comme celui d'une pomme de terre, mais pas non plus comme celui de l'idée. L'existence humaine contient l'idée, mais n'est pourtant pas l'existence des idées. Platon plaçait l'idée à la deuxième place, comme moyen terme entre Dieu et la matière, et en tant qu'existant l'homme doit bien participer à l'idée, mais il n'est pas lui-même l'idée. – En Grèce, comme partout dans la jeunesse de la philosophie, la difficulté consistait à gagner l'abstrait, à quitter l'existence qui ne cesse de nous offrir l'unique ; maintenant, au contraire, il est difficile d'atteindre l'existence. Avec l'abstraction, cela va assez facilement, mais on s'éloigne toujours davantage de l'existence, et la pensée pure est aussi loin que possible de l'existence. – En Grèce, philosopher était une action ; celui qui philosophait était donc un homme existant, il ne savait que peu de chose, mais le savait à fond, car il s'en occupait matin et soir. Qu'est-ce de nos jours que philosopher, et qu'est-ce qu'un philosophe, aujourd'hui, sait vraiment à fond ? car, qu'il sache tout, je ne le nie pas. – La proposition philosophique de l'identité de la pensée et de l'être est exactement le contraire de ce dont elle a l'air ; elle exprime que la pensée a complètement abandonné l'existence, qu'elle a émigré et découvert une sixième partie du monde où, dans l'absolue identité de la pensée et de l'être, elle se suffit absolument à elle-même. Du point de vue de l'abstraction, l'existence devient finalement, dans un sens métaphysique volatilisé, le mal, elle devient, dans un sens humoristique, une chose suprêmement ennuyeuse, une risible temporisation. Néanmoins, il subsiste encore ici pour l'éthique une possibilité de freiner, car l'éthique accentue l'existence, et l'abstraction et l'humour ont encore un rapport avec l'existence. Par contre, la pensée pure a bien gagné sa victoire et n'a rien, rien à faire avec l'existence.

*

* *

Si la pensée pouvait donner de la réalité au sens de réalité, et non de la réalité pensée au sens de possibilité : alors il faudrait que la pensée puisse prendre vie et retirer à l'homme existant la seule réalité à laquelle il se rapporte comme à une réalité, la sienne (car à celle d'un autre il ne se rapporte, comme on l'a montré, que par la pensée), c'est-à-dire il faudrait qu'il puisse se supprimer lui-même par la pensée, au sens de la réalité, en sorte qu'il cesse réellement d'exister. Je voudrais pourtant savoir si quelqu'un admettra cela, qui dénoterait alors inversement tout autant de superstition à l'égard de la pensée pure que la réplique du toqué dont parle le poète : qui voulait descendre dans Dovrefield[46] et faire sauter en éclats le monde entier avec un seul syllogisme. – On peut être distrait, ou le devenir, par un commerce prolongé avec la pensée pure, mais cela ne réussit pas tout à fait, ou plutôt cela échoue tout à fait, et, à l'aide de « la parfois lamentable figure de professeur », on passe en proverbe, ce que les juifs craignaient tant[47]. – Je peux faire abstraction de moi-même, mais ce que j'abstrais de moi-même signifie justement que j'existe en même temps.

*
* *

Dieu ne pense pas, il crée ; Dieu n'existe pas, il est éternel. L'homme pense et existe, et l'existence sépare la pensée et l'être, les tient distants l'un de l'autre dans la succession.

*
* *

Qu'est-ce que la pensée abstraite ? C'est la pensée dans laquelle il n'y a pas de sujet pensant. Elle fait abstraction de toute autre chose que la pensée et seule la pensée se trouve dans son propre milieu. L'existence n'est pas sans pensée, mais dans l'existence la pensée se trouve dans un milieu étranger. Que signifie alors de se poser des questions de réalité au sens d'existence, dans la langue de la pensée abstraite, puisque celle-ci en fait justement abstraction ? – Qu'est-ce que la pensée concrète ? C'est la pensée dans laquelle il y a un sujet pensant, et un certain quelque chose (au sens de quelque chose d'unique) qui est pensé, là où l'existence donne au penseur existant pensée, temps et espace.

*
* *

Si Hegel avait publié sa *Logique* sous le titre « la pensée pure », sans nom d'auteur, sans date, sans préface, sans remarques, sans contradiction interne professorale, sans explication gênante de ce qui ne peut s'expliquer que de soi-même, s'il l'avait publiée comme un pendant aux bruits de la nature à Ceylan : les propres mouvements de la pensée pure, cela aurait été grec. Ainsi aurait agi un Grec, si l'idée lui en était venue. L'art consiste en la réduplication du contenu dans la forme, et là-dessus on doit particulièrement s'abstenir de toutes réflexions faites dans une forme inadéquate. Or la *Logique*, avec toutes ses remarques, fait une impression aussi drôle que si un homme montrait une lettre du ciel, et laissait lui-même dedans le buvard qui ne décèle que trop clairement que la lettre du ciel a son origine sur la terre. – Polémiquer dans une telle œuvre avec des notes contre celui-ci ou celui-là (dont on donne les noms), faire des signes d'intelligence au lecteur, qu'est-ce que cela peut vouloir dire ? Cela décèle la présence d'un penseur qui pense la pensée pure, un penseur qui mêle sa voix aux « mouvements propres de la pensée » et même ne craint pas de parler à un autre penseur avec lequel il veut donc lier conversation. Mais s'il y a là un penseur qui pense la pensée pure, au même moment toute la dialectique grecque se saisit de sa personne au moyen de la police de sûreté de la dialectique existentielle et le prend par le pan de son habit, non pas pourtant comme ferait un disciple, mais pour apprendre comment il s'y prend pour avoir des rapports avec la pensée pure, et au même instant le charme est évanoui. Que l'on essaie seulement de se représenter Socrate en l'occurrence : à l'aide des notes, il aurait tôt fait de prendre Hegel corps à corps, et, pas habitué à se laisser éloigner par l'assurance qu'à la fin tout deviendra clair, il s'empresserait, lui qui ne tolérait pas qu'on parle d'affilée plus de cinq minutes (et je ne parle pas de traités d'un seul tenant en dix-sept volumes), il s'empresserait de mettre des bâtons dans les roues – tout simplement pour taquiner Hegel.

*
* *

Qu'est-ce que cela signifie, que l'être est plus haut que la pensée ? Si cette proposition est quelque chose qui doit être pensé, alors *eo ipso*, la pensée est de nouveau plus haute que l'être. Si on peut la penser, aucun système de l'existence n'est possible. Il n'est d'aucun secours ni d'être courtois, ni d'être grossier envers l'Être, ni de le laisser être quelque chose de très haut, qui néanmoins découle de la pensée et peut être atteint par la voie syllogistique, ni quelque chose de si humble que cela résulte sans plus de la pensée. Quand on a parlé ainsi : Dieu ou l'Être suprême doit posséder toutes les perfections ; l'être est aussi une perfection, *ergo* l'Être suprême, ou Dieu, doit être : tout ce mouvement de pensée fait illusion[a]. Si, en effet, dans la première partie de ce raisonnement, Dieu n'est pas vraiment pensé comme étant, le raisonnement ne peut pas du tout prendre forme. Alors il s'exprimerait ainsi : un Être suprême qui, remarquons-le bien, n'existe pas, doit se trouver en possession de toutes les perfections, et donc aussi de cette perfection qu'il

a. Hegel ne parle pourtant pas ainsi : à l'aide de l'identité de la pensée et de l'être, il s'élève au-dessus d'une façon plus enfantine de philosopher, comme il le dit lui-même, par exemple en ce qui concerne Descartes (par exemple *Histoire de la philosophie*, III ; *Œuvres*, XV, p. 320).

existe, *ergo* l'Être suprême qui n'existe pas, existe. Ceci serait une déduction singulière. Ou bien l'Être suprême ne doit pas être là au début du raisonnement, pour faire son apparition à sa conclusion ; ou bien il était là, et alors il ne peut venir à l'être, alors la conclusion est une forme trompeuse du développement de l'attribut, une trompeuse périphrase d'une présupposition. Dans l'autre cas, la conclusion doit être tenue pour purement hypothétique : quand on admet un être suprême, il faut aussi admettre qu'il est en possession de toutes les perfections ; l'être est une perfection, *ergo* il doit être – quand on admet qu'il est. Du fait qu'on conclut à l'intérieur d'une hypothèse, on ne peut pourtant jamais en venir à conclure hors de l'hypothèse. Comme, par exemple, quand tel ou tel homme est un hypocrite, il se conduira comme un hypocrite ; un hypocrite fera ceci ou cela, donc tel ou tel homme a fait ceci ou cela. Il en va de même avec la déduction relative à Dieu. Quand la déduction est achevée, l'être de Dieu est juste aussi hypothétique qu'il l'était, mais à l'intérieur de la déduction il y a en outre un rapport de déduction entre l'Être suprême et un être parfait, comme dans l'autre cas entre un hypocrite et telle de ses manifestations. La confusion est la même que quand on explique la réalité dans la pensée pure ; le paragraphe porte le titre « réalité[48] », on a expliqué la réalité, mais oublié que le tout se trouve dans la possibilité de la pensée pure. Si quelqu'un ouvrait une parenthèse, mais si celle-ci devenait si longue qu'il l'oubliât lui-même, cet oubli ne servirait pourtant à rien : dès qu'on ferait lecture du texte en question, on verrait que cela n'a pas de sens, de transformer sans plus une phrase incidente en phrase principale.

*
* *

On sait que si la pensée se tourne contre elle-même pour réfléchir sur elle-même, il en résulte un scepticisme. Comment surmonte-t-on ce scepticisme, qui a sa base dans le fait que la pensée, au lieu de servir à penser quelque chose, veut égoïstement se penser elle-même ? Quand un cheval s'emballe, on peut très bien dire, en faisant abstraction du dommage qui pourrait être fait entre-temps : laissez-le courir, il sera bientôt fatigué. On ne peut en dire autant de l'autoréflexion de la pensée, car elle continue, aussi longtemps qu'on voudra, et elle tourne dans un cercle-Schelling arrêta l'autoréflexion et comprit l'intuition intellectuelle non comme une découverte à l'intérieur de l'autoréflexion, que l'on atteindrait si l'on continuait, mais comme un nouveau point de départ. Hegel voit là une faute et parle de l'intuition intellectuelle sur un ton plutôt tranchant, – alors vient la Méthode. L'autoréflexion se poursuit jusqu'au moment où elle se neutralise elle-même, la pensée se fait jour victorieusement et redevient la réalité, l'identité de la pensée et de l'être est conquise dans la pensée pure[a]. Qu'est-ce que cela

a. Qu'à la base de tout scepticisme réside une certitude abstraite sur laquelle le doute prend pied et qui ressemble au trait pointillé sur lequel on dessine la figure, que même la tentative la plus ardue du scepticisme grec pour accroître le suspens de la pensée sceptique en soulignant que les énonciations sur le doute ne doivent pas être comprises θετιχῶς, que cette tentative n'ait pas réussi, est tout à fait certain, mais il ne s'ensuit pas encore que le doute se surmonte lui-même. Cette certitude fondamentale qui porte le doute ne peut, aussi longtemps que je doute, s'hypostasier un seul instant, car le doute, pour douter, ne cesse de s'en éloigner. Si je continue à douter, je n'arriverai pas plus loin dans les siècles des siècles, car le doute consiste justement en ceci, qu'il interprète mal cette certitude. Si je veux un seul instant tenir la certitude comme une certitude, il faut que pour cet instant j'abandonne le doute. Mais alors, ce n'est pas le doute qui s'abolit lui-même, mais moi qui cesse de douter. C'est pourquoi un douteur médiocre réussira plus facilement qu'un autre à acquérir de la certitude, et aussi un douteur qui se borne à assembler les catégories pour voir comment cela fait le meilleur effet, sans se soucier le moins du monde de la façon dont il pourra en réaliser quelque chose. Il faut que j'en revienne toujours à ce point, parce qu'il est décisif. S'il est vrai que le doute se surmonte lui-même, que, quand on doute de tout, on trouve la vérité justement dans ce doute, sans cassure et sans nouveau point de départ absolu, alors il n'y a plus de définition du christianisme tenable, alors le christianisme n'existe plus.

veut dire que l'autoréflexion se poursuit aussi-longtemps-que-jusqu'à-ce-que[49] elle s'abolisse elle-même ? Pour découvrir la position critique de l'autoréflexion, celle-ci n'a pas besoin de durer longtemps ; mais, par contre, aussi longtemps qu'elle se poursuit, cette position critique subsiste complètement. Qu'est-ce que cela signifie : aussi-longtemps-que-jusqu'à-ce-que ? Ce n'est rien d'autre qu'une parole de séducteur qui veut suborner par des considérations de quantité l'imagination du lecteur, comme si on pouvait mieux comprendre que l'autoréflexion s'abolisse elle-même quand cela ne se produit qu'au bout d'un temps assez long. Cette considération de quantité constitue un pendant aux angles infiniment petits des astronomes, qui, à la fin, deviennent si petits (les angles) qu'on peut les appeler des parallèles. Cette histoire, que l'autoréflexion se prolongerait « aussi longtemps que jusqu'à ce que », détourne l'attention de ce qui est dialectiquement l'essentiel : comment la réflexion sur soi-même, l'autoréflexion, s'abolit. Quand on dit de quelqu'un : il raconta si longtemps, en manière de plaisanterie, une histoire fausse, jusqu'à ce qu'il finît par croire lui-même qu'elle était vraie : l'accent éthique est mis sur la transition, mais ce « si longtemps » a un effet adoucissant et distrayant ; on oublie presque la décision du passage, parce qu'il dure « si longtemps ». Dans le récit, dans la description, dans la dissertation rhétorique, l'abstrait « aussi longtemps que jusqu'à ce que » produit un grand effet d'illusion. Il agit presque comme une illusion d'optique, par exemple *Judith* (X, 10), d'après les Septante : « Et Judith sortit, elle et sa servante avec elle, mais les hommes de la ville la suivirent des yeux, jusqu'à ce qu'elle fût descendue de la montagne, jusqu'à ce qu'elle eût traversé la vallée et qu'ils ne pussent plus la voir » ; la jeune fille était assise sur le rivage et suivit des yeux son bien-aimé, jusqu'à ce qu'elle ne le vît plus. Cela opère presque comme la fantastique disparition du temps, parce que dans l'abstrait « aussi longtemps que jusqu'à ce que », il n'y a aucune échelle, rien par quoi on puisse mesurer. (Alors triompha le désir et il s'égara hors du chemin de la vérité – jusqu'à ce qu'il fût arrêté par l'amertume du repentir ; – il faut une véritable maîtrise psychologique pour pouvoir produire par des moyens concrets un aussi grand effet que celui produit par cet abstrait « jusqu'à ce que » qui séduit l'imagination). Mais, dialectiquement, cette durée n'a absolument aucune signification. Comme on demandait à un philosophe grec [50] ce qu'était la religion, il demanda un délai pour répondre ; quand ce délai fut expiré, il en demanda un autre, et ainsi de suite ; il voulait par là donner à entendre que la question ne comportait pas de réponse. Ceci était grec, et beau, et plein de sens. Si, au contraire, il avait voulu dire par ses atermoiements qu'il s'était rapproché un petit peu de la réponse, ç'aurait été une erreur, comme quand un débiteur reste si longtemps sans s'acquitter de sa dette, que celle-ci se trouve payée du fait qu'elle est restée si longtemps sans être payée. L'abstrait « aussi-longtemps-que-jusqu'à-ce-que » a en lui quelque chose de bizarrement séducteur. Si quelqu'un disait : L'autoréflexion s'abolit elle-même et essayait de montrer comment, c'est à peine si personne comprendrait ; mais si quelqu'un dit : L'autoréflexion se poursuit aussi-longtemps-que-jusqu'à-ce-qu'elle s'abolisse elle-même, on se dit peut-être : oui, c'est quelque chose de différent, il y a là une idée ; devant cette longueur de temps, on est dans les transes, on perd la patience, on se dit : laissons aller les choses – et alors commencera la pensée pure. – La pensée pure peut avoir raison dans la mesure où elle ne commence pas à la façon des mendiants, comme les petits philosophes d'autrefois ; car le lecteur remercie Dieu qu'elle commence, par crainte de cette terrible longueur de temps – jusqu'à ce que.

Le scepticisme de l'autoréflexion est ainsi aboli par la méthode et le succès de la méthode est assuré de double façon. Avant tout par le mot magique des contes de fées : aussi longtemps que – jusqu'à ce que. Chaque fois qu'il doit y avoir une transition, l'antithèse se poursuit, aussi-longtemps-que, jusqu'à-ce-qu'elle se change en son contraire – et alors on va plus loin. Eh, mon Dieu ! nous autres hommes sommes tous faibles et, comme dit le proverbe, nous aimons le changement ; si donc il ne peut maintenant en être autrement, si l'antithèse se poursuit jusqu'à ce qu'elle se change en son contraire, si ainsi elle se poursuit éternellement, ce qui serait extrêmement ennuyeux : qu'il en soit donc ainsi, adopté. Ainsi va la méthode – *avec nécessité*, plus loin. Mais qu'il se trouve une mauvaise tête, un homme terriblement ennuyeux, qui ose se mettre ainsi en opposition à ce qui précède : « On dirait que la méthode est un homme auquel il faut céder, pour lequel il faut faire quelque chose, si bien qu'on ne spécule pas *methodice* pour l'amour de la vérité, mais pour l'amour de la méthode, méthode que l'on doit sans doute tenir pour un bien si extraordinairement grand qu'il ne faut pas être trop rigoureux à son égard – pourvu seulement qu'on la reçoive, pourvu qu'on reçoive le Système » : qu'il se trouve un tel mauvais sujet, alors malheur à lui. Ce qu'il représente est « la fausse infinité ». Or la méthode s'accorde avec le bien et avec le mal, mais avec « la fausse infinité » elle n'admet pas la plaisanterie. La mauvaise tête sera représentée comme un imbécile, apparemment aussi longtemps que. – Eh bien, mon Dieu ! nous sommes tous de pauvres hommes mortels et nous voudrions tous volontiers passer pour intelligents auprès de nos très honorés contemporains ; si donc il n'en va pas autrement, qu'il en soit ainsi. Ainsi avance la méthode – avec nécessité. « Qu'est-ce qu'il dit, est-ce que cela n'arrive pas nécessairement ? » – « Eh ! Grand Dieu Chinois, je ne dis pas le contraire, cela arrive nécessairement, je peux vous en donner ma parole ; s'il ne peut pas en être autrement, il faut bien que cela arrive nécessairement. » La « fausse infinité » est l'ennemi mortel de la méthode, elle est le mauvais lutin qui intervient toutes les fois qu'un tour de passe-passe (une transition) se produit, et l'empêche de réussir. La « fausse infinité » a la vie très dure ; pour la vaincre, il faut une rupture, un saut qualitatif, et alors c'en est fini de la méthode de l'artifice de l'immanence et de la nécessité de la transition. Par là on comprend que la méthode soit si rigoureuse, et on comprend aussi que les hommes aient aussi grand-peur de représenter « la fausse infinité » que d'avoir le valet de pique[51]. Au surplus, s'il lui manque une éthique, le système est par contre extrêmement moral, à l'aide de cette catégorie de la « fausse infinité », tellement moral même qu'il l'emploie même dans la logique.

*

* *

Si ce qu'on pense était réalité, ce qui est aussi parfaitement pensé que possible serait, si je n'avais pas encore agi, l'action. De cette manière on en arrive à s'abstenir complètement d'agir, mais alors l'intellectuel engloutit l'éthique. Si j'avançais l'opinion que l'extérieur est ce qui, de l'action, fait l'action, ce serait une stupidité, et, d'un autre côté, si je voulais montrer combien éthique est l'intellectualité qui fait une action même de la pensée, ce serait un sophisme qui emploierait le mot « penser » dans un double sens. S'il y a la moindre différence entre penser et agir, alors celle-ci ne peut être appréhendée que si je caractérise la pensée par la possibilité, le désintéressement, l'objectivité, et l'action par la subjectivité. Mais voici que se montre facilement un *confinium*[52]. Si je pense que je veux faire ceci et cela, cette pensée n'est encore, à vrai dire, aucune action, et en est qualitativement distincte de toute éternité, mais c'est pourtant une possibilité, dans laquelle l'intérêt de la réalité et de l'action se réfléchit déjà. D'où suit aussi que le désintéressement, l'objectivité est sur le point de se laisser troubler parce que la réalité et la responsabilité veulent s'en emparer. (Il y a donc un péché par pensée.) La réalité ne consiste pas en l'action extérieure, mais en un événement intérieur dans lequel l'individuel suspend la possibilité et s'identifie avec sa pensée pour exister en elle. Ceci est l'action. L'intellectualité apparaît comme rigoureuse en ce qu'elle fait de la pensée elle-même une action, mais cette rigueur est une équivoque, car la conjoncture que l'intellectualité reçoit la permission de supprimer complètement l'action signifie un relâchement. Il en est comme des analogies indiquées ci-dessus : être rigoureux *à l'intérieur* d'un relâchement total n'est qu'illusion. Si quelqu'un, par exemple, nommait le péché ignorance et, à l'intérieur de cette définition, considérait d'une façon rigoureuse les péchés individuels, ceci serait tout à fait illusoire, car *à l'intérieur* de cette définition générale (que le péché est ignorance) chaque détermination particulière sera essentiellement frivole, parce que la définition totale l'est elle-même. En ce qui concerne le mal, la confusion de la pensée et de l'action fait illusion plus aisément ; mais, si on regarde de plus près, on voit que la raison en est dans le zèle du Bien pour lui-même, qui est exigé de l'individu à tel point qu'il tient pour péché la pensée du mal. Mais prenons le Bien. Avoir pensé quelque chose de bien que l'on veut faire, est-ce l'avoir fait ? En aucune manière. Mais l'action extérieure non plus n'est pas décisive ; car quelqu'un qui ne possède pas un centime peut être tout aussi charitable que celui qui fait cadeau d'un royaume. Quand le lévite passa à cheval près du malheureux qui avait été mis à mal par des brigands sur la route de Jérusalem à Jéricho, il lui vint peut-être à l'esprit, quand il était encore à une certaine distance de ce malheureux, qu'il serait pourtant beau de venir en aide à un homme qui souffre ; il pensait même peut-être déjà à la récompense qu'une pareille bonne action porte en elle-même, il ralentit peut-être son allure pendant qu'il était plongé dans ces pensées et supputations ; mais, plus il se rapprochait, plus les difficultés se montraient, et il passa outre. Ensuite on peut penser qu'il piqua des deux pour s'éloigner rapidement, s'éloigner de la pensée de l'insécurité de la route, du voisinage possible des brigands, et de la pensée que le malheureux pourrait bien le confondre avec les brigands qui l'avaient laissé par terre. Il n'agit donc pas. Mais supposons que le remords ait été le chercher sur la route, qu'il ait rebroussé chemin en hâte, sans crainte des brigands ou d'autres difficultés, uniquement avec la crainte d'arriver trop tard ; supposons qu'il soit arrivé trop tard ; après que le Bon Samaritain eut déjà déposé le pauvre homme à l'auberge : n'aurait-il pas alors agi ? Certainement, et pourtant il n'en serait pas venu à agir extérieurement. – Prenons une action religieuse. Croire en Dieu, est-ce réfléchir au ravissement que cela doit causer de croire, est-ce réfléchir à la paix et à la sécurité que la foi procure ? En aucune façon. Même le désir, dans lequel pourtant l'intérêt, l'intérêt du sujet, est beaucoup plus clair, n'est pas de la foi, n'est pas une action. Le rapport de l'individu à l'action supputée n'est pourtant encore qu'une possibilité, à laquelle on peut renoncer. – Qu'il y ait des cas, en ce qui concerne le mal, où l'on puisse à peine remarquer la transition, nous ne le nions pas, mais ces cas doivent être expliqués d'une façon particulière. Ils tiennent à ce que l'individu se trouve sous l'emprise d'une habitude, si bien que, parce qu'il a souvent accompli la transition de la pensée à l'action, il a finalement perdu le pouvoir de le faire dans l'esclavage d'une habitude, lequel esclavage fait le passage toujours plus rapide *en son lieu et place*.

Entre l'action pensée et l'action réelle, entre la possibilité et la réalité, il n'y a peut-être absolument aucune différence en ce qui concerne le contenu ; en ce qui concerne la forme, la différence est toujours essentielle. La réalité est ce qui intéresse, parce qu'on existe dedans.

Que l'on confonde si souvent la réalité de l'action avec toutes sortes de représentations, projets, amorces de décisions, préludes de sentiments, etc., que, somme toute, on n'agisse réellement que très rarement, nous ne le nions pas, mais nous croyons, au contraire, que ceci a contribué pour beaucoup à la confusion. Mais qu'on prenne une action *sensu eminenti*, alors tout se montre clairement. L'extérieur dans l'action de Luther est qu'il se rendit à la diète de Worms, mais depuis le moment où il existait dans son vouloir avec la décision passionnée de toute sa subjectivité, devant considérer comme une tentation tout rapport de possibilité avec cette action : depuis ce moment il avait agi[a]. On dit que Dion, quand il monta à bord du bateau pour

a. Somme toute, le rapport entre l'action pensée et l'action réelle (celle-ci étant entendue intérieurement) est reconnaissable à ceci que, tandis que toute nouvelle considération ou réflexion doit, quand il s'agit de la première, être considérée comme bienvenue, elle doit être considérée comme une tentation quand il s'agit de la seconde ; et si elle apparaît néanmoins comme si importante qu'elle est respectée, alors cela signifie que son chemin passe par le

renverser le tyran Denis, aurait dit que, même s'il devait mourir en chemin, il avait exécuté une action magnifique – il avait donc agi. Qu'une décision au-dehors soit plus haute qu'une décision au-dedans est un propos digne de mépris, de gens faibles, lâches et rusés qui ignorent ce qui est le plus haut. Admettre que la décision extérieure peut décider quelque chose pour l'éternité, qui ne puisse jamais être changé, mais pas la décision intérieure, c'est blasphémer.

*

* *

Donner à la pensée la suprématie sur tout le reste, c'est du gnosticisme ; faire de la réalité éthique du sujet la seule réalité peut sembler être de l'acosmisme. Qu'il puisse en être ainsi aux yeux d'un penseur affairé qui s'efforce de tout expliquer, d'une tête rapide qui survole le monde entier, cela prouve seulement qu'il n'a qu'une très petite idée de ce qu'est l'éthique pour le sujet. Si l'éthique enlevait à un tel penseur affairé le monde entier et lui laissait garder son propre moi, il penserait sans doute : « Est-ce quelque chose ? ce n'est pas la peine de garder une pareille bagatelle, elle peut bien s'en aller avec le reste » ; – et alors, alors on a l'acosmisme. Mais pourquoi un tel penseur parle-t-il et pense-t-il de lui-même avec si peu de considération ? Oui, s'il s'agissait pour lui d'abandonner le monde entier et s'il devait se contenter de la réalité éthique d'un autre homme : alors il aurait raison de mépriser l'échange. Mais la propre réalité éthique d'un individu doit éthiquement signifier

repentir. Quand je réfléchis, l'art consiste justement à penser toutes les possibilités ; au moment où j'ai agi (au sens intérieur) le devoir est, au contraire, de me défendre contre toute nouvelle réflexion, excepté quand le repentir exige que quelque chose d'autre soit fait. La décision extérieure est une plaisanterie, mais plus un homme vit d'une façon émoussée, plus la décision extérieure est la seule qu'il connaisse. De la décision éternelle de l'individu avec lui-même on n'a aucune idée, mais on croit que, quand une décision est écrite sur papier timbré, alors, pour le coup, elle est décisive.

pour lui plus que le ciel et la terre et tout ce qui s'y trouve[53], plus que les six mille années de l'histoire mondiale et que l'astrologie et la science vétérinaire, y compris tout ce que demande l'époque – qui signifie esthétiquement et intellectuellement quelque chose de monstrueusement borné. S'il n'en est pas ainsi, alors c'est ce qui est le pire pour l'individu lui-même, car alors il n'a rien du tout, absolument aucune réalité ; car, avec tout le reste, il n'a, au maximum, qu'un rapport de possibilité.

*

* *

Le passage de la possibilité à la réalité est, comme Aristote l'enseigne correctement, χίνησις, un mouvement. Ceci ne se laisse pas du tout exprimer ni comprendre dans la langue de l'abstraction, car celle-ci justement ne peut donner au mouvement ni temps ni espace, qui présupposent le mouvement, ou qu'elle présuppose. Il y a là une interruption, un saut. Si l'on dit que cela vient de ce que je pense à quelque chose de défini et que je n'abstrais pas (car, dans ce cas, je verrais qu'il n'y a pas de rupture), je réponds une fois de plus : parfait, du point de vue de l'abstraction il n'y a pas de rupture, mais pas de transition non plus ; car du point de vue de l'abstraction tout *est*. Si, au contraire, l'existence donne au mouvement du temps, et si je l'imite en cela, alors se montre le saut, juste comme un saut peut se montrer : à savoir qu'il doit venir ou qu'il s'est déjà produit. Prenons un exemple dans l'éthique. On a dit assez souvent que le Bien trouve sa récompense en lui-même. S'il en est ainsi, ce n'est pas seulement le mieux moralement, mais aussi le plus avisé, de vouloir le bien. Cela, un eudémoniste sage et prudent peut très bien le comprendre, il peut, en pensée, dans la forme de la possibilité, se rapprocher du bien aussi près que possible, parce que la possibilité n'est qu'apparence dans la possibilité comme dans l'abstraction. Mais si le passage doit vraiment être effectué, alors toute sagesse profane expire dans la tentation. Le temps réel sépare en lui Bien et récompense, si loin l'un de l'autre, si infiniment loin, que la sagesse ne peut les réunir de nouveau, et l'eudémoniste se récuse. Oui, sûrement, c'est le plus sage de vouloir le Bien, mais pas dans le sens de la sagesse, mais dans le sens du Bien. Le passage ressemble assez clairement à une rupture, oui, à une souffrance. Dans un sermon il se produit souvent une illusion qui transforme eudémonistiquement le passage pour devenir un chrétien en une apparence, illusion par laquelle l'auditeur est trompé, et le passage empêché.

*
* *

La subjectivité est la vérité ; la subjectivité est la réalité.

*
* *

REMARQUE – La nécessité doit être traitée pour elle-même. Ce n'est qu'en produisant une très grande confusion que la plus récente spéculation a établi une connexion entre la nécessité et la compréhension de l'histoire mondiale, ce par quoi aussi bien la possibilité que la réalité et aussi la nécessité ont été mises en désordre. J'ai essayé de le montrer dans les *Miettes philosophiques* (dans l'intermède).

§ 3. La simultanéité des différents moments de la subjectivité dans la subjectivité existante ; la simultanéité comme antithèse au procès spéculatif.

La spéculation a beau se moquer avec raison d'une division tripartite comme celle d'après laquelle (voir Rosenkranz,

Psychologie, 2e Édition, 1843, p. XXVI) l'homme serait âme, corps et esprit ; cela a beau être le mérite de la spéculation de définir l'homme en tant qu'esprit et, au sein de l'esprit, de poser les moments âme, conscience, esprit, comme des degrés de développement du même sujet[a] qui se développe devant nous : c'est une autre question de savoir si, quand (ce qui ne peut que trop facilement se produire) on transporte purement et simplement le savoir scientifique dans l'existence, on ne crée pas une grande confusion. Scientifiquement, on s'élève du plus bas au plus haut et la pensée est le plus haut degré. Dans la compréhension de l'histoire mondiale, on s'élève du plus bas au plus haut, les stades de l'imagination et du sentiment sont dépassés, celui de la pensée est le plus haut, le dernier. Partout on considère comme une chose entendue que la pensée est ce qu'il y a de plus haut. La science se détourne toujours davantage de l'impression première de l'existence, il n'y a rien à éprouver, rien à ressentir, tout est fini, et la tâche de la spéculation consiste à étiqueter, classer et mettre méthodiquement en ordre les différentes déterminations de la pensée. On n'aime pas, on ne croit pas, on n'agit pas, mais on sait ce qu'est l'amour, ce qu'est la foi, et seule se pose la question de leur place dans le

a. Quel est ce même sujet ? Sans doute pas un homme individuel existant mais la définition abstraite de l'homme en soi. La science ne peut pas avoir affaire à quelque chose d'autre et a tout à fait raison d'agir de la sorte ; mais ici aussi on joue très souvent sur les mots. On ne cesse de répéter que la pensée devient concrète. Mais comment concrète ? Sans doute pas au sens où on parle d'un certain quelque chose existant ? Ainsi c'est à l'intérieur de la détermination abstraite que la pensée devient concrète, c'est-à-dire qu'elle reste essentiellement abstraite ; car le concret consiste en l'existence, et l'existence correspond à la chose unique dont la pensée fait abstraction. Qu'en tant que penseur on pense l'homme en soi cela peut être tout à fait correct, mais l'éthique m'interdit en tant qu'individu existant de m'oublier moi-même, d'oublier que je suis un homme existant. L'éthique est si loin de se réjouir de l'apparition d'un nouveau penseur qu'elle le rend bien plutôt responsable de l'emploi qu'il fait de son existence à penser, tout de même que l'éthique rend tout homme responsable pour l'emploi de sa vie, sans se laisser aveugler par les apparences.

système ; ainsi le joueur de dominos a devant lui les dominos et le jeu consiste à les rassembler. Depuis six mille ans on a aimé et les poètes ont chanté l'amour, si bien qu'au dix-neuvième siècle on doit finir par savoir ce qu'est l'amour, et on n'a donc pour tâche qu'à lui assigner (et spécialement au mariage) une place dans le système ; car le professeur lui-même se marie par distraction. Les hommes politiques ont émis l'idée que finalement toutes les guerres cesseront et que tout devra être arrangé dans les cabinets des diplomates qui s'occuperont à pointer les forces militaires, etc. – à moins que finalement on n'en arrive à cesser de vivre, cependant que les professeurs et maîtres de conférences décideront spéculativement du rapport des différents moments avec l'homme en soi. De même que, dans l'horreur de la guerre la plus sanglante, on trouve quelque chose d'humain par rapport à ce silence diplomatique, de même il me semble qu'il y a quelque chose de sinistre et d'ensorcelé dans cette extinction par laquelle la vraie vie se mue en une existence de fantômes.

Du point de vue scientifique cela peut avoir bon air de dire que la pensée est ce qu'il y a de plus haut, de même que de dire, du point de vue historico-mondial, que les stades antérieurs sont dépassés ; mais est il donc né de nos jours une génération d'individus qui n'a ni imagination ni sentiment ; est-on venu au jour pour commencer le § 14 du Système ? Avant tout donc ne confondons pas le développement historico-mondial de l'esprit humain avec les différents individus.

Dans le monde animal chaque sujet entretient immédiatement un rapport d'exemplarité avec son espèce et prend part sans plus au développement de l'espèce, si l'on veut parler d'un semblable développement. Quand, par exemple, une race de moutons est améliorée, il naît des moutons de type plus pur, parce que l'exemplaire se borne à exprimer l'espèce. Il en est pourtant bien différemment là où un individu, qui est déterminé par l'esprit, se rapporte à sa génération. À moins que l'on n'admette que de parents chrétiens naissent sans plus des enfants chrétiens ? Le christianisme, du moins, ne l'admet pas.

Il admet au contraire que, de parents chrétiens naissent, tout comme dans le paganisme, des enfants pécheurs. Ou bien quelqu'un prétendra-t-il que, par sa naissance de parents chrétiens, un enfant soit d'un seul pas plus près du christianisme qu'un enfant de naissance païenne quand, notons-le bien, lui aussi reçoit une éducation chrétienne ? Et pourtant c'est cette confusion dont la spéculation moderne ne se rend peut-être pas coupable directement, mais qu'elle occasionne néanmoins très souvent, en laissant l'individu se rapporter sans plus (comme l'exemplaire animal se rapporte à son espèce) au développement de l'esprit humain, comme si le développement de l'esprit était quelque chose dont une génération pouvait disposer testamentairement au profit d'une autre, comme si ce n'étaient pas les individus qui étaient déterminés par l'esprit, mais leur génération, ce qui est une contradiction interne aussi bien qu'une monstruosité éthique. Le développement de l'esprit est une auto-activité ; l'individu développé spirituellement emporte avec lui son développement dans la mort ; si par la suite un autre individu doit l'acquérir, il faut que cela se produise par sa propre activité ; il ne peut donc pas sauter des marches. Naturellement il est plus commode, plus facile, et aussi meilleur marché, de se glorifier d'être né dans le spéculatif dix-neuvième siècle.

Si l'individu se rapportait immédiatement, sans plus, au développement de l'esprit humain, il s'ensuivrait que dans chaque génération ne naîtraient que des exemplaires incomplets d'humanité. Mais entre une génération d'hommes et un banc de harengs il y a pourtant une différence, malgré qu'il soit aujourd'hui si distingué de se délecter aux jeux de couleurs du banc et de mépriser les individus qui ne comptent pas plus que des harengs. Du point de vue de la science et du développement historico-mondial de l'humanité, on peut rester peut-être indifférent à une pareille objection, mais l'éthique devrait pourtant aussi avoir une voix dans chaque conception de vie. Mais, comme nous l'avons dit, on a poussé l'éthique hors du Système, et à sa place on n'a obtenu qu'un pauvre succédané qui confond l'historico-mondial avec l'individuel, et les plus confuses et tapageuses prétentions de l'époque avec les exigences éternelles de la conscience individuelle. L'éthique se concentre sur l'individu, et, du point de vue éthique, c'est le devoir de chaque individu de devenir un homme complet, comme c'est le postulat de l'éthique que chaque homme est né en état de pouvoir le devenir. Que personne n'y atteigne ne fait rien à l'affaire ; l'essentiel est que l'exigence soit là ; et, que tant d'individus lâches et médiocres et aveugles s'unissent pour s'abandonner eux-mêmes et, avec l'aide de leur génération, devenir quelque chose *en masse*[54] : l'éthique ne marchande pas.

Du point de vue de la science, il peut être tout à fait exact, et peut être si magistral que je ne me risque à aucun jugement à cet égard, il peut être tout à fait correct de s'élever dialectico-abstraitement dans la détermination psychologique du psychique-somatique au psychique et de là au pneumatique (comme Rosenkranz dans sa psychologie), mais ce résultat scientifique ne doit pourtant pas jeter le trouble dans l'existence. Dans l'existence, la définition scientifique abstraite « être un homme » est peut-être quelque chose de plus haut qu'être un homme individuel existant, mais peut-être aussi quelque chose de plus bas. Mais en tout cas il ne se trouve dans l'existence que des hommes individuels. C'est pourquoi, en ce qui concerne l'existence, il ne convient pas d'oblitérer les différences pour la commodité de la pensée, car la méthode progressive ne correspond pas à l'existence humaine. Dans l'existence tous les moments doivent être posés à la fois. Pour l'existence la pensée n'est pas du tout plus haute que l'imagination ou le sentiment, mais elle leur est coordonnée. Dans l'existence la suprématie de la pensée produit de la confusion. Si par exemple on dit : l'attente d'un bonheur éternel *dans l'au-delà* est une représentation fondée pour la réflexion finie de l'intellect, mais une représentation intenable pour la pensée, *ergo* on peut en parler dans une conférence populaire devant des gens simples qui ne sortent jamais de la sphère de l'imagination, mais pour le penseur cette distinction [entre l'imagination et la pensée] est abolie : on doit répondre : très bien ; pour la pensée, la pensée abstraite, elle est intenable, mais la pensée abstraite est à son tour intenable pour l'existence ; dès lors que je dis exister réellement la distinction est là, et la conséquence existentielle du fait de son abolition est, comme il a été montré plus haut, le suicide. – On dit que le caractère absolu du principe de contradiction est une illusion qui s'évanouit devant la pensée. Fort bien, mais alors l'abstraction de la pensée est à son tour un fantôme qui s'évanouit devant la réalité de l'existence ; car la suppression du principe de contradiction, si elle doit signifier quelque chose et ne pas être seulement une idée littéraire dans l'imagination d'un être extravagant, signifie pour un être existant qu'il a lui-même cessé d'exister. La foi, dit-on, est l'immédiat [a], la pensée supprime l'immédiat. Abstraitement cela a très bon air, mais je voudrais bien, pourtant, savoir comment un être existant pourrait continuer à exister s'il supprimait tout ce qu'il y a d'immédiat en lui. Ce n'est pas sans raison que Frater Taciturnus se plaint de ce que tout le monde écrit des livres où l'immédiat est aboli, cependant que personne ne souffle mot de la façon dont on s'y prend alors pour continuer à exister.

La science ordonne les moments de la subjectivité en un savoir intérieur, et ce savoir est ce qu'il y a de plus haut, et tout savoir fait abstraction de l'existence, est une sortie de l'existence. Dans l'existence ceci n'est pas valable. La pensée peut bien mépriser l'imagination ; l'imagination, en revanche, méprise la pensée, et il en est de même pour le sentiment. Le devoir n'est pas d'annuler l'un aux dépens de l'autre, il consiste au contraire en leur équilibre, en leur simultanéité, et le plan sur lequel ils sont réunis est *l'existence*.

En mettant à la place de la simultanéité existentielle

---

a. Que cette assertion soit parmi celles de la spéculation nouvelle, qui ont produit le plus de confusion, les écrivains pseudonymes l'ont souvent montré. Si l'on veut parler d'un immédiat qui est aboli, il faut que c'en soit un esthético-éthique et la foi elle-même doit être le nouvel immédiat, qui ne se laisse jamais abolir dans l'existence, car elle est ce qu'il y a de plus haut, et quand on l'abolit on devient un zéro et un rien.

(comme devoir) le procès spéculatif, on trouble la vie. Même en ce qui concerne les différents âges de la vie, où le successif se montre si clairement, ce qui vient d'être dit sur la simultanéité en tant que devoir est valable. On peut bien dire avec esprit que le monde, que le genre humain, est devenu plus vieux : mais chacun n'en naît-il pas moins enfant ? Et il s'agit pour l'individu de perfectionner le successif dans la simultanéité. Avoir été jeune, puis être devenu plus vieux, et enfin mourir, est une existence médiocre : c'est aussi celle de l'animal. Mais rassembler dans la simultanéité les moments de la vie, c'est là justement qu'est le devoir. Et, de même que c'est une existence médiocre que celle de l'homme qui coupe toute communication avec l'enfance et devient en quelque sorte fragmentaire, de même c'est aussi une triste existence que celle d'un penseur, qui tout en étant un être existant, perd l'imagination et le sentiment, ce qui est aussi grave que de perdre la raison.

Et pourtant on semble le désirer. On chasse la poésie et on la congédie comme un moment dépassé parce qu'elle correspond avant tout à l'imagination. Dans un procès scientifique on peut bien la classer comme un moment dépassé. Mais, dans l'existence, aussi longtemps qu'un homme vit avec la prétention d'avoir une existence humaine, il doit garder la poésie, et toute sa pensée ne doit pas troubler le charme de la poésie, mais bien d'embellir. Il en est de même pour la religion. La religion n'est pas, dans son vrai sens, quelque chose pour les âmes enfantines qui, avec les années, doive être mis de côté. Vouloir en faire cela décèle plutôt une croyance superstitieuse enfantine en la pensée. Le vrai n'est pas plus haut que le bien ou le beau, mais le vrai, le bien et le beau appartiennent essentiellement à toute existence humaine, et, pour un homme existant, ils ne s'unissent pas en ce qu'on les pense, mais dans l'existence.

Mais, comme à une époque on porte un chapeau rond, à une autre un tricorne : ainsi la mode veut aussi dans notre génération faire oublier à l'homme l'exigence éthique. Je sais bien que chaque homme a toujours un point de vue un peu restreint et je ne lui en fais pas une faute ; par contre c'est une faute quand, par préférence de mode, on veut universaliser ce point de vue restreint. *Non omnia possumus omnes* est un adage valable dans la vie, mais il ne doit pas permettre que l'on oublie le devoir, et si, d'une part, on doit considérer avec mélancolie cette limitation de son point de vue, il doit d'autre part en résulter, par l'effet d'une vigoureuse décision, que l'on préfère être un homme capable de faire bien une chose que d'être un gâcheur dans tous les domaines. Chaque individualité forte a toujours quelque chose de limité dans son point de vue, et cette limitation peut justement être un signe indirect de sa réelle grandeur, mais elle n'est pas elle-même cette grandeur. Nous, hommes, sommes si éloignés de la réalisation de l'idéal, qu'il s'en faut de peu que la place n° 2, la forte personnalité à point de vue limité, ne soit la plus haute qui puisse être atteinte, mais on ne doit jamais oublier qu'elle est la place n° 2. Maintenant, on pourrait dire : mais alors il faut faire l'éloge de cette génération qui pense d'un point de vue si restreint et veut être savante. À cela je répondrais : son malheur n'est pas d'avoir un point de vue limité, mais d'être abstraite de tous les points de vue. Celui qui a un point de vue limité se détourne d'une façon nette et déterminée de ce qu'il ne veut pas avoir, mais celui qui est abstrait de tous les points de vue veut tout avoir à l'aide de ce seul point de vue de la pensée. Quelqu'un par exemple qui se place au seul point de vue de la foi ne veut rien avoir à faire avec la pensée, quelqu'un qui se place au seul point de vue de l'action ne veut rien avoir à faire avec la science ; mais le point de vue limité de la pensée abstraite produit l'apparence illusoire de posséder tout, et celui qui s'y place a la foi, il a dépassé le stade de la passion, dit-il – et rien n'est plus facile à dire.

§ 4. Le penseur subjectif : sa tâche ; sa forme ; c'est-à-dire son style.

Quand, dans la pensée pure, on essaye de déterminer si un homme doit ou non être appelé un penseur, le penseur subjectif est *eo ipso* rejeté. Mais, en même temps qu'il est rejeté, tous les problèmes d'existence s'en vont en fumée, et la triste conséquence qui en découle résonne quand même, au milieu des cris de joie de la spéculation moderne sur le Système, comme un grave avertissement.

Un vieil adage dit : *oratio, tentatio, meditatio faciunt theologum* ; de même, pour faire un penseur subjectif, il faut de l'imagination, du sentiment et de la dialectique dans la vie intérieure, avec de la passion. Mais surtout de la passion, il est impossible en effet à un être existant de réfléchir sur l'existence sans se passionner, car l'existence est une énorme contradiction, dont le penseur subjectif ne doit pas faire abstraction (car alors tout devient facile), mais dans laquelle au contraire il doit rester. Dans une dialectique de l'histoire mondiale les individus disparaissent dans l'humanité ; toi et moi, celui-ci et celui-là, découvrir un individu existant, est impossible pour un tel dialecticien, même si pour le concret de nouveaux verres grossissants étaient découverts.

Le penseur subjectif est dialecticien en ce qui concerne l'existentiel ; sa pensée se passionne pour maintenir ferme la disjonction qualitative. Mais si d'un autre côté la disjonction qualitative doit être employée purement et simplement, si elle est appliquée d'une façon tout à fait abstraite à l'homme particulier, on s'expose au danger ridicule de dire quelque chose de tout à fait décisif, et d'avoir raison dans ce qu'on dit, et pourtant de ne rien dire du tout. C'est pourquoi, du point de vue psychologique, il est assez singulier de voir comment on se sert de l'absolue disjonction d'une manière trompeuse, justement pour favoriser les faux-fuyants. Quand la peine de mort est prescrite pour tous les crimes, cela aboutit à ce qu'aucun crime n'est puni. De même, appliquée purement et simplement, l'absolue disjonction devient pour ainsi dire lettre morte ; elle ne se laisse pas exprimer, ou bien elle se laisse exprimer, mais ne dit rien. C'est pourquoi le penseur subjectif possède l'absolue disjonction, qui appartient à l'existence, avec la passion de la pensée, mais il la possède comme la dernière décision qui empêche que tout devienne quantité. Ainsi il l'a bien à sa disposition, mais pas de telle façon qu'il empêche justement l'existence en y ayant recours d'une façon abstraite. Le penseur subjectif possède donc en même temps une passion esthétique et une passion éthique, par quoi est produite la réalité concrète. Tous les problèmes d'existence sont passionnés, car l'existence, quand on en devient conscient, donne la passion. Réfléchir sur les problèmes en laissant de côté la passion, c'est ne pas y réfléchir du tout, c'est oublier la pointe, à savoir que l'on est soi-même un être existant. Pourtant le penseur subjectif n'est pas un poète tout en étant aussi un poète, il n'est pas éthicien, tout en étant aussi éthicien, mais en même temps dialecticien et essentiellement existant par lui-même, tandis que l'existence du poète est accessoire par rapport à la poésie, et de même celle de l'éthicien par rapport à l'enseignement et celle du dialecticien par rapport à la pensée. Le penseur subjectif n'est pas un homme de science mais un artiste. Exister est un art. Le penseur subjectif est assez esthétique pour que sa vie puisse avoir un contenu esthétique, assez éthique pour la régler, assez dialectique pour la dominer par la pensée.

La tâche du penseur subjectif consiste à *se comprendre lui-même dans l'existence*. La pensée abstraite parle bien de contradiction et du scandale immanent de la contradiction, encore qu'en faisant abstraction de l'existence et de l'existant elle supprime la difficulté et la contradiction. Mais le penseur subjectif est un homme existant, et pourtant il est un penseur, il ne fait pas abstraction de l'existence et de la contradiction, mais est dedans, et doit pourtant penser. Dans tout ce qu'il pense il doit donc penser en même temps qu'il est lui-même un être existant. Mais ainsi il aura toujours de nouveau assez à penser. On en a bientôt fini avec l'humanité pure, et aussi avec l'histoire mondiale, car le monstre affamé, le procès de l'histoire mondiale, engloutit comme rien même d'aussi énormes morceaux que la Chine, la Perse, etc. Avec la foi, du point de vue de l'abstraction, on en a bientôt fini ; le penseur subjectif au contraire qui, quand il pense, se possède en même temps dans l'existence, la trouvera inépuisable, quand sa foi doit être déclinée dans les différents cas de la vie. Il ne s'agit pas non plus d'une plaisanterie, car l'existence est pour un penseur ce qu'il y a de plus difficile, s'il doit rester dedans, l'*instant* en effet est commensurable aux plus hautes décisions et pourtant, par ailleurs, une petite minute évanouissante dans une vie de quelque soixante-dix ans. Paul Möller[55] a remarqué avec raison qu'un bouffon de cour dépense en *une* année plus d'esprit que maint écrivain spirituel dans toute sa vie. Et d'où cela vient-il, sinon de ce que l'un est un être existant qui, à chaque instant de la journée, doit avoir de l'esprit à sa disposition, l'autre un homme qui est parfois spirituel.

Si l'on ne veut pas croire qu'il y ait des difficultés à se comprendre par la pensée dans l'existence, je veux me prêter de très bon cœur à la tentative suivante : qu'un de nos penseurs systématiques entreprenne de m'expliquer ne fût-ce qu'un seul des plus simples problèmes d'existence. Je suis tout prêt à reconnaître que je suis indigne d'occuper la moindre place dans la comptabilité systématique[56] en comparaison avec de pareils hommes ; je suis prêt à accorder que les tâches de la pensée systématique sont beaucoup plus grandes et que de tels penseurs occupent une place beaucoup plus haute qu'un penseur subjectif ; mais, s'il en est vraiment ainsi, il faut qu'ils puissent aussi expliquer ce qui est simple.

Au lieu que la pensée abstraite a pour tâche de comprendre abstraitement le concret, le penseur subjectif a au contraire pour tâche de comprendre concrètement l'abstrait. La pensée abstraite détourne son regard des hommes concrets au profit de l'homme en soi ; l'abstraction « être un homme » le penseur subjectif la comprend concrètement : être tel homme particulier existant.

Se comprendre soi-même dans l'existence était le *principe*

grec ; et quelque modeste que soit aussi parfois le contenu de l'enseignement d'un philosophe grec, ce philosophe possédait un avantage : il n'était jamais comique. Je sais bien que si quelqu'un, de nos jours, voulait vivre comme un philosophe grec, c'est-à-dire s'il voulait exprimer en existant, approfondir en existant ce qu'il devrait appeler sa conception de vie on le tiendrait pour fou. C'est bien possible. Mais avoir de l'esprit et toujours de l'esprit, et énormément d'esprit, et tant d'esprit que l'idée ne vient pas à l'honorable philosophe, qui pourtant spécule sur les problèmes d'existence (par ex. le christianisme), de se demander qui diable dans le monde, pour ne pas parler de lui-même, ces problèmes peuvent bien intéresser : je trouve cela risible. Tout scepticisme est une espèce d'idéalisme ; quand par exemple le sceptique Zénon[57], s'initiant au scepticisme, et voulant, tout en existant, rester insensible à tout ce qu'il rencontrait, avouait à sa honte, un jour qu'il s'était détourné de son chemin pour éviter un chien enragé, qu'un philosophe sceptique était aussi parfois un homme : je ne trouve à cela rien de risible. Il n'y a là aucune contradiction, et le comique gît toujours dans une contradiction. Quand au contraire on pense aux piètres mots d'esprit idéalistes de professeur, à la plaisanterie et à la coquetterie qu'il y a à être un idéaliste en chaire c'est-à-dire à n'en pas être un vrai, mais à jouer seulement à en être un (très beau jeu et très à la mode) ; quand on se souvient de la phrase de professeur selon laquelle il faut – en chaire s'entend – douter de tout, alors, oui, alors il est impossible de ne pas écrire une satire, quand on ne raconte que la vérité. Si l'on voulait être idéaliste existentiellement on apprendrait en six mois de tout autres choses que de jouer à cache-cache dans la chaire du professeur. Être idéaliste en imagination n'est pas du tout difficile, mais devoir *exister* comme idéaliste est une tâche pour toute la vie et une tâche extrêmement fatigante parce que l'existence est justement l'obstacle là-contre. Exprimer en existant ce qu'on a compris de soi-même, et se comprendre ainsi soi-même, n'est pas du tout comique, mais tout comprendre, sauf soi-même, est très comique.

En un certain sens le penseur subjectif parle un langage tout aussi abstrait que le penseur abstrait, car celui-ci parle de l'humanité en soi, de la subjectivité en soi, l'autre d'un homme unique *(unum noris, omnes*[58]*)*. Mais cet homme est un homme existant, et la difficulté n'est pas écartée.

Se comprendre soi-même dans l'existence est aussi le *principe chrétien*, ce « soi-même » comporte seulement des déterminations beaucoup plus riches et beaucoup plus profondes qui sont encore beaucoup plus difficiles à comprendre dans leurs relations avec l'existence. Le croyant est un penseur subjectif et la différence est seulement, comme on l'a montré plus haut, celle qu'il y a entre l'homme simple et le sage simple. Ce « soi-même », ici, ne signifie pas l'humanité en soi, la subjectivité en soi et autres choses de même genre, par quoi tout devient facile, puisque la difficulté est écartée et toute la question transportée dans le jeu d'ombres de l'abstraction. La difficulté est plus grande que pour les Grecs, parce que des oppositions encore plus grandes sont posées ensemble, parce que l'existence est accentuée paradoxalement comme péché, et l'éternité paradoxalement comme Dieu dans le temps. La difficulté est d'exister dedans, non de se penser abstraitement en dehors d'elle ni de réfléchir abstraitement en dehors d'elle ni de réfléchir abstraitement sur, par exemple, une incarnation éternelle ou autres choses semblables qui se montrent quand on écarte la difficulté. C'est pourquoi l'existence du croyant est encore plus passionnée que celle du penseur grec (qui, même pour son ataraxie, avait besoin d'une forte dose de passion), car l'existence donne la passion, mais l'existence paradoxale donne le paroxysme de la passion.

Abstraire de l'existence c'est écarter la difficulté, mais rester dans l'existence de telle façon que l'on comprenne ceci à un moment et cela à un autre, n'est pas se comprendre soi-même. En revanche, comprendre ensemble ce qui est le plus opposé, et se comprendre soi-même existant dedans, est très difficile. Qu'on prête seulement attention à soi-même et aux paroles des gens, et on verra combien rarement cela réussit. Celui-ci est bon, celui-là avisé, ou bien le même homme agit une fois par bonté, une autre fois par intérêt, mais voir en même temps chez le même homme ce qu'il y a de plus malin et ne le voir que pour vouloir le bien, est déjà difficile. L'un rit, l'autre pleure, ou bien le même homme le fait à des moments différents, mais voir en même temps chez la même personne le comique et le tragique est difficile. Avoir la contrition de ses fautes et ensuite être de nouveau un joyeux compère n'est pas difficile, mais être à la fois contrit et insouciant est difficile. Penser une chose et avoir oublié toute autre chose n'est pas difficile, mais penser une chose et au même moment avoir le contraire en soi et les réunir dans l'existence, cela est difficile. Avoir eu, au cours d'une vie de soixante-dix ans, toutes les humeurs possibles et laisser derrière soi sa vie comme un livre d'échantillons que l'on peut ouvrir pour y choisir à sa guise, n'est vraiment pas difficile ; mais avoir pleinement une certaine humeur et avoir en outre l'opposée, donner la parole et le « pathos » à la première en lui substituant insidieusement l'opposée : cela est difficile, etc.

Malgré ses efforts le penseur subjectif n'est récompensé que par un maigre butin. Plus l'idée de génération a, même dans la pensée commune, pris la haute main, plus affreux est le passage qui consiste, au lieu d'être avec les autres hommes de son temps et de dire « nous, notre époque, le dix-neuvième siècle », à devenir un homme particulier existant. Je ne nie pas que ceci soit extrêmement peu de chose, c'est pourquoi il faut une grande résignation pour ne pas en faire fi. Qu'est-ce donc qu'un homme particulier existant ? Oui, notre époque ne sait que trop bien combien il est peu, mais là gît justement l'immoralité particulière du siècle. Chaque siècle a la sienne, celle du nôtre ne consiste peut-être pas dans le plaisir, ni dans la jouissance, ni dans la sensualité, mais bien dans un mépris panthéistique extravagant de l'homme particulier. Au milieu de tous les cris de triomphe sur notre époque et sur le XIXe siècle résonne la note d'un mépris caché de l'homme : au milieu de l'importance que se donne la génération règne un désespoir sur ce que c'est que d'être homme. Tout le monde, tout le monde veut être de la partie, on veut se donner l'illusion de tenir un rôle dans l'ensemble de l'histoire mondiale, personne ne veut être un homme particulier existant. De là viennent peut-être aussi les nombreuses tentatives qui émanent même de ceux qui ont vu ce qu'il y a de douteux dans sa philosophie. On craint, si on devient un homme particulier existant, de disparaître sans laisser de traces, de telle sorte que les journaux quotidiens eux-mêmes, pour ne pas parler des revues critiques et à plus forte raison des penseurs mondiaux, ne jettent pas sur soi le moindre regard. On craint, si on devient un homme particulier existant, de devoir vivre plus oublié et abandonné qu'un homme de la campagne, et, si on quitte Hegel, de perdre même la possibilité de recevoir une lettre. Et, de fait, c'est indéniable : si l'on n'a pas d'enthousiasme éthique et religieux, il est désespérant d'être un homme particulier. Quand Napoléon s'engagea en Afrique, il rappela à ses soldats que du haut des pyramides quarante siècles les contemplaient. Quand on se borne à lire cela il vous semble, avec un frisson, que ce n'est pas un miracle qu'au moment de cette évocation passionnée, même le soldat le plus lâche ait été transformé en héros ! Mais si l'on admet que le monde existe depuis six mille ans et que Dieu a pourtant bien existé tout aussi longtemps que le monde, alors du haut du ciel six mille années contemplent les hommes particuliers existants : ne devrait-ce pas tout autant enthousiasmer ? Mais dans le courage collectif de la génération on discerne facilement le découragement et la lâcheté des individus. De même que, par crainte des brigands et des bêtes sauvages, on doit voyager dans le désert en grandes caravanes, de même les individus ont aujourd'hui un sentiment d'horreur devant l'existence, parce qu'elle est abandonnée de Dieu, et ce n'est qu'en grandes sociétés qu'ils osent vivre *en masse*[59] en se tenant les coudes, afin d'être quand même quelque chose.

On doit admettre que chaque homme est essentiellement en possession de ce qui appartient essentiellement à un être humain. Le devoir du penseur subjectif est de se transformer lui-même en un instrument qui exprime d'une façon claire et déterminée l'humain dans l'existence. À cet égard se consoler par la différence est une erreur, car avoir un peu plus de finesse, ou autres choses de ce genre, ne signifie rien. Que notre époque se soit réfugiée dans le nombre et ait abandonné les individus, cela provient très exactement d'un désespoir esthétique qui n'a pas atteint l'éthique. On s'est aperçu qu'il importe peu d'être un homme particulier, si distingué soit-il, parce que aucune différence n'a d'importance. Alors on a fait choix d'une nouvelle différence : être né au XIXe siècle. Chacun fait donc aussi vite que possible un essai pour déterminer son peu d'existence par rapport à sa génération, et se console. Mais cela ne sert à rien et n'est qu'une nouvelle illusion plus brillante et plus haute. Et de même qu'il y a bien eu dans l'Antiquité, comme d'ailleurs dans chaque génération, des fous qui dans une vaine présomption se confondaient avec tel grand homme, ou tel homme célèbre, ou qui auraient voulu être celui-ci ou celui-là : de même à notre époque, avec cette différence toutefois que les fous ne se contentent pas de se confondre avec un grand homme, mais se confondent avec l'époque, le siècle, la génération, l'humanité. Vouloir être un homme particulier (ce qu'on est sans conteste) avec l'aide et par la force de sa différence, est de la mollesse ; mais vouloir être un homme particulier existant (ce qu'on est sans conteste) dans le même sens que tout autre le peut : c'est la victoire éthique sur le tape-à-l'œil de la vie qui, dans le théocentrique XIXe siècle est peut-être, de toutes, la plus difficile.

La *forme* du penseur subjectif, la forme de son message est son *style*. Sa forme doit être tout aussi diverse que les contrastes qu'il réunit en lui. L'un-deux-trois systématique est une forme abstraite, qui pour cette raison doit être en difficulté aussi souvent qu'elle doit être appliquée au concret. Dans la mesure où le penseur subjectif est concret, dans la même mesure sa forme doit être concrètement dialectique. Mais comme il n'est lui-même ni poète, ni éthicien, ni dialecticien, de même sa forme n'est exactement aucune des leurs. Sa forme doit avant tout se rapporter à l'existence et à cet égard il doit pouvoir disposer du poétique, de l'éthique, du dialectique et du religieux.

Comparée à celle d'un poète sa forme sera abrégée, comparée à celle d'un dialecticien abstrait elle sera prolixe. Le concret dans l'existentiel est en effet, du point de vue de l'abstraction, prolixité. L'humour par exemple est prolixité par rapport à la pensée abstraite, mais par rapport à la communication concrète de l'existence ce n'est pas du tout de la prolixité, à moins qu'il ne soit prolixe en lui-même. La personne d'un penseur abstrait est indifférente par rapport à la pensée. Mais existentiellement il est de première importance qu'un penseur soit présenté en tant que penseur, mais de telle façon qu'en exposant sa pensée il se dépeigne en même temps lui-même. La plaisanterie est prolixité par rapport à la pensée abstraite, mais non par rapport à la communication concrète de l'existence, à moins que la plaisanterie ne soit prolixe en elle-même. Mais la sérénité poétique, pour créer dans le domaine de l'imagination, et produire des relations esthétiques désintéressées, le penseur subjectif ne l'a pas, parce qu'il est lui-même essentiellement un homme existant dans l'existence et qu'il n'est pas dans le domaine de l'imagination, propre à l'illusion de la production esthétique. La sérénité poétique est prolixité par rapport au message existentiel du penseur subjectif. Les personnages accessoires, les scénarios, etc., ce qui constitue la matière de la production esthétique, est en soi prolixité ; car le penseur subjectif n'a qu'une seule scène, l'existence, et n'a rien à faire avec les sites et autres choses du même genre. La scène ne se trouve pas dans le pays enchanteur de la fantaisie où la poésie fait mûrir ses beaux fruits ; la scène n'est pas non plus en Angleterre, il n'y a pas non plus à se faire de soucis pour la précision historique ; la scène est l'intériorité de l'existence humaine, le concret est le rapport des catégories existentielles les unes avec les autres. La précision et la véracité historiques sont de la prolixité.

Mais la réalité existentielle ne se laisse pas communiquer ; et le penseur subjectif a dans sa propre existence éthique sa propre réalité. Si la réalité doit être comprise par un tiers, il faut qu'elle soit comprise comme possibilité, et un écrivain, qui en est conscient, fera donc attention à ce que son message existentiel, justement en tant que tel, se produise dans la forme de la possibilité. Ce mode de présentation rapproche le message en question de celui qui le reçoit, autant que cela est possible entre un homme et un autre. Qu'on me laisse éclairer ceci encore une fois. On pourrait croire que, par le récit de ce que tel ou tel a *réellement* fait ceci ou cela (de grand et de remarquable), on donnerait davantage au lecteur le désir de faire la même chose et d'exister en elle que si l'on se borne à la lui représenter comme possible. Mais, abstraction faite de ce qui a été montré en son lieu, à savoir que le lecteur ne peut pourtant comprendre le message qu'en dissolvant l'*esse* de la réalité en un *posse*, sans quoi en effet il *se figure* seulement le comprendre, abstraction faite de cela, le fait que tel ou tel a réellement fait ceci ou cela peut agir aussi bien comme une entrave que comme stimulant. Le lecteur n'a qu'à transformer celui dont il s'agit (à l'aide du fait que c'est une personne *réelle*) en une rare exception ; il l'admire et dit : pour moi je suis trop chétif pour faire quelque chose de semblable. Or l'admiration peut être justifiée en ce qui concerne les différences, mais en ce qui concerne le général elle est une erreur complète. Que celui-ci puisse traverser la Manche à la nage, et celui-là parler vingt-quatre langues, et un troisième marcher sur la tête, etc., on peut, *si placet*, l'admirer ; si, par contre, celui que l'on décrit doit être grand sous le rapport du général, par ses vertus, sa foi, sa noblesse, sa fidélité, son endurance, etc., alors l'admiration est un rapport illusoire, ou peut aisément le devenir. Ce qui est grand sous le rapport du général ne doit donc pas être présenté comme objet d'admiration, mais comme *exigence*. En forme de possibilité la présentation devient exigence. Au lieu, comme on le fait d'habitude, de présenter le bien en forme de réalité, d'affirmer que tel ou tel a réellement vécu et réellement fait cela, et de transformer ainsi le lecteur en un contemplateur, un admirateur, un estimateur, on doit le présenter en forme de possibilité ; ainsi il est mis aussi près que possible du lecteur, s'il veut exister en lui. La possibilité opère avec l'homme idéal (non sous le rapport de la différence, mais du général), qui se rapporte à chaque homme comme une exigence. Dans la mesure où l'on insiste sur le fait qu'il s'agit de cet homme déterminé, on rend aux autres l'exception[60] plus facile. On n'a pas besoin d'être précisément psychologue pour savoir qu'il y a une tromperie qui, justement avec l'aide de l'admiration, revendique une exception à la règle éthique. Au lieu que le modèle éthique et religieux doit avoir pour effet de tourner en dedans le regard de celui qui le contemple, au lieu qu'il doit repousser ce qui arrive, justement par le fait que l'on pose la possibilité comme terrain commun entre eux, la présentation dans la forme de la réalité attire esthétiquement les yeux de la foule ; et l'on discute, et l'on examine, et l'on tourne et retourne la chose sous toutes ses faces pour savoir si vraiment..., etc., et l'on admire, la larme à l'œil, que vraiment..., etc. Que Job crût, pour prendre cet exemple, doit être présenté de telle façon que cela signifie pour moi : ne dois-je pas aussi acquérir la foi ? mais cela ne doit signifier en aucune façon que je suis au théâtre ou que je fais partie d'un public distingué qui doit faire une enquête pour savoir si vraiment... et applaudir quand vraiment... Aussi est-ce une préoccupation bassement comique que celle que ressent parfois une paroisse, ou ses membres, à l'égard de l'homme qui leur a été commis comme pasteur, d'avoir un homme qui vraiment... et c'est une joie et une admiration comique que celles qui consistent à avoir un pasteur dont il est de fait qu'il a vraiment..., etc. De toute éternité il n'est pas vrai que quelqu'un ait été aidé à faire le bien par le fait qu'un autre l'a fait *vraiment* ; car, s'il en est venu à le faire vraiment, c'est parce qu'il a compris la réalité de l'autre comme une possibilité. Quand Thémistocle perdit le sommeil pour s'être représenté le triomphe de Miltiade[61], ce qui lui fit perdre le sommeil c'est qu'il comprit la réalité comme une possibilité. S'il avait passé son temps à se demander si vraiment Miltiade..., et s'était réjoui de ce que vraiment Miltiade eût fait cela, il n'aurait pas eu d'insomnies, mais serait devenu un admirateur sommeillant, ou, au mieux, un admirateur docile de Miltiade, mais pas un Miltiade n° 2. Éthiquement parlant, on ne dort jamais mieux que d'admiration pour une réalité. Et si, éthiquement parlant, quelque chose peut stimuler un homme, c'est la possibilité, quand elle s'exige elle-même d'un homme.

CHAPITRE IV

Le problème des « miettes » : comment une béatitude éternelle peut-elle être édifiée sur une connaissance historique ?

I. – Pour s'orienter dans l'ébauche des « miettes ».

§ 1. Que le point de départ est pris dans le paganisme, et pourquoi ?

Le lecteur du peu de philosophie contenu dans les *Miettes* se rappellera que cet ouvrage n'enseignait pas, mais expérimentait. Il prenait son point de départ dans le paganisme pour découvrir, par l'expérience, une conception de l'existence dont on pût dire en vérité qu'elle allât plus loin que le paganisme. La spéculation moderne semble presque avoir réussi le tour d'adresse d'aller *plus loin de l'autre côté*[62] du christianisme, ou d'être allée si loin dans la compréhension du christianisme qu'elle est à peu près revenue au paganisme. Que quelqu'un préfère le paganisme au christianisme, il n'y a là rien de troublant, mais aboutir à considérer le paganisme comme ce qu'il y a de plus haut à l'intérieur du christianisme est une injustice, aussi bien vis-à-vis du christianisme qui devient quelque chose d'autre que ce qu'il est, que vis-à-vis du paganisme qui ne devient plus rien, alors qu'il était pourtant quelque chose. La spéculation qui a tout à fait compris le christianisme, et qui en même temps se proclame elle-même comme le plus haut développement au sein du christianisme, a fait la découverte qu'il n'y a pas d'au-delà, et cela d'une façon si curieuse que les mots « là-haut », « au-delà » et autres du même genre ne sont que l'expression de l'incapacité dialectique d'un entendement fini. L'au-delà est devenu une plaisanterie, une traite si incertaine que non seulement personne ne l'honore, mais que personne ne s'en donne l'apparence, en sorte que l'on se borne à s'amuser à la pensée qu'il y a eu un temps où cette représentation transformait toute l'existence. On voit tout de suite quelle réponse au problème on doit attendre de ce côté : le problème est lui-même l'expression d'une incapacité dialectique ; car dans le céleste *sub specie aeterni* de la pensée pure la distinction est abolie. Mais voyez, le problème n'est pourtant pas un problème logique – qu'a donc de commun la pensée logique avec ce qu'il y a de plus pathétique (la question d'une béatitude éternelle) ; et le problème est un problème d'existence, mais exister c'est n'être pas *sub specie aeterni*. Peut-être se rendra-t-on compte ici combien il est juste, avant de s'engager dans une telle spéculation, de faire usage de règles de prudence ; d'abord de séparer la spéculation et celui qui spécule, et ensuite (comme en matière de sorcellerie ou de possession) de faire usage de vigoureux exorcismes pour que le spéculant ensorcelé soit transformé ou métamorphosé à nouveau en sa forme réelle, celle d'un homme individuel *existant*.

Que ce dont il s'agissait dans l'expérience soit le christianisme, l'ouvrage ne le disait pas pour gagner quelque répit, afin de ne pas être aussitôt entraîné dans des questions historiques, historico-dogmatiques, introductives, ecclésiologiques, sur la question de savoir ce qu'est vraiment le christianisme et ce qu'il n'est pas. Car, à cet égard, aucun homme ne s'est jamais trouvé si mal en point que le christianisme ces derniers temps. Tantôt on le donne comme spéculatif et on aboutit au paganisme, tantôt on ne sait même pas avec précision ce qu'il est. On n'a qu'à parcourir un catalogue de foire[63] pour voir dans quel temps nous vivons. Quand, dans la vie quotidienne, on entend vendre les crevettes à la criée, on pense aussitôt que c'est le milieu de l'été, quand ce sont de vertes guirlandes, que c'est le printemps, quand ce sont les moules, que c'est l'hiver. Mais quand, comme l'hiver dernier, on entend le même jour que les crevettes, les guirlandes et les moules sont à vendre, on se sent tenté d'admettre que l'existence est devenue confuse et que le monde ne pourra pas tenir jusqu'à Pâques. Mais on a une impression encore plus troublante quand on fait attention un instant à ce qu'on offre dans un catalogue de foire, aussi bien de la part des éditeurs, qui sont devenus à un haut degré agents dans la littérature, que de la part des écrivains. En fin de compte c'est un temps très agité – ou au moins très confus – que celui où nous vivons.

Pour, donc, gagner un jour de repos, dont la terminologie chrétienne, fatiguée par la vie, a le plus grand besoin (car, profondément tranquille et impénétrable elle est devenue bientôt à bout de souffle et insignifiante) et pour, dans la mesure du possible, éviter d'être mêlé à la foule, je préférai taire le nom du christianisme et m'abstenir des expressions qui sont toujours à nouveau jetées çà et là en désordre dans la discussion. Toute la terminologie chrétienne est mise sous séquestre par la spéculation, car la spéculation est, comme on sait, le christianisme. Les journaux eux-mêmes se servent des termes dogmatiques les plus hauts comme d'ingrédients ingénieux, et, tandis que les hommes politiques, soucieux, s'attendent à une banqueroute des États, c'est peut-être une banqueroute plus importante dans le monde spirituel qui est sur le point de se produire, parce que les concepts perdent peu à peu leur sens et que les mots deviennent propres à signifier tout, en sorte que la lutte est parfois aussi ridicule que l'entente. Car il est toujours ridicule de se battre pour, et de s'unir sur, des mots vides de sens, mais quand les mots les plus solides eux-mêmes sont devenus vides, quoi alors ? De même qu'un homme vieux qui a perdu les dents ne mâche plus qu'avec ses chicots, de même les discours modernes chrétiens sur le christianisme ont perdu pour mordre la force d'une terminologie énergique – et le tout est un babillage sans mordant.

Que la confusion en ce qui concerne le christianisme vienne de ce qu'on l'a fait rétrograder dans la vie de tout un stade, cela est tout à fait clair. Le fait que nous devenons chrétiens enfants a donné lieu à admettre aussitôt qu'on est ce qu'on a anticipé χατὰ δύναμιν. C'est pourquoi si l'on peut très bien faire l'apologie et la louange du baptême des enfants, aussi bien comme expression de l'intérêt plein de bonnes intentions que leur porte l'Église – une protection contre les hommes dissipés – que comme expression de la belle sollicitude qu'ont pour eux de pieux parents, il n'en reste pas moins que la responsabilité incombe par la suite à l'individu lui-même. Mais il est et reste risible de voir des gens qui sont chrétiens uniquement en vertu de leur acte de baptême se comporter *à la* chrétienne dans de grandes occasions ; car le plus risible de ce que le christianisme peut jamais devenir est ce qu'on appelle dans un sens trivial des us et coutumes. Être poursuivie, abominée, bafouée et tournée en dérision, ou bénie et louée, cela convient à la plus forte de toutes les puissances, mais être une timide habitude *de bon ton*[64] ou autres choses de ce genre, c'est son contraire absolu. Que l'on essaie de se représenter cela par une simple métaphore. Il est convenable qu'un roi soit aimé de son peuple, honoré dans sa majesté, ou alors, si les choses vont mal, eh bien, que son trône soit renversé dans une émeute, qu'il tombe sur le champ de bataille, que loin, loin de tout ce qui le rappelle, il se consume dans une prison d'État. Mais un roi transformé en un domestique de louage affairé, qui se sent on ne peut mieux dans cette situation, c'est une métamorphose qui crie vers le ciel plus haut qu'un assassinat. Inversement, il peut être risible que des chrétiens, parfois, par exemple à des enterrements, aient recours à des expressions païennes, champs-élysées et autres choses de ce genre ; mais il est également risible qu'un homme pour qui le christianisme n'a jamais rien signifié, même pas assez pour y renoncer, que cet homme meure, et qu'alors le pasteur devant sa tombe l'introduise sans plus dans la béatitude éternelle, telle qu'on l'entend dans la terminologie chrétienne. Qu'on ne me rappelle pas qu'il doit pourtant toujours subsister une distinction entre l'Église visible et l'Église invisible et que personne ne peut avoir l'audace de juger les cœurs. Pas du tout, non, pas du tout. Quand on est devenu chrétien et qu'on s'est fait baptiser à un âge mûr, alors il pourrait être question d'une sorte de certitude que le christianisme avait une certaine signification pour le baptisé. Qu'il soit alors réservé à Dieu de juger les cœurs ! Mais quand on est baptisé à l'âge de quinze jours, quand on doit considérer comme une commodité d'être *de nomine* un chrétien, quand le fait de se séparer du christianisme ne ferait qu'occasionner de la peine et du dérangement, quand le jugement des contemporains, comme nous l'avons dit plus haut, s'exprimerait à peu près ainsi : il est pourtant honteux de sa part de faire tant d'embarras avec ça, alors on ne peut tout de même pas nier que le fait d'appartenir à l'Église visible ne soit devenu un signe très douteux du fait d'être vraiment un chrétien. L'Église visible s'étend de telle façon que finalement le rapport se renverse, et de même qu'autrefois il fallait de la force et de l'énergie de conviction pour devenir un chrétien, de même aujourd'hui il faut du courage et de l'énergie (même s'il n'y a pas lieu de louer cette manifestation) pour renoncer à être chrétien – par contre il suffit d'irréflexion pour être un tel chrétien. C'est pourquoi il peut être bon de présenter la défense du baptême des enfants, et il n'y a pas besoin d'introduire en cette matière un nouvel usage, mais, comme tout est changé, le clergé devrait comprendre lui-même que, de même qu'il fut un temps où c'était son devoir, quand il n'y avait que peu de chrétiens, de gagner des hommes au christianisme, de même le devoir consiste aujourd'hui à les gagner, là où c'est possible, en les effrayant – leur malheur n'est-il pas en effet d'être soi-disant chrétiens. Quand le christianisme est venu dans le monde on n'était pas chrétien, et la difficulté était de le devenir ; maintenant la difficulté pour le devenir est qu'il faut transformer par un travail personnel un chrétien qui ne l'était jusqu'à présent que de nom en un vrai chrétien en puissance. Et la difficulté est d'autant plus grande que ceci doit se passer dans le for intérieur de l'individu lui-même sans aucune action décisive extérieure, pour que ce ne devienne pas une hérésie anabaptiste ou quelque chose de semblable. Mais, déjà dans le monde extérieur, chacun sait bien que sauter en l'air de l'endroit où l'on est et retomber au même endroit est le plus difficile de tous les sauts, et que le saut devient plus facile quand un espace est posé entre l'endroit où se tient le sauteur et celui où il doit retomber. Et de même la décision est la plus difficile là où celui qui se décide n'est pas éloigné de la décision (comme quand celui qui n'est pas chrétien doit décider s'il veut le devenir), mais où il semble que ce soit déjà décidé. Dans ce cas, en effet, la difficulté est double : d'abord du fait que la première décision est une apparence, une possibilité, et ensuite du fait de la décision elle-même. Si je ne suis pas un chrétien, et que la décision est d'en devenir un, le christianisme m'aide à devenir attentif à la décision, et la distance qui me sépare du christianisme me vient en aide, comme l'élan aide le sauteur ; mais si la chose est déjà en quelque sorte décidée, si je suis déjà chrétien (c'est-à-dire si je suis baptisé, ce qui n'est pourtant qu'une possibilité) alors il n'y a rien qui m'aide à devenir bien attentif à la décision, mais au contraire (ce qui accroît la difficulté) quelque chose qui m'empêche d'y faire attention, je veux dire la décision apparente. Bref : *il est plus facile de devenir un chrétien quand on n'en est pas un, que de devenir un chrétien quand on en est un ; et cette décision est réservée à celui qui a été baptisé quand il était enfant.*

Qu'est le baptême sans assentiment intérieur ? Oui, il est la possibilité que l'enfant baptisé puisse devenir un chrétien, ni plus ni moins. L'analogue serait : de même qu'il faut être né, être venu à l'existence pour devenir un homme, car un enfant ne l'est pas encore, de même il faut être baptisé pour devenir un chrétien. Pour l'homme plus âgé qui n'a pas été baptisé enfant, il est vrai qu'il devient chrétien par le baptême, parce qu'il peut, dans le baptême, s'approprier la foi. Retirez l'appropriation du christianisme, quel est alors le mérite de Luther ? Mais ouvrez-le et sentez à chaque page la forte pulsation de l'appropriation, sentez-le dans la frémissante allure de tout son style qui ne cesse pour ainsi dire d'avoir derrière lui l'orage de l'épouvante qui foudroya Alexius et suscita Luther. Le papisme n'avait-il pas l'objectivité et les définitions objectives, et de l'objectif, de l'objectif, de l'objectif à revendre ? Que lui manquait-il ? L'appropriation, l'intériorité. « Mais nos subtils sophistes ne disent rien, dans ces sacrements, de la foi, mais caquettent seulement avec application de la vertu réelle des sacrements (de l'objectif), car ils apprennent toujours et n'arrivent pourtant pas à la connaissance de la vérité[65] » (*De la captivité de Babylone*, Petite édition de Gerlach, 4e volume, page 195. Édition Walchs, XIX, p. 149). Mais en prenant ce chemin ils auraient pourtant dû arriver à la vérité, si la vérité consiste en l'objectivité. Qu'il soit donc vrai autant qu'on voudra, que le christianisme ne réside pas dans la différence, et que ce soit la bienheureuse consolation de la vie terrestre que la sainte humanité du christianisme se montre en ce qu'il peut être assimilé par tous – mais cela doit-il être entendu ainsi que chacun, par là, est sans plus un chrétien s'il a été baptisé à l'âge de quinze jours[a] ? La vie chrétienne n'est pas une chose commode, le simple d'esprit doit tout aussi bien que le sage pouvoir exister en elle – alors la vie chrétienne devient quelque chose d'autre que d'avoir un acte de baptême dans son tiroir et de le produire si l'on veut faire des études ou contracter mariage ; quelque chose d'autre que de porter toute sa vie un acte de baptême dans sa poche de gilet. Mais un chrétien est devenu peu à peu quelque chose qu'on est comme cela sans plus et dont nos parents, plus que nous-mêmes, portent la responsabilité : celle de n'avoir pas négligé de nous baptiser. C'est ainsi qu'il arrive dans la chrétienté, d'une façon étrange mais pas du tout rare, qu'un homme, en

a. Dans les *Miettes* j'ai exprimé cette difficulté en disant qu'on a fait une tentative pour naturaliser le christianisme, si bien qu'en fin de compte être chrétien et être homme est identique, et qu'on naît en tant que chrétien comme on naît en tant qu'homme, ou que du moins la naissance et la régénération ont été rapprochées jusqu'à n'être plus éloignées que d'un espace de temps de quinze jours.

ce qui le concerne lui-même, pense : « Mes parents ont déjà pris soin que je sois baptisé » et tient la question pour réglée, mais qu'ensuite, quand il devient lui-même père, le souci s'éveille quand même en lui que son enfant soit baptisé. Ainsi la préoccupation de devenir un chrétien est passée de l'individu lui-même à son tuteur. En sa qualité de tuteur le père veille à ce que l'enfant soit baptisé, peut-être aussi en pensant à toutes les difficultés de police et aux désagréments auxquels l'enfant est exposé quand il n'est pas baptisé. Et l'éternité là-haut et le sérieux solennel du jugement (où, remarquons-le bien, doit être décidé si j'ai été un chrétien, et non pas si en ma qualité de tuteur je me suis occupé de faire baptiser mes enfants) se transforment en une scène de la rue, ou en une scène dans un bureau de passeports, où les défunts viennent en courant avec leurs certificats – délivrés par le sacristain. Qu'il soit donc vrai autant qu'on voudra que le baptême est un passeport divin pour l'éternité, mais, quand la légèreté et l'esprit mondain veulent s'en servir comme permis d'entrée, est-il encore un semblable passeport ? Le baptême n'est pourtant pas la feuille de papier que délivre le sacristain – qui de temps en temps se trompe ; le baptême n'est pourtant pas seulement le fait extérieur qu'on a été baptisé le 7 septembre à 11 heures. Que le temps, l'existence dans le temps, soit décisif pour une béatitude éternelle est en somme quelque chose de si paradoxal que le paganisme ne peut pas le penser ; mais régler le tout, à l'âge de quinze jours, le 7 septembre, en l'espace de cinq minutes, semble tout de même être un petit peu trop paradoxal. Il ne manquerait plus que l'on soit aussi au berceau marié avec telle ou telle, inscrit dans telle ou telle situation bourgeoise, etc., ainsi on aurait, au jeune âge de quinze jours, tout réglé pour sa vie entière – la décision ultérieure consistant à répéter la première, ce qui serait bien trouvé en valoir la peine pour un projet de mariage, mais peut-être pas pour le christianisme. Voyez, il fut un temps dans le monde où, quand tout croulait pour un homme, il lui restait pourtant l'espoir de devenir un chrétien ; maintenant on l'est, et on est de tant de façons tenté d'oublier – de le devenir.

Dans de telles conjonctures (le caractère scabreux de la spéculation d'un côté et, de l'autre, le fait que l'on est sans plus un chrétien) il est toujours plus difficile de trouver un point de départ si l'on veut savoir ce qu'est le christianisme. La spéculation produit en effet le paganisme comme résultat du christianisme ; et le fait que l'on est sans plus un chrétien parce qu'on a reçu le baptême transforme les membres de la chrétienté en païens baptisés. C'est pourquoi j'ai eu recours au paganisme, à la Grèce, qui représente l'intellectualité, et à son plus grand héros : Socrate. Après m'être ainsi saisi du paganisme, j'ai cherché, en le prenant comme point de départ, à trouver une différence aussi décisive que possible. Quant à savoir si ce dont il s'agissait dans l'expérience était le christianisme, c'est une autre question, mais ceci était pourtant acquis que la spéculation chrétienne moderne, si elle a ses catégories essentielles communes avec le paganisme, ne peut être le christianisme.

§ 2. L'importance d'un accord provisoire sur ce qu'est le christianisme avant qu'il puisse être question d'une médiation entre le christianisme et la spéculation. L'absence de cet accord favorise la médiation, cependant qu'elle la rend illusoire. Son intervention empêche la médiation.

Qu'une béatitude éternelle dans le temps devienne décisive par le rapport à quelque chose d'historique était ce dont il s'agissait dans l'expérience, et ce que j'appelle maintenant le chrétien. Et personne tout de même ne niera que dans le Nouveau Testament l'enseignement du christianisme soit que la question de la béatitude éternelle de l'individu se décide dans le temps et d'après le rapport entretenu avec le christianisme considéré comme quelque chose d'historique. Et, pour ne pas troubler les esprits en éveillant la pensée du malheur éternel, je tiens à remarquer que je ne parle que du positif, c'est-à-dire que le croyant dans le temps devient certain de sa béatitude éternelle par son rapport avec quelque chose d'historique.

Pour ne pas troubler les esprits je ne désire pas non plus aller chercher d'autres déterminations chrétiennes ; elles sont d'ailleurs toutes contenues dans celle-ci et se laissent logiquement déduire d'elle ; aussi bien constitue-t-elle vis-à-vis du paganisme l'antithèse la plus nette. Je répète seulement une fois de plus : quant à savoir si le christianisme a raison je n'en décide pas. J'ai déjà dit dans la brochure ce que je ne cesse de reconnaître, que mon peu de mérite, s'il doit en être question, consiste en ce que je pose le problème.

Pourtant si je ne fais mention que du christianisme et du Nouveau Testament, commence tout de suite une délibération sans fin. C'est ainsi que, pour un spéculant, il n'y aura rien de plus facile que de trouver tel ou tel passage de l'Écriture qu'il puisse invoquer en sa faveur. Car la spéculation n'a même pas jusqu'à présent tiré au clair dans quel sens elle veut se servir du Nouveau Testament. Tantôt on dit sans plus que le Nouveau Testament se tient sur le plan de la représentation, d'où il semble suivre qu'on ne peut argumenter en le prenant comme point de départ, tantôt on fait grand cas d'avoir pour soi l'autorité de la Bible, quand la spéculation trouve un passage qu'elle peut invoquer.

L'accord provisoire dont il s'agit pour déterminer ce qu'est le christianisme, avant qu'on ne l'explique, afin qu'au lieu d'expliquer le christianisme on n'invente pas quelque chose qu'on explique à sa place, cet accord provisoire est d'une importance extrême et décisive. De cette comparution des deux parties devant la commission de conciliation (pour que la médiation ne devienne pas elle-même une des parties et en même temps la commission devant laquelle elles comparaissent) la spéculation ne semble pas se préoccuper, préférant simplement tirer son profit du christianisme. De même que dans une affaire plus modeste il s'est trouvé tel ou tel qui ne se préoccupait pas beaucoup de comprendre Hegel, mais bien du profit qu'il aurait à aller plus loin que Hegel, de même il est aussi très alléchant, quand on a affaire à quelque chose d'aussi grand et d'aussi significatif que le christianisme, d'aller plus loin. Mais alors, il faut que le christianisme soit là, non pas précisément dans l'intérêt de celui-ci, mais pour justifier la prétention qu'on a d'aller plus loin. – D'un autre côté, la considération de ce qu'est le christianisme ne peut être une considération savante, car au même moment, comme nous l'avons montré dans la première partie de cet ouvrage, nous entrons dans une approximation qui ne sera jamais terminée. La médiation entre le christianisme et la spéculation sera alors impossible pour une autre raison, parce que la considération ne peut jamais être terminée.

La question de ce qu'est le christianisme doit donc être posée, mais pas non plus d'une façon savante, et pas non plus partiellement en raison de la présupposition que le christianisme est une doctrine philosophique, car alors la spéculation est plus que partie, mais tout à la fois juge et partie. La question doit donc être posée sur le plan de l'existence, et alors il faut aussi pouvoir y répondre et y répondre brièvement. Tandis, en effet, qu'on peut comprendre qu'un savant théologien consacre toute sa vie à de savantes recherches sur l'Écriture et l'Église, ce serait tout de même une contradiction risible si un homme existant qui demande, en considération de l'existence, ce qu'est le christianisme, devait consacrer toute sa vie à le considérer – car quand, alors, existerait-il en lui ?

La question de ce qu'est le christianisme ne doit donc pas être confondue avec la question objective de la vérité du christianisme que nous avons traitée dans la première partie de cet ouvrage. On peut bien, objectivement, demander ce qu'est le christianisme, en tant que celui qui demande veut le poser devant lui et laisser en suspens jusqu'à nouvel ordre la question de savoir s'il est, ou non, la vérité (la vérité est la subjectivité). Alors il s'interdit tout vénérable zèle pour prouver sa vérité ainsi que tous efforts spéculatifs pour « aller plus loin » ; il souhaite la tranquillité et ne désire ni recommandations ni empressement, mais seulement de savoir ce qu'est le christianisme.

Ou bien ne peut-on apprendre ce qu'est le christianisme sans être soi-même un chrétien ? Toutes les analogies semblent parler en faveur de l'affirmative, et le christianisme lui-même doit considérer comme des faux chrétiens ceux qui savent seulement ce qu'est le christianisme. L'affaire a de nouveau été ici embrouillée par le fait qu'on acquiert l'apparence d'un chrétien en étant tout de suite baptisé comme enfant. Mais quand le christianisme est arrivé dans le monde, ou quand il est introduit dans un pays païen, il n'écartait pas alors, ni n'écarte aujourd'hui, les générations déjà adultes et ne s'emparait pas exclusivement des petits enfants. C'est alors que les choses étaient dans l'ordre : alors il était difficile de devenir un chrétien, et l'on ne s'occupait pas de comprendre le christianisme. Maintenant nous avons presque atteint cette parodie que devenir un chrétien n'est rien du tout, mais que comprendre le christianisme est une tâche très ardue et absorbante. Ainsi tout est renversé, le christianisme est transformé en une sorte de doctrine philosophique dont la difficulté consiste en effet à la comprendre, alors que le christianisme se rapporte essentiellement à l'existence et que c'est devenir chrétien qui est la chose difficile[a]. C'est pourquoi la foi est détrônée par rapport à la compréhension, au lieu qu'elle est en effet ce qu'il y a de plus haut, quand la difficulté

a. Si l'on a affaire à une doctrine, sa compréhension est ce qu'il y a de plus haut, et devenir un disciple est une façon insidieuse pour les personnes qui ne comprennent pas quelque chose de s'y introduire subrepticement et de se poser comme s'ils l'avaient comprise ; si l'on a affaire à un message existentiel, ce qu'il y a de plus haut est d'exister en lui, et vouloir le comprendre est un faux-fuyant rusé pour esquiver sa tâche. Devenir hégélien est suspect, comprendre Hegel est le plus haut ; devenir un chrétien est le plus haut, vouloir comprendre le christianisme est suspect. – Ceci correspond tout à fait à ce qui a été développé dans le chapitre précédent sur la possibilité et la réalité. Dans une doctrine le rapport de possibilité est le plus haut, dans un message existentiel c'est la réalité. Vouloir comprendre un message existentiel équivaut à transformer son rapport avec lui en un rapport de possibilité.

consiste à devenir un chrétien. – Prenons par exemple un philosophe païen auquel le christianisme a été annoncé – mais non plus pourtant comme encore une doctrine philosophique qu'il devrait comprendre, mais avec la question s'il veut devenir un chrétien : ne lui a-t-on pas dit avec cela ce qu'est le christianisme, en sorte qu'il puisse alors choisir ?

À la question : peut-on savoir ce qu'est le christianisme sans être un chrétien ? il faut donc répondre par l'affirmative. Autre est la question : peut-on savoir ce qu'est un chrétien, sans l'être ? à laquelle il faut répondre par la négative. Par contre il faut bien que le chrétien sache en même temps ce qu'est le christianisme et qu'il puisse nous le dire – dans la mesure où il l'est lui-même devenu. Je ne crois pas que la difficulté qu'il y a à être devenu chrétien à l'âge de quinze jours puisse être exprimée plus fortement qu'en rappelant qu'on en est venu ainsi à trouver des chrétiens – qui ne sont pas encore devenus des chrétiens. Le passage au christianisme s'effectue de si bonne heure que ce passage n'est qu'une possibilité de l'effectuer. Qui en effet est vraiment devenu chrétien doit pourtant avoir connu un temps où il n'était pas chrétien, il doit de même avoir connu un temps où il apprenait à savoir ce qu'est le christianisme, il doit encore, s'il n'a pas tout à fait perdu le souvenir de la manière dont il existait lui-même avant qu'il ne devînt chrétien, être en mesure, par la comparaison de sa vie précédente avec sa vie chrétienne, de dire ce qu'est le christianisme en ce qui le concerne. Dès que l'état transitoire se produit dans le temps où le christianisme arrive dans le monde, ou est introduit dans un pays païen, tout devient clair. Alors c'est la plus terrible des décisions dans la vie d'un homme de devenir un chrétien, alors il s'agit, à travers le désespoir et le scandale (les deux Cerbère qui montent la garde devant l'accès du christianisme) de gagner la foi. Cette terrible épreuve de la vie, où l'éternité fait la censure, un enfant de quinze jours ne peut pourtant en être quitte, même s'il a du sacristain tous les certificats du monde comme quoi il est baptisé. Mais pour le baptisé aussi il faut bien pourtant qu'il vienne plus tard un moment qui correspond essentiellement à l'état de transition, quand celui-ci se produit en même temps que la venue du christianisme dans le monde ; il faut donc que vienne pour le baptisé un moment où, quoique chrétien, il demande ce qu'est le christianisme – pour devenir un chrétien. Par le baptême le christianisme lui donne un nom et il est *de nomine* un chrétien ; mais c'est dans la décision qu'il devient un chrétien et qu'il donne au christianisme son nom *(nomen dare alicui)*. Prenons un philosophe païen ; il ne devint pourtant pas chrétien quand il avait quinze jours et ne savait pas ce qu'il faisait (explication vraiment bien singulière de la démarche la plus décisive, qu'elle soit faite quand on ne sait pas soi-même ce qu'on fait !) il savait bien ce qu'il faisait, qu'il se décidait à un rapport avec le christianisme, jusqu'à ce qu'il lui arrivât cette chose merveilleuse qu'il devînt un chrétien (si nous voulons nous exprimer ainsi) où jusqu'à ce qu'il choisît de le devenir : il savait donc alors, quand il embrassait le christianisme, quand il n'était pas encore chrétien, ce qu'était le christianisme.

Mais pendant que tout le monde a beaucoup à faire à déterminer savamment le christianisme et à le comprendre spéculativement, on ne voit jamais la question de ce qu'est le christianisme posée de telle façon que l'on remarque qu'elle vient de quelqu'un qui la pose en considération de l'existence ou dans l'intérêt d'exister. Et pourquoi personne ne le fait-il ? Eh, naturellement, parce que nous sommes tous sans plus des chrétiens. Et, à l'aide de cette remarquable invention : être sans plus un chrétien, on a été si loin dans la chrétienté qu'on ne sait pas exactement ce qu'est le christianisme ; et, parce que l'explication de ce qu'est le christianisme a été confondue avec l'explication savante et spéculative du christianisme, elle est devenue une affaire de si longue haleine qu'on n'en a pas encore tout à fait fini avec elle : on attend encore un nouvel ouvrage. Celui qui, dans l'hypothèse où l'état transitoire dont nous parlions s'est produit en même temps que la venue du christianisme dans le monde, celui qui devint alors réellement un chrétien, il savait bien ce qu'était le christianisme, et qui veut réellement devenir un chrétien doit ressentir pour l'être cette impulsion, une impulsion dont je ne crois pas que même la mère la plus follement entichée de son enfant la découvre chez lui au jeune âge de quinze jours. Mais, n'est-ce pas, nous sommes tous des chrétiens. Les chrétiens savants disputent de ce qu'est à proprement parler le christianisme, mais il ne leur vient jamais une autre pensée que de se croire eux-mêmes chrétiens, comme s'il était possible de savoir de soi avec certitude qu'on est quelque chose dont on ne sait pas exactement ce que c'est. Le sermon s'adresse à « la communauté des chrétiens » et traite pourtant presque toujours de ce qui est chrétien, recommande de saisir la foi (donc de devenir un chrétien), engage les hommes à accepter le christianisme – et les hommes auxquels on parle sont la communauté chrétienne et sont donc bien des chrétiens. Si alors il meurt demain un auditeur qui, hier, vraiment saisi par le sermon du pasteur recommandant le christianisme, pensait « il ne s'en faut que de peu que je devienne un chrétien », alors il sera enterré après-demain comme chrétien – car il était, comme on sait, un chrétien.

Ce qui, donc, semble être en soi-même si évident, qu'un chrétien doit pourtant savoir ce qu'est le christianisme, le savoir avec la concentration et la décision que présuppose, aussi bien qu'elle la donne, la conscience d'avoir fait le pas le plus décisif, ce n'est plus maintenant si facile à comprendre. Nous sommes tous, comme on sait, des chrétiens, un spéculant est aussi baptisé à l'âge de quinze jours. Si maintenant un spéculant dit : je suis un chrétien (c'est-à-dire, remarquons-le bien, baptisé à l'âge de quinze jours), un chrétien doit pourtant bien savoir ce qu'est le christianisme ; le vrai christianisme, dis-je, est la médiation du christianisme, et le fait que je suis moi-même un chrétien peut répondre de la vérité de cette thèse : que répondrons-nous alors ? Là-dessus il faut répondre : quand un homme dit : je suis un chrétien, *ergo* je dois bien aussi savoir ce qu'est le christianisme et n'ajoute pas un mot, il faut s'en tenir là ; il serait vraiment fou de le contredire puisqu'il ne dit rien. Mais s'il commence à développer ce qu'il entend par christianisme, il faut, même sans être un chrétien, pouvoir savoir si c'est ou non le christianisme, si l'on peut, sans être un chrétien, savoir ce qu'est le christianisme. Si ce qu'il explique être le christianisme est essentiellement identique au paganisme, on est en droit de nier que ce soit le christianisme.

Il faut donc, avant toutes choses, décider ce qu'est le christianisme avant qu'il puisse être question d'une médiation. Mais la spéculation ne l'entend pas ainsi, elle ne procède pas en déterminant d'abord ce qu'est la spéculation, puis ce qu'est le christianisme, pour voir ensuite si les deux contraires se laissent concilier ; elle ne s'assure pas d'abord, par leur signature, de l'identité respective des parties adverses en cause, avant de passer à les mettre d'accord. Si l'on demande ce qu'est le christianisme, elle répond sans plus : la *conception* spéculative du christianisme, sans se préoccuper dans quelle mesure cela a un sens de distinguer entre une chose et la conception de cette chose ; ce qui, même pour la spéculation, semble être d'importance, car, si le christianisme lui-même consiste en la conception de la spéculation, il n'y a pas à vrai dire de médiation, car il n'y a pas d'opposition, et une médiation entre deux choses identiques n'a pas de signification. Mais alors il vaut peut-être mieux demander à la spéculation ce qu'est la spéculation. Mais voyez, alors on apprend que la spéculation est la réconciliation, est la médiation, – est le christianisme. Mais si la spéculation et le christianisme sont identiques, que doit alors signifier la réconciliation des deux ? Et alors le christianisme est essentiellement paganisme, car la spéculation ne niera tout de même pas qu'il y a eu de la spéculation dans le paganisme. – Que la spéculation en un certain sens parle d'une façon très conséquente, je le reconnais volontiers, mais ce discours conséquent montre en même temps qu'avant la transaction aucun accord provisoire n'est intervenu, sans doute parce qu'on n'a pas pu trouver le troisième lieu où les parties adverses dussent comparaître.

Mais même si la spéculation admet une différence entre le christianisme et la spéculation, quand ce ne serait, à défaut d'autre motif, que pour avoir le plaisir de s'entremettre, si néanmoins elle n'indique pas que la différence est nette et décisive, il faut demander : la *médiation* n'est-elle pas l'idée de la spéculation ? Quand, donc, *elle s'entremet* entre les contraires, ceux-ci (spéculation – christianisme) ne sont pas, devant elle, sur le même pied ; mais le christianisme constitue un moment à l'intérieur de la spéculation, et la balance penche en faveur de la spéculation parce qu'il y avait de son côté un excédent de poids et parce qu'il n'y a pas eu de moment d'équilibre où l'on eût fait le poids des contraires. Quand une médiation s'exerce entre deux thèses contraires et que celles-ci sont unifiées en une synthèse supérieure, celles-ci peuvent être de même niveau, parce que aucune des deux n'est en opposition avec la spéculation, mais quand l'un des contraires est la spéculation elle-même et l'autre le contraire de la spéculation, et qu'une médiation s'exerce, et que la médiation n'est autre que l'idée de la spéculation, ce qu'on dit d'un contraire de la spéculation a un sens illusoire, car la puissance qui exerce la conciliation est la spéculation elle-même (c'est-à-dire son idée, qui est la médiation). À l'intérieur de la spéculation on peut faire sa place relative à ce que la spéculation veut être, et les contraires peuvent être conciliés, je veux dire les contraires qui ont ceci de commun qu'ils sont, chacun pour soi, des tentatives spéculatives. Quand, ainsi, la spéculation exerce sa médiation entre la doctrine des Éléates et celle d'Héraclite, cela peut être tout à fait correct, car la doctrine des Éléates ne se rapporte pas comme un contraire à la spéculation, mais est elle-même spéculative, et de même la doctrine d'Héraclite. Il en est autrement quand le contraire s'oppose, en somme, à la spéculation. Si une médiation doit ici s'exercer (et on sait que la médiation est l'idée de la spéculation) cela signifie que la spéculation juge entre elle-même et son contraire, et est ainsi juge et partie. Ou bien cela veut dire que la spéculation présuppose qu'il n'y a absolument pas de contraire à la spéculation, en sorte que chaque contraire, en tant qu'il réside à l'intérieur de la spéculation, n'est que relatif. Mais ceci devrait justement être débattu dans l'arrangement provisoire. Peut-être la spéculation ne craint-elle tant d'élucider ce qu'est le christianisme, peut-être n'est-elle si pressée de mettre en train et de recommander la médiation, que parce qu'elle aurait le pire à craindre si ce qu'est le christianisme devenait clair. De même que, dans un État où un ministère d'émeute a pris le pouvoir, on tient le Roi éloigné pendant que le ministère séditieux agit au nom du Roi : ainsi se comporte la spéculation qui médiatise le christianisme.

Pourtant la difficulté que le christianisme doive être un moment à l'intérieur de la spéculation a sans doute donné occasion à la spéculation de faire de petites concessions. La spéculation a pris le titre de « chrétienne », par l'addition de cet adjectif elle a voulu reconnaître le christianisme, de même que parfois, quand un mariage est contracté entre deux familles nobles, on forge avec les noms des deux familles un nom qui leur soit commun, ou encore quand deux maisons de commerce se fondent en une seule firme qui porte le nom des deux. Or, si les choses étaient telles, comme on l'admet si légèrement, que ce ne soit rien du tout de devenir un chrétien, alors le christianisme devrait naturellement être ravi d'avoir trouvé un si bon parti et d'être arrivé à un honneur et à une considération presque aussi grands que ceux dont jouit la spéculation. Si, par contre, c'est la plus ardue de toutes les tâches de devenir un chrétien, alors c'est plutôt l'illustre spéculant qui semble faire une affaire, en tant qu'il a le profit, par la firme, de devenir un chrétien. Mais devenir un chrétien est vraiment la plus ardue de toutes les tâches, parce que cette tâche, bien que la même pour tous, varie suivant les forces de chaque individu, ce qui n'est pas le cas pour des tâches d'un autre caractère. Pour comprendre, par exemple, un esprit clair a un avantage manifeste sur un cerveau borné ; mais il n'en est pas ainsi pour la foi. Quand en effet la foi exige qu'on renonce à son entendement, il devient tout aussi pénible pour l'homme le plus intelligent de croire, que pour l'homme le plus borné, ou cela devient même encore plus difficile pour le premier. On voit à nouveau combien il est scabreux de transformer le christianisme en une doctrine qu'il s'agit de comprendre, car alors c'est dans la différence que réside le devenir chrétien. Qu'est-ce qui manque donc ici ? L'accord provisoire où le statut de chaque partenaire est apuré avant que la nouvelle firme se fonde. – Mais allons plus loin : cette spéculation chrétienne spécule donc à l'intérieur du christianisme. Pourtant cette spéculation est quelque chose d'autre que cet *usus instrumentalis* de la raison[66] et quelque chose d'autre que la spéculation qui, tout à fait conséquente, car elle n'était que spéculation *à l'intérieur* du christianisme, admettait que quelque chose fût vrai dans la philosophie qui ne l'était pas dans la théologie. Les choses étant ainsi comprises, il est dans l'ordre de spéculer à l'intérieur d'une présupposition, ce que veut indiquer cette spéculation chrétienne par le prédicat « chrétien ». Mais alors quand cette spéculation qui commence par une présupposition, à mesure qu'elle va plus loin, finit par s'exercer aussi sur la présupposition, c'est-à-dire la fait disparaître, quoi alors ? Oui, alors la présupposition était de la comédie. On raconte des Molboer[67] que voyant un arbre qui se penchait vers l'eau et émus à la pensée que l'arbre avait soif ils décidèrent de l'aider. À cette fin l'un d'eux se suspendit à l'arbre, un autre à ses pieds, et ainsi ils formèrent toute une rangée dont l'idée commune était d'aider l'arbre – le tout sous la présupposition que le premier tienne bon. Car le premier c'était la présupposition. Mais qu'arrive-t-il ? Tout à coup il lâche tout pour se cracher dans les mains, de façon à pouvoir tenir plus solidement – et alors ? Oui, alors les Molboer tombèrent dans l'eau, et pourquoi ? Parce que la présupposition était abandonnée. Quand, à l'intérieur d'une présupposition, on spécule de telle façon que finalement on entraîne celle-ci dans la spéculation, on fait exactement le même tour d'adresse que quand, à l'intérieur d'un hypothétique « si », on pense quelque chose de si évident que cela a le pouvoir de transformer l'hypothèse, à l'intérieur de laquelle cela a sa signification, en réalité. – Et, en ce qui concerne la prétendue spéculation chrétienne, de quelle présupposition peut-il en somme être question, sinon de celle-ci que le christianisme est justement le contraire de la spéculation, qu'il est le miraculeux, l'absurde, avec l'exigence qu'il adresse à l'individu d'exister en lui et de ne pas perdre de temps avec le vouloir-comprendre spéculatif. Si maintenant il doit être spéculé à l'intérieur de cette présupposition, la spéculation trouvera sa tâche beaucoup plus en ce qu'elle s'approfondira dans l'impossibilité de comprendre spéculativement le christianisme, ce qui a été caractérisé plus haut comme étant la tâche du sage.

« Mais, dira peut-être le spéculant, si le christianisme doit être exactement l'opposé de la spéculation, s'il est son contraire absolu, je ne peux pas du tout en venir à spéculer sur le christianisme, car toute spéculation consiste en médiation et en ce qu'il n'y a que des contraires relatifs. – Peut-être bien, répondrais-je, mais pourquoi parles-tu ainsi, veux-tu m'effrayer, en sorte que je sois pris de peur devant la spéculation et l'énorme considération dont elle jouit dans l'opinion publique, ou veux-tu me conquérir, en sorte que je doive considérer la spéculation comme le bien suprême ? » La question ici n'est pas de savoir si le christianisme a raison, mais ce qu'il est. La spéculation laisse de côté cette mise au point provisoire, c'est pourquoi elle réussit dans sa médiation. Avant qu'elle ne l'exerce elle l'a déjà exercée, c'est-à-dire qu'elle a transformé le christianisme en une doctrine philosophique. Par contre, aussitôt que la mise au point pose le christianisme comme le contraire de la spéculation, la médiation est *eo ipso* impossible, car toute médiation se produit à l'intérieur de la spéculation. Si le christianisme est le contraire de la spéculation, il est aussi le contraire de la médiation, car la médiation est l'idée de la spéculation ; qu'est-ce que cela doit signifier, alors, de le médiatiser ? Mais qu'est-ce qui est le contraire de la médiation ? C'est le paradoxe absolu.

Que quelqu'un qui ne se donne pas pour un chrétien s'enquière donc de ce qu'est le christianisme. C'est ainsi que la chose sera la plus naturelle, et l'on évite la confusion à la fois triste et risible par laquelle Pierre et Paul, qui sont eux-mêmes *sans plus* des chrétiens, s'empressent par un nouveau désordre d'expliquer spéculativement le christianisme, ce qui signifie presque l'offenser. Si en effet le christianisme était une doctrine philosophique, on pourrait l'honorer en disant qu'il est (spéculativement) difficile à comprendre ; mais si le christianisme admet lui-même que la difficulté consiste à devenir et à être un chrétien, il ne doit même pas être difficile à comprendre, je veux dire à comprendre de telle façon qu'on puisse attaquer la difficulté – de devenir un chrétien et d'être un chrétien.

Le christianisme n'est donc pas une doctrine[a] mais exprime une contradiction d'existence et est un message d'existence. Si le christianisme était une doctrine il ne pourrait pas *eo ipso* constituer l'antithèse de la spéculation, mais un moment à l'intérieur d'elle. Le christianisme intéresse l'existence, l'exister, mais l'existence, l'exister, constituent justement le contraire de

a. Pourvu qu'un esprit alerte n'aille pas expliquer à un monde de lecteurs combien tout mon livre est insensé, ce dont on peut se rendre compte plus que suffisamment par le fait que je débite quelque chose comme l'affirmation que le christianisme n'est pas une doctrine. Comprenons-nous bien. Entre une doctrine philosophique qui veut être saisie et comprise spéculativement, et une doctrine qui veut être réalisée dans l'existence, il y a pourtant bien une différence. Quand, en ce qui concerne cette dernière, il doit être question de compréhension, il faut que ce soit une compréhension telle qu'on doive exister en elle, une compréhension de la difficulté qu'il y a à exister en elle, et de l'énormité de la tâche existentielle que cette doctrine impose à ses adeptes. Quant à une époque donnée il est admis généralement d'une telle doctrine (message existentiel) qu'il est tout à fait facile d'être ce que commande la doctrine, mais très difficile de comprendre celle-ci spéculativement, on peut très bien être en bonne intelligence avec cette doctrine (message existentiel) en cherchant à montrer combien il est difficile de la pratiquer en existant. Par contre c'est un malentendu de vouloir spéculer sur une telle doctrine. Le christianisme est une telle doctrine. Vouloir spéculer à son sujet est un malentendu, et plus on va loin sur ce chemin, plus l'erreur qu'on commet est grande. Si, finalement, on atteint le point où on ne veut pas seulement spéculer, mais où on a compris spéculativement le christianisme, alors on a atteint le maximum du malentendu. Ce point est atteint par la médiation du christianisme et de la spéculation, et c'est pourquoi la spéculation moderne est à juste titre le suprême malentendu du christianisme. S'il en est ainsi, et si en outre il est indéniable que le XIXe siècle est terriblement spéculatif, il est à craindre que le mot « doctrine » soit pris momentanément comme une doctrine philosophique qui doit et veut être comprise. Pour éviter cette difficulté j'ai préféré appeler le christianisme un message existentiel pour marquer bien précisément sa différence d'avec la spéculation.

la spéculation. La doctrine des Éléates par exemple ne se rapporte pas à l'existence, mais à la spéculation ; il est donc juste de lui assigner une place au sein de la spéculation. Justement parce que le christianisme n'est pas une doctrine, il est constant, comme cela a été développé avec pertinence, qu'il y a une différence énorme entre le savoir relatif au christianisme et le fait d'être chrétien. Dans une doctrine, cette distinction est impensable, parce que la doctrine ne se rapporte pas à l'existence. Que notre époque ait renversé le rapport et transformé le christianisme en une doctrine philosophique qui doit être comprise et l'être chrétien en une bagatelle, je n'y peux rien. Qu'au surplus parce que le christianisme n'est pas une doctrine on dise qu'il est sans contenu, est seulement une chicane. Si le croyant existe dans la foi, son existence a un contenu énorme, mais qui n'est pas butin de paragraphe.

Dans le problème : qu'une béatitude éternelle se décide ici dans le temps par un rapport à quelque chose d'historique, j'ai essayé d'exprimer la contradiction existentielle du christianisme. Dès que je dis que le christianisme est une doctrine, de l'incarnation, de l'expiation, etc., le malentendu se produit immédiatement. La spéculation s'empare de cette doctrine, démontre l'idée imparfaite que s'en faisaient le paganisme et le judaïsme, etc. Le christianisme devient un moment, peut-être un très haut moment, mais il devient essentiellement spéculation.

§ 3. Le problème des « Miettes » comme problème d'introduction non au christianisme mais au devenir-chrétien.

Comme, ni dans les *Miettes* ni maintenant, je n'ai émis la prétention d'expliquer le problème, mais seulement de le poser, mon dessein est donc celui-ci : m'en approcher toujours davantage, lui servir d'introduction – introduction il est vrai d'une espèce particulière, notons-le bien, car on ne peut passer directement d'une introduction au fait de devenir chrétien, qui est au contraire le saut qualitatif. Une telle introduction est donc (justement parce que dans son sens habituel elle est une contradiction vis-à-vis de la décision du saut qualitatif) rebutante, elle ne rend pas facile d'entrer dans ce à quoi elle vous prépare, elle le rend au contraire difficile. Il peut donc être beau et plein de bonnes intentions, quand on pense que le christianisme est le bien suprême, de venir en aide aux hommes en leur facilitant son accès, – quant à moi je prends bravement la responsabilité de le rendre, selon mes faibles forces, difficile, aussi difficile que possible, sans pourtant le rendre plus difficile qu'il n'est – j'en prends sur moi la responsabilité, on peut bien d'ailleurs la prendre par une expérience. Voici ce que je pense : si c'est le bien suprême, alors il vaut mieux, je le sais avec certitude, que je ne le possède pas, pour que je puisse y tendre de tout mon pouvoir, plutôt que de me figurer, par une illusion, que je le possède, et ainsi ne pas même songer à y aspirer. Ainsi compris, je ne nie pas non plus que je considère le baptême des enfants comme justifié, orthodoxe, et digne d'approbation, en tant qu'expression de la piété des parents qui ne peuvent supporter d'être séparés de leurs enfants en ce qui est pour eux le sujet de leur félicité, mais en un autre sens auquel on n'a peut-être pas pris garde je le tiens aussi pour quelque chose de bon – parce qu'il rend encore plus difficile de devenir un chrétien. J'ai déjà fait allusion à cela en un autre endroit, je ne ferai donc que compléter ici ce que je disais. La circonstance que la décision extérieure par laquelle je deviens chrétien est anticipée a pour effet que la décision, si elle se produit, est purement intérieure et, donc, son intériorité encore plus grande que quand la décision se produisait en même temps à l'extérieur. Moins il y a d'extériorité plus il y a d'intériorité. Il y a quelque chose de profond et de merveilleux dans le fait que la décision la plus passionnée se produit chez un homme de telle façon qu'on ne remarque rien du tout à l'extérieur : il était chrétien et le devient pourtant. Quand, ainsi, un chrétien baptisé comme enfant devient en réalité chrétien, et le devient avec la même intériorité que quand un homme, qui n'était pas chrétien, passe au christianisme, alors l'intériorité de sa conversion doit être la plus grande, précisément parce qu'elle ne contenait rien d'extérieur. Mais, de l'autre côté, l'absence d'extériorité est sûrement une tentation, et peut pour beaucoup devenir une tentation à s'en tenir là, comme on s'en rendra le mieux compte par le fait que tel ou tel s'étonnera que d'avoir été baptisé comme enfant signifie qu'il est plus difficile de devenir chrétien. Cependant il en est bien ainsi, et toutes les analogies renforcent la vérité de la proposition : moins il y a d'extériorité, plus il y a d'intériorité – s'il y en a réellement ; mais en même temps : moins il y a d'extériorité, plus grande est la possibilité que l'intériorité reste purement et simplement absente. L'extériorité est le veilleur qui réveille le dormeur, elle est la mère attentionnée qui rappelle son enfant, elle est l'appel qui met les soldats sur leurs jambes, elle est la générale qui bat pour vous venir en aide dans le grand effort ; mais l'absence de l'extériorité peut signifier que l'intériorité elle-même appelle un homme au-dedans de lui-même : hélas, elle peut signifier aussi que l'intériorité reste absente.

Cependant, ce que je voudrais appeler l'introduction au devenir-chrétien n'est pas seulement une chose on ne peut plus différente de ce qu'on appelle généralement introduction, mais c'est aussi une chose on ne peut plus différente d'une introduction au christianisme, si l'on part de l'idée que le christianisme est une doctrine. Une telle introduction ne conduit pas à devenir chrétien, mais, au mieux, à voir, dans l'histoire du monde, l'avantage du christianisme sur le paganisme, le judaïsme, etc.

L'introduction que j'entreprends consiste ainsi en ce que je rends scandaleusement difficile de devenir un chrétien, et ne comprends par christianisme aucune doctrine, mais une contradiction d'existence et un message d'existence. Elle n'est donc pas une introduction historico-mondiale, mais psychologique, en tant qu'elle attire l'attention sur l'intensité avec laquelle il faut vivre et sur la difficulté qu'il y a à bien réaliser le caractère pénible de la décision. Ce que j'ai déjà dit très souvent, mais que je ne peux pas répéter assez, aussi bien pour moi-même (parce que cela m'occupe dans mon intériorité profonde) que pour les autres (pour ne pas créer de confusion), je le répète ici : ce n'est pas à l'homme simple que cette introduction peut rendre difficile de devenir chrétien. À la vérité je ne veux pas dire que l'effort le plus extrême ne soit pas également exigé de lui pour le devenir et que quelqu'un lui rendrait service en le lui rendant par trop facile, mais toute tâche d'existence essentielle se rapporte à chaque homme de façon égale, et il s'ensuit que la difficulté se règle suivant les moyens de l'individu. Se dominer soi-même est par conséquent tout aussi difficile pour l'homme intelligent que pour le simple, peut-être encore plus difficile, parce que son intelligence veut lui venir en aide par toute sorte de rusés subterfuges. Comprendre qu'un homme ne peut rien (cette belle et profonde expression pour le rapport à Dieu) est tout aussi difficile pour un roi remarquablement doué que pour un homme pauvre et misérable, peut-être encore plus difficile, parce que la circonstance qu'il est si puissant l'induit facilement en tentation. Il en est de même pour devenir et être un chrétien. Or, quand la culture et d'autres choses analogues ont rendu si facile d'être un chrétien, il est bien dans l'ordre que l'individu essaie avec ses faibles forces de le rendre difficile, pourvu qu'il ne le rende pas plus difficile que ce n'est. – Mais plus il y a de culture et de savoir – plus il est difficile de devenir un chrétien.

Si l'on considère le dialogue *Hippias* [major] comme une introduction à ce qu'est le beau, on a en lui une espèce d'analogie à ce genre d'introduction dont je parle. Après, en effet, qu'un certain nombre d'essais d'explication eurent été mis sur pied, sur ce qu'est le beau, essais qui furent tous réfutés, le dialogue se termine par les mots de Socrate, qu'il a éprouvé l'utilité de la discussion, parce qu'il a fait par elle l'expérience que la question est difficile. Je ne veux pas décider si Socrate a raison par cette façon de procéder, car le beau est une idée et ne se rapporte pas à l'existence. Mais quand, dans la chrétienté, on semble de tant de façons en être arrivé, ou vouloir en arriver, au point où on oublie ce qu'est le christianisme, je ne peux m'empêcher de penser que l'introduction appropriée (sans compter que pour ce qui est de devenir chrétien elle est toujours la seule correcte) est celle qui, au lieu de ressembler aux introductions habituelles – et en même temps aux domestiques qu'envoient les hôtels pour recevoir les voyageurs au débarqué et leur recommander leur maison – finit en ayant rendu aussi difficile que possible de devenir un chrétien, même si elle a voulu montrer en même temps ce qu'est le christianisme. Voyez, l'auberge a besoin de voyageurs ; en ce qui concerne le christianisme il serait plus convenable que les hommes comprissent qu'ils ont besoin du christianisme. La distinction entre la connaissance du christianisme (ce qui est le plus facile) et le « être-chrétien » (le plus difficile) ne convient pas en ce qui concerne le beau ni en ce qui concerne la *doctrine* du beau. Si le dialogue *Hippias* avait donné une explication du beau, il ne serait plus rien resté du tout de difficile, et ce dialogue n'aurait rien contenu du tout qui correspondît à la double intention de notre entreprise, qui explique ce qu'est le christianisme, mais rend seulement difficile de devenir un chrétien. Mais si, pour devenir un chrétien, la difficulté consiste, dans la décision absolue, l'introduction à cela est forcément rebutante, puisque c'est justement par le scandale qu'elle rend attentif à ce qu'est la décision absolue. C'est pourquoi, même par l'introduction la plus longue, on ne s'est pas rapproché d'un seul pas de la décision, car autrement celle-ci n'est pas la décision absolue, le saut qualitatif, et l'on est mystifié au lieu d'être aidé. Mais qu'une introduction, là où elle atteint son point le plus haut, ne rapproche pas d'un seul pas de ce à quoi elle introduit, c'est une nouvelle expression pour dire qu'elle ne peut être que rebutante. La philosophie introduit directement dans le christianisme, de même l'introduction historique et rhétorique, et cela réussit parce qu'il s'agit là d'une doctrine, mais il n'y a pas d'introduction à devenir un chrétien.

II. – Le problème lui-même

La béatitude éternelle de l'individu est décidée dans le temps par le rapport à quelque chose d'historique, qui est même si historique qu'intervient dans sa synthèse ce qui de par sa nature ne peut devenir historique, et, ainsi, doit le devenir en vertu de l'absurde.

Le problème est pathético-dialectique. Le pathétique en premier lieu, car c'est dans le rapport pathétique à une béatitude éternelle que culmine la passion d'un homme. Le dialectique en dernier lieu, et la difficulté consiste justement dans le fait que le problème est ainsi composé. Aimer est du pathos immédiat, se rapporter à une béatitude éternelle est, dans la sphère de la réflexion, du pathos immédiat ; le dialectique consiste en ce que la béatitude éternelle, à laquelle on admet que l'individu se rapporte pathétiquement à juste titre, est rendue elle-même dialectique par des déterminations plus précises, ce qui de nouveau agit comme un excitant pour porter la passion à son point maximum. Quand on exprime, et a exprimé pendant longtemps en existant, que l'on renonce à tout pour se rapporter au τέλος absolu, la circonstance qu'il y a là des conditions exerce une influence absolue sur la passion pour la porter à un état de tension aussi haut que possible. Déjà dans le pathos relatif le dialectique est comme de l'huile sur le feu, il développe son intériorité et embrase la passion d'une façon intense. Mais, comme on a oublié ce que signifie d'exister *sensu eminenti*, car on rapporte généralement le pathétique à l'imagination et au sentiment et on le laisse abolir par le dialectique au lieu de réunir les deux dans la simultanéité de l'existence, le pathétique est tombé en discrédit dans notre philosophique dix-neuvième siècle, et le dialectique est devenu sans passion, tout le monde sait qu'il est devenu à présent bien facile et courant de penser des contradictions – car la passion est justement le ressort de la contradiction ; quand celle-ci est absente, la contradiction n'est plus qu'une plaisanterie, un bon mot. Par contre un problème d'existence est pathético-dialectique, ce qui est exposé ici exige donc de l'intériorité existentielle pour saisir le pathétique, de la passion dans la pensée pour saisir la difficulté dialectique, et une passion concentrée parce qu'on doit exister en elle.

Pour rendre le problème clair je vais d'abord traiter le pathétique, et ensuite le dialectique, mais je prie le lecteur de ne cesser d'avoir présent à l'esprit que la difficulté réside en fin de compte dans la réunion des deux, que l'existant qui, pathétique dans l'absolu de sa passion, exprime par son existence son rapport pathétique à la béatitude éternelle, doit se rapporter à la décision dialectique. Plus il est tendu en ce qui concerne sa béatitude éternelle, plus il doit craindre, socratiquement, de se trouver dans l'erreur. C'est pourquoi la tension d'esprit est aussi grande que possible, d'autant plus que l'illusion est si facile, parce que extérieurement on ne voit rien. Quand il s'agit d'amour, l'individu a tout de même affaire avec un autre être humain, il peut entendre son oui ou son non ; dans chaque entreprise de l'enthousiasme il y a tout de même pour l'individu quelque chose d'extérieur, mais, en ce qui concerne la béatitude éternelle, l'individu a seulement, dans son intériorité, affaire avec lui-même. La parole, il l'a dans sa langue maternelle gratis, il peut bientôt apprendre à dire par cœur quelque chose de ceci et cela ; mais la représentation d'une béatitude éternelle n'est à un homme d'aucune *utilité* extérieure, car elle n'apparaît que quand il a appris à mépriser le monde extérieur et a oublié l'idée terrestre de ce qui est utile ; du point de vue extérieur cela ne lui *nuit* pas de ne pas avoir cette représentation, il peut très bien sans elle être « mari, père de famille et lauréat de concours de tir », et si c'est vers quelque chose de ce genre qu'il tend, alors cette représentation ne fera que le déranger. En ce qui concerne une béatitude éternelle, le pathos essentiel de l'existence s'achète si cher que, du point de vue fini, on doit tenir carrément cet achat pour une folie, ce qui a été si souvent exprimé de différentes façons : « Une béatitude éternelle est une valeur dont le cours, dans le spéculatif dix-neuvième siècle, n'est plus coté, tout au plus de vénérables directeurs de conscience peuvent-ils se servir d'une obligation ainsi dévalorisée pour mystifier des rustres. » L'illusion est si facile – que l'entendement fini doit tout simplement être fier de ne pas s'être embarqué sur une pareille galère. Et c'est pourquoi, à moins que la vie de quelqu'un ne soit dialectique comme celle d'un apôtre, il est si insensé de vouloir tranquilliser les gens sur la question de leur béatitude, puisque le summum de ce que peut faire un homme pour un autre, là où chaque individu n'a affaire qu'à lui-même, est de le rendre inquiet.

A. – Le pathétique

[...] Il y a trois sphères d'existence : l'esthétique, l'éthique et la religieuse. À ces trois sphères correspondent deux zones limites : l'ironie est la zone limite entre l'esthétique et l'éthique ; l'humour, la zone limite entre l'éthique et le religieux.

Prenons l'ironie. Aussitôt qu'un observateur découvre un ironiste, il deviendra attentif, car il est possible que l'ironiste soit un homme éthique ; mais il peut aussi être induit en erreur, car ce n'est pas dit qu'il en soit un. L'immédiat est reconnaissable aussitôt, et dès qu'il est reconnu il n'y a plus de doute qu'il n'en est pas un ; car il n'a pas fait le mouvement de l'infini. Supposons que l'observateur est un homme d'expérience qui sait bien comment on s'y prend pour embrouiller l'orateur afin de voir s'il a appris quelque chose par cœur ou s'il donne d'abondance la monnaie ironique, comme tout ironiste existant en aura toujours, alors la réplique ironique, si elle est correcte, montre que l'orateur a fait le mouvement de l'infini, mais pas plus. L'ironie apparaît quand, en mettant de façon continue les particularités de la vie finie en connexion avec l'infinie exigence éthique, on laisse ainsi apparaître la contradiction. Qui peut faire cela avec adresse en sorte qu'il ne se laisse prendre dans aucune conjoncture où l'adresse se rebute, il faut qu'il ait fait un mouvement de l'infini, et c'est dans cette mesure qu'il est possible qu'il soit un homme éthique[a]. L'observateur ne pourra donc même pas le saisir à ce fait qu'il ne peut lui-même se prendre ironiquement, car il peut aussi parler de lui comme d'un tiers, il peut *se mettre* lui-même, comme une particularité infime, *en connexion* avec l'exigence absolue ; comme c'est bizarre que la locution qui traduit la suprême difficulté de l'existence, laquelle consiste précisément à réunir ce qui est absolument différent (comme la représentation de Dieu avec une promenade à Dyrehaven) que la même locution traduise aussi la taquinerie ! Mais, malgré que ceci soit certain, il ne l'est pas encore qu'il soit un homme éthique. Éthique il ne l'est que par le fait qu'il se rapporte en lui-même à l'exigence absolue. Un tel homme éthique se sert de l'ironie comme incognito. En ce sens Socrate était un homme éthique, mais, remarquons-le bien, à la frontière du religieux, ce pour quoi il a été montré plus haut (dans le deuxième chapitre de la deuxième section) que dans son existence on trouvait l'analogue de la foi. Qu'est donc l'ironie si on veut appeler Socrate un ironiste et non comme maître Kierkegaard [dans son traité sur « le concept de l'ironie », 1841] n'en

a. Si l'observateur peut prendre son homme dans une conjoncture qu'il n'a pas la force de comprendre ironiquement il n'est pas à proprement parler un ironiste. Quand l'ironie, en effet, n'est pas prise dans un sens décisif, tout homme est au fond ironique. Dès qu'un homme, dont la vie se meut dans une certaine relativité (ce qui montre justement qu'il n'est pas ironique), se trouve placé dans une relativité extérieure à celle-ci qu'il considère comme plus basse (un gentilhomme par exemple dans un cercle de paysans, un professeur dans une société de maîtres d'école de villages, un millionnaire dans une ville pleine de gueux, un cocher du roi dans la même pièce que des charbonniers, une cuisinière de grande maison avec des sarcleuses), il est ironique, cela veut dire qu'il n'est pas ironique, car son ironie ne consiste qu'en l'importance illusoire de la relativité, mais les symptômes et répliques ont une certaine ressemblance. Mais le tout se joue à l'intérieur d'une certaine présupposition, et on reconnaît très bien le manque d'humanité du personnage au fait qu'il ne peut se prendre lui-même ironiquement, et sa fausseté à la servilité dont il fait preuve quand il se trouve dans une relativité qui est plus haute que la sienne. Hélas, c'est ce qu'on appelle dans le monde modestie. L'ironiste, lui, est orgueilleux !

mettre en relief, consciemment ou inconsciemment, qu'un seul aspect ? L'ironie est l'unité de la passion éthique, qui accentue infiniment dans l'intériorité le propre je par rapport à l'exigence éthique, – et de la culture, qui extérieurement fait abstraction infiniment du je propre comme d'une chose finie de plus parmi toutes les autres choses finies et particularités. Cette abstraction a pour effet que personne ne remarque le premier je, et c'est là précisément qu'est l'art, et par là qu'est conditionnée l'accentuation infinie de ce je[a]. La plupart des gens vivent d'une façon inverse : ils montrent du zèle à être quelque chose quand quelqu'un les regarde ; ils sont autant que possible quelque chose à leurs propres yeux dès que d'autres les regardent ; mais dans leur for intérieur, là où l'exigence absolue les regarde, ils n'ont aucune envie d'accentuer leur propre je.

L'ironie est une détermination d'existence, et il n'y a donc rien de plus risible que de croire qu'elle est une façon de parler ou quand un écrivain s'estime heureux de s'exprimer ironiquement de temps à autre. Qui possède essentiellement de l'ironie la possède aussi longtemps que dure le jour, sans être lié à aucune forme, parce qu'elle est l'infinité en lui.

L'ironie est la culture de l'esprit et vient donc plutôt après l'immédiateté ; ensuite vient l'éthique, ensuite l'humour, et ensuite le religieux.

Mais pourquoi donc l'homme éthique se sert-il de l'ironie

a. La tentative désespérée de la malheureuse *Éthique* de Hegel de faire de l'État la dernière instance de l'éthique est une tentative tout ce qu'il y a de moins éthique pour rendre finis les individus, une fuite inéthique de la catégorie de l'individualité vers celle de la génération. Déjà l'éthicien d'*Ou bien... ou bien...* a protesté là contre directement et indirectement, indirectement à la fin du traité de l'équilibre de l'esthétique et de l'éthique dans la personnalité, où il doit lui-même faire une concession en faveur du religieux, et ensuite de nouveau à la fin de l'article sur le mariage (dans les *Étapes*) où, même du point de vue éthique qu'il défend, qui est précisément opposé au point de vue hégélien, il tient la dragée aussi haute que possible au religieux, mais lui cède quand même une place.

comme incognito ? Parce qu'il saisit la contradiction qu'il y a entre la manière suivant laquelle il existe dans son être intérieur et le fait qu'il ne l'exprime pas extérieurement ; car l'homme éthique se manifeste bien en tant qu'il s'épuise dans des tâches réelles, mais c'est ce que fait aussi l'homme qui vit dans l'immédiat, et ce qui constitue l'homme éthique est le mouvement[a] par lequel il met intérieurement en connexion sa vie dirigée vers l'extérieur avec l'exigence infinie de l'éthique, et cela on ne le voit pas à première vue. Pour ne pas se laisser troubler par le fini, par tout ce qu'il y a de relatif dans le monde, l'homme éthique met le comique entre lui et le monde et, ainsi, se garantit contre l'éventualité de devenir lui-même comique par l'incompréhension naïve de sa passion éthique. Un enthousiaste immédiat fait entendre ses cris dans le monde du matin au soir ; toujours en représentation il tourmente les gens avec son excitation, il ne remarque pas du tout qu'elle ne les excite pas, à moins que ce ne soit à le battre, il est bien renseigné, et le mot d'ordre est la transformation complète – du monde entier. Oui, mais ici il a mal entendu, car c'est d'une transformation complète de soi-même qu'il est question. Si un enthousiaste de ce genre vit en même temps qu'un ironiste, celui-ci le traite naturellement d'une façon comique. L'éthicien, par contre, est suffisamment ironique pour voir très bien que ce qui le préoc-

a. Quand Socrate se rapportait d'une façon négative à la réalité de l'État, ceci est en relation d'une part avec le fait qu'il devait justement, comme on sait, découvrir l'éthique, d'autre part avec sa position dialectique en tant qu'exception et en tant qu'être extraordinaire, et enfin avec le fait qu'il était éthique jusqu'à la limite du religieux. De même qu'on trouve chez lui une analogie avec la foi, de même on doit trouver aussi une analogie avec l'intériorité cachée, seulement il exprimait celle-ci extérieurement par l'action négative, par l'abstention, et par là contribuait à attirer l'attention sur elle. L'intériorité cachée du sentiment religieux dans l'incognito de l'humour se soustrait à l'attention par le fait que l'intéressé est tout à fait comme les autres. Néanmoins l'humour résonne dans la réplique toute simple et s'accuse d'un trait dans la vie journalière, mais il faut quand même un observateur pour y être attentif, tandis que tout le monde devait remarquer la réserve de Socrate.

cupe absolument, ne préoccupe pas les autres de la même façon. Il saisit lui-même cette incompréhension et interpose le comique, pour conserver l'éthique en lui-même d'autant plus intérieurement. Alors commence la comédie ; car le jugement des gens sur un tel homme sera toujours qu'il n'y a pour lui rien d'important. Et pourquoi ? Parce que l'éthique est pour lui d'une importance absolue, car par là il se distingue des hommes en général pour qui tant de choses, oui, presque toutes les choses, sont importantes – mais pour qui rien n'est d'une importance absolue. – Pourtant, comme nous l'avons dit, un observateur peut être induit en erreur s'il tient un ironiste pour un homme éthique, car l'ironie est seulement la possibilité.

[...]

L'humour a le comique *en soi* et est justifié chez l'humoriste existant (car l'humour une fois pour toutes *in abstracto* est injustifié comme tout ce qui est abstrait, l'humoriste n'obtient sa justification qu'en le vivant), il est justifié, sauf vis-à-vis du religieux, mais il l'est bien vis-à-vis de tout ce qui se donne pour tel. Le sentiment religieux qui a l'humour comme incognito peut de nouveau regarder l'humoristique comme comique, mais n'est justifié à le faire que quand il ne cesse de se maintenir dans la passion religieuse orientée vers le rapport divin et ne le voit donc toujours que d'une façon évanouissante.

Maintenant nous sommes à la limite. Le sentiment religieux qui consiste dans l'intériorité cachée est *eo ipso* inaccessible à la conception comique. Il ne peut avoir le comique en dehors de lui justement parce qu'il est l'intériorité cachée et ne peut donc entrer en contradiction avec quelque chose. C'est lui-même qui s'est rendu conscient de la contradiction que domine l'humour, le plus haut cercle du comique, et cette contradiction est plus basse que lui et contenue en lui. Ainsi elle est absolument armée contre le comique, ou protégée contre le comique par le comique.

Quand, parfois, le sentiment religieux a sollicité l'aide du législateur et de la police pour se protéger contre le comique, ceci pouvait être fait dans une bonne intention, mais la question est de savoir dans quelle mesure, en dernier ressort, le facteur déterminant à cet égard était religieux ; et c'est une injustice contre le comique de le tenir pour un ennemi du religieux. Pas plus que la dialectique le comique n'est un ennemi du religieux ; tout est au contraire à son service et lui obéit. Mais le sentiment religieux, qui prétend essentiellement à l'extériorité, qui rend l'extériorité essentiellement commensurable, qu'il prenne garde seulement et qu'il se méfie de lui-même (de peur de devenir esthétique) plus que du comique qui pourrait à bon droit l'aider à ouvrir les yeux. À cet égard plus d'une chose dans le catholicisme peut servir d'exemple. Et en ce qui concerne l'individu on peut dire ceci : le religieux qui veut que tout le monde soit sérieux, et même juste aussi sérieux que lui, parce qu'il est bêtement sérieux, il se trouve dans une contradiction ; quant au religieux qui ne peut supporter que (s'il devait en être ainsi) tout le monde rie de ce qui l'occupe absolument, il manque d'intériorité. De là vient qu'il cherche consolation dans l'illusion des sens, dans le fait que beaucoup soient de la même opinion, oui qu'ils aient le même visage que lui, et cherche de l'édification dans le fait qu'il adapte l'historico-mondial à son peu de réalité, « car maintenant partout une vie nouvelle commence à s'éveiller, le temps annoncé de l'an de grâce nouveau avec le regard et le cœur à l'ouvrage[68] ».

L'intériorité cachée est inaccessible au comique, ce qui se voit aussi à ce que, si un tel religieux pouvait être incité à faire valoir tout à coup son sentiment religieux à l'extérieur, si par exemple il s'oubliait lui-même et se disputait avec un religieux de l'espèce « comparative » et, s'oubliant à nouveau lui-même et oubliant l'exigence absolue de l'intériorité, il voulait être comparativement plus religieux que l'autre, il serait alors comique, la contradiction étant celle-ci : vouloir être à la fois visible et invisible. Contre des formes prétentieuses du religieux l'humour se sert avec raison du comique, justement parce qu'un religieux doit pourtant, si seulement il le veut, savoir par où s'échapper. Si l'on ne peut supposer cela, alors une telle conception sera douteuse dans le même sens que le serait la conception comique de « l'homme affairé » s'il s'avérait qu'il fût réellement fou.

La loi du comique est bien simple : il est partout où il y a de la contradiction, et où la contradiction n'est pas douloureuse du fait qu'on voit qu'elle est levée, car, si le comique ne lève pas la contradiction (il la rend au contraire manifeste), néanmoins le comique justifié en est capable, autrement il n'est pas justifié. Le talent consiste à pouvoir exposer cela *in concreto*. L'épreuve du comique consiste en l'examen du rapport que contient l'énonciation comique avec les différentes sphères ; si le rapport n'est pas correct, le comique est injustifié ; et un comique qui n'est chez lui nulle part n'est *eo ipso* pas justifié. Le sophistique dans le comique vit donc dans le néant, dans l'abstraction pure, et trouve chez Gorgias son expression dans la formule abstraite : détruire le sérieux par le comique et le comique par le sérieux (cf. Aristote, *Rhétorique* 3, 18). L'équilibre vers lequel tout concourt ici est la bouffonnerie, et il est facile de voir le point épineux, à savoir qu'un existant s'est transformé en un X fantastique ; car il faut tout de même que ce soit un existant qui s'engage dans une telle voie, qui ne fait que le rendre lui-même risible si l'on fait usage à son égard de la formule d'exorcisme contre les spéculants dont nous parlions plus haut : puis-je me permettre de demander avec qui j'ai l'honneur de parler, si c'est un homme, etc. Gorgias atterrit en effet, avec sa découverte, dans le domaine fantastique de l'être pur ; car s'il détruit l'un avec l'autre, il ne reste rien. Néanmoins Gorgias a sans doute voulu avant tout décrire la ruse d'un avocat marron qui obtient le succès en changeant son arme d'après celle de son adversaire ; mais un avocat marron n'est pas pour le comique une instance justifiée, il est, en ce qui concerne la justification, frustré dans son attente, et doit se contenter du profit qui est d'ailleurs comme on sait le résultat préféré de tous les sophistes – l'argent, l'argent, l'argent, ou ce qui est d'un niveau semblable.

Dans la sphère religieuse, quand celle-ci est maintenue dans l'intériorité pure, le comique est utile. On pourrait dire que le repentir par exemple est une contradiction, *ergo* quelque chose de comique, non pas pour l'esthétique ou pour l'entendement fini, qui sont plus bas, ni pour l'éthique, qui a sa force dans cette passion, ni pour l'abstraction qui est fantastique et est par conséquent plus bas (la prendre, de ce point de vue, d'une façon comique, a été rejeté plus haut comme un non-sens) mais pour le religieux même qui pourrait trouver un moyen d'en sortir. Il n'en est pourtant pas ainsi, le religieux ne connaît pas contre le repentir de moyen propre à en détourner sa vue, le religieux ne cesse au contraire d'utiliser[a] le négatif comme la forme essentielle, ainsi la conscience du péché appartient nettement à la conscience de la rémission des péchés. Le négatif n'est pas présent une fois pour toutes et ensuite le positif, mais le positif ne cesse d'être dans le négatif, et le négatif est le signe distinctif, en sorte que le principe régulateur *ne quid nimis* ne trouve pas ici d'application. Quand le religieux est pris esthétiquement, comme quand au Moyen Âge on vendait pour 4 shillings d'indulgences et on supposait qu'avec cela l'affaire était entendue, au cas où l'on veut maintenir cette fiction, alors il faut prendre le repentir d'une façon comique, alors celui qui est contrit dans le repentir est tout aussi comique que « l'homme affairé », à condition qu'il possède les 4 shillings, le moyen de se libérer est en effet si facile, et on admet dans la fiction que c'est un moyen de se libérer. Mais tout ce galimatias est la suite du fait que le religieux est devenu une farce. Mais au même degré où dans la sphère religieuse on supprime le négatif on le laisse avoir été là une fois pour toutes et on s'en contente, au même degré le comique se fera valoir, et avec raison, contre le religieux – parce que le religieux est devenu esthétique et veut pourtant être le religieux.

---

a. De là vient aussi que le religieux, même quand il considère la souffrance esthétique comme pourvue d'une certaine nuance de comique, fait cela avec ménagement, parce qu'on reconnaît que cette souffrance n'aura qu'un temps. Par contre le repentir, du point de vue religieux, n'aura pas qu'un temps pour être ensuite passé, de même l'incertitude de la foi, de même la conscience du péché, autrement nous en revenons à l'esthétique.

On rencontre très souvent des exemples d'un effort mal compris pour faire valoir d'une manière ridiculement superstitieuse le pathétique et le sérieux en tant que baume universel de bonheur, comme si le sérieux était un bien en soi ou quelque chose qu'on puisse prendre sans ordonnance, en sorte que tout serait bon si seulement on était toujours sérieux, même si les conjonctures devaient être si étranges qu'on ne le fût jamais au bon endroit. Non, chaque chose a sa dialectique, sa dialectique par quoi, remarquons-le bien, elle n'est pas rendue sophistiquement relative (ceci est la médiation) mais par quoi l'absolu est, en vertu du dialectique, reconnaissable en tant que l'absolu. Il est donc aussi scabreux d'être pathétique et sérieux au mauvais moment, que de rire au mauvais moment. On dit qu'un fou rit toujours, car il est bien vrai que c'est folie de rire toujours, mais c'est faire preuve d'un esprit borné de n'estampiller comme folie que le mauvais emploi du rire, car la folie est tout aussi grande et tout aussi corruptrice quand elle s'exprime en étant toujours aussi bêtement sérieux.

CHAPITRE V

Conclusion

L'ouvrage qui précède a rendu difficile de devenir un chrétien, si difficile qu'il n'accroîtra peut-être pas le nombre des chrétiens parmi les personnes cultivées au sein du christianisme ; je dis peut-être, car on ne peut pas savoir. Quant à décider si cette façon de procéder est chrétienne je ne veux pas le faire. Mais aller plus loin que le christianisme et tâtonner çà et là dans des déterminations que les païens connaissaient, aller plus loin et ensuite ne pouvoir en aucune façon se mesurer avec des païens sous le rapport de l'aptitude à l'existence : le moins qu'on puisse dire est que ce n'est pas chrétien. La difficulté (dans l'expérience, car le livre n'a pas de τέλος) n'est d'ailleurs pas faite pour rendre difficile à des laïcs de devenir chrétiens. D'abord, chacun peut devenir chrétien et ensuite on admet que tout homme qui dit qu'il est un chrétien et qu'il a fait tout pour cela est réellement un chrétien et a réellement fait tout, à moins qu'en cherchant à se pousser en avant avec importance il ne nous donne l'occasion d'y regarder de plus près, d'un point de vue purement psychologique, pour apprendre nous-même quelque chose. Malheur à celui qui veut juger les cœurs. Mais quand toute une génération semble, quoique de manières variées, s'unir *en masse*[69] pour aller plus loin ; quand toute une génération, quoique de points de vue différents, tend de tous ses efforts, comme vers le bien suprême, à devenir objective, ce par quoi on cesse d'être un chrétien quand on en était un : cela peut bien autoriser un homme individuel à prêter son attention aux difficultés. Par contre cela ne l'autorise pas à créer la nouvelle confusion qui consiste, en exposant les difficultés, à vouloir avoir de l'importance pour un autre homme (et à plus forte raison pour le genre humain) ; car alors il commence aussi à devenir objectif.

Aux époques où on se décidait à devenir un chrétien dans la maturité de l'âge d'homme, ballotté peut-être et éprouvé par la vie, et dans la douleur peut-être de devoir rompre les plus tendres relations avec ses parents et ses proches, avec la femme qu'on aimait, on éprouvait difficilement le besoin d'aller plus loin, parce que l'on comprenait quelle application est nécessaire pour se maintenir chaque jour dans cette passion, parce que l'on comprenait parmi quelles terreurs on conduit sa vie. De nos jours, au contraire, où il semble que déjà à l'âge de huit jours on soit un vrai chrétien, où l'on a, je le répète, transformé le Christ, signe du scandale, en un ami des enfants *à la* « oncle Franz », en un bon vieux, ou en un professeur de l'Assistance publique, on pense pourtant qu'on doit en tant qu'homme faire quelque chose, et alors il faut aller plus loin. Dommage seulement qu'on n'aille pas plus loin en devenant vraiment un chrétien, mais qu'on revienne en arrière par la spéculation et l'historico-mondial à de plus basses – et en partie fantastiques – conceptions de l'existence. Étant habitués à être sans plus des chrétiens et à nous appeler des chrétiens, il s'est produit aussi ce malentendu que des conceptions de vie d'un niveau beaucoup plus bas que le christianisme se sont fait jour au sein du christianisme et ont plu davantage aux hommes (aux chrétiens), ce qui est naturel, car le christianisme est la conception de vie la plus ardue, et ont été prônées comme des découvertes plus élevées qui vont au-delà du christianisme pur et simple.

Plutôt que la conservation indifférente du nom (de chrétien) il vaudrait mieux assurément, ce serait un signe de vie, que quelques hommes à notre époque avouassent en ce qui les concerne qu'ils pourraient souhaiter que le christianisme ne fût pas du tout venu dans le monde ou qu'ils ne fussent pas eux-mêmes devenus chrétiens. Cependant cet aveu devrait être fait sans mépris, ni moquerie, ni colère. À quoi bon ? On peut bien pourtant avoir du respect pour quelque chose à quoi on ne peut se forcer soi-même à adhérer. Le Christ dit lui-même qu'il a eu de la dilection pour le jeune homme qui ne pouvait pourtant pas se décider à donner tout son bien aux pauvres. Le jeune homme ne devint pas chrétien et le Christ eut pourtant de la dilection pour lui. Ainsi plutôt la franchise que l'équivoque. Car le christianisme est une magnifique conception de vie pour mourir, l'unique vraie consolation, et l'instant de la mort est le plan du christianisme. Ce pour quoi peut-être l'indifférent lui-même ne veut pas y renoncer, mais au contraire, de même qu'on dépose quelque chose dans une caisse d'assurance pour pouvoir en temps utile faire face aux frais nécessaires à son enterrement, de même on met de côté le christianisme jusqu'à la fin : on est un chrétien et pourtant on ne le devient qu'à l'instant de la mort.

Peut-être y a-t-il quelqu'un qui, s'il le comprenait lui-même sincèrement, devrait plutôt avouer le souhait de n'avoir jamais été élevé dans le christianisme que de laisser la chose tourner à l'indifférentisme. Plutôt la sincérité que l'équivoque. Mais cet aveu doit être fait sans colère, sans arrogance, avec une révérence calme et tranquille devant la puissance qui a peut-être troublé, comme il le croit, sa vie, devant la puissance qui aurait bien pu l'aider à se tirer d'affaire, mais qui pourtant ne l'a pas fait. S'il est arrivé qu'un père, lui-même le plus aimant et le plus attentionné des pères, a, précisément au moment où il a voulu faire le mieux pour son enfant, fait le pire, *le* pire, qui peut-être troubla toute la vie de l'enfant : l'enfant doit-il pour cela noyer sa piété filiale dans l'oubli de l'indifférentisme, ou la transformer en colère, quand il pense à la chose ? Oui, de pauvres âmes, qui ne sont capables d'aimer Dieu et les hommes que quand tout va au gré de leurs désirs, peuvent bien dans l'irritation haïr et braver : l'amour d'un vrai fils est immuable. Et c'est toujours un signe de médiocrité quand quelqu'un, persuadé que celui qui l'a rendu malheureux l'a fait dans l'intention de lui faire du bien, peut se séparer de lui dans la colère et l'amertume. C'est ainsi qu'une sévère éducation dans le christianisme peut avoir rendu à un homme la vie trop pénible sans compensation ; il peut dans son for intérieur faire peut-être le même souhait que ces habitants de Palestine qui priaient le Christ de quitter leur pays, parce qu'il les effrayait. Mais le fils que le père a rendu malheureux continuera, s'il a l'âme noble, à aimer son père. Et quand il souffre des conséquences de ce que son père a fait, sans doute soupirera-t-il parfois, découragé : oh ! si cela ne m'était pourtant jamais arrivé ! Mais il ne s'abandonnera pas au désespoir, en éprouvant la souffrance à fond il aura raison d'elle. Et par ce travail son chagrin s'adoucira ; bientôt il en souffrira plus pour son père que pour lui-même, il oubliera sa propre douleur dans le profond chagrin qu'il ressentira sympathiquement en pensant à la peine qu'aurait son père s'il se rendait compte – alors il redoublera d'efforts, son salut lui deviendra important pour lui-même et, peu s'en faut, encore plus précieux à cause de son père – alors il travaillera : cela réussira sans doute. Et si cela réussit, alors, dans la joie de l'enthousiasme, il en perdra pour ainsi dire la raison ; car quel père a fait davantage pour son fils, quel fils peut devoir davantage à son père ! Et ainsi en est-il aussi du christianisme. S'il l'a rendu aussi malheureux, ce n'est pas une raison pour qu'il y renonce ; car l'idée ne lui vient jamais que le christianisme soit venu dans le monde pour nuire à l'homme ; il reste toujours vénérable à ses yeux. Il ne l'abandonne pas et même s'il soupire, découragé : plût au ciel que je n'aie jamais été élevé dans cette doctrine, il ne l'abandonne pas. Et le découragement se change en mélancolie à la pensée que cela doit tout de même être pénible pour le christianisme qu'une telle chose puisse arriver ; mais il ne l'abandonne pas. Finalement il faut pourtant que le christianisme le lui revaille. Finalement, oui, cela ne veut pas dire peu à peu, c'est beaucoup moins et pourtant infiniment plus. Mais seuls des hommes frivoles abandonnent là où ils ont une fois ressenti une impression d'absolu, et seules des âmes viles font de façon abjecte du prêt à usure avec leur propre souffrance, en en retirant ce misérable profit : pouvoir troubler les autres tout en se rendant importantes par la plus basse de toutes les prétentions, celle qui consiste à refuser aux autres la consolation parce qu'elles ne l'ont pas trouvée elles-mêmes. S'il y a à notre époque quelqu'un que le christianisme gêne, ce dont je ne doute pas et ce qui peut se prouver par les faits, il y a une chose qu'on peut exiger de lui – qu'il se taise ; car du point de vue éthique ce qu'il dit est une attaque soudaine de brigand, et ses conséquences sont encore pires, car ici, finalement, aucun des deux n'a rien, ni le brigand ni la victime.

De même que le christianisme n'est pas venu dans le monde dans l'enfance de l'humanité, mais au contraire dans la plénitude des temps, de même le christianisme dans sa forme décisive ne s'accorde pas non plus avec tous les âges. Il y a des moments de la vie qui exigent quelque chose que le christianisme veut pour ainsi dire laisser complètement de côté, quelque chose qui, à un certain âge, apparaît à l'homme comme l'absolu, bien que le même homme à un âge plus avancé s'aperçoive de sa vanité. Le christianisme ne se laisse pas insuffler dans un enfant, car il est toujours vrai que chaque homme ne saisit que ce dont il a besoin, et l'enfant ne peut faire usage du christianisme d'une façon décisive. C'est toujours la même loi qui caractérise l'entrée du christianisme dans le monde à travers ce qui le précède : *personne ne commence par être un chrétien, chacun le devient dans la plénitude du temps – s'il le devient.* Une sévère éducation chrétienne dans les déterminations décisives du christianisme est une entreprise très hasardée ; car le christianisme fait des hommes dont la force réside en leur faiblesse mais dans sa forme tout à fait sérieuse, quand on force l'enfant à l'embrasser, il fait en général des jeunes gens extrêmement malheureux. Une exception est un heureux hasard.

Le christianisme qui est exposé à un enfant, ou, plus exactement, celui que l'enfant lui-même construit, quand on ne lui fait pas violence pour l'imposer dans son existence sous la forme de prescriptions chrétiennes décisives, n'est pas à proprement parler du christianisme, mais une mythologie idyllique. C'est l'idée de l'enfance à la seconde puissance et le rapport se renverse parfois de telle façon que les parents apprennent plus de l'enfant que l'enfant des parents, que l'aimable incompréhension par l'enfant de ce qui est chrétien transpose l'amour paternel et maternel en une piété qui n'est pourtant pas à proprement parler du christianisme. Il n'est pas sans exemple que des hommes qui, précédemment, n'avaient pas eux-mêmes de dispositions religieuses en aient reçu par l'intermédiaire de l'enfant. Mais cette piété n'est pas le sens religieux, qui convient essentiellement à l'homme plus âgé, et de même que la mère n'est pas nourrie elle-même par le lait que la nature prépare pour l'enfant, de même le sens religieux des parents ne doit pas trouver dans cette piété son expression décisive. L'amour paternel et maternel s'attache si solidement à l'enfant, l'entoure si tendrement, que la piété trouve pour ainsi dire par elle-même ce qui est pourtant enseigné : qu'il doit y avoir un Dieu qui prend soin des petits enfants. Mais, si tout le sens religieux des parents consiste en cette disposition, il leur manque le sentiment religieux proprement dit, et ce qu'ils reçoivent de réconfort n'est que mélancolie qui sympathise indirectement avec l'enfance. Gracieuse et aimable est cette piété des parents, ainsi que l'aptitude avec laquelle l'enfant comprend si facilement cette félicité ; mais ce n'est pas à proprement parler du christianisme, c'est du christianisme sur le plan d'une vision de fantaisie, un christianisme d'où on a retiré l'épouvante : on conduit l'enfant *innocent* à Dieu ou au Christ. Est-ce là le christianisme, dont la pointe consiste justement, comme on sait, dans le fait que c'est le pécheur qui se réfugie dans le paradoxe ? Il est beau, et touchant, et tout à fait dans l'ordre, qu'un homme plus âgé ressente à la vue d'un enfant sa faute et comprenne mélancoliquement l'innocence de l'enfant ; mais ce sentiment n'est pas nettement chrétien. Car la conception sentimentale de l'innocence de l'enfant oublie que le christianisme ne reconnaît pas une telle innocence dans l'humanité déchue ; et que la dialectique qualitative détermine la conscience du péché comme plus essentielle que toute innocence. La conception strictement chrétienne de l'enfant comme pécheur ne permet pas de donner la préférence à l'âge de l'enfance, car l'enfant n'a pas la conscience du péché et est donc un pécheur sans conscience du péché.

Mais on a, il est vrai, un passage de l'Écriture auquel on peut se référer et on le comprend parfois, sans peut-être s'en rendre compte, de telle façon qu'il devient la plus profonde satire de tout le christianisme et fait de lui la plus désespérée des réflexions sur la vie, car il rend infiniment facile à un enfant d'entrer dans le royaume des cieux, mais par contre le rend impossible à quelqu'un de plus âgé, et la conséquence est que le meilleur et seul correct souhait qu'on puisse formuler serait que l'enfant meure, le plus tôt le mieux.

Il s'agit du dix-neuvième chapitre de l'Évangile de S. Matthieu où le Christ dit : « Laissez venir à moi les petits enfants et ne les empêchez pas car le royaume des cieux est pour ceux qui leur ressemblent. » Dans tout le chapitre il est question de la difficulté d'entrer dans le royaume des cieux, et les expressions employées sont aussi fortes que possible. Verset 12 : « et il y en a qui se sont faits eunuques pour le royaume des cieux ». Verset 24 : « Il est plus facile à un chameau de passer par le trou d'une aiguille qu'à un riche d'entrer dans le royaume de Dieu. » Les disciples sont si effrayés qu'ils disent (verset 25) : « Qui peut donc devenir bienheureux ? » Et, après que le Christ eut répondu, il est question de nouveau dans le verset 29 de la récompense de ceux qui, pour l'amour du nom du Christ, ont quitté leurs maisons, ou leurs frères, ou leurs sœurs, ou leur père, ou leur mère, ou leur femme, ou leur enfant, ou leurs champs – le tout avec d'effrayantes expressions pour les crises violentes par lesquelles un chrétien peut être éprouvé. L'entrée dans le royaume des cieux est ainsi rendue si difficile que des suspensions téléologiques de l'éthique sont même mentionnées. Dans le même chapitre il est rendu compte très brièvement du petit événement que des petits enfants furent amenés au Christ et qu'il dit les paroles que nous venons de rapporter – pourtant il intervient là entre-temps, remarquons-le bien, une petite incidente et un incident : le fait que les disciples menacèrent les enfants ou plus exactement ceux qui les portaient (cf. Marc, 10, 13). Si donc les paroles du Christ doivent s'entendre directement de l'enfance, il se produit cette confusion que, tandis que l'entrée dans le royaume des cieux est rendue aux adultes aussi difficile que possible, pour l'enfant la difficulté est seulement que sa mère le porte au Christ et que l'enfant y soit porté, et alors nous pouvons bientôt être pris par la logique du désespoir : le mieux est de mourir enfant. Mais chez S. Matthieu le sens des paroles n'est pas difficile à trouver. Le Christ les adresse aux disciples qui menaçaient les enfants – et les disciples n'étaient pas, comme on sait, de petits enfants. Dans S. Matthieu, 18, 2, il est raconté que Jésus appela à lui un enfant, le plaça au milieu des disciples et dit : « En vérité je vous le dis, si vous ne vous convertissez pas et ne devenez pas comme des enfants, vous n'entrerez jamais dans le royaume des cieux. » Il n'entre pas en conversation avec l'enfant, mais se sert de l'enfant contre les disciples. Si ces paroles au contraire doivent être prises dans leur sens immédiat, et dire la magnificence qu'il y a à être un petit enfant, un petit ange (et le christianisme ne semble même pas avoir une prédilection pour les anges, car il se rapporte aux pécheurs) : alors il est cruel de dire ces paroles en présence des apôtres qui, comme on sait, se trouvaient en l'espèce dans la triste situation d'être des hommes adultes, ainsi avec cette seule explication tout le christianisme est expliqué à l'envers. Pourquoi, alors, le Christ voulait-il bien avoir des disciples qui, avant de le devenir, étaient adultes ; pourquoi ne disait-il pas : allez et baptisez les petits enfants ? – S'il est triste de voir une spéculation prétentieuse qui veut tout comprendre, il est tout aussi triste de voir quelqu'un, sous l'apparence de l'orthodoxie, faire du christianisme une sentimentalité de clair de lune et d'assistance publique. Mais dire à des hommes, et juste à l'instant où ils deviennent peut-être trop importuns au Christ et réclament une récompense temporelle pour leurs relations plus intimes avec lui (ou en tout cas mettent en relief d'une façon mondaine ces relations plus intimes), leur dire : c'est à de telles âmes[a] (c'est-à-dire des petits enfants) qu'appartient le royaume des cieux – ainsi donc éloigner un peu de soi les disciples à l'aide d'un paradoxe : oui, ce sont là des paroles obscures. Car, humainement parlant, il est encore possible de se châtrer et de quitter père, femme et enfants, mais devenir un petit enfant quand on est devenu un homme, c'est ce qu'on appelle se protéger contre tout rapprochement par l'éloignement du paradoxe. Les apôtres menacent les petits enfants ; mais le Christ ne menace pas à son tour, il ne réprimande même pas les apôtres, il se tourne vers les petits enfants, mais il parle aux apôtres, et, comme le coup d'œil à Pierre [Luc, 22, 61], cette façon de se tourner vers les enfants, comprise en tant qu'accusation des apôtres, est le jugement sur eux ; dans le dix-neuvième chapitre de Matthieu, qui autrement traite de la difficulté d'entrer dans le royaume des cieux, il est la plus forte expression de cette difficulté. Le paradoxe réside en ce qu'on fait d'un enfant le paradigme ; *en partie* parce qu'un enfant, humainement parlant, ne peut l'être aucunement, car il est immédiat et n'explique rien (c'est pourquoi un génie ne peut être non plus un paradigme – c'est ce qu'il y a de triste dans sa différence) ne peut même pas l'être pour d'autres enfants, car chaque enfant n'est immédiatement que lui-même ; et *en partie* parce qu'on en fait le paradigme pour

a. τοιοῦτοι : ce mot justement montre suffisamment que le Christ ne parle pas précisément d'enfants ou à des enfants, mais qu'il parle au contraire aux disciples. Un enfant n'est pas à proprement parler τοιοῦτος ; τοιοῦτος contient en soi une comparaison qui présuppose une différence. D'enfants il n'est donc directement rien dit, rien du fait qu'un petit enfant (au sens direct) aurait libre entrée au paradis ; mais il est dit que seul celui qui est comme un enfant peut entrer dans le royaume des cieux. Mais comme pour les adultes c'est la chose la plus impossible du monde de devenir un petit enfant (au sens direct), de même c'est pour un petit enfant (au sens direct) la chose la plus impossible du monde d'être *comme* un enfant, justement parce qu'il est un enfant.

un adulte qui, dans l'humilité de la conscience de la faute, doit ressembler à l'humilité de l'innocence.

Mais en voilà assez sur ce sujet ; une conception aussi enfantine du christianisme le rend seulement risible. Si être un enfant doit être entendu directement, c'est un non-sens de prêcher le christianisme à des adultes. Et pourtant c'est ainsi que le christianisme est défendu par des escrimeurs orthodoxes. Mais cela se comprend : si quelqu'un veut avoir de quoi rire on trouverait difficilement une matière plus riche que la façon dont le christianisme est de nos jours défendu et attaqué. Un orthodoxe tonne contre l'égoïsme des libres penseurs, « qui n'arrivent pas dans le royaume de Dieu comme de petits enfants mais veulent être quelque chose ». Ici la catégorie est correcte, mais voici que pour donner de la force à son discours il se réfère à ce passage de l'écriture qu'il comprend littéralement des petits enfants. Peut-on en vouloir au libre penseur s'il tient les discours de Sa Révérence, compris à la lettre, pour quelque chose de fou. Le pénible discours avec lequel l'orthodoxe avait commencé est devenu du galimatias : car pour un petit enfant ce n'est pas du tout difficile, et pour un adulte c'est impossible. Être quelque chose et vouloir être quelque chose est en un certain sens justement la condition (la condition négative) pour entrer en tant que petit enfant dans le royaume des cieux – si cela doit être difficile – autrement ce n'est pas merveille qu'on reste dehors quand on a quarante ans. Ainsi le libre penseur se moquera peut-être du christianisme, et pourtant il n'y a personne qui le rende si ridicule que l'orthodoxe. Du point de vue psychologique le malentendu est en connexion avec l'agréable assurance avec laquelle on a identifié être chrétien avec être homme, en connexion avec la crainte à la fois étourdie et mélancolique des décisions, qui repousse de soi toujours à nouveau, et pour cette raison rejette finalement si loin la décision de devenir un chrétien que la question se trouve réglée avant qu'on ne le sache. On accentue le sacrement du baptême d'une façon orthodoxe si exagérée qu'on devient parfaitement hétérodoxe en ce qui concerne le dogme de la nouvelle naissance et qu'on oublie l'objection de Nicodème et la réponse qui lui fut donnée, parce que, d'une façon hyper-orthodoxe, on fait d'un petit enfant un vrai chrétien parce qu'il est baptisé.

Le christianisme de l'enfance, qui apparaît comme aimable chez le petit enfant, est, chez celui qui est plus âgé, l'orthodoxie enfantine, laquelle, florissant dans le fantastique, y a introduit le nom du Christ. Une telle orthodoxie brouille tout. Si elle remarque que la détermination de la foi commence à se déprécier parce que tout le monde veut aller plus loin et faire de la foi quelque chose pour gens bêtes : alors elle s'efforcera d'en remonter le prix. Qu'arrive-t-il ? La foi devient quelque chose de tout à fait extraordinaire et rare, « pas précisément la chose de tout le monde », bref la foi devient génie de différence. Quand il en est ainsi tout le christianisme se trouve, par cette unique détermination, révoqué – par un orthodoxe. Il est très correct de la part de l'orthodoxe de vouloir remonter le prix de la foi, mais la valeur de différence brouille tout, car pour l'homme de génie être différent par le génie n'est pas difficile et pour les autres c'est impossible. C'est à bon droit qu'on fait de la foi la plus difficile des tâches, mais d'une manière qualitative-dialectique, c'est-à-dire aussi difficile pour tous, et c'est ici que vient en aide la détermination éthique contenue dans la foi, car celle-ci empêche purement et simplement le croyant d'être curieux et de comparer, elle interdit toute comparaison entre un homme et un autre, et cela devient ainsi aussi difficile pour tous. – Une telle orthodoxie enfantine a aussi dirigé l'attention d'une façon décisive sur le fait que le Christ à sa naissance fut enveloppé dans des chiffons et déposé dans une crèche, bref sur ce qu'il y a d'humiliant dans le fait qu'il est venu au monde sous l'apparence modeste d'un homme de basse condition, et elle croit que c'est en cela que consiste le paradoxe, par opposition à ce qui se serait passé s'il était venu dans la gloire. Confusion. Le paradoxe réside essentiellement dans le fait que Dieu, l'Éternel, est né dans le temps comme un homme individuel. Que cet homme individuel soit un valet ou un empereur ne fait rien à l'affaire, il n'est pas plus convenable pour Dieu d'être roi que mendiant ; ce n'est pas pour Dieu un abaissement plus grand de devenir un mendiant qu'un empereur. On reconnaît là de nouveau tout de suite l'enfantin ; car l'enfant justement n'ayant pas de Dieu une représentation développée ou réelle (mais seulement l'intériorité de l'imagination) ne peut devenir attentif au paradoxe absolu, mais il a, par contre, une compréhension touchante de l'humoristique : que le plus puissant de tous les hommes, le Tout-Puissant (ceci pourtant sans détermination de pensée décisive et par conséquent séparé seulement par l'imagination de ce qui se tient sur le même plan, être roi ou empereur) fut déposé à sa naissance dans une crèche et enveloppé dans des chiffons. Si, par contre, l'orthodoxie enfantine présente cet abaissement comme le paradoxe, elle montre *eo ipso* que son attention n'a pas été attirée sur le paradoxe. À quoi sert alors toute sa défense ! S'il est donné et reçu qu'il est facile à comprendre que Dieu devienne un homme individuel en sorte que la difficulté se présente seulement ensuite du fait qu'il devient humble et méprisé, alors le christianisme est *in summa summarum* humour. L'humour détourne un peu l'attention de la détermination « Dieu » et accentue alors que le plus grand, le plus puissant des êtres, qui est plus grand que tous les rois et les empereurs, qu'il est devenu le plus chétif. Mais la détermination : le plus grand, le plus puissant, qui est plus grand que tous les rois et empereurs, est une détermination très indéterminée, elle est imagination, et non détermination qualitative comme être-Dieu. Il est somme toute remarquable que l'orthodoxie, quand elle est en détresse, se serve de l'imagination – et alors produise le plus grand effet. Mais, comme nous l'avons dit, le plus grand, le plus puissant des êtres, qui est plus grand que tous les rois et empereurs, n'est pas pour cela Dieu. Si l'on veut parler de Dieu, qu'on dise : Dieu. Il est la qualité. Si le prêtre veut dire éternité, qu'il dise : éternité, et pourtant il dit parfois quand il veut dire bien les choses : dans l'éternité de toutes les éternités des éternités. Mais si le christianisme est humour, alors tout est brouillé, et cela aboutirait à faire de moi un des meilleurs parmi les chrétiens ; car considéré comme un humoriste je ne suis pas mauvais, mais assez mauvais néanmoins pour considérer cela, en comparaison avec être un chrétien (ce que je ne suis pas), comme aussi humoristique que possible. – Une orthodoxie enfantine souligne la souffrance du Christ d'une façon qui induit en erreur. Dans les définitions les plus fantaisistes qui ne sont aucunement propres à faire taire la raison humaine, car celle-ci au contraire s'aperçoit assez facilement que c'est du galimatias, on accentue le caractère effrayant de la souffrance, on parle du beau corps du Christ qui souffre d'une façon si terrible ; ou bien on souligne quantitativement et comparativement que lui, qui était si saint, le plus pur et le plus innocent de tous les hommes, qu'il a fallu qu'il souffre. Le paradoxe est que le Christ est venu dans le monde *pour souffrir*. Si l'on retire cela une armée d'analogies prend sans difficulté l'imprenable forteresse du paradoxe. Qu'il puisse arriver à l'innocent de souffrir en ce bas monde (héros de l'intellectualité, de l'art, martyrs de la vérité, obscurs martyrs de la féminité) n'est pas du tout absolument paradoxal, mais humoristique. Mais la vocation des martyrs, quand ils vinrent au monde, n'était pas de souffrir ; leur vocation était telle et telle et, en la remplissant, ils durent souffrir, endurer des supplices, aller à la mort. Mais la souffrance n'est pas τέλος. Le religieux comprend la souffrance, la détermine téléologiquement, pour le souffrant, mais la souffrance n'est pas τέλος. C'est pourquoi, de même que la souffrance d'un martyr ordinaire n'offre pas d'analogie avec la souffrance du Christ, de même la souffrance du croyant ; et le paradoxe absolu est reconnaissable à ce que toute analogie est une illusion. Ainsi, si quelqu'un par suite d'une conception de vie fantastique (la métempsycose) admettait qu'un homme, qui aurait déjà existé une fois, revenait en ce monde *pour souffrir*, cela pourrait encore apparaître comme une meilleure analogie. Mais, comme cette analogie appartient à une conception fantastique, elle est *eo ipso* une illusion, et, même en faisant abstraction de cela, le *pour* de la souffrance est justement l'opposé : la souffrance d'un coupable qui revient au monde *pour* souffrir sa punition. On dirait qu'il y a une fatalité sur l'orthodoxie enfantine : elle a souvent de bonnes intentions, mais comme elle n'est pas orientée, elle est souvent amenée à dépasser la mesure.

C'est pourquoi quand on entend un orthodoxe parler abondamment de la foi des enfants et du savoir des enfants et du cœur des femmes, etc. : il est possible qu'il ne s'agisse là que d'une nature quelque peu humoristique (en tant qu'humoriste je proteste néanmoins n'avoir rien de commun avec un tel homme, car il ne met pas l'accent au bon endroit) qui a tiré le christianisme dans l'enfantin (ceci entendu littéralement) et qui soupire ardemment vers l'enfance, et dont l'ardent désir est aussi pour cette raison reconnaissable à une passion pour la douceur pleine de tendresse des mères pieuses. Ce peut être aussi un homme trompeur qui cherche à échapper à l'épouvante, si à un âge plus avancé il s'agit sérieusement de devenir un enfant en vérité, au lieu de mettre en connexion de façon humoristique l'enfantin avec le plus âgé. Car ceci du moins est sûr : si c'est un petit enfant (entendu littéralement) qui doit être apte à déterminer ce qu'est le christianisme, alors celui-ci n'est pas effrayant, il n'est pas ce fait qui était un scandale pour les juifs et une folie pour les grecs.

Quand on parle à un enfant du christianisme et qu'on ne lui fait pas violence en lui transmettant sa propre façon de voir, alors il s'approprie tout ce qui est doux, enfantin, aimable, céleste ; il vit avec le petit enfant Jésus et avec les anges et avec les trois rois mages, il voit l'étoile dans la nuit obscure, il fait avec eux le grand voyage, le voilà dans la crèche, il tombe d'un émerveillement dans un autre, voit toujours le ciel ouvert, soupire vers ces images avec toute la ferveur de son imagination – oui, et n'oublions pas les croquignoles et toutes les autres splendeurs qui tombent du ciel à cette occasion. Car, avant tout, ne soyons pas de vieux ânes qui disent des mensonges sur l'enfance, qui s'approprient eux-mêmes faussement son exaltation et lui enlèvent mensongèrement sa vérité. Il faudrait vraiment être un vaurien pour ne pas trouver ce qui est enfantin touchant, gracieux et ravissant. On ne devrait pourtant pas non plus soupçonner un humoriste de méconnaître la réalité de l'enfance, lui, l'amant malheureux et heureux des souvenirs. Mais il est sûrement aussi un guide aveugle celui qui dit, de quelque manière que ce soit, que ceci est la conception décisive du christianisme qui était un scandale pour les juifs et une folie pour les grecs. Le Christ se transforme en enfant divin, ou, pour l'enfant un peu plus âgé, en une apparition aimable au doux visage (la commensurabilité mythique), non en le paradoxe dont personne (entendu directement) ne pouvait s'apercevoir, même pas Jean-Baptiste (cf. Jean, 1, 31, 33), même pas les disciples, avant que leur attention ne fût attirée (Jean, 1, 36, 42) ; ce qu'a prédit Isaïe, 53, 2, 4, surtout le verset 4. La conception enfantine du Christ est essentiellement celle de la vision de l'imagination, et l'idée de la vision de l'imagination est la commensurabilité, et la commensurabilité est essentiellement paganisme, qu'elle consiste en puissance, gloire, beauté, ou qu'elle réside à l'intérieur d'une antithèse quelque peu humoristique qui n'est pourtant pas un vrai masque mais un incognito facilement transparent. Qui dit commensurable dit reconnaissable. L'aspect servile du Christ constitue alors son incognito, mais son doux visage est le signe distinctif immédiat qui permet de le reconnaître. Ici aussi, comme partout, il y a une certaine orthodoxie qui, quand elle doit se donner de l'importance à de grandes fêtes ou à des cérémonies solennelles, a recours de bonne foi au paganisme – et alors cela réussit on ne peut mieux. Pour l'usage quotidien, un prêtre s'en tient peut-être purement et simplement aux strictes et saines prescriptions orthodoxes, mais qu'arrive-t-il ? un dimanche, il fera un effort pour bien montrer combien le Christ est vivant pour lui, il nous laissera jeter un coup d'œil dans son âme. Maintenant c'est parfait. Le Christ est l'objet de la foi, mais la foi n'est rien moins qu'une vision de l'imagination et une telle vision de l'imagination n'est pas précisément quelque chose de plus haut que la foi. Car à présent on fait feu de tout bois : le doux visage, l'aspect amical, le chagrin dans les yeux, etc. Il n'y a rien de comique dans le fait qu'un homme enseigne le paganisme au lieu du christianisme, mais il y a quelque chose de comique dans le fait qu'un orthodoxe, quand dans les grandes fêtes il attaque tous les registres, se trompe et, sans le remarquer, joue sur ceux du paganisme. Si l'organiste, pour l'usage quotidien, jouait une valse, il serait sans doute congédié ; mais si un organiste, qui autrement exécute très correctement des airs religieux, voulait, les jours de grandes fêtes, parce qu'il est accompagné de trompettes, jouer une valse – pour fêter comme il faut la journée, cela serait en vérité comique. Et pourtant on trouve chez des orthodoxes quelque chose de ce paganisme sentimental et sensible, non pour l'usage journalier, mais précisément dans les grandes fêtes, quand ils ouvrent bien leurs cœurs, et on le trouve volontiers aussi dans la dernière partie du sermon. La connaissance immédiate est paganisme ; toutes les déclarations solennelles protestant que c'est en vérité du Christ qu'il s'agit et qu'il est le vrai Dieu ne servent à rien, dès lors que tout finit pourtant avec la connaissance immédiate. Une figure mythologique est connaissable directement. Si l'on fait à l'orthodoxe cette objection il devient furieux et se récrie : oui, mais le Christ est le vrai Dieu et par conséquent il n'est pourtant pas une figure mythologique... on peut bien le voir à son visage amical. Mais si on peut le voir en effet, alors il est *eo ipso* une figure mythologique. On comprendra facilement que la place pour la foi demeure ; car si vous retirez la possibilité de connaître directement, alors la foi est à sa vraie place. Le crucifiement de l'entendement et de la vision de l'imagination, qui ne peuvent atteindre la connaissabilité immédiate, est justement le signe distinctif de la foi. Mais il est plus facile de se dérober à la terreur et de se procurer subrepticement quelque chose du paganisme, rendu méconnaissable par cette curieuse relation qu'il sert d'ultime et de plus haute explication dans un discours qui a peut-être commencé dans des termes parfaitement orthodoxes. Si un orthodoxe confiait à quelqu'un dans un moment d'effusion qu'il n'a pourtant à proprement parler aucune foi, eh bien oui, il n'y aurait là rien de risible ; mais quand un orthodoxe dans un état bienheureux d'exaltation, presque émerveillé lui-même du haut essor que prend son sermon, s'ouvre à quelqu'un en toute confiance, mais malheureusement se trompe de direction en sorte qu'il *s'élève* du plus haut vers le plus bas, alors il est plus difficile de ne pas sourire.

L'âge de l'enfance (entendu littéralement) n'est donc pas le vrai âge pour devenir un chrétien. Au contraire l'âge plus avancé, l'âge de la maturité, est le temps où doit se décider si un homme veut, ou non, devenir chrétien. La religion de l'enfance est la base universelle, abstraite et pourtant pleine de fantaisie intérieure, pour tout sentiment religieux ultérieur, devenir chrétien est une décision qui appartient à un âge beaucoup plus tardif. La réceptivité de l'enfant est tellement dépourvue de décision qu'on dit qu'à un enfant on peut tout persuader. Naturellement l'homme plus âgé porte la responsabilité de ce qu'il se permet d'inculquer à un enfant, mais le fait est vrai et reste certain. La circonstance que l'enfant est baptisé ne peut le rendre plus âgé sous le rapport de l'intelligence et plus mûr pour les décisions. Un enfant juif, un enfant païen élevé depuis le berceau par de tendres parents d'adoption chrétiens, qui le traitent avec autant d'affection que des parents leur propre enfant, s'appropriera le même christianisme que l'enfant baptisé.

Si au contraire un enfant n'obtient pas comme il le devrait la permission de jouer innocemment avec les choses les plus saintes, si l'existence doit le contraindre sévèrement à des déterminations chrétiennes décisives, alors un tel enfant aura beaucoup à souffrir. Une telle éducation ou bien précipitera la réalité immédiate en mélancolie et en angoisse, ou bien excitera le plaisir, et l'angoisse du plaisir, dans une mesure que le paganisme lui-même n'a jamais connue.

Il est beau et aimable – tandis que le contraire est impardonnable – que des parents chrétiens, de même qu'ils veillent sur les autres besoins de l'enfant, le nourrissent aussi avec des représentations enfantines du religieux. Le baptême des enfants doit, comme cela a été dit souvent plus haut, être défendu de toute manière comme anticipation de la possibilité, car il empêche la terrible déchirure qui consisterait à ce que les parents liassent leur béatitude à quelque chose à quoi ils ne lieraient pas leurs enfants. N'est à rejeter qu'une incompréhension bêtement sentimentale et nigaude, non pas tant du baptême des enfants que de l'âge de l'enfance, mais alors l'extériorité sectaire est tout aussi condamnable, car la décision appartient au plus profond de l'intériorité. C'est une violence, si bien intentionnée soit-elle, de contraindre l'existence de l'enfant à entrer dans les catégories chrétiennes décisives, par contre c'est une grande bêtise de dire que l'âge de l'enfance (entendu littéralement) est à proprement parler l'âge décisif pour devenir chrétien. De même qu'on a voulu, d'une façon faussement rusée, construire un passage immédiat de l'eudémonisme à l'éthique par l'intelligence, de même c'est une invention trompeuse d'avoir voulu dans toute la mesure du possible rendre identique de devenir chrétien et de naître, en voulant nous faire croire qu'on devient un chrétien d'une façon décisive dans l'enfance. Et en tant que cette tendance, ce besoin de rejeter dans l'enfance l'acte de devenir chrétien, devient générale, ceci est justement une preuve que le christianisme est sur le point de s'éteindre ; car on voudrait essayer de transformer l'état de chrétien en un beau souvenir, tandis que devenir un chrétien est ce qu'il y a de plus décisif dans le devenir humain. On veut orner fantastiquement l'aimable innocence de l'enfance avec cette nouvelle détermination qu'être chrétien consiste en cette innocence, et ensuite on veut faire entrer en jeu la mélancolie à la place de la décision. La disposition mélancolique, que possède l'humour vrai, consiste en effet en ce qu'il réfléchit honnêtement et sans tromperie sur l'enfance (entendue littéralement) et il reste éternellement vrai et certain, on n'y peut rien changer, que l'enfance quand elle est passée n'est plus qu'un souvenir. Mais l'humour (dans sa vérité) ne se commet pas avec la détermination chrétienne décisive : devenir un chrétien, et n'identifie pas ensemble devenir un chrétien et être un enfant (entendu littéralement), car alors être un chrétien se changerait en un souvenir tout à fait dans le même sens. On voit ici très bien combien on se trompe en faisant de l'humour ce qu'il y a de plus haut à l'intérieur du christianisme, car l'humour, ou l'humoriste, dans la mesure où il se tient à l'intérieur du christianisme, ne se commet pas avec la détermination chrétienne décisive : devenir un chrétien. L'humour est toujours un rappel (de l'existence dans l'éternel par le ressouvenir qui se trouve en arrière ; de l'âge d'homme dans l'enfance, etc., cf. ce qui précède), il est la perspective qui va en arrière ; le christianisme est la direction en avant : devenir un chrétien, et le devenir en continuant à l'être. Sans stationnement, pas d'humour ; car l'humoriste a toujours du temps, parce qu'il a le bon temps de l'éternité derrière lui. Il n'y a pas de place dans le christianisme pour la mélancolie : salut ou perdition ; le salut est en avant, la perdition en arrière pour quiconque se retourne, quelle que soit la chose qu'il voit ; car la femme de Lot, quand elle regarda derrière elle, fut changée en pierre parce qu'elle vit l'horreur de la dévastation, mais du point de vue chrétien regarder derrière soi, même quand on voit l'encourageant, l'enchanteur paysage de l'enfance, signifie se perdre. – Si on fait à la spéculation une seule concession en ce qui concerne le commencement de l'être pur, tout est perdu, et il est impossible d'arrêter la confusion, car elle doit être arrêtée à l'intérieur de l'être pur ; quand on fait à l'orthodoxie enfantine une seule concession, en ce qui concerne l'avantage spécifique de l'enfance pour être chrétien, tout est brouillé.

Mais alors ce passage de la Bible, il est pourtant dans la Bible ! Je me suis déjà rendu assez ridicule dans les pages qui précèdent en me prêtant à l'explication pusillanime et anxieuse de la Bible ; je ne m'y essaierai pas davantage. Si une orthodoxie enfantine a jeté un éclairage comique sur le christianisme, il en est de même d'une telle explication de la Bible qui, dans sa soumission anxieuse, renverse, sans s'en rendre compte, le rapport, et ne se montre pas si soucieuse de comprendre la Bible que d'être comprise par elle, pas si soucieuse de comprendre le passage de la Bible que de trouver un passage auquel elle puisse faire appel – contradiction comme si quelqu'un, qui agit, demandait conseil à un homme (ceci est, comme on sait, un rapport de dépendance), mais lui demandait conseil de telle façon qu'il exigeât de lui qu'il répondît ceci et cela, et se permît tout pour obtenir justement cette réponse. La soumission à l'autorité de celui qu'on consulte conduit à tirer avantage par ruse de l'autorité. Mais est-ce là consulter ? Est-ce là se soumettre à ce qu'on appelle l'autorité divine de la Bible ? C'est en vérité une lâche tentative de vouloir, en n'agissant jamais par soi-même, repousser de soi toute responsabilité – exactement comme si on n'avait aucune responsabilité pour la façon dont on s'approprie un passage de la Bible. Il est psychologiquement très remarquable de voir avec quelle invention, avec quelle ingéniosité, avec quelle persévérance, certains hommes peuvent se plonger dans des recherches savantes, simplement pour trouver un passage de la Bible auquel ils puissent se référer. Par contre ils ne paraissent pas du tout faire attention au fait que c'est justement là ce qu'on appelle se moquer de Dieu, le traiter comme un pauvre niais qui a été assez fou pour se dessaisir de quelque chose d'écrit sur lui et qui doit se résigner à ce que les juristes en tireront. Ainsi se comporte un enfant rusé vis-à-vis d'un père sévère qui n'a pas su gagner l'affection de l'enfant ; il pense quelque chose comme : si seulement j'obtiens sa permission, c'est bien, même si je dois pour cela faire usage d'une certaine ruse. Mais un tel rapport n'a pas cette tendresse, cette intériorité entre père et fils. Et de même il n'y a pas de rapport intérieur entre Dieu et l'homme quand on se tient si loin l'un de l'autre qu'il y a place pour l'emploi de toute cette ingéniosité soucieuse et triste, que produit la soumission, et de ses arguties. On trouve plutôt des exemples d'un pareil comportement chez des hommes vraiment doués dont l'enthousiasme n'est pas au niveau de leur intellectualité. Tandis que des hommes bornés et affairés se persuadent qu'ils agissent et agissent, il y a justement une certaine espèce d'intellectuels qu'on reconnaît à la virtuosité avec laquelle ils s'entendent à éviter l'action. Il est révoltant de constater avec quelle ingéniosité Cromwell, qui était un lecteur de la Bible averti, savait trouver à son profit des passages de la Bible, ou du moins avoir dans une *vox populi* une *vox dei* prouvant que ce n'est pas par son action, mais par un événement, une mission – le peuple ne l'avait-il pas choisi ? – qu'il était devenu protecteur de l'Angleterre. De même qu'il est rare de voir un hypocrite pur, de même il est rare de rencontrer un homme absolument sans conscience, mais une conscience sophistiquée n'est pas rare, qu'elle se montre dans la douloureuse contradiction intérieure consistant à éloigner par voie d'explication une responsabilité tout en ne sachant pas soi-même qu'on le fait, ou dans un état maladif chez un homme peut-être plein de bonnes intentions, état maladif qui est lié à de grandes souffrances et qui rend la respiration du malheureux plus pénible et plus douloureuse que celle de la conscience la plus chargée quand il s'agit de respirer en toute sincérité.

Une orthodoxie puérile, une explication pusillanime de la Bible, une défense folle et non chrétienne du christianisme, une mauvaise conscience chez les défenseurs en ce qui concerne leur propre rapport au christianisme, ceci (entre autres choses) contribue aussi à notre époque à fournir l'occasion d'attaques insensées et passionnées contre le christianisme. On ne doit accepter aucun marchandage sur le christianisme, on ne doit vouloir aucun changement du christianisme, pas non plus l'outrer en résistant au mauvais endroit, qu'on fasse seulement attention qu'il reste ce qu'il était, un scandale pour les juifs, une folie pour les grecs, une folie, non quelque chose de fou, de quoi ni les juifs ni les grecs ne se scandalisent, mais dont ils sourient de compagnie et ne s'irritent que contre le fait qu'on le défend.

Mais on n'entend que peu parler du devoir de l'intériorité de devenir un chrétien et de le rester. Et pourtant c'est précisément cela qui devrait bien être surtout expérimenté et développé par cette expérience, une fois que le christianisme a été introduit dans un pays, donc dans un pays chrétien, où les chrétiens individuels ne doivent pas aller comme missionnaires dans le monde pour répandre le christianisme. Dans les premiers temps il en était autrement. Les apôtres devinrent chrétiens à un âge plus avancé après avoir passé une partie de leur vie dans d'autres catégories (en conséquence de quoi la Bible ne peut rien contenir sur toutes les crises qui peuvent se produire du fait qu'on est élevé dans le christianisme depuis l'enfance). Ils devinrent chrétiens par un miracle[a] (ici l'analogie manque pour des hommes ordinaires) ou, en tout cas, si rapidement qu'aucune explication détaillée n'en est donnée. Là-dessus ils tournèrent leur attention vers l'extérieur, pour convertir d'autres gens, mais ici fait de nouveau défaut l'analogie pour un pauvre homme individuel qui n'a que le devoir d'exister en tant que chrétien. Dès lors que l'on n'est pas attentif au devoir de l'intériorité, le penchant à aller plus loin est facile à comprendre. On vit dans la chrétienté ; on est un chrétien, au moins comme tous les autres ; le christianisme ayant existé depuis tant de siècles et ayant pénétré dans toutes les circonstances de la vie, il est bien facile de devenir un chrétien ; on n'a pas la tâche d'un missionnaire : alors, comme chacun sait, la tâche est d'aller plus loin et de spéculer sur le christianisme. Mais spéculer sur le christianisme n'est pas le travail de l'intériorité ; ainsi l'on dédaigne les tâches quotidiennes que nous donne

a. Il a été dit souvent en passant que l'existence d'un apôtre est paradoxo-dialectique ; je vais maintenant montrer comment. Le rapport *direct* de l'apôtre à Dieu est paradoxo-dialectique, car un rapport direct est plus bas (la détermination intermédiaire constitue la religion de l'immanence, la religion A) que le rapport indirect de la communauté, du fait que le rapport indirect est le rapport d'esprit à esprit et le rapport direct est esthétique – et pourtant le rapport direct est plus haut. Ainsi le rapport de l'apôtre n'est pas immédiatement plus élevé que celui de la communauté des croyants, ce que le disert pasteur persuade à ses ouailles bâillantes, et ce par quoi toute l'affaire revient à l'esthétique. – Le rapport *direct* de l'apôtre à d'autres hommes est paradoxo-dialectique, du fait que la vie de l'apôtre est tournée vers le dehors et occupée à répandre le christianisme dans de grands et de petits pays, car ce rapport est plus bas que le rapport indirect de l'homme ordinaire aux autres qui est fondé sur le fait que c'est avec lui-même qu'il a essentiellement à faire. Le rapport direct est de nature esthétique (dans la direction vers le dehors) et donc en tant que tel plus bas, et pourtant il est pour l'apôtre, à titre d'exception, plus élevé : ceci est le paradoxo-dialectique. Ce n'est pas immédiatement plus élevé, car alors nous avons l'affairement historico-mondial d'un chacun. Le paradoxe gît précisément dans le fait que cela est plus haut pour un apôtre, qui ne l'est pas pour d'autres.

l'exercice de la foi, la tâche, en surmontant toute illusion des sens, de se maintenir soi-même dans la passion paradoxale de la foi. On met les choses à l'envers et on oublie qu'à mesure qu'on a plus d'intelligence, de culture et d'instruction, il devient de plus en plus difficile de conserver la passion de la foi. Oui, si le christianisme était simplement une doctrine subtile (entendue directement), la culture serait une aide directe, mais quand il s'agit d'un message existentiel qui accentue paradoxalement l'existence, la culture ne sert qu'en tant – qu'elle augmente la difficulté. Les gens cultivés n'ont donc, pour devenir et pour rester chrétiens, qu'un avantage très ironique sur les gens simples : l'avantage que c'est plus difficile. Mais alors on a de nouveau oublié la dialectique qualitative et on a voulu constituer comparativement, quantitativement, un passage direct de la culture au christianisme. Par là le travail de l'intériorité croîtra avec les années et donnera au chrétien, qui n'est pas un missionnaire, amplement de quoi faire, non pour spéculer, mais pour continuer à être un chrétien. Ce n'est pas devenu au dix-neuvième siècle plus facile de devenir un chrétien que dans les premiers temps, c'est au contraire devenu plus difficile, surtout pour les gens cultivés, et cela deviendra d'année en année plus difficile. La prédominance de l'intelligence chez l'homme cultivé, son penchant vers ce qui est objectif éveillera toujours davantage de la résistance contre l'acte de devenir chrétien, et la résistance est le péché de l'intelligence : la demi-mesure. Si le christianisme a jadis changé la face du monde en conquérant les passions brutes de la vie immédiate et en ennoblissant les États, elle trouvera dans la culture une résistance tout aussi dangereuse. Mais si la lutte doit être menée sur ce terrain, elle doit l'être naturellement à l'intérieur des déterminations les plus serrées de la réflexion. Le paradoxe absolu saura bien s'affirmer lui-même, car vis-à-vis de l'absolu un peu plus ou un peu moins d'intelligence ne fait rien à l'affaire ; ils arrivent au contraire l'un et l'autre au même point, l'homme brillamment doué plus lentement, le simple plus vite. – Que d'autres, donc, louent la culture directement, eh bien, c'est parfait, mais pour ma part, je préfère la louer parce qu'elle rend si difficile de devenir un chrétien. Car je suis un ami des difficultés, surtout de celles qui ont cette propriété humoristique que l'homme le plus cultivé, après qu'il a surmonté les plus grandes fatigues, n'est pas arrivé essentiellement plus loin que là où peut arriver l'homme le plus simple.

Car l'homme le plus simple peut quand même devenir un chrétien et continuer à l'être ; mais comme, d'une part, il n'a pas une grande mesure d'intelligence, et comme, d'autre part, la situation de l'homme simple dans la vie dirige son attention vers le dehors, il se voit affranchi des peines dans lesquelles l'homme cultivé conserve la foi en combattant d'une façon toujours plus assidue à mesure que sa culture augmente. Comme, en effet, c'est le but le plus haut de devenir un chrétien et de continuer à l'être, la tâche ne peut pas consister à réfléchir sur le christianisme, mais seulement à potentialiser par la réflexion le pathos avec lequel on continue à être un chrétien.

Et c'est là-dessus qu'a roulé tout cet ouvrage, dont la première partie débattait la conception objective de la question : comment on devient et comment on est un chrétien, tandis que la seconde traitait de la conception subjective.

Objectivement le fait de devenir ou d'être un chrétien se détermine de la façon suivante :

1. Un chrétien est celui qui accepte l'enseignement du christianisme. Mais si, en dernière analyse, le quoi de cet enseignement doit décider si on est un chrétien, l'attention se tourne tout de suite vers l'extérieur pour apprendre jusque dans le plus petit détail, ce qu'est donc l'enseignement du christianisme, parce que ce quoi ne doit pas décider ce qu'est le christianisme

mais si je suis un chrétien. – Au même instant commence la contradiction savante, soucieuse, anxieuse, de l'approximation. L'approximation peut être poursuivie aussi longtemps qu'on veut et la décision par quoi l'individu devient un chrétien est en fin de compte, par sa faute, complètement oubliée.

On a écarté cette difficulté par la présupposition qu'un chacun dans la chrétienté est un chrétien, que tous nous sommes tout bonnement des chrétiens. Dans cette hypothèse les théories objectives se comportent mieux. Nous sommes tous des chrétiens. La théorie de la Bible va maintenant examiner d'une façon tout à fait objective ce qu'est le christianisme (et pourtant nous sommes, comme on sait, des chrétiens, et l'hypothèse est que c'est l'objectif qui fait de nous des chrétiens, l'objectif que nous ne voulons que maintenant apprendre à connaître vraiment, nous qui sommes des chrétiens. – Car, si nous ne sommes pas des chrétiens, alors le chemin suivi ici est le chemin qui ne conduit jamais à le devenir). La théorie de l'Église admet que nous sommes des chrétiens, mais il reste à établir tout à fait objectivement ce qui est chrétien, de façon à nous défendre contre le Turc, et le Russe, et le joug de Rome[70], et à pouvoir bravement combattre pour faire triompher le christianisme, tout en laissant notre époque faire un pont vers cet avenir incomparable, cet avenir que l'on entrevoit déjà. Ceci est pure esthétique ; le christianisme est un message existentiel, il s'agit de devenir un chrétien ou de continuer à l'être, et la plus dangereuse illusion est qu'on soit si sûr d'être un chrétien qu'on veuille protéger toute la chrétienté contre le Turc – au lieu de protéger en soi la foi contre l'illusion du Turc.

2. On dit : non, toute acceptation de la doctrine chrétienne ne fait pas de quelqu'un un chrétien. C'est de l'appropriation que cela dépend surtout, que l'on s'approprie cette doctrine et qu'on y tienne tout autrement qu'à quelque chose d'autre, que l'on veuille vivre et mourir en elle, risquer sa vie pour elle, etc.

Ceci a l'air d'être quelque chose. La catégorie « tout autrement » est pourtant une catégorie assez médiocre, et toute cette formule qui essaie de déterminer l'être chrétien d'une façon un peu plus subjective, n'est ni chair ni poisson, évite d'une certaine manière la difficulté de l'approximation avec sa distraction et son illusion, mais manque de précision catégorique. Le pathos de l'appropriation dont il est ici question est celui de l'immédiateté ; on peut tout aussi bien dire qu'un amoureux enthousiaste se comporte ainsi avec son amour : qu'il y tient tout autrement qu'à quelque chose d'autre et qu'il se l'approprie, qu'il veut vivre et mourir en lui et risquer tout pour lui. À ce point de vue il n'y a pas de différence essentielle pour ce qui est de l'intériorité entre un amoureux et un chrétien, si bien qu'il faut de nouveau avoir recours au *quoi*, à la doctrine, et ainsi nous sommes à nouveau sous la rubrique n° 1.

Ce dont il s'agit en effet, est que le pathos de l'appropriation lui-même soit déterminé chez le croyant de telle façon qu'il ne puisse être confondu avec aucun autre pathos. La conception plus subjective a en effet raison en ce que c'est l'appropriation qui fait trébucher la balance, mais elle a tort dans la détermination de l'appropriation qui n'est pas spécifiquement différente de tout autre pathos immédiat.

Ceci n'est pas non plus le cas quand on détermine l'appropriation comme foi, mais qu'aussitôt on infléchit de nouveau la foi vers la compréhension, si bien que la foi devient une fonction provisoire, par laquelle on maintient à titre temporaire ce qui doit être l'objet de la compréhension, une fonction provisoire avec laquelle les pauvres gens et les hommes sans intelligence doivent se satisfaire, tandis que les privat-docents et les gens doués vont au-delà. Le signe distinctif d'un chrétien (la foi) est l'appropriation, mais en ce sens qu'elle n'est pas spécifiquement différente d'une autre appropriation intellectuelle dans laquelle une acceptation temporaire constitue une fonction provisoire en ce qui concerne la compréhension. La foi n'est pas ce qui est spécifique pour le rapport avec le christianisme, et le quoi qui est cru décide de nouveau si quelqu'un est ou non un chrétien. Mais par là l'affaire est de nouveau ramenée sous la rubrique n° 1.

Il faut, en effet, que l'appropriation par laquelle un chrétien est chrétien soit si spécifique qu'elle ne puisse être confondue avec aucune autre.

3. Devenir ou être chrétien ne se définit pas objectivement par le quoi de la doctrine, pas non plus subjectivement par l'appropriation, pas par ce qui s'est passé dans l'individu, mais par ce qui s'est passé *avec* l'individu : qu'il est baptisé. Dans la mesure où on annexe au baptême l'acceptation de la profession de foi, on ne gagne pourtant par là rien de décisif, mais la décision restera hésitante, tantôt accentuant le quoi (le chemin de l'approximation), tantôt parlant d'une façon indéterminée d'acceptation et d'assentiment et d'appropriation, etc., sans précision spécifique.

Si la détermination doit être qu'on est baptisé, l'attention se portera tout de suite vers le dehors sur la considération : suis-je réellement baptisé ? Alors commence l'approximation dans le rapport à un fait historique.

Si, par contre, quelqu'un dit qu'il a reçu dans le baptême l'esprit, et prétend savoir par le témoignage de l'esprit qu'il est baptisé, il renverse précisément l'argumentation, et conclut du témoignage de l'esprit qui habite en lui qu'il doit avoir été baptisé, non du fait qu'il est baptisé à ce qu'il est en possession de l'esprit. Mais si la conclusion doit être ainsi tirée, alors ce n'est pas exactement le baptême qui est le signe distinctif, mais l'intériorité, et alors doit être de nouveau demandée la détermination spécifique de l'intériorité et de l'appropriation, ce par quoi le témoignage de l'esprit dans un chrétien est différent de toute autre activité de l'esprit (déterminée universellement) dans un homme.

Il est au surplus bizarre que l'orthodoxie, qui a fait en particulier du baptême le facteur décisif, se plaigne pourtant abondamment de ce que parmi les baptisés il y en a si peu qui soient chrétiens, de ce que presque tous, sauf une petite légion immortelle, soient des païens baptisés sans spiritualité, ce qui semble indiquer que le baptême ne peut être le facteur décisif pour être chrétien, même pas d'après la conclusion de ceux qui le tiennent pour tel dans leurs prémisses.

Subjectivement le fait d'être un chrétien
se détermine de la façon suivante :

La décision réside dans le sujet, l'appropriation est l'intériorité paradoxale qui est spécifiquement différente de toute autre intériorité. Être chrétien n'est pas déterminé par le quoi du christianisme mais par le comment du chrétien. Ce comment ne peut s'adapter qu'à *une* chose, au paradoxe absolu. Il n'y a donc là aucun discours indéterminé, d'après quoi être chrétien signifierait accepter ceci et accepter cela et accepter de telle et telle façon[71], s'approprier, croire, s'approprier dans la foi de telle et telle façon (déterminations purement rhétoriques et fictives) ; mais *croire* est une opération spécifiquement et nettement différente de toute autre assimilation et intériorité. La foi est, dans le scandale de l'absurde, l'incertitude objective maintenue fermement dans la passion de l'intériorité, laquelle passion est justement le rapport de l'intériorité à la plus haute puissance. Cette formule ne convient qu'au croyant et à nul autre, non à un amant, ni à un homme enthousiaste, ni à un penseur, mais uniquement au croyant qui se rapporte au paradoxe absolu.

Il suit de là que la foi ne peut pas non plus être une fonction provisoire. Qui veut se représenter sa foi comme un moment aboli au sein d'une connaissance plus élevée, il a *eo ipso* cessé de croire. La foi ne *peut* pas *se satisfaire* avec l'incompréhensibilité ; car c'est justement le rapport avec l'incompréhensible, l'absurde (qui scandalise) qui est l'expression de la passion de la foi.

Cette détermination de l'être chrétien empêche que la considération savante, ou soucieuse, de l'approximation n'attire l'individu sur de fausses routes, en sorte qu'il ne devienne un savant, et dans la plupart des cas un demi-savant, au lieu d'un chrétien ; car la décision réside dans la subjectivité. Mais l'intériorité a retrouvé son signe particulier distinctif, par lequel elle est différente de toute autre intériorité, en sorte qu'on ne peut pas lui régler son compte avec la catégorie verbeuse « de telle et telle façon » ; car cela convient à toute passion au moment de la passion.

Psychologiquement, c'est généralement un signe certain que l'on commence à renoncer à sa passion quand on veut traiter objectivement son objet. D'une façon générale passion et réflexion s'excluent. À cet égard, devenir objectif signifie toujours un pas en arrière, car dans la passion réside la ruine d'un homme, mais aussi son élévation. Quand le dialectique, la réflexion, n'est pas employée pour potentialiser la passion, alors devenir objectif est une marche en arrière, et même celui qui se perd dans la passion n'a pas autant perdu que celui qui perd la passion ; car le premier garde la possibilité.

C'est ainsi qu'à notre époque on a voulu être objectif envers le christianisme ; la passion avec laquelle chacun est chrétien est devenue trop peu de chose, et comme nous sommes devenus objectifs nous avons tous la perspective – de devenir privat-docents.

Mais cet état de choses a rendu la lutte à l'intérieur du christianisme très comique, parce qu'à bien des égards elle ne consiste qu'en un échange des armes, et parce que la lutte autour du christianisme au sein de la chrétienté a été menée par des chrétiens ou entre des chrétiens qui, tous, en tant qu'ils voulaient être objectifs et aller au-delà, étaient sur le point de renoncer à leur christianisme. Quand en son temps le gouvernement danois transféra de Wilson à Rothschild l'emprunt anglais 3 %[72] on fit du bruit dans les journaux, une assemblée générale fut tenue par des gens qui ne possédaient aucune obligation, mais qui en avaient emprunté une pour pouvoir apparaître comme porteurs d'obligations ; on convint qu'on devait protester contre la décision du gouvernement, en refusant d'accepter les nouvelles obligations. Et l'assemblée générale était composée de gens qui ne possédaient aucune obligation et qui, donc, pouvaient à peine se trouver dans la situation embarrassante que le gouvernement leur propose d'accepter les nouvelles obligations. Être chrétien est être en passe de perdre l'intérêt de la passion, et pourtant on combat pour et contre, on argumente de soi-même ainsi : si ce n'est pas du christianisme je ne suis pas chrétien, ce que je suis pourtant bien ; et les choses sont tellement sens dessus dessous que l'on s'intéresse à être un chrétien pour décider de ce qu'est le christianisme, et non à ce qu'est le christianisme pour pouvoir être un chrétien. On se sert ici du nom de chrétien exactement comme les gens dont nous venons de parler empruntaient l'obligation – pour être admis dans l'assemblée générale où les chrétiens décident du sort des chrétiens, qui pour leur propre compte ne font rien pour être des chrétiens. – Alors dans l'intérêt de qui se passe tout ceci ?

Justement parce qu'à notre époque, et dans la chrétienté de notre époque, on ne semble pas être assez attentif à la dialectique de l'intériorisation, ni au fait que le comment de l'individu est une expression tout aussi exacte et plus décisive pour ce qu'on a que le quoi dont on parle toujours, se produisent à notre époque les plus étonnantes et, si l'on en a le goût et le temps, les plus risibles confusions, desquelles on peut prouver que la confusion du paganisme elle-même ne peut avoir été si comique, parce que alors tant d'intérêts n'étaient pas en jeu et les antithèses n'étaient pas poussées si loin. Mais un amour en vaut un autre, si l'amitié doit durer et si l'on doit continuer à rester optimiste. Quiconque expérimente dans le domaine de la passion et s'exclut lui-même de toutes les encourageantes et souriantes perspectives de devenir privat-docent avec de bons émoluments, devrait pourtant avoir au moins un petit succédané humoristique, du fait qu'il prend si à cœur ce que d'autres, visant beaucoup plus haut, regardent comme une bagatelle, celui-ci : que sa passion aiguise son sens du comique. Quiconque, bien qu'ami des hommes, s'expose à être exécré comme égoïste parce qu'il ne se soucie pas objectivement du christianisme pour l'amour des autres, devrait pourtant en tant qu'ami du rire avoir un petit succédané pour le dédommager ; il ne serait pas juste d'avoir la honte d'être un égoïste sans en avoir aucun avantage : alors, n'est-ce pas, on ne serait pas un égoïste.

Un orthodoxe combat pour le christianisme avec la passion la plus extrême. Il proteste, la sueur au visage et avec les attitudes les plus soucieuses, qu'il accepte le christianisme pur et simple dans lequel il veut vivre et mourir – et il oublie qu'une telle adhésion est une expression par trop générale pour avoir des rapports avec le christianisme. Il fait tout au nom de Jésus et fait usage du nom du Christ à chaque occasion comme un signe certain qu'il est un chrétien et appelé à combattre à notre époque pour le christianisme – et il ne soupçonne pas ce petit secret ironique qu'un homme en décrivant seulement le comment de son intériorité peut montrer indirectement qu'il est un chrétien sans avoir besoin de prononcer le nom du Christ[a]. – Un homme est converti le soir de la Saint-Sylvestre exactement à 6 heures ; maintenant il en a fini. Affublé fantastiquement de ce fait de la conversion il va courir çà et là et prêcher le christianisme – dans un pays chrétien. Naturellement chacun peut bien, quoique nous soyons tous également baptisés, avoir besoin de devenir chrétien en un autre sens. Mais ici la différence est celle-ci : dans un pays chrétien ce n'est pas de connaissance qu'on manque, mais de quelque chose d'autre, et ce quelque chose d'autre un homme ne peut pas le communiquer à l'autre directement. Et un converti veut agir pour le christianisme dans des catégories aussi fantastiques ; et pourtant il montre, dans la mesure même où il est plus empressé pour l'extension et la propagation du christianisme, qu'il n'est pas lui-même un chrétien. Car être chrétien est quelque chose de si profondément réfléchi que cela ne comporte pas la dialectique esthétique qui laisse téléologiquement un homme être pour

a. En ce qui concerne l'amour, pour remettre en lumière la même chose, il n'est pas exact que quelqu'un, par la détermination de son comment, puisse dire ce que ou qui il aime. Le comment de l'amour tous les amoureux l'ont en commun, et alors chacun doit ajouter le nom de sa bien-aimée. Par contre pour la foi *sensu strictissimo* il est exact que ce comment ne convient qu'à un seul objet. Si quelqu'un disait : oui, mais alors on peut apprendre par cœur le comment de la foi et le réciter, il faudrait répondre à cela : cela ne peut se faire, car qui l'exprime directement se contredit lui-même parce que le contenu, et l'énoncé de ce qu'il dit doit toujours être l'objet d'une reduplication dans la forme.

d'autres quelque chose qu'il n'est pas pour lui-même. – D'un autre côté un railleur[73] attaque le christianisme et l'expose en même temps si remarquablement que c'est une joie de le lire, et quiconque ne sait où s'adresser pour le voir exposé d'une façon précise est presque obligé d'avoir recours à lui.

Toute considération ironique consiste toujours à être attentif au comment, tandis que l'honorable personne avec laquelle l'ironiste a l'honneur de se commettre ne fait attention qu'au quoi. Un homme fait de grandes et solennelles protestations que ceci est son opinion ; néanmoins il ne se borne pas à répéter mot à mot la courte formule, mais s'explique de plus près et ose varier les expressions : oui, car varier les expressions n'est pas une chose si facile qu'on le croit ; plus d'un étudiant aurait reçu pour son travail la mention *laudabilis*, s'il n'avait pas varié les expressions, et une grande foule de gens possèdent ce talent d'exécuter des variations qu'admirait Socrate à Polos : ils ne disent jamais la même chose – sur la même chose. Alors l'ironiste examine ; naturellement il n'est pas si attentif à ce qui est écrit en gros caractères ou à ce qui, par la diction de l'orateur, se révèle en tant que formule (le quoi de l'honorable personne), mais il prend garde à une petite incidente qui a échappé à l'attention supérieure de l'honorable personne, à un petit adjectif qui fait signe, etc., et voit alors avec étonnement, heureux de cette variation *(in variatione voluptas)*, que l'honorable personne n'*a* pas l'opinion qu'elle professe, non parce qu'elle est une hypocrite, oh non ! c'est là pour un ironiste une affaire trop sérieuse, mais parce que l'excellent homme s'est mis en devoir de proclamer cette opinion, beaucoup plus que de l'avoir intérieurement. À vrai dire l'excellent homme peut avoir raison quand il dit qu'il a cette opinion en tant qu'il se la persuade de toutes les forces de son corps, il peut en qualité de colporteur faire tout pour elle, il peut risquer sa vie pour elle, il peut même dans des temps très troublés aller jusqu'à donner sa vie pour cette opinion[a] – et alors, que diable ! je sais pourtant bien qu'il

a. Dans des temps révolutionnaires, quand un gouvernement doit lutter pour son existence à l'aide de la peine de mort, on pourrait très bien imaginer

faut que l'homme ait eu cette opinion – et pourtant il peut avoir vécu là à la même époque un ironiste qui, à la minute même où notre malheureux homme est exécuté, ne peut se tenir de rire, parce qu'il sait d'après ses indices que l'homme en question n'a jamais su lui-même à quoi s'en tenir là-dessus. Qu'une telle chose puisse exister est risible, et ne décourage pas de vivre, car qui, dans le silence du recueillement, est sincèrement préoccupé de lui-même devant Dieu, même quand il est encore bien naïf, Dieu le sauve de l'erreur, par la souffrance de l'intériorité il le conduit à la vérité. Par contre l'affairement et le bruit sont une marque de l'erreur, les signes d'un état anormal, comme les flatulences, et être exécuté par hasard dans un tumulte ne compte pas non plus parmi les souffrances essentiellement intérieures.

On raconte qu'il est arrivé en Angleterre qu'un homme fut attaqué sur la route par un brigand qui s'était rendu méconnaissable à l'aide d'une grande perruque. Il se précipite sur le voyageur, le saisit à la gorge et crie : ta bourse ! Il obtient la bourse, qu'il conserve, et en revanche jette la perruque. Un pauvre homme qui vient à passer par le même chemin trouve la perruque et la met sur sa tête. Quand il arrive à la ville prochaine où le voyageur a déjà porté plainte il est reconnu, arrêté, reconnu à nouveau par le voyageur qui affirme, sous serment, que c'est bien lui. Par hasard le brigand se trouve présent dans la salle du jugement, voit le malentendu et dit au juge : « Il me semble que le voyageur fait plus attention à la perruque qu'à l'homme » et demande la permission de faire une expérience. Il met la perruque, saisit le voyageur à la gorge en criant : ta bourse ! – et le voyageur reconnaît de nouveau le brigand et s'offre à le jurer – dommage seulement qu'il ait déjà une fois prêté serment. Ainsi en va-t-il, d'une manière ou d'une autre, de quiconque à un quoi et ne fait pas attention au comment : il jure, prête serment, court affairé de côté et d'autre,

---

qu'un homme puisse être exécuté pour une opinion qu'il a bien eue au sens juridique et civique plus qu'au sens intellectuel.

risque son sang et sa vie, et est exécuté – le tout à cause de la perruque.

Si je ne me trompe, j'ai déjà raconté une fois cette histoire dans cet ouvrage ; pourtant je désire conclure avec elle tout le livre. Je ne crois pas que personne me reproche ironiquement et à bon droit d'y avoir introduit de telles variations qu'elle n'est pas restée la même.

Annexe

Une première et dernière explication

Pour la forme et pour la bonne règle, je reconnais ici, ce qu'autant dire personne n'aura réellement intérêt à *savoir*, que je suis, comme on dit l'auteur de : *Ou bien... ou bien...* (Victor Eremita), Copenhague, février 1843 ; *Crainte et tremblement* (Johannès de Silentio), 1843 ; *La Reprise* (Constantin Constantius), 1843 ; *Le Concept de l'angoisse* (Vigilius Haufniensis), 1844 ; *Préfaces* (Nicolaus Notabene), 1844 ; *Miettes philosophiques* (Johannès Climacus), 1844 ; *Étapes sur le chemin de la vie* (Hilarius le relieur, William Afham, l'Assesseur, Frater Taciturnus), 1845 ; *Post-scriptum aux miettes philosophiques* (Johannes Climacus), 1846 ; un article dans « Fädrelandet », n°s 1168, 1843 (Victor Eremita) ; deux articles dans « Fädrelandet », janvier 1846 (Frater Taciturnus).

Ma pseudonymie ou polynymie n'a pas eu de cause *fortuite* dans ma *personne* (certes, elle n'est pas intervenue par peur d'une punition légale, à cet égard je n'ai pas conscience d'avoir commis aucun crime, et d'ailleurs l'imprimeur, de même que le censeur en exercice, a toujours été informé officiellement, en même temps que l'ouvrage était publié, de la personnalité de l'auteur), mais une raison *essentielle* dans la *production* elle-même qui, dans l'intérêt de la réplique, de la variété psychologique des différences individuelles, exigeait poétiquement une indifférence au bien et au mal, a la componction et au laisser-aller, au désespoir et à la présomption, à la souffrance et à la joie, etc., indifférence qui n'est limitée idéalement que par la conséquence psychologique, qu'aucune personne vraiment réelle n'oserait ni ne pourrait se permettre dans la limite morale de la réalité. Ce qui est écrit est donc bien de moi, mais seulement dans la mesure où je mets dans la bouche de la personnalité poétique réelle, *qui* produit, sa conception de vie telle qu'on la perçoit par les répliques, car mon rapport à l'œuvre est encore plus relâché que celui du poète qui *crée* des personnages et est pourtant *lui-même l'auteur* dans la préface. Je suis en effet impersonnel ou personnellement un souffleur à la troisième personne qui a produit poétiquement des *auteurs*, lesquels sont les auteurs de leurs *préfaces* et même de leurs *noms*. Il n'y a donc pas dans les livres pseudonymes un seul mot qui soit de moi-même ; je n'ai de jugement à leur sujet que celui d'un tiers, de connaissance de leur signification qu'en tant que lecteur, pas le moindre rapport privé avec eux, ce serait d'ailleurs impossible d'avoir un tel rapport avec un message doublement réfléchi. Un seul mot énoncé par moi personnellement en mon nom serait un impertinent oubli de moi-même, qui à lui seul aurait pour résultat, du point de vue dialectique, d'anéantir essentiellement les pseudonymes. De même que dans *Ou bien... ou bien...*, je suis tout aussi peu le séducteur que l'assesseur, tout aussi peu, je ne suis pas davantage l'éditeur Victor Eremita ; non, il est un penseur poétique réel subjectif, tel qu'on le retrouve d'ailleurs dans *In vino veritas*. Dans *Crainte et tremblement* je suis tout aussi peu Johannès de Silentio que le chevalier de la foi qu'il présente, tout aussi peu, pas plus encore que l'auteur de la préface du livre, laquelle est la réplique individuelle d'un penseur subjectif poétique réel. Dans le récit de souffrances *(Coupable – Non coupable)* je suis tout aussi peu le *quidam* de l'expérience que l'expérimentateur, tout aussi peu, car l'expérimentateur est un penseur subjectif poétique réel et le quidam de l'expérience est son produit comme conséquence psychologique. Je suis donc l'indifférent, c'est-à-dire que ce que je suis et comment je le suis est indifférent, tout comme encore la question de savoir si dans mon for intérieur ce que je suis et comment je le suis m'est aussi à moi-même si indifférent ne regarde absolument pas cette production. Ce qui donc, autrement, pourrait avoir son heureuse signification pour plus d'une entreprise qui n'est pas une réduplication dialectique et être dans une belle harmonie avec elle, n'aurait ici en ce qui concerne le père adoptif d'une œuvre peut-être pas sans intérêt qu'un effet perturbateur. Mon fac-similé, mon portrait, etc., ne serait, comme la question de savoir si je porte un chapeau ou une casquette, qu'un sujet d'attention pour ceux auxquels ce qui est indifférent est devenu important – sans doute en compensation du fait que ce qui est important est devenu pour eux indifférent. Juridiquement et littéralement la responsabilité est mienne[a] mais, dans un sens dialectique large, c'est moi qui *ai donné* au monde réel *l'occasion* de prendre connaissance de cette œuvre de l'esprit, et il est naturel que celui-ci ne puisse avoir affaire avec des auteurs poétiques réels, et en conséquence, s'en tienne juridiquement et littérairement à moi. Juridiquement et littérairement, car si la réplique devait être la propre parole (au sens direct) de l'auteur, toute création de l'esprit serait *eo ipso* rendue impossible, ou dépourvue de sens et insupportable. En conséquence, j'exprime le désir et la prière que, si l'idée devait venir à quelqu'un de faire une citation d'un des livres pseudonymes, il veuille bien me rendre le service de citer le nom de l'auteur pseudonyme en question, non le mien, c'est-à-dire de répartir les choses entre nous de telle façon que le propos appartienne fémininement au pseudonyme et la responsabilité, civilement, à moi. J'ai très bien vu depuis le début et je vois très bien que ma réalité personnelle

a. Pour cette raison mon nom a aussitôt été apposé, en tant qu'éditeur, sur la feuille de titre des *Miettes* (1844), parce que la signification absolue du sujet traité exigeait dans la réalité, comme expression de l'attention qui lui était due, que quelqu'un fût nommé qui assumât la responsabilité pour tout ce que la réalité pouvait présenter.

est quelque chose de gênant, que les pseudonymes doivent, d'une façon à la fois pathétique et égoïste, désirer voir disparaître le plus tôt le mieux ou être rendue aussi insignifiante que possible, tout en désirant pourtant avec une attention ironique la conserver de par-devers eux comme repoussoir. Car mon rapport à eux est l'unité d'un secrétaire et, ce qui n'est pas sans ironie, de l'auteur (dialectiquement rédupliqué) de l'auteur ou des auteurs. C'est pourquoi tandis que toute personne qui s'est quelque peu intéressée à la question m'a certainement jusqu'à présent regardé *sans plus*, avant que ne vînt cette explication, comme l'auteur des livres pseudonymes, l'explication produira sans doute au premier moment cet effet singulier que moi, qui dois pourtant le savoir mieux que personne, je suis le seul qui ne me considère comme l'auteur que d'une façon très hésitante et ambiguë, parce que je ne suis pas à proprement parler l'auteur, tandis qu'au contraire je suis tout à fait à proprement parler et directement l'auteur des discours édifiants et de chaque mot qu'ils contiennent. L'auteur créé poétiquement a sa conception de vie particulière, et la réplique qui, ainsi comprise, peut être pleine de sens, piquante, suggestive, sonnerait peut-être d'une façon bizarre, ridicule et repoussante dans la bouche d'un homme réel particulier déterminé. Si quelqu'un de cette manière, sans avoir de fréquentation distinguée avec une idéalité qui éloigne, s'est, en se cramponnant à tort à ma personnalité réelle, gâché à lui-même l'impression des livres pseudonymes, s'est dupé lui-même, oui réellement dupé lui-même en ayant à supporter ma réalité personnelle au lieu de danser avec l'idéalité légère à double réflexion d'un auteur poético-réel, s'il s'est trompé lui-même par un paralogisme indiscret en faisant apparaître de façon absurde mon individualité privée de la duplicité dialectique insaisissable des contrastes qualitatifs ; ce n'est vraiment pas ma faute, moi qui justement, par décence et dans l'intérêt de la pureté du rapport, ai de mon côté agi de mon mieux pour empêcher une catégorie de lecteurs curieux d'atteindre ce que, Dieu sait dans l'intérêt de qui, ils ont depuis le début tout fait pour savoir.

L'occasion semble y inviter, oui, presque l'exiger même de la part d'un récalcitrant : je veux donc la mettre maintenant à profit pour une déclaration publique et directe – non en tant qu'auteur, car cela on sait que je ne le suis pas, mais en tant qu'ayant travaillé pour que les pseudonymes puissent le devenir. D'abord je veux remercier la Providence qui a favorisé mon effort de tant de façons, l'a favorisé pendant 4 années et quart sans que peut-être il se soit détendu un seul jour et m'a accordé beaucoup plus que je n'ai jamais attendu, même si je peux véridiquement me donner le témoignage d'avoir de toutes mes forces engagé ma vie dans ce travail ; beaucoup plus que je n'ai jamais attendu, même si ce qui a été accompli apparaît à d'autres comme une prolixe bagatelle. Tout en remerciant ainsi profondément la Providence, je ne trouve pas mauvais qu'on ne puisse pas dire de moi précisément que j'ai créé quelque chose, ou, ce qui est encore plus indifférent, que j'ai atteint un résultat dans le monde extérieur ; je trouve qu'il est, ironiquement, dans l'ordre, que par suite du caractère ambigu de la paternité de ma production, mes honoraires, du moins, aient été plutôt socratiques. – Ensuite, après m'être excusé comme il se doit et avoir demandé pardon pour le cas où quelqu'un trouverait déplacé que je parle ainsi, mais il trouverait peut-être à nouveau déplacé que je ne le fasse pas, ensuite, dis-je, je veux évoquer avec reconnaissance la mémoire de mon défunt père, de l'homme à qui je dois le plus, et aussi pour mes travaux. – Là-dessus je me sépare des pseudonymes avec mes bons vœux, pleins d'incertitude, pour leur sort futur, pour que celui-ci, s'il doit leur être favorable, soit précisément ce qu'ils désirent ; je les connais pour les avoir fréquentés intimement, je sais qu'ils ne peuvent escompter, ni désirer, beaucoup de lecteurs : puissent-ils être assez heureux pour trouver les seuls qui soient souhaitables. – À mon lecteur, si je puis parler d'un tel homme, je voudrais demander un petit souvenir en passant, un signe qu'il pense à moi comme à quelqu'un d'étranger aux livres, ce qu'exige notre rapport. Je lui en exprime ici, au moment des adieux, ma sincère reconnaissance, de même que je remercie bien vivement, tous ceux qui ont gardé le silence et, très respectueusement, la firme Kts – pour avoir parlé.

Que si les Pseudonymes devaient avoir offensé de quelque manière un homme respectable, ou, même, un homme que j'admire moi-même ; s'ils devaient avoir détruit ou rendu équivoque quelque chose de vraiment bon dans l'ordre établi : alors personne n'est plus disposé à en faire amende honorable que je ne le suis, moi qui porte la responsabilité pour l'usage des plumes prêtées. Ce que je connais des pseudonymes ne me donne naturellement pas le droit d'affirmer leur assentiment, mais pas non plus d'en douter, car leur signification (quelle qu'elle soit dans la *réalité*) ne consiste absolument pas à faire une nouvelle proposition, une découverte inouïe, ou à fonder un nouveau parti et à vouloir « aller plus loin », mais précisément au contraire à ne vouloir avoir aucune signification, à vouloir lire seul, à la distance de l'éloignement de la double réflexion, l'écriture originelle individuelle, humaine du rapport d'existence, le texte ancien, connu et transmis par nos pères, à le relire encore une fois, si possible, d'une manière plus intérieure.

Et maintenant qu'un dialecticien à moitié expérimenté n'aille pas mettre la main à ce travail, mais qu'il le laisse comme il est.

Copenhague, février 1846,

S. KIERKEGAARD.

Traduction du danois par Paul Petit

NOTES

1. « *At al Reciperen er en Produceren.* »
2. Voir vol. IV, p. 181 ; voir *Le Banquet* de Platon.
3. Voir Holberg, *La Chambre de Noël*, scène 13.
4. Voir quelque chose de ce genre dans le *Gorgias* de Platon.
5. Voir *Le Banquet*, et *Premier Alcibiade.*
6. *Charon*, chapitre 6, un peu modifié.

7. Des écoliers qui doivent faire la lecture, au lieu de la faire disent à mi-voix ces mots.
8. « Sur la preuve de l'esprit et de la force. »
9. En allemand dans le texte.
10. En allemand dans le texte.
11. Ce qui suit est en allemand dans le texte.
12. Passage à une autre sphère.
13. En allemand dans le texte.
14. Voir Jacobi, S. W., 4e volume, 1re section, p. 74.
15. En allemand dans le texte.
16. En allemand dans le texte.
17. Kierkegaard joue dans cette phrase sur les propositions *paa* et *til.* Traenge *paa* signifie « se pousser vers » et traenge *til* « avoir besoin de ».
18. Hegel, vol. XVII, p. 33. – Trendelendburg, *Logische Untersuchungen*, I, p. 191.
19. Voir Jacobi. Sur l'enseignement de Spinoza, dans des lettres à Moïse Mendelssohn.
20. *Werke*, vol. IV, pp. 74 et 79.
21. Ce qui suit car en allemand dans le texte.
22. En allemand dans le texte.
23. Voir Jacobi, *Sammelte Werke*, 4 vol., p. 110.
24. Dans un sens éminent.
25. En allemand dans le texte.
26. Israël Joachim Behrend, agent d'affaires de Copenhague, original mort en 1821, sur le compte de qui on racontait beaucoup d'anecdotes.
27. Chapitre 60, où il est dit que les expressions pour mouvement et pour pensées sont parentes en grec, d'où l'on conclut correctement que la pensée est un mouvement.
28. Hegel, *Werke*, III, 68.
29. Hegel, *Werke*, III, 59 et suivants.
30. *Aristophane et son temps*, Berlin, 1827, voir chap. 5, Concept de l'ancienne tragédie et passage de celle-ci à la comédie.
31. Sans doute s'agit-il surtout de la lutte entre Schelling et Hegel, qui avait trait justement au commencement de la philosophie (voir Hegel, *Logik*, I, p. 60.)
32. Allusion sans doute à la critique de Hegel par Sibbern, parue dans le *Monatschrift für Literatur*, XIX, 1938 : v. surtout pages 315 à 335.
33. Dans l'intermède.
34. Frater Taciturnus dans les *Étapes*, *Coupable Non coupable*, 2 février, minuit.
35. Dans *Le Banquet*.
36. De Solon : « Je deviens vieux en apprenant toujours beaucoup de choses. »

37. *La Chambre de l'accouchée*, 3e note, scène v.
38. Baggesen, *Œuvres danoises*, I (1889), p. 169.
39. Martensen et Heiberg.
40. Voir *Phédon* de Platon. (Note de l'éd.)
41. Que la pensée théorique est différente de la pensée pratique par son but.
42. La pensée pure.
43. *betragtende*. Nous avons généralement traduit le verbe *betragte* par « contempler » ; peut-être convient-il de préciser qu'au sens où nous l'employons ce mot signifie seulement « considérer », « regarder du dehors », et n'a aucune signification « contemplative ».
44. La chose en soi de Kant.
45. *Encyclopédie* de Hegel, *Werke*, VI, p. 112.
46. Montagne de Norvège.
47. Par exemple, Deut., XXVIII, 37 ; I Rois IX, 7.
48. Hegel, *Logique*, I, section III : la réalité ; voir la préface du *Concept de l'angoisse*.
49. *Saa laenge indtil*. Le terme est plus fort que les deux expressions françaises entre lesquelles j'avais le choix : *aussi longtemps que* et *jusqu'à ce que*. Je me suis permis, pour conserver toute la force de l'expression danoise, de forger le barbarisme *aussi longtemps que jusqu'à ce que*, ne pouvant me résoudre, dans ce passage et les suivants, à sacrifier ni le *longtemps* ni le *jusqu'à*.
50. Le poète Simonide ; voir Cicéron, *De natura deorum*, I, 60.
51. *Sorte Peer*, carte qui, à certains jeux, vous fait perdre quand elle vous reste en main.
52. Zone limite.
53. Citation du *Traité de Balle*, chapitre I, paragraphe 2.
54. En français dans le texte.
55. *Mélanges*, 1, *Œuvres*, III, p. 9 et suiv.
56. V. Hulberg : *L'Homme très occupé*, 2e acte, scène 2.
57. Pyrrhon plutôt, v. *Diogène Laërce*, IX, 11.
58. Térence : *Phormion*, v. 265.
59. En français dans le texte.
60. Expression du droit romain : Exception du droit général.
61. Plutarque ; *Thémistocle*, 3, 3.
62. Hegel : *Logik*, I, p. 151 et suivantes.
63. Jusqu'en 1860 un catalogue des nouveaux livres paraissait régulièrement dans les foires de Francfort et de Leipzig.
64. En français dans le texte.
65. En allemand dans le texte.
66. Allusion à l'ancienne désignation de la logique comme « philosophie instrumentale ».

67. Habitants de Mols, paysans arriérés du Jütland autrefois.
68. Citation de Grundtvig ou d'un grundtvigien (?).
69. En français dans le texte.
70. Voir Grundtvig, p. ex. *Sur la situation historique du Nord* (1843), p. 19.
71. « *ganske anderledes* ». Il s'agit toujours de la catégorie « tout autrement » dont il est question à la page précédente mais que nous avons dû traduire ici – tout autrement.
72. Le grand emprunt d'État qui fut émis en 1824 et souscrit par la banque anglaise Wilson. Quand Wilson fit banqueroute en 1837, Rothschild reprit la plupart des obligations.
73. Feuerbach, *Das Wesen des Christentums.*

Le Concept de l'angoisse

Simple éclaircissement psychologique préalable au problème du péché originel

PAR VIGILIUS HAUFNIENSIS[a]

a. Sous ce nouveau pseudonyme latin, Kierkegaard se désignait de façon assez transparente comme le Vigilant de Copenhague.

CHAPITRE PREMIER

L’angoisse, condition préalable du péché originel et moyen rétrograde d’en expliquer l’origine

[...]

5. Le concept de l'angoisse

L'innocence est ignorance. Dans l'innocence l'homme n'est pas encore déterminé comme esprit, mais l'âme l'est dans une unité immédiate avec son être naturel. L'esprit en est encore à rêver dans l'homme. Cette interprétation est en plein accord avec la Bible qui, en refusant à l'homme dans l'innocence le discernement entre le bien et le mal, condamne toutes les imaginations méritoires du catholicisme.

Dans cet état il y a calme et repos ; mais en même temps il y a autre chose qui n'est cependant pas trouble et lutte ; car il n'y a rien contre quoi lutter. Mais qu'est-ce alors ? Rien. Mais l'effet de ce rien ? Il enfante l'angoisse. C'est là le mystère profond de l'innocence d'être en même temps de l'angoisse. Rêveur, l'esprit projette sa propre réalité qui n'est rien, mais ce rien voit toujours l'innocence hors de lui-même.

L'angoisse est une détermination de l'esprit rêveur, et, à ce titre, a sa place dans la psychologie. La veille pose la différence entre moi-même et cet autre en moi, le sommeil la suspend, le rêve la suggère comme un vague néant. La réalité de l'esprit se montre toujours comme une figure qui tente son possible, mais disparaît dès qu'on veut la saisir, et qui est un rien ne pouvant que nous angoisser. Davantage elle ne peut, tant qu'elle ne fait que se montrer. On ne voit presque jamais le concept de l'angoisse traité en psychologie, je fais donc remarquer sa complète différence d'avec la crainte et autres concepts semblables qui renvoient toujours à une chose précise, alors que l'angoisse est la réalité de la liberté parce qu'elle en est le possible. C'est pourquoi on ne la trouvera pas chez l'animal, dont la nature précisément manque de détermination spirituelle.

Si l'on considère alors les caractères dialectiques dans l'angoisse, on en constatera justement l'ambiguïté psychologique. L'angoisse est une *antipathie sympathisante* et une *sympathie antipathisante*. Et je ne crois pas qu'on ait de peine à y voir une catégorie psychologique bien autrement riche que cette fameuse *concupiscentia*. Le langage ici abonde en confirmations ; ne dit-on pas : la douce angoisse, la douce anxiété ; ou encore : une angoisse étrange, une angoisse farouche, etc. ?

L'angoisse posée dans l'innocence n'est donc premièrement pas une faute, ni ensuite un fardeau qui vous pèse, ni une souffrance qui jurerait avec la béatitude de l'innocence. Observez l'enfance : vous y trouverez cette angoisse d'un dessin plus précis comme une quête d'aventure, de monstrueux, de mystère. Qu'il y ait des enfants chez qui elle n'existe pas, cela ne prouve rien, car elle n'existe pas non plus chez l'animal, et moins il y a d'esprit, en effet moins il y a d'angoisse. Cette angoisse appartient si essentiellement à l'enfant qu'il ne veut s'en passer ; même si elle l'inquiète, elle l'enchante pourtant par sa douce inquiétude. Chez tous les peuples, où l'enfance se conserve comme une rêverie de l'esprit, cette angoisse existe, et sa profondeur même mesure la profondeur des peuples. Ce n'est que prosaïsme stupide d'y voir une désorganisation. L'angoisse ici a la même portée que la mélancolie à un stade bien ultérieur, où la liberté, après avoir parcouru les formes imparfaites de son histoire, doit se ressaisir jusqu'en son tréfonds.

De même que le rapport de l'angoisse à son objet, à quelque chose qui n'est rien (le langage dit aussi avec prégnance : s'angoisser de rien) foisonne d'équivoque, de même le passage qu'on peut faire ici de l'innocence à la faute sera précisément si dialectique, qu'il montre que l'explication est bien ce qu'elle doit être : psychologique. Le saut qualitatif reste toujours exempt certes de toute duplicité, mais l'homme, que son angoisse rend coupable, est bien innocent (car ce n'était pas lui-même, mais l'angoisse, un pouvoir étranger qui s'est emparé de lui, un pouvoir qu'il n'aimait pas mais qui l'inquiétait) ; mais d'autre part il est bien coupable aussi, ayant sombré dans l'angoisse, qu'incontestablement il aimait tout en la craignant. Est-il pire ambiguïté au monde ? Voilà pourquoi cette explication est la seule psychologique, alors qu'elle se garde bien, j'y insiste, de se targuer d'être l'explication du saut qualitatif. Se représenter que la défense même nous a tenté ou que le séducteur nous a trompé est toujours une interprétation dont la duplicité ne suffit qu'à une observation superficielle ; elle fausse en effet l'éthique, ne produit qu'une détermination quantitative et, par la psychologie, cherche à faire un compliment à l'homme aux frais de l'éthique, politesse que tous ceux qui ont assez d'éducation morale déclineront comme une séduction nouvelle encore plus cauteleuse.

L'apparition même de l'angoisse est le centre de tout le problème. L'homme est une synthèse d'âme et de corps. Mais cette synthèse est inimaginable, si les deux éléments ne s'unissent dans un tiers. Ce tiers est l'esprit. Dans l'innocence l'homme n'est pas seulement un simple animal, comme du reste, s'il l'était à n'importe quel moment de sa vie, il ne deviendrait jamais un homme. L'esprit est donc présent, mais à l'état d'immédiateté, de rêve. Mais dans la mesure de sa présence il est en quelque sorte un pouvoir ennemi ; car il trouble toujours ce rapport entre l'âme et le corps qui subsiste certes sans pourtant subsister, puisqu'il ne prend subsistance que par l'esprit. D'autre part l'esprit est une puissance amie, désireuse justement de constituer le rapport. Quel est donc le rapport de l'homme à cette équivoque puissance ? quel, celui de l'esprit à lui-même et à sa condition ? Ce rapport est l'angoisse. Être quitte de lui-même, l'esprit ne le peut ; mais se saisir, non plus, tant qu'il a son moi hors de lui-même ; sombrer dans la vie végétative, l'homme ne le peut pas non plus, étant déterminé comme esprit ; fuir l'angoisse, il ne le peut, car il l'aime ; l'aimer vraiment, non plus, car il la fuit. À ce moment l'innocence culmine. Elle est ignorance ; mais non animalité de brute ; elle est une ignorance que détermine l'esprit, mais qui est justement de l'angoisse parce que son ignorance porte sur du néant. Il n'y a pas ici de savoir du bien et du mal, etc. ; toute la réalité du savoir se projette dans l'angoisse comme l'immense néant de l'ignorance.

À ce moment encore l'homme est dans l'innocence, mais il suffit d'un mot, pour que l'ignorance déjà soit concentrée. Mot incompréhensible naturellement pour l'innocence, mais l'angoisse a comme reçu sa première proie, au lieu de néant elle a eu un mot énigmatique. Ainsi quand, dans la Genèse, Dieu dit à Adam : « Mais tu ne mangeras pas des fruits de l'arbre du bien et du mal », il est clair qu'au fond Adam ne comprenait pas ce mot ; car comment comprendrait-il la différence du bien et du mal, puisque la distinction ne se fit qu'avec la jouissance ?

Si l'on admet que la défense éveille le désir, on a alors, au lieu d'ignorance, un savoir, car il faut en ce cas qu'Adam ait eu une connaissance de la liberté, son désir étant de s'en servir. C'est là une explication après coup. La défense inquiète Adam, parce qu'elle éveille en lui la possibilité de la liberté. Ce qui s'offrait à l'innocence comme le néant de l'angoisse est maintenant entré en lui-même, et ici encore reste un néant : l'angoissante possibilité de *pouvoir*. Quant à ce qu'il peut, il n'en a nulle idée ; autrement en effet ce serait – ce qui arrive d'ordinaire – présupposer la suite, c'est-à-dire la différence du bien et du mal. Il n'y a dans Adam que la possibilité de pouvoir, comme une forme supérieure d'ignorance, comme une expression supérieure d'angoisse, parce que ainsi à ce degré plus élevé elle est et n'est pas, il l'aime et il la fuit.

Après les termes de la défense suivent ceux du jugement : « tu mourras certainement ». Ce que veut dire mourir, Adam naturellement ne le comprend point, tandis que rien n'empêche, si l'on admet que ces paroles s'adressaient à lui, qu'il se soit fait une idée de leur horreur. Même l'animal peut à cet égard comprendre l'expression mimique et le mouvement d'une voix qui lui parle, sans comprendre le mot. Si de la défense on fait naître le désir, il faut aussi que les mots du châtiment fassent naître une idée de terreur. Mais voilà qui égare. L'épouvante ici ne peut devenir que de l'angoisse ; car ce qui a été prononcé, Adam ne l'a pas compris, et ici encore nous n'avons donc que l'équivoque de l'angoisse. La possibilité infinie de pouvoir qu'éveillait la défense a grandi du fait que cette possibilité en évoque une autre comme sa conséquence.

Ainsi l'innocence est poussée aux abois. L'angoisse, où elle est, l'a mise en rapport avec la chose défendue et le châtiment. Elle n'est pas coupable et cependant il y a une angoisse comme si elle était perdue.

Aller plus loin est impossible à la psychologie, mais voilà jusqu'où elle peut atteindre, et surtout voilà ce qu'en observant la vie humaine elle peut toujours et toujours démontrer.

Je m'en suis tenu dans toute cette fin au récit biblique, faisant venir du dehors la voix de la défense et du châtiment. C'est ce qui naturellement a tourmenté plus d'une intelligence, quoique la difficulté ici fasse sourire. Car l'innocence peut bien parler ; en un sens n'a-t-elle pas dans le langage de quoi exprimer tout le spirituel ? On n'a donc qu'à supposer qu'Adam s'est parlé à lui-même. Par là tombe cette imperfection du récit qu'un autre parle à Adam de ce qu'il ne comprend pas. D'avoir parlé, il ne s'ensuit pas en effet pour Adam qu'il ait su pénétrer la menace de Dieu. J'entends ici surtout la différence entre le bien et le mal, qui est bien dans la langue, mais qui n'existe que pour la liberté. L'innocence peut bien énoncer cette différence, mais sans que celle-ci existe pour elle et signifie pour elle autre chose que ce que nous avons montré.

CHAPITRE II

L'angoisse, considérée dans la progression du péché originel

[...]

2. L'angoisse subjective

Plus réfléchie on ose poser l'angoisse, plus on croirait facile de la faire tourner en faute. Mais il s'agit ici de ne pas se laisser prendre à des définitions approximatives, de veiller à ce qu'aucun « plus » ne produise le saut, qu'aucun « plus facile » ne facilite réellement l'explication. Faute de s'en souvenir, on risque de se heurter tout d'un coup à un phénomène où tout se passe avec tant d'aisance que le changement devient une simple transition, ou bien on risque de ne jamais finir sa réflexion, parce que dans l'empirisme on n'en finit jamais d'observer. C'est pourquoi même si l'angoisse devient de plus en plus réfléchie, la faute, qui par le saut qualitatif éclate dans l'angoisse, n'en conserve pas moins la responsabilité que chez Adam, et l'angoisse la même ambiguïté.

Aller nier que tout individu depuis Adam a ou doit avoir un état d'innocence analogue à celui d'Adam, ce serait, non moins qu'un scandale pour chacun, supprimer toute pensée, parce qu'il en sortirait alors un individu n'en étant pas un, et qui ne serait qu'un simple exemplaire de son espèce, sans qu'on pût pourtant lui ôter le propre de l'individu : la culpabilité.

On peut comparer l'angoisse au vertige. Quand l'œil vient à plonger dans un abîme, on a le vertige, ce qui vient autant de l'œil que de l'abîme, car on aurait pu ne pas y regarder. De même l'angoisse est le vertige de la liberté, qui naît parce que l'esprit veut poser la synthèse et que la liberté, plongeant alors dans son propre possible, saisit à cet instant la finitude et s'y accroche. Dans ce vertige la liberté s'affaisse. La psychologie ne va que jusque-là et refuse d'expliquer outre. Au même instant tout est changé, et quand la liberté se relève, elle se voit coupable. C'est entre ces deux instants qu'est le saut, qu'aucune science n'a expliqué ni ne peut expliquer. L'homme qui devient coupable dans l'angoisse, sa culpabilité est aussi ambiguë que possible. L'angoisse est une défaillance féminine où la liberté s'évanouit, et psychologiquement la chute n'a toujours lieu qu'en état de défaillance ; mais en même temps l'angoisse est la chose la plus farouchement personnelle, et nulle manifestation concrète de la liberté n'est aussi jalouse du moi que l'est le possible de n'importe quelle concrétion. On retrouve encore ici cet accablement qui détermine l'ambiguïté de l'individu, son état de sympathie et d'antipathie. Dans l'angoisse cet infini égotiste du possible ne nous tente pas, comme lorsqu'on est devant un choix, mais nous ensorcelle et nous inquiète de sa douce anxiété.

Dans l'homme depuis Adam l'angoisse est plus réfléchie. Autrement dit le néant qui était l'objet de l'angoisse devient, semble-t-il, de plus en plus quelque chose. Nous ne prétendons pas qu'il le devienne réellement, ni qu'en réalité il signifie quelque chose, nous ne disons pas qu'au lieu du néant on devrait substituer le péché ou quelque chose d'autre ; car ici ce qui est vrai d'Adam l'est aussi pour l'innocence de l'homme depuis Adam ; tout cela n'existe qu'en fonction de la liberté et n'existe qu'alors que l'individu lui-même par le saut qualitatif pose le péché. Le néant de l'angoisse est donc ici comme un complexe de pressentiments reflétés en eux-mêmes et se rapprochant de plus en plus de l'homme, quoique au fond dans l'angoisse ils ne signifient rien encore ; non un néant, notons-le bien, avec lequel l'individu n'ait rien à faire, mais un néant en communication vivante avec l'ignorance de l'innocence. Ce réfléchissement est une prédisposition, qui, avant qu'on commette la faute, ne signifie essentiellement rien ; tandis que, dès que par le saut qualitatif l'homme est devenu coupable, il apparaît comme la condition préalable où l'homme est entraîné au-delà de lui-même, car le péché se présuppose lui-même, non avant d'être posé (ce qui serait la prédestination) mais dès qu'il l'est.

Traductions du danois par Knud Ferlov
et Jean-Jacques Gateau

bien avec lequel l'individu n'a rien à faire, mais est néanmoins en communication suivante avec l'ignorance de l'innocence. Ce réfléchissement est une prédisposition qui, avant qu'on commette la faute, ne signifie essentiellement rien ; tandis que, dès que par le saut qualitatif l'homme est devenu coupable, il apparaît comme la condition préalable où l'homme est entraîné au-delà de lui-même, car le péché se présuppose lui-même, non avant d'être posé (ce qui serait la prédestination), mais dès qu'il l'est.

Traductions [illegible] par Knud Ferlov et Jean-Jacques Gateau

Traité du désespoir

PREMIÈRE PARTIE

La maladie mortelle est le désespoir

LIVRE PREMIER

Que le désespoir est la maladie mortelle

CHAPITRE PREMIER

Maladie de l'esprit, du moi, le désespoir peut ainsi prendre trois figures : le désespéré inconscient d'avoir un moi (ce qui n'est pas du véritable désespoir) ; le désespéré qui ne veut pas être lui-même et celui qui veut l'être.

L'homme est esprit. Mais qu'est-ce que l'esprit ? C'est le moi. Mais alors, le moi ? Le moi est un rapport se rapportant à lui-même, autrement dit il est dans le rapport l'orientation intérieure de ce rapport ; le moi n'est pas le rapport, mais le retour sur lui-même du rapport.

L'homme est une synthèse d'infini et de fini, de temporel et d'éternel, de liberté et de nécessité, bref une synthèse. Une synthèse est le rapport de deux termes. De ce point de vue le moi n'existe pas encore.

Dans un rapport entre deux termes, le rapport entre un tiers comme unité négative et les deux termes se rapportent au rapport, chacun existant dans son rapport au rapport ; ainsi pour ce qui est de l'âme, la relation de l'âme et du corps n'est qu'un simple rapport. Si, au contraire, le rapport se rapporte à lui-même, ce dernier rapport est un tiers positif et nous avons le moi.

Un tel rapport, qui se rapporte à lui-même, un moi, ne peut avoir été posé que par lui-même ou par un autre.

Si le rapport qui se rapporte à lui-même a été posé par un autre, ce rapport, certes, est bien un tiers, mais ce tiers est encore en même temps un rapport, c'est-à-dire qu'il se rapporte à ce qui a posé tout le rapport.

Un tel rapport ainsi dérivé ou posé est le moi de l'homme : c'est un rapport qui se rapporte à lui-même et, ce faisant, à un autre. De là vient qu'il y a deux formes du véritable désespoir. Si notre moi s'était posé lui-même, il n'en existerait qu'une : ne pas vouloir être soi-même, vouloir se débarrasser de son moi, et il ne saurait s'agir de cette autre : la volonté désespérée d'être soi-même. Ce qu'en effet cette formule-ci traduit, c'est la dépendance de l'ensemble du rapport, qui est le moi, c'est-à-dire l'incapacité du moi d'atteindre par ses seules forces à l'équilibre et au repos : il ne le peut, dans son rapport à lui-même, qu'en se rapportant à ce qui a posé l'ensemble du rapport. Bien plus : cette seconde forme de désespoir (la volonté d'être soi) désigne si peu un mode spécial de désespérer, qu'au contraire, tout désespoir se résout finalement en lui et s'y ramène. Si l'homme qui désespère est, ainsi qu'il le croit, conscient de son désespoir, s'il n'en parle en absurde comme d'un fait advenu du dehors (un peu comme quelqu'un qui souffre du vertige et, dupe de ses nerfs, en parle comme d'une lourdeur sur sa tête, comme d'un corps qui serait tombé sur lui, etc., alors que lourdeur ou pression, ce n'est, sans rien d'externe, qu'une sensation interne, retournée), si ce désespéré veut à toute force, par lui-même et rien que par lui-même, supprimer le désespoir, il dit qu'il n'en sort pas et que tout son effort illusoire l'y enfonce seulement davantage. La discordance du désespoir n'est pas une simple discordance, mais celle d'un rapport, qui, tout en se rapportant à lui-même, est posé par un autre ; ainsi la discordance de ce rapport, existant en soi, se reflète en outre à l'infini dans son rapport à son auteur.

Voici donc la formule qui décrit l'état du moi, quand le désespoir en est entièrement extirpé : en s'orientant vers lui-même, en voulant être lui-même, le moi plonge, à travers sa propre transparence, dans la puissance qui l'a posé.

[...]

LIVRE III

Personnifications du désespoir

On peut dégager abstraitement les diverses personnifications du désespoir en scrutant les facteurs de cette synthèse qu'est le moi. Le moi est formé d'infini et de fini. Mais sa synthèse est un rapport, qui, quoique dérivé, se rapporte à lui-même, ce qui est la liberté. Le moi est liberté. Mais la liberté est la dialectique des deux catégories du possible et du nécessaire.

Il n'en faut pas moins considérer le désespoir, surtout sous la catégorie de la conscience : s'il est conscient ou non, il diffère de nature. À s'en tenir au concept il l'est certes toujours ; mais de là ne s'ensuit pas que l'individu qu'habite le désespoir, et qu'en principe on devrait donc appeler désespéré, ait conscience de l'être. Ainsi la conscience, la conscience intérieure, est le facteur décisif. Décisif toujours quand il s'agit de moi. Elle en donne la mesure. Plus il y a de conscience, plus il y a du moi ; car plus elle croît, plus croît la volonté, et plus il y a de volonté, plus il y a de moi. Chez un homme sans vouloir, le moi n'existe pas ; mais plus il en a, plus il a également conscience de lui-même.

CHAPITRE PREMIER

Du désespoir considéré non sous l'angle de la conscience mais seulement selon les facteurs de la synthèse du moi.

A) Le désespoir vu sous la double catégorie du fini et de l'infini

Le moi est la synthèse consciente d'infini et de fini qui se rapporte à elle-même et dont le but est de devenir elle-même, ce qui ne peut se faire qu'en se rapportant à Dieu. Mais devenir soi-même, c'est devenir concret, ce qu'on ne devient pas dans le fini ou dans l'infini, puisque le concret à devenir est une synthèse. L'évolution consiste donc à s'éloigner indéfiniment de soi-même dans une « infinisation » du moi, et à revenir indéfiniment à soi-même dans la « finisation ». Par contre le moi qui ne devient pas lui-même reste, à son insu ou non, désespéré. Pourtant à tout instant de son existence le moi est en devenir, car le moi χατα δυναμιν (en puissance) n'existe pas réellement et n'est que ce qui doit être. Tant qu'il n'arrive donc pas à devenir lui-même, le moi n'est pas lui-même ; mais ne pas être soi, c'est le désespoir.

α) Le désespoir de l'infinitude, ou le manque de fini

Cela tient à la dialectique de la synthèse du moi, où l'un des facteurs ne cesse d'être son propre contraire. On ne peut donner de définition directe (non dialectique) d'aucune forme de désespoir, il faut toujours qu'une forme reflète son contraire. On peut peindre sans dialectique l'état du désespéré dans le désespoir, comme font les poètes en le laissant parler lui-même. Mais le désespoir ne se définit que par son contraire ; et pour qu'elle ait une valeur d'art l'expression doit alors avoir dans le coloris comme un reflet dialectique du contraire. Dans toute vie humaine donc qui se croit déjà infinie ou qui veut l'être, chaque instant même est désespoir. Car le moi est une synthèse de fini qui délimite et d'infini qui illimite. Le désespoir qui se perd dans l'infini est donc de l'imaginaire, de l'informe ; car le moi n'a de santé et n'est franc de désespoir, que parce que, ayant désespéré, transparent à lui-même, il plonge jusqu'à Dieu.

Il est vrai que l'imaginaire tient d'abord à l'imagination ; mais celle-ci touche à son tour au sentiment, à la connaissance, à la volonté, ainsi on peut avoir un sentiment, une connaissance, un vouloir imaginaires. L'imagination est en général l'agent de l'infinisation, elle n'est pas une faculté comme les autres... mais pour ainsi parler, elle est leur *protée*. Ce qu'il y a de sentiment, de connaissance et de volonté dans l'homme dépend en dernier ressort de ce qu'il a d'imagination, c'est-à-dire de la façon dont toutes ces facultés se réfléchissent : en se projetant dans l'imagination. Elle est la réflexion qui crée l'infini, aussi le vieux Fichte avait-il raison d'y placer, même pour la connaissance, la source des catégories. Comme l'est le moi, l'imagination aussi est réflexion, elle reproduit le moi, et, en le reproduisant, crée le possible du moi ; et son intensité est le possible d'intensité du moi.

C'est l'imaginaire en général qui transporte l'homme dans l'infini, mais en l'éloignant seulement de lui-même et en le détournant ainsi de revenir à lui-même.

Une fois donc le sentiment devenu imaginaire, le moi s'évapore de plus en plus, jusqu'à n'être à la fin qu'une sorte de sensibilité impersonnelle, inhumaine, sans désormais d'attache dans un individu, mais partageant on ne sait quelle existence abstraite, celle par exemple de l'idée d'humanité. Comme le rhumatisant, que dominent ses sensations, tombe tellement sous l'empire des vents et du climat, qu'instinctivement son corps ressent le moindre changement d'air, etc., de même l'homme, au sentiment englouti dans l'imaginaire, verse toujours plus dans l'infini, mais sans devenir toujours plus lui-même, puisqu'il ne cesse de s'éloigner de son moi.

La même aventure arrive à la connaissance qui devient imaginaire. Ici la loi de progrès du moi, s'il faut vraiment aussi que le moi devienne lui-même, c'est que la connaissance aille de pair avec la conscience, et que, plus il connaît, plus le moi se connaisse. Sinon la connaissance, à mesure qu'elle progresse, tourne en un connaître monstrueux, où l'homme, à l'édifier, gaspille son moi, un peu comme le gaspillage des vies humaines pour bâtir les pyramides ou des voix dans les chœurs russes pour ne fournir qu'une note, une seule.

Même aventure encore avec la volonté, quand elle verse dans l'imaginaire : le moi toujours plus s'évapore. Car quand elle ne cesse d'être aussi concrète qu'abstraite, ce qui n'est point le cas ici, plus ses buts et résolutions versent dans l'infini, plus elle reste en même temps disponible pour elle-même comme pour la moindre tâche tout de suite réalisable ; et c'est alors, en s'infinisant, qu'elle revient – au sens strict – le plus à elle-même, c'est quand elle est au *plus loin* d'elle-même (le plus infinisée dans ses buts et résolutions) qu'elle est au même instant le *plus près* d'accomplir cette infinitésimale parcelle de sa tâche réalisable encore aujourd'hui même, à l'heure même, à l'instant même.

Et quand l'une de ses activités, vouloir, connaître ou sentir, a versé ainsi dans l'imaginaire, tout le moi à la fin risque aussi d'y verser, et, qu'il s'y jette plutôt de lui-même ou s'y laisse plutôt entraîner : dans les deux cas, il reste responsable. On mène alors une existence imaginaire en s'infinisant ou en s'isolant dans l'abstrait, toujours privé de son moi, dont on ne réussit qu'à s'éloigner davantage. Voyons ce qui se passe alors dans le domaine religieux. L'orientation vers Dieu dote le moi d'infini, mais ici cette infinisation, quand l'imaginaire a dévoré le moi, n'entraîne l'homme qu'à une ivresse vide. Certain pourra trouver ainsi insupportable l'idée d'exister pour Dieu, l'homme ne pouvant plus en effet revenir à son moi, devenir lui-même. Un tel croyant ainsi en proie à l'imaginaire dirait (pour le personnifier par ses propres paroles) : « On comprend qu'un moineau puisse vivre, puisqu'il ne se sait vivre pour Dieu. Mais soi-même le savoir ! et ne pas sombrer tout de suite dans la folie ou le néant ! »

Mais chez quelqu'un en proie ainsi à l'imaginaire, un désespéré donc, la vie peut très bien suivre son cours, quoique d'habitude on s'en aperçoive, et, pareille à celle de tout le monde, être emplie du temporel, amour, famille, honneurs et considération ; ... peut-être ne s'aperçoit-on pas qu'en un sens plus profond cet homme-là manque de moi. Le moi n'est point de ces choses dont le monde fasse grand cas, c'est celle en effet dont on est le moins curieux et qu'il est le plus risqué de laisser voir qu'on a. Le pire des dangers, la perte de ce moi, peut passer parmi nous aussi inaperçue que si de rien n'était. Nulle autre qui fasse aussi peu de bruit, et, quelle qu'elle soit, bras ou jambe, fortune, femme, etc., nulle autre qui, elle, ne se sache.

β) *Le désespoir dans le fini, ou le manque d'infini*

Ce désespoir, comme on l'a montré dans α), vient de la dialectique du moi, du fait de sa synthèse, où l'un des termes ne cesse d'être son propre contraire.

Manquer d'infini resserre et borne désespérément. Et il ne s'agit ici naturellement que d'étroitesse et d'indigence morale. Le monde, au contraire, ne parle que d'indigence intellectuelle ou esthétique ou de choses indifférentes dont toujours il s'occupe le plus ; car son esprit justement, c'est de donner une valeur infinie aux choses indifférentes. La réflexion des gens s'accroche toujours à nos petites différences, sans se douter comme de juste de notre unique besoin (car la spiritualité c'est de s'en douter), aussi n'entend-elle rien à cette indigence, à cette étroitesse qu'est la perte du moi, perdu non parce qu'il s'évapore dans l'infini mais s'enferme à fond dans le fini, et parce que au lieu d'un moi il ne devient qu'un chiffre, qu'un être humain de plus, qu'une répétition de plus d'un éternel zéro.

L'étroitesse ici où l'on désespère, c'est un manque de primitivité, ou c'est qu'on s'en est dépouillé, qu'on s'est, au spirituel, émasculé. Notre structure originelle est en effet toujours disposée comme un moi devant devenir lui-même ; et, comme tel, un moi n'est certes jamais sans angles, mais de là s'ensuit seulement qu'il faut les endurcir et non les adoucir ; nullement que, par peur d'autrui, le moi doive renoncer à être lui-même ni n'oser l'être dans toute sa singularité (avec ses angles mêmes), cette singularité où l'on est pleinement soi pour soi-même. Mais à côté du désespoir qui s'enfonce à l'aveugle dans l'infini jusqu'à la perte du moi, il en est un d'une autre sorte qui se laisse comme frustrer de son moi par « autrui ». À voir tant de foules autour de lui, à se mettre sur les bras tant d'affaires humaines, en tâchant de saisir comment va le train du monde, ce désespéré-ci s'oublie lui-même, oublie son nom divin, n'ose croire en lui-même et trouve trop hardi de l'être et bien plus simple et sûr de ressembler aux autres, d'être une singerie, un numéro, confondu dans le troupeau.

Cette forme de désespoir échappe en somme parfaitement aux gens. À perdre ainsi son moi un désespéré de ce genre s'acquiert du coup une indéfinie aptitude à se faire partout bien venir, à réussir dans le monde. Ici nul accroc, ici le moi et son infinisation ont cessé d'être une gêne ; poli comme un galet, notre homme roule partout comme une monnaie en cours. Bien loin qu'on le prenne pour un désespéré, c'est juste un homme comme on en veut. En général le monde ne sait pas, et pour cause, où il y a de quoi trembler. Et ce désespoir-là, qui facilite la vie au lieu de la gêner et vous la remplit d'aise, n'est naturellement pas pris pour du désespoir. Tel est l'avis du monde, comme on peut le voir entre autres à presque tous les proverbes, qui ne sont que des règles de sagesse. Tel le dicton qui veut qu'on se repente dix fois d'avoir parlé pour une de s'être tu ; pourquoi ? parce que nos paroles, comme un fait matériel, peuvent nous embrouiller dans des désagréments, ce qui est une chose réelle. Comme si se taire n'était rien ! Quand c'est le pire des dangers. L'homme qui se tait est réduit en effet à son propre tête-à-tête, et la réalité ne vient pas à son secours en le châtiant, en faisant retomber sur lui les suites de ses paroles. En ce sens-là, non il n'en coûte de se taire. Mais aussi celui qui sait, où il y a de quoi trembler, craint plus que tout justement tout méfait, toute faute, d'une orientation intérieure et sans trace au-dehors. Aux yeux du monde le danger c'est de risquer, pour la bonne raison qu'on peut perdre. Point de risques, voilà la sagesse. Pourtant, à ne point risquer, quelle facilité épouvantable à perdre ce qu'on ne perdrait, en risquant, qu'à grand-peine, quoi qu'on perdît, mais jamais en tout cas ainsi, si facilement, comme rien : à perdre quoi ? soi-même. Car si je risque et me trompe, eh bien ! la vie me punit pour me secourir. Mais quand je ne risque rien, qui m'aide alors ? d'autant qu'en ne risquant rien au sens éminent (ce qui est prendre conscience de son moi) je gagne en lâche par-dessus le marché tous les biens de ce monde – et perds mon moi !

Tel est le désespoir de la finitude. Un homme peut parfaitement, et au fond d'autant mieux, y couler une vie temporelle, humaine en apparence, avec les louanges des autres, l'honneur, l'estime et la poursuite de tous les buts terrestres. Car le siècle, comme on dit, ne se compose justement que de gens de son espèce, en somme voués au monde, sachant jouer de leurs talents, amassant de l'argent, arrivés comme on dit et artistes à prévoir, etc., leur nom passera peut-être à l'histoire, mais ont-ils vraiment été eux-mêmes ? Non, car au spirituel ils ont été sans moi, sans moi pour qui tout risquer, absolument sans moi devant Dieu... quelque égoïstes du reste qu'ils soient.

B) Le désespoir vu sous la double catégorie du possible et de la nécessité

Le possible et la nécessité sont également essentiels au moi pour devenir (nul devenir en effet pour le moi s'il n'est libre). Comme d'infini et de fin, απειρον περας, le moi a un égal besoin de possible et de nécessité. Il désespère autant par manque de possible que par manque de nécessité.

α) *Le désespoir du possible ou le manque de nécessité*

Ce fait, comme on l'a vu, tient à la dialectique. En face de l'infini la finitude limite ; la nécessité de même dans le champ du possible a pour rôle de retenir. Le moi, comme synthèse de fini et d'infini, est d'abord posé, existe χατα δυναμιν ; ensuite, pour devenir, il se projette sur l'écran de l'imagination et c'est ce qui lui révèle l'infini du possible. Le moi χατα δυναμιν contient autant de possible que de nécessité, car il est bien lui-même, mais il doit le devenir. Il est nécessité, puisqu'il est lui-même, et possible, puisqu'il doit le devenir.

Si le possible culbute la nécessité et qu'ainsi le moi s'élance et se perde dans le possible, sans attache le rappelant dans la nécessité, on a le désespoir du possible. Ce moi devient alors un abstrait dans le possible, s'épuise à s'y débattre sans pourtant changer de lieu, car son vrai lieu, c'est la nécessité : devenir soi-même en effet est un mouvement sur place. Devenir est un départ, mais devenir soi-même un mouvement sur place.

Le champ du possible ne cesse de grandir alors aux yeux du moi, il y trouve toujours plus de possible, parce que aucune réalité ne s'y forme. À la fin le possible embrasse tout, mais c'est qu'alors l'abîme a englouti le moi. Le moindre possible pour se réaliser demanderait quelque temps. Mais ce temps qu'il faudrait pour la réalité s'abrège tant qu'à la fin tout s'émiette en poussière d'instants. Les possibles deviennent bien de plus en plus intenses, mais sans cesser d'en être, sans devenir du réel, où il n'y a en effet d'intensité que s'il y a passage du possible au réel. À peine l'instant révèle-t-il un possible qu'il en surgit un autre, finalement ces fantasmagories défilent si vite que tout nous semble possible, et nous touchons alors à cet instant extrême du moi, où lui-même n'est plus qu'un mirage.

Ce qui lui manque maintenant, c'est du réel, comme l'exprime aussi le langage ordinaire lorsqu'on dit que quelqu'un est sorti du réel. Mais à y regarder de plus près, c'est de nécessité qu'il manque. Car, n'en déplaise aux philosophes, la réalité ne s'unit pas au possible dans la nécessité, mais c'est cette dernière qui s'unit au possible dans la réalité. Ce n'est pas non plus faute de force, du moins au sens ordinaire, que le moi s'égare dans le possible. Ce qui manque, c'est au fond la force d'obéir, de se soumettre à la nécessité incluse en notre moi, à ce qu'on peut appeler nos frontières intérieures. Le malheur d'un tel moi n'est pas non plus de n'être arrivé à rien dans ce monde, mais de n'avoir pas pris conscience de lui-même, de ne s'être aperçu que ce moi qui est le sien, est un déterminé précis, donc une nécessité. Au lieu de cela, l'homme s'est perdu lui-même en laissant son moi se réfléchir imaginairement dans le possible. On ne peut se voir *soi-même* dans un miroir, sans se connaître déjà, sinon ce n'est point *se* voir, mais voir seulement quelqu'un. Mais le possible est un miroir extraordinaire, dont on ne doit user qu'avec force prudence. C'en est un en effet qu'on peut dire mensonger. Un moi qui se regarde dans son propre possible n'est guère qu'à demi vrai ; car, dans ce possible-là, il est bien loin encore d'être lui-même, ou ne l'est qu'à moitié. On ne peut savoir encore ce que sa nécessité décidera par la suite. Le possible fait comme l'enfant qui reçoit une invitation agréable et qui dit oui tout de suite ; reste à voir si les parents le permettent... et les parents ont le rôle de la nécessité.

Le possible vraiment contient tous les possibles, donc tous les égarements, mais profondément deux. L'un, à forme de désir, de nostalgie, et l'autre, de mélancolie imaginative (espérance, crainte ou angoisse). Comme ce chevalier, dont parlent tant de légendes, qui voit soudain un oiseau rare et s'entête à le poursuivre, s'étant cru d'abord près de l'atteindre... mais l'oiseau toujours de repartir jusqu'à la nuit tombée, et le chevalier, loin des siens, ne sait plus sa route dans sa solitude : ainsi le possible du désir. Au lieu de reporter le possible dans la nécessité, le désir le poursuit jusqu'à perdre le chemin du retour à lui-même. – Dans la mélancolie, le contraire advient de la même façon. L'homme d'un amour mélancolique s'engage à la poursuite d'un possible de son angoisse, qui finit par l'éloigner de lui-même et le faire périr dans cette angoisse ou dans cette extrémité même, où il craignait tant de périr.

β) *Le désespoir dans la nécessité, ou le manque de possible*

Supposez que s'égarer dans le possible se compare aux balbutiements du bas âge, manquer de possible alors, c'est être muet. La nécessité semble n'être que des consonnes, mais pour les prononcer, il faut du possible. S'il manque, si le sort fait qu'une existence en manque, elle est désespérée et l'est à tout instant qu'il manque.

Il y a, comme on dit, un âge pour l'espérance, ou bien encore à une certaine époque, à un certain moment de sa vie on est ou fut, dit-on, débordant d'espérance ou de possible. Mais ce n'est là que du verbiage qui n'atteint pas au vrai : car tout espérer et désespérer de ce genre n'est pas encore du véritable espoir, ni du vrai désespoir.

Le critère le voici : à Dieu tout est possible. Vérité de toujours, et donc de tout instant. C'est un refrain quotidien et dont on fait chaque jour usage sans y penser, mais le mot n'est décisif que pour l'homme à bout de tout, et lorsqu'il ne subsiste nul autre possible humain. L'essentiel alors pour lui c'est s'il veut croire qu'à Dieu tout est possible, s'il a la volonté d'y *croire*. Mais n'est-ce pas la formule pour perdre la raison ? La perdre pour gagner Dieu, c'est l'acte même de croire. Supposons quelqu'un dans ce cas-là : toutes les forces d'une imagination dans l'épouvante lui montraient en tremblant je ne sais quelle horreur intolérable ; et c'est celle-là, celle-là qui lui arrive ! Au regard des hommes sa perte est chose sûre... et, désespérément, le désespoir de son âme lutte pour le droit de désespérer, pour, si j'ose dire, le loisir de désespérer, pour le contentement de tout son être à s'installer dans le désespoir ; jusqu'à ne maudire rien tant que celui qui prétendrait l'en empêcher, selon le mot admirable du poète des poètes, dans *Richard II* :

Beshrew thee, cousin, which didst lead me forth
Of that sweet way I was in todes pair !

(Acte III, scène II.)

Ainsi donc le salut est le suprême impossible humain ; mais à Dieu tout est possible ! C'est là le combat de la *foi*, qui lutte comme une démente pour le possible. Sans lui, en effet, point de salut. Devant un évanouissement les gens crient : De l'eau ! de l'eau de Cologne ! des gouttes d'Hofmann ! Mais pour quelqu'un qui désespère, on s'écrie : du possible, du possible ! On ne le sauvera qu'avec du possible ! Un possible : et notre désespéré reprend le souffle, il revit, car sans possible, pour ainsi dire on ne respire pas. Parfois l'ingéniosité des hommes suffit pour en trouver, mais au terme, quand il s'agit de *croire*, il n'y a qu'un seul remède : À Dieu tout est possible.

Tel est le combat. L'issue ne dépend que d'un point : le combattant veut-il se procurer du possible : veut-il croire ? Et cependant, à parler humainement, il sait bien sa perte archicertaine. Et c'est là le mouvement dialectique de la foi. D'ordinaire l'homme se borne à s'en tenir à l'espoir, au probable, etc., comptant que ceci ou cela ne lui arrivera pas. Vienne ensuite l'événement, il périt. Le téméraire se jette dans un danger, dont le risque aussi peut tenir à des facteurs divers ; et vienne alors ce risque, il désespère, succombe. Le *croyant* voit et saisit en tant qu'homme sa perte (dans ce qu'il a subi ou dans ce qu'il a osé), mais il croit. C'est ce qui le garde de périr. Il s'en remet tout à Dieu sur la manière du secours, mais se contente de croire qu'à Dieu tout est possible. *Croire* à sa perte est impossible. Comprendre qu'humainement c'est sa perte et en même temps croire au possible, c'est croire. C'est alors que Dieu vient au secours du croyant, peut-être en le laissant échapper à l'horreur, peut-être par l'horreur même, où, contre toute attente, miraculeux, divin, éclate le secours. Miraculeux, car quelle pruderie de croire qu'un homme n'a été secouru miraculeusement qu'il y a dix-huit siècles ! Avant tout, l'aide du miracle dépend de l'intelligence passionnée qu'on eut de l'impossibilité du secours, et ensuite de notre loyauté envers cette puissance même qui nous sauva. Mais en règle habituelle les hommes n'ont ni l'une ni l'autre ; ils crient à l'impossibilité de l'aide, sans même avoir tendu leur intelligence à la découvrir, et plus tard ils mentent comme des ingrats.

Dans le possible le croyant détient l'éternel et sûr antidote du désespoir ; car Dieu peut tout à tout instant. C'est là la santé de la foi, qui résout les contradictions. Et c'en est une ici que l'humaine certitude de la perte en même temps néanmoins que l'existence d'un possible. La santé n'est-elle pas en somme le pouvoir de résoudre le contradictoire ? Ainsi au physique un courant d'air est une contradiction, un disparate de froid et de chaleur sans dialectique, et qu'un corps bien portant résout sans s'en rendre compte. De même la foi.

Manquer de possible signifie que tout nous est devenu nécessité ou banalité.

Le déterministe, le fataliste sont des désespérés, qui ont perdu leur moi, parce qu'il n'y a plus pour eux que de la nécessité. C'est la même aventure qu'à ce roi mort de faim, parce que sa nourriture se changeait toute en or. La personnalité est une synthèse de possible et de nécessité. Sa durée dépend donc, comme la respiration *(re-spiratio)*, d'une alternance de souffle. Le moi du déterministe ne respire pas, car la nécessité pure est irrespirable et asphyxie bel et bien le moi. Le désespoir du fataliste, c'est, ayant perdu Dieu, d'avoir perdu son moi ; manquer de Dieu, c'est manquer de moi. Le fataliste est sans un Dieu, autrement dit, le sien, c'est la nécessité ; car à Dieu tout étant possible, Dieu c'est la possibilité pure, l'absence de la nécessité. Par suite, le culte du fataliste est au plus une interjection et, par essence, mutisme, soumission muette, impuissance de prier. Prier, c'est encore respirer, et le possible est au moi, comme à nos poumons l'oxygène. Pas plus qu'on ne respire l'oxygène ou l'azote isolés, pas davantage le souffle de la prière ne s'alimente isolément de possible ou de nécessité. Pour prier il faut ou un Dieu, un moi – et du possible, ou un moi et du possible dans son sens sublime, car Dieu c'est l'absolu possible, ou encore la possibilité pure c'est Dieu ; et seul celui qu'une telle secousse fit naître à la vie spirituelle en comprenant que tout est possible, seul celui-là a pris contact de Dieu. C'est parce que la volonté de Dieu est le possible, qu'on peut prier ; si elle n'était que nécessité, on ne le pourrait, et l'homme serait de nature sans plus de langage que l'animal.

Il en est un peu autrement des philistins, de leur banalité, elle aussi manque avant tout de possible. L'esprit en est absent, alors que dans le déterminisme et le fatalisme il désespère ; mais le manque d'esprit est encore du désespoir. Vide de toute orientation spirituelle, le philistin reste dans le domaine du probable où le possible trouve toujours un refuge ; le philistin n'a ainsi aucune chance de découvrir Dieu. Sans imagination comme toujours, il vit dans une certaine somme banale d'expérience sur le train des événements, les bornes du probable, le cours habituel des choses, et qu'importe qu'il soit marchand de vin ou Premier ministre. Ainsi le philistin n'a plus ni moi ni Dieu. Car, pour découvrir l'un et l'autre, il faut que l'imagination nous sustente au-dessus des vapeurs du probable, nous y arrache et qu'en rendant possible ce qui passe la mesure de toute expérience elle nous apprenne à espérer et craindre ou à craindre et espérer. Mais d'imagination le philistin n'en a point, n'en veut point, la déteste. Ici donc pas de remède. Et si l'existence l'aide parfois à coups d'horreurs, dépassant sa banale sagesse de perroquet, il désespère, c'est-à-dire qu'on voit bien alors que son cas était du désespoir, et qu'il lui manque le possible de la foi pour être à même par Dieu de sauver un moi de sa perte certaine.

Fatalistes et déterministes ont pourtant assez d'imagination pour désespérer du possible et assez de possible pour en découvrir en eux l'absence ; quant au philistin, le banal le rassure, son désespoir est le même, que tout aille bien ou mal. Fatalistes et déterministes manquent de possible pour adoucir et détendre, pour tempérer la nécessité ; et ce possible qui leur servirait d'atténuation, le philistin en manque comme d'un réactif contre l'absence d'esprit. Sa sagesse, en effet, se flatte de disposer du possible et d'en avoir traqué l'immense élasticité dans le piège ou dans la niaiserie du probable ; elle croit l'avoir capté, et notre philistin le promène dans la cage du probable, il le montre à la ronde et s'en croit le maître, sans se douter qu'il s'est ainsi pris lui-même, fait l'esclave de la sottise et le dernier des parias. Et tandis que celui qui s'égare dans le possible y porte l'audace du désespoir, et que celui qui ne croit qu'à la nécessité, désespéré, se crispe et se luxe au réel, le philistin, lui, dans sa sottise, triomphe. [...]

Traductions du danois par Knud Ferlov
et Jean-Jacques Gateau

Ou bien... ou bien...

PUBLIÉ PAR VICTOR EREMITA[a]

a. Autre pseudonyme de Kierkegaard.

PREMIÈRE PARTIE

Contenant les papiers de A

[...]

Les étapes érotiques spontanées
ou
l'érotisme musical

[...]

I. Génialité sensuelle, déterminée comme séduction.

On ne sait pas à quel moment l'idée de *Don Juan* a pris naissance. Ce qui est sûr, c'est qu'elle appartient au christianisme et qu'à travers le christianisme à son tour elle appartient au Moyen Âge. Même si on ne pouvait poursuivre l'idée avec une haute certitude jusqu'à cette grande période historique de la conscience humaine, un examen de la nature profonde de l'idée suffirait à ôter le moindre doute. Somme toute, l'idée de la représentation appartient, en partie consciemment, en partie inconsciemment, au Moyen Âge. Le Tout est représenté en un seul individu, mais de telle manière que seul un de ses côtés est déterminé comme totalité et se manifeste alors en un seul individu. Celui-ci de cette façon est en même temps plus et moins qu'un individu ; à côté de lui se trouve un autre individu qui représente, au même degré total, un autre côté de la vie ; ainsi voyons-nous : le chevalier et le scolastique, l'ecclésiastique et le laïque. La grandiose dialectique de la vie se présente toujours avec clarté dans les individus représentatifs qui vont, le plus souvent, par paires, l'un en face de l'autre. La vie n'existe toujours que *sub una specie*[1], et la grande unité dialectique qui possède dans son unité la vie *sub utraque specie* n'est pas soupçonnée. Les contraires se trouvent donc le plus souvent indifféremment l'un en dehors de l'autre. Ceci, le Moyen Âge l'ignore, et c'est ainsi qu'il réalise lui-même, inconsciemment, l'idée de la représentation. Seule une considération ultérieure y apercevra l'idée. Si le Moyen Âge, dans sa propre conscience, place un individu comme représentant de l'idée, il place souvent un autre individu à ses côtés qui entretient des rapports avec lui ; ces rapports sont alors en général des rapports comiques, par lesquels l'un des individus compense, si l'on veut, l'ampleur démesurée de l'autre en face de la vie réelle. Le Roi, par exemple, a le bouffon à côté de lui, Faust a Wagner, Don Quichotte a Sancho Pança, et Don Juan a Leporello. Cette forme d'association appartient aussi, essentiellement, au Moyen Âge. L'idée appartient donc au Moyen Âge mais, en lui, elle n'appartient pas à un seul poète, – elle est une de ces idées de force primitive qui, avec l'originalité autochtone, jaillissent du monde conscient de la vie populaire. De la discorde entre la chair et l'esprit que le christianisme a introduite dans le monde, le Moyen Âge se devait de faire un objet de sa considération et de rendre, dans ce but, chacune des forces adverses objet d'observation. *Don Juan* est, si j'ose m'exprimer ainsi, l'incarnation de la chair ou l'inspiration charnelle de l'esprit propre de la chair. Je l'ai déjà suffisamment souligné dans ce qui précède ; ce que je désire par contre indiquer ici, c'est la question de savoir s'il faut rapporter *Don Juan* à une époque avancée ou tardive du Moyen Âge. Tout le monde aperçoit facilement, je crois, qu'il a des rapports essentiels avec le Moyen Âge. Or, ou bien il est l'anticipation, discordante et mal comprise, de l'érotisme qui se fit jour avec le chevalier, ou bien la chevalerie n'est encore qu'un contraste tout relatif de l'esprit, – et *Don Juan* n'est apparu comme sensualité, s'opposant à outrance à l'esprit, que lorsque ce contraste s'est marqué plus profondément. L'érotisme de l'époque de la chevalerie a une certaine ressemblance avec celui de l'époque classique de la Grèce ; tous deux sont déterminés moralement, la différence est dans ce que la détermination morale dépend tantôt d'une détermination générale et spirituelle, tantôt d'une détermination comme totalité. L'idée de la féminité est toujours en mouvement et de diverses sortes, ce qui n'était pas le cas à l'époque grecque ; là chacun n'était que belle individualité, et la féminité n'était pas soupçonnée. Dans la conscience du Moyen Âge donc l'érotisme du chevalier se trouvait en rapport assez conciliant avec l'esprit, bien que celui-ci, en sa sévérité jalouse, le tînt pour suspect. Partant du fait que le principe de l'esprit a été mis dans le monde, on peut par exemple concevoir que le contraste le plus marqué et la séparation la plus nette se firent tout d'abord et qu'un adoucissement, ensuite, s'établit peu à peu. Dans ce cas, Don Juan appartient à la première période du Moyen Âge. Si on admet, par contre, que le rapport s'est développé progressivement jusqu'à devenir ce contraste absolu, Don Juan appartiendra à la dernière période du Moyen Âge. Ce processus du reste est plus naturel, puisque de plus en plus l'esprit retire ses actions de la société afin d'agir seul et permettre ainsi au vrai σχανδαλον[2] d'apparaître. En suivant le cours du temps, nous arrivons au point où le Moyen Âge commence à se relever et où apparaît une idée apparentée à celle de Don Juan, celle de Faust ; il faut placer Don Juan un peu avant l'époque de celui-ci. Dès que l'esprit, déterminé exclusivement comme principe, renonce à ce monde et sent qu'il n'est pas là chez lui, et même qu'il ne peut jouer son rôle, il s'élève vers les régions supérieures, il quitte la mondanité, laissant le champ libre à la puissance contre laquelle il s'est toujours dressé et à laquelle à présent il abandonne la place. La sensualité apparaît dans toute sa puissance au moment où l'esprit se dégage de la matière ; le partage ne lui cause aucun regret, elle comprend l'utilité de la séparation et se réjouit de ce que l'Église ne les engage pas à rester ensemble mais rompt, au contraire, les liens qui les attachèrent. La sensualité, plus forte que jamais, s'éveille à présent dans toute sa richesse, dans toute sa joie et toute son allégresse. Et comme l'écho emprisonné, le solitaire de la nature qui ne parle jamais le premier à personne, qui ne parle pas sans avoir été interpellé et aime tant le cor de chasse du chevalier, ses chansons d'amour, l'aboiement des chiens et l'ébrouement des chevaux qu'il ne se lasse pas de les répéter maintes fois, et finit en un doux chuchotement presque intérieur, comme pour ne pas les oublier, ainsi, lorsque l'esprit l'eut quitté, le monde entier devint, pour l'esprit mondain de la sensualité, une demeure résonnant de tous côtés. Le

Moyen Âge a beaucoup parlé d'un mont qui ne se trouve sur aucune carte et s'appelle le mont de Vénus. C'est là que la sensualité est chez elle, là qu'elle trouve ses plaisirs sauvages, car c'est un royaume, un État. Ni la langue, ni la circonspection de la pensée, ni l'acquisition laborieuse de la réflexion ne peuvent s'y établir ; – on n'y entend que la voix élémentaire de la passion, le jeu des désirs, le vacarme sauvage de l'ivresse, – on ne jouit que dans un brouhaha éternel. Le premier-né de ce royaume, c'est Don Juan. Cela ne veut pas dire encore que ce soit le royaume du péché, car il ne doit être observé qu'au moment où il se présente dans l'indifférence esthétique ; ce n'est que lorsque la réflexion intervient qu'il se montre comme royaume du péché, mais alors Don Juan a été tué, la musique s'est tue et on n'aperçoit plus que l'obstination désespérée qui se raidit, impuissante, sans pouvoir trouver aucune consistance, pas même dans les sons. Au moment où la sensualité apparaît comme devant être exclue, comme ce dont l'esprit ne veut plus, bien qu'il n'ait pas encore rendu sa sentence sur elle et ne l'ait même pas encore réprouvée, la sensualité prend cette forme et devient démoniaque, dans l'indifférence esthétique. Ce n'est que l'affaire d'un moment ; bientôt tout est changé et c'en est fait aussi de la musique. Faust et Don Juan sont les Titans et les Géants du Moyen Âge ; ils ne diffèrent pas de ceux de l'Antiquité par la grandeur de leurs efforts, mais ils restent isolés. Ils ne forment pas une union de forces qui transformerait celles-ci, grâce à leur union, en forces titanesques ; mais la force entière est concentrée dans ce seul individu.

Don Juan donc est l'expression du démoniaque, déterminé en tant que sensualité ; Faust est l'expression du démoniaque, déterminé comme ce principe exclu par l'esprit chrétien. Ces idées ont un rapport essentiel l'une avec l'autre et montrent beaucoup de similitude. Aussi pouvait-on leur supposer encore en commun d'avoir été toutes les deux conservées dans une légende. On sait que c'est le cas de Faust. Il existe un livre populaire[3] dont le titre est assez connu, bien que le livre lui-même soit moins recherché, et c'est étrange, surtout dans une époque comme la nôtre, où l'on est si occupé de l'idée de Faust. Ainsi va le monde ; tandis que tout maître de conférences ou professeur de faculté pense être d'assez grande maturité intellectuelle pour s'accréditer auprès de la cour des lecteurs en éditant un livre sur Faust où il répète fidèlement ce qu'ont déjà dit tous les autres licenciés et savants catéchumènes, tous croient pouvoir négliger ce livre populaire, si petit et si insignifiant. Il ne leur viendra pas à l'esprit qu'il est pourtant très beau ; que ce qui est vraiment grand est commun à tout le monde ; qu'un gars de paysan va chez la veuve Tribler[4] ou chez une marchande de chansons à Halmtorvet[5] et lit ce livre à mi-voix et pour son seul plaisir, au moment même où Goethe compose le poème de *Faust*. En vérité, ce livre populaire mérite qu'on y prête attention ; avant tout il possède tout ce qu'on vante comme qualité précieuse du vin : le bouquet ; c'est une excellente mise en bouteille du Moyen Âge et, quand on l'ouvre, il s'en dégage un parfum si aromatique, si suave et si particulier qu'on se sent étrangement troublé. Mais en voilà assez ; ce que je voulais signaler était seulement qu'on ne trouve pas une légende semblable pour Don Juan. Aucun livre populaire, aucune chanson n'en a gardé le souvenir par des éditions répétées. Il est pourtant à présumer qu'une légende a existé, mais selon toute probabilité elle s'est limitée à un trait tout particulier qui a été, peut-être, moins long encore que les quelques strophes qui ont inspiré la *Lenore* de Bürger[6]. Peut-être ce trait n'a-t-il été qu'une indication de nombre ; car je me tromperais fort si le fameux nombre 1003 n'appartenait pas à une légende. Une légende qui ne contient pas autre chose paraît un peu mince, et cela explique facilement qu'aucun écrit ne l'ait relevée. Ce nombre pourtant représente une excellente qualité et une témérité lyrique que beaucoup peut-être ne remarquent pas, trop habitués qu'ils sont à le voir. Bien que cette idée n'ait pas été exprimée dans une légende populaire, elle a été conservée d'une autre manière ; il est notoire que Don Juan a existé, dans un temps lointain, dans des bouffonneries. C'est probablement là sa première existence. Mais, dans cette forme, l'idée était conçue comme idée comique, et il est curieux, en somme, que le Moyen Âge ait été aussi habile à fournir des idéals que capable d'apercevoir avec sûreté le comique dans la grandeur surnaturelle de l'idéal. Représenter Don Juan comme un fanfaron, qui s'imaginait avoir séduit toutes les filles, et laisser Leporello croire à tous ses mensonges, c'était en effet une situation comique assez bien choisie, n'est-ce pas ? Et, même si ce n'était pas ça, même si la conception était autre, l'effet comique devait nécessairement se produire, puisqu'il naît de la contradiction entre le héros et la scène sur laquelle celui-ci se promène. De même, on peut entendre le Moyen Âge parler de héros si robustes qu'ils avaient une demi-aune de distance entre les yeux ; mais si un homme ordinaire se présentait sur la scène et faisait semblant d'avoir les yeux distants d'une demi-aune, le comique aussitôt était en pleine efflorescence.

Ce que je viens de dire à propos de la légende de Don Juan n'aurait pas dû trouver place ici, si cela n'avait eu des rapports plus étroits avec l'objet de cette étude et n'avait servi à diriger la pensée vers le but, une fois celui-ci fixé. Car, tant qu'il n'était pas établi que la musique était le vrai médium de cette idée, elle gardait quelque chose d'énigmatique, et c'est ce qui explique sans doute que son passé soit si pauvre, comparé à celui de Faust. Faust est idée, mais il est aussi essentiellement individu. Le résultat même de la spéculation est d'imaginer ce qui est spirituellement démoniaque comme concentré en un seul individu, mais on ne peut pas imaginer la sensualité en un seul individu. Don Juan oscille continuellement entre l'état d'idée, c'est-à-dire la puissance, la vie, etc., et l'état d'individu. Et cette oscillation est la vibration musicale. Lorsque la mer se soulève en fureur, les flots moutonneux ainsi agités forment des images ressemblant à des êtres ; on a l'impression que ce sont ces êtres qui agitent les flots, – pourtant, c'est au contraire l'agitation des flots qui les crée. Don Juan est ainsi une image qui toujours apparaît, mais sans jamais acquérir ni forme ni consistance ; c'est un individu en continuelle création, qui jamais n'est terminé ; de son histoire nous n'apprenons rien, rien de plus qu'en écoutant le bruit des flots. Si Don Juan est bien compris de cette façon, une idée et un sens profond se dégageront alors du tout. En effet si j'imagine un individu particulier et que je le voie et l'entende parler, l'idée qu'il a séduit 1 003 femmes devient comique ; dès qu'il s'agit d'un seul individu l'accent tombe d'une autre façon, ce sont celles qu'il a séduites qui sont mises en relief et sa façon d'agir. La naïveté de la légende et de la croyance populaire peut énoncer ces choses sans se douter de leur comique ; mais pour la réflexion c'est impossible. Par contre, dans la conception musicale, je n'ai plus l'individu particulier devant moi, je me trouve en face de la force de la nature et du démoniaque qui ne se lasseront ni de séduire ni d'en finir, pas plus que le vent ne se lassera jamais de souffler, ou la mer de se bercer, ou une chute d'eau de s'élancer de sa hauteur. À ce titre, le nombre de celles qu'il a séduites aurait pu tout aussi bien être n'importe quel autre chiffre beaucoup plus fort. Souvent, lorsqu'on doit traduire le texte d'un opéra, il n'est pas facile de le faire avec assez de fidélité pour que la traduction convienne au chant, et que le sens soit suffisamment en harmonie avec le texte et, par conséquent, avec la musique. Parfois cela est complètement indifférent ; je prendrai comme exemple la quantité numérique citée dans la liste de Don Juan. Ce faisant, je n'agirai pas avec la légèreté dont les gens font usage en général, croyant que de telles choses importent peu. Je serai, au contraire, fort sérieux du point de vue esthétique en traitant ce sujet, et c'est pourquoi je pense que le chiffre en question est indifférent. Je désire toutefois vanter une qualité que possède ce nombre de 1 003, et c'est qu'il est impair et fortuit, ce qui n'est pas du tout sans importance, car cela donne l'impression que la liste n'est nullement terminée et que Don Juan, au contraire, poursuit sa course ; on arrive presque à plaindre Leporello qui doit, non seulement monter la garde devant la porte, comme il le dit lui-même, mais en outre tenir une comptabilité si détaillée qu'elle donnerait assez de travail à un chef comptable émérite.

C'est avec Don Juan que la sensualité a été conçue comme

principe pour la première fois ; aussi l'érotisme est-il déterminé ici par un autre attribut, – il est séduction. Il est assez curieux que l'idée d'un séducteur soit absente de l'époque grecque. Mon intention n'est pas d'en vouloir louer l'époque grecque car – c'est notoire – les dieux, aussi bien que les hommes, étaient nonchalants en affaire d'amour ; je ne veux pas non plus blâmer le christianisme, car il ne possède l'idée qu'en dehors de lui. Cette idée fait défaut à l'époque grecque parce que toute vie y est déterminée en tant qu'individualité. La spiritualité était ainsi prédominante ou toujours en accord avec la sensualité. L'amour était donc mental et non pas sensuel, et c'est ce qui inspire cette pudeur qui caractérise tout amour grec. Les Grecs s'éprenaient d'une fille, remuaient ciel et terre pour la posséder, et lorsqu'ils y réussissaient, ils s'en lassaient peut-être et recherchaient de nouvelles amours. Ils pouvaient bien, dans leur inconstance, avoir une certaine ressemblance avec Don Juan et, pour ne citer qu'un cas : Hercule était bien en état de produire une liste assez convenable, si on considère qu'il se chargea, parfois, de familles entières qui comptaient jusqu'à 50 jeunes filles[7] et ainsi, comme un gendre de famille, s'acquitta de tout le monde – selon quelques versions – en une seule nuit. Mais, néanmoins il est essentiellement différent d'un Don Juan : il n'est pas un séducteur. Une méditation sur l'amour grec nous le montre, par sa conception, essentiellement fidèle, justement parce qu'il est mental et, si un seul individu en aime plusieurs, c'est tout à fait fortuit, et, par rapport à celles qu'il aime, chaque fois qu'il en aime une nouvelle, c'est encore fortuit car, lorsqu'il en aime une, il ne pense pas à la prochaine. Don Juan, par contre, est un séducteur jusqu'au plus profond de lui-même. Son amour n'est pas mental mais sensuel, et l'amour sensuel, par sa conception, n'est pas fidèle mais absolument perfide, il ne s'arrête pas à une seule mais s'étend à toutes, c'est-à-dire que toutes sont séduites, car il n'existe que dans le moment. Mais par définition le moment est une somme de moments et ainsi nous avons le séducteur. L'amour chevaleresque lui aussi est mental, donc, suivant la définition, essentiellement fidèle ; seul l'amour sensuel est, par son principe, essentiellement perfide. Cette perfidie se montre encore d'une autre manière, elle naît toujours de la simple répétition. L'amour mental possède en lui, dans les deux sens, la dialectique. Car il a en lui le doute et l'inquiétude, même s'il veut aussi devenir heureux, voir ses désirs réalisés et être aimé. L'amour sensuel n'a pas ce souci. Même un Jupiter est incertain de sa victoire, et il ne peut pas en être autrement, – lui-même ne peut pas le désirer autrement. Pour Don Juan il n'en est pas ainsi, – il tranche la question et doit toujours être imaginé comme absolument victorieux. Cela peut paraître un avantage pour lui et, pourtant, au fond c'est une pauvreté. L'amour mental a encore, par ailleurs, une autre dialectique, car il diffère avec chaque individu particulier qui est l'objet de cet amour. C'est là sa richesse, sa pleine substance. Tel n'est pas le cas de Don Juan, car le temps lui manque, tout n'est pour lui que l'affaire d'un moment. La voir et l'aimer sont une seule chose. Cela est vrai aussi, dans un sens, de l'amour mental, mais ici ce n'est rien que l'indication d'un début. Pour Don Juan c'est d'une autre valeur. La voir et l'aimer sont une seule chose, mais c'est instantané et aussitôt tout est fini, puis cela se répète à nouveau, ainsi à l'infini. Si on imagine l'esprit descendant en Don Juan, – poser à côté de l'Espagne le chiffre de 1 003 serait un illogisme ridicule et même pas conforme à l'idée. Cela deviendrait une exagération et produirait une gêne, même si on le considérait idéalement. À présent, si on n'a pas d'autre médium que la langue pour décrire cet amour, on est embarrassé, car dès qu'on a renoncé à la naïveté qui peut maintenir, en toute innocence, le nombre 1 003 pour l'Espagne, on demande quelque chose de plus, à savoir l'individualisation mentale. Si tout est confondu et si on ne veut surprendre que par des quantités numériques, l'esthétique n'est pas du tout satisfaite. L'amour mental, lui, se meut dans la riche diversité de la vie individuelle, là où les nuances ont leur véritable importance. L'amour sensuel, au contraire, peut tout confondre. La féminité tout à fait abstraite est pour lui l'essentiel ; la différence est tout au plus sensuelle. L'amour mental est existence dans le temps, l'amour sensuel disparition dans le temps, mais justement le médium qui exprime ceci est la musique. Elle est excellemment apte à le faire, parce qu'elle est beaucoup plus abstraite que le langage et exprime, pour cette raison, non le particulier, mais le général dans toute sa généralité, – et pourtant cette généralité ne s'exprime pas dans la réflexion abstraite mais dans la spontanéité concrète. Comme exemple de ce que je veux dire, j'examinerai de plus près le second air du valet : la liste des femmes séduites. On peut le considérer comme la véritable épopée de Don Juan. Fais donc l'expérience, si tu doutes de la justesse de mon affirmation. Imagine-toi un poète mieux doué par la nature que quiconque avant lui, donne-lui la richesse de l'expression, donne-lui la domination et l'autorité sur les puissances de la langue ; que tout ce qui possède un souffle de vie lui soit obéissant et se soumette à ses moindres suggestions ; que tout attende, prêt et prompt, son commandement ; qu'il soit entouré d'une foule nombreuse de légers éclaireurs, d'agiles estafettes qui rejoignent la pensée dans son vol le plus rapide ; que rien ne puisse lui échapper, même pas le plus petit mouvement et enfin, qu'aucun secret et rien de ce qui est indicible ne lui reste voilé dans le monde entier ; – alors, confie-lui la tâche de chanter Don Juan épiquement et de dérouler la liste des femmes séduites. Quel sera le résultat ? – il ne finira jamais. L'épopée a, si on veut, le défaut de pouvoir continuer indéfiniment ; le héros, qui improvise toujours, Don Juan, peut continuer autant qu'on le voudra. Le poète alors veut pénétrer dans la diversité et il y trouvera toujours assez d'agrément, mais il n'obtiendra jamais le même effet que celui que Mozart a atteint ; car même s'il achevait enfin son œuvre, il n'aurait pourtant pas dit la moitié de ce que Mozart a exprimé dans ce seul air. Mozart ne s'est pas occupé de la diversité, – ce sont de grands groupes qu'il fait passer devant nous ; cela s'explique suffisamment par la nature même du médium, la musique, qui est trop abstraite pour exprimer les différences. Ainsi, l'épopée musicale devient relativement courte bien qu'elle possède, d'une manière incomparable, la qualité épique de pouvoir continuer indéfiniment ; on peut toujours la faire recommencer, l'entendre et l'entendre encore une fois, – justement parce que c'est la généralité qui est exprimée et qui l'est dans la spontanéité concrète. Ici, ce que nous entendons, ce n'est pas Don Juan en tant qu'individu particulier, et pas davantage ses propos, mais c'est la voix, la voix de la sensualité qui perce à travers les désirs de la féminité. C'est uniquement parce qu'il aboutit toujours et qu'il peut toujours recommencer, que Don Juan devient épique, – sa vie est la somme de moments distincts, qui n'ont aucune relation entre eux ; – la vie de Don Juan, comme le moment, est une addition de moments, de même que le moment est une somme de moments. Don Juan se trouve dans cette généralité, dans cette oscillation, entre individu et force naturelle ; dès qu'il devient individu, l'esthétique aura de tout autres catégories. C'est pourquoi il est tout à fait conforme à la règle, et d'une profonde signification intime que la jeune fille Zerline, qui est l'objet de la séduction dans la pièce, soit une jeune paysanne quelconque. Des esthéticiens hypocrites qui, pour avoir l'air de comprendre les poètes et les compositeurs, contribuent de tout leur pouvoir à les faire mal entendre, nous diront peut-être que Zerline est une jeune fille exceptionnelle. Chacun de ceux qui pensent ainsi montre qu'il a tout à fait mal compris Mozart et qu'il se sert de fausses catégories. Il est évident qu'il se trompe sur les intentions de Mozart, car Mozart s'est appliqué à rendre Zerline aussi insignifiante que possible, ce à quoi Hotho lui-même a fait attention, bien qu'il n'en aperçoive pas la raison profonde. Si l'amour de Don Juan avait été déterminé non en tant que sensuel mais tout autrement, si Don Juan avait été séducteur au sens spirituel, ce qui sera plus tard l'objet de nos méditations, c'eût été un vice radical de l'œuvre que l'héroïne de la séduction qui nous occupe dramatiquement dans la pièce, fût une paysanne ; l'esthétique aurait alors exigé qu'on imposât au séducteur une tâche plus difficile. Mais, pour Don Juan, ces différences ne comptent pas. Si je pouvais imaginer qu'il tienne de tels propos à son propre sujet, il dirait peut-être : « Vous vous trompez ; je ne suis pas un époux ayant besoin d'une jeune fille exceptionnelle pour être heureux ; chaque jeune fille possède ce qui peut me rendre heureux, – je les prends donc toutes. » C'est ainsi qu'il faut comprendre les mots que j'ai déjà cités : « Chez les vieilles il se glisse » – ou ailleurs : *pur ché porti la gonella, voi sapete quel chè fâ*[8]. Chaque jeune fille est pour Don Juan une fille ordinaire, chaque aventure galante est pour lui une histoire banale. Zerline est jeune et belle et elle est femme, c'est là l'exceptionnel, qu'elle a en commun avec cent autres femmes ; mais ce n'est pas l'exceptionnel qui fait l'objet du désir de Don Juan, c'est ce qui est ordinaire, ce qu'elle possède en commun avec toutes les femmes. S'il n'en était pas ainsi, Don Juan cesserait d'être absolument musical, et l'esthétique exigerait alors la parole, la réplique, tandis que, puisqu'il en est bien ainsi, Don Juan est entièrement musical. J'examinerai encore cette question d'un autre côté, en me servant de la contexture de la pièce. Elvire est une ennemie dangereuse pour Don Juan ; cela est souvent souligné dans les répliques dues à la plume du traducteur danois[9]. Que Don Juan donne une réplique, c'est évidemment une faute, mais il ne s'ensuit pas forcément qu'elle ne puisse contenir une bonne remarque quelconque. Don Juan craint donc Elvire. Quelque esthéticien pense peut-être expliquer ceci à fond en démontrant longuement qu'Elvire est une jeune fille exceptionnelle, etc. Il se fourvoie. Elle est dangereuse pour Don Juan parce qu'elle a été séduite. Dans le même sens, tout à fait dans le même sens, Zerline devient dangereuse pour lui lorsqu'elle aura été séduite. Dès qu'elle est séduite, elle est portée dans une sphère supérieure, – il y a en elle une conscience que Don Juan ne possède pas. Et c'est pourquoi elle devient dangereuse. C'est donc, encore une fois, ce qui est général en elle, et non ce qui est fortuit, qui la rend dangereuse pour lui.

Donc : Don Juan est séducteur, son érotisme est séduction. Voilà ce qui a beaucoup de sens, si on le comprend bien, et peu, si on le conçoit d'une façon obscure. Nous venons de voir, en ce qui concerne Don Juan, que l'idée de séducteur a été essentiellement modifiée, puisque l'objet du désir est la sensualité, et elle seule. Cela avait de l'importance pour montrer le côté musical de Don Juan. Dans l'Antiquité la sensualité a trouvé son expression dans le calme silencieux de la plastique ; dans le monde chrétien la sensualité devait gronder de toute sa passion impatiente. Aussi, bien qu'on puisse dire avec vérité que Don Juan soit un séducteur, cette expression, – qui peut aisément jeter du trouble dans les faibles esprits de quelque esthéticien, – cette expression a souvent causé des malentendus, car on a ramassé toutes les choses incohérentes applicables à un tel séducteur en les utilisant, telles quelles, pour Don Juan. Tantôt on dévoile sa propre astuce, en dépistant celle de Don Juan, tantôt on s'enroue à force de deviser, pour expliquer ses artifices et ses ruses ; en somme, c'est le mot de séducteur qui est cause de la répugnance de chacun et lui fait payer son tribut à un malentendu complet. Lorsqu'on parle de Don Juan, on doit employer le mot de séducteur avec grande prudence, si l'on tient à dire quelque chose de juste et non une banalité. Ce n'est pas que Don Juan soit trop bon, mais il ne tombe pas sous des dénominations éthiques. Je préférerais donc le traiter d'imposteur, puisque cette expression possède, tout de même, un double sens. Il faut une certaine conscience et une réflexion particulière pour faire un séducteur, et, dès qu'elles sont réunies, parler de finesses, d'artifices et d'assauts rusés peut se justifier. Cette conscience fait défaut à Don Juan. Il ne séduit pas mais il désire, et ce désir a un effet séducteur ; c'est jusqu'à ce point-là qu'il peut séduire. Il jouit de l'assouvissement du désir ; dès qu'il en a joui il cherche un nouvel objet, et ainsi de suite. Il trompe donc réellement, mais pas en projetant d'avance sa tromperie ; c'est la puissance propre de la sensualité qui trompe les femmes séduites, c'est plutôt une sorte de Némésis. Il désire et continue à désirer, et il jouit toujours de l'assouvissement du désir. Pour être un séducteur il lui manque le temps antérieur pendant lequel il formerait son projet, ainsi que le temps postérieur, pendant lequel il deviendrait conscient de son action. Un séducteur, par conséquent, doit être en possession d'une force que Don Juan ne possède pas en dépit de tous ses autres dons,

– c'est la puissance de la parole. Dès que nous lui donnons la puissance de la parole il cesse d'être musical, et l'intérêt esthétique change entièrement. Achim v. Arnim [10] parle quelque part d'un séducteur d'un tout autre genre, qui se classe sous des déterminations éthiques. À son sujet il emploie une expression qui, pour sa vérité, sa hardiesse et sa concision, peut presque se comparer à un coup d'archet de Mozart. Il dit de ce séducteur qu'il savait si bien parler à une femme que, même si le diable l'avait saisi, il se serait libéré avec un discours, à condition de pouvoir s'adresser à sa bisaïeule. Voilà le vrai séducteur ; l'intérêt esthétique y est autre aussi, et réside dans le moyen, la méthode. C'est pourquoi il y a quelque chose de très profond dans un fait qui a, peut-être, échappé à la plupart des gens, c'est que Faust, qui reproduit Don Juan, ne séduit qu'une seule jeune fille, tandis que Don Juan en séduit des centaines ; mais cette seule jeune fille est, par l'intensité, séduite et anéantie tout autrement que toutes celles qui ont été trompées par Don Juan, justement parce que, comme reproduction, Faust a en lui la détermination de l'esprit. La force d'un tel séducteur est la parole, c'est-à-dire le mensonge. J'entendais il y a quelques jours un soldat parler à un autre d'une tierce personne qui avait séduit une jeune fille ; il ne donnait pas de détails, mais ses termes cependant étaient tout à fait excellents : – « il savait mentir comme un arracheur de dents ». Un tel séducteur est d'une tout autre espèce que Don Juan, – il en diffère essentiellement ; j'en veux encore pour preuve le fait que sa personne et ses actes sont absolument anti-musicaux et tombent, au point de vue esthétique, dans la catégorie de l'intéressant. Si on le juge, esthétiquement, comme il se doit, l'objet de son désir est aussi quelque chose de plus que la seule sensualité.

Mais alors, – quelle est la force par laquelle Don Juan séduit ? C'est celle du désir : l'énergie du désir sensuel. Dans chaque femme il désire la féminité tout entière, et c'est en cela que se trouve la puissance, sensuellement idéalisante, avec laquelle il embellit et vainc sa proie en même temps. Le réflexe de cette passion gigantesque embellit et agrandit l'objet du désir qui rougit à son reflet, en une beauté supérieure. Comme le feu de l'enthousiaste illumine avec un éclat séduisant jusqu'aux premiers venus qui ont des rapports avec lui, ainsi, en un sens beaucoup plus profond, éclaire-t-il chaque jeune fille, car son rapport avec elle est essentiel. Et c'est pourquoi toutes les différences particulières s'évanouissent devant ce qui est l'essentiel : être femme. Il rajeunit les vieilles de telle sorte qu'elles entrent au beau milieu de la féminité, il mûrit les enfants presque en un clin d'œil ; tout ce qui est féminin est sa proie. *(Pur ché porti la gonella, voi sapete quel ché fà.)* Il ne faut cependant nullement en déduire que sa sensualité soit aveugle ; d'instinct il sait très bien faire des distinctions, mais, avant tout, il idéalise. Si je fais un instant allusion à une étape précédente, celle du Page, le lecteur se souviendra peut-être qu'à propos de Don Juan j'ai rapproché, dès ce moment-là, une de ses répliques de celle du Page. Je faisais demeurer en place le Page mythique, tandis que le Page réel partait pour l'armée. Si j'imagine à présent que le Page mythique est dégagé et mis en mouvement, je rappellerai alors une des répliques qui le concernent et qui conviennent aussi à Don Juan. C'est au moment où Chérubin, léger comme un oiseau, saute audacieusement de la fenêtre ; son geste fait sur Suzanne une impression si forte qu'elle est tout près de défaillir et que, lorsqu'elle reprend ses esprits, elle s'écrie : « Regardez comme il court[11] ; ah, n'a-t-il pas de succès auprès des jeunes filles ! » Car il est très juste que Suzanne parle ainsi, et la cause de sa défaillance n'est pas uniquement l'idée du saut audacieux, mais plutôt le fait qu'il a déjà remporté un succès auprès d'elle. Le Page est le Don Juan à venir mais, cependant, il faut se garder du ridicule d'en conclure qu'il deviendra Don Juan en vieillissant. Non seulement Don Juan a du succès auprès des jeunes filles, mais encore il les rend heureuses et – malheureuses ; chose étrange, c'est là ce qu'elles veulent, et celle qui ne désirerait pas devenir malheureuse pour avoir été une fois heureuse avec Don Juan serait une pauvre fille. Donc, si je continue à appeler Don Juan un séducteur, je ne me l'imagine pourtant pas du tout comme quelqu'un qui forme ses projets sournoisement et calcule, avec ruse, l'effet de ses intrigues ; c'est par la génialité de la sensualité qu'il trompe et comme s'il en était l'incarnation. La réflexion intelligente lui fait défaut ; sa vie est mousseuse, comme le vin avec lequel il se fortifie, émue comme les sons qui accompagnent son joyeux repas, il est toujours triomphant. Il n'a besoin d'aucun préparatif, d'aucun plan, d'aucun temps, car il est toujours prêt. L'énergie est continuellement là, en lui, le désir aussi, et c'est seulement lorsqu'il désire qu'il se trouve dans son élément. Il est assis à table et, heureux comme un dieu, il lève sa coupe, – il se dresse, la serviette en main, prêt à l'attaque. Si Leporello l'éveille au milieu de la nuit, il se réveille, toujours sûr de sa victoire. Mais la parole ne peut pas exprimer cette force, cette puissance, – la musique seule peut nous en donner une idée ; car la réflexion et la pensée ne peuvent pas les atteindre. Je peux clairement exprimer par des mots la ruse d'un séducteur éthiquement déterminé, tandis que la musique se risquerait en vain à résoudre ce problème. Pour Don Juan c'est tout le contraire. Quelle est cette puissance ? – Personne ne saurait le dire ; même si je posais la question à Zerline avant qu'elle aille au bal : quelle est donc la puissance qui t'attire vers lui ? elle me répliquerait : on ne le sait pas ; et je lui répondrais : Bien dit, mon enfant ! Tu parles plus sagement que les Sages Hindous, – *« richtig, das weiss man nicht »*, et le malheur veut que moi aussi, je ne saurais te le dire.

Cette force en Don Juan, cette super-puissance, cette vie – il n'y a que la musique qui puisse les exprimer, et je ne leur sais pas d'autre attribut que celui-ci : la gaieté, pleine de sève et de vie. Lorsque Kruse fait dire à Don Juan, quand celui-ci entre en scène à la noce de Zerline : « Soyez gais, mes enfants [12] ! car vous êtes bien tous habillés pour la noce », il dit alors quelque chose de parfaitement juste, qui est en même temps peut-être plus que sa pensée, car il apporte lui-même la gaieté et, pour la noce, que tous soient habillés comme pour une noce n'est pas sans importance, – Don Juan en effet n'est pas uniquement l'homme de Zerline, il célèbre aussi, par des jeux et des chants, les noces des jeunes filles de toute la paroisse. Quoi d'étonnant alors à ce qu'elles se rangent autour de lui, les joyeuses filles ! Et elles ne seront pas non plus déçues, car il a assez pour elles toutes, de flatteries, de soupirs, de regards audacieux, de douces poignées de main, de chuchotements furtifs, de rapprochements dangereux, – d'éloignement tentateur – et tout cela ne représente cependant que les moindres mystères[13], les cadeaux d'avant la noce. C'est une joie, pour Don Juan, de contempler une si riche récolte. Il s'occupe de toute la paroisse et, cependant, il lui en coûtera peut-être moins de temps qu'à Leporello son bureau.

La pensée est à nouveau amenée, par ce qui vient d'être exposé ici, au véritable objet de notre analyse : la musicalité absolue de Don Juan. Son désir est sensuel, il séduit par la puissance démoniaque de la sensualité et il séduit toute femme. La parole, la réplique ne lui appartiennent pas, – avec elles, il deviendrait tout de suite un être réfléchi. Il n'a pas, en somme, d'existence propre, mais il se hâte dans un perpétuel évanouissement – justement comme la musique, au sujet de laquelle on peut dire qu'elle est finie dès qu'elle a cessé de vibrer et ne renaît qu'au moment où elle recommence à vibrer. Si donc je posais ici la question : – Comment est-il ? Est-il beau, jeune ou âgé ? – quel âge peut-il bien avoir ? Ce n'est alors qu'une accommodation de ma part, et ce qu'on peut dire à ce sujet ne peut trouver place ici que dans la mesure même où une secte tolérée trouverait la sienne dans l'Église d'État. Il est beau et pas tout à fait jeune ; si j'avais à suggérer un âge, je proposerais 33 ans, ce qui est l'âge d'une génération. En se laissant entraîner à de telles recherches, le danger est qu'on perd facilement de vue l'ensemble, en s'arrêtant à un détail, comme si c'était par sa beauté ou tout autre chose dicible que Don Juan exerçait sa séduction. On le verrait alors mais on ne l'entendrait plus, – et, par ce fait, il serait perdu. Donc, si, voulant faire tout mon possible pour aider le lecteur à se former une image de Don Juan, je disais à présent : regardez, il est là devant vous, regardez comme son œil flamboie, comme ses lèvres s'ouvrent dans un sourire, car il est tout à fait sûr de sa victoire, observez son regard royal qui exige ce qui est à César, regardez ses pas légers dans la danse et voyez avec quelle fierté il tend la main ; – heureuse celle à qui elle s'offre, – ou si je disais : regardez, il est là, dans l'ombre de la forêt, appuyé à un arbre, il s'accompagne d'une guitare, et regardez là-bas : une jeune fille disparaît entre les arbres, inquiète comme le gibier effarouché, mais lui n'est pas pressé, il sait qu'elle le cherche ; – ou si je disais : là, dans la nuit claire, il se repose au bord du lac, si beau que la lune s'arrête et se remémore l'amour de sa jeunesse, si beau que les jeunes filles du village donneraient beaucoup pour pouvoir s'approcher de lui furtivement et – en profitant de l'obscurité momentanée, avant que la lune se lève à nouveau et éclaire le ciel – l'embrasser ; – si je parlais ainsi, le lecteur attentif dirait alors : regardez, – il vient de tout nous gâter là, car il oublie lui-même que Don Juan ne doit pas être vu, mais entendu. Et, pour cette raison, je ne le ferai pas, mais je dirai : écoutez Don Juan ; si, en l'écoutant, vous n'obtenez pas une idée de lui, vous ne l'obtiendrez jamais. Écoutez le début de sa vie. Comme la foudre sort des nuées ténébreuses de l'orage, ainsi s'élance-t-il des profondeurs du sérieux, plus rapide que la foudre, plus capricieux qu'elle et, pourtant, aussi sûr ; écoutez comme il se jette dans la richesse de la vie, comme il se brise contre son barrage inébranlable, écoutez ces sons de violon, légers et dansants, écoutez le signe de la joie, l'allégresse du plaisir, écoutez les délices solennelles de la jouissance ; écoutez sa fuite éperdue, – dans sa précipitation il se dépasse lui-même, toujours plus vite, de plus en plus irrésistible, écoutez les désirs effrénés de la passion, écoutez le murmure de l'amour, le chuchotement de la tentation, écoutez le tourbillon de la séduction, écoutez le silence de l'instant, – écoute, écoutez, écoutez *Don Juan* de Mozart. [...]

Tracés d'ombres
Passe-temps psychologique

[...]

3. Marguerite.

Nous connaissons cette jeune fille du *Faust* de Goethe. C'était une jeune fille bourgeoise, non pas, comme Elvire, destinée à un couvent ; elle avait pourtant été élevée dans la crainte de Dieu, bien que son âme fût trop simple pour éprouver des sentiments sérieux, comme le dit Goethe d'une manière incomparable :

Halb Kinderspiel,
Halb Gott im Herzen[14].

Chez cette jeune fille nous aimons surtout sa simplicité charmante et l'humilité de son âme pure. La première fois qu'elle voit Faust, elle se sent trop insignifiante pour être aimée de lui, et si elle effeuille la marguerite, ce n'est pas pour savoir si Faust l'aime, mais par simple curiosité ; c'est par humilité, c'est parce qu'elle se sent trop insignifiante pour choisir et qu'elle se plie à l'oracle d'une puissance mystérieuse. Oui, Marguerite chérie, Goethe nous l'a dévoilé : tu as effeuillé les pétales et tu as prononcé les paroles : il m'aime, il ne m'aime pas ; pauvre Marguerite, tu peux bien continuer cette occupation et ne changer que les paroles : il me trompa, il ne me trompa pas ; tu n'as qu'à cultiver un petit jardin avec cette espèce de fleurs et tu auras du travail manuel pour toute ta vie.

On a signalé que, tandis que la légende de *Don Juan* raconte qu'en Espagne seulement il séduisit 1 003 femmes, celle de *Faust* ne parle que d'une jeune fille séduite. Il est utile de ne pas oublier cette observation, car elle aura de l'importance pour ce qui suit, elle nous aidera à déterminer le caractère particulier du chagrin réfléchi de Marguerite. À première vue, on pourrait croire que la différence entre Elvire et Marguerite est celle qui existe entre deux êtres différents, ayant eu la même expérience. En réalité elle est beaucoup plus profonde, bien que provenant moins de la différence entre deux femmes, que de la profonde différence qu'on observe entre un Don Juan et un Faust. Il doit y avoir dès le commencement une différence entre une Elvire et une Marguerite, parce qu'une jeune fille qui est capable de faire impression sur un Faust doit être essentiellement différente de celle qui fait impression sur un Don Juan ; oui, même si c'était une seule et même jeune fille qui occupe l'attention des deux, un Faust serait toutefois attiré par autre chose qu'un Don Juan. La différence qui ainsi n'existait que comme une possibilité, deviendrait une complète réalité par rapport à un Don Juan ou à un Faust. Car Faust est bien une réplique de Don Juan, mais le fait même d'être une réplique le rend essentiellement différent de Don Juan, même dans le stade de la vie dans lequel on peut l'appeler un Don Juan ; car reproduire un autre stade ne signifie pas seulement le devenir, mais le devenir avec tous les éléments du stade précédent en soi. Par conséquent, si même il désire la même chose qu'un Don Juan, il la désire tout de même d'une autre manière. Pour qu'il puisse la désirer d'une autre manière, cette chose doit exister aussi d'une autre manière. Il y a en lui des éléments qui rendent sa méthode différente, de même qu'il y a en Marguerite aussi des éléments qui rendent une autre méthode nécessaire. D'autre part, la méthode de Faust dépend de son désir et son désir est autre que celui de Don Juan, bien qu'il y ait entre eux une ressemblance essentielle. On croit généralement dire quelque chose de très intelligent en faisant valoir que Faust finit par devenir un Don Juan, mais cela ne signifie pas grand-chose ; car ce qu'il est important de savoir, c'est dans quel sens il le devient. Faust est un démon aussi bien que Don Juan, mais il est un démon supérieur. Il n'attribue d'importance aux sensations qu'après avoir perdu tout un monde antérieur ; mais la conscience de cette perte n'est pas effacée, elle reste toujours en lui, et c'est pourquoi il cherche dans les sensations un dérivatif plutôt qu'une jouissance. Son âme en doute ne trouve rien sur quoi se reposer, et alors il saisit l'amour, non qu'il y croie, mais parce qu'il y a en l'amour un élément du présent dans lequel se trouve le repos d'un instant et des visées qui délassent et qui détournent l'attention de l'inanité du doute. Son désir ne possède donc pas la « *Heiterkeit*[15] » où excelle un Don Juan. Son visage n'est pas souriant, son front n'est pas serein, et la joie n'est pas sa compagne ; les jeunes filles ne dansent pas dans ses bras, il les attire par la crainte. Ce qu'il recherche n'est pas exclusivement le plaisir de la volupté, mais il désire l'immédiateté de l'esprit. De même que dans l'enfer les ombres attrapèrent un être vivant, sucèrent son sang et vécurent aussi longtemps que ce sang les réchauffa et les nourrit, de même Faust recherche une vie immédiate qui puisse le rajeunir et le fortifier. Et où la trouve-t-on mieux que chez une jeune fille, et comment peut-il mieux l'absorber en plein que dans l'étreinte de l'amour ? On dit qu'au Moyen Âge il y avait des sorciers qui connaissaient l'art de préparer un breuvage de jouvence et qui se servaient pour cela du cœur d'un enfant innocent ; c'est de ce tonique aussi que son âme exténuée a besoin, c'est la seule chose qui pour un instant puisse le rassassier. Son âme malade a besoin de ce qu'on peut appeler les primeurs d'un jeune cœur ; et quel autre terme servirait mieux de comparaison avec la première jeunesse de l'âme innocente d'une femme ? En disant qu'elle est comme une fleur, je ne dirais pas assez ; car elle est plus, elle est une floraison ; la santé de l'espérance, de la foi et de la confiance germe et fleurit en riches variétés, de doux désirs meuvent ses fines pousses et les rêves couvrent de leurs ombres sa fécondité. C'est ainsi qu'elle émeut un Faust, elle fait signe à son âme inquiète comme le ferait une île de la paix dans l'océan Pacifique. Personne ne sait mieux que Faust que c'est éphémère ; il n'y croit pas, pas plus qu'à n'importe quelle autre chose ; mais que cela existe, il s'en convainc dans l'étreinte amoureuse. Il n'y a que la plénitude de l'innocence et de la simplicité qui puisse le délasser un instant.

C'est dans un miroir que, dans le poème de Goethe, *Méphistophélès* fait voir Marguerite à Faust. Ses yeux se réjouissent à sa vue, mais sa beauté n'est pas ce qu'il désire, bien qu'il en tienne compte. Ce qu'il désire est la joie pure, paisible, riche, immédiate d'une âme de femme, mais il ne la désire pas spirituellement, mais sensuellement. En un certain sens donc son désir est semblable à celui d'un Don Juan bien qu'étant tout différent. Un privat-docent quelconque qui s'est convaincu lui-même d'avoir été un Faust, – autrement il ne serait jamais parvenu à devenir un privat-docent – remarquera peut-être ici que Faust exige de la jeune fille qui doit provoquer son désir, une formation, un épanouissement intellectuel. Un assez grand nombre de privat-docents trouveront peut-être que c'est là une excellente remarque et leurs épouses ou leurs fiancées donneront leur approbation par un signe de tête. Ils n'y sont pas du tout ; Faust ne désire rien moins que cela. Une jeune fille soi-disant bien élevée se trouverait dans la même relativité que lui-même et, malgré cela, n'aurait aucune importance pour lui, ne serait rien du tout. Peut-être tenterait-elle par un brin de culture ce vieux maître ès doutes à l'entraîner avec lui dans le torrent du doute où elle désespérerait bientôt. Par contre, une jeune fille innocente se trouve dans une tout autre relativité et, par conséquent, en un certain sens elle n'est rien en face de Faust tout en étant en un autre sens quelque chose d'énorme, puisqu'elle est immédiateté. Ce n'est qu'en cette immédiateté qu'elle est le but de ses désirs, et c'est pourquoi je disais qu'il désire l'immédiateté, non spirituellement, mais sensuellement.

Goethe a parfaitement compris tout ceci et c'est pourquoi Marguerite est une jeune fille bourgeoise, une jeune fille qu'on serait presque tenté d'appeler insignifiante. Puisque ce sera d'importance pour connaître le chagrin de Marguerite nous examinerons à présent d'un peu plus près l'influence que Faust a dû exercer sur elle. Les quelques traits que Goethe a relevés ont naturellement une grande valeur ; je crois pourtant que pour être complet il faut imaginer une petite rectification. Marguerite, en sa simplicité innocente, comprend bien vite qu'il y a quelque chose de louche dans la foi de Faust. Goethe le marque dans une petite scène de catéchisation [16] qui sans doute est une excellente invention du poète. Il s'agit à présent de savoir quelles répercussions cet examen peut entraîner dans leurs rapports réciproques. Faust apparaît comme le sceptique, et puisque Goethe ne suggère rien de particulier à cet égard, il semble qu'il ait voulu laisser Faust continuer à être sceptique vis-à-vis de Marguerite aussi. Il s'est efforcé d'éviter que Marguerite ne prêtât attention à ces questions-là et de l'intéresser uniquement à la réalité de l'amour. Mais je crois que ce serait difficile pour Faust puisque enfin le problème a surgi et je crois que psychologiquement ce n'est pas juste. Ce n'est pas à cause de Faust que je m'attarderai davantage à cette question, mais à cause de Marguerite ; car, si dans la conception qu'il s'est fait d'elle il ne s'est pas montré sceptique, le chagrin de Marguerite aura un élément de plus. Faust, donc, est un sceptique, mais il n'est pas un fat qui veut se rendre intéressant en doutant de ce que les autres croient ; le doute a en lui une base objective. Ceci soit dit à l'honneur de Faust. Par contre, dès qu'il oppose son doute à celui des autres, une passion impure peut facilement s'y mêler. Dès qu'on oppose un doute à d'autres, il s'y ajoute une envie qui se réjouit de leur extorquer ce qu'ils considéraient comme acquis. Pour que cette passion de l'envie puisse s'éveiller chez le sceptique, il faut qu'on puisse parler d'une opposition de la part de l'individu en question. Là où l'on n'en peut pas parler ou là où il serait même laid de l'imaginer, là s'arrête la tentation. Et c'est le cas quand il s'agit d'une jeune fille. Un sceptique en face d'elle se trouve toujours embarrassé. Lui extorquer la foi n'est pas un rôle digne de lui ; au contraire, il sent bien que ce n'est que par la foi qu'il y a en elle de la grandeur. Il se sent humilié ; car, si elle est devenue indécise elle-même, il y a en elle une exigence naturelle qui veut qu'il soit son soutien. Oui, un maladroit de sceptique, un faux savant trouveraient bien de la satisfaction en extorquant sa foi à une jeune fille, de la joie en effrayant des vieilles femmes et des enfants, puisqu'ils ne peuvent pas effrayer des hommes. Mais pas Faust : il est trop grand pour cela. On peut donc partager l'avis de Goethe et penser que Faust trahit son doute la première fois, mais je ne crois guère que cela lui arrivera une seconde fois. Ceci a beaucoup d'importance si on désire bien comprendre Marguerite. Faust voit sans difficulté que tout l'intérêt de Marguerite repose sur sa simplicité innocente ; si on la lui enlève, elle n'est plus rien en elle-même, plus rien pour lui. Il faut donc conserver cette simplicité. Il est sceptique, mais comme tel il a en lui tous les éléments du croyant, car autrement il serait un mauvais sceptique. Il lui manque le point final ; par là tous les éléments deviennent des éléments négatifs. Elle, par contre, possède le point final, elle a la simplicité et l'innocence. Rien donc de plus facile pour lui que de l'équiper. Ses expériences de la vie lui ont appris assez souvent que ce qu'il avançait comme des doutes paraissait aux autres des vérités positives. À présent il trouve son plaisir en meublant l'esprit de Marguerite de la riche matière d'une doctrine, il sort toutes les parures de la foi immédiate, il trouve plaisir à en orner Marguerite parce que cela lui va si bien et qu'ainsi parée elle devient plus belle à ses yeux. Il en tire en outre l'avantage que l'âme de Marguerite se lie à la sienne d'une manière toujours plus ferme. À proprement parler, elle ne le comprend pas du tout ; comme un enfant elle se lie fermement à lui ; ce qui pour Faust est doute est pour elle vérité indéfectible. Mais tandis qu'il édifie ainsi la foi de Marguerite, il la sape en même temps par la base, car il devient lui-même à la fin un objet de foi pour elle, un dieu, non un être humain. Seulement, il faut que je m'efforce ici d'éviter un malentendu. Il pourrait paraître que je transforme Faust en un hypocrite ignoble. Ce n'est pas du tout le cas. C'est Marguerite elle-même qui a soulevé toute la question ; Faust embrasse d'un coup d'œil la gloire qu'elle croit posséder et il voit que cette gloire ne peut pas tenir tête à son doute, mais il n'a pas le cœur de la détruire et c'est même grâce à une certaine bonhomie qu'il se conduit ainsi. L'amour de Marguerite fait qu'elle présente un intérêt pour lui et, néanmoins, elle reste presque une enfant ; il condescend à sa simplicité et trouve son plaisir en observant comment elle s'approprie tout. Ceci, cependant, a les conséquences les plus déplorables pour l'avenir de Marguerite. Si Faust s'était montré à elle comme un sceptique, elle aurait peut-être plus tard pu sauver sa foi, elle aurait alors en toute humilité reconnu que les pensées sublimes et hasardées de Faust n'étaient rien pour elle, elle serait restée fidèle à ce qu'elle possédait. Par contre, à présent elle lui est redevable de la teneur de la foi et, cependant, après qu'il l'a quittée, elle comprend que lui-même n'y croyait pas. Tant qu'il était auprès d'elle, elle ne pensait pas au doute, à présent, en son absence, tout change et elle voit le doute partout, un doute qu'elle ne peut pas dominer puisque dans ses pensées se trouve toujours la circonstance accessoire que Faust lui-même n'a pas su le dominer.

Faust captive Marguerite, d'après Goethe aussi, non pas par la séduction d'un Don Juan, mais par son énorme supériorité. C'est pourquoi, comme elle l'exprime avec tant de grâce [17], elle ne peut vraiment pas du tout comprendre ce que Faust trouve de remarquable en elle. La première impression qu'il fait sur elle est donc tout à fait accablante : en face de lui elle rentre dans le néant. Aussi ne lui appartient-elle pas comme Elvire appartient à Don Juan, car ce serait l'expression d'une existence autonome en face de lui ; mais elle disparaît complètement en lui. Elle ne rompt pas non plus avec le ciel afin de lui appartenir, car cela signifierait une justification vis-à-vis de lui ; insensiblement, sans la moindre réflexion, il devient tout pour elle. Mais si dès le commencement elle n'est ainsi rien du tout, en se convainquant de sa supériorité presque divine, elle devient, si j'ose m'exprimer ainsi, de plus en plus petite ; elle n'est rien et n'existe que par lui. On peut dire de l'amour de Marguerite ce que Goethe a dit quelque part de l'âme d'Hamlet [18], qui par rapport à son corps était un germe de chêne planté dans un pot à fleurs et qui finit par faire éclater le pot. Faust, lui, est beaucoup trop grand et l'amour de Marguerite doit finir par déchirer son âme. Et le moment où ce déchirement aura lieu ne peut pas tarder à venir, car Faust sent bien qu'elle ne peut pas rester dans cette immédiateté ; il ne la conduit pas alors dans les régions supérieures de l'esprit, car ce sont bien elles qu'il fuit ; il la désire sensuellement, – et il la quitte.

Faust a donc quitté Marguerite. La perte est si terrible pour elle que son entourage même oublie pour un instant ce qu'autrement il oublie si difficilement, c'est-à-dire qu'elle a été déshonorée ; elle repose en une défaillance complète où elle ne peut même pas estimer sa perte ; même la force nécessaire pour se faire une idée de son malheur lui manque. Si cet état pouvait se maintenir, il serait impossible pour le chagrin réfléchi de se déclarer. Toutefois, les consolations de l'entourage la font peu à peu revenir à elle et donnent une impulsion à ses pensées qui ainsi se remettent en mouvement ; mais, dès qu'elles se sont remises en mouvement il est facile de voir qu'elle n'est pas à même de retenir une seule de leurs méditations. Elle les écoute alors comme si ce n'était pas à elle qu'elles parlaient et aucune parole d'elles ne peut arrêter ou accélérer l'agitation de son esprit. Le problème est pour elle le même que pour Elvire ; il lui faut penser que Faust a été un fourbe ; mais c'est encore plus difficile parce que Faust a eu sur elle une influence beaucoup plus profonde ; ce n'était pas seulement un fourbe, mais encore un hypocrite ; elle n'a rien sacrifié pour lui, mais elle lui doit tout et, à un certain degré, elle possède encore ce tout, qui à présent paraît une duperie. Ce qu'il a dit, en est-ce moins vrai parce qu'il n'y a pas cru lui-même ? Nullement ; pour elle c'est ainsi cependant, car elle y croyait par lui.

On aurait pu croire que la réflexion aurait eu plus de difficultés à se mettre en mouvement chez Marguerite ; car ce qui l'arrête est le sentiment qu'elle n'était rien du tout. Mais il y a là une élasticité dialectique énorme. Si elle pouvait retenir la pensée qu'au sens le plus strict elle n'était rien du tout, la réflexion serait exclue et elle n'aurait pas non plus été dupée ; car, lorsqu'on n'est rien il n'y a pas de rapport, et là où il n'y a pas de rapport, il ne peut non plus être question d'une duperie. À ce titre elle est au repos. Toutefois, cette pensée ne se laisse pas retenir, elle se convertit immédiatement en son antithèse. L'idée qu'elle n'était rien exprime seulement que toutes les différences finies de l'amour sont niées et elle est, par conséquent, justement l'expression de la validité absolue de son amour, ce qui implique par ailleurs la justification absolue de Marguerite. La conduite de Faust alors n'est pas seulement une duperie, mais une duperie absolue, parce que l'amour de Marguerite était absolu. Et en cet état non plus elle ne pourra se reposer ; car, puisqu'il a été tout pour elle, elle ne sera pas capable de retenir cette pensée sauf par lui ; mais elle ne peut pas la penser par lui parce qu'il était un fourbe.

À présent, l'entourage lui devenant de plus en plus étranger, le mouvement intérieur commence. Non seulement elle a aimé Faust de toute son âme, mais il a été sa force vitale, c'est par lui qu'elle s'est formée. Il en résulte, non exactement que son âme devienne moins émue en son sentiment intime que celle d'Elvire, mais que le sentiment intime particulier devient moins ému. Elle est en train de gagner un état d'âme dominant, et le sentiment intime particulier est comme une bulle d'air qui monte de la profondeur, qui n'a pas la force de se maintenir et qui non plus n'est pas chassée par une nouvelle bulle, mais est fondue dans l'état d'âme général qui dit qu'elle n'est rien. Cet état d'âme dominant est de son côté un état qui est senti, qui ne s'exprime pas en un transport particulier, il est inexprimable, et tout essai que l'état d'âme particulier fait pour le soulever, pour le dresser, est fait en vain. C'est pourquoi l'état d'âme total résonne toujours dans l'état d'âme particulier, dont il constitue, dans son impuissance et dans sa lassitude, la résonance. L'état d'âme particulier s'exprime, mais ne soulage pas, n'allège pas, il est – je me servirai ici d'une expression de mon Elvire suédoise qui certainement est très caractéristique, bien qu'un homme la conçoive moins bien – il est un faux soupir qui trompe et non un vrai soupir qui constitue un exercice fortifiant et utile. L'état d'âme particulier n'est même pas sonore, ni énergique, l'expression de Marguerite est trop alourdie pour cela.

« Puis-je l'oublier ? Mais le ruisseau, tant qu'il continue à couler, peut-il oublier la source, oublier son origine, s'en arracher ? Alors, il devrait bien cesser de couler ! La flèche, quelle que soit sa vitesse, peut-elle oublier la corde de son arc ? Alors, sa marche devrait bien s'arrêter ! La goutte de pluie, quelle que soit la durée de sa chute, peut-elle oublier le ciel d'où elle tombe ? Alors, elle devrait bien se dissoudre ! Puis-je devenir une autre, puis-je renaître d'une mère qui n'est pas ma mère ? Puis-je l'oublier ? Alors je devrais bien cesser d'exister !

« Puis-je me souvenir de lui ? Ma mémoire, peut-elle me le rappeler à présent qu'il a disparu, à moi, qui moi-même ne suis qu'un souvenir de lui ? Cette image pâle et embrouillée est-ce bien le Faust que j'ai adoré ? Je me rappelle ses paroles, mais je ne possède pas la harpe de sa voix ! Je me rappelle ses discours, mais ma poitrine est trop faible pour les remplir ! Ils sonnent insignifiants pour des oreilles sourdes !

« Faust, oh ! Faust, reviens, rassasie celle qui a faim, habille sa nudité, soulage celle qui languit, viens voir la solitaire ! Je sais bien que mon amour n'avait aucune importance pour toi, mais tu sais bien que je ne te l'ai jamais demandé. Mon amour se prosternait en humilité à tes pieds, mon soupir était une prière, mon baiser un sacrifice d'actions de grâce, mon étreinte une adoration. Est-ce pour cela que tu me quittes ? Ne le savais-tu donc pas déjà ? J'ai besoin de toi, mon âme se meurt lorsque tu n'es pas auprès de moi, n'est-ce donc pas suffisant pour que tu m'aimes ?

« Seigneur, qui êtes aux cieux, pardonnez-moi d'avoir aimé un être humain plus que Vous et, cependant, je le fais encore ; je le sais, je commets un nouveau péché en Vous parlant ainsi. Amour éternel, oh ! que Ta miséricorde me supporte, ne me repousse pas, rends-le-moi, fléchis son cœur à nouveau vers moi, aie pitié de moi, aie pitié parce qu'à nouveau je prie ainsi.

« Mais est-ce que vraiment je peux le maudire ? Que suis-je pour avoir une telle hardiesse ? Est-ce que le vase de terre peut être aussi effronté envers le potier ? Qu'est-ce que j'étais ? Rien ! Une glaise entre ses mains, une côte dont il m'a formée ! Qu'est-ce que j'étais ? Une pauvre herbe, et il s'inclina vers moi, il me cultiva, il fut tout pour moi, mon Dieu, la source de mes pensées, l'aliment de mon âme.

« Puis-je être affligée ? Non, non ! Le chagrin couvre mon âme comme un brouillard de nuit. Oh ! rentre, je renoncerai à toi, je ne demanderai jamais à t'appartenir, assieds-toi seulement auprès de moi, regarde-moi pour que je puisse trouver la force de soupirer, parle-moi, parle de toi-même comme si tu étais un étranger, j'oublierai que c'est toi ; parle, pour que mes larmes puissent couler. Ne suis-je donc rien du tout, pas même capable de pleurer, sauf par lui !

« Où trouverai-je paix et repos ? Les pensées s'élèvent dans mon âme, l'une s'élève contre l'autre, l'une trouble l'autre. Lorsque tu étais auprès de moi, elles écoutaient tes conseils ; alors, comme un enfant, je jouais avec elles, j'en tressais des couronnes et je les mettais sur ma tête, je les laissais flotter au gré du vent comme mes cheveux. À présent, effrayantes, elles m'enlacent, elles serpentent comme des vipères et oppressent mon âme angoissée.

« Et je suis mère ! un être vivant demande à être nourri par moi. Celui qui souffre de la faim, peut-il rassasier celui qui a faim, celui qui meurt de soif peut-il désaltérer celui qui a soif ? Deviendrai-je donc assassin ? Oh ! Faust, rentre, sauve l'enfant dans le sein de sa mère, même si tu ne veux pas sauver la mère ! »

Ainsi ce n'est pas par un état d'âme qu'elle s'émeut, mais dans un état d'âme ; mais l'état d'âme particulier ne la soulage pas parce qu'il se dissout en l'état d'âme total qu'elle ne peut pas supprimer. Oui, si Faust lui était enlevé, Marguerite ne rechercherait aucun apaisement ; car, à ses yeux son sort serait enviable quand même – mais elle a été dupée. Il lui manque ce qu'on pouvait appeler la situation du chagrin, car, seule, elle n'est pas à même de s'affliger. Oui, si comme la pauvre Florine du conte [19] elle pouvait trouver accès à une grotte dont l'écho répéterait chaque soupir, chaque plainte aux oreilles du bienaimé, alors elle y resterait jour et nuit ; mais, au palais de Faust, il n'y a pas de grotte ni d'écho, et il n'a aucune oreille dans son cœur.

*
* *

J'ai peut-être retenu votre attention trop longtemps sur ces images, mes chers Συμπαρανεχρωμενοι, et ceci d'autant plus que rien de visible ne vous est apparu, malgré tout ce que j'ai eu à vous dire. Ce n'est pas dû à la fausseté de mon exposé, mais à la nature même de la question et à l'astuce du chagrin. Lorsque l'occasion favorable se présente, c'est alors que ce qui est caché se révèle. Cette occasion, nous l'avons en notre pouvoir, et, en nous séparant, nous réunirons ces trois fiancées du chagrin, nous les ferons s'embrasser l'une l'autre dans l'accord du chagrin, nous les ferons former un groupe devant nous, un tabernacle où la voix du chagrin ne se taira pas, où le soupir ne s'arrêtera pas parce qu'elles-mêmes, plus attentives et plus fidèles que des vestales, veillent à l'observation des saints rites. Devons-nous leur souhaiter le retour de ce qu'elles ont perdu ? serait-ce un gain pour elles ? Mais n'ont-elles pas déjà reçu une consécration supérieure ? Et cette consécration les réunira et projettera une beauté sur leur union et les soulagera dans cette union, car seul celui qui a été lui-même mordu par des vipères connaît la souffrance de celui qui a été mordu par des vipères.

Le plus malheureux

[...]

Quelque part en Angleterre[20] il y a, paraît-il, une tombe qui ne se distingue pas par un monument magnifique, ni par son site mélancolique, mais par une petite épitaphe : « Le plus malheureux ». On dit que la tombe a été ouverte, mais qu'on n'y a pas trouvé trace de cadavre. De quoi faut-il s'étonner le plus : de l'absence d'un cadavre ou de l'ouverture de la tombe ? Il est en vérité curieux qu'on ait pris le temps d'examiner s'il y avait quelqu'un dedans. Quand on lit un nom sur une épitaphe, on est facilement tenté de se demander comment la vie du défunt a bien pu s'écouler dans ce monde, on peut même désirer descendre dans la tombe pour s'entretenir avec lui. Mais cette épitaphe, elle est tellement suggestive ! Un livre peut avoir un titre qui vous donne envie de le lire, mais un titre peut être en lui-même tellement riche d'idées et si séduisant que jamais l'on ne veut lire le livre. En vérité – pour quiconque s'est fiancé mentalement et en secret peut-être avec l'idée qu'il est lui-même le plus malheureux – cette épitaphe est, selon son état d'âme, extrêmement suggestive, émouvante ou réjouissante. Mais je peux m'imaginer un homme dont l'âme ne s'occupe pas de ces choses-là ; c'était un problème posé à sa curiosité que de savoir si vraiment quelqu'un se trouvait dans la tombe. Et voilà, – la tombe était vide ! L'inconnu – peut-être est-il ressuscité, peut-être a-t-il voulu se moquer des paroles du poète[21] :

– dans la tombe se trouve la paix,
l'occupant silencieux ignore le chagrin ;

ne trouva-t-il pas de repos, pas même dans la tombe ? Erre-t-il peut-être à nouveau comme un vagabond sur la terre ? A-t-il quitté sa maison, son foyer, ne laissant que son adresse ? Ou ne l'a-t-on pas encore trouvé, le malheureux que les Euménides[22] elles-mêmes ne poursuivent pas jusqu'à ce qu'il trouve la porte du temple et le banc des gens humblement en prière, mais que les chagrins font continuer à vivre, le malheureux que les chagrins accompagnent jusqu'à la tombe !

Et puisqu'il n'a pas été retrouvé, nous autres, mes chers Συμπαρανεχρμενοι (Frères défunts compagnons de la mort) mettons-nous en route comme des croisés, non vers le Saint-Sépulcre dans l'heureux Orient, mais vers cette triste tombe dans le malheureux Occident. Nous le chercherons près de cette tombe vide, lui le plus malheureux, certains de le trouver, car, comme les désirs des croyants soupirent après le Saint-Sépulcre, les malheureux sont attirés vers l'Occident, vers cette tombe vide, et chacun est pénétré de la pensée qu'elle lui est destinée.

Or cette méditation ne serait-elle pas pour nous un objet digne de considération, pour nous dont l'activité, selon les saints usages de notre société que je désire observer, est un essai de recueillement aphoristique fortuit, pour nous qui ne pensons pas et ne parlons pas aphoristiquement mais qui vivons aphoristiquement, pour nous qui vivons ἀφορισμενοι *et segregati*[23], comme des aphorismes dans la vie, sans communion avec les hommes, pour nous qui ne participons pas à leurs chagrins ni à leurs joies, pour nous qu'on n'entend pas se mêler aux bruits de la vie mais qui sommes des oiseaux solitaires au milieu du silence de la nuit, réunis parfois seulement pour nous édifier en réfléchissant aux misères de la vie, à la longueur du jour et à la durée infinie du temps, pour nous, mes chers Συμπαρανεχρωμενοι, qui ne croyons pas au jeu de la joie, ni au bonheur des sots, pour nous qui ne croyons à rien, sauf au malheur.

Regardez, comme ils jouent des coudes, tous les malheureux en foule innombrable. Il y en a beaucoup qui se croient appelés, mais peu sont élus. Il faut établir une séparation entre eux – un mot, et la foule disparaît ; car ils sont tous des exclus et des intrus ceux qui pensent que la mort est le plus grand malheur, ceux qui devenaient malheureux parce qu'ils craignaient la mort ; car nous, mes chers Συμπαρανεχρωμενοι, nous qui, comme les soldats romains[24], ne craignons pas la mort, nous connaissons un pire malheur, et avant et par-dessus tout – vivre. Oui, s'il y avait quelqu'un qui ne puisse pas mourir, si ce que la légende nous raconte du Juif errant est vrai, comment hésiterions-nous à le déclarer le plus malheureux ? Alors, cela permettrait d'expliquer pourquoi la tombe était vide : ce serait pour indiquer que le plus malheureux était celui qui ne pouvait pas mourir, qui ne pouvait pas parvenir à s'échapper dans une tombe. La question serait ainsi réglée, la réponse serait facile : car le plus malheureux serait celui qui ne peut pas mourir, heureux celui qui le peut ; heureux serait celui qui meurt dans sa vieillesse, plus heureux celui qui meurt dans sa jeunesse, plus heureux encore celui qui meurt au moment de sa naissance ; le plus heureux de tous serait celui qui ne voit jamais le jour. Mais il n'en est pas ainsi, la mort est le bonheur commun de tous les hommes, et, puisqu'on n'a pas trouvé le plus malheureux, il faut le rechercher à l'intérieur des limites ainsi tracées.

Regardez, la foule a disparu, le nombre a diminué. À présent, je ne dis pas : prêtez-moi votre attention, car je sais que je la possède ; je ne dis pas : prêtez moi vos oreilles, car je sais qu'elles m'appartiennent. Vos yeux brillent. Vous vous levez de vos places. C'est une compétition qui en vaut bien la peine, c'est un combat plus terrible encore que s'il était engagé pour la vie ou la mort ; car nous ne craignons pas la mort. Mais la récompense, oui, est plus glorieuse que n'importe quelle autre dans ce monde, et plus certaine ; car celui qui obtient l'assurance d'être le plus malheureux n'a pas besoin, n'est-ce pas, de craindre le bonheur, il ne subira pas à sa dernière heure l'humiliation de devoir crier : Solon, Solon, Solon[25] !

Nous ouvrons donc une libre concurrence d'où personne ne sera exclu, ni par l'âge ni par l'état. Personne n'est exclu, sauf celui qui est heureux et celui qui craint la mort ; – tout membre digne de la communauté des malheureux est bienvenu, la place d'honneur est réservée à tout être vraiment malheureux, la tombe au plus malheureux de tous. Ma voix résonne dans le monde, écoutez-la, vous tous, qui vous appelez malheureux dans ce monde, et qui ne craignez pas la mort. Ma voix résonne en arrière dans le temps ; nous ne voulons pas être assez sophistes pour exclure les défunts sous prétexte qu'ils sont morts, puisqu'ils ont vécu. Je vous en conjure, pardonnez-moi de troubler pour un instant votre tranquillité ; rendez-vous à cette tombe. Je le crie trois fois et bien haut à travers le monde, écoutez, vous les malheureux ; car nous n'avons pas l'intention de régler cette question entre nous, ici dans un recoin du monde. Nous avons trouvé l'endroit où elle doit être réglée : devant le monde entier.

Toutefois, avant de nous mettre à interroger chacun en particulier, rendons-nous dignes de siéger ici en juges et en compagnons de combat. Fortifions notre esprit, armons-le contre la séduction de l'oreille ; quelle voix est en effet aussi insinuante que celle du malheureux, quelle voix est aussi séduisante que celle du malheureux lorsqu'il parle de son propre malheur ? Rendons-nous dignes de siéger comme juges, et combattons en commun, pour ne pas perdre la vue d'ensemble, pour ne pas être déroutés par chacun en particulier ; car l'éloquence du chagrin est infinie et infiniment ingénieuse. Nous allons classer les malheureux en groupes distincts et un seul de chaque groupe aura la permission de parler ; nous prétendons que ce n'est pas un individu en particulier qui est le plus malheureux, mais une classe ; néanmoins, nous n'hésiterons pas à décerner le nom de plus malheureux au représentant de cette classe, nous n'hésiterons pas à lui allouer la tombe.

Dans toutes les œuvres systématiques de Hegel on trouve un chapitre qui traite de la conscience malheureuse[26]. On se livre toujours à la lecture de telles études avec une inquiétude profonde et des battements de cœur, tout en craignant d'apprendre ou trop ou trop peu. La conscience malheureuse est un terme qui, même accidentellement introduit dans la conversation, peut faire tourner le sang, frissonner les nerfs et à présent, intentionnellement prononcé, comme ce terme mystérieux d'un conte de Clemens Brentano[27] : *tertia nux mors est* – peut vous faire frémir comme un pécheur. Ah ! heureux celui qui, après avoir écrit quelques lignes sur cette question-là, n'a plus à s'en occuper ; et plus heureux encore celui qui peut écrire les lignes suivantes. Le malheureux, voilà, est celui qui d'une manière ou d'une autre possède en dehors de lui-même son idéal, sa richesse intérieure, la plénitude de sa conscience, sa vraie essence. Le malheureux est toujours absent de lui-même, jamais présent en lui-même. Mais on peut évidemment être absent dans le passé aussi bien que dans l'avenir. Avec cela tout le territoire de la conscience malheureuse est suffisamment circonscrit. Remercions Hegel pour cette délimitation bien établie et à présent, n'étant pas seulement des philosophes qui regardent ce royaume à distance, nous observerons de plus près, comme des indigènes, les différentes étapes qui s'y trouvent. Le malheureux est donc absent. Mais on est absent lorsqu'on est dans le passé ou dans l'avenir. Il faut bien insister sur la définition ; car il est évident, et la linguistique nous l'apprend aussi, qu'il y a un *tempus* qui est présent dans le passé, et un *tempus* qui est présent dans l'avenir ; mais la même science nous apprend en outre qu'il y a un *tempus* qui est *plus quam perfectum* dans lequel il n'y a rien de présent, et un *futurum exactum* du même caractère. Il s'agit là des êtres qui vivent dans l'espoir et dans le souvenir. Si d'autre part on admet que, seul, l'être qui est présent en lui-même est l'être heureux, ces autres êtres-là sont bien, en un sens, c'est-à-dire en tant qu'ils ne vivent que dans l'espoir ou que dans le souvenir, des êtres malheureux. Mais, au sens strict, on ne peut pas appeler malheureux un être présent dans l'espoir ou dans le souvenir. Car, ce qu'il faut souligner ici, c'est qu'il y est présent. Ceci nous apprendra aussi qu'un seul choc, si dur qu'il soit, ne peut en aucun cas rendre un homme « le plus malheureux ». Un seul choc ne peut lui ravir que l'espoir et ainsi le rendre présent dans le souvenir, ou bien lui ravir le souvenir et le rendre ainsi présent dans l'espoir. Mais nous continuerons notre analyse et nous verrons alors comment il faut déterminer de plus près l'être malheureux. Nous regarderons d'abord l'être qui vit dans l'espoir. Maintenant que cet être malheureux n'est pas présent en lui-même, puisqu'il vit dans l'espoir, il devient malheureux en un sens plus strict. Un individu qui espère une vie éternelle, dans la mesure où il renonce au présent, est bien en un sens un être malheureux, mais il n'est pas malheureux au sens strict du mot parce qu'en lui-même il est présent dans cet espoir et ne se prend pas de querelle avec les éléments particuliers du fini. Par contre, s'il ne peut pas en lui-même devenir présent dans l'espoir, mais qu'il perde son espoir, puis espère à nouveau et ainsi de suite, alors il est en lui-même absent, non seulement dans le présent mais dans l'avenir aussi, et nous obtenons ainsi un type de malheureux. Il en est de même pour l'être qui vit dans le souvenir. S'il peut en lui-même devenir présent dans le passé, il n'est pas malheureux au sens strict du mot, mais s'il ne le peut pas et reste toujours en lui-même absent dans le passé, nous obtenons ainsi un type de malheureux.

Le souvenir surtout est l'élément véritable des malheureux et c'est tout naturel, parce que le passé possède la particularité curieuse d'être fini, l'avenir celle de venir et, par conséquent, en un certain sens on peut dire que l'avenir est plus proche du présent que le passé. Si donc l'être qui vit dans l'espoir doit devenir présent dans l'avenir, cet avenir doit avoir réalité ou, plutôt, il doit obtenir réalité pour lui ; pour que l'être qui vit dans le souvenir puisse devenir présent dans le passé, ce passé doit avoir eu réalité pour lui. Mais lorsque l'être vivant dans l'espoir désire espérer un avenir qui pourtant ne peut avoir aucune réalité pour lui, ou lorsque celui qui vit dans le souvenir désire se rappeler un temps qui n'a eu aucune réalité, alors nous nous trouvons en face des êtres véritablement malheureux. La première supposition semble basée sur une impossibilité ou avoir le caractère de pure folie, mais ce n'est pas le cas ; car il est bien vrai que l'être vivant dans l'espoir ne met pas son espoir en quelque chose qui n'a pas de réalité pour lui, mais il espère quelque chose qui à son escient est irréalisable. Lorsqu'un être, en perdant l'espoir, au lieu de devenir un être vivant dans le souvenir, veut continuer à vivre dans l'espoir, alors nous avons un type de malheureux. De même, lorsqu'un être, en perdant le souvenir ou en n'ayant rien dont il puisse se souvenir, ne veut pas devenir un être vivant dans l'espoir mais veut continuer à vivre dans le souvenir, alors nous avons un type de malheureux. Par exemple, si un individu se perd dans les souvenirs de l'Antiquité, du Moyen Âge ou de n'importe quel autre temps, mais de telle façon qu'il ait une réalité absolue pour lui, ou s'il se perd dans les souvenirs de son enfance ou de sa jeunesse et de telle façon qu'elles aient une réalité absolue pour lui, alors on ne pourrait pas l'appeler vraiment, au sens strict du mot, un être malheureux. Par contre, imaginons un homme qui n'ait pas lui-même eu d'enfance, parce que cet âge s'est écoulé sans importance véritable pour lui ; plus tard, en devenant professeur par exemple, il découvre tout ce qu'il y a de beau dans l'enfance, se souvient alors de sa propre enfance et continue à la fixer dans son esprit ; voilà un exemple assez approprié. Cet homme arriverait alors à reculons à découvrir l'importance de ce qui pour lui fait partie du passé et dont, néanmoins, il voudrait se rappeler l'importance. Imaginons quelqu'un qui ait vécu sans comprendre les joies de la vie ni ses douceurs et qui s'en avise à l'approche de la mort ; si par malheur pour lui il ne meurt pas mais ressuscite, sans pour cela revivre sa vie, alors celui-là pourrait bien être pris en considération lorsqu'il faudra choisir le plus malheureux.

Les êtres malheureux par l'espoir ne portent jamais, comme les êtres malheureux par le souvenir, cette empreinte douloureuse. Les êtres qui vivent dans l'espoir ressentent toujours une déception moins cruelle. C'est pourquoi le plus malheureux sera toujours à rechercher parmi les êtres malheureux par souvenir.

Cependant, nous irons plus loin encore, nous nous imaginerons une combinaison des deux types décrits, tous les deux malheureux, au sens strict. L'être malheureux qui vit dans l'espoir ne peut pas en lui-même devenir présent dans l'espoir – de même que celui qui vit dans le souvenir. La combinaison ne peut être que celle-ci : ce qui l'empêche de devenir présent dans son espoir est le souvenir, et ce qui l'empêche de devenir présent dans le souvenir est l'espoir. Cela tient, d'un côté, à ce qu'il espère toujours ce dont il doit se souvenir ; son espoir est toujours frustré, mais l'être en découvre le motif : le but n'a pas été reculé, mais a été dépassé, il a été déjà vécu ou aurait pu être vécu et est ainsi passé dans le souvenir. D'autre part, il se souvient toujours de ce qu'il aurait dû espérer, car il a recueilli dans ses pensées ce qui devrait venir, il l'a vécu intimement et il se souvient de ce qui a été ainsi vécu, alors qu'il devrait l'espérer. Ce qu'il espère se trouve donc derrière lui, ce dont il se souvient se trouve en avant. Il ne vit pas à reculons mais, en un double sens, devant derrière. Il s'apercevra bientôt de son malheur, bien qu'il ne comprenne pas comment il se réalise. Mais pour qu'il ait tout le loisir de le ressentir, intervient le malentendu qui, d'une manière curieuse, raille à chaque instant. L'être dont nous parlons a généralement l'honneur d'être considéré comme ayant l'usage de sa raison et, cependant, il sait que s'il voulait expliquer à un seul homme ce qu'il en est de lui, il serait traité de fou. Ceci suffirait pour devenir fou et, cependant, il ne le devient pas, et en ceci se trouve justement son malheur. Son malheur est d'être venu au monde trop tôt et, par conséquent, d'arriver toujours trop tard. Il est toujours tout près du but et, à l'instant même, il en est éloigné ; il découvre alors que ce qui à présent le rend malheureux, parce qu'il l'a atteint ou parce qu'il est ainsi, c'est justement ce qui, il y a quelques années, l'aurait rendu heureux s'il l'avait atteint, tandis qu'il devint malheureux de ne pas l'atteindre. Sa vie n'a aucun intérêt, comme ce fut le cas de cet Ancœus[28] au sujet de qui les traditions et les usages disent qu'on ne sait rien de lui, sauf qu'il a donné sujet au proverbe :

πολλα μεταξυ πελει χυλίχος χαι χειλεος ἀχρου,

renseignement qui suffit amplement, il me semble. La vie de l'être en question ne connaît pas de repos et n'a pas de richesse intérieure ; il n'est pas présent dans l'instant, pas présent dans l'avenir, car le futur a été vécu, non pas présent dans le passé, car le passé n'est pas encore arrivé. Comme Latone[29] fut chassée aux ténèbres des Hyperboréens[30], lui, l'être en question, fut chassé à la ronde jusqu'à l'île ensoleillée de l'Équateur, et ne put parvenir à faire ses couches, tout en restant toujours comme une femme en couches. Il se trouve seul dans le vaste monde, livré à lui-même, il n'a aucun contemporain avec lequel il puisse se lier, aucun passé qu'il puisse désirer, car son passé n'est pas encore arrivé, aucun avenir qu'il puisse espérer, car son avenir a déjà pris fin. Tout seul il a en face de lui le monde entier, comme ce « toi-même » avec lequel il est en conflit ; car le reste du monde n'est pour lui qu'une seule personne et cette personne, cet ami inséparable et importun, c'est le malentendu. Il ne peut pas vieillir, car il n'a jamais été jeune ; il ne peut pas rajeunir, car il a déjà vieilli ; en un sens, il ne peut pas mourir, car il n'a jamais vécu ; en un sens, il ne peut pas vivre, car il est bien mort déjà ; il ne peut pas aimer, car l'amour est chose toujours présente et il n'a aucun présent, aucun avenir, aucun passé ; il jouit pourtant d'un naturel aimant, et il ne hait le monde que parce qu'il l'aime ; il n'a pas de passion, non qu'il en soit privé, mais parce que au moment où il en éprouverait une, il éprouve la passion opposée, il n'a le temps de rien faire, non que son temps soit occupé, mais parce qu'il n'a pas de temps du tout ; il est impuissant, non que la force lui manque, mais parce que sa propre force le rend impuissant.

Toutefois, je pense que notre cœur sera bientôt assez trempé, nos oreilles assez bouchées, mais non fermées. Nous avons écouté la voix pondérée de la réflexion, ressentons l'éloquence de la passion, courte, emphatique, comme celle de toute passion.

Voilà une jeune fille. Elle se plaint que son amant lui soit devenu infidèle. On ne peut pas donner suite à cela. Mais elle n'aimait que lui dans le monde entier, elle l'aimait de tout son cœur, de toute son âme et de toutes ses pensées – alors elle n'a qu'à se souvenir et pleurer.

Est-ce un être réel ou est-ce une image, est-ce un être vivant qui meurt, ou est-ce un mort qui vit – c'est Niobé[31]. Elle perdit tout à la fois ; elle perdit ce à quoi elle donna vie, elle perdit ce qui lui donna la vie ; Regardez-la vers le haut, mes chers Συμπαρανεχρωμενοι, elle se trouve un peu plus haut que le monde, comme une stèle sur un tertre funéraire. Mais nul espoir ne lui fait signe, nul avenir ne la remue, nulle espérance ne la tente, nul espoir ne l'inquiète – désillusionnée, elle reste là, pétrifiée dans le souvenir ; elle fut malheureuse un instant et sur le coup elle devint heureuse, et rien ne peut lui enlever son bonheur, le monde change mais elle ne connaît aucun changement, et le temps arrive mais pour elle il n'y a aucun avenir.

Regardez-la, – quel beau rassemblement ! Une génération tend la main à l'autre ! Est-ce pour la bénédiction, pour la fidèle entente, pour les danses joyeuses ? C'est la famille réprouvée d'Œdipe, et le choc se propage et écrase la dernière – c'est Antigone. Toutefois, on a porté le deuil pour elle ; le deuil d'une génération suffit pour une vie humaine. Elle a tourné le dos à l'espoir, elle a remplacé l'inconstance de l'espoir par la fidélité du souvenir. Sois donc heureuse, chère Antigone ! Nous te souhaitons une longue vie, significative comme un profond soupir. Qu'aucun oubli ne te prive de rien ! Que l'amertume journalière du chagrin te soit offerte à pleines mains !

Une figure d'homme pleine de vigueur paraît ; mais, quoi, il n'est pas seul, il a donc des amis, alors, comment vient-il ici ? C'est le patriarche du chagrin, c'est Job – et ses amis. Il perdit tout, mais non d'un seul coup ; car le Seigneur ôta, et le Seigneur ôta, et le Seigneur ôta. Des amis lui apprirent l'amertume de la perte ; car le Seigneur donna, et le Seigneur donna, et le Seigneur donna – et par-dessus le marché une épouse peu raisonnable. Il perdit tout ; car ce qu'il conserva ne présente aucun intérêt pour nous. Le respect lui est dû, mes chers Συμπαρανεχρωμενοι, à cause de ses cheveux gris et de son malheur. Il perdit tout, mais il avait tout possédé.

Ses cheveux sont gris, sa tête s'incline, son visage est abattu [32], son âme est inquiète. C'est le père de l'enfant prodigue. Comme Job, il perdit ce qu'il aima le plus dans ce monde, néanmoins, le Seigneur ne l'ôta pas, mais l'ennemi ; il ne le perdit pas, mais il le perd ; l'enfant ne lui a pas été enlevé, mais il disparaît. Il ne reste pas, couvert de cendre, auprès de son foyer ; il s'est levé de là, a tout quitté pour rechercher celui qu'il a perdu ; il étend ses mains, mais son bras ne le saisit pas, il appelle à haute voix, mais sa voix ne l'atteint pas. Néanmoins, il espère bien le rejoindre à travers les brumes dans la mort même. Son espoir le rend vieux et rien ne l'attache au monde, sauf l'espoir pour lequel il vit. Ses pieds sont las, ses yeux sombres, son corps aspire au repos, son espoir vit. Ses cheveux sont blancs, son corps est décrépit, ses pieds s'arrêtent, son cœur se brise, son espoir vit. Relevez-le, mes chers Συμπαρανεχρωμενοι, il fut malheureux.

Quelle est cette figure pâle, veule comme l'ombre d'un mort ! Son nom est oublié, beaucoup de siècles se sont écoulés depuis ces jours-là. Il fut adolescent, et plein d'enthousiasme. Il aspirait au martyre. En pensée il se vit cloué à la croix, il vit le ciel s'offrant à lui ; mais la réalité lui fut trop lourde, l'exaltation prit fin, il renia le Seigneur et lui-même. Il voulut porter un monde, mais il succomba sous la tâche ; son âme ne fut pas écrasée ni anéantie, elle fut brisée ; son esprit fut perclus, son âme paralysée. Félicitez-le, mes chers Συμπαρανεχρωμενοι, il fut malheureux. Pourtant, il devint évidemment heureux, car il obtint bien ce qu'il avait désiré, il fut martyr bien que son martyre n'ait pas pris la forme qu'il avait voulu, il ne fut pas cloué à la croix, ni jeté en proie aux animaux sauvages, mais brûlé vivant, lentement consumé à petit feu.

Voilà, assise, une jeune fille pensive. Son amant lui fut infidèle – nous n'en pouvons pas tenir compte. Ma jeune fille, regardez les mines graves de l'assemblée, elle a entendu parler de malheurs plus terribles, son âme hardie demande des malheurs plus grands. – Oui, mais je l'aimais tout seul dans le monde entier, de toute mon âme, de tout mon cœur, de toutes mes pensées. – Oh ! nous l'avons entendu une fois déjà, ne fatiguez pas notre patience ; tu peux toujours te souvenir et regretter. – Non, je ne peux pas regretter ; car il ne m'était peut-être pas infidèle, il n'était peut-être pas un fourbe. – Comment, tu ne peux pas regretter ? Approche-toi, toi, l'élue des jeunes filles, pardonne au censeur sévère qui un instant a voulu te repousser, tu ne peux pas regretter, mais alors, tu peux bien espérer ? – Non, je ne peux pas espérer ; car il était une énigme. – Bien, ma petite fille, je te comprends, tu es montée haut sur l'échelle du malheur ; regardez-la, mes chers Συμπαρανεχρωμενοι, elle plane presque sur le sommet du malheur. Toutefois, il faut que tu te dédoubles, le jour tu dois espérer, la nuit regretter, ou bien regretter le jour, espérer la nuit. Sois fière, car on ne doit jamais être fier du bonheur, mais bien du malheur. Certes, tu n'es pas la plus malheureuse, mais n'êtes-vous pas d'avis, mes chers Συμπαρανεχρωμενοι, que nous lui accordions un *accessit* honorable ? Nous ne pouvons pas lui attribuer la tombe, mais bien la place la plus proche d'elle.

Car le voilà, lui, le délégué du royaume des soupirs, l'enfant gâté, l'élu des souffrances, l'apôtre du chagrin, l'ami silencieux de la douleur, l'amant malheureux du souvenir, troublé dans sa mémoire par la lumière de l'espoir, déçu dans son espérance par les ombres du souvenir. Sa tête est alourdie, ses genoux se dérobent sous lui et, pourtant, il ne se repose que sur lui-même. Il est las et, néanmoins, combien vigoureux ; ses yeux ne paraissent pas avoir versé beaucoup de larmes, mais en avoir bu, il y couve pourtant une flamme capable de consumer le monde entier, mais non un fragment de son propre chagrin ; il est courbé, sa jeunesse pourtant lui promet une longue vie, ses lèvres sourient du monde qui se méprend sur lui. Levez-vous, mes chers Συμπαρανεχρωμενοι, inclinez-vous à cet instant solennel, vous les témoins du chagrin. Je te salue, toi grand inconnu, dont je ne sais pas le nom, je te salue avec ton titre d'honneur : le plus malheureux. Salut ! sois le bienvenu ici, chez toi, dans la communauté des malheureux, salut ! devant la porte de l'humble et vile demeure qui, cependant, est plus fière que tous les palais du monde. Regarde, la pierre a été enlevée, l'ombre de la tombe t'attend avec sa fraîcheur délicieuse. Toutefois, le moment n'est peut-être pas encore arrivé, le chemin est peut-être long encore ; mais nous te promettons de nous réunir souvent ici afin de t'envier ton bonheur. Reçois donc notre souhait, un bon souhait : que personne ne te comprenne, que tous t'envient ; qu'aucun ami ne se joigne à toi, qu'aucune jeune fille ne t'aime, qu'aucune sympathie secrète ne soupçonne ta douleur solitaire ; qu'aucun œil ne pénètre ton chagrin solitaire ; qu'aucune oreille ne dépiste ton soupir énigmatique ! Ou bien, ton âme fière dédaigne-t-elle un tel souhait compatissant, méprise-t-elle le soulagement ? alors, que les jeunes filles t'aiment, que les femmes enceintes, dans leur angoisse, se réfugient auprès de toi ; que les mères espèrent en toi, que ceux qui sont *in extremis* viennent se consoler auprès de toi ; que les jeunes te rejoignent, que les hommes comptent sur toi ; que le vieillard étende la main vers toi comme pour saisir un bâton – que le monde entier soit convaincu que tu es à même de le rendre heureux. Enfin, que tu vives content, toi le plus malheureux ! Toutefois, qu'est-ce que je dis : le plus malheureux, je devrais dire le plus heureux, car ceci, n'est-ce pas justement un don de la fortune que personne ne peut s'approprier lui-même ? Voyez, la langue fait défaut et la pensée se trouble ; car, qui est le plus heureux sinon celui qui est le plus malheureux, et qui est le plus malheureux sinon celui qui est le plus heureux, et qu'est ce que c'est que la vie, sinon démence, et la foi sinon folie, et l'espoir sinon partie remise, et l'amour sinon vinaigre dans la blessure ?

Il a disparu, et nous nous trouvons à nouveau auprès de la tombe vide. Souhaitons-lui donc la paix, le repos, et la guérison et tout le bonheur possible, et une mort proche et un oubli éternel, et aucune mémoire pour que son souvenir ne rende pas un autre malheureux.

Levez-vous, mes chers Συμπαρανεχρωμενοι ! La nuit est passée, le jour recommence son activité infatigable, jamais las, semble-t-il, de se répéter éternellement et éternellement.

[...]

DEUXIÈME PARTIE

Contenant les papiers de B
Lettres à A

[...]

L'équilibre entre l'esthétique et l'éthique dans l'élaboration de la personnalité

[...]

Qu'est-ce donc que la mélancolie ? C'est l'hystérie de l'esprit. Il vient dans la vie d'un homme un moment où l'immédiateté a pour ainsi dire mûri et où l'esprit demande une forme supérieure où il veut se saisir lui-même comme esprit. L'homme, en tant qu'esprit immédiat, est fonction de toute la vie terrestre, et l'esprit, se ramassant pour ainsi dire sur lui-même, veut sortir de toute cette dissipation et se transfigurer en lui-même ; la personnalité veut prendre conscience d'elle-même dans sa validité éternelle. Si cela n'arrive pas, le mouvement est arrêté, et si elle est refoulée, alors apparaît la mélancolie. On peut faire beaucoup pour l'ensevelir dans l'oubli, on peut travailler, on peut se servir de moyens plus innocents que ceux d'un Néron, mais la mélancolie reste. Il y a quelque chose d'inexplicable dans la mélancolie. Celui qui a de la peine ou des soucis en sait la cause. Si on demande à un mélancolique la raison de sa mélancolie, ce qui l'oppresse, il répondra qu'il ne le sait pas, qu'il ne peut pas l'expliquer. C'est en cela que consiste l'infini de la mélancolie. Et la réponse est tout à fait juste ; car, aussitôt qu'il le sait, la mélancolie n'existe plus, tandis que la peine de celui qui est affligé ne cesse pas du fait qu'il sait la raison de sa peine. La mélancolie est un péché, elle est au fond un péché *instar omnium*, c'est le péché de ne pas vouloir profondément et sincèrement et c'est donc la mère de tous les péchés. Cette maladie, ou plus correctement, ce péché est très fréquent de nos jours, et c'est par exemple celui sous lequel gémit toute la jeunesse de l'Allemagne et celle de la France. Je ne veux pas t'irriter, je te traite en général avec autant d'indulgence que possible. J'avoue volontiers qu'en un sens le fait d'être mélancolique n'est pas un mauvais signe, car la mélancolie ne touche généralement que les natures les plus douées. Je ne te fatiguerai pas non plus en prétendant que tous ceux qui souffrent d'indigestion aient pour cela le droit de s'appeler mélancoliques. C'est d'ailleurs ce qu'on voit assez souvent de nos jours, car être mélancolique est devenu presque un mérite, ambitionné de tous. Mais celui qui prétend être hautement intelligent doit accepter que je lui confère la responsabilité de pouvoir être aussi plus coupable que d'autres. S'il veut voir juste à cet égard, il n'y verra non plus une dépréciation de sa personnalité, bien que cela lui apprenne à s'incliner en toute humilité devant la puissance éternelle. Le mouvement terminé, la mélancolie a cessé d'exister essentiellement, tandis qu'il peut arriver au même individu d'avoir dans sa vie beaucoup de peines et de soucis, et tu sais bien qu'à cet égard je professe, moins que quiconque, la sage bassesse prétendant qu'il ne sert à rien de s'affliger, qu'il ne faut tenir aucun compte des peines. J'aurais honte d'oser me présenter devant un homme attristé avec ces paroles-là. Mais même l'homme dont la vie a le mouvement le plus calme, le plus paisible et le plus opportun gardera toujours un peu de mélancolie ; cela tient à quelque chose de plus profond – au péché originel, et cela s'explique par le fait qu'aucun homme ne peut devenir transparent pour lui-même. Par contre, les gens dont l'âme ne connaît pas du tout la mélancolie sont ceux dont l'âme n'a pas l'idée d'une métamorphose. Je n'ai pas à m'occuper d'eux ici, car, enfin, je n'écris que de toi et pour toi ; et je crois que cette explication te donnera satisfaction, car je suppose que tu ne penses guère, comme le font beaucoup de médecins, que la cause de la mélancolie réside dans l'état physique, et que les médecins, ce qui est assez curieux, ne peuvent pas malgré cela la maîtriser ; il n'y a que l'esprit qui puisse le faire, car elle repose dans l'esprit, et lorsque celui-ci se trouve lui-même, tous les petits chagrins disparaissent, ainsi que les causes qui chez quelques-uns, selon leur opinion, provoquent la mélancolie ; ce sont, par exemple, de ne pas pouvoir trouver le chemin pour entrer dans le monde, d'entrer dans la vie aussi bien trop tard que trop tôt, de ne pas pouvoir trouver une place dans la vie ; car celui qui se possède lui-même éternellement n'entre ni trop tôt ni trop tard dans le monde, et celui qui se possède lui-même dans sa validité éternelle trouvera bien son importance dans cette vie.

[...]

Reste à montrer comment la vie se présente lorsqu'on la considère éthiquement. Toi, et tous les esthéticiens, vous êtes très disposés à départager, vous concédez que l'éthique a son importance, vous dites qu'un homme qui vit pour ses devoirs est respectable, qu'il mérite des éloges, oui, vous laissez même entendre, à mots couverts, qu'il est tout à fait naturel que des gens vivent pour leurs devoirs, qu'il est bien que la masse des gens le fassent, et vous rencontrez alors parfois des gens de devoir assez débonnaires pour trouver un sens à ces propos, bien que naturellement ils soient dénués de sens comme tout scepticisme. Mais vous ne désirez pas vous engager vous-mêmes avec l'éthique ; le faire serait priver la vie de son importance et, avant tout, de sa beauté. L'éthique est quelque chose de tout à fait différent de l'esthétique, et lorsqu'elle apparaît, elle l'anéantit complètement. – Même si c'était vrai, je n'aurais aucun doute pour mon choix. Il y a un instant dans le désespoir où il semble en être ainsi, et celui qui n'en a pas eu le sentiment n'a eu qu'un désespoir trompeur, et il ne s'est pas choisi lui-même éthiquement. Cependant, ce n'est pas ainsi, et c'est pourquoi, à l'instant d'après, le désespoir apparaît, non pas comme une rupture, mais comme une métamorphose. Tout revient, mais transfiguré. Par conséquent, c'est seulement quand on considère la vie éthiquement qu'elle a la beauté, la vérité, l'importance, l'existence ; ce n'est que lorsqu'on vit éthiquement que votre vie aura de la beauté, de la vérité, de l'importance, de l'assurance ; ce n'est que dans la conception éthique de la vie que le doute autopathisant et le doute sympathisant sont tranquillisés.

Les doutes autopathisant et sympathisant ne peuvent être tranquillisés qu'en une seule et même chose, parce que au fond c'est le même doute. Car le doute autopathisant n'est pas une expression d'égoïsme, mais une exigence de cette affection pour soi-même qui exige son propre « Soi » comme elle exige le « Soi » de n'importe qui d'autre. Je pense que cela est d'une grande importance. Car, si un esthéticien n'était pas égoïste et si toutes les faveurs imaginables lui arrivaient, il devrait désespérer de tout son bonheur, parce qu'il devrait dire : ce qui me rend heureux est quelque chose qui ne peut pas être donné à un autre homme et qu'aucun autre homme ne peut acquérir lui-même. Il devrait craindre que quelqu'un ne lui demande en quoi il cherche son bonheur, car celui-ci dépend de l'impossibilité pour les autres hommes de trouver le leur. Si un tel homme avait un peu de sympathie, il ne se donnerait pas de repos avant de trouver un point de départ supérieur pour la vie. L'ayant trouvé, il n'aurait plus peur de parler de son bonheur, car s'il en parlait clairement, il y ajouterait quelque chose qui le réconcilierait avec tous les hommes, avec toute l'humanité.

Cependant, arrêtons-nous à la catégorie que l'esthéticien revendique toujours – à la beauté. La vie perd sa beauté, dis-tu, aussitôt qu'on fait valoir l'éthique. « Au lieu du plaisir, du bonheur, de l'insouciance, de la beauté que possède la vie lorsque nous la considérons esthétiquement, nous obtiendrons une activité obligée par le devoir, le désir louable de faire des progrès, un zèle infatigable et fiévreux. » Si, en ce moment, tu étais personnellement présent chez moi, je te prierais de me donner une définition de ce qui est beau, pour me permettre de commencer. Puisque tu n'es pas là, je me permettrai de m'attacher à la définition habituelle : la beauté est ce qui a sa téléologie en soi-même. Tu donnes comme exemple une jeune fille et tu dis : elle est belle, elle est joyeuse, insouciante, heureuse, en harmonie parfaite, elle est complète en elle-même, et c'est une absurdité de demander pourquoi elle existe, car elle a sa téléologie en elle-même. Je ne veux pas te chicaner en demandant si la jeune fille trouve vraiment son compte en ayant ainsi toute seule sa téléologie en elle-même, ou si, l'occasion s'étant offerte à toi d'exposer ta conception de la divinité de son existence, tu ne serais pas bien content si à la fin elle se trompait et croyait qu'elle n'existe que pour écouter tes insinuations. Tu regardes la nature et tu la trouves belle aussi, et tu en proscris toute considération finie. Ici non plus je ne veux pas t'importuner en demandant si la nature n'existe essentiellement que pour cela. Tu contemples les œuvres de l'art et de la poésie et tu proclames avec le poète : *procul, o procul este profani*, et par « profani » tu entends ceux qui essaient de déshonorer la poésie et l'art en leur attribuant une téléologie en dehors d'eux-mêmes. Je te rappellerai, en ce qui concerne la poésie et l'art, ce que j'ai déjà remarqué, qu'ils ne se réconcilient qu'imparfaitement avec la vie, qu'en fixant tes yeux sur la poésie et sur l'art tu ne regardes pas la réalité ; et c'était au fond de cela que nous devions parler. Revenons donc à la question de la réalité ; comme tu comprends sans doute toi-même que, si tu désires faire valoir les exigences de l'art dans toute leur sévérité, tu trouveras probablement très peu de beauté dans la vie, tu donnes alors une autre signification au beau. Le beau dont tu parles est le beau individuel. Tu regardes chaque homme en particulier comme un petit élément dans l'ensemble, tu le regardes justement dans sa particularité, et c'est ainsi que même le fortuit, l'insignifiant, aura de l'importance et que la vie aura l'empreinte de la beauté. Tu regardes donc chaque être en particulier comme élément. Mais le beau était bien ce qui avait sa téléologie en lui-même, et si un homme n'est qu'un élément, alors il a bien sa téléologie, non pas en lui-même mais en dehors de lui-même. Si donc l'ensemble est beau, les éléments, chacun pris à part, ne le sont pas. Et à présent – ta propre vie ? Est-ce qu'elle a sa téléologie en elle-même ? Je ne déciderai pas si un homme est justifié en menant une vie exclusivement vouée à la contemplation, mais, eh bien, admettons que l'importance de ta vie soit d'exister pour contempler le reste ; tu aurais alors pourtant ta téléologie en dehors de toi. C'est seulement lorsque chaque être en particulier est élément et ensemble à la fois, que tu le contemples dans sa beauté ; mais en le contemplant ainsi, tu le contemples éthiquement ; si tu le contemples éthiquement, tu le contemples d'après sa liberté. Admettons qu'il soit déterminé de façon assez étrange, lorsque cette détermination est une nécessité, il n'est qu'élément et sa vie n'est pas belle.

Lorsque tu définis ce qui est beau par ce qui a sa téléologie en soi-même et que tu donnes comme exemple une jeune fille, ou la nature, ou une œuvre d'art, alors il me semble que c'est une illusion de prétendre que tout cela a sa téléologie en soi-même. Pour qu'il soit question de téléologie, un mouvement serait nécessaire, car, aussitôt que je pense à un but, je pense à un mouvement, et même si je pense à quelqu'un qui est arrivé au but, je pense toujours à un mouvement, puisque je pense qu'il y est arrivé par un mouvement. Le mouvement manque évidemment à ce que tu appelles beau ; car le beau dans la nature s'y trouve immédiatement, et lorsque je regarde une œuvre d'art et que je pénètre son idée avec mon idée, c'est au fond en moi que le mouvement a lieu, et non pas dans l'œuvre d'art. Tu peux donc avoir raison en disant que le beau a sa téléologie en soi-même, mais ta façon de le comprendre et de l'appliquer représente au fond une expression négative, qui veut dire que le beau n'a pas sa téléologie dans quelque chose d'autre. C'est pourquoi tu ne peux pas non plus employer une expression, apparemment synonyme, en disant que le beau dont tu parles a une téléologie intérieure ou une téléologie immanente. Car, aussitôt que tu l'emploies, tu demandes du mouvement, de l'histoire, tu franchis les sphères de la nature et de l'art et tu te trouves dans celles de la liberté et donc dans celles de l'éthique.

Si, à présent, je dis que l'individu a sa téléologie en lui-même, on ne peut pas se tromper sur le sens de cette expression, en pensant que j'aurais voulu dire que l'individu est le centre ou que l'individu, abstraitement, se suffit à lui-même, car, si je le prends abstraitement, je n'obtiendrai toujours pas de mouvement. L'individu a sa téléologie en lui-même, il a la téléologie intérieure, il est lui-même sa téléologie ; son « Soi » est alors le but vers lequel il aspire. Ce « Soi » n'est cependant pas une abstraction, mais absolument concret. Dans le mouvement vers soi-même il ne peut alors prendre aucune attitude négative envers son entourage, car son « Soi » serait et resterait une abstraction ; son Soi doit s'ouvrir d'après toute sa concrétion, mais les facteurs qui sont destinés à intervenir activement dans le monde appartiennent également à cette concrétion. Son mouvement va donc de lui-même, à travers le monde, jusqu'à lui-même ; car ce mouvement est le fait de la liberté, mais il est en outre la téléologie immanente, et ce n'est donc que là qu'on peut parler de beauté. Cela étant ainsi l'individu arrive, en un sens, à tenir une place supérieure à celle de n'importe quelle autre chose, mais il ne s'ensuit pas du tout qu'il ne se trouve pas dans d'autres états ; il ne semble pas non plus qu'il y ait quelque chose de tyrannique en cela, puisque tout individu se trouve dans le même cas. Je suis époux ; tu sais que j'ai le plus profond respect pour cet état, je sais que c'est avec tout amour que je m'humilie là-dessous, et pourtant je sais qu'en un autre sens je suis supérieur à cet état ; mais je sais aussi que, exactement dans le même sens, c'est le cas de ma femme, et c'est pourquoi, comme tu le sais, je n'aimerais pas la jeune fille, dont j'ai parlé plus haut, parce qu'elle n'avait pas cette conception.

Par conséquent, ce n'est que lorsque je regarde la vie éthiquement que je la vois dans sa beauté ; ce n'est que lorsque je regarde ma propre vie éthiquement que je la vois dans sa beauté. Et si tu disais que cette beauté est invisible, je répondrais : en un sens, oui, en un autre sens, non ; car elle est visible dans les traces de l'historique, visible comme lorsqu'il est dit : *loquere, ut videam te*. Il est bien vrai que je ne vois pas l'achèvement, mais la lutte ; cependant, je vois aussi l'achèvement chaque fois que je le veux, si j'ai le courage de le vouloir ; sans courage, je ne vois en somme rien d'éternel du tout, et donc rien de beau non plus.

Lorsque je regarde la vie éthiquement, je la regarde dans sa beauté. La vie, pour moi, devient alors riche en beauté, et non pas pauvre comme au fond elle l'est pour toi. Je n'ai pas besoin de courir le pays pour découvrir des beautés, ni de fureter dans les rues pour les trouver, je n'ai pas besoin de juger et de trier. Enfin, il va sans dire que je n'ai pas non plus autant de temps que toi pour le faire, car j'ai toujours assez à faire puisque je vois ma vie dans sa beauté – avec plaisir, mais aussi avec sérieux. Si parfois j'ai une heure de libre, je me place à la fenêtre, je regarde les gens, et je vois chacun dans sa beauté. Si insignifiant, si modeste qu'il soit, je le vois dans sa beauté ; car je le vois comme cet homme particulier qui est aussi l'homme général, je le vois comme celui qui a la tâche concrète de la vie ; il n'existe pas à cause d'un autre homme, même s'il était le garçon de louage le plus misérable ; il a sa téléologie en lui-même, il réalise cette tâche – il vainc, je le vois ; car l'homme courageux ne voit pas des fantômes, mais il voit des héros victorieux ; le lâche ne voit pas des héros, mais seulement des fantômes. Il doit vaincre, j'en suis sûr, c'est pourquoi sa lutte est belle. Généralement je ne suis pas belliqueux, tout au moins pas envers d'autres que moi-même ; mais tu peux être assuré que je lutterai toujours jusqu'au bout pour la foi dans la victoire du beau, et rien au monde ne me l'enlèvera. Si on voulait m'enlever cette foi par des prières ou me l'arracher par la force, je ne me la laisserais prendre pour rien au monde, même pas pour le monde entier ; car en perdant cette foi, je perdrais le monde entier. C'est grâce à cette foi que je vois la beauté de la vie, et la beauté que je vois n'a pas le caractère de tristesse et de mélancolie inséparable de toute la beauté de la nature et de l'art, inséparable même de la jeunesse éternelle des dieux grecs. La beauté que je vois est heureuse, et victorieuse, et plus forte que le monde entier. Et je vois cette beauté partout, même là où tes yeux ne voient rien. Viens un jour auprès de moi à la fenêtre. Une jeune fille passe ; te rappelles-tu qu'une fois nous l'avons rencontrée dans la rue ? Tu dis qu'elle n'était pas belle, mais, l'ayant regardée de plus près, tu la reconnus et tu continuas : « elle était extraordinairement charmante il y a quelques années et elle avait beaucoup de succès aux bals, – ensuite elle a eu une histoire d'amour et, *quidem*, une histoire malheureuse. Le diable sait comment elle s'y prit, cette affaire l'affectait à tel point que sa beauté se fanait de chagrin, bref, elle était belle, à présent elle n'est plus belle, et voilà la fin de cette histoire ». Vois-tu, c'est ce qu'on peut appeler regarder la vie dans sa beauté. Toutefois, à mes yeux elle n'a rien perdu, et elle me paraît plus belle que jamais. Ta conception de la beauté de la vie me semble donc avoir beaucoup de ressemblance avec la joie de vivre qui régnait dans la période des chansons à boire, où on devenait gai et enjoué en chantant des airs comme celui-ci : –

Var ei den Saft af röde Druer,
Hvo vilde længer blive her ?
Thi hvor den Vises Oje skuer,
Det möder lutter Lidelser.
Höjt lyder Undertryktes Stemme,
Forförtes Skrig, fra Syd til Nord.
Op Brödre ! drikker, for at glemme
Den hele sörgelige Jord[a].

Considérons à présent d'un peu plus près quelques-unes des circonstances de la vie, surtout celles où l'esthétique et l'éthique s'effleurent l'une l'autre, afin d'examiner si la conception éthique nous prive d'une beauté quelconque, ou si elle ne donne pas plutôt une beauté supérieure à tout. J'imagine à cet effet un individu déterminé qui, en un sens, est comme la plupart des gens et qui, en un autre sens, est concret en lui-même. Soyons tout à fait prosaïques. Cet homme doit vivre, doit s'habiller, bref, doit pouvoir exister. Il s'adresserait peut-être à un esthéti-

a. Privé du suc des rouges raisins,
qui resterait plus longtemps ici ?
car là où le sage porte sa vue
elle ne rencontre que des souffrances.
La voix des opprimés, le cri des êtres subornés
résonnent fortement du Sud au Nord.
Debout mes frères ! Buvez afin d'oublier
toute la triste terre !

cien afin d'apprendre comment il doit s'organiser dans la vie. Les renseignements ne lui feront pas non plus défaut. L'esthéticien lui dira peut-être : « lorsqu'on est un homme seul, il faut avoir 3 000 rixdales par an pour vivre convenablement, si on a 4 000 on les dépense aussi ; si on veut se marier, il faut avoir au moins 6 000 rixdales. L'argent est et restera toujours *nervus rerum gerendarum*, la vraie *conditio sine qua non* ; car il est bien beau de lire des histoires de frugalité champêtre, de simplicité idyllique, et je lis avec plaisir ces poèmes, mais on en aurait bientôt assez de ce genre de vie ; et ceux qui vivent ainsi ne goûtent pas non plus cette vie moitié moins bien que ceux qui ont de l'argent, et qui alors tout tranquillement lisent les hymnes du poète. L'argent est et restera la condition absolue pour vivre. Aussitôt qu'on n'a plus d'argent, on est exclu du nombre des patriciens et on devient un plébéien. L'argent est la condition, mais il ne s'ensuit nullement que ceux qui ont de l'argent savent l'employer. Ceux qui le savent sont, de leur côté, les vrais aristocrates parmi les patriciens ». Notre héros ne trouverait évidemment pas son compte à cette explication ; toute l'expérience de la vie de l'autre le laisserait indifférent et il devrait se sentir à peu près comme la bure qui se frotte au velours. Car, s'il disait à l'esthéticien : « c'est très bien, mais je n'ai ni 3 000 rixdales ni 6 000 par an, je n'ai rien du tout, ni en capital ni en rentes, en somme je n'ai rien du tout, à peine un chapeau », alors l'autre hausserait probablement les épaules et dirait : « oui, cela change tout, alors vous n'avez pas le choix, vous devez vous contenter de vous adresser à l'assistance publique ». Si l'esthéticien avait bon cœur, il appellerait peut-être encore une fois le pauvre diable et lui dirait : « je ne veux pas vous réduire au désespoir avant d'avoir joué mon va-tout ; il existe quelques expédients qu'il ne faut pas négliger avant de dire adieu au plaisir pour toute l'éternité et avant de prononcer le vœu et d'endosser la camisole de force. Mariez-vous avec une jeune fille riche, jouez à la loterie, rendez-vous aux colonies, employez quelques années pour amasser de l'argent, faufilez-vous dans la faveur d'un vieux célibataire pour qu'il vous fasse son héritier. Pour le moment nos chemins bifurquent, trouvez l'argent et vous trouverez toujours en moi un ami qui saura oublier qu'à un moment donné vous n'aviez pas d'argent ». Il y a, n'est-ce pas, quelque chose de terriblement cruel dans une telle conception de la vie où, froidement, pour celui qui n'a pas d'argent, on tue tout plaisir dans la vie. Et c'est bien ce que fait cet homme d'argent, car il estime que sans argent il n'existe pas de plaisir dans la vie. Je te ferais beaucoup de tort si je voulais te joindre à ces esthéticiens-là, si je voulais t'accuser de nourrir de telles idées ou de les exprimer. Car ton cœur est trop bon pour donner l'hospitalité à une bassesse si abominable, et ton âme en même temps trop généreuse pour exprimer de telles idées, même si tu les avais. Je ne le dis pas comme si je croyais que celui qui n'a pas d'argent a besoin de cette bienveillante sollicitude, mais parce que, tout de même, on peut au moins exiger d'un homme qui s'imagine être favorisé qu'il ne s'en enorgueillisse pas et qu'il ne trouve pas plaisir à offenser ceux qui ne sont pas aussi favorisés. Qu'un homme soit fier, au nom de Dieu, il serait mieux qu'il ne le soit pas ; mais, en tout cas, qu'il ne soit pas fier de l'argent, car il n'existe rien qui abaisse un homme à un tel degré. Enfin, tu es habitué à avoir de l'argent et tu as une bonne connaissance de ce que cela veut dire. Tu n'offenses personne et, en cela, tu diffères de ces esthéticiens-là, tu es prêt à aider où tu le peux, oui, si tu soulignes ce qu'il y a de lamentable dans l'absence de l'argent, c'est dû à la sympathie. Ta raillerie s'adresse, par conséquent, non pas aux gens, mais à l'existence, cette existence où enfin il se trouve que ce n'est pas tout le monde qui possède de l'argent. Tu dis : « Prométhée et Épiméthée furent indéniablement très sages, mais il est incompréhensible que, tandis qu'ils équipèrent les hommes d'une manière si magnifique, ils n'eurent pas l'idée de leur donner aussi de l'argent. » Si tu avais été présent à cette occasion-là et que tu connusses ce que tu sais à présent, tu te serais présenté et aurais dit : « mes chers dieux, soyez remerciés pour tout, mais – pardonnez-moi de vous parler franchement – la connaissance du monde vous manque : pour que l'homme soit heureux, une chose lui manque encore – c'est l'argent. À quoi lui sert-il d'être créé pour régner sur le monde s'il n'en trouve pas le temps à cause des soucis matériels ? À quoi cela rime-t-il de jeter un être raisonnable dans le monde et de le laisser peiner ? est-ce là une manière de traiter un homme ? ». Sur ce sujet tu ne taris point. « La plupart des hommes, dis-tu, vivent pour avoir un gagne-pain ; lorsqu'ils l'ont trouvé ils vivent pour avoir un bon gagne-pain ; après ils meurent. J'ai été véritablement ému en lisant dernièrement une annonce dans le journal, par laquelle une femme faisait connaître la mort de son mari. Au lieu de se lamenter longuement sur ce qu'il y a de douloureux dans la perte du meilleur des époux et du père le plus tendre, elle abrégeait beaucoup : cette mort était si lourde parce que son mari, peu auparavant justement, avait trouvé un gagne-pain vraiment bon. Cela implique beaucoup plus que ce qu'une veuve affligée ou un lecteur ordinaire du journal de petites annonces y voit. Cette conception pourrait être développée et devenir une preuve de l'immortalité de l'homme. Par exemple ainsi : c'est la destinée de tout homme de trouver un bon gagne-pain. S'il meurt avant de le trouver, alors il n'a pas atteint sa destinée, et chacun est libre de deviner si, sur un autre globe, il atteindra sa destinée. Par contre, s'il trouve un bon gagne-pain, alors il a atteint sa destinée, mais la destination d'un bon gagne-pain ne peut pas être de le faire mourir, au contraire, elle est que, grâce à ce bon gagne-pain, il vive bien, *ergo*, l'homme est immortel. On pourrait appeler cette preuve la preuve populaire, ou la preuve tirée du gagne-pain. En ajoutant cette preuve aux preuves antérieures, tous les doutes au sujet de l'immortalité devraient être considérés comme vaincus. Cette preuve se laisse aussi parfaitement rattacher aux preuves antérieures, oui, elle apparaît justement là dans toute sa gloire, car comme conclusion elle rentre dans les autres et les prouve. Les autres preuves partent du principe que l'homme est un être raisonnable ; si quelqu'un a des doutes à cet égard, la preuve du gagne-pain intervient et prouve cette donnée par le syllogisme suivant : à celui à qui Dieu donne un gagne-pain, il donne une bonne intelligence, *ergo*. C'est cela que ladite veuve affligée soupçonna, elle a senti le tragique profond de la contradiction de la vie. »

Tu n'as donc que raillerie et folâtrerie à offrir au sujet de cette question. Aussi ne te vient-il probablement pas à l'idée que ta conception peut être utile ou instructive pour qui que ce soit. Et il ne te vient probablement pas non plus à l'idée que tu peux nuire par de tels propos ; car on pourrait bien s'imaginer qu'un homme qui éprouve en lui-même assez de répulsion d'avoir été forcé au travail de la vie deviendrait encore plus impatient, plus furieux en faisant attention à la passion assez spirituelle avec laquelle tu exprimes des pensées pour son compte, et à tes railleries sympathisantes. Tu devrais tout de même être prudent avec ces choses-là.

C'est donc en vain que notre héros chercherait à obtenir des renseignements par le chemin qu'il avait pris. Écoutons à présent ce qu'un moraliste lui répondrait. Sa réponse serait celle-ci : c'est le devoir de tout homme de travailler pour vivre. Si c'était tout ce qu'il aurait à dire, tu répondrais probablement : « Voilà encore une fois les vieilles balivernes concernant devoir et devoir, partout il n'y a que devoir, on ne peut s'imaginer rien de plus ennuyeux que cette contrainte qui met tout sous le joug et qui rogne tout. » Tu daignerais ici peut-être te rappeler que notre héros n'avait pas d'argent, que l'esthéticien n'en avait aucun à lui offrir et que toi, non plus, tu n'en avais pas assez pour lui assurer l'avenir. Si, par conséquent, il ne veut pas rester là et réfléchir à ce qu'il aurait fait s'il avait de l'argent, il doit penser à une autre issue. Ensuite tu auras remarqué que le moraliste lui adresserait la parole en toute civilité, il ne le traiterait pas comme exception, il ne lui dirait pas : que voulez-vous, vous êtes si malheureux, il faut tâcher de vous y résigner. Au contraire, il ferait une exception de l'esthéticien, car il dirait : c'est le devoir de tout homme de travailler pour vivre ; si donc un homme n'en a pas besoin, il est une exception, mais le fait d'être une exception n'est pas grand, mais médiocre, comme nous en avons convenu plus haut. Si donc un homme veut regarder la chose éthiquement, il verra le fait de posséder de l'argent comme une humiliation. Lorsqu'il le voit ainsi, il ne s'hypnotisera sur aucune faveur. Il s'humiliera alors sous elle et, l'ayant fait, il sera élevé à nouveau par la pensée que la faveur est une expression du fait qu'il a été soumis à une plus grande exigence.

Lorsque ce moraliste, chez lequel notre héros trouverait des renseignements, sait lui-même ce que c'est que de travailler pour vivre, alors ses paroles auront encore plus de poids. Il serait à souhaiter que les gens eussent un peu plus de courage à cet égard, et si on entend si souvent ces propos méprisables, exprimés bruyamment, qui prétendent l'argent l'essentiel de la vie, la raison en est particulièrement que ceux qui doivent travailler manquent de la force éthique pour reconnaître l'importance du travail, manquent de la conviction éthique de cette importance. Ceux qui font tort au mariage ne sont pas les séducteurs, mais les époux lâches. La même chose ici. Ces propos méprisables ne nuisent à rien, mais atteinte est portée à la bonne cause par ceux qui, forcés de travailler pour vivre, tantôt demandent qu'on reconnaisse le mérite qu'ils ont à travailler et comparent leur vie à celle de l'oisif, tantôt se plaignent et soupirent en disant : le plus beau, toutefois, c'est d'être indépendant. Un jeune homme qui entend ses aînés parler ainsi, quel respect doit-il avoir pour la vie ? Ici encore tu t'es fait beaucoup de tort avec tes expérimentations, car tu as appris beaucoup de choses qui ne sont pas du tout bonnes, ni heureuses. Tu sais très bien tenter un homme et lui arracher l'aveu qu'au fond de son cœur il préférerait ne pas travailler, et alors tu triomphes.

Il est au fond oiseux de se demander si on peut imaginer un monde où le travail n'est pas nécessaire, puisque cette question ne s'occupe pas de la réalité donnée, mais d'une réalité fictive. Toutefois, c'est toujours une tentative pour amoindrir la conception éthique. Car, si le fait de ne pas avoir besoin de travailler signifiait une perfection de l'existence, la vie de celui qui n'en a pas besoin serait la plus parfaite. Alors on ne pourrait parler d'un devoir du travail qu'au sens d'une triste nécessité. Le devoir exprimerait alors, non pas ce qui est commun au genre humain, mais le général, et le devoir ne serait pas ici l'expression du parfait. Aussi, je répondrais qu'il faudrait considérer comme une imperfection de l'existence le fait pour un homme de ne pas avoir besoin de travailler. Plus le degré est bas où la vie humaine se trouve, moins s'affirme la nécessité de travailler ; plus il est haut, plus elle se signale. Le devoir de travailler pour vivre exprime ce qui est commun au genre humain et exprime aussi, en un autre sens, le général, parce qu'il exprime la liberté. L'homme se libère justement en travaillant, – en travaillant il devient maître de la nature, et il montre qu'il est supérieur à la nature.

Or la vie devrait-elle perdre sa beauté parce qu'un homme doit travailler pour vivre ? Je touche ici à la même question qu'auparavant – qu'entend-on par beauté ? Il est beau de voir les lys des champs qui, bien qu'ils ne travaillent ni ne filent, sont cependant vêtus plus magnifiquement que Salomon lui-même dans toute sa gloire ; il est beau de voir les oiseaux sans soucis trouver leur nourriture, il est beau de voir Adam et Ève dans un paradis où ils peuvent avoir tout ce qu'ils montrent du doigt. Mais il est encore plus beau de voir un homme gagner tout ce dont il a besoin par son travail. Il est beau de voir une Providence tout rassasier et se charger de tout ; mais il est encore plus beau de voir un homme qui est comme sa propre Providence. L'homme est grand, plus grand que toute autre créature, parce qu'il sait pourvoir à ses besoins. Il est beau de voir un homme avoir du superflu qu'il a acquis lui-même ; mais il est beau aussi de voir un homme faire le tour de force de transformer peu de chose en beaucoup. Savoir travailler est une expression de la perfection de l'homme, et devoir le faire en est une expression encore supérieure.

Si notre héros adoptait cette conception, alors il ne serait pas tenté de désirer une fortune qui lui vienne en dormant, il ne se tromperait pas sur la condition de la vie, il aurait le sentiment de ce qu'il y a de beau à travailler pour vivre, il y trouverait sa dignité humaine ; car ce qu'il y a de grand chez la plante, ce n'est pas qu'elle ne sache pas filer, mais l'imperfection de ne pas le pouvoir. Il n'aura aucune envie de faire la connaissance de cet esthéticien fortuné dont j'ai parlé. Il verra avec pondération ce qui est grand et il ne se laissera pas intimider par un homme d'argent. Il est assez curieux que j'aie rencontré des gens qui sentaient avec plaisir l'importance du travail, qui en étaient contents et heureux dans leur tempérance, et qui, pourtant, n'avaient pour ainsi dire pas le courage de l'avouer. En parlant de leurs dépenses, ils faisaient toujours semblant de dépenser beaucoup plus qu'ils ne le faisaient en réalité ; ils ne voulaient pas avoir l'air d'être zélés au travail bien qu'ils le fussent, absolument comme s'il était plus grand de dépenser beaucoup que peu, plus grand d'être oisif que zélé. Comme il est rare de rencontrer un homme qui, calmement et avec une heureuse dignité, ose dire : je ne fais pas ceci ou cela parce que mes moyens ne me le permettent pas. C'est comme s'il avait une mauvaise conscience, comme s'il craignait la réponse que reçut le renard. De cette manière on réussit à détruire toute véritable vertu ou à la transformer en un fantôme ; car ceux qui n'ont pas besoin d'être contents de peu, pourquoi devraient-ils l'être ? et ceux qui sont forcés de l'être, ils font bien de nécessité vertu. Absolument comme si on ne pouvait être content de peu sans avoir la possibilité du superflu à côté de soi ; absolument comme si le besoin n'était pas une tentation aussi grande pour le contentement du peu.

Notre héros prendrait donc probablement son parti pour le travail, mais désirerait bien être dégagé des soucis matériels. Je n'ai jamais connu ces soucis, car, bien que dans une certaine mesure je doive travailler pour vivre, j'ai toujours connu une large aisance, et je ne peux donc pas parler par expérience, mais j'ai toujours eu les yeux ouverts sur ce qu'il y a de triste là-dedans, mais aussi sur ce que cela contient de beau, d'instructif et d'ennoblissant ; car je crois qu'il n'y a aucun chagrin qui à un tel degré aide à vous former. J'ai connu des gens que je n'appellerai nullement des lâches ou des hommes sans ressort, qui ne pensaient pas du tout que la vie doit se passer sans lutte, qui se sentaient la force, le courage et le désir de s'engager dans la bataille, là où d'autres se décourageraient, et souvent je les ai entendus dire aussi : que Dieu me dégage seulement des soucis matériels, il n'y a rien qui plus qu'eux étouffe ce qu'il y a de supérieur dans l'homme. De tels propos m'ont souvent fait penser à ce que ma propre vie m'a aussi donné l'occasion de reconnaître, que rien n'est aussi trompeur que le cœur humain. On aura le courage de se risquer dans le combat le plus dangereux, mais on ne veut pas s'attaquer aux soucis matériels ; et, pourtant, on veut en même temps qu'il soit plus grand de vaincre dans ce combat-là que dans celui-ci. Enfin, c'est assez facile ; on choisit un combat assez léger qui aux yeux de la foule paraît plus dangereux ; on s'imagine que c'est la vérité ; on vainc et alors on est bien un héros, et un héros tout autrement que si on avait vaincu dans l'autre combat, indigne d'un homme. Oui, lorsque à côté des soucis matériels on doit combattre tel ennemi caché dans son propre sein, alors il n'est pas étrange qu'on désire être quitte de ce combat. Mais il faudrait tout au moins être assez honnête envers soi-même pour avouer qu'on a évité cette lutte parce qu'elle était beaucoup plus lourde que toute autre obsession ; mais si c'est vrai la victoire est beaucoup plus belle aussi. Si on n'a pas été soi-même exposé à cette lutte, on doit avouer à tout lutteur que sa lutte est la plus dangereuse, on lui doit une réparation d'honneur. Si un homme regarde les soucis matériels de cette façon-là, comme une lutte d'honneur, en un sens encore plus strict que n'importe quelle autre lutte, il a déjà fait un pas en avant. Il s'agit ici, comme partout, d'être correctement orienté, de ne pas perdre son temps à désirer, mais de comprendre sa tâche. Si elle paraît pauvre et insignifiante, mesquine et décourageante, on sait que cela rend la lutte plus difficile et la victoire plus belle. Il y a des gens qui sont honorés par une décoration, et il y a des gens qui honorent la décoration ; que celui-là se le laisse dire qui, tout en sentant en lui la force et le désir nécessaires pour s'engager dans les combats retentissants, doit se contenter de ce qui est le plus pénible de tout, lutter avec des soucis matériels.

Une lutte avec les soucis matériels a cette particularité, très utile pour la formation, d'offrir une récompense très modeste, ou plutôt nulle, – celui qui lutte le fait pour être capable de pouvoir continuer à lutter. Plus la récompense de la lutte est grande, plus elle se trouve en dehors de l'homme, plus le lutteur ose aussi compter sur toutes les passions équivoques qui logent en tout homme. Ambition, vanité, fierté – ce sont des forces qui ont une énorme élasticité et qui peuvent pousser un homme loin. Celui qui lutte avec des soucis matériels verra bientôt que ces passions se dérobent à lui ; car comment pourrait-il croire qu'une telle lutte intéresserait les autres ou provoquerait leur admiration ? S'il n'a pas d'autres forces, il est désarmé. La récompense est très faible, car lorsqu'il a peiné et travaillé en esclave, il a peut-être gagné juste le nécessaire – le nécessaire pour s'entretenir et pour recommencer à peiner. C'est pourquoi, vois-tu, les soucis matériels sont si ennoblissants et si utiles pour la formation : ils ne permettent pas à un homme de se tromper sur lui-même. S'il ne voit pas quelque chose de supérieur dans cette lutte, alors elle est pitoyable, et il a raison en pensant que c'est une misère de lutter pour pouvoir manger son pain à la sueur de son front. Mais cette lutte est ennoblissante, parce qu'elle le force à y voir autre chose et, s'il ne veut pas entièrement se rejeter lui-même, elle le force à la regarder comme une lutte d'honneur et à comprendre que la récompense est faible pour que l'honneur puisse être d'autant plus grand. Il lutte donc bien pour s'assurer un sort, mais il lutte avant tout pour s'acquérir lui-même, et nous autres, nous qui n'avons pas été éprouvés mais qui tout de même gardons le sentiment de ce qui est vraiment grand, nous veillerons, avec sa permission, à ce qu'il soit honoré comme membre d'honneur de la société. Il mène donc une double lutte, il peut perdre l'une et, en même temps, gagner l'autre. Supposons – et c'est presque inimaginable – que tous ses efforts pour gagner son pain aient été vains ; il aura bien perdu, mais il peut tout de même gagner en même temps la plus belle victoire possible. C'est sur elle qu'il fixera les yeux et non pas sur la récompense qu'il a manquée, car pour cela elle était trop faible. Celui qui a en vue une récompense, oublie l'autre lutte ; s'il ne gagne pas la récompense, alors il a tout perdu ; s'il la gagne, la manière dont il l'a gagnée reste pourtant toujours douteuse.

Et quelle lutte pourrait être plus utile pour la formation que celle des soucis matériels ? Combien de simplicité ne faut-il pas pour pouvoir parfois sourire de toute cette peine et de toute cette fatigue qu'un esprit immortel doit dépenser pour vivre, combien d'humilité pour se contenter du peu qu'on acquiert avec difficulté, combien de foi pour voir une Providence dans sa vie aussi ? car il est assez facile de dire que Dieu est grand surtout dans les moindres choses, mais il faut la foi la plus forte pour l'y voir. Combien d'amour faut-il aux hommes pour être heureux avec les heureux, pour pouvoir encourager ceux dont les conditions de la vie deviennent si pénibles ! Combien de sincérité et de pénétration doit avoir la conscience de soi pour être convaincu qu'on fait tout ce qu'on peut, combien de persévérance et de vigilance ! car quel ennemi est plus insidieux que ce chagrin ? On ne s'en libérera pas par quelques mouvements hardis, on ne le fera pas partir d'effroi par de grands bruits et du vacarme. Quelle grâce et quelle dignité pour l'esquiver et, pourtant, ne pas le fuir ! Combien de fois les armes ne doivent-elles pas être changées ; tantôt il faut travailler, tantôt attendre, tantôt défier, tantôt prier ! Et avec combien de plaisir, de joie, de légèreté et de souplesse ne faut-il pas changer les armes pour éviter la victoire de l'ennemi ! Et pendant tout cela le temps passe, l'occasion n'est pas donnée à l'homme de voir la réalisation de tous ses beaux projets, l'accomplissement des désirs de sa jeunesse. Il en voit d'autres qui y réussissent. Ils font accourir les masses autour d'eux, ils se font applaudir, ils se réjouissent à leurs cris de joie, et lui restera comme un artiste solitaire sur la scène de la vie, sans public ; personne n'a le temps, il est évident que le temps aussi est nécessaire, car ses conceptions ne sont pas une jonglerie d'une demi-heure, ses tours d'adresse sont d'une espèce plus raffinée et demandent plus qu'un public bien élevé pour être compris. Mais il ne l'ambitionne pas non plus. Lorsque j'avais vingt ans, dira-t-il peut-être, alors, moi aussi, je rêvais de lutte, j'imaginais que je me trouvais sur le champ clos, je regardais vers le balcon, je voyais le cercle des jeunes filles, je les voyais inquiètes à cause de moi, je les voyais m'acclamer et j'oubliais la fatigue du combat ; à présent je suis devenu plus vieux, ma lutte est autre, mais mon âme n'est pas moins fière. Je demande un autre juge, un expert, je demande des yeux qui regardent secrètement, qui ne se lassent pas de regarder, qui voient la lutte et le danger ; je demande des oreilles qui entendent le travail des pensées, qui devinent comment ma meilleure nature se dégage de la torture de l'obsession. J'admirerai ce juge du combat, je brigue son applaudissement, même si je ne peux pas le mériter. Et lorsque la coupe des douleurs humaines me sera tendue, je ne fixerai pas mon regard sur la coupe, mais sur celui qui me la tend, et je ne le porterai pas non plus sur le fond de la coupe pour voir si je ne l'aurai bientôt vidée, mais fermement sur celui dont les mains me la tendent. Avec joie je prendrai la coupe entre mes mains, mais je ne la viderai pas, comme dans les occasions solennelles, à la santé d'un autre, car moi-même je me réjouis de la saveur de la boisson ; non, je veux goûter à son amertume et, en la goûtant, je me crierai : à ma santé, car je sais, et j'en suis sûr, que par cette boisson j'acquiers une santé éternelle.

Je crois que c'est ainsi qu'il faut regarder la lutte contre les soucis matériels. Je ne maintiendrai pas mon droit vis-à-vis de toi avec assez d'opiniâtreté pour te demander à quel endroit de ton esthétique tu traites cette question ; mais je te recommande seulement de juger toi-même si la vie, à moins qu'on ne le veuille soi-même, perd vraiment sa beauté dans cette lutte, ou si elle ne gagne pas une beauté supérieure. Nier l'existence d'un tel chagrin est bien de la pure folie ; oublier son existence, parce qu'il passe à côté de vous, est de la pure inconscience ; si on prétend avoir une conception de la vie, c'est de l'insensibilité ou de la lâcheté.

Ce n'est donc pas une objection de dire que beaucoup de gens ne regardent pas les soucis matériels de cette manière. On agit sans doute bien et justement en leur souhaitant d'avoir assez de magnanimité pour les regarder ainsi, assez d'inspiration pour ne pas se tromper, comme le firent ces hommes dont l'Écriture dit qu'ils pervertirent leurs sens et détournèrent leurs yeux pour ne pas voir le ciel, et pour regarder Suzanne.

La conception éthique qui veut que le devoir de tout homme soit de travailler pour vivre a donc deux avantages sur la conception esthétique. D'abord, elle est en harmonie avec la réalité, explique quelque chose de général en elle, tandis que la conception esthétique présente quelque chose de fortuit et n'explique rien. Ensuite elle conçoit l'homme d'après sa perfection, le voit dans sa vraie beauté. Cela doit être considéré comme ce qu'il y a de nécessaire et de plus que suffisant pour cette question. Si tu désires quelques remarques empiriques, je te les donnerai par-dessus le marché, non que la conception éthique ait besoin d'une telle aide, mais parce qu'elles pourront peut-être te servir.

Un vieillard que je connaissais autrefois avait l'habitude de dire qu'il était bon pour un homme d'apprendre à travailler pour vivre ; ce qui vaut pour les enfants vaut pour les plus âgés, il faut s'en occuper à temps. Je ne suis pourtant pas d'avis qu'il soit utile pour un jeune homme d'être immédiatement inquiété par des soucis matériels, mais qu'il apprenne à travailler pour vivre. L'indépendance, tellement vantée, est souvent un piège ; tout désir peut être satisfait, toute inclination peut être suivie, tout caprice peut être nourri, jusqu'à ce qu'ils se conjurent contre vous-même. Celui qui doit travailler ne doit pas connaître le vain plaisir de pouvoir tout obtenir, il ne doit pas apprendre à braver sa richesse, à éloigner tout obstacle par l'argent et à s'acheter toute liberté ; mais son âme ne doit non plus être aigrie, il ne doit pas, comme bien des jeunes gens riches sans doute l'ont fait, tourner le dos avec fier mépris à l'existence en disant comme Jugurtha : « Ville à vendre, si tu trouvais un acheteur » ; il ne doit pas, en un temps passager, avoir acquis une sagesse grâce à laquelle il fait du tort aux hommes et se rend malheureux lui-même.

Je ne peux pas nier que, lorsque j'entends si souvent les gens se plaindre d'être forcés de travailler, forcés de se soucier de choses pareilles, des gens dont la haute montée de l'âme ne devrait pas se laisser abattre ainsi, je m'impatiente parfois et je pourrais souhaiter qu'un Haroun al Raschid se trouve parmi nous pour appliquer des bastonnades à tous ceux qui se plaignent à tort et à travers. Enfin, tu n'as pas besoin de travailler pour vivre, et ce n'est pas du tout mon intention de te conseiller de dissiper ta fortune pour pouvoir te trouver dans la nécessité de travailler ; cela ne peut servir à rien et toute expérimentation est une absurdité qui n'amène à rien. Je crois cependant que, dans un autre sens, il te serait utile de trouver les conditions nécessaires pour vivre. Pour que tu puisses vivre, il faut que tu tâches de maîtriser ta mélancolie innée. C'est à cause de cela que je peux te dire, comme ce vieillard dont je viens de parler, qu'on s'est occupé de toi à temps ; cette mélancolie a été ton malheur, mais tu verras, le temps viendra où tu avoueras toi-même que cela a été ton bonheur. Trouve donc les conditions nécessaires pour vivre. Tu n'appartiens pas à la classe de ceux qui m'impatientent de leurs plaintes, car je préfère croire que tu feras n'importe quoi plutôt que te plaindre, et tu sais à merveille accepter tes souffrances en silence. Mais prends garde de ne pas tomber dans l'extrême contraire, dans une mutinerie absurde qui dépense ses forces à cacher la douleur, au lieu de les employer pour la supporter et pour la vaincre.

Notre héros est donc prêt à travailler, non pas parce que cela lui est une *dura necessitas*, mais parce qu'il le considère comme ce qu'il y a de plus beau et de plus parfait. (Croire qu'il ne le verrait ainsi que parce qu'il est forcé de s'y résigner est un de ces malentendus aussi absurdes que méchants qui enlèvent à l'homme ses mérites pour les attribuer au fortuit.) Mais justement parce qu'il veut travailler, son activité peut devenir un travail, mais non pas un travail d'esclave. Il demande alors quelque chose de supérieur pour désigner son travail par rapport à lui-même et aux autres, une expression qui le déterminera comme plaisir et affirmera en même temps son importance. Ici, une réflexion sera à nouveau nécessaire. Il trouvera sans doute au-dessous de sa dignité de s'engager avec le sage qui parla de

3 000 rixdales ; mais notre héros est comme le commun des mortels. On s'est bien occupé de lui à temps, mais il a tout de même pris un peu de goût pour la vie esthétique, il est comme le commun des mortels, il est ingrat. Bien que ce soit le moraliste qui l'ait sorti de son embarras antérieur, ce n'est pas à lui qu'il s'adressera d'abord. Il compte peut-être secrètement sur l'esthéticien pour l'aider finalement ; car notre héros n'est pas assez vil pour ne pas reconnaître que c'est le moraliste qui vraiment l'a tiré de son embarras, bien qu'il n'ait pas d'argent à lui offrir. Il s'adresse alors à un esthéticien un peu plus humain. Celui-ci saura peut-être lui parler aussi un peu de l'importance du travail ; la vie devient à la fin ennuyeuse sans travail. « Mais votre travail ne doit pas, au sens strict, être du travail, mais doit toujours pouvoir être déterminé comme plaisir. On découvre chez soi-même un talent aristocratique ou un autre par lequel on se distingue de la foule. On ne développe pas ce talent à la légère, car on s'en lasserait bientôt, mais avec tout le sérieux esthétique possible. La vie aura alors une nouvelle importance pour vous, parce qu'on a son travail et un travail qui au fond vous procure du plaisir. On le soigne, grâce à son indépendance, pour qu'il puisse se développer dans toute sa richesse sans être découragé par la vie. Cependant, on ne fera pas de ce talent une planche sur laquelle on se sauve à travers la vie, mais une aile grâce à laquelle on prend son vol au dessus du monde ; on n'en fera pas un cheval trapu de fatigue, mais un cheval de parade. » Mais notre héros ne possède pas le talent aristocratique, il est comme le commun des mortels. L'esthéticien alors ne connaît aucune autre issue pour lui, « il doit se contenter de tomber sous la détermination triviale de la foule, rester un ouvrier dans la vie » ; « ne perdez pas courage, le courage aussi a son importance, il est honnête et respectable, devenez un homme habile et énergique, un membre utile de la société. Je me réjouis déjà à la pensée de vous revoir, car plus la vie est variée, plus elle est intéressante pour l'observateur. C'est pourquoi tous les esthéticiens et moi, nous haïrions un costume national, parce qu'il serait si ennuyeux de contrôler si tous sont

habillés de la même façon ; que chacun en particulier conçoive son activité dans la vie ainsi, plus elle sera belle pour mes pareils et pour moi dont la profession est d'étudier la vie ». Notre héros, je l'espère, s'impatientera un peu d'un tel traitement, il s'indignera de l'impudence d'une telle classification des hommes. Ajoutez à cela que l'indépendance jouait pourtant aussi un rôle dans la conception de cet esthéticien et, qu'enfin, il n'est pas indépendant.

Peut-être ne peut-il pas encore se décider à s'adresser au moraliste, il risque un nouvel essai. Il rencontre quelqu'un qui lui dit : il faut travailler pour vivre, la vie est ainsi. Il lui semble avoir trouvé celui qu'il cherchait, car c'est bien ce qu'il pensait lui-même. Il veut donc en tenir compte. « Il faut travailler pour vivre, la vie est ainsi faite, c'est le côté rebattu de l'existence. On dort sept heures par jour, c'est du temps perdu, mais il n'y a rien à faire. Grâce à cinq heures de travail on a de quoi vivre, et lorsqu'on l'a, on commence à vivre. Il est préférable que votre travail soit aussi ennuyeux et aussi banal que possible, pourvu qu'on ait de quoi vivre. Si on a un talent spécial – que l'on ne lui fasse surtout pas le tort d'en faire son gagne-pain. Non, on est jaloux de son talent, on le possède pour soi-même, il vous procure plus de plaisir qu'un enfant à sa mère, on le forme, on le développe pendant douze heures du jour, on dort pendant sept, on est un barbare pendant cinq, et la vie sera ainsi assez acceptable, oui, assez belle même ; car cinq heures de travail ne sont pas une chose tellement effroyable, car, comme vos pensées ne s'occupent toutefois jamais du travail, on ramasse ses forces pour l'occupation qu'on chérit. »

Notre héros, à nouveau, n'en est pas plus avancé. Car d'un côté il n'a aucun talent spécial pour remplir douze heures chez lui et, de l'autre côté, il s'était déjà fait une opinion plus belle du travail, opinion qu'il ne veut pas abandonner. Il se décidera donc bien à chercher à nouveau de l'aide auprès du moraliste. Les propos de celui-ci sont brefs : « C'est le devoir de tout homme d'avoir une vocation. » Il ne peut pas dire plus, car l'éthique, comme telle, est toujours abstraite, et une vocation abstraite, bonne pour tout le monde, n'existe pas ; tout au contraire, elle présume que tout homme a une vocation spéciale. Le moraliste ne peut pas indiquer à notre héros quelle vocation il doit choisir ; car pour cela, il faut une connaissance minutieuse de ce qu'il y a d'esthétique dans toute sa personnalité, et même si le moraliste avait cette connaissance, il s'abstiendrait tout de même de choisir pour lui, car il renierait sa propre conception de la vie. Ce que le moraliste peut lui apprendre c'est qu'il existe une vocation pour tout homme et qu'une fois trouvée il faut la choisir éthiquement. Ce que l'esthéticien disait des talents aristocratiques c'étaient des propos troublants et sceptiques au sujet de ce que le moraliste explique. Les conceptions de la vie des esthéticiens se trouvent toujours dans la différence : quelques hommes ont du talent, d'autres n'en ont pas, et pourtant, ce qui les distingue est un plus ou un moins, une détermination quantitative. À ce point de vue, les esthéticiens agissent arbitrairement en s'arrêtant sur un point particulier, et le nerf dans leur conception de la vie se trouve justement dans ce procédé arbitraire. Leur conception de la vie crée, par conséquent, une discorde dans toute l'existence, discorde qu'ils ne sauront pas eux-mêmes arrêter, tandis qu'ils essaient, avec frivolité et cruauté, de s'armer contre elle. Le moraliste, par contre, concilie l'homme avec la vie, car il dit : tout homme a une vocation. Il n'anéantit pas les différences, mais il dit : le fait d'être une vocation est ce qui reste du général dans toutes les différences. Le talent le plus éminent est une vocation, et l'individu qui le possède ne peut pas perdre de vue la réalité, il ne se trouve pas en dehors de ce qui est commun au genre humain, car son talent est une vocation. L'individu le plus insignifiant a une vocation, il ne doit pas être rejeté, ne pas être renvoyé à une vie au *confinium* des animaux, il ne se trouve pas en dehors du commun au genre humain, il a une vocation.

La proposition éthique que tout homme a une vocation exprime donc qu'il existe un ordre raisonnable des choses, dans lequel tout homme, s'il le veut, remplit sa place de manière à exprimer à la fois l'individuel et ce qui est commun au genre humain. Est-ce que l'existence est devenue moins belle par cette conception ? On ne peut plus se réjouir en pensant à une aristocratie dont l'importance est basée sur quelque chose de fortuit, et basée sur elle fortuitement ; non, on a un royaume de dieux. [...]

Traduit du danois par F. et O. Prior et M. H. Guignot

NOTES

1. *Sub una specie* : Sous une seule forme, ou vu d'un seul côté. *Sub utraque specie* : vu des deux côtés.
2. Σχανδαλον : Scandale, indignation.
3. *Un livre populaire* : « Le Docteur Faust, nécromancien et sorcier, son pacte avec le diable, sa vie prodigieuse, et sa fin effroyable. » (Titre traduit du danois.) La source en est le livre allemand de Spiess, de 1587 : *Historia von Johann Fausten*, traduit en français sous le titre de : « Histoire prodigieuse et lamentable de Jean Fauste, grand et horrible enchanteur, avec sa mort épouvantable », Rouen, 1667.
4. *La veuve Tribler* : Petite maison d'édition et de librairie à Copenhague qui, dans les années 1818-1839, édita de nombreuses chansons populaires.
5. *Halmtorvet* : Place publique à Copenhague (tr.).
6. *G.-A. Bürger* : Poète allemand. Mme de Staël a donné les premières analyses de son fameux poème « Léonore ». Les quelques strophes auxquelles K. fait allusion sont les suivantes : *« Der Mond der scheint so helle, die Todten reiten schnelle »* (La lune brille, les morts chevauchent vite) ; et *« Graut Liebchen auch. Wie sollte mir grauen ? Ich bin ja bei dir. »* (As-tu peur, ma bien-aimée ? Et pourquoi donc frissonner ? Je suis bien auprès de toi.)
7. *50 jeunes filles* : Les filles de Thespios.
8. *Pur ché porti la gonella* : Pourvu qu'on porte mantille, vous savez comme il s'y prend. (Deschamps et Blaze.)
9. *Traducteur danois* : L. Kruse, littérateur danois, traducteur de *Don Juan*. Dans acte I, scène X il fait dire à Don Juan, parlant d'Elvire : « Ha ! a-t-elle fait un pacte avec les mauvais esprits ? » Dans scène II, il dit : « C'est malheureux ! Tous mes plans doivent-ils échouer sur cet écueil ? Mon cœur bat lourdement depuis le moment où je l'ai revue. Un feu brûle dans ses yeux comme si un être surnaturel les avait animés. »

10. *Achim von Arnim :* Dans *Armuth, Reichthum, Schuld und Busse der Gräfin Dolores* il dit : *« Hätte Don Juan seine Vielseitigkeit gehabt, er hätte sich durch des Teufels Grossmutter vom Teufel los geschwatzt. »*

11. *Regardez comme il court* : Réplique de la traduction danoise des *Noces de Figaro*. Dans la version française de Barbier et Carré, acte II, scène II, Suzanne dit : « Voyez le petit garnement ! Dirait-on pas qu'il a des ailes ? Ou je me trompe infiniment, ou c'est un vaurien trop charmant pour trouver beaucoup de cruelles ! » (Tr.)

12. *Soyez gais, mes enfants* : Réplique de la traduction danoise. Dans la version française de Deschamps et Blaze, acte I, scène VIII, Don Juan dit simplement : « Oh, la belle jeunesse, Approche donc, regarde : quels anges féminins ! » (Tr.)

13. *Moindres mystères* : Comme préparation au grand mystère d'Éleusis un mystère « moindre » fut célébré à Athènes.

14. *Halb Kinderspiel*, etc. : Faust, vers 3424. La scène dans la Cathédrale : « À demi jeu enfantin, à demi cœur divinisé. »

15. *Helterkeit* : enjouement, sérénité ; en allemand dans le texte.

16. *Scène de catéchisation* : Faust, vers 3058. La scène dans le jardin de Marthe.

17. *Comme elle l'exprime avec tant de grâce* : Faust, vers 2860. Le dernier vers de la scène dans le pavillon du jardin.

18. *Goethe dit de l'âme d'Hamlet* : *Wilhelm Meisters Lehrjahre.*

19. *Florine du conte* : « L'Oiseau Bleu », conte suédois.

20. *Quelque part en Angleterre* : D'après Chateaubriand, à Worcester.

21. *Paroles du poète* : Pram, poète danois du XVIIIe siècle.

22. *Les Euménides* : Elles poursuivirent Oreste, le parricide, jusqu'à ce qu'il trouvât asile dans le temple de Delphes.

23. Ἀφωρισμένοι *et segregati* : Mis à part, expulsés (de la Synagogue). Épître de saint Paul aux Romains, I, 1.

24. *Comme les soldats romains* : Cicero, Cato maior, 75.

25. *Solon, Solon, Solon* : Hérodote, I, 86. Se rapporte au Roi qui, après avoir été détrôné, dut se rappeler les avis de Solon sur le danger d'un bonheur trop grand.

26. *La conscience malheureuse* : p. ex. *La Phénoménologie de l'esprit*, IV, B. de Hegel.

27. *Clemens Brentano* : « Die drei Nüsse » (Les trois noisettes), *Werke*, IV, p. 275 : *Tertia nux*, etc. ; la troisième noisette est la mort.

28. *Ancœus* : Il se prépara à boire le nouveau vin dont, d'après des prédictions, il ne devait pas goûter, lorsqu'il fut tué par un sanglier. Voir Nitsch : *Dictionnaire mythologique*, I, p. 194 (édit. allem.). *Le proverbe* : « Il y a loin de la coupe aux lèvres. » Ancœus était fils de Poséidon et roi de Samos.

29. *Latone* : Aimée par Jupiter et rivale de Junon, elle fut bannie par celle-

ci et, poursuivie, parcourut en vain un grand nombre d'îles pour y faire ses couches.

30. *Ténèbres des Hyperboréens* : Les Hyperboréens furent un peuple mythique du haut Nord – « au-delà du vent du nord ».

31. *Niobé* : Elle fut métamorphosée en pierre à cause du chagrin que lui causa la mort de ses enfants. On montrait sa statue sur la montagne Sipylos.

32. *Son visage abattu* : Se réfère à Caïn, voir Genèse, IV, 6.

Crainte et tremblement

Was Tarquinius Superbus in seinem Garten mit den Mohnköpfen sprach, verstand der Sohn, aber nicht der Bote[1].

Hamann

Note de l'éditeur :
Les notes en bas de page sont de Kierkegaard.
Les notes regroupées en fin de volume sont du traducteur.

Préface [2]

Notre époque organise dans le monde des idées, comme dans celui des affaires, *einen wirklichen Ausverkauf*[3]. Il est maintenant possible d'acheter à des prix vils au point où l'on se peut demander si, finalement, il y aura encore des acquéreurs. Le moindre *marqueur*[4] de spéculation qui se préoccupe soigneusement de noter les étapes importantes de la philosophie moderne ; tout privat-docent, assistant ou étudiant ; le moindre philosophe, dilettante ou qualifié, ne se limite plus au doute radical, mais va « outre[5] ». Cela pourrait peut-être sembler une chose frivole et irréfléchie que de leur demander où ils vont de ce pas, au lieu que c'est politesse et modestie de considérer qu'ils ont douté de tout ; car, sinon, quel singulier discours ne serait-ce point là que de dire qu'ils vont outre ! Chacun d'eux a épuisé le moment précédent[6] et avec tant de facilité apparente, qu'ils ne jugent pas devoir donner le moindre mot d'explication. Vainement l'on cherche avec soin et minutie une petite explication, un indice, une courte prescription diététique sur la conduite qui doit guider une entreprise aussi imposante. « Mais peut-être Descartes l'a-t-il bien fait ? » Descartes – ce vénérable penseur, humble et honnête, dont nul ne peut lire les œuvres sans éprouver la plus profonde émotion – a fait ce qu'il a dit et dit ce qu'il a fait[7]. Hélas ! Hélas ! Hélas ! C'est une rareté à notre époque ! Descartes n'a point douté de la foi, comme il le répète à maintes reprises : *Memores tamen, ut jam dictum est, huic lumini naturali tamdiu tantum esse credendum, quamdiu nihil contrarium a Deo ipso revelatur... Praeter caetera autem, memoriae nostrae pro summa regula est infingendum, ea quae nobis a Deo revelata sunt, ut omnium certissima esse credenda ; et quamvis forte lumen rationis, quam maxime clarum et evidens, aliud quid nobis suggerere videretur, soli tamen auctoritati divinae potius quam proprio nostro judicio fidem esse adhibendam*[8] (*Principia philosophiae, pars prima*, §§ 28 et 76). Il n'a point crié au feu, ni imposé à quiconque le devoir de douter : c'était un penseur tranquille et solitaire, non pas un veilleur de nuit chargé de donner l'alarme ; c'est avec modestie qu'il a confessé que sa méthode n'avait de l'importance que pour lui seul et qu'il y avait été conduit, d'une certaine manière, par la confusion de ses connaissances antérieures : *Ne quis igitur putet, me hic traditurum aliquam methodum, quam unusquisque sequi debeat ad recte regendam rationem ; illam enim tantum, quam ipsemet secutus sum, exponere decrevi... Sed simul ac illud studiorum curriculum absolvi (sc. juventutis), quo decurso mos est in eruditorum numerum cooptari, plane aliud coepi cogitare. Tot enim me dubiis totque erroribus implicatum esse animadverti, ut omnes discendi conatus nihil aliud mihi profuisse judicarem, quam quod ignorantiam meam magis magisque detexissem*[9] (*Dissertatio de methodo*, c. 2, 3).

Ce que les anciens Grecs, qui s'entendaient un peu en philosophie, considéraient comme le devoir de l'existence entière (dans la mesure où l'exercice du doute ne s'acquiert pas en quelques jours ni même en quelques semaines), le point auquel parvenait le vieux lutteur désormais loin des combats après avoir maintenu, à travers toutes les tentations, l'équilibre du doute et avoir nié, inlassablement, la certitude des sens, celle de la pensée, et défié sans faiblesse les tourments de l'amour-propre de même que les insinuations de la sympathie, ce devoir, bref, est devenu à présent le point de départ de chacun.

De nos jours, on ne s'arrête plus à la foi ; on va outre[10]. Et si je voulais demander où l'on veut arriver ainsi, on me tiendrait certes pour un sot, tandis que je ferais plutôt preuve de politesse, et de culture, en admettant que chacun a la foi, puisqu'il serait autrement un peu saugrenu de dire que l'on va « outre » celle-ci. Il n'en allait point ainsi aux jours d'autrefois : la foi était alors un devoir assigné à l'existence entière, car l'on pensait que l'aptitude à croire ne se pouvait acquérir en quelques jours ou en quelques semaines. Lorsque le vieux guerrier, après avoir soutenu son bon combat [11] et conservé la foi, voyait approcher sa fin, il avait conservé son cœur assez jeune encore pour ne point avoir perdu le souvenir de l'angoisse ni celui du tremblement qui furent la discipline de sa jeunesse, et que l'homme mature avait ensuite dominés, encore que nul ne s'en libère complètement à moins qu'il ne réussisse, le plus tôt possible, à aller « outre ». Le point où ces figures vénérables arrivaient autrefois est celui d'où part à présent le premier venu pour aller « outre ».

L'auteur de ces lignes n'est point du tout un philosophe ; il n'a pas compris le système, il ignore même s'il y en a un et s'il est fini. Son faible esprit, aujourd'hui que tous ont des idées aussi prodigieuses, est déjà trop affairé par la pensée de l'énorme intelligence nécessaire à chacune. Serions-nous du reste capables de transmuter en concept tout le contenu de la foi [12], que cela ne signifierait nullement qu'on l'a comprise, ni que l'on a saisi comment on y est parvenu ni comment elle entre en nous. L'auteur de ces lignes n'est point du tout un philosophe ; il est, *poetice et eleganter*, un écrivain dilettante qui n'écrit ni système ni promesse de système ; il n'est point tombé dans l'excès de système ni ne s'est voué au système. Écrire est pour lui un luxe qui s'enrichit d'autant en plaisir et en évidence que les personnes disposées à acheter et à lire ses œuvres sont peu nombreuses. Il n'a nulle difficulté à prévoir son destin à une époque où, pour servir la science, on élimine la passion d'un trait de plume, à une époque où un écrivain qui veut être lu doit se préoccuper d'écrire un livre qui peut être aisément feuilleté durant la sieste et qui se présente avec la cordialité de l'aide-jardinier d'une annonce publicitaire [13], lequel, le chapeau dans une main et les bonnes recommandations de son dernier patron dans l'autre, se confie à un public choisi. L'auteur de ces lignes prévoit son sort : il sera complètement ignoré. Il a l'horrible pressentiment que la critique jalouse lui fera plus d'une fois tâter du fouet ; il craint même quelque chose de plus épouvantable encore : que quelque scribe zélé (toujours prêt, pour sauver la science, à traiter les ouvrages d'autrui comme le fit, pour « sauver le goût », le Trop [14] de *La Destruction du genre humain*), ou quelque autre ogre de paragraphe ne le taille en §§, inflexible comme l'homme qui, pour obéir à la science de la ponctuation, divisait son discours en comptant les paroles : trente-cinq jusqu'au point-virgule et cinquante jusqu'au point. Je m'incline avec la soumission la plus profonde devant tout chicaneur systématique : « Ce n'est point un système que cela ; cela n'a rien à voir avec le système. Je souhaite tout le bonheur possible au système ainsi qu'à tous les Danois intéressés par cet *omnibus* [15] ; puisqu'ils n'élèveront jamais une tour [16]. Je souhaite à tous, et à chacun en particulier, bonheur et bénédiction. »

Très respectueusement,

Johannès de Silentio

Atmosphère [17]

Il était une fois un homme qui, durant son enfance, avait entendu la belle histoire d'Abraham [18] mis à l'épreuve par Dieu et qui, victorieux de la tentation, réussit à conserver la foi et à recevoir, contre toute prévision, son fils pour la seconde fois. Avancé en âge, il relut cette histoire avec une admiration plus grande encore, puisque la vie avait séparé ce que la pieuse simplicité de l'enfance avait uni. Plus il vieillissait, plus souvent sa pensée revenait à cette histoire, mais avec une passion plus grande encore ; et cependant il la comprenait de moins en moins. Il finit par oublier toute autre chose ; son âme n'eut plus qu'un désir : voir Abraham ; elle n'eut plus qu'un regret : ne point avoir été témoin de cet événement. Son rêve n'était pas de voir les belles contrées de l'Orient, ni les merveilles de la Terre promise, ni ces deux pieux époux dont la vieillesse avait été bénie par Dieu, ni le vénérable visage du Patriarche rassasié de jours, non plus que l'exubérante jeunesse d'Isaac, don de l'Éternel ; l'événement aurait pu se produire sur une lande déserte, rien ne semblait s'y opposer. Son rêve aurait été de participer au voyage de trois jours, lorsque Abraham s'en allait sur son âne avec sa tristesse devant lui et Isaac à son côté. Cela lui aurait plu d'avoir été présent à l'instant où Abraham, levant le regard, vit à l'horizon la montagne de Moriah, l'instant où il chassa les ânes et où, seul avec son fils, il gravit la montagne : car ce qui l'intéressait, ce n'était point les ingénieux artifices de l'imagination, mais les frissons de la pensée.

Cet homme, du reste, n'était pas un penseur ; il n'éprouvait nul besoin d'aller au-delà de la foi ; le plus beau destin lui paraissait celui d'être rappelé à la mémoire des hommes comme le Père de la foi, et il trouvait un destin enviable de la posséder, fût-ce à l'insu de tous.

Cet homme n'était pas un érudit exégète et ne savait point d'hébreu. S'il l'avait pu lire, peut-être alors aurait-il compris facilement et l'histoire, et Abraham.

I

« Et il advint que Dieu tenta Abraham et dit : "Prends maintenant ton fils, ton unique, celui que tu aimes, Isaac, va dans le pays de Moriah et offre-le en holocauste sur l'un des monts que je te dirai." »

C'était au crépuscule du matin. Abraham se leva, fit seller les ânes, laissa sa tente et prit Isaac avec lui. De la fenêtre, Sarah les regarda descendre la vallée [19] jusqu'à ce qu'elle les perdît de vue. Ils marchèrent trois jours en silence. Au matin du quatrième jour, Abraham ne proféra point une parole mais, levant les yeux, vit dans le lointain le mont de Moriah. Il congédia ses serviteurs, prit Isaac par la main et gravit la montagne. Mais Abraham se disait en lui-même : « Je ne puis pourtant lui cacher où ce chemin le conduit. » Il s'arrêta, mit la main sur la tête de son fils pour le bénir et Isaac s'agenouilla afin de recevoir la bénédiction. Et le visage d'Abraham était paternel : doux était son regard, et sa voix exhortait. Toutefois, Isaac ne pouvait le comprendre ; son âme ne pouvait s'élever à ce point. Il embrassa les genoux d'Abraham, se jeta à ses pieds et demanda grâce : il implora pour sa jeune vie et ses belles espérances ; il dit la joie de la maison paternelle, il en évoqua la tristesse, et la solitude aussi. Alors Abraham releva l'enfant, le prit par la main et marcha ; sa voix exhortait et consolait. Mais Isaac ne pouvait le comprendre. Abraham gravit la montagne, mais Isaac ne pouvait le comprendre. Alors Abraham détourna un instant le regard de son fils, et lorsque Isaac, pour la seconde fois, vit le visage de son père, il le trouva changé parce que le regard était sombre, sauvage, et la figure, elle, horrible. Il saisit Isaac à la poitrine, le jeta par terre et dit : « Sot ! Crois-tu donc que je suis ton père ? Je suis un idolâtre. Tu crois que j'obéis aux ordres de Dieu ? Non ! Ce n'est là jamais qu'un caprice ! » Alors Isaac trembla et, dans son angoisse, cria : « Dieu du ciel, aie pitié de moi ! Dieu d'Abraham, aie pitié de moi, sois mon père, je n'en ai point d'autre sur la terre ! » Mais Abraham répétait à voix basse : « Dieu du ciel, je te rends grâce ; mieux vaut qu'il me croie un monstre plutôt qu'il ne perde la foi en Toi. »

Lorsque l'enfant doit être sevré, la mère se noircit le sein, puisque ce serait une cruelle chose qu'il restât désirable tandis même que l'enfant n'y doit plus tirer de nourriture. Ainsi, l'enfant croit que sa mère est changée, mais la mère est la même, et son regard est toujours plein de tendresse et d'amour. Bénie soit la mère qui ne doit point recourir à de plus terribles expédients pour sevrer son enfant !

II

C'était au crépuscule du matin. Abraham se leva, embrassa Sarah, la fiancée de sa vieillesse, et Sarah donna un baiser à Isaac qui l'avait préservée de la honte, lui, son orgueil et son espérance pour la postérité. Ils marchèrent en silence. Le regard d'Abraham fixa la terre jusqu'au quatrième jour. Alors, il vit à l'horizon la montagne de Moriah. De nouveau, il baissa le regard. Il prépara l'holocauste en silence et lia Isaac. En silence, il dégaina le couteau. Alors surgit le bouc que Dieu avait prévu. Il le sacrifia et s'en retourna. Depuis ce jour, Abraham devint vieux et ne pouvait oublier ce que l'Éternel avait prétendu de lui. Isaac continua de grandir. Mais l'œil d'Abraham était fané et ne réussit jamais plus à voir le bonheur.

Lorsque l'enfant, devenu grand, doit être sevré, la mère cache pudiquement le sein, et l'enfant n'a plus de mère. Béni soit l'enfant qui n'a point autrement perdu sa mère !

III

C'était au crépuscule du matin. Abraham se leva, embrassa Sarah, la jeune mère ; et Sarah donna un baiser à Isaac, sa joie et pour toujours son bonheur. Et Abraham, sur son âne, s'en alla pensif. Il songeait à Agar et son fils[20] qu'il avait chassés dans le désert. Il gravit la montagne de Moriah ; il dégaina le couteau.

C'était une soirée silencieuse. Abraham, sur son âne encore, s'en fut, seul, vers le mont Moriah. Il se jeta face contre terre en demandant à Dieu pardon, pardon d'avoir voulu sacrifier Isaac, pardon d'avoir oublié son devoir de père envers son fils. Plusieurs fois il reprit son chemin solitaire, mais jamais plus il ne retrouva la paix. Il ne pouvait point comprendre que c'était un péché que d'avoir voulu sacrifier à Dieu son bien le plus précieux, et pour lequel il eût donné plus d'une fois sa vie. Et fût-ce un péché, et quand il n'eût aimé à ce point Isaac, alors il ne pouvait comprendre que ce péché lui pouvait être pardonné. Peut-il y avoir, en effet, plus terrible péché ?

Quand l'enfant doit être sevré, la mère est triste elle aussi en pensant que son fils et elle seront désormais séparés sans cesse davantage ; que l'enfant qui jadis était soumis à son cœur, puis reposait sur son sein, ne sera jamais plus si près d'elle. C'est ensemble qu'ils éprouvent cette douleur fugitive. Bénie soit celle qui a ainsi sevré son enfant auprès d'elle et qui n'a point eu d'autre raison de chagrin !

IV

C'était au crépuscule du matin. Dans la maison d'Abraham, tout était prêt pour le départ. Il prit congé de Sarah. Éliézer, l'esclave fidèle, fit avec lui un bout de chemin puis rentra. Abraham et Isaac allèrent ensemble jusqu'à la montagne de Moriah. Abraham fit tous les préparatifs du sacrifice dans la paix et la sérénité ; mais lorsqu'il se tourna pour dégainer le couteau, Isaac vit que la main gauche du père se crispait de désespérance et qu'un frisson secouait son corps ; pourtant, Abraham tira le couteau.

Alors ils revinrent à la maison, et Sarah courut à leur rencontre. Mais Isaac avait perdu la foi. De cela, point on ne parla. Isaac ne confia jamais à personne ce qu'il avait vu et Abraham ne soupçonna pas qu'on l'ait pu voir.

Lorsque l'enfant doit être sevré, la mère lui donne une nourriture plus forte afin que l'enfant ne meure. Béni soit celui qui dispose d'une nourriture plus forte !

C'est ainsi, et de bien d'autres manières encore, que réfléchissait l'homme dont nous parlions. Chaque fois où, de la montagne de Moriah, il rentrait chez lui, croulant de fatigue, il joignait les mains et disait : « Nul ne fut aussi grand qu'Abraham ! Qui donc jamais pourra le comprendre ? »

Éloge d'Abraham

Si l'homme n'avait point de conscience éternelle[21], si au fond de toutes choses il n'y avait qu'une puissance sauvage et bouillonnante qui tout produit, le grand et le futile, dans le tourbillon de passions obscures ; si sous toutes choses se cachait un vide sans fond que rien ne peut combler, que serait alors la vie sinon la désespérance ? S'il en était ainsi, si aucun lien sacré n'unissait les hommes, si les générations se renouvelaient telles les feuillées des ramages sylvestres[22] s'estompant l'une après l'autre comme s'éteint dans les bois le chant des oiseaux ; si les générations traversaient le monde tel le navire l'océan ou le vent le désert, acte aveugle et stérile ; si l'éternel oubli, famélique toujours, ne trouvait nulle puissance assez forte pour lui arracher la proie qu'elle épie, quelle vanité et quelle désolation serait la vie !

Mais il n'en est point ainsi ; de même qu'Il a créé l'homme et la femme[23], Dieu a fait le héros, le poète ou l'orateur. Celui-ci ne peut rien accomplir de ce que fait celui-là ; il le peut seulement admirer, l'aimer et se réjouir du héros. Il n'est cependant pas moins heureux que l'autre ; car le héros est, pour ainsi dire, de son être la meilleure partie, celle dont il est amoureux, heureux de ne le point être lui-même afin que son amour soit fait d'admiration. Le poète est le génie de la remembrance ; il ne peut rien qui ne soit se souvenir ; rien sinon admirer ce qui fut accompli. Il ne puise rien de son sein, mais est le jaloux gardien de ce qui lui fut confié. Il suit le choix de son cœur ;

lorsqu'il a rencontré l'objet de sa recherche, avec ses chants et ses discours, il va de porte à porte afin que tous partagent son admiration pour le héros et, comme lui, en soient fiers. Tel est son parti, son humble devoir, son loyal service dans la maison du héros. S'il est aussi constant dans son amour, et s'il lutte jour et nuit contre la puissance sournoise de l'oubli dont il veut mettre le héros à couvert, alors il aura rempli sa mission, alors il entre dans la compagnie du héros qui l'aime d'un amour également fidèle ; car le poète est comme la meilleure partie du héros, sans force tel un souvenir certes, mais transfiguré comme lui. C'est pourquoi nul ne sera oublié parmi ceux qui furent grands. Et s'il faut du temps, si même le nuage de l'incompréhension [24] offusque la figure du héros, celui qui l'aime vient néanmoins, et plus il tarde sa venue, plus aussi il s'attachera fidèlement à lui.

Non ! Nul ne passera de ceux qui furent grands ; mais chacun fut grand à sa manière, chacun en proportion de la grandeur de ce qu'*il a aimé*. Car qui s'aima lui-même fut grand de sa personne et qui aima autrui fut grandi de son don, mais celui qui aima Dieu fut le plus grand de tous. Chacun restera dans le souvenir, mais chacun fut grand selon son *espérance*. L'un fut grand dans l'espérance du possible ; un autre dans l'espérance de l'éternité ; mais celui qui espéra l'impossible fut de tous le plus grand [25]. Chacun restera dans le souvenir, mais chacun fut grand selon la grandeur de son *combat* car celui qui combattit le monde fut grand en triomphant du monde, et qui se combattit lui-même fut grand pour être venu à bout de soi ; mais qui lutta contre Dieu fut le plus grand de tous [26]. Tels furent les combats sur cette terre : homme contre homme, un contre mille ; mais celui qui lutta contre Dieu fut le plus grand de tous. Tels furent les combats ici-bas : l'un vainquit contre tous en usant de sa force, l'autre désarma Dieu par sa propre faiblesse. Il y eut celui qui, s'appuyant sur lui-même, tout obtint et celui qui, certain de sa force, tout sacrifia : mais celui qui crut en Dieu fut le plus grand de tous. Il y eut des hommes grands pour leur énergie, pour la sagesse, l'espérance ou l'amour. Mais de tous,

Abraham fut le plus grand : grand pour l'énergie dont la force est faiblesse, grand pour la sagesse dont le secret est folie[27], grand par l'espoir dont la forme est démence, grand par l'amour qui est haine de soi.

Ce fut par la foi qu'Abraham laissa le pays de ses pères et devint étranger en Terre promise[28]. Il laissa derrière lui une chose et en prit une autre : il laissa sa raison terrestre, et emporta avec lui la foi. Sinon, en songeant à l'absurdité du voyage, il ne serait point parti. Par la foi, il fut un étranger en Terre promise, où rien ne lui rappelait ce qui lui était cher, tandis que la primeur de toute chose plaçait en son âme la tentation d'une mélancolie douloureuse. Et pourtant ! Il était l'élu de Dieu, celui en qui l'Éternel trouvait sa complaisance ! Il est certain que s'il eût été un déshérité, un exilé de la grâce divine, il aurait mieux compris cette situation qui maintenant sonnait comme une raillerie sur lui et sur sa foi. Il y eut aussi dans le monde celui qui fut mis au ban de sa patrie bien-aimée. Il ne fut point oublié, non plus que ses lamentations à la mélancolie desquelles il chercha et trouva ce qu'il avait perdu. Abraham n'a pas laissé de lamentations[29]. Il est humain de gémir, humain de pleurer avec celui qui pleure, mais il est plus grand de croire et davantage bénéfique de contempler celui qui croit.

C'est par la foi qu'Abraham reçut la promesse que toutes les nations de la terre seraient bénies dans sa postérité[30]. Le temps passait, la possibilité demeurait, Abraham croyait. Le temps passa, la possibilité devint absurde, Abraham crut. Il exista donc en ce monde celui qui eut une espérance. Le temps passa, le soir s'obscurcit, et cet homme n'eut point la vilenie de renier son espérance ; ainsi, lui non plus ne sera jamais oublié. Il connut ensuite la tristesse ; et la douleur, loin de le décevoir comme la vie l'avait fait, fit pour lui tout ce qu'elle put et, dans sa douceur, le remit en possession de son espérance trompée. Il est humain de s'affliger, humain de partager la peine de l'homme éploré, mais il est plus grand de croire, et plus réconfortant de contempler celui qui croit. Abraham ne nous a point laissé de lamentations. Il n'a pas tristement compté les jours à mesure qu'ils s'écoulaient ; il n'a point jeté sur Sarah cet œil inquiet cherchant dans les rides de son visage le cours des ans, il n'a point non plus fermé la course du soleil[31] pour arrêter la vieillesse de Sarah, et faire qu'avec elle ne vieillisse plus son attente ; pour apaiser sa peine, il n'a pas chanté à Sarah de chagrine cantilène. Il devint vieux et Sarah, elle, fut moquée dans le pays. Et pourtant, il était l'élu de Dieu et l'héritier de la promesse selon laquelle toutes les nations de la terre seraient bénies en sa postérité. N'eût-il pas mieux valu qu'il ne fût l'élu de Dieu ? Que signifie donc être l'élu de Dieu ? Cela veut dire se voir refuser dans le printemps de la vie ce qui est le vœu de la jeunesse pour être exaucé dans la vieillesse après de grandes difficultés. Mais Abraham crut et maintint la promesse à laquelle il aurait renoncé s'il avait douté. Alors, il eût dit à Dieu : « Peut-être n'est-ce point Ta volonté que cela advienne, je renonce ainsi à ce désir qui m'était tout, et où reposait mon bonheur. Mon âme est droite et ne recèle aucune sourde rancune devant Ton refus. » Il n'eût point été oublié. Il en eût sauvé plusieurs par son exemple, mais ne serait pas devenu le Père de la foi[32] ; car cela est une grande chose que de renoncer à son vœu le plus cher, mais c'en est une plus grande encore de le conserver peu après l'avoir abandonné ; il est grand de saisir l'éternité, mais il est plus grand encore de recouvrer le temporel après y avoir renoncé. Puis les temps furent accomplis. Si Abraham n'avait point cru, l'amertume certainement aurait eu raison de Sarah et lui, Abraham, engourdi de douleur, n'aurait point compris l'accueil de la promesse, il en eût plutôt souri comme on le fait d'une rêverie juvénile. Mais Abraham crut, et c'est pourquoi il se conserva jeune. Car celui qui espère toujours le mieux vieillit trahi par la vie, et celui qui se dispose toujours au pire est bientôt usé ; celui qui croit, toutefois, jouit d'une éternelle jeunesse. Bénie soit donc cette histoire ! Car Sarah, bien qu'avancée en âge, fut assez jeune pour désirer les joies de la maternité ; et Abraham, en dépit de ses cheveux gris, fut assez jeune pour désirer être père. À première vue, la chose merveilleuse[33] consiste dans le fait que l'événement survint selon leur espérance ; mais, dans un sens profond, le prodige de la foi réside en ce qu'Abraham et Sarah furent assez jeunes pour désirer que la foi conservât leur désir et, ainsi, leur jeunesse. Il accepta l'accueil de la promesse, il l'accepta par la foi et cela survint selon la promesse et selon la foi ; car Moïse, lui, frappa de son bâton le rocher, mais ne crut pas [34].

Ce fut alors la joie dans la maison d'Abraham le jour où Sarah devint l'épouse des noces d'or.

Mais la joie devait s'éteindre. Une fois encore, Abraham aurait connu l'épreuve. Il avait combattu contre cette sournoise puissance à laquelle rien n'échappe, contre cet ennemi vigilant qui jamais ne dort, contre ce vieillard qui survit à toutes choses ; il avait combattu le temps et conservé la foi. Maintenant, toute l'horreur du combat se resserra en un instant : *« Et il advint que Dieu tenta Abraham et dit : "Prends maintenant ton fils, ton unique, celui que tu aimes, Isaac, va dans le pays de Moriah et offre-le en holocauste sur l'un des monts que je te dirai". »*

Ainsi donc, tout était perdu ! Ô atroce malheur, plus que si le désir n'eût jamais été exaucé ! Ainsi, l'Éternel se jouait d'Abraham ! Voilà qu'après avoir réalisé l'absurde par un miracle Il voulait voir anéantie son œuvre. Folie ! Mais Abraham n'en rit pas comme Sarah, lorsque la promesse leur fut faite [35]. Tout était perdu ! Soixante-dix années de fidèle attente, et la joie pressée de la foi exaucée. Mais qui est donc celui qui arrache le bâton de la main du vieillard, qui est-il pour exiger que ce soit au vieux père même de le rompre ? Qui est-il celui qui fait l'amertume d'un homme à la grise toison, en exigeant qu'il soit lui-même la cause de son malheur ? N'y a-t-il donc point de compassion envers un vieillard vénérable et l'enfant innocent ? Et pourtant, Abraham était l'élu de Dieu, et c'était le Seigneur qui infligeait l'épreuve. Tout devait maintenant être perdu ! Le renom splendide de la souche future, la promesse dans la semence d'Abraham, tout cela ne fut rien d'autre qu'un caprice, une pensée fugitive dans l'esprit du Seigneur et qu'Abraham maintenant devait abattre. Ce trésor splendide, antique comme la foi dans le cœur d'Abraham et plus vieux d'Isaac de nombreuses et longues années, ce fruit de la vie d'Abraham, sanctifié par la prière, mûri dans la lutte, cette bénédiction sur les lèvres du père, ce fruit donc allait lui être arraché avant l'heure et devenir insignifiant. Quel sens, en effet, eût pu avoir le fruit de la promesse, tandis qu'il s'agissait désormais de sacrifier Isaac ! Cette heure chagrine, et cependant heureuse, durant laquelle Abraham aurait dû déserter tout ce qu'il aimait lorsque, levant une fois encore son front vénérable – le visage splendide comme celui de Seigneur –, il aurait resserré son âme entière en une bénédiction dont la vertu se serait épandue sur tous les jours d'Isaac – cette heure jamais ne viendrait ! Car il devrait bien dire adieu à son fils, mais de telle sorte qu'il devrait, lui, rester sur terre ; la mort devait les séparer, mais en faisant d'Isaac sa proie. Le vieillard gisant sur le lit de mort n'eût point tendu une main heureuse pour bénir le fils mais, las de vivre, aurait dû lever sur lui le poing en un geste assassin. Et c'était Dieu qui le mettait à l'épreuve. Oui. Malheur ! Malheur au messager venu porter une semblable nouvelle ! Qui donc avait osé se faire l'émissaire de cette désolation ? Mais c'était Dieu lui-même qui mettait Abraham à l'épreuve.

Abraham crut toutefois, et il crut pour cette vie. Certes, si sa vie avait été tournée seulement vers une vie à venir, il se fût plus aisément déchargé de tout afin de hâter sa sortie d'un monde auquel il n'appartenait plus désormais. Mais la foi d'Abraham n'était point faite ainsi, si jamais il en existe une semblable ; car, en vérité, ce n'est pas la foi que cela, plutôt sa plus lointaine possibilité, qui pressent son objet aux confins extrêmes de l'horizon et qui, cependant, en est séparée par un profond abîme d'où se débat le désespoir. Mais Abraham avait la foi pour cette vie : il croyait en sa vieillesse sur cette terre, honoré du peuple, béni dans sa postérité, inoubliable en Isaac, qui était ce qu'il avait aimé le plus en sa vie et qu'il embrassait d'une si grande affection que l'on se fût mal exprimé en disant qu'il accomplissait fidèlement son devoir paternel, comme l'Écriture l'affirme : « Ton fils, celui que tu aimes[36]. » Job eut douze fils et n'en aima qu'un seul ; Abraham n'en eut qu'un, celui qu'il aimait.

Mais Abraham crut et ne douta point ; il crut l'absurde. Eût-il douté, qu'il aurait agi autrement. Il aurait accompli un acte grand et magnifique. Qu'aurait-il pu faire d'autre ? Il s'en serait allé à la montagne de Moriah, il eût fendu le bois, allumé le bûcher, levé le couteau ; il eût crié à Dieu : « Ne dédaigne pas ce sacrifice. Ce n'est point là ce que je possède de mieux, je le sais. Car qu'est donc un vieillard auprès du fils de la promesse ? Mais c'est ce que je puis te donner de mieux. Fais qu'Isaac ne sache jamais rien, de sorte qu'il se puisse consoler de sa jeunesse. » Et il se serait enfoncé le couteau dans la poitrine. Il eût été admiré de par le monde, et son nom ne se fût point éteint ; mais c'est une chose que d'être admiré, et c'en est une autre que d'être l'étoile qui guide et sauve celui qui est dans l'angoisse.

Abraham crut cependant. Il ne pria point pour lui afin d'émouvoir le Seigneur : il ne s'avança, suppliant, que pour détourner la juste punition qui tombait sur Sodome et Gomorrhe[37].

Nous lisons dans l'Écriture : « Et Dieu mit Abraham à l'épreuve et lui dit : "Abraham, Abraham, où es-tu ?" Et Abraham répondit : "Me voici !" Toi, à qui mon discours s'adresse, en as-tu fait autant ? Lorsque, de loin, tu vis venir les coups du destin, n'as-tu pas dit aux montagnes "cachez-moi !" et aux collines "tombez sur moi[38]" ? Ou, si même tu fus plus fort, ton pied n'a-t-il point lentement cheminé sur la route, n'as-tu point soupiré après les antiques sentiers ? Et quand l'appel a retenti, es-tu demeuré en silence, as-tu répondu, tout bas peut-être, en un murmure ? Mais Abraham, lui, ne répondit point ainsi. Avec joie et courage, assurance et à pleine voix, il dit : "Me voici" ! » Nous lisons plus loin : « Abraham se leva donc avant le jour[39]. » Il se hâta, comme pour aller à une fête, et, de premier matin, il fut au lieu indiqué, sur la montagne de Moriah. Il ne dit rien à Sarah, rien à Éliézer : car qui donc l'aurait pu comprendre ? La tentation, en raison de sa propre nature, ne lui avait-elle point scellé les lèvres ? « Il fendit le bois, lia Isaac, alluma le bûcher, dégaina le couteau. » Ô toi qui m'écoutes ! Ils furent nombreux les pères qui crurent perdre en leurs fils le plus précieux trésor au monde, et se retrouver ainsi comme dépouillés de toute espérance pour l'avenir. Et pourtant ! Aucun fils ne fut celui de la promesse au sens où Isaac le fut pour Abraham. Nombreux les pères qui perdirent leur fils, mais il leur fut pris par la main de Dieu, par l'insondable et immuable volonté du Tout-Puissant ! Point pour Abraham. Une épreuve plus difficile lui était réservée, et le destin d'Isaac était ce couteau dans la main d'Abraham. Et tel il était ce vieillard avec sa seule espérance ! Mais il ne douta pas, il ne jeta point à droite et à gauche d'œillades angoissées, point non plus il n'épuisa le ciel de ses prières. Il savait que Dieu, le Tout-Puissant, était Celui qui le mettait à l'épreuve ; il savait que l'on pouvait exiger de lui le plus grave sacrifice ; mais surtout, il savait qu'aucun sacrifice n'est si grave qu'il est exigé de Dieu – et il tira le couteau.

Qui donna la force au bras d'Abraham ? Qui soutint sa main droite pour empêcher que, impuissante, elle ne retombât ? Celui qui regarde cette scène demeure paralysé. Qui fortifia l'âme d'Abraham pour que ses yeux ne s'obscurcissent point et ne s'avisent ainsi ni d'Isaac ni du bélier ? Celui qui regarde cette scène devient aveugle. – Et pourtant, il est rare que l'on en devienne paralysé ou aveugle, et plus rare encore est celui qui dignement raconte ce qui s'est passé. Nous le savons tous : ce n'était là qu'une épreuve.

Si, au faîte de la montagne Moriah, Abraham eût douté ; si, indécis, il eût regardé tout autour ; si, en tirant le couteau, il avait eu la chance de découvrir le bélier ; si Dieu lui eût permis de le sacrifier au lieu d'Isaac – alors, il serait rentré en sa maison, tout eût été comme auparavant. À son flanc, il eût trouvé Sarah, il eût conservé Isaac. Et pourtant, quel changement ! Car son retour eût été une fugue, son salut un hasard, sa récompense un déshonneur et son avenir, peut-être, la perdition. Il n'eût alors témoigné ni de sa foi ni de la grâce de Dieu ; seulement de combien il est horrible de gravir la montagne de Moriah. On n'eût alors oublié ni Abraham ni non plus la montagne de

Moriah. On en aurait parlé, non pas comme de l'Ararat où l'arche s'échoua [40], mais comme d'un lieu d'effroi, puisque c'eût été là le lieu où Abraham avait douté.

*

Abraham, père vénérable ! Lorsque, de Moriah, tu revins en ta maison, tu n'avais point besoin d'un panégyrique pour te conforter d'une perte. Car tu avais tout obtenu et conservé Isaac – n'est-ce pas ainsi ? Jamais plus le Seigneur ne le prétendit et, à table, on te vit heureux avec ton fils, comme tu l'es dans l'autre vie pour toute l'éternité. Abraham, père vénérable ! Des milliers d'années s'en furent depuis ces jours, mais tu n'as nul besoin qu'un tard amant [41] n'arrache ton souvenir à la violence de l'oubli, car toutes les langues te rappellent – et pourtant tu récompenses celui qui t'aime de la façon la plus extraordinaire et magnifique. Tu le rends, là-haut, bienheureux en ton sein, et tu captives ici-bas son regard et son cœur de la merveille de ton fait. Abraham, père vénérable ! Second père du genre humain ! Toi qui le premier fus sensible et témoignas de la passion prodigieuse qui dédaigne l'effroyable lutte contre la furie des éléments et les forces de la création pour combattre avec Dieu ; toi qui d'abord éprouvas cette passion sublime, expression sacrée, humble et pure du délire divin [42] ; toi que les païens admirèrent – pardonne à celui qui a voulu faire ta louange, s'il ne l'a point faite comme il sied. Il a parlé avec humilité, et selon le désir de son cœur ; il a parlé brièvement, comme il convenait. Mais jamais il n'oubliera que cent années durent passer avant que tu ne reçusses le fils de la vieillesse et que, pour conserver Isaac, tu dus tirer le couteau. Jamais il n'oubliera que, jusqu'à cent ans d'âge, tu n'étais jamais allé plus loin que la foi [43].

Problemata
Effusion préliminaire[44]

Un antique proverbe inspiré du monde externe et visible dit que « seul celui qui travaille a du pain[45] ». Il est assez singulier que cet adage ne s'assortisse point au monde auquel, justement, il appartient. Car le monde externe est soumis à la loi de l'imperfection, et l'expérience vérifie encore et encore que l'oisif trouve sa pitance, et que le dormeur, lui, la trouve aussi, et même plus abondante encore que celui qui travaille. Dans le monde extérieur, tout est payable au porteur ; ce monde est soumis à la loi de l'indifférence, et c'est à celui qui possède l'anneau que l'esprit de l'anneau obéit, fût-il Nouredin ou Aladin[46]. Et celui qui possède le trésor du monde en est le maître, quelle que soit la façon dont il l'obtint. Il en va autrement dans le monde de l'esprit[47]. Il y règne un ordre divin, il n'y pleut point à la fois sur le juste et l'injuste, là, le soleil ne se lève point également sur les bons et les méchants[48] : là uniquement on peut dire en vérité que seul celui qui travaille a du pain, que seul l'angoissé trouve le repos, que seul celui qui descend dans l'outre-tombe sauve la bien-aimée[49], que seul celui qui tire le couteau reçoit Isaac. Celui qui ne veut pas travailler n'obtient pas de pain mais reste trompé, comme les dieux abusèrent Orphée par une figure évanescente au lieu de la bien-aimée ; ils l'abusèrent parce qu'il était efféminé et non courageux, un joueur de cithare et point un homme. Il ne sert à rien d'y avoir Abraham pour seul père, ni d'y compter dix-sept ancêtres[50] – celui qui ne veut travailler s'y voit appliquer la parole de l'Écriture sur les vierges d'Israël : il n'enfante que du vent ; mais celui qui veut besogner, celui-là enfante de son propre père.

Il y a maintenant un savoir qui, par suffisance, prétend introduire dans le monde de l'esprit cette même loi de l'indifférence sous laquelle le monde extérieur soupire. Il pense qu'il suffit de connaître ce qui est grand, sans plus d'effort. C'est pourquoi il n'obtient pas de pain et meurt, affamé, tandis que tout autour de lui se transforme en or[51]. Et que sait-il vraiment, ce savoir ? En Grèce, des milliers de contemporains et la postérité de multitudes innombrables connurent les triomphes de Miltiade[52], mais il n'y en eut qu'un seul qui en perdit le sommeil[53]. Des générations sans nombre surent par cœur, mot à mot, l'histoire d'Abraham ; mais à combien celle-ci fit-elle perdre le sommeil ?

Cette histoire a la vertu singulière d'être toujours magnifique, quelque pauvrement qu'on la comprenne ; ici encore le proverbe s'applique, et tout dépend que l'on entende travailler et se charger[54]. Mais l'on ne veut point travailler et, cependant, on désire comprendre l'histoire. On exalte Abraham – mais comment donc ? On donne à l'affaire entière une expression tout à fait générale : « Ce qui est grand, c'est qu'il aima Dieu de telle sorte qu'il voulut lui sacrifier ce qu'il possédait de meilleur. » Fort bien. Mais ce « meilleur » est une vague expression. Au cours de la pensée, ou durant le discours, Isaac et le « meilleur » s'identifient avec assurance, de sorte que celui qui médite peut fumer tranquillement sa pipe tout en réfléchissant, et que celui qui écoute peut, à son aise, se dégourdir les jambes. Si le jeune homme riche que le Christ rencontra en chemin[55] avait vendu tous ses biens pour les donner aux pauvres, comme tout ce qui est grand, nous le célébrerions, encore que nous ne le comprendrions pas tout à fait sans y mettre de l'effort : mais, en dépit du fait qu'il a sacrifié la meilleure chose qu'il eût, il ne serait point devenu un Abraham. Ce que l'on néglige dans l'histoire d'Abraham c'est l'angoisse ; car, si je n'ai nulle obligation éthique envers l'argent, le père, lui, est lié à son fils par le plus haut et le plus sacré des devoirs. Cependant, l'angoisse est une chose périlleuse pour les natures efféminées, si bien qu'on l'oublie tout en voulant, malgré tout, parler d'Abraham. Alors on en parle et, au cours du discours, on alterne indifféremment les deux termes, Isaac et le « meilleur ». Tout va pour le mieux. Mais si d'aventure il y avait parmi les auditeurs quelque insomniaque, alors se dresse le péril du plus épouvantable et du plus profond malentendu tragi-comique qui soit. Il s'en retourne chez lui, désireux d'imiter Abraham, car son fils est son meilleur bien. Si un orateur venait à le savoir, peut-être se rendrait-il chez lui et, rassemblant toute sa dignité cléricale, crierait : « Homme abominable, rebut de la société, quel démon te possède pour te pousser à tuer ton fils ? » Et le pasteur, qui ne s'était point échauffé ni non plus mis en nage en prêchant sur Abraham, s'étonne de lui-même et du sérieux de la colère dont les foudres avaient frappé ce pauvre homme ; le voilà content de soi, puisque jamais il n'avait parlé avec autant de verve, avec autant d'onction. Il se dit à lui-même, et aussi à sa femme : « Je suis un orateur. L'occasion seule fut ce qui me manqua jusqu'à présent. Dimanche, lorsque je prêchai sur Abraham, je ne me sentais point du tout pris par le propos. » Si cet orateur avait eu le surplus d'un setier de raison à perdre, je crois qu'il le perdrait si, avec calme et dignité, le pécheur lui répondait : « Voilà ce que tu nous as dit toi-même dimanche dans ton sermon. » Comment du reste le pasteur eût-il pu parvenir à une conclusion semblable ? Et il en était pourtant ainsi ; l'erreur était seulement de n'avoir point su ce qu'il disait. Que n'y a-t-il pas quelque poète qui puisse se décider à préférer de semblables situations, au lieu des sottises qui remplissent nos comédies et nos romans ! Ici, le tragique et le comique se touchent l'un l'autre dans l'infini absolu. Le sermon du prêcheur était peut-être en lui-même assez ridicule, mais il le devient infiniment par son effet, un effet, du reste, tout à fait naturel. Imaginons que le pécheur, sans élever d'objection, ait été converti par le sévère sermon du pasteur, et que le zélé homme de Dieu s'en soit retourné tout heureux chez lui, réjoui en conscience d'être non seulement éloquent du haut de la chaire, mais d'avoir surtout un irrésistible pouvoir comme pasteur des âmes, lui qui le dimanche enthousiasme la communauté, tandis qu'il se présente le lundi, chérubin à l'épée de feu, devant l'homme qui, par ses actions, voulait faire mentir le vieux proverbe : « Le monde ne tourne pas selon le prêche du pasteur[a]. »

Imaginons, au contraire, que le pécheur ne soit pas convaincu, la situation est alors plutôt tragique. Il sera alors probablement exécuté ou enfermé à l'asile d'aliénés : bref, il est devenu malheureux en rapport à la prétendue réalité – bien qu'il me soit avis que, dans un autre sens, Abraham le rendit heureux, car celui qui travaille ne périt point.

Comment expliquer la contradiction de notre prédicateur ? Dira-t-on qu'Abraham obtint par prescription le droit d'être un grand homme, de sorte que ce qu'il fît est grand, tandis que si un autre agit de même, il est alors question d'un péché, d'un abominable péché ? Dans ce cas, je ne suis point désireux de souscrire à un éloge si creux. Si la foi ne fait pas du désir d'immoler son fils un acte sacré, alors, que la condamnation qui frappe tout autre homme enveloppe aussi Abraham. Si l'on manque du courage de mener jusqu'au bout sa pensée et de dire qu'Abraham est un assassin, mieux vaut alors se procurer ce courage, sans plus s'étendre en d'immérités éloges. L'expression éthique pour l'action d'Abraham est qu'il veuille tuer Isaac ; l'expression religieuse, elle, est qu'il le veuille sacrifier ; mais c'est précisément dans cette contradiction que réside l'angoisse qui, avec certitude, peut faire perdre le sommeil à un homme et sans laquelle, cependant, Abraham n'est point l'homme qu'il est. Peut-être encore n'a-t-il point fait du tout ce que l'on raconte, mais plutôt quelque autre chose qui doit être portée

a. On disait autrefois : « Il est douloureux que le monde n'aille point comme le prêche le pasteur » – peut-être le temps est-il venu, surtout grâce à la philosophie, où l'on pourra dire : « C'est une chance que les choses n'aillent pas comme le prêche le pasteur car, après tout, il y a bien quelque sens à la vie, mais dans ses prêches, point du tout. »

au débit des circonstances de l'époque ; dans ce cas, oublions Abraham, car il est vain de rappeler *le* passé qui ne peut devenir présent. Peut-être enfin l'orateur a-t-il oublié quelque chose qui correspond à l'oubli éthique, à savoir qu'Isaac était le fils ? Quand, en effet, on réduit la foi à zéro, ou à rien, il ne demeure guère plus que le fait brut : Abraham voulut tuer son fils, acte d'imitation facile pour qui n'a pas la foi, j'entends cette foi qui le lui rend difficile.

Pour ma part, je confesse ne point manquer du courage d'aller jusqu'au bout d'une idée. Jusqu'à présent, je n'ai rencontré aucune pensée de celles qui font peur et, s'il advenait que j'en rencontrasse une, j'espère avoir au moins la franchise de dire : « Cette pensée m'effraie, elle agite en moi quelque chose d'inconnu, et c'est pourquoi je n'y veux point songer. Si, ainsi faisant, j'ai tort, je n'échapperai certes pas à la punition. » Si je reconnaissais l'expression de la vérité dans le jugement qui fait d'Abraham un assassin, j'ignore si je pourrais taire en moi ma pieuse vénération pour lui. Cependant, si je l'avais pensé, probablement me serais-je tu, puisque l'on ne doit point initier autrui à ce genre de considérations. Mais Abraham n'est pas une illusion, ce n'est pas en dormant qu'il obtint la gloire, il ne la doit pas non plus à un caprice du destin.

Est-il alors possible de parler franchement d'Abraham sans courir le risque que quelqu'un s'égare et veuille faire comme lui[56] ? Si je n'ose parler librement, je garderai complètement le silence sur Abraham et, surtout, je ne l'abaisserai pas au point qu'il devienne un piège pour les faibles. Car si l'on réduit tout à la foi, c'est-à-dire à ce qu'elle est, il m'est avis que l'on en peut sans péril parler à notre époque, laquelle, en matière de foi, donne difficilement dans l'extravagance ; et c'est par la foi seulement que l'on ressemble à Abraham, non par le meurtre. Si l'on fait de l'amour une impression fugace, une émotion voluptueuse que l'homme éprouve, alors, si l'on désire parler des exploits de l'amour, on ne fait rien que tendre des pièges aux faibles. Nous avons tous de ces mouvements passagers, mais si chacun voulait accomplir l'acte terrible que l'amour a sanctifié en un exploit immortel, alors tout est perdu : l'exploit et l'imitateur égaré.

On peut certainement parler ainsi d'Abraham, car jamais ce qui est grand ne peut nuire, pour lors qu'on le saisisse dans toute sa grandeur, semblable à l'épée à deux tranchants qui tue et qui sauve. Si le hasard de parler de ce sujet était mon lot, je débuterais en montrant quel homme pieux et plein de la crainte de Dieu était Abraham, homme digne d'être appelé l'élu du Seigneur. Seul un homme semblable peut se soumettre à une semblable épreuve : mais qui donc est semblable à Abraham ? Je décrirais ensuite combien Abraham aimait Isaac. Pour ce faire, je prierais tous les bons esprits de me venir en aide afin que mon discours flamboie comme l'amour paternel. Je le pourrais peindre, c'est mon vœu, de telle manière qu'il n'y eût que bien peu de pères dans tout le royaume de Danemark qui pussent affirmer avoir aimé leurs fils ainsi. Mais si l'on n'aime point comme Abraham, toute pensée de sacrifier Isaac devient une idée fixe[57]. On pourrait prêcher plusieurs dimanches sur ce thème, il n'y a point à se presser. L'effet serait, pour peu que l'on parle juste, que plusieurs de ces pères ne voudraient plus entendre autre chose, puisqu'ils seraient pour l'heure satisfaits de parvenir à aimer leurs fils comme Abraham aima le sien. S'il y en avait un qui, après avoir entendu prêcher la grandeur, mais aussi l'horreur de l'acte d'Abraham, s'aventurait à parcourir ce chemin, je sellerais mon cheval et voyagerais à son flanc. À chaque halte, avant d'arriver à la montagne de Moriah, je lui représenterais qu'il peut encore faire demi-tour, qu'il aurait matière à se repentir du malentendu de se croire appelé à livrer un tel combat, qu'il pourrait confesser ne point avoir de courage, de sorte que Dieu lui-même eût pu prendre Isaac, s'il l'avait voulu faire. Je suis convaincu qu'un tel homme n'est point maudit, qu'il peut être heureux comme tout autre, mais non dans le temps. Un homme de ce calibre n'eût-il point été jugé de cette manière, même aux époques de grande foi ? J'ai connu une personne[58] qui eût pu me sauver la vie si elle eût été magnanime. Elle dit franchement : « Je vois bien ce que je pourrais faire, mais je ne l'ose, car je crains qu'ensuite les forces ne me manquent et que je ne doive m'en repentir. » Ce n'était pas éclatant, mais qui donc pour cela lui retirerait son affection ?

Une fois que j'eusse parlé de cette manière, ayant ému mon auditoire de telle sorte qu'il eût entendu les batailles dialectiques de la foi et sa gigantesque passion, je me garderais bien de les faire tomber dans l'erreur de penser : « Il possède la foi à un tel degré, qu'il nous suffit de toucher son vêtement [59]. » En effet, j'ajouterais : « Je n'ai nullement la foi. Je suis par nature une tête sagace, et toute personne qui l'est éprouve toujours de grandes difficultés à accomplir le mouvement de la foi. Je ne cacherais cependant pas que, en soi et pour soi, *je n'attache nulle valeur à la difficulté selon laquelle le dépassement de la foi entraîne la tête sagace au-delà du point où peut arriver aisément l'homme le plus simple et le plus ordinaire qui soit* [60]. »

L'amour trouve cependant ses prêcheurs [61] chez les poètes et, quelquefois, on entend une voix qui, s'élevant, en sait maintenir le prestige ; mais la foi n'a point de chantre. Qui donc parle à la louange de cette passion ? La philosophie, elle, va outre. La théologie se tient fardée à la fenêtre et, mendiant les faveurs de la philosophie, lui offre ses grâces. Il sera difficile de comprendre Hegel, mais comprendre Abraham est une voie étroite [62]. Aller au-delà de Hegel est une œuvre prodigieuse [63], mais aller outre Abraham est de toutes choses la plus facile ! J'ai, pour ma part, consacré bien du temps à la compréhension de la philosophie de Hegel, je crois donc la posséder assez bien [64] et lorsqu'en dépit de mes efforts il y a certains passages que je ne puis percer, j'ai la naïveté de croire que Hegel ne le pouvait non plus. Je mène toute cette étude aisément et sans peine, je n'y attrape point de migraine. Mais quand, au contraire, je dois penser à Abraham, je me sens comme anéanti. À tout instant, mon œil se pose sur l'énorme paradoxe qui est la substance de la vie d'Abraham, à tout instant je suis repoussé et ma pensée, en dépit de toute sa passion, ne peut aller plus loin, fût-ce d'un cheveu. Je tends tous mes muscles pour trouver une perspective et, à tout instant, je suis paralysé.

Je ne suis pas sans connaître les choses que l'on admire comme grandes et nobles de par le monde, mon âme trouve avec elles quelque affinité, étant convaincue, en toute humilité, que le héros a aussi combattu pour moi, si bien que, en le contemplant, je crie à moi-même : *Jam tua res agitur*[65]. Je *m'imagine* à l'intérieur du héros[66], mais je ne puis m'imaginer à l'intérieur d'Abraham ; lorsque j'atteins le sommet, je tombe, car j'y trouve le paradoxe. Je n'entends cependant nullement dire par là que la foi est une chose basse mais, bien au contraire, qu'elle est la plus haute et qu'il est déshonnête que la philosophie y substitue autre chose et la tourne en dérision. La philosophie ne peut ni ne doit donner la foi[67], mais a pour tâche de se comprendre elle-même, savoir ce qu'elle offre et ne rien enlever à l'homme non plus que de le distraire d'une chose comme si cette chose n'était rien[68]. Je ne suis pas sans connaître les vicissitudes et les dangers de la vie, je ne les crains point et, avec courage, je les affronte. Je ne suis pas sans connaître ce qui est terrible ; ma mémoire est une fidèle épouse et mon imagination, ce que je ne suis pas, une fillette diligente qui, tout le jour, est tranquillement à son métier et sait le soir si gentiment m'entretenir que je la dois enfin regarder, encore qu'elle ne tisse pas toujours, il le faut dire, des paysages, des fleurs ou des idylles pastorales. J'ai vu l'horreur devant moi et je n'ai point reculé d'effroi, bien que je sache très bien, si je devais l'affronter, que mon courage n'est pas celui de la foi ni rien qui y soit comparable. Je suis incapable de faire le mouvement de la foi, je ne puis clore les yeux et me jeter, plein de confiance, dans les bras de l'absurde, cela m'est impossible... mais je n'en fais point jactance. Je suis persuadé que Dieu est amour[69], et cette pensée a pour moi une valeur lyrique fondamentale. Se présente-t-elle à moi, je ressens un indicible bonheur ; est-elle absente, j'éprouve une nostalgie plus vive que celle qui étreint l'amant pour l'objet de son amour ; mais je n'ai pas la foi, je n'ai pas ce courage. L'amour de Dieu est, pour moi, en raison directe et inverse tout à la fois, incommensurable à toute la réalité. Je ne suis point si vil pour me mettre à gémir et pousser des lamentations, non plus si perfide pour nier que la foi soit quelque chose de plus haut encore. Je puis supporter de vivre à ma manière, je suis joyeux et content ; mais cette joie n'est cependant pas celle de la foi et, en comparaison, c'est une joie malheureuse. Je n'importune point Dieu de mes vétilles, les choses singulières ne me préoccupent pas, je fixe seulement mon amour et je conserve pure et claire sa flamme virginale. La foi est convaincue que Dieu se préoccupe de la moindre chose. Je suis content d'être en cette vie marié par la main gauche, la foi est assez humble pour demander la main droite ; que cela soit l'humilité, je ne le nie pas ni ne le nierai jamais.

Est-ce vraiment chacun de mes contemporains qui peut accomplir les mouvements de la foi ? À moins que je ne m'abuse fort sur leur compte, je suis plutôt convaincu qu'ils ont l'orgueil de faire ce dont eux-mêmes ne me croient point capable : l'imparfait[70]. Il répugne à mon âme de faire ce qui si souvent survient, à savoir parler de façon inhumaine d'une grande chose, comme si l'éloignement de quelques milliers d'années était une énorme distance. Il me plaît au contraire de parler en homme des grandes choses, et comme si elles étaient d'hier survenues, en laissant la grandeur seule être la distance qui, ou bien exalte, ou bien condamne. Si donc j'avais été chargé d'entreprendre un voyage royal aussi extraordinaire que celui de la montagne de Moriah (*en qualité de héros tragique* car je ne puis aller plus haut), je sais bien ce que j'aurais fait. Je n'aurais point été si couard de rester à la maison, ni ne me serais non plus mis à traîner ou à musarder en chemin, je n'aurais même pas oublié le couteau de sorte d'avoir un petit délai ; je suis presque certain que j'aurais été ponctuel et que tout eût été en ordre, peut-être même serais-je arrivé à l'avance afin d'en avoir fini plus tôt. Au moment de monter à cheval, je me serais dit : « Maintenant, tout est perdu. Dieu exige Isaac, je le sacrifie et, avec lui, toute ma joie – pourtant, Dieu est amour et continue de l'être pour moi, parce que, dans le monde temporel, Dieu et moi ne pouvons dialoguer : nous n'avons pas de langue commune[71]. » Peut-être y a-t-il de nos jours quelque sot, ou quelque jaloux de la grandeur, pour vouloir croire et me donner à croire que, si j'avais vraiment agi comme cela, j'aurais fait une chose bien plus grande encore que celle que fit Abraham, puisque ma prodigieuse résignation était bien plus idéale, et poétique, que la grossièreté du Patriarche. Mais c'est là toutefois la plus grande fausseté, puisque ma prodigieuse résignation était le succédané de la foi. Je ne pourrais donc rien faire d'autre que le mouvement infini pour me trouver moi-même et reposer de nouveau en moi-même. Dans ce cas, je n'aurais point aimé Isaac comme Abraham l'aima. Que je fusse résolu à faire le mouvement, voilà qui ferait foi de mon courage, humainement parlant ; que je l'aimais de toute mon âme est un présupposé sans lequel toute l'affaire devient un crime, mais je ne l'aimais point comme aimait Abraham : car, en ce cas, j'aurais jusqu'à la dernière minute opposé de la résistance, sans pour autant arriver en retard sur la montagne de Moriah. De plus, par ma conduite, j'aurais gâté l'histoire entière ; car si j'avais reçu de nouveau Isaac, j'aurais été bien embarrassé. Il m'eût été difficile de retourner vivre joyeusement avec Isaac, ce qui, au contraire, fut pour Abraham la plus aisée des choses. Celui qui, en effet, avec toute l'infinité de son âme, a fait, *proprio motu et propriis auspiciis*[72], le mouvement infini, et ne peut faire plus, celui-là ne conservera Isaac que dans la douleur.

Mais que fit Abraham ? Il n'arriva ni *trop tôt* ni trop tard. Il monta sur son âne et se mit lentement en route. Durant tout ce temps il crut ; il crut que Dieu n'exigeait point de lui Isaac, bien qu'il fût disposé à le lui sacrifier s'il l'eût fallu. Il croyait en vertu de l'absurde, puisqu'il ne saurait s'agir ici de calcul humain, et il était en effet absurde que Dieu, qui exigeait cela de lui, dût l'instant d'après révoquer sa requête. Abraham gravit la montagne et tandis même que le couteau brillait, il croyait... que Dieu n'eût point voulu d'Isaac. Il fut vraiment surpris du dénouement mais, par un double mouvement, il avait rejoint sa première position, et reçut ainsi Isaac avec plus de joie que la première fois. Poursuivons. Supposons qu'Isaac ait vraiment été sacrifié. Abraham crut. Il ne croyait pas qu'un jour il serait béni dans l'au-delà, mais qu'il serait heureux ici-bas. Dieu eût pu lui donner un nouvel Isaac, rappeler à la vie l'enfant sacrifié. Il crut en vertu de l'absurde, puisque tout calcul humain avait déjà été abandonné depuis longtemps. Que la douleur puisse altérer l'esprit d'un homme, comme on le voit parfois, est une chose assez cruelle. Qu'il y ait une force de volonté qui puisse s'élever contre la tempête avec tant d'énergie qu'elle sauve la raison, bien que l'homme en reste étourdi, cela on le voit aussi. Loin de moi l'intention de le déprécier. Mais pouvoir perdre sa raison et, par conséquent, la sphère de la finitude tout entière dont la raison est l'agent de change, pour obtenir ensuite, en vertu de l'absurde, la même finitude, est une chose qui épouvante mon âme ; mais je ne dis pas pour autant qu'il s'agit d'une bagatelle puisque c'est là, au contraire, la seule merveille véritable. On pense en général que ce que la foi présente n'est point une œuvre d'art, que c'est un travail grossier et commun, ne s'adaptant qu'aux natures les plus simplistes ; cela est bien loin d'être vrai. La dialectique de la foi est la plus subtile et la plus extraordinaire de toutes ; elle possède une élévation dont je puis me faire une idée, mais rien de plus. Je puis faire le grand saut de tremplin dans l'infinité ; mon échine, depuis l'enfance, est tordue[73], pareille à celle du saltimbanque : aussi le saut m'est-il facile – une, deux, trois... et je puis me jeter tête baissée dans l'existence. Je ne puis toutefois accomplir le saut suivant ; je ne puis faire celui qui est vraiment merveilleux, je ne puis que demeurer devant lui, bouche bée. Oui, si Abraham, à l'instant où il sauta sur son âne, s'était dit : « À présent, Isaac est perdu, aussi bien alors le sacrifier à la maison, plutôt que de parcourir le long chemin vers Moriah » – je n'aurais point alors besoin d'Abraham, tandis que je m'incline maintenant sept fois devant son nom et soixante-dix fois devant son fait[74]. Qu'il ne se soit point livré à ces réflexions, je le déduis de sa joie en recouvrant Isaac, une joie intime, sans apprêt aucun, sans délai pour se concentrer sur le fini ou sur son bonheur. Si telle n'avait pas été la situation d'Abraham, il eût peut-être alors aimé Dieu, mais il n'aurait point cru : car celui qui, sans la foi, aime Dieu, celui-là se réfléchit en lui-même, tandis que celui qui aime Dieu, et qui croit, celui-là se réfléchit en Dieu.

Voilà la cime où se trouve Abraham. Le dernier stade, qu'il perd de vue, est celui de la résignation infinie. Il va réellement outre et atteint la foi ; mais toutes ces caricatures de la foi, la tiède et misérable indolence qui pense : « Il ne vaut point la peine de s'affliger avant l'heure » ; l'espérance mesquine qui dit : « Qui donc sait ce qui se passera ? Il serait peut-être pourtant possible... » – ces caricatures appartiennent aux misères de la vie, et la résignation infinie, déjà, les a recouvertes de son infini mépris.

Je ne puis comprendre Abraham. En un certain sens, je ne puis rien apprendre de lui, sinon la stupéfaction. Quand on s'imagine que l'on serait poussé à croire en réfléchissant au dénouement de cette histoire, on se fait illusion et l'on veut escroquer Dieu du premier mouvement de la foi[75] : on désire puiser du paradoxe une sagesse mondaine. L'affaire pourrait peut-être sourire à quelques-uns, attendu que notre époque ne s'arrête pas à la foi, à son miracle de transformer l'eau en vin[76], mais change plutôt le vin en eau.

Ne vaudrait-il pas mieux s'arrêter à la foi, et n'est-il point révoltant que chacun veuille aller outre ? Quand à notre époque – et on le proclame de diverses manières – on refuse de s'en tenir à l'amour, où donc pense-t-on aller ? À la sagesse mondaine et au calcul mesquin, à la misère et à l'insignifiance, à tout ce qui peut jeter le doute sur l'origine divine de l'homme. Ne serait-il pas préférable que l'on s'arrêtât à la foi, et que celui qui croit être ferme prît bien garde de tomber[77] ? En effet, les mouvements de la foi doivent toujours être faits en vertu de l'absurde, de manière toutefois, notez-le, à ne point perdre la finitude, mais plutôt à la gagner tout entière[78]. Je pourrais très bien, quant à moi, décrire les mouvements de la foi, mais je suis impuissant à les accomplir. Lorsque l'on désire apprendre les mouvements pour nager, on peut bien se suspendre au plafond à l'aide d'une courroie d'exercice et décrire des cercles, mais cela n'est point nager : de même, je puis décrire les mouvements de la foi, mais dès lors que je suis jeté à l'eau, je nage, il est vrai (car je ne suis pas de ceux qui pataugent), mais je fais d'autres mouvements, j'accomplis ceux de l'infinité tandis que la foi fait le contraire : après avoir fait les mouvements de l'infinité, elle accomplit ceux de la finitude. Béni soit celui qui fait ces mouvements, il réalise la chose merveilleuse, et je ne me lasserai jamais de l'admirer, qu'il s'agisse d'Abraham ou d'un esclave de sa maison, d'un professeur de philosophie ou d'une pauvre domestique, cela m'est absolument égal : je ne regarde qu'aux mouvements. Mais j'y suis aussi attentif et je ne me laisse point berner, ni par moi-même ni par nul autre. Les chevaliers de la résignation infinie se reconnaissent aisément, leur pas est souple et assuré. Ceux qui, au contraire, portent le trésor de la foi sont facilement trompeurs parce que leur apparence offre une ressemblance frappante avec ce que la résignation infinie et la foi méprisent souverainement : le philistinisme bourgeois.

Avec sincérité, je conviens ne point avoir trouvé dans ma pratique d'exemplaire authentique de chevalier de la foi, mais je ne dénie cependant pas qu'un homme sur deux puisse l'être. En vain, toutefois, j'en ai durant plusieurs années cherché les traces. Il est commun que l'on aille de par le monde pour voir rivières et montagnes, des étoiles neuves, des oiseaux au rare plumage, de monstrueux poissons, des races humaines ridicules ; on s'abandonne à la stupeur animale qui écarquille les yeux devant l'existence, convaincu d'avoir vu quelque chose. Peu m'en chaut. Mais si je savais où se trouvait l'un de ces chevaliers de la foi, je ferais, à pied, un pèlerinage vers lui, puisque cette merveille m'intéresse de façon absolue. Je ne le laisserais pas m'échapper un moment et, à chaque instant, j'observerais comment il marque ses mouvements[79] ; je me regarderais alors comme en sécurité pour la vie et partagerais mon temps entre son observation et mon propre exercice, de sorte que ma vie entière se consumerait dans cette admiration. Comme il fut dit, je n'ai point trouvé une telle personne, mais je me la puis représenter. Le voilà. Nous avons fait connaissance, je lui ai été présenté. À peine ai-je posé mes yeux sur lui que je m'en éloigne, fais un bond à l'arrière et, joignant les mains, dis à mi-voix : « Seigneur Dieu ! est-ce bien là l'homme ? Est-ce vraiment lui ? Il a l'air d'un collecteur d'impôts ! » Et pourtant, c'est lui. Je m'en approche un peu plus, j'épie ses moindres mouvements afin de voir si quelqu'une de ces petites fractions hétérogènes du message télégraphique de l'infini est décelable ; un regard, un signe, un geste, une mélancolie, un sourire qui trahisse l'infini dans son hétérogénéité au fini. Non ! Je l'examine de la tête aux pieds, cherchant la fissure d'où perce l'infini. Non ! Il est solide comme un roc. Son pas ? Il est vigoureux, il appartient tout entier à la finitude ; nul bourgeois accoutré pour la promenade dominicale à Fesberg n'a un pas mieux assuré que le sien, il est tout au monde, plus encore que tout épicier. On ne peut rien découvrir de cette nature distante et superbe par laquelle se reconnaît le chevalier de l'infini. Il se réjouit de tout, il participe à tout, et chaque fois qu'on le voit prendre part aux petits événements, il le fait avec la persévérance qui est la marque de l'homme mondain dont l'âme s'absorbe à ces choses. Il est appliqué à son trait. Quand on le voit, on pourrait croire, tant il est méticuleux, qu'il s'agit d'un scribe qui a perdu son âme dans un système de comptabilité à l'italienne. Il célèbre le dimanche. Il va à l'église. Nul regard céleste, nul signe de l'incommensurabilité ne le trahit ; si on ne le connaissait, il serait impossible de le distinguer de la foule ordinaire, car sa manière saine et vigoureuse de chanter les Psaumes prouve tout au plus qu'il a une bonne poitrine. L'après-midi, il fait une promenade en forêt. Il jouit de tout ce qu'il voit, du bourdonnement de la foule, des nouveaux omnibus, du Sund – lorsqu'on le rencontre sur le Standvej, on le prendrait pour un marchand en vacances, tant il regorge de bonheur ; car il n'est point poète, et c'est en vain que j'ai cherché à comprendre en lui l'incommensurable de la poésie. Vers le soir, il rentre à la maison, et son pas est frais comme celui d'un facteur. Chemin faisant, il pense que sa femme lui a sûrement cuisiné un bon petit plat chaud, une nouveauté, peut-être une tête d'agneau rôtie accompagnée de légumes. S'il rencontre son semblable, il pourrait alors l'accompagner jusqu'à Østerport [80] pour lui parler de ce plat avec une passion digne d'un restaurateur. Il n'a pas, entre parenthèses, quatre sous qui l'adorent, mais il croit fermement que sa femme lui a préparé ce plat succulent. L'eût-elle fait, le voir manger serait alors un spectacle digne d'envie pour les gens de qualité et fort suggestif pour le peuple ordinaire ; car son appétit est plus robuste encore que celui d'Ésaü [81]. Mais si sa femme ne l'a point préparé – chose singulière –, cela le laisse indifférent. Sur la route, il parvient à un lot en construction et rencontre un passant. Ils parlent un instant ensemble. Le temps d'un clin d'œil, il élève un nouveau bâtiment, il possède tout le talent nécessaire pour cela. L'inconnu le laisse avec la pensée que, sûrement, il s'agissait là d'un capitaliste, tandis que mon admirable cavalier songe : « Oui, si l'argent était nécessaire, je puis dire que je m'en tirerais. » À la fenêtre de sa demeure, il regarde la place où il habite et, avec la nonchalance d'une jeune fille de seize ans, tout ce qui s'y passe l'intéresse : un rat qui court se cacher sous un caniveau ou le jeu des enfants. Et pourtant, il n'est point un génie. C'est en vain que j'ai cherché en lui, en l'épiant, l'incommensurabilité du génie. Le soir, il fume sa pipe ; à le voir, on croirait un charcutier qui, à la brunante, s'ensommeille. Il vit sans préoccupation aucune, comme un fainéant ; et pourtant, à chaque instant de sa vie, il paie à prix cher son bon temps, puisqu'il n'accomplit rien, fût-ce la moindre chose, qu'en vertu de l'absurde. Et maintenant, maintenant – oui ! j'en deviendrais furieux, par envie sinon pour quelque autre raison –, cet homme accomplit, et a fait, les mouvements de l'infinité. Il vide avec une résignation infinie la profonde mélancolie de l'existence, il sait la béatitude de l'infinité, il a éprouvé la douleur du renoncement complet, des plus chères choses qui soient au monde et, néanmoins, la finitude a pour lui le même goût que pour celui qui n'a jamais rien connu de plus relevé, car le temps passé dans la finitude [82] n'a point laissé d'inquiétude ou de crainte, traces du dressage ; à présent, il s'en réjouit avec assurance, comme si ce monde fini était de toutes les choses la plus certaine. Et maintenant, maintenant, toute cette figure du monde qu'il produit est une nouvelle création en vertu de l'absurde. Il s'est infiniment résigné à tout et il recouvre tout en vertu de l'absurde. Il accomplit constamment les mouvements de l'infinité, mais il le fait avec une telle précision et une telle assurance qu'il en obtient toujours le fini, sans que l'on soupçonne quelque chose, fût-ce une seconde. J'imagine que la tâche la plus difficile pour un danseur est de sauter dans une posture particulière de manière qu'il n'y ait pas une seule seconde où il ne s'accroche à cette posture et qu'il semble comme attaché à celle-ci alors même qu'il saute. Peut-être qu'aucun danseur ne peut le faire – mais le chevalier, lui, y parvient. La plupart des gens vivent perdus dans les soucis et les joies mondaines, ce sont ceux qui s'assoient le long du mur et ne participent point à la danse. Les chevaliers de l'infini sont des danseurs qui possèdent de l'élévation. Ils s'élèvent et retombent ; et ce n'est point là un passe-temps non plus qu'un spectacle sans grâce. Mais toutes les fois qu'ils retombent, ils ne peuvent sur l'heure prendre la pose, ils chancellent un instant et ce flageolement montre qu'ils sont des étrangers en ce monde [83]. Cela est plus ou moins évident, selon l'habileté qu'ils possèdent, mais même les chevaliers les mieux dotés artistiquement ne peuvent le dissimuler. Il ne sert à rien de les voir en vol, il suffit, pour les reconnaître, de les voir au moment où ils touchent le sol, ou lorsqu'ils vont le toucher. Mais pouvoir retomber de telle manière qu'il semble qu'au même instant l'on soit debout ou en marche, transformer en une promenade le saut dans la vie, exprimer de façon absolue le sublime dans le terre-à-terre – ce que le chevalier de la foi seul sait faire –, c'est là la seule et unique merveille.

Mais comme cette merveille peut, toutefois, faire aisément illusion, je décrirai les mouvements dans un cas précis qui pourra éclairer leurs rapports avec la réalité, car c'est là toute la question [84]. Un jeune homme s'éprend d'une princesse, et tout le contenu de sa vie consiste en cet amour ; mais la situation est telle qu'il est impossible de le réaliser, impossible de le traduire de l'idéalité à la réalité[a]. Les esclaves de la misère, les grenouilles embourbées dans le marais de la vie, crient naturellement : « Un tel amour est une folie. La riche veuve du brasseur est un parti fort bon et respectable. » Laissons qu'ils coassent en paix dans leur étang. Il n'en va point ainsi du chevalier de la résignation infinie : il n'abandonne pas son amour, fût-ce pour toute la gloire du monde. Il n'est point sot. Il s'assure tout d'abord que cet amour fournit bien le contenu de sa vie, et son âme est trop saine et fière pour qu'il en dissipe la moindre miette au hasard. Il n'est point lâche ; il ne craint pas que l'amour s'insinue dans ses pensées les plus secrètes et lointaines, qu'il s'attache en réseaux innombrables à chaque ligament de sa conscience – si l'amour devient malheureux, il ne sera jamais capable de s'en détacher. Il éprouve un ravissement bienheureux en laissant l'amour faire vibrer chacun de ses nerfs, et pourtant son âme est aussi solennelle que celle de l'homme qui a bu la coupe de poison, et qui sent comment la liqueur s'infiltre en chaque goutte de son sang – car cet instant est vie et mort[85]. Quand donc il a ainsi complètement tiré l'amour et s'est absorbé lui-même en lui, le courage ne lui fera point défaut de tout tenter et de tout risquer. D'un regard, il embrasse la situation de la vie, il rassemble ses pensées rapides qui, semblables à de dociles colombes, répondent à ses vœux, il agite sur elles la baguette puis, dans toutes les directions, les voilà qui s'élancent. Cependant, lorsqu'elles rentrent toutes au nid, toutes messagères de tristesse, et lui annoncent que c'est une impossibilité, il s'apaise alors, les remercie et, seul, il entreprend son mouvement. Ce que je dis n'a de sens que si le mouvement se fait

a. Il va de soi que tout autre intérêt dans lequel l'individu voit se concentrer toute la réalité de l'existence peut provoquer, lorsqu'il se révèle irréalisable, le mouvement de la résignation. Toutefois, j'ai choisi comme exemple l'amour pour montrer les mouvements, car il s'agit d'un intérêt qui est de compréhension facile et qui me dispense ainsi de toutes ces réflexions préliminaires qui ne peuvent intéresser profondément que de rares individus.

normalement[a]. Le chevalier aura alors surtout la force de concentrer en un seul désir tout le contenu de la vie et la signification entière de la réalité. Si cette concentration, cette intensité, fait défaut à un homme, si, dès l'origine, son âme est dispersée dans le multiple, il n'aura jamais le temps de faire le mouvement ; il traitera avec la vie selon la même prudence qui est celle des capitalistes qui investissent leur argent dans des titres divers de façon que le gain d'un côté contrebalance la perte de l'autre – bref, ce n'est pas là un chevalier. Le chevalier aura ensuite le pouvoir de concentrer le résultat entier des opérations de la pensée en un acte unique de conscience. Si cette intensité manque à un homme si, dès l'origine, son âme est dispersée dans le multiple, il n'aura jamais le temps de faire le mouvement ; il courra toujours derrière les affaires de la vie, il n'entrera jamais dans l'éternité car, à l'instant même où il en sera le plus proche, il s'apercevra soudainement qu'il a oublié quelque chose et qu'il doit faire demi-tour. L'instant d'après, il pensera qu'entrer dans l'éternité est chose possible : fort juste, mais avec de telles considérations, il ne parviendra jamais à faire le mouvement ; au contraire, elles le feront s'enfoncer toujours plus dans la boue.

Le chevalier fait donc le mouvement, mais lequel ? Oubliera-

---

a. *À cette fin, la passion est nécessaire. Tout mouvement de l'infinité ne s'effectue que par passion, et nulle réflexion ne peut produire un mouvement. C'est là le saut continu dans l'existence qui explique le mouvement, tandis que la médiation est une chimère qui, chez Hegel, doit tout expliquer et qui est, en même temps, la seule qu'il n'a jamais tenté d'expliquer.* Même pour établir la distinction socratique entre ce que l'on comprend et ce que l'on ne comprend pas, la passion est nécessaire, et davantage encore, naturellement, pour accomplir le mouvement socratique caractéristique : celui de l'ignorance. Ce qui manque à notre époque n'est point la réflexion, mais la passion. C'est pourquoi, en un sens, notre temps jouit de trop de santé pour mourir, car la mort est l'un des plus remarquables sauts qui soient ; un bref vers d'un poète a toujours eu pour moi bien de l'attrait puisque, après avoir exprimé en cinq ou six rimes simples et bien tournées ses souhaits pour les biens de la vie, il termine ainsi :

Ein seliger Sprung in die Ewigkeit. (Un saut bienheureux dans l'éternité.)

t-il le tout ? Car n'y a-t-il point aussi en cela une sorte de concentration ? Non ! Le chevalier ne se dédit pas, et c'est une contradiction d'oublier le contenu de toute sa vie en demeurant néanmoins le même. Il ne ressent point l'impulsion de devenir un autre homme, ni ne le tient pour de la grandeur. Il n'y a guère que les natures inférieures qui s'oublient et deviennent quelque chose d'autre. Ainsi le papillon a-t-il complètement oublié qu'il fut chenille, et peut-être oubliera-t-il encore si complètement qu'il est papillon qu'il deviendra poisson. Les natures profondes n'oublient jamais ce qu'elles sont et ne deviennent jamais autre que ce qu'elles ont été. Le chevalier se souviendra donc de tout, mais ce souvenir est précisément douleur ; pourtant, dans son infinie résignation, il est réconcilié avec l'existence. L'amour pour cette princesse devint pour lui l'expression d'un éternel amour, il assuma un caractère religieux et se transfigura dans l'amour pour l'Être éternel, lequel, assurément, lui refusa l'exaucement de son amour, mais le réconcilia dans la conscience éternelle de sa validité en une forme d'éternité qu'aucune réalité ne peut lui ravir. Les sots et les jeunes gens vont déblatérant qu'à l'homme tout est possible. C'est là cependant une grande erreur. Spirituellement parlant, tout est possible, mais, dans le monde de la finitude, bien des choses sont impossibles. Cependant, le chevalier rend possible l'impossible en l'exprimant spirituellement, et il le fait en y renonçant. Le désir – qui l'aurait emporté hors de la réalité mais que l'impossibilité a porté au naufrage –, le désir se tourne maintenant vers l'intérieur sans pour autant être ni perdu ni oublié. Parfois en son sein s'agitent les obscures émotions du désir qui réveillent les souvenirs, parfois c'est lui-même qui les ranime ; car il est par trop fier pour désirer que ce qui formait le contenu entier de sa vie ne soit l'affaire que d'une heure fugitive. Il conserve jeune cet amour et il grandit en lui en âge et en beauté. Il n'a, par ailleurs, nul service de la finitude pour favoriser la croissance de son amour. Dès l'instant où il fit le mouvement, la princesse, elle, fut perdue. Il n'a point besoin de l'érotisme de ces frissons nerveux à la vue de l'aimée, etc., non plus que de prendre toujours congé d'elle, en un sens fini, puisque lui se rappelle dans un sens éternel et sait fort bien que les amants qui sont aussi empressés de se revoir une fois encore ont raison de l'être et raison de croire que c'est pour la dernière fois, car ils s'oublieront bientôt l'un l'autre. Il a compris ce profond secret que, même en aimant un autre, on doit se suffire à soi-même. Il n'a plus guère d'intérêt fini envers ce que fait la princesse, et cela prouve justement qu'il a accompli le mouvement infiniment. On peut avoir ici l'occasion de voir si le mouvement de l'individu est véritable ou mensonger. Il y eut celui qui crut avoir accompli le mouvement mais, avec le temps, la princesse fit autre chose, elle épousa un prince, par exemple[86] ; son âme perdit alors l'élasticité de la résignation infinie. Il sut ainsi ne pas avoir correctement fait le mouvement ; car celui qui s'est résigné infiniment se suffit à lui-même. Le chevalier n'abandonne point sa résignation, il conserve son amour tout aussi jeune qu'au premier instant, il ne le laisse point s'enfuir, parce qu'il a accompli le mouvement infiniment. Ce que fait la princesse ne peut le troubler ; ce ne sont que les natures les plus basses qui trouvent chez autrui les lois et les prémisses de leurs actions. Si, au contraire, la princesse possède les mêmes sentiments, la belle conséquence s'épanouira. Elle entrera d'elle-même dans l'ordre de la chevalerie où l'on n'est point reçu par ballottage[87], mais où chacun est membre qui a le courage de s'y introduire lui-même ; cet ordre de chevalerie qui prouve son immortalité en ne faisant nulle différence entre l'homme et la femme. Elle aussi veut conserver son amour jeune et frais ; elle aussi a triomphé de toutes ses peines, même si, comme le dit la ballade, elle n'est pas chaque nuit auprès de son seigneur. Ces deux amants, pour l'éternité, iront d'accord l'un l'autre au sein d'une *harmonia prestabilita*[88] si solide que, si jamais venait un moment, non point un moment qui les occuperait en un sens fini – sinon ils connaîtraient la vieillesse –, mais un moment qui permettrait à l'amour de s'exprimer dans le temps, ils seraient alors capables de débuter précisément au point où ils eussent commencé si, à l'origine, ils avaient été unis. Celui qui comprend cela ne sera jamais abusé : seules les natures inférieures s'imaginent être abusées. Une fille qui n'est point si fière ignore ce qu'est l'amour ; si cependant elle possède cette fierté, la ruse et les fourberies du monde entier ne sauraient la tromper.

Dans la résignation infinie se trouvent et la paix et le repos ; tout homme qui le veut, qui ne s'est point avili en se trompant lui-même – chose plus horrible encore qu'un excès d'orgueil –, peut s'exercer à faire le mouvement douloureux qui réconcilie avec l'existence. La résignation infinie est semblable à cette chemise dont parle la légende ancienne[89] : le fil est tissé avec les larmes, blanchi avec les larmes, la chemise est cousue avec les larmes, mais elle n'en protège que mieux contre le fer et l'acier. Le défaut de la légende, c'est qu'un tiers peut tisser l'étoffe. Le secret de la vie est que chacun doit coudre sa propre chemise et, chose singulière, l'homme peut la coudre tout aussi bien que la femme. Dans la résignation infinie, il y a la paix et le repos et la consolation dans la douleur, pourvu que le mouvement soit accompli normalement. Il ne serait point ardu pour moi cependant d'écrire un livre entier où j'examinerais les méprises diverses, les attitudes absurdes ainsi que les mouvements avortés que j'ai observés dans ma modeste expérience. On croit fort peu à l'esprit et, bien que l'accomplissement de ce mouvement dépende de l'esprit, celui-ci relève du fait d'être, ou non, le résultat unilatéral d'une *dira necessitas*[90] ; plus elle est présente, plus on peut douter que le mouvement soit normal. Si l'on entend par là que la nécessité froide et stérile doit être présente, cela revient alors à dire que nul ne peut expérimenter la mort avant de mourir réellement, ce qui me semble un matérialisme crasse. De nos jours, cependant, il importe assez peu aux gens d'accomplir de purs mouvements. Si un élève danseur disait : « Depuis des siècles, une génération après l'autre ont appris les positions ; il est grand temps que j'en tire quelque avantage et que je débute d'abord avec les danses françaises », on se moquerait fort de lui ; mais, dans le monde de l'esprit, ce raisonnement est au plus haut point plausible. Qu'est-ce donc que la culture ? Je croyais que c'était le cursus que l'individu parcourt afin de se saisir lui-même ; et à celui qui ne veut point parcourir ce cursus, à celui-là il ne sert de rien d'être né à l'époque la plus éclairée.

La résignation infinie est le dernier stade précédant la foi, de sorte que quiconque n'en a pas fait le mouvement n'a pas la foi ; c'est d'abord dans la résignation infinie que la valeur infinie devient évidente, et ce n'est qu'alors qu'il peut être question de saisir l'existence en vertu de la foi.

Voyons maintenant le chevalier de la foi dans le cas à peine décrit. Il fait exactement les mêmes mouvements que l'autre chevalier ; il renonce infiniment à l'amour qui est le contenu de sa vie, et il est réconcilié avec la douleur ; mais c'est alors que la merveille s'accomplit, il accomplit encore un mouvement plus étonnant que tous les autres, puisqu'il dit : « Je crois néanmoins que je l'aurai en vertu de l'absurde, en vertu du principe qu'à Dieu tout est possible[91]. » L'absurde n'appartient pas ici aux différences qui se trouvent dans la sphère de la raison : il est différent de l'invraisemblable, de l'inattendu, de l'imprévu. Au moment où le chevalier se résigne, il est convaincu, humainement parlant, de l'impossibilité. Tel est le résultat atteint par la raison, et il avait suffisamment d'énergie pour le penser. De surcroît, en un sens infini, cela était possible par le biais de la résignation ; mais cette possession est, à la fois, une renonciation – sans être toutefois une absurdité pour la raison – car la raison est toujours dans son droit d'affirmer que dans le mode de la finitude, là où elle est souveraine, la chose est et demeure impossible. Le chevalier de la foi a clairement conscience de cette impossibilité, de sorte que la seule chose qui peut le sauver est l'absurde, et il le saisit par la foi. Il reconnaît ainsi l'impossibilité et, au même moment, il croit l'absurde ; car, s'il s'imagine avoir la foi sans reconnaître l'impossibilité avec toute la passion de son âme et de tout son cœur, alors il s'abuse lui-même, et son témoignage est nul, puisqu'il n'a pas atteint la résignation infinie.

La foi n'est donc pas une émotion esthétique, mais quelque chose de plus haut et ce précisément parce qu'elle présuppose la résignation ; elle n'est pas l'instinct immédiat du cœur, mais le paradoxe de l'existence[92]. Ainsi, lorsqu'en dépit de toutes les difficultés une jeune fille demeure convaincue que son vœu sera certainement exaucé, ce n'est point là l'assurance de la foi, bien qu'elle ait été éduquée par des parents chrétiens et ait peut-être fait chez le pasteur une année entière de catéchisme. Elle est convaincue de toute sa naïveté et de son innocence enfantine, et cette conviction ennoblit sa nature en lui conférant une grandeur surnaturelle de manière qu'elle puisse, comme un thaumaturge, conjurer les forces finies de l'existence et faire pleurer les pierres ; en outre, dans son émoi, elle peut se rendre tant chez Hérode que chez Pilate, en attendrissant le monde entier de ses prières. Sa conviction est fort aimable, et l'on pourrait bien s'en instruire ; mais il y a une chose que l'on ne peut apprendre d'elle, c'est de faire les mouvements, car sa certitude n'ose pas regarder l'impossibilité en face, dans la douleur de la résignation.

Je puis voir alors qu'il faut de la force, de l'énergie et de la liberté d'esprit pour faire le mouvement infini de la résignation, de même que je puis m'aviser qu'il est possible de l'accomplir. Mais le reste me stupéfie et fait que le cerveau me tourne dans la tête car, après avoir accompli le mouvement de la résignation, maintenant, en vertu de l'absurde, tout obtenir, voir exaucés complètement et intégralement tous ses désirs, cela dépasse les forces humaines : c'est là une merveille. Mais je puis aussi comprendre que la conviction de la jeune fille n'est que légèreté comparée à la fermeté inébranlable de la foi, bien que celle-ci ait reconnu l'impossibilité. Chaque fois que je veux faire ce mouvement, je suis saisi de vertiges et, tout en l'admirant absolument, au même moment, une angoisse prodigieuse étreint mon âme, car qu'est-ce donc que de tenter Dieu ? Et cependant ce mouvement est celui de la foi et il demeure tel, même si la philosophie, pour confondre les concepts, veut nous faire croire qu'elle a la foi, et même si la théologie veut nous la vendre à rabais.

Pour se résigner, point n'est besoin d'avoir la foi ; en effet, ce que j'obtiens par la résignation est ma conscience éternelle, et c'est là un mouvement strictement philosophique que je puis, pour ma consolation et ma discipline, accomplir au besoin, car chaque fois que quelque chose de fini tente de s'emparer de moi, j'observe le jeûne jusqu'à ce que je fasse le mouvement, puisque ma conscience éternelle est mon amour de Dieu et cela, pour moi, est plus haut que tout. Il n'est point besoin, en effet, de la foi pour se résigner, mais pour obtenir, fût-ce la moindre chose qui ne fût ma conscience éternelle, la foi est essentielle car elle est le paradoxe. On confond fréquemment les mouvements, puisqu'on dit qu'il faut la foi pour renoncer à tout ; on entend des discours plus étranges encore : un homme se plaint d'avoir perdu la foi et, lorsque l'on regarde à quel degré de l'échelle il se trouve, on voit avec stupeur qu'il en est seulement au point où il doit accomplir le mouvement infini de la résignation. Par la résignation, je renonce à tout : je fais ce mouvement par moi-même et, lorsque je ne le fais point, c'est parce que je suis un lâche et un inconsistant, un homme sans enthousiasme qui ne sent pas l'importance de la haute dignité proposée à chacun d'être son propre censeur, ce qui est une position bien plus éminente que d'être le censeur général de toute la République romaine. J'accomplis ce mouvement par moi-même, et ce que j'obtiens c'est moi-même dans ma conscience éternelle, dans l'entente bienheureuse avec mon amour pour l'Être éternel. Avec la foi, je ne renonce à rien, au contraire, par elle je reçois tout, je le reçois au sens où il est écrit que celui qui a la foi comme un grain de moutarde peut déplacer les montagnes[93]. Il suffit du simple courage humain pour renoncer à toute la réalité temporelle et obtenir l'éternité : mais que je l'obtienne et que je puisse, tout à la fois, y renoncer pour l'éternité entière, voilà qui est contradictoire. Il faut plutôt un humble et paradoxal courage pour saisir toute la temporalité en vertu de l'absurde, et ce courage est celui de la foi. Par la foi, Abraham ne renonça point à Isaac ; c'est, au contraire, par la foi qu'il l'obtint. En vertu de la résignation, ce jeune homme riche[94] aurait pu donner tout son bien mais, lorsqu'il l'aurait fait, le chevalier de la foi eût pu lui dire : « En vertu de l'absurde, tu recouvreras le moindre sou. Le peux-tu croire ? » Et ce discours ne doit pas du tout laisser de marbre ce jeune homme riche puisque, s'il avait abandonné son bien par lassitude, sa résignation laisserait fort à désirer.

Tout porte sur la temporalité, sur la finitude[95]. Je puis par mes propres forces renoncer à toute chose, et je trouve alors paix et repos dans la douleur. Je puis m'adapter à tout : même si cet affreux démon, plus épouvantable encore que le Monstre de Knokke[96], effraie les hommes ; même si la folie présentait à mes yeux sa livrée de bouffon et que je comprenais à son regard que je la dois endosser – je puis encore sauver mon âme seulement si pour moi la plus importante chose est de faire que mon amour envers Dieu triomphe de ma félicité terrestre. Un homme peut, en cet instant suprême, recueillir son âme tout entière en un seul regard lancé vers le ciel, d'où descend tout don parfait[97], et ce regard sera compris de lui-même et de Celui qu'il cherche comme le signe que, malgré tout, il s'est conservé fidèle à son amour. Il pourra alors tranquillement revêtir la livrée de la folie. L'âme qui n'est point si romantique s'est vendue, et il importe peu que la vente lui ait procuré un royaume ou une misérable pièce d'argent. Mais je ne saurais parvenir de mes propres forces à obtenir la moindre chose du monde de la finitude, puisque je dois constamment l'employer pour renoncer à tout. Je puis, de mes propres forces, renoncer à la princesse, mais ne dois point devenir malcontent, plutôt trouver joie et repos dans ma douleur ; cependant, de mes propres forces, je ne puis la recevoir à nouveau, car je les emploie toutes à me résigner. Pourtant par la foi, dit le merveilleux chevalier, par la foi, tu la recevras en vertu de l'absurde.

Seulement voilà, je ne puis faire ce mouvement. À peine je m'apprête à le faire que tout se retourne, et je trouve mon refuge dans la douleur de la résignation. Je puis bien nager dans la vie[98], mais je suis par trop lourd pour cet élan mystique. Exister de telle manière que mon opposition à l'existence s'exprime à chaque instant par l'harmonie la plus belle et la mieux assurée, je ne le puis. Et ce doit néanmoins être magnifique de recevoir la princesse, c'est ce que je dis à chaque instant, et le chevalier de la résignation qui le tairait est un imposteur ; il n'a pas eu de désir unique, non plus qu'il n'a conservé dans sa douleur la jeunesse du désir. Peut-être en est-il pour se réjouir de voir le désir s'éteindre et la flèche de la douleur s'émousser, mais celui-là ne saurait être un chevalier. Une âme née libre qui se surprendrait en ces sentiments concevrait du mépris pour elle-même et recommencerait tout depuis l'origine ; elle ne saurait surtout permettre d'être le jouet d'elle-même. Et pourtant, quelle chose magnifique est-ce de recevoir la princesse ; et pourtant, le chevalier de la foi est le seul à connaître le bonheur, l'héritier direct de la finitude, tandis que le chevalier de la résignation, lui, est un étranger errant. Obtenir ainsi la princesse, vivre avec elle dans la joie et le bonheur jour après jour (car on pourrait penser que le chevalier de la résignation pût recevoir la princesse, mais son âme eût discerné l'impossibilité de leur bonheur futur), et vivre dans le bonheur et la joie en vertu de l'absurde, voir à chaque moment l'épée suspendue sur la tête de l'aimée, et pourtant trouver la paix dans la douleur et la résignation, la joie en vertu de l'absurde – cela est merveilleux. Celui qui le fait est grand : le seul grand homme. Quand j'y pense, mon âme, qui dans l'admiration des choses grandes ne fut jamais mesquine, mon âme, dis-je, est bouleversée.

Si maintenant, parmi mes contemporains qui ne veulent s'arrêter à la foi, il était un homme ayant compris l'horreur de la vie et qui avait saisi ce que Daub[99] raconte lorsqu'il parle du soldat solitaire qui, le mousquet chargé, est en faction auprès d'une poudrière en une nuit de tempête, celui-là aura alors de singulières pensées ; si chacun de ceux qui ne veulent s'arrêter à la foi avait la force d'âme nécessaire pour comprendre que le désir était une impossibilité et, ensuite, prenait le temps de rester seul avec cette pensée ; si chacun de ceux qui ne veulent s'arrêter à la foi était capable de se réconcilier dans – et avec – la douleur ; s'il y en avait un (et s'il n'a accompli ce qui précède, il n'est point besoin qu'il se trouble pour la foi) qui avait accompli cette chose merveilleuse qui est de saisir l'existence entière en vertu de l'absurde, alors ces lignes représentent le plus grand éloge des contemporains rédigé par le dernier d'entre eux, par celui qui ne peut faire que le mouvement de la résignation. Mais alors pourquoi ne veut-on s'arrêter à la foi et pourquoi donc entend-on parfois dire que des gens rougissent en confessant d'avoir la foi ? Cela, je ne puis le comprendre. S'il advenait jamais que je pusse accomplir ce mouvement, je roulerais à l'avenir en équipage de quatre chevaux.

S'il est bien vrai que toute la médiocrité bourgeoise que je vois dans la vie – et que je ne juge point par mes mots mais par mes actes – n'est pas ce qu'elle semble être, est-ce là une chose merveilleuse ? On pourrait le penser, car le héros de la foi possède une impressionnante ressemblance avec elle : en effet, le héros de la foi n'est pas simplement un ironiste ou un humoriste, mais quelqu'un de bien supérieur [100]. On parle d'abondance à notre époque de l'ironie, de l'humour, et cela tout particulièrement parmi ceux qui n'ont aucune pratique de ces arts mais qui possèdent, en revanche, celui de tout expliquer. Je ne suis point tout à fait étranger à ces deux passions, et j'en sais un peu plus de ce que l'on trouve dans les précis allemands et germano-danois. Je sais par conséquent que ces deux passions sont essentiellement différentes de la passion de la foi. L'ironie et l'humour se réfléchissent l'une l'autre, et appartiennent ainsi à la sphère de la résignation infinie, ils trouvent leur élasticité dans le fait que l'individu est incommensurable à la réalité [101].

Je ne puis faire le dernier mouvement, le mouvement paradoxal de la foi (qu'il soit un devoir ou tout autre chose), et cela en dépit du fait que je l'aie accompli plus que volontiers. Il revient à l'homme de décider s'il a le droit d'affirmer qu'il peut l'accomplir ; c'est là une affaire entre lui et l'essence éternelle [102], qui est l'objet de la foi, que de savoir s'il peut conclure à ce propos un accord à l'amiable. Tout homme peut faire le mouvement infini de la résignation et, pour ma part, jamais je n'hésiterais à traiter de lâche quiconque se convainc d'en être incapable. Avec la foi c'est une autre histoire. Nul n'a cependant le droit de convaincre autrui que la foi est une bagatelle, ou bien qu'elle est chose facile, quand elle est, de toutes, la plus grande et la plus difficile[103].

On interprète l'histoire d'Abraham d'une autre manière. On exalte la grâce de Dieu qui lui a redonné Isaac – toute l'affaire ne fut jamais qu'une épreuve. Une épreuve, c'est là dire beaucoup, ou bien peu, et cependant la chose est expédiée aussi rapidement qu'elle est dite. On monte un cheval ailé et, en un clin d'œil, on est sur le mont Moriah, on voit aussitôt le bélier ; on oublie qu'Abraham monta un âne, qui est un animal au pas lent, qu'il voyagea trois jours, qu'il eut besoin d'un peu de temps pour fendre le bois, lier Isaac et affiler le couteau[104].

Et pourtant, on fait l'éloge d'Abraham. Le prêcheur peut bien dormir jusqu'au dernier quart d'heure précédant son prêche, et les auditeurs s'endormir en l'écoutant ; tout va doucement et sans le moindre trouble de part et d'autre. Mais s'il y avait parmi eux un insomniaque, peut-être rentrerait-il chez lui en pensant, assis dans un coin : « Tout cela n'est que l'affaire d'un instant ; attends seulement une minute, tu verras le bélier et l'épreuve sera terminée. » Cependant, si le prêcheur le rencontrait tandis qu'il est en ces dispositions, il m'est avis qu'il l'interpellerait et lui dirait, rassemblant sa dignité : « Misérable, qui laisse que son âme s'abîme en de pareilles hébétudes ! Il n'advient point de miracle ; toute la vie est une épreuve. » Et à mesure qu'il poursuit ses épanchements, son âme s'échauffe sans cesse davantage et se complaît davantage et sans cesse avec elle-même, de sorte que s'il ne s'était point avisé que son sang se congestionnait lorsqu'il parlait d'Abraham, il sent désormais les veines de son front se gonfler. Peut-être perdrait-il et le souffle et la parole si le pécheur lui répondait, avec calme et dignité : « Mais c'est ce sur quoi tu as prêché dimanche dernier. »

Faisons place nette de l'histoire d'Abraham, ou bien cherchons à apprendre à s'épouvanter de l'énorme paradoxe qu'est celui de la vie du Patriarche, de manière que l'on puisse comprendre que notre époque, comme toutes les époques, ne peut être heureuse qu'en ayant la foi. Dans le cas où Abraham ne serait ni un zéro, ni un fantôme, ni non plus un passe-temps, alors l'erreur ne peut consister dans le fait que le pécheur veuille l'imiter ; le point est plutôt de voir la grandeur de la conduite du Patriarche, de manière à pouvoir juger par soi-même si l'on a la vocation et le courage d'affronter pareille épreuve. La contradiction comique dans la conduite du prêcheur est qu'il réduit Abraham à l'insignifiance pour ensuite exhorter autrui à agir comme lui.

Devrait-on alors s'abstenir de parler d'Abraham ? Je crois bien que non. Si je devais en parler, je peindrais d'abord la douleur de son épreuve. À cette fin, pareille à la sangsue, je sucerais toute l'angoisse, la souffrance et la peine de la passion paternelle, afin de pouvoir décrire ce qu'Abraham souffrit, lui qui, bien que cerné d'afflictions, croyait malgré tout. Je rappellerais que le voyage dura au moins trois jours et une bonne partie du quatrième, oui, que ces trois jours et demi furent infiniment plus longs que ces quelques milliers d'années qui me séparent d'Abraham. Je rappellerais alors que, à mon avis, tout homme peut rebrousser chemin avant de débuter pareille équipée, qu'il peut, à tout moment, se repentir et revenir sur ses pas. En agissant ainsi, je ne crains aucun danger, ni ne redoute de susciter chez les gens le désir d'être mis à l'épreuve comme le fut Abraham. Mais si l'on veut liquider une édition populaire d'Abraham et, en même temps, exhorter chacun à faire comme lui, alors c'est ridicule.

Je me propose maintenant de retrancher de l'histoire d'Abraham, sous forme de *Problemata*, la dialectique qu'elle contient, afin de voir quel paradoxe énorme est la foi, un paradoxe qui peut transformer un meurtre en un acte sacré et agréable à Dieu, un paradoxe par lequel Abraham recouvre Isaac et que nulle pensée ne peut contenir, parce que la foi commence précisément là où s'arrête la pensée.

Problème I
Y a-t-il une suspension téléologique de l'éthique [105] ?

L'éthique [106] est comme tel le général [107] et, comme tel, s'applique à chacun, chose qui se peut exprimer d'une autre manière en disant qu'elle vaut à tout instant. Elle repose, immanente en elle-même, elle n'a rien hors d'elle-même qui ne soit son τέλος [108], mais est elle-même le τέλος de tout ce qui lui est extérieur et, lorsque l'éthique se l'est intégré, elle ne saurait aller outre. Conçu immédiatement comme réalité sensible et psychique, l'individu [109] est l'individu qui possède son τέλος dans le général, et sa tâche éthique est de s'y exprimer constamment de manière à éliminer sa singularité pour devenir le général [110]. Aussitôt que l'individu veut s'affirmer dans sa singularité devant le général, il pèche, et ce n'est qu'en reconnaissant [cette erreur] qu'il peut se réconcilier avec le général [111]. Lorsque l'individu, après être entré dans le général, ressent l'impulsion de s'affirmer comme individu, il n'échappe pas à l'anxiété [112] dont il ne réussira à se libérer qu'en se repentant et en s'abandonnant, en tant qu'individu, dans le général. Si c'est là la plus éminente chose que l'on puisse dire de l'homme et de son existence, l'éthique possède alors le même caractère que l'éternelle félicité de l'homme, laquelle est, pour toute éternité et à tout moment, son τέλος ; ce serait en effet une contradiction qu'elle pût être abandonnée (c'est-à-dire téléologiquement suspendue), puisqu'elle est perdue sitôt qu'on la suspend, tandis que ce qui est suspendu n'est point perdu mais, au contraire, conservé dans ce qu'il y a de plus haut et qui est son τέλος.

S'il en est ainsi, alors Hegel a raison lorsque, dans son chapitre « Le bien et la conscience [113] », il détermine l'homme uniquement comme individu et considère cette détermination comme une « forme morale du mal » (cf. surtout *La Philosophie du droit*), laquelle doit être éliminée de la téléologie de la réalité morale de manière que l'individu qui demeure à ce stade, ou bien pèche, ou bien soit le jouet de hantises [114]. Hegel a toutefois tort lorsqu'il parle de la foi [115] ; il a tort, car il ne conteste point à voix haute – et clairement – le fait qu'Abraham jouisse, comme Père de la foi, et de l'honneur et de la gloire, tandis qu'il devrait être honni publiquement et chassé comme un assassin [116].

En effet, la foi est ce paradoxe pour lequel l'individu est plus haut que le général, mais il l'est de telle manière – observez-le bien – que le mouvement se répète et que l'individu, par conséquent, après avoir été dans le général, s'isole désormais lui-même au-dessus du général. Si la foi ne consiste point en cela, Abraham alors est perdu ; en ce monde la foi n'a jamais existé et ce justement parce qu'elle exista toujours [117]. Car si l'éthique, c'est-à-dire la morale, est la chose la plus haute, et s'il ne reste rien d'incommensurable en l'homme sinon le mal, je veux dire le singulier qui se doit exprimer dans le général, il n'y a alors nul besoin d'autres catégories hormis celles de la philosophie grecque ou celles qu'une pensée cohérente peut dériver à partir d'elles. Hegel n'aurait pas dû le cacher, lui qui s'entendait en études grecques.

On entend souvent dire aux hommes qui n'ont point fait d'études approfondies et qui s'abîment en vains discours, qu'une lumière brille sur le monde chrétien tandis que les ténèbres règnent sur le paganisme [118]. Ce discours m'a toujours semblé d'autant plus insolite qu'aujourd'hui encore tout profond penseur, tout artiste sérieux, retrouve sa jouvence au contact de l'éternelle jeunesse du peuple grec. Pareille opinion s'explique par le fait que l'on ne sait trop quoi dire et que l'on parle néanmoins, pour le goût de dire quelque chose. Il est juste d'affirmer que le paganisme n'avait pas la foi, mais si cette expression doit signifier quelque chose, il faut alors être un peu plus précis sur ce que l'on entend par « foi », sinon l'on retombe dans les mêmes vains discours. Il est aisé de comprendre l'existence entière avec la foi, sans pour autant avoir la moindre idée de ce qu'elle est, et celui qui investit sur l'admiration d'autrui lorsqu'il donne une explication pareille ne fait point au fond un si fâcheux calcul car, selon Boileau, un *sot trouve toujours un plus sot qui l'admire* [119].

La foi est justement ce paradoxe : l'individu, en tant qu'individu, est plus grand que le général, il est justifié devant le général, il ne lui est point subordonné, mais lui est supérieur, et il l'est de telle manière, observez-le bien, que c'est l'individu qui, après avoir été subordonné en tant qu'individu au général, devient, à travers le général, l'individu dont l'individualité est supérieure au général, parce que l'individu, en tant qu'individu, est en rapport absolu avec l'absolu [120]. Cette position ne souffre aucune médiation [121], puisque toute médiation survient justement en vertu du général. Elle est, et demeure, éternellement un paradoxe inaccessible à la pensée. Ou bien la foi est ce paradoxe, ou bien (il s'agit là de conséquences et je prie le lecteur d'avoir *in mente* le moindre détail, car il y aurait quelque prolixité à les rappeler partout) il n'y a jamais eu de foi, et ce justement parce qu'elle exista toujours ; en d'autres termes, Abraham est perdu [122].

Il est indéniable que, pour un individu, ce paradoxe peut aisément être pris pour de l'anxiété [123], mais ce ne saurait être là une raison de le cacher. Il est vrai, également, que la constitution entière de plusieurs personnes peut être telle que ce paradoxe les repousse, mais cela n'autorise pas à transformer la foi en quelque chose d'autre afin de la posséder ; mieux vaudrait alors confesser ne point avoir la foi, tandis que ceux qui la possèdent devraient prendre soin de donner quelques règles pour que l'on puisse distinguer le paradoxe de l'anxiété [124].

L'histoire d'Abraham comporte cette suspension téléologique de l'éthique. Il n'a pas manqué de cerveaux perspicaces non plus que d'érudits pour trouver des cas analogues à cette histoire. Leur sagesse procède du beau principe voulant qu'au fond tout soit pareil. Toutefois, si l'on y regarde d'un peu plus près, je suis convaincu que, dans l'univers entier, on ne rencontrera fût-ce une seule analogie (hormis un cas ultérieur qui ne prouverait rien), tant il est établi qu'Abraham représente la foi, et que la foi s'exprime normalement en lui, lui dont la vie n'est point seulement la plus paradoxale que l'on puisse penser [125], mais l'est à un degré tel qu'elle ne se laisse pas penser du tout. Il agit en vertu de l'absurde, puisqu'il est justement absurde que l'individu soit plus haut que le général. Ce paradoxe n'est pas sujet à médiation ; car, à peine Abraham s'y applique, il doit alors admettre être le jouet d'une hantise [126] et, dans ce cas, il ne parvient jamais à sacrifier Isaac ; y parvient-il, qu'il lui faut, repentant, rebrousser chemin vers le général. Il recouvre Isaac en vertu de l'absurde. Cependant, Abraham n'en est pas pour autant un seul instant un héros tragique, mais tout autre chose : ou bien un meurtrier, ou bien un croyant. Abraham n'a pas ce moyen terme [127] qui sauve le héros tragique. Ainsi, il se peut que j'arrive à comprendre le héros tragique, mais que, pourtant, je ne puisse comprendre Abraham, bien qu'en une folle et singulière acception je sois à même de l'admirer plus que tout autre homme.

La relation d'Abraham à Isaac, sous le profil éthique, s'exprime en disant que le père doit aimer son fils plus que lui-même. Seulement, l'éthique possède divers degrés dans son propre domaine ; voyons s'il se trouve dans cette histoire quelque expression plus haute pour l'éthique qui sache en expliquer la conduite d'un point de vue éthique, et justifier éthiquement, pour Abraham, la suspension du devoir éthique envers son fils, sans pour autant sortir de la téléologie du devoir éthique.

Quand une entreprise intéressant une nation entière est entravée [128], quand elle est empêchée par une disgrâce du ciel, quand la divinité courroucée envoie sur la mer le calme qui se joue de tous les efforts, quand l'aruspice accomplit son accablant devoir et révèle que le dieu réclame le sacrifice d'une jeune fille – le père alors, héroïquement, offre ce sacrifice. Sa magnanimité taira sa douleur, bien qu'il ait pu désirer être « l'homme simple qui ose pleurer[129] » plutôt que le monarque qui doit royalement agir. Et bien que s'agite en son sein la douleur solitaire et qu'il n'ait en son peuple que trois confidents, bientôt ce peuple saura sa douleur et aussi son exploit : qu'il consent à la sacrifier dans l'intérêt de tous, elle, sa fille, splendide vestale. « Ô poitrine admirable, ô belles joues, ô boucles d'or[130] ! » Et la jeune fille de ses larmes le troublera, et le père détournera son visage et le héros, néanmoins, lèvera le couteau. – Quand la nouvelle parviendra au foyer ancestral, les vierges superbes de l'Hellade rougiront d'enthousiasme et, si cette fille était promise, son fiancé ne s'altérera point, il éprouvera plutôt de l'orgueil à partager l'action du père, car la jeune fille était sienne par des liens bien plus tendres encore.

Quand le juge intrépide qui sauva Israël à l'heure de la détresse lie Dieu et lui-même en un seul vœu[131], il tourne héroïquement en douleur l'allégresse de la vierge, la joie de la fille bien-aimée, et le peuple d'Israël tout entier pleurera avec elle sur sa virginale jeunesse ; mais tout homme de qualité comprendra, et toute femme généreuse admirera Jephté, et toute vierge d'Israël caressera le désir d'être comme sa fille. À quoi servirait-il en effet que Jephté vainquît par son vœu s'il ne le maintenait pas ? La victoire ne serait-elle pas, une fois encore, arrachée au peuple ?

Quand un fils oublie son devoir, quand l'État arme le bras du père de l'épée de la justice, quand les lois exigent que la peine soit appliquée par ce bras[132], le père doit alors oublier héroïquement que le coupable est son fils et il lui faut, avec héroïsme, voiler sa douleur ; mais il n'est personne dans le peuple, ni même le fils, qui n'éprouve de l'admiration pour le père, et chaque fois que l'on commentera les lois de Rome, on se souviendra que plusieurs les interprétèrent plus doctement, mais nul plus magnifiquement que Brutus.

Si, au contraire, Agamemnon, tandis qu'un vent favorable conduisait toutes voiles dehors la flotte vers son objectif, avait envoyé le messager chargé d'amener Iphigénie au sacrifice ; si Jephté n'avait point été lié par un vœu qui trancha le destin de tout un peuple et avait dit à sa fille : « Pleure maintenant et pendant deux mois entiers ta jeunesse fugitive, car je te sacrifierai » ; si Brutus avait eu un fils honnête et avait néanmoins appelé les licteurs pour l'exécuter – qui donc jamais les eût compris ? Si ces trois hommes, à la question : « Pourquoi faites-vous cela ? », avaient rétorqué : « C'est une épreuve à laquelle nous sommes soumis », les eût-on mieux compris ?

Quand, au moment décisif, Agamemnon, Jephté et Brutus surmontent héroïquement leur douleur, quand ils perdent héroïquement la personne aimée et doivent seulement accomplir le sacrifice extérieur, peut-il jamais y avoir au monde quelque âme noble qui ne verse sur leur douleur des larmes compatissantes et sur leur exploit des pleurs admiratifs ? Si, au contraire, au moment décisif de l'héroïsme par lequel ils supportaient leur douleur, ces trois hommes avaient dit : « Cela n'arrivera point » – qui donc les eût compris ? S'ils avaient ajouté en guise d'explication : « Nous le croyons en vertu de l'absurde », qui les eût davantage entendus ? Chacun eût compris que cela était absurde, mais quel est donc celui qui aurait compris que l'on peut croire en l'absurde ?

La différence entre le héros tragique et Abraham saute aux yeux. Le héros tragique demeure encore dans l'éthique. Pour lui, toute expression de l'éthique a son τέλος dans une expression éthique supérieure ; il réduit le rapport éthique entre le père et le fils, ou entre le père et la fille, à un sentiment qui possède sa dialectique dans son rapport à l'idée de moralité. Il ne saurait être question ici d'une suspension téléologique de l'éthique proprement dite.

Avec Abraham, la situation était différente. Par son action, il a franchi l'éthique entière en obtenant au-delà un τέλος supérieur, en raison duquel il a suspendu l'éthique. Il me plairait de savoir, en effet, comment on peut mettre l'action d'Abraham en rapport avec le général et s'il est possible de trouver un point de contact quelconque entre le général et ce qu'a accompli Abraham, hormis le fait de l'avoir transgressé. Abraham n'agit point pour sauver le peuple, ni pour maintenir l'idée de l'État, ni pour apaiser la colère des dieux. Si le courroux de la divinité était en cause, alors le dieu ne devrait s'en prendre qu'à Abraham dont l'action n'a rien à voir avec le général mais est une affaire strictement intime. Ainsi, tandis que le héros tragique est grand par sa vertu morale, Abraham, lui, est grand en raison d'une vertu toute personnelle. Il n'y a dans la vie d'Abraham de plus haute expression éthique que celle-ci : le père doit aimer son fils. Il ne saurait être question ici de l'éthique dans le sens moral[133]. S'il y avait là du général, celui-ci serait comme scellé en Isaac et comme caché, pour ainsi dire, dans les lombes[134] d'Isaac, et crierait alors par sa bouche : « Ne le fais point ! Tu réduis tout à néant ! »

Pourquoi alors Abraham le fait-il ? Pour l'amour de Dieu et, ce qui est absolument la même chose en ce cas, pour l'amour de lui-même. Il le fait au nom de Dieu, puisque Dieu exige cette épreuve de sa foi ; il le fait par amour de lui-même[135], afin de fournir cette preuve. L'unité de ces deux points de vue est parfaitement exprimée par l'expression qui a toujours été utilisée pour désigner cette situation : c'est une épreuve, une tentation[136]. Une tentation ? Mais qu'est-ce à dire ? Cela signifie habituellement ce qui détourne l'homme de l'accomplissement de son propre devoir mais, dans ce cas, la tentation est elle-même l'éthique qui veut empêcher l'homme d'accomplir la volonté de Dieu. Mais qu'est-ce alors que le devoir ? Le devoir est, justement, l'expression de la volonté divine.

La nécessité d'une nouvelle catégorie pour comprendre Abraham apparaît ici. Le paganisme n'a point connu une telle relation à la divinité. Le héros tragique n'entre pas dans un rapport intime avec la divinité, pour lui l'éthique est le divin, c'est pourquoi le paradoxe se dissout ici dans la médiation du général.

Il ne peut y avoir de médiation pour Abraham, ce qui peut aussi s'exprimer en disant qu'Abraham ne peut parler. Dès que je parle, j'exprime le général et, si je ne le faisais pas, nul ne me comprendrait[137]. Ainsi, dès qu'Abraham veut s'exprimer en des termes généraux, il doit dire que sa situation est une hantise[138] puisqu'il ne possède pas, pour ce général, d'expression plus haute et qui serait au-delà de ce général qu'il transgresse.

C'est la raison pour laquelle Abraham suscite mon admiration et cependant m'épouvante. Celui qui se renie lui-même et s'immole au devoir, qui renonce au fini pour saisir l'infini, celui-là ne manque point d'assurance ; le héros tragique abdique ce qui est certain en faveur de ce qui est plus certain encore et, tranquille, repose sur lui le regard de l'observateur. Mais celui qui laisse le général pour saisir quelque chose de plus éminent encore que le général, que fait-il ? Est-il possible que cela ne soit rien, sinon une tentation [139] ? Et quand cela serait, quel salut y aurait-il pour l'individu qui se trompe ? Il éprouve toute la douleur du héros tragique, il anéantit sa joie mondaine, il renonce à toute chose et s'interdit peut-être, au même instant, tout plaisir sublime, pourtant cher à son cœur, et qu'il aurait voulu acheter quel qu'en fût le prix. L'observateur ne peut le comprendre, ni non plus poser sur lui son regard paisible. Peut-être n'est-il pas même possible d'accomplir ce que le croyant propose, dans la mesure où cela est inconcevable. Et si on peut l'accomplir mais que l'individu mécomprenne la divinité, quel salut reste-t-il ? Le héros tragique a besoin de larmes et réclame les larmes, et quel est l'œil envieux qui soit sec au point de ne pouvoir pleurer avec Agamemnon ? Mais où donc est celui dont l'âme est si égarée qu'il ose pleurer sur Abraham ? Le héros tragique agit dans un moment précis du temps mais accomplit, dans la course du temps, quelque chose qui n'est pas non plus négligeable : il visite l'homme dont l'âme est assiégée par la douleur, dont la poitrine est oppressée de sanglots étouffés, dont les pensées, fécondées par les larmes, pèsent durement sur lui ; il se présente à lui et lève le sortilège de la douleur, délace son corset et sèche ses larmes afin que celui qui souffre oublie sa souffrance dans la sienne [140]. On ne peut pleurer sur Abraham. On l'approche avec un *horror religiosus*, comme Israël approchait le Sinaï [141]. – Si alors l'homme solitaire qui gravit le Moriah, dont la cime s'élève haute comme le ciel au-dessus de la plaine d'Aulide, n'est point un somnambule qui marche d'un pas assuré au bord de l'abîme tandis qu'au pied de la montagne on le regarde, tremblant d'angoisse, de respect et d'effroi en pensant, sans oser l'appeler : mais si son esprit était altéré, mais s'il s'abusait ! – Merci, et merci encore à celui qui annonce à l'homme que les douleurs de la vie ont assailli et laissé nu, la parole qui lui servira de feuille de figuier [142] pour couvrir sa misère ; merci à toi, ô Shakespeare, dont l'art peut tout exprimer, tout tel qu'il est – et pourtant, pourquoi n'as-tu dit ce tourment ? Peut-être l'as-tu réservé à toi seul, comme on jalouse le nom de l'aimée sans tolérer que le monde la nomme ? Car le poète achète le pouvoir des mots, le pouvoir de narrer tous les lourds secrets d'autrui, au prix d'un petit secret qu'il ne peut exprimer [143] – et un poète n'est point un apôtre, il chasse les démons seulement par le pouvoir du diable [144].

Or, maintenant, alors que l'éthique est téléologiquement suspendue, comment l'individu au sein duquel elle est suspendue existe-t-il ? Il existe comme l'individu opposé au général. Pèche-t-il alors ? Car, du point de vue de l'idée, c'est là une forme de péché. Il en va comme de l'enfant qui, s'il ne pèche pas, puisqu'il n'a point conscience de son existence comme telle, possède, du point de vue de l'idée, une existence pécheresse [145] sur laquelle, à chaque instant, pèsent les exigences de l'éthique. Si l'on nie que cette forme de péché puisse être répétée de telle manière qu'elle ne soit point un péché, alors une sentence de condamnation est prononcée contre Abraham [146]. Comment Abraham exista-t-il ? Il crut [147]. Voilà le paradoxe par lequel il reste sur le sommet et qu'il ne peut expliquer à nul autre : le paradoxe, en effet, consiste en ceci qu'il se met, comme individu, en rapport absolu avec l'absolu. Y est-il autorisé ? Son autorisation constitue à son tour le paradoxe car, s'il l'est, il ne saurait l'être en vertu de quelque chose de général, mais en vertu de sa condition d'individu.

Comment alors l'individu peut-il s'assurer qu'il y est autorisé ? C'est chose fort aisée que de ramener l'existence tout entière à l'idée d'État ou de société [148]. En agissant de la sorte, il est facile aussi d'opérer la médiation puisque ainsi on ne rencontre point le paradoxe de l'individu qui, comme individu, est plus haut que le général, ce que je pourrais avec justesse exprimer par la thèse de

Pythagore selon laquelle la perfection d'un nombre impair est supérieure à celle d'un nombre pair [149]. Si l'on entend parfois à notre époque une réponse s'accordant avec le paradoxe, elle sonne ainsi : « Le résultat permet d'en juger. » Un héros qui, pour ses contemporains, deviendrait un σχάνδαλον [150] parce qu'il a la conscience d'être un paradoxe que l'on ne peut rendre intelligible, s'écrierait, défiant ses contemporains : « Le résultat montrera clairement que j'y étais autorisé ! » On entend plutôt rarement ce cri de nos jours car, pour son malheur, notre siècle ne fabrique point de héros, bien qu'il ait le mérite d'en produire quelques caricatures. Ainsi, lorsque à notre époque on entend l'expression : « Le résultat permet d'en juger », on sait aussitôt à qui on a l'honneur de parler. Ceux qui parlent ainsi sont légion, et je leur donnerai le nom commun de professeurs [151]. Ils vivent dans leurs pensées, ils ont une existence assurée, une position *solide* et des opinions *fermes* au sein d'un État bien organisé ; des siècles, voire des millénaires, les séparent des secousses de l'existence ; ils ne craignent point que de telles choses se reproduisent : que diraient la police et les journaux ? L'œuvre de leur vie est de juger les grands hommes et de le faire selon le résultat. Une telle attitude envers la grandeur trahit un alliage d'orgueil et de misère : d'orgueil parce que l'on se croit appeler à juger ; de misère parce que l'on n'éprouve pas fût-ce la moindre affinité entre sa vie et celle des grands hommes. Quiconque possède un setier d'*erectioris ingenii* [152] se garde bien de devenir un froid et flasque mollusque. Et lorsqu'il s'approche des grandes choses, il n'oublie jamais que, depuis la création du monde, la coutume et l'usage furent toujours que le résultat vienne en dernier lieu et que, si l'on veut vraiment apprendre quelque chose des grandes actions, il faut justement prêter attention au commencement. Si celui qui doit agir veut se juger lui-même à partir du résultat, jamais il ne parviendra à commencer. Même si le résultat peut réjouir le monde entier, cela ne peut aider le héros, car il ne connaît le résultat que lorsque tout est terminé ; et ce n'est point pour cela qu'il devient un héros, mais parce qu'il commença.

En outre, dans sa dialectique, le résultat (dans la mesure où il est la réponse de la finitude à la question infinie) est complètement hétérogène à l'existence du héros. Le fait qu'Abraham obtint Isaac par *miracle* démontrait-il que le Patriarche était autorisé à se rapporter comme individu au général ? Si Abraham eût vraiment sacrifié Isaac, en aurait-il pour autant été moins autorisé ?

Mais on est curieux du résultat comme on l'est de la conclusion d'un livre ; de l'angoisse, de la misère, du paradoxe on ne veut point entendre parler. En esthète, on fait la cour au résultat et il arrive à l'improviste, et tout aussi facilement, qu'un prix à la loterie et, lorsqu'on l'a entendu proclamer, on demeure édifié. Et pourtant, il n'y a guère de voleur du temple[153], condamné aux travaux forcés, qui ne soit plus vil criminel que celui qui pille le sacré, et Judas lui-même, qui vendit son Seigneur pour trente pièces d'argent[154], n'est point aussi méprisable que l'homme qui trafique la grandeur.

Il répugne à mon âme de parler de façon inhumaine de la grandeur et de la laisser paraître, afin qu'elle demeure grande, sous une forme incertaine, hâve et indécise, sans égard à l'aspect humain sans lequel la grandeur ne se peut conserver telle. Car ce n'est pas ce qui m'arrive qui me grandit, mais ce que je fais, et nul ne songera jamais que l'on devient grand pour avoir obtenu le gros lot à la loterie. D'un homme d'humble naissance j'exige qu'il n'ait pas envers lui-même l'inhumanité de ne pouvoir se représenter le palais du roi, sinon à distance et dans le rêve vague de sa grandeur, sans le désir de l'exalter et de le détruire à la fois pour l'avoir exalté de mesquine façon. J'exige qu'il soit suffisamment homme pour pouvoir, même ici, s'avancer avec confiance et dignité. Il ne doit point être si inhumain de se voir gagné par l'impudent désir de tout offenser en se précipitant de la rue dans l'appartement du roi car, ainsi, il perd davantage que le souverain. Il doit, au contraire, puiser sa joie à l'observance de l'étiquette, avec un enthousiasme gai et confiant qui lui conférera un franc courage. Ce n'est là guère qu'une image, puisque cette différence n'est qu'une bien imparfaite expression des distances dans le monde de l'esprit. J'exige de quiconque qu'il éloigne de lui toute pensée indigne de l'homme, et qui l'empêcherait d'entrer en ces palais où demeurent non seulement la mémoire des élus mais les élus eux-mêmes. Il ne doit pas, superbe, y entrer, revendiquant avec eux quelques accointances ; il doit, au contraire, se trouver heureux chaque fois qu'il s'incline devant eux ; il doit aussi être honnête, confiant, et l'être toujours un peu plus qu'une femme de ménage car, s'il ne l'est un peu plus, jamais il ne réussira à y entrer. Et ce qui l'aidera, c'est précisément l'angoisse et la détresse qui éprouvent les grands hommes car, sinon, s'il a un peu de moelle en lui, ils ne feront qu'exciter une juste jalousie. Et ce qui n'est grand que par la distance, ce qui le devient par des phrases vides et creuses, on le réduit soi-même au néant.

Qui donc fut jamais si grand que cette femme bénie, la mère de Dieu, la Vierge Marie ? Et pourtant, comment en parle-t-on ? Sa grandeur ne vient point d'être bénie entre les femmes[155], car, s'il n'advenait singulièrement que l'assemblée qui écoute pensât de façon aussi inhumaine que le prêcheur, alors certainement toute jeune fille se pourrait demander : « Pourquoi n'ai-je pas été moi aussi bénie entre toutes les femmes ? » Et si je n'avais rien d'autre à répondre, je ne liquiderais pas cette question en prétextant qu'elle est sotte car, considéré abstraitement, tout homme a les mêmes droits en matière de faveurs. Ce que l'on oublie, c'est la souffrance, l'angoisse, le paradoxe. Ma pensée est tout aussi pure que quiconque, et la pensée de celui qui peut produire de telles réflexions se purifie certainement, sinon on peut s'attendre à l'effroyable ; car celui qui, une fois, a évoqué ces images ne peut plus s'en défaire et, s'il pèche contre elles, alors elles tirent de leur tranquille courroux une terrible revanche, plus terrible encore que les vociférations de dix féroces censeurs. Sans doute Marie mit-elle au monde l'enfant de façon miraculeuse, mais la chose advint en son sein comme dans celui des autres femmes, et ce temps fut un temps d'angoisse, de souffrance, de paradoxe. Sans doute aussi l'ange fut-il un esprit secourable, mais point un esprit servile qui l'obligea en allant dire aux autres vierges d'Israël : « Point ne méprisez Marie, car ce qui en elle s'accomplit est l'extraordinaire. » L'ange ne vint qu'auprès de Marie, et nul ne la put comprendre. Quelle femme a pourtant été plus offensée que Marie ? Et cela ne montre-t-il pas qu'il est vrai que celui que Dieu bénit, Il le maudit aussi de son esprit ? Telle est l'interprétation spirituelle de la situation de Marie. Elle n'est nullement, je me révolte à le dire (bien qu'il me choque davantage de penser qu'on l'a interprétée de la sorte, grossièrement et de manière affétée), une grande dame qui pose en jouant avec un enfant-dieu. Néanmoins, lorsqu'elle dit : « Voici la servante du Seigneur[156] », elle est grande, et je crois qu'il ne serait pas difficile d'expliquer comment elle est devenue la mère de Dieu. Elle n'a nul besoin de l'admiration du monde, de même qu'Abraham n'a nul besoin des larmes, car elle n'est pas une héroïne, car il n'est pas un héros, mais ils sont tous deux plus grands encore et le sont, non pas en fuyant la souffrance, la peine et le paradoxe, mais à travers eux.

C'est là une grande chose lorsque le poète, présentant son héros tragique à l'admiration des hommes, ose dire : « Pleurez sur lui, il en est digne. » Car c'est chose admirable que de mériter les larmes de ceux qui sont dignes de les verser. C'est une grande chose que le poète qui ose tenir la multitude en échec, qui ose mortifier les hommes en exigeant que chacun se prouve à lui-même qu'il est digne de pleurer sur le héros, car les larmes des pleurards profanent le sacré. – Plus grand que tout cela toutefois est le fait que le chevalier de la foi ose dire à l'homme même qui veut pleurer sur lui : « Ne pleure point sur moi, pleure plutôt sur toi-même[157]. »

On est gagné par la commotion, on soupire après ces temps fortunés, et une douce nostalgie conduit au terme du désir pour voir le Christ cheminer en Terre promise. On oublie l'angoisse, la détresse, le paradoxe. Était-il si facile de ne pas s'abuser ? N'était-ce point là matière d'épouvante de penser que cet homme qui marchait parmi les autres était Dieu ? N'était-ce point épouvantable que de s'attabler à ses côtés ? Était-ce chose si facile d'être un apôtre ? Mais le résultat, et les dix-huit siècles ? Ils aident, certes, ils aident à produire cette misérable tromperie qui porte à duper et soi-même et les autres. Je n'ai pas le courage de désirer être contemporain de tels événements, mais je ne juge pas avec sévérité ceux qui se sont trompés, ni ne diminue le mérite de ceux qui ont vu juste.

Je reviens toutefois à Abraham. Ou bien, avant le résultat, Abraham fut à chaque minute un meurtrier, ou bien nous sommes confrontés au paradoxe qui est plus grand que toutes les médiations.

L'histoire d'Abraham contient donc une suspension téléologique de l'éthique. Il devint, en tant qu'individu, plus grand que le général. Tel est le paradoxe qui refuse la médiation. Comment il y entra et comment il y demeura, ce sont là des choses aussi inexplicables l'une que l'autre. Si telle n'est pas la situation d'Abraham, alors il n'est pas même un héros tragique mais un meurtrier. Il n'y a aucun sens à vouloir continuer de l'appeler le Père de la foi pour en parler à des gens qui ne se préoccupent que de mots. Un homme devient un héros tragique grâce à ses propres forces, mais non un chevalier de la foi. Quand un homme entreprend l'âpre route du héros tragique, plusieurs peuvent le conseiller ; mais celui qui s'achemine dans l'étroit sentier de la foi, nul ne peut lui porter conseil, nul ne peut le comprendre. La foi est une chose merveilleuse, et cependant nul homme n'en est exclu ; car ce par quoi la vie humaine trouve son unité est la passion[a], et la foi est passion.

a. Lessing a exprimé dans son œuvre quelque chose de semblable d'un point de vue purement esthétique. Ce qu'il veut au fond montrer dans ce texte, c'est que la tristesse peut aussi s'exprimer par une saillie. Il rapporte à cette fin une réponse du malheureux roi d'Angleterre Édouard II dans une situation déterminée. Pour contraster, il prend chez Diderot l'histoire d'une paysanne et de la repartie qu'elle eut. Puis il poursuit : « Cela aussi était de l'esprit et, qui plus est, l'esprit d'une paysanne ; mais les circonstances rendaient la saillie inévitable. Il s'ensuit que l'on ne doit point rechercher le prétexte des mots d'esprit nés de la douleur et de l'affliction dans le fait que celui qui les dit est une personne de qualité, bien éduquée, intelligente, voire spirituelle ; *car les passions ramènent tous les hommes à l'égalité* ; la raison en est que, vraisemblablement, quiconque dans les mêmes circonstances eût dit la même chose. Une reine aurait pu – et aurait dû – avoir la même pensée que la paysanne ; ainsi pour le mot du roi que même un paysan aurait pu dire et que, sans doute, il eût dit. » Cf. *Sämtliche Werke*, vol. XXX, p. 223.

Problème II
Y a-t-il un devoir absolu envers Dieu[158] ?

L'éthique est le général et, comme tel, exprime encore le divin. C'est pourquoi l'on a raison de dire que tout devoir est, au fond, un devoir envers Dieu ; mais si l'on ne peut en dire plus, alors on affirme en même temps que je n'ai, au fond, aucun devoir envers Dieu. Le devoir devient le devoir en relation à Dieu mais, dans le devoir lui-même, je n'entre pas en relation avec Dieu. C'est ainsi un devoir que d'aimer son prochain, mais en accomplissant ce devoir je n'entre pas en relation avec Dieu, plutôt avec le prochain que j'aime. Ainsi, dans ce cas, si je dis que c'est mon devoir d'aimer Dieu, je ne dis au fond qu'une tautologie dans la mesure où « Dieu » est entendu ici de façon abstraite comme étant la divinité, c'est-à-dire le général, c'est-à-dire le devoir. Toute l'existence humaine s'arrondit alors et prend la forme d'une sphère parfaite dont l'éthique est, à la fois, la limite et le contenu. Dieu devient un point invisible et évanescent, une pensée impuissante dont la force ne s'exerce que dans l'éthique qui emplit l'existence. Si, de quelque façon, il peut advenir à quelqu'un de vouloir aimer Dieu dans un autre sens que celui indiqué, alors il s'agit d'un sentimental qui aime un fantôme, lequel, s'il pouvait parler, lui dirait : « Je ne désire point ton amour ; reste là où tu appartiens. » Si quelqu'un pense aimer Dieu autrement, cet amour devient aussi suspect que celui dont parle Rousseau, pour qui un homme aime les Cafres[159] plutôt que d'aimer son prochain.

Dans la mesure où ce qui vient d'être exposé est exact, s'il n'y a rien d'incommensurable dans la vie humaine, si l'incommensurable qui s'y trouve ne dépend que du hasard dont on ne peut tirer nulle conclusion dans la mesure où l'existence est considérée sous l'idée, alors Hegel a raison ; mais il a tort de parler de la foi et d'autoriser à voir en Abraham le Père de la foi, car il a, par la seconde proposition, jugé tant Abraham que la foi. Il y a dans la philosophie hégélienne[160] le principe selon lequel *das Äussere*[161] *(die Entäusserung*[162]*)* est supérieur à *das Innere*[163]. Ceci est fréquemment illustré par un exemple. L'enfant est *das Innere* et l'homme *das Äussere*. Par conséquent, l'enfant est déterminé par l'extérieur et, inversement, l'homme, comme *das Äussere*, est justement déterminé par *das Innere*. La foi est au contraire ce paradoxe pour lequel l'intériorité est plus haute que l'extériorité, ou, pour reprendre une expression utilisée auparavant, le nombre impair est supérieur au nombre pair.

Selon la conception éthique de la vie, il est du devoir de l'individu de se dépouiller de la détermination de l'intériorité et de l'exprimer à l'extérieur. Chaque fois qu'il y répugne, chaque fois qu'il incline à persister, ou à retomber, dans les déterminations de l'intériorité du sentiment, de l'émotion, il pèche, il est le jouet d'une hantise[164]. Le paradoxe de la foi consiste en ceci qu'il y a une intériorité qui est incommensurable à l'extériorité, une intériorité, notez-le bien, qui n'est pas identique à la première, mais qui est une intériorité nouvelle[165]. Il ne faut pas l'oublier. La philosophie moderne s'est permis de substituer, sans plus d'embarras, l'immédiat à la « foi »[166]. Quand on agit ainsi, il est ridicule de nier que la foi a toujours existé. De cette manière, elle entre dans la compagnie plutôt vulgaire du sentiment, de l'émotion, de l'idiosyncrasie, des *vapeurs*[167], etc. En ce sens, la philosophie peut avoir raison de dire que l'on ne doit s'en tenir à la foi. Mais rien ne justifie la philosophie d'utiliser une telle terminologie [à propos de la foi]. La foi est précédée d'un mouvement de l'infinité et seulement alors, *nec opinate*[168], en vertu de l'absurde, elle entre en scène. Je puis certainement le comprendre, sans pourtant prétendre avoir la foi. Si la foi n'est que ce qu'en dit la philosophie, alors Socrate est déjà allé outre, bien au-delà, encore que l'on sache qu'il n'a jamais atteint la foi. Il a fait le mouvement de l'infinité d'un point de vue intellectuel. Son ignorance est la résignation infinie. Ce devoir était, en lui-même, à la mesure des forces humaines, même si on le dédaigne de nos jours ; ce n'est que lorsqu'il est accompli, lorsque l'individu s'est épuisé dans l'infini, que l'on atteint le point d'où la foi peut surgir.

Le paradoxe de la foi consiste donc en ceci que l'individu est supérieur au général, que l'individu (pour reprendre une distinction dogmatique rarement utilisée de nos jours) détermine son rapport au général par le biais de son rapport à l'absolu, et non point son rapport à l'absolu par le moyen de son rapport au général. Le paradoxe peut aussi s'exprimer en disant qu'il y a un devoir absolu envers Dieu car, dans ce rapport du devoir, l'individu se rapporte, comme individu, de façon absolue à l'absolu. Ainsi lorsque, sous ce rapport, on dit que c'est un devoir d'aimer Dieu, on exprime quelque chose de différent de ce qui précède ; car si ce devoir est absolu, l'éthique est ravalée à quelque chose de relatif. Il ne s'ensuit cependant pas que l'éthique doive être détruite, mais elle acquiert une expression entièrement différente, l'expression du paradoxe, de sorte que, à titre d'exemple, l'amour envers Dieu porte le chevalier de la foi à conférer à son amour du prochain une expression contraire à celle que peut, du point de vue éthique, exiger le devoir.

Si tel n'est pas le cas, alors la foi n'a point sa place dans l'existence, la foi devient une tentation [169] et Abraham, qui en est prisonnier, est perdu.

Ce paradoxe ne consent pas de médiation puisqu'il s'appuie précisément sur le fait que l'individu n'est que l'individu. Dès que l'individu désire exprimer son devoir absolu dans le général et en prend conscience, il se reconnaît aussitôt dans une situation d'obsession [170] et, même s'il y résiste, il ne parvient pas à accomplir ledit devoir absolu ; et s'il ne le fait pas, il pèche, même si son action traduit, *realiter*, ce qui constitue son devoir absolu[171]. Que devrait alors faire Abraham ? S'il disait à une autre personne : « J'aime Isaac plus que tout au monde, c'est pourquoi il m'est si difficile de le sacrifier », cet autre lui répondrait avec un haussement d'épaules : « Pourquoi veux-tu alors le sacrifier ? », à moins qu'il ne soit un fin compère et estime qu'Abraham ne voulait que faire étalage de sentiments en contradiction flagrante avec sa conduite.

On trouve dans l'histoire d'Abraham pareil paradoxe. Son rapport à Isaac a comme expression éthique que le père doit aimer le fils. Ce rapport éthique est ramené à quelque chose de relatif en contraste avec le rapport absolu à Dieu. À la question : « Pourquoi ? », Abraham n'a d'autre réponse que de dire qu'il s'agit d'une épreuve, d'une tentation[172] où s'exprime, comme on l'a déjà observé, l'unité de ce que l'on fait pour Dieu et de ce que l'on fait pour soi[173]. Le langage usuel reconnaît aussi la correspondance de ces deux termes. Ainsi, lorsque l'on voit un homme qui accomplit quelque chose qui n'entre pas dans le général, on dit qu'il n'a guère agi pour l'amour de Dieu, sous-entendant par là qu'il a agi pour l'amour de lui-même. Le paradoxe de la foi a perdu le moment intermédiaire, c'est-à-dire le général. D'une part, la foi est l'expression de l'égoïsme suprême (accomplir la chose terrifiante, et le faire pour l'amour de soi[174]) ; d'autre part, elle est l'expression de la dévotion la plus absolue, elle agit pour l'amour de Dieu. La foi ne peut entrer dans le général par la médiation car, de cette manière, elle est éliminée. La foi est ce paradoxe, et l'individu ne peut absolument pas se faire comprendre de quiconque. Certes, on imagine que l'individu peut se faire comprendre par un autre individu se trouvant dans la même situation. Cette idée serait inconcevable si, à notre époque, on ne cherchait pas tant à s'insinuer sournoisement au sein des grandes choses. Il n'y a que le chevalier de la foi qui ne puisse venir en aide à un autre. Ou bien l'individu devient le chevalier de la foi en se chargeant lui-même du poids du paradoxe, ou bien il ne le deviendra jamais. En ces contrées, la compagnie est inconcevable. Chacun ne peut puiser qu'en lui-même l'explication la mieux assurée de ce qu'il faut entendre par « Isaac[175] ». Et si l'on pouvait, en parlant du général, déterminer avec une précision suffisante ce qu'il faut entendre par « Isaac » (ce serait, du reste, la plus ridicule contradiction que de rapporter l'individu, qui se définit en contraste au général, sous les catégories générales, tandis qu'il doit agir comme individu [c'est-à-dire] hors du général), l'individu ne pourrait jamais en obtenir la certitude par autrui, mais seulement par lui-même en tant qu'individu. C'est pourquoi, si un homme était assez lâche et misérable pour vouloir devenir un chevalier de la foi sous la responsabilité d'autrui, il n'y réussirait pas. Car seul l'individu, en tant qu'individu, peut devenir un chevalier de la foi, et la grandeur de cette chevalerie est telle que je puis la comprendre sans pourtant en faire partie, faute de courage ; mais c'est là aussi son effroi, que je conçois mieux encore.

Dans l'Évangile selon saint Luc, on trouve, comme on le sait, un remarquable précepte sur le devoir absolu envers Dieu : « Si quelqu'un vient à moi, et ne hait pas son père et sa mère, sa femme, ses enfants, ses frères et ses sœurs, et même sa propre vie, il ne peut être mon disciple[176]. » Voilà bien un terrible discours, et qui donc pourra jamais l'entendre ? C'est d'ailleurs pourquoi on ne l'écoute que très rarement. Ce silence n'est qu'un vain subterfuge. Car l'étudiant en théologie apprend néanmoins que ce texte se trouve dans le Nouveau Testament, et il rencontre dans quelque manuel d'exégèse l'explication selon laquelle le verbe μισεῖν[177], dans ce texte, mais aussi dans quelques autres encore, est utilisé dans le sens de μείωσιν, terme signifiant *minus diligo, posthabeo, non colo, nihil facio*[178]. Le contexte ne semble toutefois pas confirmer cette doucereuse interprétation. En effet, un verset plus loin[179], on lit l'histoire d'un homme qui veut construire une tour, mais qui s'assoit d'abord et calcule afin de savoir s'il est capable de mener à bien l'entreprise pour ne pas être l'objet de moqueries. L'étroit rapport de cette parabole avec le verset cité semble indiquer précisément que les mots doivent être pris comme ils sont, aussi terribles qu'ils puissent sembler, afin que chaque homme se prouve à lui-même s'il est capable d'élever l'édifice.

Si le pieux et gentil exégète qui, afin de pouvoir introduire en contrebande le christianisme dans le monde, en diminue le prix[180], était assez heureux pour convaincre quelqu'un que c'était bien là la signification du verset, grammaticalement, linguistiquement et χατ' ἀναλογίαν[181] parlant, il parviendrait sans doute en même temps à lui démontrer que le christianisme est la plus misérable chose qui soit au monde. Car une doctrine qui se réduit, dans l'une de ses expressions les plus lyriques et où la conscience de sa valeur éternelle s'embrase intensément, à une expression bruyante qui ne signifie rien sinon qu'il faut être moins bienveillant, moins attentif et davantage indifférent ; la doctrine qui, au moment où elle donne l'impression d'épouvanter, finit en balbutiement, est une doctrine qu'il ne vaut pas la peine de suivre[182].

Les mots sont terribles, mais je crois cependant qu'ils peuvent se comprendre sans que celui qui les a compris n'ait pour autant le courage de les mettre en pratique. On devrait toutefois avoir l'honnêteté de reconnaître ce qui est écrit et d'admettre qu'il s'agit là d'une grande chose, dût-on ne point avoir le courage de l'accomplir. Celui qui agit de la sorte ne s'exclura pas de la participation du beau récit, puisqu'il inclut, d'une certaine manière, la consolation pour celui qui n'a point le courage de commencer la construction de la tour. Mais l'on doit être honnête et ne pas tenir ce manque de courage pour de l'humilité quand, au contraire, il s'agit d'orgueil, tandis que le courage de la foi est le seul qui soit fait d'humilité.

On voit donc facilement que si le texte cité a un sens, il doit alors être entendu à la lettre. Dieu est celui qui exige l'amour absolu. Mais celui qui, en exigeant l'amour d'une personne, pense que cet amour doit se démontrer par une tiède attitude envers ce qui lui est, par ailleurs, le plus cher, celui-là n'est point seulement un égoïste mais aussi un sot, et celui qui voudrait exiger un tel amour signerait en même temps sa condamnation à mort, en supposant que sa vie fût liée à un tel amour.

Un mari exige que sa femme quitte père et mère, mais s'il voyait une preuve de son amour extraordinaire pour lui qu'elle soit devenue, par amour de lui, une fille indolente et tiède, etc., alors il serait le roi des sots. S'il possède ne fût-ce que quelque notion de ce qu'est l'amour, il souhaitera la découvrir en un parfait amour filial et fraternel, et y verra la preuve qu'elle l'aimera comme nul autre dans le royaume. Ainsi, ce qui pour les hommes passe pour un signe d'égoïsme et de stupidité est considéré par notre exégète comme une conception digne de la divinité.

Mais comment donc haïr nos proches ? Je ne veux pas rappeler ici la distinction commune entre aimer et haïr, non que j'aie des réserves à formuler, dans la mesure où la distinction est passionnelle, mais parce que c'est une chose égoïste qui ne convient point ici. Cependant, si je considère la tâche comme un paradoxe, alors je la comprends, c'est-à-dire que je la comprends comme on peut comprendre un paradoxe. Le devoir absolu peut alors conduire à faire ce que l'éthique interdirait, mais il ne peut faire que le chevalier de la foi cesse d'aimer. C'est ce que montre Abraham. Au moment où il veut sacrifier Isaac, il faudrait dire, en suivant l'éthique, qu'il le hait. Mais si vraiment il hait Isaac, il peut être certain que Dieu n'exige pas ce sacrifice, car Caïn et Abraham sont différents. Il doit aimer Isaac de toute son âme ; lorsque Dieu exige Isaac, il doit l'aimer, si possible, plus tendrement encore, et ce n'est qu'à cette condition qu'il peut le *sacrifier* ; car c'est cet amour pour Isaac, par son opposition paradoxale à l'amour qu'il porte à Dieu, qui fait de son acte un sacrifice[183]. Mais l'angoisse et la détresse de ce paradoxe font qu'Abraham ne peut, humainement parlant, se faire comprendre. Ce n'est qu'au moment où son geste se trouve en contradiction absolue avec son sentiment qu'il peut sacrifier Isaac ; pourtant, la réalité de son action, appartenant au général, fait qu'il est, et reste, un meurtrier.

En outre, le verset de Luc[184] peut être entendu de manière à voir clairement que le chevalier de la foi n'a point d'expression plus haute pour le général (c'est-à-dire l'éthique) par laquelle il se peut sauver. Ainsi, par exemple, si l'on suppose que l'Église exige un tel sacrifice de l'un de ses membres, on a, dans ce cas, un simple héros tragique. Car l'idée de l'Église n'est pas qualitativement différente de l'idée de l'État, dans la mesure où l'individu peut y entrer par simple médiation, mais dès qu'il est entré dans le paradoxe, il n'atteint pas l'idée d'Église ; entré dans le paradoxe, il y trouve ou bien sa perdition, ou bien son salut. Pareil héros ecclésiastique exprime le général par son action, et il n'y a personne au sein de l'Église, même son père et sa mère, etc., qui ne le comprenne. Il n'est cependant pas un chevalier de la foi, et c'est pourquoi sa réponse est différente de celle d'Abraham ; il ne dit pas, dans son cas, qu'il s'agit d'une épreuve ou d'une tentation[185].

Généralement, on se garde bien de citer des textes comme celui de Luc. On craint de lâcher la bride qui tient les hommes et que le pire survienne si l'individu entend jamais se conduire en individu. On croit, en outre, qu'exister comme individu est la chose la plus aisée du monde et que l'on doit donc contraindre les gens à devenir le général. Je ne puis partager ni cette crainte ni cette opinion, et ce pour la même raison. Celui qui a appris qu'exister comme individu est, de toutes, la chose la plus terrible ne doit pas avoir peur de dire qu'il s'agit aussi de la plus grande ; aussi le dira-t-il de telle manière que ses paroles ne deviennent point un piège pour l'égaré, mais plutôt un secours pour l'introduire dans le général, quand bien même ses paroles ne laisseraient bien peu de place à la grandeur. Celui qui n'ose citer ces textes ne doit pas même oser nommer Abraham, et si l'on pense qu'exister comme individu est assez facile, cela témoigne d'une concession indirecte et fort suspicieuse à l'égard de soi. Car celui qui possède un véritable respect de soi, et qui se préoccupe de son âme, est convaincu que l'homme qui est son propre maître[186], seul dans le monde entier, mène une vie plus austère et retirée qu'une jeune fille dans sa chambre. Il est sans doute vrai que certains ont besoin de contrainte, comme ceux qui, livrés à eux-mêmes, se vautreraient dans l'égoïsme du plaisir, pareils aux bêtes sauvages ; mais un homme doit justement prouver qu'il n'est pas de ce nombre du fait qu'il sait parler avec angoisse et tremblement ; il est contraint de parler sans respect de la grandeur jusqu'à ce que, par crainte des effets funestes qui surviendront sûrement, il n'en parle de telle manière que l'on sache qu'il s'agit de la grandeur, et que l'on en connaisse la crainte sans laquelle on ne sait rien d'elle.

Examinons maintenant d'un peu plus près la détresse et l'angoisse qui se trouvent dans le paradoxe de la foi. Le héros tragique renonce à lui-même pour exprimer le général ; le chevalier de la foi, lui, renonce au général pour devenir l'individu. Comme je l'ai dit, tout dépend de la manière dont la situation se présente. Celui qui pense qu'être l'individu est plutôt facile peut être toujours assuré qu'il n'est pas un chevalier de la foi, car les oiseaux en liberté et les génies vagabonds ne sont pas des hommes de foi. Le chevalier de la foi sait, quant à lui, qu'il est magnifique d'appartenir au général. Il sait qu'il est beau et salutaire d'être un individu qui se traduit lui-même dans le général et qui, pour ainsi dire, cherche à donner de lui-même une édition sans coquilles, élégante et, autant que faire se peut, parfaite et accessible à tous. Il sait le réconfort de devenir compréhensible à lui-même dans le général de sorte qu'il le comprenne, et que chaque individu qui le comprend comprenne en lui le général, de manière qu'ils trouvent tous deux la joie dans la sécurité qu'offre le général. Il sait qu'il est beau de naître comme un individu qui a sa patrie et son amical séjour dans le général, là où il est toujours accueilli à bras ouverts lorsqu'il veut s'y retirer. Mais il sait également qu'au-dessus de ce séjour court une route sinueuse, étroite et escarpée ; il sait combien il est terrible d'être né pour la solitude, hors du général, sans jamais croiser sur son chemin de voyageur esseulé[187]. Il sait très bien où il se trouve, et comment il doit se comporter envers les hommes. Humainement parlant, c'est un fou, et il ne peut se faire comprendre de quiconque. Et pourtant, c'est la plus douce expression que de dire qu'il est fou. Si on ne le considère pas de ce point de vue, alors c'est un hypocrite et il l'est d'autant plus cruellement qu'il progresse sur cette route.

Le chevalier de la foi sait l'enthousiasme de renoncer à soi au profit du général, et qu'il faut pour cela du courage ; et il connaît la sécurité que le général procure précisément parce que l'on agit pour lui. Il sait combien c'est une chose splendide que d'être entendu de tout esprit noble, et de telle sorte que celui qui le considère s'ennoblit encore. Il sait tout cela et il se sent presque comme lié ; il pourrait désirer que cette tâche fût sienne. Ainsi, Abraham eût pu désirer que son devoir fût d'aimer Isaac comme il convient à un père, de façon à être compris de tous, inoubliable à travers les âges ; il pouvait désirer que sa tâche fût de sacrifier Isaac dans l'intérêt du général et aurait pu ainsi donner aux pères l'enthousiasme des gestes glorieuses – et il était presque terrifié à l'idée que de tels désirs ne soient que des idées fixes[188] qui doivent être traitées comme telles, car il sait battre un chemin solitaire, ne rien accomplir pour le général, mais qu'il est tenté et mis à l'épreuve. Qu'a donc jamais fait Abraham pour le général ? Laissez-moi en parler d'un point de vue humain, et humain seulement ! Il lui faut soixante-dix ans pour obtenir un fils de la vieillesse[189]. Ce que d'autres obtiennent bien tôt, en en jouissant un long temps, lui l'attend soixante-dix années ; et pourquoi ? Parce qu'il fut éprouvé et tenté[190]. N'est-ce point là de la folie ? Mais Abraham crut, Sarah seule vacilla et l'amena à prendre Agar pour concubine ; c'est aussi pourquoi il la dut chasser[191]. Il reçut Isaac – et il dut être de nouveau soumis à l'épreuve. Il savait fort bien quelle chose magnifique est d'exprimer le général et comme il est beau de vivre avec Isaac. Mais telle n'était point sa tâche. Il savait quel geste royal était de sacrifier son fils pour le général, qu'il aurait dû y trouver du repos et, de même que la voyelle trouve son repos dans la consonne, ainsi tous auraient trouvé le repos en célébrant son fait, mais telle n'était point sa tâche – il est mis à l'épreuve. Ce centurion romain célèbre pour son surnom de Cunctator[192] arrêta l'ennemi en temporisant – quel temporisateur n'est pas Abraham en comparaison ! – mais il ne sauve point l'État. Tel est le contenu de ces cent trente années. Qui donc pourrait supporter cette attente ? Son contemporain, dans la mesure où l'on peut en parler, ne dirait-il pas : « Abraham temporise éternellement. Il obtient finalement un fils, il en a fallu du temps, et maintenant voilà qu'il le veut sacrifier ! – Mais il est fou ? S'il pouvait au moins expliquer pourquoi il le veut faire, mais il va toujours disant que c'est une épreuve. » Abraham ne pouvait d'ailleurs donner davantage d'explications, car sa vie est pareille à un livre placé sous scellés divins et ne devient jamais *juris publici*[193].

Voilà la chose terrible. Celui qui ne le voit point peut être assuré de ne pas être un chevalier de la foi ; toutefois, celui qui le voit ne pourra nier que le héros tragique, fût-il le plus éprouvé, semble aller au bal en comparaison du héros de la foi, qui avance lentement et ventre contre terre. Et l'eût-on perçu et se fût-on assuré de ne pas avoir le courage nécessaire pour le comprendre, on soupçonnerait alors la gloire merveilleuse obtenue par ce chevalier devenu l'intime de Dieu, l'Ami du Seigneur, et qui, pour m'exprimer d'humaine façon, tutoie le Maître du Ciel, tandis que le héros tragique ne s'adresse à Lui qu'à la troisième personne.

Le héros tragique a tôt fini, et son combat se termine bientôt, il a accompli le mouvement de l'infinité et il se repose maintenant tranquillement dans le général. Le chevalier de la foi, au contraire, est sans sommeil car, pour lui, l'épreuve est sans repos puisque à tout moment existe pour lui la possibilité de rebrousser chemin, avec repentir, dans le général, et cette possibilité peut être tout autant une obsession[194] qu'une vérité. Sur ce point, il ne peut demander d'explication à quiconque, car il abandonnerait alors le paradoxe.

Le chevalier de la foi possède donc d'abord et avant tout la passion nécessaire pour concentrer l'ensemble de l'éthique qu'il transgresse en un moment unique, de sorte qu'il se puisse assurer qu'il aime vraiment Isaac de toute son âme[a]. S'il ne peut le

a. Je voudrais une fois encore expliquer la différence du conflit entre le héros tragique et le chevalier de la foi. Le héros tragique a la certitude que l'obligation éthique est totalement présente en lui par le fait qu'il la transforme en un désir. Ainsi, Agamemnon peut dire : « La preuve que je ne

faire, il est le jeu d'une hantise[195]. Il possède, en outre, suffisamment de passion pour exprimer en un clin d'œil toute cette assurance, et il la possède de telle manière qu'elle ne perde rien de sa valeur primitive. En est-il incapable qu'il demeure où il est, car il lui faut alors toujours recommencer. Le héros tragique concentre donc l'éthique en un moment qu'il a téléologiquement dépassé, mais en trouvant pour cela un appui dans le général. Le chevalier de la foi est livré à lui-même – telle est la chose terrible de sa situation. La plupart des hommes vivent sous l'obligation éthique de telle manière qu'à chaque jour suffise sa peine, mais, ainsi, ils n'arrivent jamais à cette concentration passionnée, à cette conscience énergique. Pour y parvenir, il peut être en un certain sens utile au héros tragique d'avoir recours au général, mais le chevalier de la foi, quant à lui, est livré à lui-même. Le héros tragique accomplit sa tâche et trouve son repos dans le général, mais le chevalier de la foi est constamment sous tension. Agamemnon renonce à Iphigénie, et trouve ainsi le repos dans le général, si bien qu'il peut ensuite la sacrifier. Si Agamemnon ne faisait point le mouvement, si son âme, au moment décisif, au lieu de la concentration passionnée, s'égarait en futilités, comme le fait qu'il a plusieurs filles et que, *vielleicht*[196] l'*Ausserordentliche*[197] pourrait encore survenir –, alors ce ne serait plus un héros, mais un cas d'hôpital. Abraham possède aussi la concentration du héros, bien qu'elle soit pour

manque point à mon devoir paternel est que mon devoir est mon unique désir. » Nous trouvons donc ici devoir et désir l'un devant l'autre. L'heureuse chance de la vie consiste en cette coïncidence du désir et du devoir et *vice versa*, et la tâche de la plupart des hommes consiste précisément à demeurer dans leur devoir de manière à le transformer, par leur enthousiasme, en leur désir. Le héros tragique renonce à son désir pour accomplir son devoir. Pour le chevalier de la foi également, le désir et le devoir sont identiques, mais lui, il doit renoncer aux deux. Ainsi, lorsqu'il veut se résigner en renonçant à son désir, il ne trouve point la paix parce que ce désir est l'objet du devoir. S'il veut demeurer au sein de son devoir et de son désir, il n'est point un chevalier de la foi, car le devoir absolu exige justement qu'il abandonne le devoir. Le héros tragique a atteint une expression supérieure du devoir, mais non le devoir absolu.

lui bien plus difficile, car il ne possède nul appui dans le général, mais il effectue encore un mouvement par lequel il concentre son âme sur la chose merveilleuse. Si Abraham ne le faisait pas, il ne serait guère qu'un Agamemnon, du moins s'il est de quelque manière possible d'expliquer comment il peut être justifié de sacrifier Isaac quand le général n'en tire aucun profit.

L'individu seul peut décider s'il est maintenant véritablement le jouet d'une obsession [198] ou s'il est le chevalier de la foi. Le paradoxe permet toutefois de construire certains critères que même celui qui ne s'y trouve pas peut comprendre. Le véritable chevalier de la foi est toujours dans l'isolement absolu, le faux chevalier est sectaire. Ce sectarisme est une tentative pour dévier de l'étroit chemin du paradoxe et devenir le héros tragique à bon marché. Le héros tragique exprime le général et se sacrifie pour lui. Le polichinelle sectaire, au contraire, possède un théâtre privé, une troupe d'amis et de compagnons qui représentent le général, un peu comme les assesseurs de la *Tabatière d'or*[199] représentent la justice. Le chevalier de la foi, quant à lui, est le paradoxe, il est l'individu, absolument et seulement l'individu, sans liens ni prétentions d'aucune sorte. Voilà la chose horrible que le nabot sectaire ne peut supporter. En effet, au lieu d'apprendre de cette terreur qu'il est incapable d'accomplir ce qui est grand, et de le confesser sincèrement, ce que je ne puis qu'approuver puisque c'est ce que je fais moi-même, le pauvre diable croit qu'il saura y parvenir en se liguant avec d'autres pots à tabac. Mais l'entreprise avorte. Dans le monde de l'esprit, on ne tolère pas l'escroquerie. Une douzaine de sectaires se prennent par le bras, sans comprendre quoi que ce soit des hantises [200] solitaires qui attendent le chevalier de la foi, et auxquelles il ne peut se dérober, justement parce qu'il serait plus horrible encore qu'il eût l'impudence de s'ouvrir un chemin. Les sectaires s'assourdissent mutuellement par un boucan du diable, puis tiennent l'angoisse à distance par leurs hurlements. Et cette bande de brailleurs croit pouvoir entreprendre l'escalade du ciel [201] et y accéder par la même voie qui est celle du chevalier de la foi, lequel, dans la solitude de l'Univers, ne prête l'oreille à nulle voix humaine, allant seul, chargé de sa terrible responsabilité !

Le chevalier de la foi n'a d'autre appui que lui-même, il éprouve la douleur de ne pouvoir se faire comprendre de quiconque, mais il n'éprouve point le vain désir de guider autrui [202]. Sa douleur est l'assurance [qu'il bat le bon sentier], il ignore, lui, le vain désir ; son âme est par trop sérieuse. Le faux chevalier de la foi est facilement trahi par cette maîtrise, fruit d'un instant. Il ne comprend ce dont il s'agit que lorsqu'un autre individu doit parcourir la même route, quand il doit devenir l'individu en tout point comme cet autre, sans avoir non plus besoin d'obtenir des directions de quiconque, et surtout point de celles de l'homme qui le voudrait contraindre. On sort ici encore du sentier [du paradoxe], on ne peut supporter le martyre de l'incompréhension auquel on préfère, de façon bien plus commode, l'admiration mondaine de sa propre maîtrise. Le véritable chevalier de la foi est un témoin, jamais un maître ; en cela repose son humanité profonde, laquelle est bien davantage encore que cette sotte participation aux grandeurs et aux misères d'autrui, participation qu'on honore du nom de « sympathie », alors qu'elle n'est que vanité. Que celui qui ne veut être que témoin avoue que nul homme, fût-il le plus négligeable, n'a besoin de la sympathie d'autrui, non plus que d'être abaissé pour qu'un autre soit exalté. Mais puisque l'on ne vend pas à rabais ce que l'on a acheté au prix fort, ainsi le témoin n'est point si misérable d'accepter l'admiration des hommes en échange de son secret mépris ; il sait que la vraie grandeur est également accessible à tous.

Ou bien un devoir absolu envers Dieu existe, et il coïncide alors avec le paradoxe décrit ici, lequel veut que l'individu, comme individu, soit plus haut que le général et qu'il se trouve, par conséquent, dans un rapport absolu avec l'absolu – ou bien la foi n'a jamais été, parce qu'elle a toujours été, ou encore, pour situer les choses autrement, Abraham est perdu, et le texte de Luc 14, ainsi que les autres passages correspondants [203] et semblables, doivent être interprétés à la manière endimanchée de l'exégète.

Problème III
D'un point de vue éthique, peut-on justifier le silence d'Abraham sur son projet envers Sarah, envers Éliézer, envers Isaac ?

L'éthique est, comme tel, le général, comme le général est, à son tour, ce qui est manifeste. L'individu, défini comme un être immédiatement sensible et psychique, est ce qui est caché[204]. Son devoir éthique est de sortir de sa cache et de devenir manifeste au sein du général. Ainsi, chaque fois qu'il veut demeurer caché, il commet un péché et devient le jeu d'une hantise[205], dont il ne peut être délivré qu'en se manifestant.

Nous voici donc revenu au même point. S'il n'y a rien de caché[206] qui trouve son fondement dans le fait que l'individu, en tant qu'individu, est plus grand que le général, alors la conduite d'Abraham est injustifiable, puisqu'il ne tint nul compte des instances éthiques intermédiaires. Cependant, si pareil caché existe, nous sommes alors en présence du paradoxe qui échappe à la médiation, puisqu'il repose sur le fait que l'individu, en tant qu'individu, est plus grand que le général, et le général est précisément la médiation. La philosophie hégélienne retient qu'il n'y a point de caché qui soit justifié, point d'incommensurable[207]. Elle est conséquente avec elle-même lorsqu'elle exige la manifestation[208], mais ne l'est plus lorsqu'elle considère Abraham comme le père de la foi et parle de celle-ci. La foi, en effet, n'est pas la première immédiateté, mais une immédiateté ultérieure. La première immédiateté est l'esthétique et, ici, la philosophie hégélienne peut bien avoir raison. Mais la foi n'est point l'esthétique, ou bien la foi n'a jamais existé parce qu'elle a toujours existé.

Il serait préférable de considérer toute la question d'un point de vue purement esthétique, avec l'intention de procéder à une réflexion esthétique à laquelle je prie le lecteur de bien vouloir s'abandonner complètement, pour un instant, tandis que je modifierai mon exposé selon le sujet, afin d'y apporter une contribution personnelle. La catégorie que je considérerai d'un peu plus près est celle de l'*intéressant* : une catégorie qui, à notre époque en particulier – précisément parce qu'elle vit *in discrimine rerum* –, a acquis une grande importance, puisqu'elle est, au fond, la catégorie du point tournant. Ainsi nous ne devrions pas, après que nous avons aimé cette catégorie *pro virili*[209], concevoir envers elle du mépris parce que nous sommes devenus trop grands pour elle, ni être non plus trop avides en la recherchant, car il est certain qu'être intéressant, ou bien conduire une vie intéressante, n'est pas une tâche de l'art industriel mais un privilège fatal qui se paie d'une douleur profonde, comme tout privilège dans le monde de l'esprit. Ainsi Socrate, qui était le plus intéressant des hommes ayant jamais vécu, eut la plus intéressante vie dont on ait conservé mémoire, mais cette existence lui fut concédée par le dieu et, dans la mesure où il dut l'acquérir lui-même, il connut la peine et la douleur. Quiconque prend la vie au sérieux, et aujourd'hui les exemples d'une telle tentative sont légion, ne prendra point en vain une vie semblable. L'intéressant est, du reste, une catégorie limite, un *confinium*[210] entre l'esthétique et l'éthique. C'est pour cette raison que notre réflexion doit constamment lorgner vers le champ de l'éthique alors que, pour avoir quelque signification, il doit saisir le problème avec l'intensité et la concupiscence esthétiques. À notre époque, l'éthique s'occupe rarement de ces choses. La raison en est peut-être qu'il n'y a pas de place pour elles dans le système. Ainsi, pour éviter d'être délayé, on pourrait les traiter en de brèves monographies, tout en atteignant le même résultat, pourvu que l'on ait toutefois le prédicat en son pouvoir, car un ou deux prédicats peuvent révéler un monde tout entier. N'y aurait-il pas de place alors dans le système pour de tels menus mots ?

Aristote dit en son immortelle *Poétique* : δύο μὲν οὖν τοῦ μύθον μέρη περὶ ταῦτ' ἐστί, περιπέτεια χαὶ ἀναγνώρισις[211] (cf. chap. 11). Je ne m'intéresse ici évidemment qu'au second moment, à l'ἀναγνώρισις – la reconnaissance. Partout où il y a reconnaissance, il est *eo ipso* question d'une dissimulation préalable[212]. De même que la reconnaissance est le facteur de soulagement, de détente, de la vie dramatique, de même le caché en est le facteur de tension. Je ne puis m'étendre ici sur ce que dit Aristote dans le même chapitre sur les mérites de la tragédie, qui sont différemment estimés selon que περιπέτεια ou ἀναγνώρισις travaillent de concert, non plus que sur ce qu'il raconte à propos de la reconnaissance simple et double, bien que l'intériorité et la concentration tranquille de son sujet tentent singulièrement celui qui est las de l'omniscience superficielle des vulgarisateurs. Une observation plus générale peut sans doute suffire ici. Dans la tragédie grecque, le caché (et, par suite, la reconnaissance) est une survivance épique qui se fonde sur le destin où disparaît l'action dramatique, et d'où elle tire son origine obscure et énigmatique. De là vient que l'effet produit par une tragédie grecque est semblable à celui que l'on reçoit d'une statue de marbre à laquelle manque la puissance du regard. La tragédie grecque est aveugle. C'est pourquoi une certaine abstraction est nécessaire pour qu'on en subisse bien l'influence. Un fils[213] tue son père, mais il n'apprend qu'ensuite son parricide. Une sœur[214] veut sacrifier son frère mais, à l'ultime instant, elle apprend qui il est. Ce genre tragique ne convient guère à l'intérêt de notre époque de *réflexion*. Le drame moderne a abandonné le destin ; il s'est, d'un point de vue dramatique, émancipé, il voit de ses propres yeux, il s'examine, il assume le destin dans sa conscience dramatique. Le caché et la reconnaissance sont alors l'action libre du héros dont il endosse la responsabilité[215].

La reconnaissance et le caché sont également des éléments essentiels du drame moderne. Il y aurait redondance à en fournir des exemples. Je suis assez honnête pour supposer que notre époque est si complètement abandonnée à la volupté esthétique, et se trouve si enflammée et si féconde, qu'elle peut concevoir aussi facilement que la perdrix qui, selon Aristote[216], n'a besoin pour cela que d'entendre le chant du mâle ou son vol au-dessus d'elle ; je crois donc que quiconque entend le mot « caché » peut tirer de sa manche une demi-douzaine de romans et de comédies. Aussi serai-je concis, me limitant à une observation de caractère général. Si celui qui joue à cache-cache, introduisant ainsi le ferment dramatique dans la pièce, dissimule quelque *non-sens*, le résultat en sera une comédie ; si, au contraire, il demeure en relation avec l'idée, il peut alors passer bien près de devenir un héros tragique. Je donnerai ici un exemple de comique. Un homme se farde et porte perruque. Ce même homme a le vif désir de tenter la fortune avec le beau sexe, qu'il est convaincu de subjuguer par son fard et sa perruque qui le rendent tout à fait irrésistible. Il conquiert une jeune femme, et le voilà mis au pinacle du bonheur. Mais voici le plus beau de l'histoire : s'il est capable d'avouer son embellissement, ne verra-t-il point s'évanouir tout son pouvoir de séduction lorsqu'il se révélera un homme ordinaire, chauve peut-être, et ne verra-t-il pas la femme chérie le dédaigner ? – Le caché est son libre fait dont il est responsable devant l'esthétique. Cette science n'est point l'amie des calvities hypocrites et elle les abandonne à la merci du ridicule. Cela peut suffire pour me faire entendre : le comique ne saurait être l'objet qui intéresse notre recherche.

La tâche qui m'incombe est d'examiner à l'aide de la dialectique le rôle joué par le caché dans l'esthétique et l'éthique, car il s'agit de montrer la différence absolue entre le caché esthétique et le paradoxe.

Une couple d'exemples. Une jeune fille s'est secrètement éprise d'un homme sans qu'ils se soient jamais déclaré mutuellement leur amour. Ses parents la contraignent à en épouser un autre (ce qu'elle peut faire aussi par piété filiale) ; elle obéit à ses parents, elle cache son amour « de manière à ne pas chagriner l'autre et que nul ne sache jamais ce qu'elle a souffert ». – Un jeune homme est capable, par un simple mot, de posséder l'objet de ses vœux et de ses rêves inquiets. Ce petit mot toutefois compromettra, oui, peut-être sera-t-il même (qui sait ?) la ruine d'une famille entière ; aussi le jeune homme décide-t-il, magnanime, de demeurer caché de sorte « que la jeune fille ne le sache jamais et puisse peut-être atteindre le bonheur en donnant sa main à un autre ». Quel malheur que ces deux êtres, cachés tous deux de leurs amoureux respectifs, soient aussi cachés l'un à l'autre, sinon il eût pu en surgir une unité supérieure et remarquable ! – Leur dissimulation est un acte libre dont ils sont aussi responsables envers l'esthétique. Cependant, l'esthétique est une science courtoise et sensible, qui a bien plus de ressources encore qu'un prêteur sur gages. Que fait-elle alors ? Elle fait tout son possible pour les amants. Secourus par la fortune, les partenaires du mariage envisagé sont informés de la noble décision de l'autre partie, si bien qu'ils s'expliquent, qu'ils se donnent l'un à l'autre et font ensemble figure de héros authentiques ; car, en dépit du fait qu'ils n'aient même pas eu le temps de dormir sur leur héroïque résolution, l'esthétique considère néanmoins leur conduite comme si elle était le fruit d'une lutte longue et courageuse venant prêter main-forte à leur dessein[217]. L'esthétique, en effet, ne se préoccupe guère du temps ; pour elle, il s'écoule, sous les lazzi ou la componction, toujours égal à lui-même.

L'éthique ne sait toutefois rien de la fortune ou de ce sentimentalisme, non plus qu'elle n'a une idée aussi expéditive du temps. La question emprunte donc ici un aspect nouveau. L'éthique ne se prête point aux discussions, puisqu'elle possède des catégories pures. L'éthique n'en appelle pas à l'expérience, qui est, parmi les choses ridicules, la plus ridicule de toutes, et qui, bien loin d'assagir un homme, le rend fou s'il ne connaît rien de plus haut. L'éthique ne sait rien du hasard, et donc, ignore les rebondissements, elle ne plaisante pas avec les dignités, elle charge d'une responsabilité prodigieuse les frêles épaules du héros et dénonce sa présomption de vouloir, par ses actes, jouer à la Providence en réprouvant aussi qu'on veuille le faire par ses souffrances. Elle invite à croire en la réalité et à avoir le courage de lutter contre toutes les afflictions que cette dernière apporte, et surtout contre ces souffrances exsangues que l'on assume sous sa propre responsabilité ; elle met en garde contre les astucieux calculs de la raison, plus menteurs encore que les oracles antiques. Elle met en garde contre toute magnanimité intempestive et permet que la réalité décide : il est toujours temps d'exhiber son courage, mais alors l'éthique elle-même offrira tout le secours possible. S'il y avait cependant quelque chose de plus profond pour mouvoir ces deux êtres, s'ils envisageaient leur tâche avec sérieux et s'y appliquaient sérieusement, il en sortirait alors sûrement quelque chose, mais l'éthique ne peut les aider car elle est offensée qu'ils gardent envers elle un secret qu'ils maintiennent à leurs risques et périls.

Ainsi, l'esthétique exigeait le caché et le récompensait ; l'éthique, elle, réclamait la manifestation et châtiait le caché.

Cependant, il advient parfois que l'esthétique exige, elle aussi, la manifestation. Lorsque le héros, enveloppé dans l'illusion esthétique, croit sauver un autre homme par son silence, alors elle commande le silence et le récompense. Mais lorsque, d'autre part, le héros jette par ses actions la confusion dans la vie d'autrui, elle demande alors la manifestation. Et me voici maintenant arrivé au héros tragique. Je considérerai un instant l'*Iphigénie à Aulis* d'Euripide. Agamemnon doit sacrifier Iphigénie. L'esthétique exige d'Agamemnon qu'il se taise, car il serait indigne d'un héros qu'il cherchât du réconfort auprès d'un autre homme ; par sollicitude envers les femmes, il doit leur cacher le plus longtemps possible son dessein. Par ailleurs le héros, justement pour être tel, doit être éprouvé par une hantise[218] terrible distillée des larmes de Clytemnestre et d'Iphigénie. Que fait l'esthétique ? Elle offre un expédient, elle tient prêt un vieux serviteur qui révèle tout à Clytemnestre. Ainsi, tout est dans l'ordre.

L'éthique ne connaît cependant ni hasard ni vieux serviteur. L'idée de l'esthétique est en contradiction avec elle-même aussitôt qu'elle doit être traduite dans la réalité. C'est pourquoi l'éthique prétend à la manifestation. Le héros tragique montre son courage éthique précisément parce que c'est lui qui, sans être entravé par quelque illusion esthétique, annonce à Iphigénie son destin. S'il agit de la sorte, il est alors le fils bien-aimé de l'éthique, en qui elle place sa complaisance tout entière[219]. S'il garde le silence, c'est peut-être parce qu'il croit ainsi soulager l'épreuve des autres, mais ce peut être aussi parce qu'en agissant de la sorte il soulage la sienne[220]. Il sait cependant ne pas être influencé par ce dernier motif. S'il garde le silence, il se charge, comme individu, d'une responsabilité sérieuse dans la mesure où il néglige un argument qui peut venir de l'extérieur. Comme héros tragique, il ne le peut faire, car l'éthique l'aime justement parce qu'il exprime constamment le général. Son action héroïque demande du courage, mais exige aussi de ce courage qu'il ne cache aucun argument. Or il est certain que les larmes sont un terrible *argumentum ad hominem*, et sans doute peuvent-elles émouvoir celui qui n'est ému par rien sinon par les larmes. Dans la pièce, Iphigénie peut recourir aux larmes ; en réalité, on les lui accorde pour pleurer deux mois, semblable à la fille de Jephté[221], non point dans la solitude toutefois, mais aux pieds du père, et en embrassant ses genoux, au lieu de lui présenter le rameau d'olivier des suppliants, déploiement de tout cet art sien, « seulement de larmes composé[222] ».

L'esthétique demandait la manifestation, mais ne s'appuyait que sur le hasard ; l'éthique exigeait la manifestation, et trouvait sa satisfaction dans le héros tragique.

Malgré la sévérité avec laquelle l'éthique exige la manifestation, on ne peut cependant nier que le secret et le silence font justement la grandeur de l'homme – et ce parce que ce sont précisément des déterminations de l'intériorité. Éros dit à Psyché en la quittant : « Tu enfanteras d'un dieu si tu te tais, mais d'un homme si tu trahis le secret[223]. » Le héros tragique, qui est le favori de l'éthique, est l'homme pur[224], aussi puis-je le comprendre et son entreprise tout entière s'accomplit au grand jour. Si je vais plus avant, je trébuche alors sur le paradoxe, sur le divin et le démoniaque, car le silence est l'un et l'autre. Le silence est la séduction du diable, et plus on se tait, plus le diable devient terrible ; mais le silence est aussi l'entente mutuelle entre la divinité et l'individu[225].

Avant de passer à l'histoire d'Abraham, il me plairait toutefois d'évoquer quelques personnages poétiques. Je les maintiendrai debout par le pouvoir de la dialectique et, en agitant sur eux le fouet[226] du désespoir, j'empêcherai leur repos de sorte que, par leur angoisse, ils puissent révéler une chose ou une autre[a].

Aristote rapporte, dans sa *Politique*[227], une anecdote relative aux désordres civils de Delphes, qu'une histoire de mariage avait

---

a. Certes, ces mouvements et ces attitudes pourraient faire l'objet d'études esthétiques ; cependant, je laisse en suspens la question de savoir dans quelle mesure ceux de la foi et de la vie religieuse entière peuvent s'y prêter. Puisque c'est toujours pour moi une joie de remercier ceux à qui je dois quelque chose, je voudrais remercier Lessing des quelques indications sur le drame chrétien qui se trouvent dans sa *Dramaturgie de Hambourg*. Il s'est toutefois attaché à l'aspect purement divin de cette vie (la victoire complète), et c'est pourquoi il a désespéré ; peut-être eût-il exprimé un jugement différent s'il avait accordé plus d'attention au côté purement humain (*Theologia viatorum* [il s'agit de la connaissance des choses divines qui est possible en cette vie au croyant grâce à la lumière de la foi. S'oppose à la *Theologia beatorum*, qui est celle des bienheureux qui jouissent directement de la vision de Dieu – *N.d.T.*]). Sans doute ce qu'il dit est-il fort bref et, en partie, évasif, mais puisque je suis toujours heureux de me réclamer de Lessing, je le fais sans tarder. Lessing n'était pas seulement l'une des plus remarquables intelligences qu'ait eues l'Allemagne, il ne possédait pas seulement une rare sûreté d'érudition qui permet de s'appuyer sur lui et ses analyses en toute confiance sans crainte d'être abusé par des citations qui n'existent nulle part, par des phrases à demi comprises extraites de recueils douteux, non plus que d'être désorienté par le claironnement stupide de nouveautés que les Anciens avaient bien mieux exposées, mais il obtint aussi le don d'une extrême rareté de savoir expliquer ce qu'il avait compris. Il se limita à cela, tandis qu'à notre époque, au contraire, on va outre, et l'on explique plus que l'on a compris.

provoqués. *Le fiancé, auquel les augures avaient prédit un malheur qui devait suivre son mariage, changea à l'improviste son plan au moment décisif où il vint chercher sa fiancée* – il refusa de célébrer les noces. Il ne m'en faut pas davantage[a]. À Delphes, cet événement eut son partage de larmes ; si un poète s'en inspirait, il pourrait très certainement attendre de la sympathie. N'est-ce point là chose terrible que l'amour qui, dans la vie humaine, fut souventefois condamné à l'exil, soit maintenant privé du secours du ciel ? L'antique adage selon lequel « le mariage est une institution divine » n'est-il pas ainsi tourné en dérision ? Ce sont habituellement les afflictions et les difficultés de la finitude qui, à autant d'esprits malins semblables, séparent les amants ; mais l'amour a le ciel de son côté, et c'est pourquoi cette sainte alliance triomphe de tous les ennemis. Dans notre exemple, c'est le ciel lui-même qui sépare ce que le ciel a uni. Et qui donc eût jamais cru chose semblable ? La jeune fiancée, certes, moins que quiconque. Il y a un instant encore, elle était au gynécée, toute resplendissante de beauté ; les aimables servantes, avec les plus prévenants égards, l'avaient parée de ses atours, de sorte qu'elles pussent s'en flatter devant la multitude et en recueillir, non point seulement le bonheur, mais aussi la jalousie, oui, heureuses de ne point pouvoir être plus jalouses, car il était impossible que la fiancée fût encore plus belle. Dans sa chambre, elle était seule, et elle allait, par métamorphoses, de beauté en beauté ; toutes les ressources de l'art féminin avaient été prodiguées au digne ornement de la digne fiancée.

a. Selon Aristote, la catastrophe historique fut la suivante : par vengeance, la famille de la fiancée se procura au temple un vase sacré qu'elle mit ensuite parmi le mobilier du fiancé, lequel fut condamné comme voleur sacrilège. Cela n'a toutefois pas d'importance, car la question n'est pas d'établir si la famille fut sage ou sotte dans la vengeance. La famille n'a de signification idéale que dans la mesure où elle est entraînée dans la dialectique du héros. Pour le reste, il est assez fatal que celui qui voulut fuir un danger en refusant de se marier s'y précipitât néanmoins, et que sa vie entrât ainsi doublement en relation avec le divin : d'abord par la prédiction des augures, ensuite par sa condamnation comme voleur de temple.

Les jeunes servantes avaient pourtant oublié une chose dont on notait l'absence : un voile plus subtil, plus léger et cependant plus impénétrable que celui dont elles l'avaient revêtue, une robe de mariée dont nulle jeune fille ne savait rien, ni ne pouvait lui procurer le secours, une robe qu'elle n'avait pas elle-même l'esprit de prendre avec elle. Une puissance invisible et amie, qui trouve sa joie à parer les fiancées, l'enveloppa de ce voile sans qu'elle n'en sût rien, car elle n'avait d'yeux que pour le fiancé passant devant sa demeure et montant au temple. Lorsqu'elle vit la porte se refermer derrière lui, elle fut plus calme encore, et plus heureuse, parce qu'elle savait qu'il était désormais à elle plus que jamais. La porte du temple s'ouvrit. Il sortit. Avec pudeur elle baissa son regard, et ne vit point l'émoi sur le visage du bien-aimé, mais lui, il avait vu combien le ciel était jaloux de la beauté de sa fiancée, jaloux de son bonheur ! La porte du temple s'ouvrit. Les servantes virent sortir le jeune homme mais, dans la hâte d'aller quérir leur maîtresse, n'aperçurent pas l'émoi sur son visage. Elle s'avança alors dans toute sa virginale humilité – et pourtant à une souveraine semblable – parmi les servantes qui s'inclinèrent devant elle, comme toujours l'on s'incline devant une fiancée. Ainsi elle demeura, à la tête de son cortège d'amour, et attendit – ce ne fut qu'un instant, car le temple était prochain – et vint le fiancé – mais il ne s'arrêta pas devant sa porte.

Mais moi, je m'arrête ici ; je ne suis point poète et je ne sais me mouvoir que par la dialectique. Il faut d'abord observer que ce n'est qu'à l'instant décisif que le héros est averti ; son âme est donc pure et sans tache, ce n'est pas à la légère qu'il s'est lié à la fiancée. De plus, il a pour lui, ou plutôt contre lui, une sentence divine, il ne fut donc pas guidé par sa propre sagesse comme dans le cas des couples triviaux d'amants et d'amantes. Du reste, l'oracle le rend tout aussi malheureux que la fiancée, et même un peu plus, car il est l'occasion de son malheur. Il est tout aussi vrai que l'oracle ne prédit un malheur qu'à *lui* seul, mais la question est d'établir si ce malheur ne s'abattra pas également sur le bonheur conjugal. Que doit-il donc faire ?

1) Doit-il se taire et célébrer l'hyménée dans l'espoir que le malheur ne s'abatte pas tout de suite ? « Dans tous les cas [pense-t-il], j'ai respecté l'amour et je ne crains point de me rendre malheureux, bien que je doive garder le silence, sinon l'éphémère instant de bonheur est perdu. » Ce point de vue semble recevable, mais il ne l'est point car, en agissant de la sorte, il aurait offensé la jeune fille. Par son silence, il la rend d'une certaine manière coupable puisque, si elle avait été avertie, elle n'aurait jamais consenti à pareille union. Ainsi, à l'heure de la détresse, non seulement devra-t-il supporter le malheur et la responsabilité de s'être tu, mais aussi la juste colère de celle devant qui il garda le silence.

2) Doit-il se taire, et permettre que l'on célèbre le mariage ? Il lui faut alors entrer dans une mystification où il s'anéantit dans sa relation avec elle. Peut-être l'esthétique approuverait-elle cela. La catastrophe pourrait alors survenir de façon analogue à la véritable, hormis qu'au dernier instant une explication interviendrait, après que tout est fini cependant, puisque, considéré selon l'esthétique, il est nécessaire qu'il meure, à moins que cette science ne soit à même de lever le funeste augure. Cette conduite, toutefois, si magnanime soit-elle, implique une offense à l'égard de la jeune fille et de la réalité de son amour.

3) Doit-il parler ? Naturellement, on ne doit point oublier que notre héros est un peu trop poète pour que la renonciation à son amour ne signifie pas davantage pour lui que le résultat d'une opération commerciale malheureuse. S'il parle, tout devient une histoire d'amour malheureux dans le style d'*Axel et Valborg*[a]. Voilà donc un couple que le ciel lui-même sépare[228].

---

a. De ce point de vue, on pourrait accomplir les mouvements dialectiques dans une autre direction. Le ciel lui prédit un malheur à cause de son mariage ; il pourrait donc abandonner la célébration des noces sans pour autant renoncer à la jeune fille, en vivant avec elle dans une union romantique qui, pour les amants, offrirait plus qu'un réconfort. Cette union comporte toutefois une offense à l'égard de la jeune fille puisque, dans son amour pour elle, il n'exprime pas le général. Quoi qu'il en soit, ce serait là un sujet propre à un poète ou un moraliste qui voudrait défendre le mariage. En général, si la poésie prêtait attention au religieux ainsi qu'au caractère profond de l'indivi-

Dans le cas présent, cette séparation doit cependant être comprise un peu différemment car elle est en même temps le résultat de l'action libre des individus. La grande difficulté dialectique de cette affaire est que le malheur ne frappera que le fiancé. Ici, les deux amants ne partagent point, tels Axel et Valborg, une expression commune de leur souffrance, alors que le décret du ciel sépare également Axel et Valborg, parce qu'ils sont également près l'un de l'autre. Si tel était le cas ici, un dénouement serait concevable. En effet, puisque le ciel n'emploie point pour les séparer de puissances visibles mais permet qu'ils décident d'eux-mêmes, on pourrait songer qu'ils ont décidé, d'un commun accord, de défier le ciel et son malheur.

L'éthique exigera cependant de lui qu'il parle[229]. Son héroïsme résidera alors essentiellement en ceci qu'il renonce à la magnanimité esthétique qui, *in casu*[230], ne pourrait facilement se présenter avec ce zeste de vanité que recèle le secret, puisqu'il doit voir clairement qu'il fait le malheur de la jeune fille. La réalité de cet héroïsme repose néanmoins sur le fait qu'il a eu son présupposé[231] et qu'il l'a dépassé ; s'il n'en était ainsi, cette époque, qui a atteint une incomparable virtuosité

---

dualité, elle y trouverait des thèmes bien plus importants que ceux qui l'occupent aujourd'hui. La poésie ressasse sans cesse la même histoire : un homme est lié à une jeune fille qu'il aima un jour, et peut-être jamais sincèrement, car il en a vu maintenant une autre qui à ses yeux représente l'idéal. Un homme se fourvoie dans la vie, le chemin était juste, hormis le fait qu'il s'est trompé de maison puisque son idéal habite en face, au deuxième étage – voilà, pense-t-on, un sujet pour la poésie. Un amoureux s'est trompé ; il a vu la bien-aimée à la lueur d'une chandelle et croyait qu'elle avait une chevelure foncée, mais voilà qu'en l'observant mieux il découvre qu'elle est blonde – et c'est la sœur qui devient l'idéal. Voilà, croit-on, un autre thème pour la poésie. Il m'est avis qu'un homme semblable n'est qu'un Laban qui est difficilement supportable dans la vie réelle, mais qui mérite d'être sifflé dès qu'il prétend se donner de l'importance en poésie. La passion, et la passion seule, crée une collision poétique et non point le vacarme qui habite cette passion. Au Moyen Âge, par exemple, lorsqu'une jeune fille amoureuse se convainc que son amour terrestre est un péché et qu'elle lui préfère l'amour céleste, on trouve là une collision poétique, et la jeune fille est poétique car sa vie est dans l'idée.

dans l'art de la contrefaçon, artisane d'éminentes actions parce qu'elle saute les étapes intermédiaires, jouirait d'une abondance de héros.

Mais à quoi bon cette esquisse si je me limite au héros tragique ? Elle pourrait servir à jeter un peu de lumière sur le paradoxe. Tout dépend ici de la relation que le fiancé entretient à l'égard de la prédiction des augures qui, d'une façon ou d'une autre, décide de sa vie. Est-ce une prédiction *publici juris* ou bien quelque chose de *privatissimum* ? La scène se déroule en Grèce ; la prédiction d'un augure est compréhensible pour tous, il m'est avis que l'individu peut en saisir non seulement le sens littéral, mais qu'un augure annonce aussi à l'individu la décision du ciel. La prédiction de l'augure n'est donc pas seulement compréhensible pour le héros, mais encore pour tous, si bien qu'elle ne saurait marquer un rapport privé avec la divinité[232]. Le fiancé pourra faire ce qu'il veut, la prédiction s'accomplira ; qu'il agisse ou non, il n'entrera pas en un rapport plus étroit avec la divinité, et ne deviendra pas davantage l'objet de sa grâce ou de ses foudres. Chacun pourra, aussi bien que le héros, comprendre le résultat, puisqu'il ne possède aucune missive secrète lisible pour lui seul. Ainsi, s'il veut parler, il parle à sa guise car il peut se faire comprendre ; et s'il veut se taire, c'est en raison du fait qu'étant un individu il se voudra plus haut que le général, pour se leurrer ensuite avec des représentations chimériques sur la manière dont la fiancée oubliera, bientôt, cette douleur, etc. Si, au contraire, la volonté du ciel ne lui avait point été annoncée par la prédiction d'un augure mais qu'il en ait eu conscience d'une façon toute privée, et si cette volonté était entrée en un rapport strictement intime avec lui, nous rencontrerions alors le paradoxe ; en supposant qu'une telle chose existe (car ma pensée est un dilemme), il ne pourrait alors parler, le voudrait-il[233]. Le silence ne lui procurerait nulle joie, mais plutôt de la douleur, et ce serait pour lui la certitude qu'il était justifié. Son silence ne serait pas justifié par le fait qu'il devrait se situer, comme individu, en rapport avec le *général*, mais parce qu'il s'était mis, comme individu, en rapport absolu avec l'*absolu*. Il pourrait alors, à mon avis, y trouver du repos, tandis que son silence magnanime serait continuellement troublé par les exigences de l'éthique. Il serait hautement souhaitable que l'esthétique s'essayât, pour une fois, à commencer au point où, depuis tant d'années, elle s'est arrêtée, c'est-à-dire à l'illusoire magnanimité. Ce faisant, elle travaillerait pour le religieux, car [le religieux] est l'unique puissance qui peut sauver l'esthétique dans sa lutte avec l'éthique. La reine Élisabeth sacrifia à l'État son amour envers Essex en signant son arrêt de mort[234]. Ce fut là un geste héroïque, même s'il s'y mêla un peu d'amour-propre du fait qu'il ne lui avait pas retourné l'anneau. Il le lui avait retourné mais, comme on le sait, il fut retenu par la perfidie d'une dame de la cour. Élisabeth le sut et l'on raconte, *ni fallor*[235], qu'elle ne fit rien pendant dix jours sinon se mettre un doigt dans la bouche et le mordre sans proférer une parole, puis elle expira. Voilà un bon sujet pour un poète qui saurait comment garder la bouche ouverte ; autrement il ne serait utile qu'à un maître de ballet, que l'on confond d'ailleurs bien souvent aujourd'hui avec le nourrisson des Muses.

Et maintenant je veux tenter une esquisse en direction du démoniaque[236]. Je puis me servir à cette fin de la légende d'*Agnès et le triton*[237]. Le triton est un séducteur qui surgit de sa retraite abyssale ; il saisit et casse de son désir sauvage la fleur innocente, elle dont toute la grâce occupait la berge et qui inclinait sa tête pensive vers le bruissement des flots. C'est ainsi que les poètes ont rapporté jusqu'à présent cette histoire. Essayons de la modifier un peu. Le triton était un séducteur. Il a appelé Agnès, il a éveillé en elle, par son discours suave, des sentiments cachés ; quant à elle, elle a trouvé dans le triton ce qu'elle cherchait quand son regard scrutait les abysses maritimes. Agnès veut le suivre. Le triton la porte dans ses bras et Agnès, enlacée à son cou, s'abandonne au plus fort, confiante et de toute son âme ; déjà il est à la rive, il se penche sur les eaux pour y fondre avec sa proie – mais une fois encore Agnès le regarde, sans crainte, sans hésitation, sans orgueil pour sa fortune, sans ivresse du désir ; elle le regarde avec une foi absolue et l'absolue modestie de la pauvre fleur qu'il lui semble être ; et par ce regard de confiance absolue, elle lui remet son destin tout entier[238]. – Ô, voyez ! La mer, la mer ne mugit plus, elle a tu sa voix sauvage, la passion de la nature, qui est la force du triton, s'est éteinte et le silence s'ensuit – Agnès a toujours sur lui ce même regard. Le triton s'effondre alors, il ne peut confronter la force de l'innocence, son élément lui devient infidèle, il ne peut séduire Agnès. Il la ramène alors et lui explique qu'il avait seulement voulu lui montrer combien splendide est la mer lorsqu'elle est calme – et Agnès le croit. – Puis, seul, il rentre et la mer se déchaîne, mais le désespoir du triton se démonte davantage encore. Il peut séduire Agnès, il peut séduire des centaines d'Agnès, il peut faire que chaque fille s'infatue – mais Agnès a vaincu et le triton l'a perdue. Elle ne peut être sienne que comme une proie, car il ne peut être fidèle à aucune jeune fille, lui qui n'est jamais qu'un triton. J'ai pris la liberté de faire une petite altération[a] à propos du triton et j'ai

a. On pourrait traiter ce conte d'une autre manière. Le triton ne veut point séduire Agnès, même si, auparavant, il en a séduit plusieurs. Il n'est plus un triton ou, si l'on préfère, il n'est qu'un pauvre diable de triton qui gisait depuis des lustres, inconsolable, au fond de la mer. Il sait cependant, comme le conte nous l'enseigne aussi, que l'amour d'une jeune fille innocente peut le sauver. Mais il cultive une mauvaise conscience à l'égard des jeunes filles et n'ose point s'en approcher. Il voit alors Agnès. Bien souvent déjà, caché parmi les joncs, il l'avait aperçue courant sur le rivage. Sa beauté, le calme avec lequel Agnès se plaît à s'entretenir d'elle-même, l'enchaînent à elle ; mais tout dans son âme est mélancolie, nul désir sauvage ne s'y agite. Et lorsque le triton confond ses soupirs aux murmures des roseaux, voilà qu'elle prête l'oreille et demeure tranquille, absorbée de rêveries, plus délicieuse qu'aucune femme, et belle pourtant comme un ange rédempteur qui inspire confiance au triton. Le triton s'arme de courage, s'approche d'Agnès, obtient son amour, espère en sa propre délivrance. Mais Agnès n'était point une jeune fille tranquille, elle tenait fort au bruit de la mer, et le murmure mélancolique des ondes ne lui plaisait que parce qu'il s'agitait plus puissant encore en son cœur. Elle veut partir au loin et, sauvagement, se précipiter dans l'infini avec le triton qu'elle aime – et voici qu'elle l'excite. Elle a dédaigné son humilité et, maintenant, l'orgueil s'éveille. Et mugit la mer, et écument les vagues, et le triton étreint Agnès et se précipite avec elle dans

aussi quelque peu transformé Agnès car, dans le conte, elle n'est point sans tache et, d'une manière générale, c'est un non-sens, une coquetterie et une offense envers la féminité que d'imaginer un cas de séduction où la jeune fille n'a rien, rien à se reprocher. L'Agnès du conte, je le dis pour moderniser un peu mon style, recherche l'intéressant, et les femmes de ce genre peuvent être certaines de trouver quelque triton dans les parages ; car il suffit aux tritons d'avoir l'œil à demi fermé pour les débusquer et fondre sur elles ensuite, tel le requin sur sa proie. C'est pourquoi il est fort sot de prétendre – ou est-ce une rumeur répandue par un triton ? – qu'une prétendue éducation garantisse une jeune fille en matière de séduction. Non, l'existence est davantage juste et impartiale ; contre la séduction il n'y a guère qu'un recours : l'innocence.

Accordons à présent au triton la conscience humaine et supposons que le fait qu'il soit un triton représente l'indice d'une préexistence humaine à la suite de laquelle sa vie s'est empêtrée. Rien n'interdit qu'il devienne un héros, car le pas qu'il franchit maintenant le rachète. Il est sauvé par Agnès, le séducteur est brisé, il s'est plié au pouvoir de l'innocence, jamais plus il ne pourra séduire. Mais au même instant deux forces luttent en son sein : le repentir d'une part, puis Agnès et le repentir de l'autre. Si le repentir prend seul possession de lui, il est caché ; mais si c'est Agnès et le repentir qui s'en emparent, alors il devient manifeste[239].

Dans la mesure où le repentir saisit maintenant le triton, et qu'il demeure caché, alors, certainement, il a rendu Agnès malheureuse ; car Agnès l'aimait de toute son innocence, elle croyait vraiment qu'au moment où il lui apparaissait transformé à ses yeux, quelque art eût-il déployé pour cacher cette transformation, elle croyait, dis-je, qu'il ne voulait lui montrer que les

---

les profondeurs océanes. Jamais il ne fut si sauvage, jamais il ne connut de plus ardent désir car, par cette jeune fille, il espérait obtenir sa délivrance. Il se lassa bientôt d'Agnès, mais nul jamais n'en retrouva le cadavre, car elle était devenue une sirène qui, de ses chants, séduit les hommes.

belles tranquillités de la mer. Et cependant le triton devient plus malheureux encore en sa passion, car il aimait Agnès de multiples passions et devait, en outre, supporter le poids d'une faute nouvelle. Le démoniaque dans le repentir veut maintenant lui expliquer que telle est sa punition[240], laquelle lui est d'autant plus utile qu'elle le torture davantage.

S'il s'abandonne à ce démoniaque[241], peut-être fera-t-il encore une tentative pour sauver Agnès, un peu comme, en un certain sens, il est possible de sauver un homme par le biais du mal. Il sait qu'Agnès l'aime. Pourrait-il la délivrer de cet amour, qu'elle serait sauvée d'une certaine manière. Comment donc ? Le triton est trop avisé pour croire qu'une confession sincère puisse exciter le dégoût d'Agnès. Peut-être cherchera-t-il alors à éveiller en elle le flot des passions obscures, à la mépriser, à la moquer, à ridiculiser son amour et, si possible, à piquer au vif son orgueil. Il ne s'épargnera nul tourment, puisque telle est la profonde contradiction du démoniaque et qu'il y a, en un certain sens, infiniment plus de bien chez un démoniaque que chez les personnes communes. Plus Agnès est égoïste, plus facilement elle sera trompée (car il n'y a guère que les gens sans expérience pour croire qu'il est aisé de tromper l'innocence ; l'existence est fort profonde, et il est facile au renard d'abuser ses semblables), mais d'autant plus épouvantables deviendront les souffrances du triton. Plus les artifices de ses machinations seront soigneusement montés, moins Agnès mettra de pudeur à lui dissimuler ses souffrances ; elle déploiera tous les moyens dont le seul effet sera, pour ainsi dire, non point d'ébranler le triton [dans sa résolution], mais plutôt de le torturer.

Ainsi, grâce au démoniaque, le triton serait l'individu qui, en tant qu'individu, est plus haut que le général. Le démoniaque a la même propriété que le divin, il permet à l'individu d'entrer dans un rapport absolu avec lui. C'est ici l'analogie, la contrepartie, du paradoxe dont nous parlons. Elle entretient donc avec lui une certaine ressemblance qui peut permettre que l'on se fourvoie. Ainsi, le triton possède apparemment la preuve que son silence est justifié, car il ressent en lui sa souffrance tout entière. Nul doute cependant qu'il peut parler. S'il parlait, il pourrait devenir un héros tragique et, à mon sens, un héros grandiose. Bien peu cependant comprendraient en quoi consisterait ce caractère grandiose[a]. Il aura donc le courage de se dépouiller de toute illusion sur son pouvoir de rendre Agnès heureuse par son art ; il aura le courage, humainement parlant, de broyer Agnès. Du reste, je me contenterai de faire ici une seule observation psychologique. Plus la formation d'Agnès aura été centrée sur elle-même, plus surprenante sera aussi son auto-illusion ; d'ailleurs, humainement parlant encore, il est concevable qu'avec sa ruse démoniaque un triton puisse, dans la réalité, réussir non seulement à la sauver, mais même à en tirer quelque chose d'extraordinaire ; un démon sait, en effet, comment tirer des forces du plus faible des hommes et il peut avoir, à sa manière, les meilleures intentions envers un être humain.

Le triton se trouve à un sommet dialectique. Si, par le repentir, il se sauve du démoniaque, deux voies possibles s'offrent à lui : il peut demeurer réservé, rester dans le secret sans cependant se fier à sa sagacité. Comme individu, il n'est donc pas en un rapport absolu avec le démoniaque, mais trouve le repos dans le contre-paradoxe que la divinité sauvera Agnès (c'est ainsi que le Moyen Âge eût accompli le mouvement car, selon sa

a. L'esthétique traite parfois de sujets semblables avec sa coquetterie habituelle. Le triton est sauvé par Agnès, et tout se résout par un mariage heureux. Un mariage heureux ! Voilà qui est bien facile. Si, en revanche, l'éthique devait prendre la parole lors de la bénédiction nuptiale, ce serait, à mon avis, une autre question. L'esthétique jette sur le triton le manteau de l'amour, et tout est oublié. Elle est également assez légère pour supposer qu'il y va des choses du mariage comme des marchandises à la vente aux enchères, qui sont adjugées d'un coup de marteau dans l'état où elles se trouvent. Elle ne se préoccupe guère que de faire se rencontrer les amants, le reste lui importe peu. Elle devrait seulement voir ce qui arrive ensuite, mais elle n'en a pas le temps puisqu'elle s'élance aussitôt, tout affairée, pour unir un autre couple. En un certain sens, de toutes les sciences, l'esthétique est la plus infidèle. Quiconque l'aima jamais sincèrement devient en un sens malheureux ; mais celui qui jamais ne l'aima, celui-là demeure un *pecus*.

conception, le triton est voué manifestement au cloître). Ou bien il peut se sauver grâce à Agnès. Cela ne doit toutefois pas être entendu comme si l'amour d'Agnès pouvait le préserver de redevenir un séducteur (c'est là une tentative esthétique de sauvetage qui néglige toujours le nœud de l'affaire, à savoir la continuité dans la vie du triton) ; ainsi, de ce point de vue, il est déjà sauvé, et il est sauvé dans la mesure où il devient manifeste. Il épouse donc Agnès. Mais il lui est nécessaire de recourir au paradoxe. En effet, lorsque l'individu est, par sa propre faute, sorti du général, il ne peut y rentrer sinon comme individu qui entre en rapport absolu avec l'absolu. Je ferai ici une observation qui ajoutera quelque chose à ce que l'on a dit jusqu'à présent[a]. Le péché n'est point la première immédiateté ; le péché est une immédiateté seconde. Dans le péché, l'individu, vis-à-vis du paradoxe démoniaque, se trouve déjà plus haut que le général, car c'est une contradiction de la part du général que de vouloir s'imposer à celui auquel manque pour cela la *conditio sine qua non*. Si la philosophie, parmi les choses auxquelles elle réfléchit, pouvait songer, entre autres, qu'il pût advenir à un homme d'agir selon son enseignement[242], on pourrait en tirer une comédie singulière. Une éthique qui ignore le péché est une science parfaitement inutile[243], bien que, si elle l'admet, elle sorte *eo ipso* de son champ[244]. La philosophie enseigne que l'immédiat doit être dépassé[245]. Cela est sans doute vrai, mais ce qui ne l'est pas c'est que le péché soit, sans plus d'explication, l'immédiat, de même qu'il est tout aussi faux que la foi soit, sans plus d'explication, l'immédiat[246].

Dès que je me situe dans ces sphères[247], tout va à merveille, mais de cette manière je n'explique pas Abraham, car Abraham

a. Dans ce qui précède, c'est avec intention que j'ai évité toute considération sur le péché et sa réalité. La discussion tout entière traite d'Abraham, que je puis encore approcher par des catégories immédiates, c'est-à-dire dans la mesure où je puis le comprendre. Aussitôt que le péché apparaît, l'éthique s'échoue au repentir puis s'abîme ; car le repentir est la plus haute expression éthique mais elle est justement, à ce titre, l'autocontradiction éthique la plus profonde.

n'est point devenu individu par le biais du péché, il était au contraire l'Homme juste, l'Élu de Dieu. Ainsi, l'analogie avec Abraham n'apparaîtra que lorsque l'individu pourra accomplir le général, et alors le paradoxe se répète.

Je puis donc comprendre les mouvements du triton, mais point ceux d'Abraham ; car c'est précisément par le paradoxe que le triton en vient à réaliser le général. Si, en effet, il demeure caché et s'initie à tous les tourments du repentir, il devient alors un démon et, comme tel, il est anéanti. S'il demeure caché, mais ne juge pas qu'il soit sage de se tourmenter dans l'esclavage du repentir afin de délivrer Agnès, le triton trouve alors certainement la paix, bien que, pour ce monde, il soit perdu. S'il se manifeste, s'il se laisse sauver par Agnès, il est le plus grand homme que je puisse imaginer ; il n'y a en effet que l'esthétique qui, avec légèreté, puisse penser louer la puissance de l'amour de sorte que l'homme perdu soit aimé d'une jeune fille innocente qui le sauve ainsi. Seule l'esthétique s'abuse en croyant que c'est la jeune fille qui est l'héroïne, alors que c'est le triton qui est le héros. Le triton ne peut appartenir à Agnès avant qu'il ait accompli, après l'infini mouvement du repentir, un autre mouvement encore : celui en vertu de l'absurde. En comptant sur ses propres forces, il peut accomplir le mouvement du repentir mais, pour y parvenir, il les épuise tout entières et ne peut plus les rassembler ensuite pour reculer et saisir la réalité. Si l'on n'a point suffisamment de passion pour accomplir l'un ou l'autre mouvement, si l'on va flânant à travers la vie avec un grain de repentir et que l'on croie que le reste ira de soi, alors, une fois pour toutes, on aura à renoncer à vivre dans l'idée, et l'on peut fort aisément parvenir à aider autrui à atteindre la chose suprême, à savoir duper autrui et soi-même en pensant qu'il y va du monde de l'esprit comme au jeu de coucou [248], où tout dépend du hasard. On peut donc se réjouir en songeant comme il est singulier qu'à notre époque, où chacun peut accomplir les plus grandes choses, le doute à propos de l'immortalité de l'âme soit si commun, attendu que celui qui a réellement accompli le mouvement de l'infinité peut difficilement en douter[249]. Les conclusions de la passion sont les seules qui convainquent, les seules qui soient décisives. L'existence est, par bonheur, bien plus aimable et fidèle que ne l'affirment les érudits, puisqu'elle n'exclut personne, fût-il le plus humble des hommes, de même qu'elle ne trompe personne puisque, dans le monde de l'esprit, seul celui qui s'abuse lui-même est vraiment trompé. C'est l'opinion commune (et, si je me puis permettre d'en juger, la mienne également) que la plus haute chose n'est point d'entrer dans un cloître – bien que je ne croie point du tout que, à notre époque où plus personne n'y entre, le premier venu ait une âme plus élevée que celles de ces natures profondes et sérieuses qui y trouvèrent la paix. Combien sont-ils ceux qui ont suffisamment de passion pour y penser et peuvent ainsi se juger eux-mêmes en toute sincérité ? La seule idée de prendre sur sa conscience la responsabilité du temps, de lui donner le temps de scruter toute pensée secrète de son infatigable vigilance, de sorte que, à chaque moment où l'homme ne fait point le mouvement en vertu de ce qu'il a de plus noble et sacré en lui, se puissent découvrir[a], avec angoisse et horreur, sinon autrement, du moins avec angoisse, les obscures pulsions suscitées que toute vie humaine recèle (alors qu'en vivant en compagnie d'autrui tout cela est aisément oublié et abandonné, et que l'on est maintenu à flot de tant de manières que l'occasion se présente de recommencer comme auparavant) – cette seule idée, dis-je, conçue avec le respect qui lui convient, pourrait, selon moi, châtier plus d'un individu de notre siècle qui croit avoir déjà atteint ce qu'il y a de plus haut. Mais on se préoccupe fort peu de cela à notre époque qui a atteint ce qu'il y a de plus haut, bien qu'aucune époque ne soit tombée dans le comique autant que la nôtre. Et l'on ne comprend guère pourquoi le

---

a. Nul ne le croit plus à notre époque si sérieuse. Et pourtant, il est assez singulier que dans le paganisme – lequel, par nature, était plus léger et moins saturé de réflexion – les deux représentants principaux du γνῶθι σαυτόν comme conception de l'existence aient montré, chacun à sa manière, qu'en entrant en soi-même on découvre, d'abord et avant tout, la disposition au mal. Il n'est guère besoin de dire que je songe ici à Pythagore et à Socrate.

temps, par le moyen d'une *generatio aequivoca*[250], n'a pas engendré son héros, le démon qui, impitoyablement, jouera le drame terrible qui provoquera le rire de l'époque tout entière, en lui faisant oublier qu'elle rit d'elle-même. Ou bien à quoi sert l'existence, sinon à en rire, si à vingt ans déjà on est parvenu à ce qu'il y a de plus haut ? Et pourtant, quel plus haut fait cette époque a-t-elle trouvé depuis que l'on n'entre plus au cloître ? N'est-ce point là une sagesse lamentable, une supercherie, une lâcheté que celle qui occupe la place d'honneur et fait croire aux hommes qu'ils ont accompli la plus grande des choses en les retenant d'insidieuse façon d'accomplir fût-ce la plus petite ? Celui qui a accompli le mouvement du cloître n'en a plus qu'un seul à ajouter : le mouvement de l'absurde. Or combien sont-ils, de nos jours, ceux qui comprennent ce qu'est l'absurde, et combien sont-ils, ceux qui vivent comme s'ils avaient renoncé à tout ou comme s'ils avaient tout obtenu ? Combien sont-ils, ceux qui sont assez honnêtes pour reconnaître ce qu'ils peuvent et ce dont ils sont incapables ? Et n'est-il point vrai que, lorsqu'il y en a, ils se trouvent plutôt parmi les gens de culture modeste et, pour partie, parmi les femmes ? Le temps révèle ses défauts en une sorte de clairvoyance[251], de même que le démoniaque se révèle toujours sans se comprendre lui-même, car il exige sans cesse le comique. Si tel était réellement le besoin de notre temps, il faudrait alors monter au théâtre une comédie nouvelle qui vouerait au ridicule une personne qui meurt d'amour. Cependant, ne serait-ce point davantage salutaire pour notre temps que cela advienne parmi nous, que notre époque soit le témoin d'un tel événement afin d'avoir, pour une fois, le courage de croire au pouvoir de l'esprit, le courage de ne pas étouffer lâchement le meilleur de nous-mêmes et de ne point l'étrangler lâchement chez autrui – par le rire ? L'époque a-t-elle vraiment besoin de la ridicule *Erscheinung*[252] d'un prophète afin d'avoir motif à rire, ou bien n'a-t-elle pas plutôt besoin qu'un tel exalté lui rappelle ce qui est tombé dans l'oubli ?

Si l'on voulait une esquisse du même style, mais bien plus touchante encore puisque la passion du repentir n'y est point en éveil, on pourrait alors tirer parti d'une histoire que l'on trouve dans le livre de Tobie[253]. Le jeune Tobie veut épouser Sarah, fille de Raguel et d'Edna. Mais une triste fatalité pend sur cette jeune fille. Elle fut donnée à sept maris qui périrent tous dans la chambre nuptiale. De ce point de vue, cela constitue pour mon esquisse un défaut du récit, car l'effet comique est presque inévitable si l'on songe aux sept tentatives stériles de marier une jeune fille sept fois près de consommer les fruits de l'hymen – on croirait l'histoire de cet étudiant qui sept fois a failli être reçu à son examen de baccalauréat ! Dans le livre de Tobie, cependant, l'accent tombe sur un point différent, et c'est pourquoi le nombre [d'époux] est remarquable et produit, en un certain sens, un effet tragique ; ainsi, la noblesse du jeune Tobie est d'autant plus grande qu'il est fils unique[254] et que ce fait terrifiant s'impose à lui. Mais mettons cela de côté. Sarah est alors une jeune fille qui jamais n'a aimé, dont le sein recèle encore la félicité de la jeune fille qui est son droit et son privilège principal dans l'existence[255] – sa *Vollmachtbrief zum Glücke*[256] – d'aimer un homme de tout son cœur. Et cependant, elle est plus malheureuse que quiconque car elle sait qu'un mauvais démon est épris d'elle et qu'il tuera l'époux le soir des noces. J'ai lu bien des histoires amères, mais je doute que l'on puisse jamais trouver plus profonde amertume sinon dans la vie de cette jeune fille. Toutefois, quand la disgrâce vient de l'extérieur, on peut y trouver quelque consolation. Si, dans son existence, un homme n'a point reçu ce qui devait le rendre heureux, il a du moins la consolation de penser qu'il aurait pu l'obtenir. Mais quelle tristesse insondable, que nul temps ne pourra jamais dissiper, jamais guérir, que de savoir que tout est vain, l'existence dût-elle tout accomplir ! Un auteur grec cache tout un monde de pensées lorsqu'il dit, dans sa mode simple et naïve, que Πάντως γὰρ οὐδεὶς ερωτα εφυγεν η φεύζεται, μέχρι άν χάλλος ἠχαὶ όφθαλμοὶ βλέπωσιν[257] (cf. *Longi pastoralia*). Bien des jeunes filles furent malheureuses en amour, mais elles le *devinrent* cependant. Sarah, elle, le *fut* avant de le devenir. Il est difficile de ne point trouver celui à qui s'abandonner, mais c'est une difficulté *indicible* que de ne pouvoir seulement s'abandonner. Or voilà une jeune fille qui s'abandonne, et l'on dit alors : « Elle n'est plus libre à présent » ; mais Sarah ne fut jamais libre et pourtant elle ne s'était jamais abandonnée. Il est cruel, lorsqu'une jeune fille s'abandonne, qu'elle soit ensuite trahie[258], mais Sarah fut trahie avant que de s'être abandonnée. Quel monde de tristesse s'enchaîne quand Tobie veut enfin l'épouser ! Quelles cérémonies nuptiales, quelles préparations ! Nulle jeune fille ne fut trahie comme Sarah, puisqu'elle fut trahie en la chose la plus heureuse de toutes, la richesse absolue que possède même la plus pauvre jeune fille ; elle fut trahie de cet abandon certain, illimité, libre, effréné qu'est le don de soi ; car il devait auparavant y avoir les fumigations du cœur et du foie du poisson déposés sur les charbons ardents[259]. Et quels doivent être les adieux entre la mère et la fille, elle qui, en toute chose trahie, aurait continué de la trahir en la plus belle ! Mais lisons seulement le récit. Edna prépara la chambre et y introduisit Sarah en pleurs et elle reçut les larmes de sa fille. « Ma fille, aie bon courage, lui dit-elle, que le Seigneur du ciel et de la terre change en joie cette affliction ! Fais-toi courage, ma fille[260] ! » Et voici l'instant des noces. Qu'on le lise si les larmes le permettent : « Mais lorsqu'ils furent tous deux dans la chambre, Tobie se leva du lit et dit alors : Lève-toi, ma sœur ! et prions le Seigneur d'avoir pitié de nous[261]. »

Si un poète lisait cette histoire et voulait s'en inspirer, je parie cent contre un qu'il mettrait tout l'accent sur le jeune Tobie[262]. L'héroïsme de risquer ainsi sa vie devant un danger aussi imminent, et que le récit raconte, car le lendemain des noces, Raguel dit à Edna : « Envoie une servante pour voir s'il est vivant et sinon... que je le puisse ensevelir à l'insu de tous[263] » –, cet héroïsme deviendrait le devoir [du poète]. Je me permets d'en proposer un autre. Tobie agit avec courage, son cœur est hardi et chevaleresque, mais tout homme auquel manque ce courage est un pleutre qui ignore ce qu'est l'amour et ce qu'est la condition humaine, ignare de ce qui vaut la peine d'être vécu ; il n'a même pas compris ce petit mystère selon lequel il vaut mieux donner que recevoir [264] et n'a nulle idée de celui-ci, plus grand encore : qu'il est bien plus difficile de recevoir que de donner, j'entends lorsque l'on a le courage de se passer du don, sans devenir lâche à l'heure de la détresse. Non, c'est Sarah qui est l'héroïne. Je veux m'approcher d'elle comme jamais auparavant je ne me suis approché d'une jeune fille, comme auparavant je ne fus jamais tenté de m'approcher de celles dont j'ai fait connaissance dans mes lectures. Car quel amour de Dieu ne faut-il pas pour se laisser guérir alors même qu'à l'origine on est disgracié sans en porter la faute, lorsque, au seuil déjà, on est un exemplaire avorté de l'humanité [265] ! Quelle maturité éthique ne faut-il pas pour assumer la responsabilité d'autoriser l'être aimé à un tel geste d'audace ! Quelle humilité devant un autre homme ! Quelle foi en Dieu pour ne point croire que, l'instant suivant, elle honnira l'homme auquel elle doit tout !

Imaginons que Sarah soit un homme, et le démoniaque est alors à portée de la main. La nature noble et orgueilleuse peut tout supporter, hormis une chose : la compassion. En elle réside une offense que seule une puissance supérieure peut lui infliger, car on ne peut jamais devenir seul objet de compassion. Si un homme a péché, il peut alors, sans désespoir, en porter la peine ; mais être voué, dès le sein maternel, à devenir, tel un doux parfum à ses narines, la victime de la compassion sans avoir commis de faute, voilà ce qu'il ne saurait supporter. La compassion possède une dialectique singulière car, à un certain moment, elle exige la faute et, l'instant d'après, elle n'en veut plus ; c'est pourquoi la prédestination à la compassion est chose d'autant plus épouvantable que son malheur incline davantage vers le spirituel. Mais Sarah ne porte aucune faute, elle est en proie à toutes les souffrances, et elle doit encore être tourmentée par la compassion des hommes car moi-même, qui l'admire pourtant bien davantage que Tobie ne l'aimait, ne puis prononcer son nom sans dire : Pauvre fille ! Mettez un homme à la place de Sarah, et faites-lui savoir que s'il aime une jeune fille, un esprit infernal tuera la bien-aimée durant la nuit de noces ; alors il se pourrait qu'il choisisse le démoniaque. Il se renfermerait en lui-même et se dirait, à la manière dont en secret parle une nature démoniaque : « Mille mercis, je ne suis point l'ami des cérémonies et des formalités, je ne veux pour rien au monde des plaisirs de l'amour, je puis devenir un Barbe-Bleue et, la nuit de noces, distiller mes plaisirs à la vue des jeunes filles périssantes. » En général, on n'entend guère parler du démoniaque, bien qu'à notre époque en particulier ce sujet mérite d'être exploré et que l'observateur, s'il parvient un peu à se mettre en rapport avec le démon, puisse, du moins par instants, utiliser presque tout homme à ce propos. À cet égard, Shakespeare est et demeure un héros. Prenons Gloucester (plus tard Richard III), cet horrible démon, la figure la plus démoniaque que Shakespeare ait peinte, et de façon magistrale encore : qu'est-ce qui fait donc de lui un démon ? Manifestement le fait qu'il ne pouvait supporter la compassion dont il avait été l'objet depuis l'enfance. Son monologue, au premier acte de *Richard III*, vaut davantage que tous les systèmes de morale qui n'ont aucune idée des horreurs de l'existence ni de leur explication :

> Moi, qui suis d'une frappe grossière et manque de la majesté de l'amour pour me pavaner devant une nymphe impudique au pied léger ; moi, que la traîtresse nature a frustré de ses belles proportions, et dont elle a contrefait les traits ; difforme, inachevé, précipité avant mon heure dans ce monde vivant, à peine esquissé, et encore si défectueux et si insolite que les chiens aboient après moi quand je m'arrête près d'eux[266].

Des natures comme celles de Gloucester ne peuvent être sauvées en les faisant passer par médiation dans l'idée de société. En fait, l'éthique se moque d'elles, comme ce serait moquerie envers Sarah si l'éthique lui disait : « Pourquoi n'exprimes-tu pas le général et ne te maries-tu point ? » Ces natures sont enracinées dans le paradoxe et ne sont nullement plus imparfaites que les autres hommes ; seulement, elles sont, ou bien perdues dans le paradoxe démoniaque, ou bien sauvées dans le paradoxe divin. On a de tout temps aimé croire que les sorcières, les lutins, les ogres étaient monstrueux, et il est indéniable que tout homme qui voit quelque monstruosité est enclin à y trouver une dépravation morale[267]. Quelle monstrueuse injustice ! Car la situation doit plutôt être inversée et l'on doit se demander si ce n'est point l'existence elle-même qui les corrompt, comme une marâtre dénature les enfants. Le fait de se retrouver à l'extérieur du général, par nature et par circonstance historique, est le début du démoniaque et l'individu n'en est point responsable. Le juif de Cumberland[268] est, lui aussi, un démon, bien qu'il fasse le bien. Ainsi, le démoniaque peut s'exprimer comme mépris envers les hommes, un mépris dont il faut toutefois noter qu'il ne porte pas le démoniaque à agir de manière méprisable, mais dont la force consiste à savoir qu'il est meilleur que tous ceux qui le jugent. – En ces matières, les poètes devraient être les premiers à sonner l'alarme. Dieu sait quels livres lisent aujourd'hui nos jeunes poétereaux ! Leurs efforts se résument à apprendre par cœur des rimes. Dieu sait quelle est leur signification dans la vie ! Pour lors, j'ignore s'ils rendent d'autre service que celui d'apporter une preuve édifiante à l'immortalité de l'âme ; c'est pourquoi on peut leur servir, en guise de consolation, le mot de Baggesen[269] sur Kildevalle, ce poète local : « S'il devient immortel, nous le serons tous. » – Ce que l'on a dit ici à propos de Sarah, en particulier à propos de l'exposition poétique et, par conséquent, avec un présupposé fantastique, prend tout son sens lorsque, guidé par l'intérêt psychologique, on approfondit la signification du vieil adage : *Nullum unquam exstitit magnum ingenium sine aliqua dementia*[270]. Cette *dementia* est, en effet, la souffrance du génie dans l'existence, elle est pour ainsi dire l'expression de la jalousie divine, tandis que le génie est l'expression de sa prédilection. Ainsi, dès le départ, le génie est désorienté par rapport au général et mis en relation avec le paradoxe, soit qu'il recherche un calme démoniaque dans le désespoir de ses limites qui, à ses yeux, transforme son omnipotence en impuissance et, en raison de cela, ne se confesse ni à Dieu ni aux hommes, soit qu'il trouve une paix religieuse en l'amour qu'il voue à la divinité. Il m'est avis que nous trouvons ici des questions psychologiques auxquelles on peut consacrer avec joie une vie entière – et pourtant il est rare qu'on leur consacre un mot. Quel est le rapport entre la folie et le génie ? Peut-on faire dériver l'une de l'autre ? En quel sens, et jusqu'à quel point, le génie est-il maître de sa folie ? Car il va sans dire qu'il en est maître jusqu'à un certain point, sinon il serait véritablement fou. Ces recherches exigent cependant une habileté consommée, et de l'amour aussi, car il est fort difficile d'observer un esprit supérieur. Si, en considérant cette difficulté, on lisait quelques-uns des écrivains les plus géniaux, il serait peut-être alors possible, une seule fois et à grand-peine, de faire quelque menue découverte.

J'aimerais examiner un autre cas, celui d'un individu qui, par son secret et son silence, veut sauver le général. À cette fin, je me servirai de l'histoire de *Faust.* Faust est un homme qui doute[a], un apostat de l'esprit qui suit les sentiers de la chair.

---

a. Si l'on ne veut point avoir recours à un sceptique, on peut choisir une figure semblable, celle d'un ironiste par exemple, dont le regard incisif a percé au jour le ridicule fondamental de l'existence et qui, par quelques secrètes accointances avec les forces de la vie, sait ce que désire le patient. Il sait qu'il dispose de la puissance du rire et, s'il veut l'utiliser, il est certain de vaincre et, qui plus est, d'être applaudi. Il sait qu'une voix isolée s'élèvera pour le retenir, mais il sait qu'il est le plus fort, il sait encore qu'il réussit parfois à faire que les hommes semblent sérieux, bien qu'il sache aussi qu'ils attendent secrètement de rire avec lui ; il sait que, pour un instant, on peut permettre que la femme, de son éventail, se cache les yeux, mais il sait qu'elle rit derrière cet éventail, comme il sait aussi que cet éventail n'est point complètement opaque ; il sait qu'on peut y écrire d'une écriture invisible et il sait que, si une femme lui donne un coup d'éventail, c'est qu'elle a su lire ; il sait, sans crainte de se tromper, comment le rire en l'homme s'insinue et se cache, et, une fois qu'il y a pris pied, comment il demeure aux aguets. Imaginons cet Aristophane, ce Voltaire un peu retouché, car il possède à la fois une nature

Ainsi pensent les poètes et, tandis que l'on répète encore et sans cesse que chaque époque a son Faust, les poètes, les uns après les autres, suivent inlassablement le même sentier battu. Mais opérons un petit changement. Faust est un douteur[271] χατ' ἐξοχήν[272], mais possède une nature sympathétique. Même dans la conception goethéenne de Faust, on remarque l'absence d'une observation psychologique plus profonde dans les secrets entretiens du doute avec lui-même. À notre époque, quand tous ont désormais fait l'expérience du doute, nul poète n'a fait encore un pas dans cette direction. Je crois même pouvoir leur offrir, en guise de papier, des obligations de la Couronne[273] pour qu'ils y déposent leurs riches fonds d'expériences en la matière – ils n'y pourraient de toute façon coucher plus que ce que la marge de gauche peut contenir.

Ce n'est que lorsque l'on ramène Faust en lui-même que le doute peut apparaître poétique – et alors seulement Faust découvre vraiment dans la réalité elle-même toutes les souffrances que comporte le doute. Il sait que c'est l'esprit qui soutient l'existence, mais il sait également que la sécurité et la joie au sein desquelles vivent les hommes n'ont point leurs assises

---

sympathique, il aime l'existence et les hommes, et il sait que, si la réprobation du rire forme peut-être une génération jeune et libre, elle peut aussi causer la perte d'une foule de contemporains. Il garde donc le silence et, autant que possible, oublie lui-même de rire. Mais doit-il se taire ? Peut-être sont-ils nombreux ceux qui ne comprennent pas la difficulté dont je parle. Ils estiment plutôt que c'est un acte d'admirable magnanimité que de se taire. Ce n'est pas mon avis, car je crois que toute nature de ce genre, si elle n'a point la magnanimité de se taire, est un traître envers l'existence. J'en exige donc aussi la magnanimité et, si elle ne la possède point, elle doit se taire. L'éthique est une science dangereuse, et il se pourrait qu'Aristophane, d'un point de vue purement éthique, se fût décidé à réprouver par le rire son époque égarée. La magnanimité esthétique n'est d'aucun secours, car elle n'a pas le crédit pour courir un risque semblable. Si l'on doit se taire, on doit alors entrer dans le paradoxe. – Je veux encore faire une esquisse : un homme possède l'explication, l'explication douloureuse, qui éclaire la vie d'un héros, alors que pourtant une génération entière s'appuie en toute assurance sur ce héros sans rien suspecter de sa misère.

en la puissance de l'esprit, mais s'expliquent simplement comme une béatitude exempte de réflexion. Comme douteur, comme le douteur tout simplement, Faust est supérieur à tout cela, et si quelqu'un voulait le tromper en lui faisant croire qu'il a, lui aussi, parcouru le chemin du doute, il le verrait facilement venir ; car celui qui a fait un mouvement dans le monde de l'esprit, c'est-à-dire un mouvement infini, peut saisir le mot au vol et savoir s'il sort de la bouche d'un homme éprouvé ou bien de celle d'un Münchhausen. Ce qu'un Tamerlan put accomplir avec ses Huns[274], Faust sait qu'il peut le faire avec son doute – terroriser et désunir les hommes, ébranler l'existence sous leurs pieds, faire retentir partout le cri de l'angoisse. Et s'il agit ainsi, il n'est pas pour autant un Tamerlan, car l'autorisation de la pensée est son sauf-conduit. Mais Faust est une nature sympathétique, il aime l'existence, et son âme ne connaît point l'envie, il constate qu'il est incapable d'endiguer la fureur qu'il pourrait sûrement déchaîner et ne brigue aucune gloire à la Érostrate[275] – il se tait, il a dissimulé le doute au fond de son âme avec plus de soins encore qu'une jeune fille ne cache en son sein le fruit de ses amours pécheresses ; il cherche autant que possible à marcher du même pas que les autres, mais, en lui-même, ce qu'il éprouve il le consume, et s'offre ainsi lui-même en sacrifice au général.

Parfois, lorsqu'une tête excentrique soulève le tourbillon du doute, des gens se plaignent et s'écrient : « Ah ! que ne s'est-il tu ! » Faust réalise cette idée. Celui qui connaît la signification d'une vie vécue selon l'esprit sait aussi ce qu'est la fringale du doute, il sait que le douteur est tout aussi affamé de pain quotidien que de nourriture spirituelle. Bien que toute la douleur que Faust éprouve soit un excellent argument pour démontrer qu'il n'était point dominé par l'orgueil, j'aurai néanmoins la précaution de recourir à un petit expédient dont l'invention m'est facile ; car, de même que Grégoire de Rimini fut appelé *tortor infantium*[276] parce qu'il admettait la damnation des petits enfants, de même pourrais-je être tenté de me surnommer *tortor heroum*, puisque je suis fort ingénieux quand il s'agit de torturer les héros. Faust voit Marguerite, mais non après qu'il a fait le choix du plaisir, car mon Faust ne choisit point le plaisir ni n'aperçoit Marguerite dans le miroir concave de Méphistophélès ; il la voit plutôt tout entière en son aimable innocence et, puisque son âme a conservé l'amour de l'humanité, il peut fort bien s'éprendre de la jeune fille. C'est toutefois un douteur, et ce doute a anéanti en lui la réalité ; car mon Faust est une figure tellement idéale qu'il ne saurait appartenir à ces savants douteurs qui, du haut de leur chaire, doutent une heure le semestre et peuvent, le reste du temps, faire tout autre chose, et le faire sans le secours de l'esprit ou en vertu de celui-ci. Faust est un douteur, et le douteur est tout aussi affamé du pain quotidien de la joie que de nourriture spirituelle. Il demeure, cependant, ferme en sa résolution et garde le silence, il ne parle à personne de son doute non plus que de son amour à Marguerite.

Il va sans dire que Faust représente une figure par trop idéale pour se contenter de ces sornettes : s'il parlait, il ne ferait qu'amorcer une banale discussion, ou encore : toute l'affaire serait sans conséquences, ou peut-être et peut-être encore... (Ici, comme tout poète s'en apercevra facilement, le comique est latent dans la mesure où Faust est situé en un rapport ironique avec ces pauvres comiques de bas étage qui, de nos jours, courent après le doute en portant une preuve extérieure de ce qu'ils ont vraiment douté – un diplôme de doctorat à titre d'exemple – et jurant qu'ils ont douté de tout et en tiennent pour preuve qu'un jour, lors d'un voyage, ils ont rencontré quelque douteur – Faust est rapproché de ces Mercure[277], de ces Achille du monde de l'esprit qui, à grande hâte, obtiennent, de l'un un soupçon de doute, de l'autre un soupçon de foi, accommodant ensuite le tout le mieux possible, selon que la communauté désire du sable fin ou du gravier.) Faust est une figure trop idéale pour aller en pantoufles. Qui n'a point de passion infinie n'est pas l'idéal et qui possède une passion infinie a depuis longtemps sauvé son âme de ces bavardages. Il se tait pour se sacrifier lui-même – ou bien il parle en étant conscient d'apporter une confusion générale.

S'il se tait, l'éthique alors le condamne, car elle dit en effet : « Tu dois reconnaître le général, et tu le fais en parlant ; tu ne dois point avoir de compassion pour le général[278]. » Il ne faut pas oublier cette considération lorsque, parfois, on juge avec sévérité un douteur qui parle. Je suis peu enclin à l'indulgence devant une telle conduite mais, ici comme partout, il importe que les mouvements s'accomplissent normalement. Au pis-aller, même si, en parlant, un douteur déchaînait sur le monde tout le malheur possible, il serait néanmoins, et de loin, préférable à ces fines bouches misérables qui pignochent tous les plats, prétendant guérir le doute sans le connaître et, par là même, deviennent en général la cause prochaine qui conduit le doute à une rage sauvage et irrefrénable. – S'il parle, il chambarde tout ; car, si cela n'advient pas, il ne le saura qu'ensuite, et un résultat ne peut aider un homme ni au moment de l'action ni à l'égard de la responsabilité.

S'il se tait à ses risques et périls, il pourrait certes agir avec magnanimité, mais il ajouterait une petite hantise[279], puisque le général le tourmentera sans cesse en disant : « Tu devais parler, où donc trouveras-tu la certitude que ta résolution ne fut point inspirée par un orgueil caché ? »

Si, en revanche, le douteur peut devenir l'individu qui, en tant qu'individu, est en rapport absolu avec l'absolu, il peut alors être autorisé à se taire[280]. Dans ce cas, il doit considérer son doute comme une faute. Dans ce cas, il est dans le paradoxe mais, dans ce cas aussi, son doute est guéri, bien qu'il puisse en éprouver un autre.

Le Nouveau Testament lui-même approuverait pareil silence. On y trouve même des textes qui recommandent l'ironie[281], pourvu qu'on y cache quelque chose de meilleur. Pourtant, ce mouvement, aussi bien celui de l'ironie que tout autre, prend son fondement dans la supériorité qu'a la subjectivité sur la réalité[282]. Toutefois, à notre époque, on ne veut point en entendre parler ; de même, on ne désire pas en savoir sur l'ironie plus que ce qu'en a dit Hegel[283] – lequel, chose étrange, n'y comprenait pas grand-chose et lui tenait rancune, ce que notre époque a de bonnes raisons de ne pas oublier, car elle doit se garder de l'ironie. On lit dans le Sermon sur la montagne : « Mais vous, lorsque vous jeûnez, parfumez votre tête, et lavez votre visage ; afin de ne pas faire paraître aux hommes que vous jeûnez[284]. » Ce verset montre directement que la subjectivité est incommensurable à la réalité, et qu'il lui est même permis de tromper. Si ceux qui, de nos jours, vont palabrant sur l'idée de communauté[285] se mettaient seulement à lire le Nouveau Testament, peut-être penseraient-ils alors autrement.

Et venons-en maintenant à Abraham – quelle fut sa conduite ? Car je ne l'ai pas oublié, et il plaira peut-être au lecteur de se rappeler que c'est à ce propos que je me suis laissé aller à toutes les considérations précédentes – non point que, grâce à elles, Abraham devienne plus intelligible, mais afin que l'incompréhensibilité en devienne plus vive et variée ; car, je l'ai dit, je ne puis comprendre Abraham, je ne puis que l'admirer. On a aussi observé qu'aucune des étapes que j'ai décrites ne contient d'analogie avec Abraham et, tout en se déroulant dans la sphère qui leur est propre, elles n'ont été exposées que dans le seul but, en quelque sorte, de pouvoir dessiner, lorsqu'elles diffèrent de l'histoire d'Abraham, les contours d'un pays incertain. Si l'on peut parler de quelque analogie, ce serait alors pour le paradoxe du péché, mais ce paradoxe appartient à son tour à une autre sphère et ne peut expliquer Abraham, étant d'ailleurs lui-même d'une explication plus facile que le Patriarche.

Ainsi, Abraham ne parla point : il ne parla point à Sarah, ni à Éliézer, ni à Isaac ; il ne tint pas compte des trois instances éthiques car, pour Abraham, l'éthique n'avait de plus haute expression que la vie familiale.

L'esthétique permettait, et même exigeait, le silence de l'individu, dans le cas où, à travers le silence, il aurait pu sauver quelqu'un. Cela montre assez qu'Abraham ne se trouve pas dans le domaine de l'esthétique. Le but de son silence n'est nullement de sauver Isaac et, en général, son devoir tout entier, celui de sacrifier Isaac pour lui-même et pour Dieu, est une outrance pour l'esthétique ; car l'esthétique peut fort bien comprendre que je me sacrifie moi-même, mais non que je sacrifie autrui pour moi-même. Le héros esthétique était silencieux. Toutefois, l'éthique l'a condamné, parce que son silence était le produit de son individualité accidentelle. Sa prévision [286] humaine le prédétermina au silence. Voilà ce que l'éthique ne saurait pardonner, toute connaissance humaine de ce genre n'est qu'une illusion, l'éthique exige un mouvement infini, elle exige la manifestation. Alors le héros esthétique peut parler, mais il ne le veut pas.

Le véritable héros tragique se sacrifie lui-même, et tout ce qui est sien, pour le général ; son fait, chacune de ses émotions, tout cela appartient au général ; il est donc manifeste et, dans cette manifestation, il est le fils bien-aimé de l'éthique. Cette situation ne convient pas à Abraham, car il ne fait rien pour le général et demeure caché.

Nous voici alors en présence du paradoxe. Ou bien l'individu, en tant qu'individu, peut établir un rapport absolu avec l'absolu et, ainsi, l'éthique n'est pas la chose suprême, ou bien Abraham est perdu : il n'est ni un héros tragique ni un héros esthétique.

Ici encore, il pourrait sembler que le paradoxe soit la plus facile et la plus agréable des choses. Je dois répéter à ce propos que celui qui s'en est convaincu ne saurait être un chevalier de la foi, car la souffrance et l'angoisse sont les seules justifications qui puissent se concevoir, bien qu'elles ne sachent être pensées en des termes généraux sans que le paradoxe ne disparaisse.

Abraham se tait – mais il ne *peut* parler, et c'est en cela que consistent la souffrance et l'angoisse. En effet, si, lorsque je parle, je ne puis réussir à me faire comprendre, alors je ne parle point, dussé-je pourtant parler sans cesse jour et nuit. Tel est le cas d'Abraham. Il peut tout dire hormis une chose, et s'il ne peut la dire afin de se faire comprendre, alors il ne parle pas [287]. Le baume d'un discours est qu'il me traduit dans le général.

Abraham peut bien dire sur son amour pour Isaac les plus belles choses que jamais langue pût exprimer, ce qui gît en son cœur n'est point cela, mais une parole bien plus profonde : il veut sacrifier son fils car c'est une épreuve. Nul ne peut comprendre cette dernière pensée, si bien que tous peuvent se méprendre sur la première. Le héros tragique ne sait rien de cette détresse. Il a d'abord la consolation de pouvoir répliquer à tout contre-argument, de pouvoir offrir à Clytemnestre, à Iphigénie, à Achille, au chœur, à tout être vivant, à toute voix sortie du chœur de l'humanité, à toute pensée maîtresse ou angoissée, accusatrice ou compatissante, l'occasion de s'élever contre lui. Il peut être certain que tout ce qui peut se dire contre lui l'a été, sans égards ni miséricorde – et combattre contre le monde entier est une consolation, contre soi-même une atrocité. Il n'a point à craindre d'avoir omis quelque chose et, plus tard peut-être, de devoir crier, tel Édouard IV à la nouvelle du meurtre de son frère Clarence :

> Qui m'a demandé justice pour lui ? Qui, dans ma fureur, s'est agenouillé à mes pieds, me conjurant de revenir à la raison ?
> Qui me parla de fraternité, qui d'amour [288] ?

Le héros tragique ne connaît pas la terrible responsabilité de la solitude. Il a, en outre, la consolation de pouvoir pleurer et se plaindre avec Clytemnestre et Iphigénie – les larmes et les cris soulagent, mais les soupirs indicibles, eux, sont un tourment. Agamemnon peut aussitôt recueillir son âme dans la certitude de l'action, aussi a-t-il encore du temps pour la consolation et le réconfort. Cela, Abraham ne peut le faire. Quand son cœur est troublé, quand au monde entier ses paroles voudraient contenir quelque consolation bienheureuse, lui, Abraham, n'ose point consoler, car Sarah, Éliézer et Isaac pourraient alors lui dire : « Pourquoi veux-tu le faire ? Tu peux bien renoncer ! » Et si, dans sa détresse, il voulait prendre son souffle en embrasant tout ce qui lui est cher avant le dernier pas, la terrible conséquence en serait peut-être que Sarah, Éliézer et Isaac, scandalisés par sa conduite, le traiteraient d'hypocrite. Abraham ne peut parler, il ne parle aucune langue humaine. Dût-il parler toutes les langues de la terre, et dussent le comprendre ceux qu'il aime, Abraham ne peut parler – il parle une langue divine, il *parle en langues*[289].

Je puis comprendre cette détresse, je puis admirer Abraham et je ne crains point que quiconque en lisant cette histoire puisse être tenté d'être, à la légère, l'individu, mais j'admets aussi ne pas en avoir le courage et je renonce avec joie à toutes les perspectives d'aller outre, s'il se pouvait que j'y parvinsse jamais, fût-ce même assez tard. Abraham peut rompre à tout instant, il peut se repentir de tout comme d'une hantise[290], et alors il peut parler, alors tous peuvent le comprendre, mais alors il n'est plus Abraham.

Abraham ne *peut* parler ; car il ne peut prononcer le mot qui explique tout (c'est-à-dire de manière qu'il soit compréhensible), il ne peut dire qu'il s'agit d'une épreuve et d'une épreuve telle, notez-le bien, que, par elle, l'éthique est une tentation[291]. Celui qui se trouve dans cette situation est un émigrant de la sphère du général. Mais ce qui vient ensuite, il peut moins le dire encore. Abraham, en effet, on l'a amplement montré, accomplit deux mouvements : le mouvement de la résignation infinie, par lequel il renonce à Isaac, mouvement que nul ne peut comprendre car il s'agit d'une affaire privée ; mais, de plus, il accomplit le mouvement de la foi, et c'est là sa consolation. En effet, il dit : « Cela n'arrivera pas et, si cela arrive, Dieu me donnera alors un nouvel Isaac en vertu, justement, de l'absurde. » Le héros tragique, lui, parvient du moins à la fin de l'histoire. Iphigénie se soumet à la résolution de son père, elle accomplit elle-même le mouvement infini de la résignation, et ils sont dès lors en bons termes l'un et l'autre. Iphigénie peut comprendre Agamemnon parce que son geste exprime le général. Si, au contraire, Agamemnon lui disait : « Bien que le dieu exige ton sacrifice, il se pourrait qu'il ne le prétende plus, en vertu de l'absurde », aussitôt Agamemnon deviendrait incompréhensible à Iphigénie. Pourrait-il le dire en vertu de calculs humains, qu'Iphigénie le comprendrait certainement, mais il faudrait alors conclure qu'Agamemnon n'avait point accompli le mouvement infini de la résignation, et il ne saurait ainsi être un héros, la prédiction de l'oracle ne saurait être qu'un conte de marin, et l'histoire entière, un vaudeville.

Ainsi, Abraham ne parla pas. Il n'a été conservé de lui qu'un seul mot, sa seule réponse à Isaac, laquelle prouve suffisamment qu'il n'avait jamais parlé auparavant. Isaac demande à Abraham où est l'agneau du sacrifice. « Abraham lui répond : Mon fils, Dieu aura soin de fournir lui-même la victime qui doit lui être offerte en holocauste [292]. »

J'aimerais considérer d'un peu plus près ce dernier mot d'Abraham. Sans cette parole, quelque chose manquerait au récit tout entier et, si elle sonnait différemment, tout se résoudrait peut-être dans la confusion.

Ce fut souvent l'objet de ma pensée de découvrir dans quelle mesure un héros tragique, au point culminant de sa souffrance ou de son action, doit lancer une ultime réplique. La réponse dépend, selon moi, de la sphère de la vie à laquelle il appartient : jusqu'à quel point sa vie possède une signification intellectuelle, jusqu'à quel point sa souffrance ou son action sont en relation avec l'esprit.

Il va sans dire que le héros tragique, comme tout autre homme qui n'est point privé de la parole, peut, au moment culminant, dire quelques mots, et peut-être même les prononcer à propos : mais la question est de savoir dans quelle mesure il lui convient de les prononcer. Si la signification de sa vie consiste en un acte extérieur, il n'a alors rien à dire car tout ce qu'il profère est, essentiellement, de la jacasserie dont l'effet est d'affaiblir l'impression qu'il donne de lui-même, tandis que le cérémonial lui ordonne d'accomplir sa tâche en silence, que celle-ci consiste en action ou en souffrance. Mais pour ne point être trop long, je me limiterai à prendre ce qui est à portée de la main. Si, à l'instant suprême, Agamemnon lui-même plutôt que Calchas avait dû lever le couteau sur Iphigénie, il se serait seulement rabaissé en prononçant quelques mots ; car le sens de son action était clair pour tous, la procédure de la piété, de la compassion, du sentiment, des larmes, cette procédure était accomplie, et cependant sa vie n'avait aucune relation à l'esprit, c'est-à-dire qu'il n'était ni un maître ni un témoin de l'esprit. Toutefois, si la signification de la vie du héros est en direction de l'esprit, alors l'absence d'une réplique affaiblirait l'impression qu'il produit. Ce qu'il doit dire ne saurait être alors une couple de mots de circonstance, ou encore une brève tirade : l'importance de sa réplique réside en ceci que, au moment décisif, il se réalise lui-même complètement. Un tel héros tragique intellectuel doit posséder ce qui, dans d'autres circonstances, est trop souvent recherché de façon comique ; il doit avoir, et conserver, le dernier mot. On exige de lui la même attitude transfigurée qui incombe à tout héros tragique, mais on exige de lui un mot encore. Ainsi, lorsqu'un tel héros tragique intellectuel atteint le point culminant d'une souffrance (dans la mort), il devient immortel par les dernières paroles prononcées avant son trépas, alors que le héros tragique commun, lui, ne devient immortel qu'après sa mort.

Socrate peut servir ici d'exemple. Il fut un héros tragique intellectuel. On lui annonce sa condamnation à mort. À cet instant, il meurt, car celui qui ne comprend pas qu'il faut tout le pouvoir de l'esprit pour mourir, et que le héros meurt toujours avant de mourir, celui-là possède une conception de la vie qui ne l'amènera jamais bien loin. Ainsi, en tant que héros, on exige que Socrate repose tranquille en lui-même mais, comme héros tragique intellectuel, on requiert encore de lui qu'il ait, en ce moment ultime, suffisamment de force spirituelle pour s'accomplir lui-même. Il ne peut donc, pareil au héros tragique commun, se recueillir pour faire face à la mort, mais il doit accomplir ce mouvement si rapidement que, au même instant, il se trouve, avec sa conscience, bien au-delà de cette lutte, s'affirmant ainsi lui-même. Si Socrate s'était tu dans cette crise de la mort, il eût affaibli l'effet de sa vie et fait naître le soupçon qu'en lui l'élasticité de l'ironie n'était point une force originelle[293], mais un jeu[294], un jeu dont la souplesse lui servait au moment décisif en mesure inverse [à celle requise], pour se maintenir à flot de façon pathétique[a].

Ces brèves indications ne s'appliquent évidemment pas à Abraham si, par le moyen de quelque analogie, on croit pouvoir trouver un mot ultime qui lui convienne ; elles s'appliquent toutefois à lui si l'on comprend la nécessité qui est celle d'Abraham de s'accomplir au dernier moment, de ne pas tirer le couteau en silence, mais de proférer une parole car, en tant que père de la foi, il est, en un sens spirituel, investi d'une importance absolue. Je ne me puis faire d'avance aucune idée de ce qu'il doit dire ; après qu'il l'a dit, je puis peut-être le comprendre, en un certain sens je puis comprendre Abraham en ce qu'il a dit, sans pour cela m'en approcher davantage que précédemment. Si Socrate n'avait point formulé d'ultime réplique, je pourrais, en pensée, me mettre à sa place et en formuler une, et, si je m'en révélais incapable, un poète le pourrait : mais nul poète ne peut approcher Abraham.

Avant de considérer la dernière parole d'Abraham, il me faut encore attirer l'attention sur la difficulté d'Abraham à dire quelque chose. La détresse et l'angoisse du paradoxe résident, comme on l'a montré plus haut, dans le silence ; Abraham ne peut parler[b]. En ce sens, c'est une contradiction

---

a. Les opinions peuvent être partagées à propos de la réplique de Socrate qu'il faut considérer comme étant décisive et ce dans la mesure où la figure de Socrate fut, de diverses façons, élevée poétiquement par Platon. Je propose celle-ci : on lui annonce la condamnation à mort, à l'instant même il meurt et, au même moment, il triomphe de la mort et s'accomplit lui-même dans la célèbre réplique où il s'étonnait de n'avoir été condamné que par la seule majorité de trois voix. Nul propos de marché, vain et futile, nulle sotte remarque faite par un idiot n'aurait pu être davantage objet de raillerie ironique que cette condamnation à mort qui doit lui ravir sa propre vie.

b. Dans la mesure où il peut être question de quelque analogie, il faut la trouver dans les circonstances où Pythagore trouve la mort ; car le silence qu'il avait toujours observé, il devait le maintenir jusqu'au dernier moment, et c'est pourquoi [étant contraint à parler] il *dit* : « Mieux vaut être tué que de parler. » Voir Diogène Laërce, VIII, § 39.

d'exiger de lui qu'il parle, à moins de le libérer du paradoxe de telle sorte qu'il le suspende au dernier instant et qu'il cesse ainsi d'être Abraham et annule tout ce qu'il a fait auparavant. Si, au moment décisif, Abraham disait à Isaac : « C'est de toi qu'il s'agit », ce n'eût été que faiblesse. En effet, si, d'une manière ou d'une autre, il pouvait parler, alors il aurait dû le faire depuis longtemps et, dans ce cas, la faiblesse réside en ceci qu'il ne possédait point la maturité, ni la concentration de l'esprit pour penser à l'avance toute sa douleur, et qu'il abdique quelque chose de sorte que la douleur réelle est supérieure à la douleur pensée. Un tel propos le situerait, en outre, hors du paradoxe et, s'il voulait vraiment parler à Isaac, il devrait transformer sa situation en une hantise[295], car il ne pourrait autrement dire quoi que ce soit et, s'il voulait le faire, il ne serait même pas un héros tragique.

Et pourtant, un dernier mot d'Abraham nous a été conservé et, pour autant que je puisse comprendre le paradoxe, je puis aussi comprendre dans ce mot l'entière présence d'Abraham. D'abord et avant tout, il ne dit rien et, sous cette forme, il dit ce qu'il doit dire. Sa réponse à Isaac a l'aspect de l'ironie, car c'est toujours ironie lorsque l'on dit quelque chose sans pourtant dire quoi que ce soit. Isaac interroge Abraham en supposant qu'Abraham sait. Si Abraham lui avait répondu : « Je n'en sais rien », il aurait proféré un mensonge. Il ne peut rien dire car il ne peut dire ce qu'il sait. Il lui répond alors : « Mon fils, Dieu aura soin de fournir lui-même la victime qui doit lui être offerte en holocauste. » Ici, tel qu'on l'a montré plus haut, le double mouvement dans l'âme d'Abraham devient évident. Si Abraham avait simplement renoncé à Isaac sans faire davantage, il aurait menti, parce qu'il sait que Dieu exige Isaac en sacrifice, de même qu'il sait qu'il est prêt, en ce moment précis, à le sacrifier. Ainsi, à chaque instant suivant ce mouvement, il fait le mouvement de la foi en vertu de l'absurde. En ce sens, il ne dit aucun mensonge car, en vertu de l'absurde, il est toujours possible à Dieu de faire quelque chose de complètement différent. Il ne professe ainsi nul mensonge, bien qu'il ne dise quoi que ce soit, car il parle une langue étrangère. Cela devient plus manifeste encore lorsque l'on considère qu'il revenait à Abraham lui-même de sacrifier Isaac. Si la tâche avait été différente, si Dieu avait ordonné à Abraham de conduire Isaac sur la montagne de Moriah où Il l'aurait Lui-même frappé de la foudre, le prenant ainsi en sacrifice, Abraham aurait eu, alors, raison de parler en énigmes, puisqu'il ne pouvait lui-même savoir ce qui arriverait. Mais Abraham doit agir lui-même selon les conditions de la mission qui lui a été confiée ; il doit donc savoir au moment décisif ce qu'il veut faire et savoir qu'Isaac sera sacrifié. Ne l'eût-il point su avec certitude, il n'aurait pu accomplir le mouvement infini de la résignation, ses paroles ne seraient alors pas mensongères, mais il eût été ainsi fort éloigné d'être Abraham, il n'eût pas même été un héros tragique, mais un homme irrésolu, incapable de prendre une décision quelconque et, pour cela même, parlant toujours en énigmes. Mais un *hæsitator*[296] pareil est une véritable caricature du chevalier de la foi.

Ici encore, il semble que l'on puisse comprendre Abraham, mais seulement comme on comprend le paradoxe. Pour ma part, je puis comprendre Abraham, mais je comprends à la fois ne point avoir le courage de parler ou d'agir comme il le fit, sans dire pour autant que sa conduite est chose de rien alors qu'au contraire elle est l'unique chose merveilleuse.

Et que pensèrent les contemporains du héros tragique ? Qu'il fut grand et qu'il fut admiré. Et cette vénérable assemblée de nobles, ce jury que chaque génération institue afin de juger la génération précédente, elle aussi a jugé de la même manière. Mais il n'y eut personne pour comprendre Abraham. Et cependant, que n'a-t-il pas atteint ? Il est demeuré fidèle à son amour. Mais celui qui aime Dieu n'a point besoin de larmes, nul besoin d'admiration, dans son amour il oublie sa douleur, et si complètement qu'il ne resterait pas la moindre trace de sa souffrance s'il n'y avait

Dieu pour se la rappeler, car Dieu voit dans le secret, Il sait la détresse, compte les larmes et n'oublie rien.

Ainsi : ou bien il y a un paradoxe selon lequel l'individu, en tant qu'individu, est en rapport absolu avec l'absolu, ou bien Abraham est perdu.

Épilogue

Lorsqu'un jour, en Hollande, le prix des épices vint à fléchir, les marchands firent jeter à la mer quelques cargaisons de manière à relever les cours. C'était là peut-être une excusable et nécessaire tromperie. N'avons-nous pas besoin d'une fraude semblable dans le monde de l'esprit ? Sommes-nous tant convaincus d'être parvenus à ce qu'il y a de plus élevé, qu'il ne nous reste plus qu'à nous imaginer pieusement être parvenus si loin, afin d'avoir encore de quoi peupler nos heures ? La présente génération a-t-elle besoin d'une semblable illusion ? Est-ce là cette virtuosité à laquelle doit être éduquée cette génération, ou bien n'a-t-elle point suffisamment perfectionné l'art de se tromper elle-même ? Ce qu'il lui faut, n'est-ce pas plutôt un probe sérieux qui, sans se laisser épouvanter ou corrompre, indique les tâches [à remplir], un probe sérieux qui veille amoureusement sur elles, qui n'effraye point les hommes en les incitant à s'élancer vers la chose suprême, mais conserve ces tâches, jeunes et belles, plaisantes au regard, pour tous charmantes et néanmoins difficiles et exaltantes, car les nobles natures ne s'exaltent que de ce qui est difficile ? Une génération peut apprendre beaucoup d'une autre, mais ce qui est humain au sens propre, elle ne peut l'apprendre de celle qui l'a précédée. À cet égard, chaque génération commence comme si elle était la première, elle n'a pas une tâche différente de celle qui l'a précédée, pas plus qu'elle ne la dépasse, à moins que la génération précédente n'ait trahi sa tâche et se soit trompée elle-même.

Ce qui est humain au sens propre, c'est la passion avec laquelle une génération comprend parfaitement l'autre non moins qu'elle-même. Ainsi, nulle génération n'a enseigné à une autre à aimer, nulle génération ne part d'un point qui ne soit autre que le commencement[297], nulle, plus jeune, n'a une tâche moindre que la génération précédente ; si l'on ne veut, comme les générations précédentes, s'arrêter à l'amour mais aller outre, tout ne serait alors qu'un vain et sot discours.

Mais la plus haute passion de l'homme est la foi, et nulle génération ne commence à ce propos en un point autre que celle qui l'a précédée, chaque génération recommence à nouveau, la génération suivante ne va point au-delà de la précédente, attendu que celle-ci est demeurée fidèle à sa tâche et ne l'a pas abandonnée. Que ce recommencement soit pénible est une chose que la génération ne peut dire, car elle a sa propre tâche et n'a pas à s'occuper de savoir si c'est la même qui incombait à la génération précédente ; à moins qu'une génération particulière, ou que les individus de cette génération, n'aient la présomption de prendre la place qui revient de droit au seul esprit qui gouverne le monde[298] et qui est assez patient pour ne point se fatiguer. Si une génération veut le faire, c'est qu'elle est dévoyée ; quoi d'étonnant alors si l'existence tout entière lui semble égarée ? Il n'est certainement personne qui ait trouvé l'existence plus dévoyée que ce tailleur qui, d'après le conte[299], entré encore vivant au paradis, contempla le monde de ce point de vue. Sitôt qu'une génération ne se préoccupe que de sa tâche, ce qui est pour elle la chose la plus élevée, elle ne peut se fatiguer, car cette tâche suffit toujours pour la vie d'un homme. Quand, un jour de congé, les enfants ont, avant que ne sonne midi, épuisé déjà tous leurs jeux, ils disent, impatients : « Personne ne peut-il songer à un autre amusement ? », cela prouve-t-il que ces enfants sont davantage développés et plus avancés que les enfants de la même génération, ou d'une autre l'ayant précédée, et qui savait faire durer tout le jour les jeux familiers ? Ou bien cela ne prouve-t-il pas plutôt que les premiers enfants manquent de ce que j'appellerais l'aimable sérieux en quoi consiste essentiellement le jeu ?

De tout homme, la passion la plus haute est la foi. Nombreux sans doute sont ceux qui, à chaque génération, ne parviennent point à l'atteindre, mais aucun ne va outre. Il ne m'appartient pas de décider si nombreux sont ceux qui, à notre époque, ne la découvrent pas ; je ne puis en appeler qu'à moi-même comme à celui qui ne se dissimule pas qu'il lui reste encore beaucoup à faire, sans pour autant souhaiter qu'il se trompe lui-même ou ne se joue de cette grande chose [qu'est la foi] en la réduisant à l'insignifiance, à une maladie infantile dont on espère être guéri le plus tôt possible. Or, même pour celui qui n'est point encore parvenu à la foi, la vie offre suffisamment de veilles et, s'il les aime sincèrement, sa vie ne sera point perdue, dût-elle être sans comparaison avec la vie de ceux qui ont saisi et atteint ce qu'il y a de plus haut. Celui qui, toutefois, parvenu à la foi, ne s'arrête pas à elle (et il ne fait aucune différence qu'il soit un homme de grand talent ou une âme simple), s'offenserait si on lui disait qu'il s'y arrête, un peu comme l'amant s'indignerait qu'on lui dise qu'il s'arrête à l'amour, il répliquerait alors : « Je ne me suis point arrêté, puisque toute ma vie s'y trouve contenue. » Et néanmoins il ne va pas outre, il ne vise rien d'autre car, s'il découvrait autre chose, il aurait pour elle une autre explication.

« Il faut aller outre, il faut aller outre ! » Ce besoin d'aller outre est chose antique en ce monde. Héraclite l'obscur, qui déposa ses pensées dans ses écrits et ses écrits dans le temple de Diane (car, sa vie durant, ses pensées avaient été son armure – c'est pourquoi il les avait suspendues dans le sanctuaire de la déesse), Héraclite l'obscur dit : « On ne peut entrer deux fois dans le même fleuve[a]. » Héraclite l'obscur avait un disciple qui n'entendit point se limiter à cela, mais alla outre en ajoutant :

a. « Comparant la réalité au cours d'un fleuve, il dit : Deux fois dans le même fleuve tu ne pourras plonger ! » Platon, *Cratyle*, 402 a. Édition Ast, III, 158.

« On n'y peut même entrer une seule fois[a]. » Pauvre Héraclite ! Avoir pareil disciple ! Cet amendement améliora la sentence d'Héraclite au point d'en faire une maxime éléatique, et pourtant cet élève ne désirait jamais être qu'un disciple d'Héraclite, mais un disciple qui voulait aller outre, et ne point revenir à ce que l'obscur Héraclite, quant à lui, avait abandonné.

Traduit du danois par Charles Le Blanc

NOTES

1. « Ce que Tarquin le Superbe entendait dire en coupant les pavots de son jardin, son fils le comprit, mais le messager, point. » *Hamann's Schriften*, éd. Roth, 1821 43, t. III, p. 190. Même référence dans le *Journal*, I A 122. L'épisode de Tarquin est rapporté chez Valère-Maxime, *Faits et dits mémorables*, VIII, 4, 2.

2. Cette préface vise tout particulièrement la recension de Martensen à l'*Introduction à la logique spéculative* de J. L. Heiberg.

3. *Einen wirklichen Ausverkauf* : une véritable liquidation. En allemand dans le texte.

4. *Marqueur* : en français dans le texte. Le marqueur est celui qui, au billard, notait les points.

5. Kierkegaard attaque ici les hégéliens danois H. L. Martensen et J. L. Heiberg, qui avaient contribué à la victoire de l'idéalisme philosophique et au développement de la théologie « spéculative ».

6. C'est-à-dire celui du *doute radical.*

7. On voit ici comment, pour Kierkegaard, la réduplication (c'est-à-dire être et vivre ce que l'on croit ou pense) est un acte essentiel de la philosophie. Elle constitue le moment principal de la dialectique qualitative, qui s'oppose à la dialectique quantitative de type hégélien.

8. « Nous ne devons pas tant présumer de nous-mêmes que de croire que Dieu a voulu nous faire part de ses conseils... Surtout nous tiendrons pour règle infaillible que ce que Dieu a révélé est incomparablement plus certain que tout le reste, afin que si quelque étincelle de raison semblait nous suggérer quelque chose au contraire, nous soyons toujours prêts à soumettre notre jugement à ce qui vient de sa part... »

---

a. Cf. Tennemann, *Gesch. d. Philos.*, I Bd., p. 220.

9. « Mon dessein n'est pas d'enseigner ici la méthode que chacun doit suivre pour bien conduire sa raison, mais seulement de faire voir en quelle sorte j'ai tenté de conduire la mienne... Sitôt que j'eus achevé tout ce cours d'études au bout duquel on a coutume d'être reçu au rang des doctes, je changeai entièrement d'opinion ; car je me trouvais embarrassé de tant de doutes et d'erreurs qu'il me semblait n'avoir fait autre profit, en essayant de m'instruire, si ce n'est que j'avais découvert de plus en plus mon ignorance. »

10. « La foi s'est laissé tromper et transformer en un point à l'intérieur du monde. » X^2 A 529. Kierkegaard conteste que la foi ne soit guère qu'un moment de la philosophie de l'esprit qui doit être dépassé. Cette contestation revient tout au long de l'ouvrage. Ce n'est qu'en se plaçant d'un point de vue abstrait – qui fait fi de l'existence *concrète* de l'individu aux prises avec la crainte et le tremblement – que l'on peut passer outre. *La foi n'étant pas une doctrine mais un mode d'être dans l'existence*, on ne peut la dépasser comme l'on dépasse les différentes scolies d'un système. Si le croyant véritable dépassait la foi, cela signifierait qu'il dépasse, qu'il va outre, sa propre existence, ce qui serait absurde.

11. II Tim., 4, 7.

12. Trait dirigé contre Martensen, qui considérait que la dogmatique spéculative pouvait fonder la foi en raison et rendre compte sans reste de la Révélation.

13. Figure qui apparaissait souvent sur le *Berlingske Tidende* de Copenhague, de 1840 à 1843.

14. Personnage d'une comédie de Heiberg.

15. *Omnibus* : allusion ironique au système hégélien considéré comme un bus où tous doivent entrer.

16. Lc, 14, 28.

17. *Atmosphère* : en danois *Stemning* (état d'âme). Kierkegaard indique toutefois dans son *Journal* (IV B 81) qu'il utilise ce terme dans le sens du mot grec *προοίμιον* (prologue, prélude). On verra aussi IV A 93 et IV B 60.

18. Gen., 22, 1 et ss.

19. Voir aussi *Journal* III A 197.

20. Gen., 16 et 18, 9-15. Le fils est Ismaël.

21. Pour Kierkegaard, le fondement de cette conscience éternelle repose dans celle d'être, en tant qu'individu, un « moi » devant Dieu.

22. *Iliade*, VI, 146-9.

23. Gen., 1, 26.

24. *Iliade*, III, 381.

25. C'est le croyant. Le croyant espère l'impossible pour ce monde non parce qu'il a foi en l'impossible, mais parce qu'il croit qu'à Dieu tout est possible. Cette foi est le seul sens à donner aux miracles afin d'éviter l'aporie rationaliste d'un dieu qui, par ses miracles, enfreint ses propres lois. Ainsi, Abraham ne croit pas en l'impossible espérance de recouvrer Isaac, mais

espère au possible recouvrement de son fils, si telle est la volonté divine, possibilité porteuse de souffrance, d'angoisse, de crainte et de tremblement. Comme père de la foi, il espère l'impossible pour ce monde, ce qui revient à dire qu'il croit qu'à Dieu tout est possible. C'est justement de cet aspect de la foi, selon laquelle pour Dieu tout est possible, que relève tout ce qu'il y a d'angoisse dans la foi, car, pour elle, rien n'est jamais acquis (s'il y avait quelque chose d'acquis dans la foi, la raison pourrait la remplacer), tout peut toujours changer, et Dieu, toujours, peut exiger Isaac.

26. C'est le cas d'Abraham, mais aussi de Jacob ; Gen., 32, 24-32.

27. I Cor., 3, 19.

28. Héb., 11, 8 et ss.

29. Allusion probable à Ovide.

30. Gen., 22, 18.

31. Jos., 10, 12-13.

32. Rom., 4, 16.

33. *La chose merveilleuse : det Vidunderlige.* Le merveilleux marque – ou caractérise – le rapport de l'homme avec l'absolu, tandis que le *miracle* (comme on a souvent traduit ce terme en français) apparaît plutôt comme la réponse de Dieu à la foi merveilleuse de l'homme. Voir à ce propos I. Sørensen, *Det Vidunderlige hos Ibsen og Kierkegaard*, in *Studi Nordici*, III, 1996, Pise et Rome, pp. 37-67.

34. Nomb., 20, 11.

35. Gen., 17, 17.

36. Gen., 22, 2.

37. Gen., 18, 23 et ss.

38. Lc, 23, 30.

39. Gen., 22, 3.

40. Gen., 8, 4.

41. Allusion au poème *Den gamle Elsker* (Le Vieil Amant) de Poul Möller, ami et maître de Kierkegaard.

42. Platon, *Phèdre*, 244 d et 256 b.

43. Autre allusion polémique au système de Hegel, pour qui la religion et la foi sont des moments dépassés par la philosophie.

44. Avec la section « Effusion préliminaire » (le texte danois donne le mot « expectoration »), Kierkegaard passe de la section *lyrique* à la partie proprement *dialectique* de *Crainte et tremblement*. Toutefois, le lecteur s'en rendra compte, le texte réserve bien d'autres effusions poétiques.

45. II Tes., 3, 10.

46. Allusion à la pièce d'Adam Oehlenschläger *Aladin ou La Lampe merveilleuse* (1804-1805).

47. Kierkegaard distingue ici le *monde extérieur*, auquel appartient l'éthique, et le *monde intérieur* (de l'esprit), qui est, lui, le domaine du religieux.

48. Matth., 5, 45. Il s'agit du Sermon sur la montagne.

49. Comme Orphée qui descend dans l'Hadès afin d'y reprendre Eurydice. Platon, *Banquet*, 179 d.

50. Matth., 3, 9.

51. Allusion au roi Midas dans *Les Métamorphoses* d'Ovide, XI, 85 et ss.

52. Le vainqueur des Perses à Marathon. Voir aussi Plutarque, *Vies des hommes illustres*, Thémistocle, III, 3.

53. Thémistocle.

54. Matth., 11, 28.

55. Matth., 19, 26 et ss.

56. Lc, 10, 37.

57. « ... *Saa var jo enhver Tanke om at offre Isaak en Anfægtelse.* » *Anfægtelse :* terme de théologie thématisé par Luther *(Anfechtung)* et la théologie protestante, qui correspond au concept de théologie médiévale de *tentatio* (*Tentare est proprie experimentum sumere de aliquo* – Thomas d'Aquin, *Somme théologique*, I q., 114a, 2co. Voir également Bonaventure, *sent.* 2, d.23, a.1, q.2 et aussi Bernard de Clairvaux, *In Cant. serm.*, 33, n. 11-13) qui décrit un état complexe de crise spirituelle composé de doute, de scrupule, d'incertitude, de tentation. L'*Anfægtelse* naît de la discordance entre l'omnipotence de Dieu et la finitude humaine, discordance faisant que la relation de l'homme à Dieu ne saurait être immédiate, ce qui laisse ainsi place au doute, à l'hésitation, à l'incertitude religieuse. Cet état, à son tour, peut impliquer l'idée de *tentation divine* (la tentation de Dieu survient lorsque l'homme veut mettre Dieu à l'épreuve par une parole ou une action par le biais de laquelle, sans raison suffisante, il veut vérifier si Dieu existe ou s'Il possède telle ou telle qualité. La tentation de Dieu prend son origine dans un manque de foi, dans le doute religieux, ou dans la présomption). Ce genre de tentation est implicite lorsque l'on espère dans une action humaine l'intervention divine et trouve peut-être son expression la plus tragique dans le dernier cri du Christ en croix (Matth., 27, 46 et Mc, 15, 34). L'*Anfægtelse*, par sa nature même, appelle à son tour la *grâce*. Un peu plus loin, Kierkegaard explique ce qu'il entend par tentation : « Une tentation ? Mais qu'est-ce à dire ? Cela signifie habituellement ce qui détourne l'homme de l'accomplissement de son propre devoir mais, dans ce cas, la tentation est elle-même l'éthique qui veut empêcher l'homme d'accomplir la volonté de Dieu. Mais qu'est-ce alors que le devoir ? Le devoir est, justement, l'expression de la volonté de Dieu. » Il convient toutefois de noter ici que Kierkegaard emploie le mot *Fristelse (tentation)* et non *Anfægtelse*. L'*Anfægtelse* apparaît toujours en relation avec les représentations humaines du caractère absolu de Dieu et l'expérience de Son omnipotence qui laisse l'homme dans la crainte et le tremblement.

La traduction française de ce terme pose problème. P. H. Tisseau, dans *Crainte et tremblement*, traduit *Anfægtelse* par « doute religieux », « crise religieuse », « tentation », « crise anxieuse », « appoint d'anxiété » (Else-Marie

Jacquet-Tisseau a elle-même souligné la difficulté de rendre ce terme en français, voir les *Actes du colloque de la Sorbonne* – voir bibliographie, pages 170-171). D'ordinaire, la tentation détourne l'homme de son devoir, sauf que, dans le cas qui nous occupe, c'est la morale elle-même qui, détournant l'homme d'accomplir son devoir religieux, entend le convaincre qu'il est dans la mauvaise voie. De façon plus concrète cependant, on dit en danois *Jeg har anfœgtelser*, c'est-à-dire *j'ai des remords*, cela me *préoccupe*, cela me *hante*. L'expression fait référence à un état où la conscience n'est point en repos, où elle est en mouvement, aux prises avec une idée fixe, des scrupules, qui la hantent. C'est pourquoi nous avons parfois rendu *anfægtelse* par le mot *hantise*, qui rend bien cet état psychique où l'esprit est en lutte avec des préoccupations ou une représentation que la volonté ne peut écarter et qui revient sans cesse, créant ainsi une situation d'angoisse pour la subjectivité. Nous avons toutefois longuement hésité sur le mot le plus adéquat afin de traduire le terme danois *Anfægtelse*. Nous avions d'abord choisi « doute religieux », mais cela rendait mal l'idée de préoccupation inhérente au concept. Le mot « obsession » nous a tenté un temps, mais différents avis d'experts désapprouvaient généralement la dimension « psychologisante » du mot. Une approche de traduction au coup par coup nous semble la meilleure solution. Ainsi *Anfægtelse* a été traduit tantôt par idée fixe, obsession, anxiété, ou hantise, selon le contexte.

58. Kierkegaard songe ici à Régine Olsen.

59. Matth., 9, 21.

60. Kierkegaard débute son attaque : est-on certain qu'en allant au-delà de la foi on aille vraiment plus loin ?

61. *Prêcheurs* : en danois *Praest*, qui semble avoir davantage le sens de *prêcheur*.

62. Matth., 7, 14.

63. Kierkegaard attaque ici Siebern. Aller plus loin que Hegel était aussi la prétention de Martensen (cf. *Danske Maanedskrift*, nº 16, note 2).

64. Kierkegaard attaque maintenant la conception hégélienne de la supériorité de la spéculation sur la foi.

65. « C'est ton affaire quand la maison du voisin brûle. » Horace, *Épîtres*, I, 18, 84.

66. *I Helten tænker jeg mig ind* : littéralement, je me pense à l'intérieur du héros.

67. Comme certains théologiens danois tentaient de le faire avec la dogmatique spéculative inspirée du système de Hegel, afin de fonder la foi sur la raison et de rendre compte objectivement de la Révélation.

68. « Le philosophe peut bien arriver à l'idée du péché humain, mais cela ne signifie pas qu'il reconnaisse pour l'homme la nécessité d'une Rédemption. » I A 94. Ce qui manque à la philosophie, c'est l'angle qualitatif. Elle ne connaît que le mal, l'erreur et l'Absolu : le croyant, lui, connaît plutôt le

péché, la Rédemption et Dieu. Le philosophe s'occupe d'un savoir quantitatif, dans la mesure où le savoir absolu est celui d'une *totalité* ; le croyant, lui, part déjà d'une totalité, la foi, au sein de laquelle doit s'inscrire l'individu (le devenir chrétien).

69. I Jn, 4, 8.

70. C'est-à-dire un mouvement imparfait de la foi.

71. La relation de l'homme à Dieu est donc bien paradoxe.

72. Par sa propre force et ses propres responsabilités.

73. Kierkegaard souffrait d'une déviation de la colonne vertébrale.

74. Matth., 18, 21-22.

75. La résignation infinie.

76. Jn, 2, 1 et ss.

77. I Cor., 10, 12.

78. Comme le fait Abraham qui reçoit à nouveau Isaac.

79. Entendons : ses mouvements *de la foi*.

80. Porte orientale de la ville de Copenhague.

81. Gen., 25, 29 et ss.

82. Ou encore : ... car sa permanence dans le fini...

83. Héb., 11, 37.

84. Il n'est pas interdit de penser que Kierkegaard décrit ensuite son propre acte de résignation envers son amour pour Régine.

85. Même idée exprimée dans le sixième aphorisme des *Diapsalmata*, premier livre de *Ou bien... ou bien...* Kierkegaard joue ici avec la célèbre scène de la mort de Socrate, dans le *Phédon* de Platon.

86. Allusion de l'engagement de Régine avec Fritz Schlegel. Kierkegaard, en rompant les fiançailles avec Régine, espérait secrètement que la jeune fille resterait célibataire, pour lui, comme en une union idéale. Elle se maria en 1847.

87. *Ballottage : Ballotation*. Ce terme péjoratif insiste sur l'anéantissement de la volonté individuelle qui laisse sa place à la loi de la masse, de la foule, du plus grand nombre. On verra aussi le *Journal* de Kierkegaard, 1848, IX A 4.

88. *Harmonia prestabilita* : harmonie préétablie. Terme emprunté à la philosophie de Leibniz. L'harmonie préétablie représente la doctrine selon laquelle les diverses monades, comme autant d'horloges parfaitement réglées, tombent toujours d'accord entre elles, bien que chacune suive sa propre loi. Fait référence à l'accord entre l'âme et le corps qui vont à l'unisson comme des montres parfaitement réglées entre elles. Cf. Leibniz, *Phil. Schriften*, éd. Gerhardt, IV, p. 500 et ss.

89. J. G. Mailáth, *Magyarische Sagen*, Stuttgart et Tübingen, vol. II, 1838, p. 18. Voir aussi *Journal*, II A 449.

90. *Dira necessitas* : furieuse nécessité.

91. Dans son *Journal* (IV A 107), en date du 17 mai 1843, on trouve : « Si j'avais eu la foi, je serais resté avec Régine. » Kierkegaard a laissé Régine

parce qu'il n'était qu'un chevalier de la résignation infinie, mais non un chevalier de la foi.

92. Excellente distinction ici entre l'esthétique et le religieux ; l'émotion est au premier ce que le paradoxe est au second.

93. Matth., 17, 20.

94. Matth., 18, 18 et ss.

95. *La finitude* : c'est ainsi que nous rendons le terme danois *Endligheden.*

96. C'est-à-dire la mort elle-même.

97. Jc, 1, 17.

98. Voir plus haut pour la métaphore sur la natation.

99. *Daub* : Karl Daub (1765-1836). Théologien protestant, auteur de prêches d'inspiration kantienne (*Predigten nach Kantischen Grundsätzen* – 1794), et d'un essai sur la théologie dogmatique (*Die dogmatische Theologie jetziger Zeit* – 1833). Voir aussi le *Journal* IV A 92.

100. Chez Kierkegaard, l'humour est la prise de conscience de la limite de la condition humaine, de cette rencontre entre notre finitude et la conscience religieuse de notre éternité. Si l'ironie se limite à dénoncer cet état de fait, l'humour, lui, exprime un détachement face à ce désaccord. Le héros de la foi est supérieur à l'ironiste et à l'humoriste dans la mesure où il entend opérer la mise en accord de notre finitude et de la conscience de notre éternité en vertu de l'absurde, par la foi.

101. Dans la mesure où l'existence est intériorité et secret, l'individu véritable peut difficilement être à la mesure du monde extérieur, de ce qui est *manifesté.* L'Individu s'inscrit toujours au sein de l'État, de la Nation, de la Réalité, non point comme un « moment », mais comme une *exception.*

102. *L'essence éternelle : evige Væsen.* Le chevalier de la foi eût dit « Dieu ».

103. Attaque visant la philosophie de Hegel et Martensen.

104. Dans le récit, on oublie l'existence pour ramener le périple du Patriarche à un épisode dans l'histoire de la doctrine de la foi. Or, pour Kierkegaard, on laisse de côté l'essentiel, on met de côté la crainte et le tremblement qui accompagnent tout voyage. Le christianisme n'est pas une doctrine, mais *une communication d'existence* (X^2 A 603). Tel est l'axe principal sur lequel s'organisent les différents concepts de la philosophie kierkegaardienne.

105. Que nous enseigne jusqu'à présent l'histoire du Patriarche ? D'abord que c'est une chose de la raconter en une minute et de dire : Abraham est le père de la foi ; et que c'est une tout autre chose d'atteler soi-même un âne et refaire le voyage de trois jours vers le mont Moriah. Car, durant ce périple, le voyageur est assailli de doutes, il reprend sans cesse en lui-même les termes du message du Seigneur, il en éprouve la vérité. Il se demande s'il est devenu fou et, lorsque l'ombre de la montagne fatidique le recouvre, il semble qu'elle le glace jusqu'à l'âme. L'existentialisme, c'est refaire le voyage d'Abraham vers le mont Moriah, c'est comprendre la différence entre la pensée et la vie

ou, mieux encore, saisir que ce n'est pas la pensée qui produit la vie, mais la vie qui sécrète la pensée.

D'un point de vue objectif, sous l'angle du général et de la morale du stade éthique, fidèle au devoir, la conduite d'Abraham est celle d'un meurtrier, même si le meurtre n'est pas accompli, empêché par une force extérieure. Du point de vue moral, la conduite d'Abraham s'exprime en disant qu'il voulut *tuer* Isaac et, du point de vue religieux, qu'il voulut le *sacrifier*. Pourquoi cette différence ? Parce que la morale et la foi ne se superposent pas. La foi est la passion par excellence qui s'oppose au doute, passion du fini. Le *chevalier de la foi*, l'homme qui a la passion de l'infini, comprend qu'il y a des situations définissantes, où la morale, en tant qu'organisation de la vie selon les normes du devoir et du contrôle de lois abstraites, ne suffit pas. Le chevalier de la foi sait qu'*il y a des situations où il n'y a plus de devoir qu'envers Dieu*. Cette exigence du devoir absolu envers Dieu, qui prévaut sur la morale et en suspend les normes, Kierkegaard la nomme *suspension téléologique de l'éthique*.

L'homme qui, comme Abraham, opte pour la foi, pour le rapport absolu avec l'absolu, répond à l'ordre divin au risque d'entrer en rupture avec les autres hommes et avec la morale. En ce sens, on voit comment le rapport de la subjectivité à l'absolu, excité au départ par le repentir et alimenté par la *foi*, est un *rapport privé*, et comment cette rupture avec le monde (qui interdit toute synthèse) fait du religieux le domaine de la *solitude* et du *silence*. Le problème III développera ce point particulier.

106. *L'éthique : det Ethiske*.

107. *Le général : det Almene*, c'est-à-dire l'universel.

108. τέλος : but, fin. Voir aussi ce qu'en dit Hegel dans la *Philosophie du droit*, § 129 à 141.

109. *L'individu : den Enkelte*, aussi traduit par *le singulier*, l'*unique*. Kierkegaard entend par là la personne humaine dans ce qu'elle a d'unique, d'irréductible et de complet, en opposition à l'individu universel de la philosophie de Hegel, esprit conscient de lui-même dans son processus de formation, différent de l'individu particulier qui est un esprit encore à achever (voir *Phénoménologie de l'esprit*, préf. II, § 3).

110. Kierkegaard suit ici Hegel, pour lequel l'individu doit pouvoir s'inscrire dans le général, c'est-à-dire trouver sa place au sein de la famille, de la société civile et de l'État (*Sittlichkeit* = éthicité). On pourra aussi consulter à ce propos Hegel, *Philosophie du droit*, §§ 104 et 139.

111. Pour Hegel, la revendication de l'individualité serait la réalisation du mal *(Böse)* car cette revendication est un obstacle à l'objectivation dans l'universel.

112. *Anxiété : Anfægtelse*.

113. Hegel, *Philosophie du droit*, §§ 129 à 141.

114. *Hantises : Anfægtelser*.

115. Voir en particulier l'*Encyclopédie des sciences philosophiques*, §§ 564 à 571.

116. En effet, selon que l'expression de l'individualité est la réalisation du mal, Abraham, l'homme de la foi absolue – et donc l'affirmation de l'individualité la plus grande –, se présente comme l'obstacle à la réalisation de l'universel, car tous ne peuvent être Abraham.

117. Selon E. Hirsch, S. Kierkegaard, *Furcht und Zittern*, Gütersloher Verlagshaus, 3. Aufl., 1993, p. 148, n. 59, Kierkegaard se joue ici de l'idée hégélienne (dans la *Science de la logique*) selon laquelle l'existence est l'unité de l'être et du néant *(Dasein als Einheit von Sein und Nichts).*

118. Le paganisme entendu ici tout particulièrement comme la culture et la philosophie grecques.

119. Boileau, *Art poétique*, I, 232.

120. Il s'agit là d'un des traits fondamentaux de la philosophie kierkegaardienne.

121. *Médiation* : c'est-à-dire un dépassement à l'aide de la dialectique hégélienne.

122. Abraham serait perdu car la foi ne pourrait trouver de plus haute expression que celle du général. Aussi la position exceptionnelle d'Abraham – qui tend à se réaliser comme individu en un sens absolu – ne serait plus justifiée, faisant du Père de la foi un quelconque meurtrier.

123. *Anxiété : Anfægtelse.*

124. *Id.*

125. Parce qu'elle radicalise au maximum le rapport absolu de l'individu avec l'absolu.

126. *Hantise : Anfægtelse.*

127. Kierkegaard semble avoir ici en vue ce que Hegel dit dans son *Esthétique*, à savoir que la tragédie possède un sentiment de réconciliation qu'elle conserve par le biais du regard de la justice éternelle.

128. Kierkegaard songe ici à la guerre de Troie où les vents contraires empêchaient les Grecs de quitter Aulis. La référence à la pièce d'Euripide, en plus de servir le développement de façon géniale, n'est pas le fruit du hasard : Hegel avait étudié la même tragédie dans son *Esthétique*.

129. Euripide, *Iphigénie à Aulis*, v. 448.

130. Euripide, *Idem*, v. 687.

131. Juges, 11, 29-40.

132. Allusion à la conjuration des fils du consul romain Marcus Junius Brutus (v. 85-42 av. J.-C.), qu'il aurait héroïquement fait décapiter en sa présence. Voir *Val. Max.* V, 8, 1 et *Liv.*, II, 4 et ss.

133. À savoir que l'amour du père pour le fils n'a pas à être garanti par une loi morale, cet amour répond à quelque chose d'autre. On retrouve ici la distinction hégélienne entre *das Moralische* (*la moralité*, à savoir l'instance subjective du droit où la conscience est encore aux prises avec les questions

de morale) et *das Sittliche* (*l'éthicité*, c'est-à-dire l'instance subjective qui, une fois extériorisée, trouve son expression dans les lois, la famille, la Constitution, la société civile, l'État – dans le système : Philosophie de l'esprit, section de l'esprit objectif).

134. *Lombes* : expression biblique que l'on retrouve dans l'Épître de saint Paul aux Hébreux, 7, 5 et 10.

135. On pourrait aussi traduire : il le fait en son propre nom..., etc.

136. *Tentation* : cette fois le texte donne le mot *Fristelse* et non *Anfægtelse*. Le reste du texte éclaire le sens de cette « *tentation-Fristelse* ».

137. Cet aspect du silence d'Abraham est traité plus loin, dans le troisième *problème*.

138. *Hantise : Anfægtelse.*

139. *Tentation : Anfægtelse.*

140. On retrouve ici la thèse d'Aristote selon laquelle la tragédie – et avec elle le héros tragique – a un rôle cathartique. Voir Aristote, *Poétique*, VI, 1449 b 23.

141. Ex, 20, 18 et ss.

142. Gen., 3, 7.

143. Kierkegaard se définissait lui-même comme le poète du religieux et assurait : « Après moi, on ne trouvera pas dans mes papiers (c'est là ma consolation) un seul éclaircissement sur ce qui, au fond, a rempli ma vie ; on ne trouvera pas en mon tréfonds ce texte qui explique tout et qui, souvent, de ce que le monde traiterait de bagatelles, constitue pour moi des événements d'énorme importance, et qu'à mon tour je tiens pour une futilité, dès que j'enlève la note secrète qui en est la clef. » *Journal*, IV A 85. À ce propos, voir l'article de J. Garff, « *"Produire fut ma vie" – problèmes et perspectives de la biographie de Kierkegaard* », in *Kierkegaard aujourd'hui, Actes du colloque de la Sorbonne – 26 octobre 1996*, Odense University Press, Odense, 1998, pages 17 à 33.

144. Mc, 3, 15 et 22.

145. *Pécheresse*. On pourrait aussi traduire de la façon suivante : ... a, du point de vue de l'idée, une existence *qui est le péché* et sur laquelle..., etc.

146. L'enfant possède une existence peccamineuse, mais ne pèche pas à proprement parler puisque chez lui la conscience morale n'est pas encore développée (connaissance du bien et du mal), bien que les règles éthiques s'appliquent à lui comme à tout autre (l'enfant n'est pas au-dessus de la morale). Elles s'appliquent à lui, mais sont comme suspendues pour lui, attendu que si l'on peut juger éthiquement le comportement d'un enfant, on ne peut le condamner éthiquement dans la mesure où sa conscience, incapable de distinguer le bien du mal, entraîne une suspension (non pas l'élimination) des règles éthiques. Un processus semblable s'applique à Abraham, non en vertu d'un défaut de conscience (comme chez l'enfant), mais en vertu d'une conscience supérieure, celle de la foi.

147. Rom., 4, 3.

148. Comme chez Hegel, où l'État est la source de tous les devoirs juridiques, éthiques et religieux. Voir la *Philosophie du droit*, § 258, *Zusatz*.

149. Rapporté par Tennemann, *Geschichte der Philosophie*, 1798, I, p. 106.

150. σχάνδαλον : scandale.

151. *Professeurs* : le danois donne *Docenterne*, soit *privat-docent*.

152. *Erectioris ingenii* : intelligence supérieure, une haute façon de penser.

153. Matth., 21, 13.

154. Matth., 26, 15.

155. Lc, 1, 28 et ss.

156. Lc, 1, 38.

157. Lc, 23, 28.

158. Ce problème, une fois encore, se pose d'une façon polémique contre la philosophie moderne. Kierkegaard s'interroge (mi-sérieux et mi-ironique) pour savoir s'il existe toujours des devoirs envers Dieu, problème d'importance dans un contexte philosophique où Kant ne parlait que des devoirs de l'homme envers lui-même et envers les autres et où Hegel abolissait, selon Kierkegaard, l'éthique elle-même. En romantique, Kierkegaard conteste Kant, qui réduit la subjectivité à n'être qu'une fonction logique, et Hegel, pour qui elle n'a d'importance que si elle obéit volontairement à l'État.

À la question : « Y a-t-il un devoir absolu envers Dieu ? », Kierkegaard répond par l'affirmative. Ce devoir est d'aimer Dieu, de l'aimer absolument. Cet amour de l'individu pour Dieu, par la relation ainsi instaurée, est un paradoxe et, comme tout paradoxe, implique une rupture d'avec le général (éthique), rupture qui interdit toute médiation par la suite. L'exigence de cet amour absolu envers Dieu peut seule justifier l'action d'Abraham et en faire, par-delà son amour pour Isaac, un sacrifice véritable.

159. *Cafres* : les infidèles.

160. *Logique*, livre II, section II, chap. III C ; *Encyclopédie*, I, § 140. Hegel écrit en fait que « l'extérieur est l'intérieur ».

161. *Das Äussere* : l'extérieur.

162. *Die Entäusserung* : aliénation (nous suivons ici la traduction du terme proposée par J.-P. Lefebvre, *Phénoménologie de l'esprit*, Aubier, 1991, p. 533).

163. *Das Innere* : l'intérieur. Cette critique à la philosophie hégélienne constitue l'un des motifs centraux de la philosophie de Kierkegaard, convaincu qu'il y a dans l'homme du secret et de l'intimité qui ne peuvent trouver d'expression et de manifestation extérieures.

164. *Hantise : Anfægtelse*.

165. L'homme qui a la foi tente d'établir, en tant qu'individu contingent, un rapport absolu avec Dieu (l'absolu), rapport qui, en soi, ne peut s'inscrire dans le monde dirigé par le général (l'éthique du monde). Son intériorité est nouvelle, parce qu'elle n'entend pas se réaliser dans l'extériorité du général,

mais plutôt parvenir, à travers le paradoxe, à quelque chose de supérieur à l'éthique et aux règles communes du devoir (moral, social, etc.).

166. Une note du *Journal* (I A 273) va dans ce sens. Kierkegaard vise peut-être ici le § 573 de l'*Encyclopédie* de Hegel.

167. *Vapeurs* : en français dans le texte. Kierkegaard songe ici à la doctrine de la religion de Schleiermacher. Celui-ci s'était efforcé d'assurer l'autonomie de la religion face à la philosophie d'une part, et à l'éthique d'autre part. Pour lui, la religion ne devait pas aspirer à connaître, ou à expliquer, l'Univers et sa nature, comme la métaphysique, ni d'en assurer le développement et la perfection par la volonté et la liberté de l'homme, comme l'éthique, mais plutôt s'en remettre à sa propre essence qui n'est ni la pensée ni l'action, mais l'intuition et le sentiment.

168. *Nec opinate* : de façon inattendue.

169. *Tentation : Anfægtelse.*

170. *Obsession : Anfægtelse.* L'individu prend conscience de la démesure de la tâche qui l'attend et se demande, angoissé, dans la crainte et le tremblement, s'il peut vraiment en venir à bout.

171. Aussitôt qu'un individu, qui a conscience d'un commandement direct de Dieu, désire exprimer son devoir absolu en des termes généraux (éthiques) et qu'il est assuré de ce devoir (que le général, ou l'éthique, ont préséance), il reconnaît qu'il est tombé en tentation (une épreuve de la foi) et, s'il résiste à la prescription directe de Dieu, il n'accomplit pas le devoir absolu auquel il était appelé.

172. *Tentation* : ici le mot est *Fristelse*.

173. Quoi que l'on ait pu dire, on peut voir ici que l'œuvre de Kierkegaard n'est pas exempte d'une volonté d'unité (oserions-nous dire d'une volonté de synthèse ou de médiation ?) héritée de la philosophie hégélienne ; mais la différence tient en ceci que, pour Hegel, cette unité doit être *manifestation* tandis que, chez Kierkegaard, elle est, par essence, *secret et intimité*. La cohésion de la vie intérieure de l'individu est la synthèse véritable de la philosophie kierkegaardienne.

174. *Amour de soi* : entendons, *pour son propre compte*.

175. Pour Kierkegaard, il y a lieu de penser qu'Isaac était Régine.

176. Lc, 14, 26.

177. μισεῖν : détester, haïr (Sophocle, *Électre*, 367) ; aussi être objet de haine (Eschyle, *Prométhée enchaîné*, 45).

178. *Minus diligo, posthabeo, non colo, nihil facio* : aimer moins, négliger, ne pas considérer, compter pour rien.

179. Lc, 14, 28.

180. On trouve dans cette expression l'un des points saillants de l'attaque que Kierkegaard mènera quelques années plus tard contre l'Église de Danemark.

181. χατ' ἀναλογίαν : selon l'analogie.

182. On le voit dans ce paragraphe, Kierkegaard insistera toujours sur *le caractère radical du message chrétien* qui rend si difficile la tâche du « devenir chrétien ».

183. Il s'agit là d'un point fondamental pour comprendre le sens de ce sacrifice – et en quoi Abraham ne saurait être un meurtrier. L'exigence de l'amour absolu envers Dieu, qui transcende l'amour du prochain, peut seule expliquer que l'action d'Abraham est bien un sacrifice et non un meurtre.

184. Toujours ici le texte de l'Évangile de Luc 14, 26.

185. *Tentation* : ici le texte donne *Fristelse.*

186. *Son propre maître* : littéralement ici : « qui vit sous sa propre surveillance, sous son propre contrôle ».

187. Celui qui, vivant par – et pour – l'esprit devient un individu, celui-là est condamné à la solitude : « Car devenir esprit c'est là devenir l'individu ; l'isolement est la condition *sine qua non*, la condition inévitable. » *Journal*, XI^1 A 518.

188. *Idées fixes : Anfægtelser.*

189. Gen., 21, 5.

190. *Tenté : fristes.*

191. Gen., 16, 1.

192. *Cunctator* : le temporisateur. Il s'agit de Fabius Maximus, qui conduisit la guerre contre Hannibal.

193. *Juris publici* : propriété publique.

194. *Obsession : Anfægtelse.*

195. *Hantise : Anfægtelse.*

196. *Vielleicht* : peut-être (en allemand dans le texte).

197. *Ausserordentliche* : l'extraordinaire (en allemand dans le texte).

198. *Obsession : Anfægtelse.*

199. *Tabatière d'or* : pièce de Chr. Olufsen (1793), référence probable à l'acte II, scène 10.

200. *Hantises* : ici encore, le concept d'*Anfægtelse.*

201. Comme le firent, dans la mythologie grecque, les Géants.

202. Dans son *Journal*, Kierkegaard note : « [...] Ainsi le religieux doit-il tout abandonner, c'est-à-dire laisser tous ses semblables, bien qu'il soit encore au milieu d'eux, mais isolé et à eux étranger. » X^3 A 114.

203. Deut., 13, 6 et ss. ; *Idem*, 33, 9 ; Matth., 10, 37 et *Idem*, 19, 29.

204. Ce qui est caché : le texte danois donne *den Skjulte*, c'est-à-dire « le caché ».

205. *Hantise : Anfægtelse.*

206. *Caché : Skjulthed.* Ici, dans le sens d'intériorité : S'il n'y a pas de l'intériorité...

207. En vertu du principe que l'extérieur est l'intérieur.

208. L'un des principes de la philosophie hégélienne est, en effet, que

l'essence doit apparaître *(Das Wesen muss erscheinen)*. Voir la *Science de la logique*, II, livre 2, Sect. ; *Encyclopédie*, § 383.

209. *Pro virili* : de toutes nos forces.

210. *Confinium* : frontière.

211. « En effet, il y a à cet égard deux parties à la fable : la péripétie et la reconnaissance. » Aristote, *Poétique*, 1542 b 9-10.

212. Là où il y a reconnaissance, c'est qu'il y avait auparavant quelque chose de caché.

213. L'*Œdipe* de Sophocle.

214. Iphigénie dans la tragédie *Iphigénie en Tauride* d'Euripide.

215. Cette dernière considération s'accorde admirablement avec la conception du drame romantique.

216. Dans l'*Histoire des animaux*, V, 4. Pour ce détail, voir aussi le *Journal*, IV A 36.

217. Cette immédiateté esthétique est étrangère à l'histoire d'Abraham, de sorte qu'elle échappe à l'esthétique. Le coup de théâtre esthétique est le résultat du hasard ; celui de l'histoire d'Abraham est le pur fruit de la foi, il exige l'intériorité.

218. *Hantise : Anfægtelse.*

219. Matth., 17, 5.

220. Différence fondamentale du silence du héros tragique d'avec celui du chevalier de la foi ; ce dernier garde le silence par impossibilité d'être compris, par impossibilité de devenir manifeste, c'est-à-dire de trouver une expression qui puisse s'inscrire dans le général qui, pour lui, est suspendu.

221. Juges, 11, 37.

222. Euripide, *Iphigénie à Aulis*, vers 1224.

223. Apulée, *Métamorphoses (L'Âne d'or)*, IV, 28 à 35, V, 1 à 31 et VI, 1 à 24.

224. Le texte dit : ..., *han er det rene Menneske*, ...

225. Il y a deux types de silence : le *silence démoniaque*, qui est déterminé par l'angoisse de prendre un engagement positif au sein de l'existence ; le *silence religieux*, déterminé par l'impossibilité de pouvoir s'exprimer au sein du général.

226. *Fouet* : en fait, *la discipline*, mais *fouet* est moins équivoque.

227. Aristote, *Politique*, Livre VIII (5), chap. 3, 3, 1303 b-f.

228. *Axel et Valborg* (personnages d'un drame d'A. G. Oehlenschläger) représentent le couple d'amants malheureux de la littérature danoise. Leur parenté étroite fit que l'Église interdit leur union.

229. C'est-à-dire qu'elle exige qu'il parvienne, par la parole, à conférer une expression générale à sa souffrance. Abraham ne peut faire ce mouvement.

230. *In casu* : dans ce cas.

231. *Présupposé* : *i.e.* la magnanimité.

232. Dans le cas d'un rapport public avec la divinité, le silence (qui est l'objet du problème III, ne l'oublions pas) est absurde ; dans le cas, toutefois, d'un rapport privé avec le divin dont le contenu, par essence, ne saurait être à tous compréhensible, le silence prend tout son sens, et Abraham se trouve justifié de se taire.

233. C'est la situation d'Abraham.

234. Sur ce détail, voir Lessing, *Dramaturgie de Hambourg*, I, 22.

235. *Ni fallor* : si je ne m'abuse.

236. *Démoniaque* : chez Kierkegaard, le démoniaque représente l'angoisse face au bien et à un engagement positif envers l'existence qui s'exprime aussi, paradoxalement, à travers le silence, mais un silence d'un tout autre type que celui d'Abraham, comme nous le verrons. Le démoniaque est l'une des plus grandes formes de désespoir.

237. *Agnès et le triton* : Kierkegaard rappelle cette légende dans une lettre à Régine Olsen du 9 décembre 1840. Il s'inspire en outre assez librement du poème de H. C. Andersen, *Agnes og Havmanden*, 1834.

238. On peut croire que, pour Kierkegaard, cette description représente idéalement l'attitude qu'eut Régine envers lui.

239. *Alors il devient manifeste* : on pourrait aussi traduire par : alors il est manifesté.

240. C'est-à-dire pour les fautes de sa préexistence.

241. Entendons ici : « à cette influence démoniaque... ».

242. *Agir selon son enseignement* : on retrouve ici l'un des thèmes clefs de Kierkegaard : l'exigence de *réduplication*.

243. Kierkegaard a ici à l'esprit l'éthique hégélienne telle qu'elle se présente dans la *Philosophie du droit*.

244. Dans la mesure où la faute est toujours une faute devant Dieu, toute faute est, *stricto sensu*, un péché. Or, comme l'éthique ne connaît que le bien et le mal, toute admission de la notion de péché (qui se distingue du mal en tant que le mal est tel devant le général, tandis que le péché est le mal devant Dieu et qui se sait tel) dans le champ de l'éthique fait qu'elle déborde aussitôt dans le champ religieux.

245. Dans le sens hégélien de l'*Aufhebung*.

246. Kierkegaard s'adresserait ici aux hégéliens danois plutôt qu'à Hegel lui-même. Le passage de Hegel qui est cependant visé se trouve dans l'*Encyclopédie des sciences philosophiques*, § 24, *Zusatz* 3.

247. À savoir ces sphères qui conduisent de l'intéressant au démoniaque et au repentir.

248. *Jeu de coucou : Gnavspil.* Jeu de cartes comptant 42 figures (des chats y sont représentés : jeu d'origine italienne « gnao », qui est le miaulement du chat).

249. Allusion sans doute au débat sur l'immortalité de l'âme, qui a secoué les hégéliens de toute tendance après la mort du philosophe. À ce propos,

on verra en particulier les *Réflexions sur la mort et l'immortalité* (1839) de Feuerbach.

250. *Generatio aequivoca* : génération spontanée.

251. *Clairvoyance* : en français dans le texte.

252. *Erscheinung* : apparition. En allemand dans le texte.

253. Tb., 6 à 8.

254. *Idem*, 6, 15.

255. *Son droit et son privilège principal dans l'existence* : en danois : *hendes uhyre Prioritets Obligation i Tilværelsen*. Littéralement : son immense obligation de priorité dans l'existence.

256. *Vollmachtbrief zum Glücke* : lettre de créance au bonheur. Extrait du poème *Résignation* de Schiller.

257. « En effet, nul n'a jamais échappé ni n'échappera jamais à l'amour tant qu'il y aura de la beauté et des yeux pour voir. » Longus, *Daphnis et Chloé*, Introduction, § 4. Voir aussi le *Journal* IV A 30.

258. *Trahie* : en danois *bedrage*, qui signifie à la fois « tromper », « frustrer », « décevoir », « faire illusion à ». Kierkegaard songe peut-être ici à Régine.

259. Tb., 8, 2.

260. *Idem*, 7, 18-20. Kierkegaard adapte ici un peu les Écritures.

261. *Idem*, 8, 4.

262. Comme le fit Andersen dans son conte *Le Compagnon de voyage*. Kierkegaard fut toujours assez critique envers Andersen, comme on a pu le voir d'ailleurs dans l'interprétation du conte *Agnès et le Triton*.

263. Tb., 8, 13. Ici encore, Kierkegaard traite plutôt largement le texte biblique : « Envoyez une de vos servantes pour voir s'il est mort, afin que je l'ensevelisse avant qu'il fasse jour. »

264. Ac., 20, 35.

265. Dans une large mesure, c'est ainsi que Kierkegaard se considérait lui-même comme exception.

266. Shakespeare, *Richard III*, acte I, scène I, 16-23. Kierkegaard cite la traduction en allemand de A. W. Schlegel, légèrement modifiée. Notons au passage que dans la *Dramaturgie de Hambourg*, ouvrage dont on a parlé plus haut, Lessing fait aussi usage de cette même citation de Shakespeare à propos de la compassion tragique *(das tragische Mitleid)*. Voir *Dramaturgie de Hambourg*, 73. *Stück*.

267. C'est, en gros, la théorie physiognomoniste de Lavater. À ce sujet, on pourra consulter, de Lichtenberg, l'essai *De la physiognomonie* in *Le Couteau sans lame*, José Corti, Paris, 1999, pages 171 à 269.

268. Richard Cumberland (1732-1811) est l'auteur du drame *Le Juif*, traduit en danois en 1796 et représenté plusieurs fois à Copenhague entre 1795 et 1834. La pièce raconte l'histoire de Scheva, un juif que tous considè-

rent comme un méchant homme et un usurier mais qui, en secret, accomplit des œuvres de bien.

269. Jens Baggesen (1764-1826), poète danois qui écrivit aussi des vers en allemand.

270. *Nullum unquam exstitit magnum ingenium sine aliqua dementia* : Il n'y eut jamais de grands génies sans un brin de folie. La citation, encore une fois retouchée par Kierkegaard, est attribuée à Aristote et se trouve chez Sénèque, *De la tranquillité de l'âme*, XVII, 10. Kierkegaard a aussi rapporté cette citation dans son *Journal* (IV A 148) en faisant cette fois allusion à lui-même.

271. *Douteur* : en danois *Tvivler*, littéralement quelqu'un qui doute, un sceptique.

272. κατ' ἐξοχήν : par excellence.

273. *Obligations de la Couronne* : le père de Kierkegaard avait augmenté sa fortune en investissant dans les obligations royales, tandis que Søren, lui, y fit des pertes.

274. Kierkegaard semble ici confondre Tamerlan avec Attila.

275. *Érostrate* : afin d'assurer l'immortalité de son nom, Érostrate brûla le temple d'Artémis à Éphèse en 356 av. J.-C.

276. *Tortor infantium* : bourreau d'enfants.

277. *De ces Mercure, de ces Achille* : en fait, le texte danois donne : *disse Iilbud og Hurtigløbere*, soit ces « messagers express » et ces « sprinters ». Mercure est un preste messager et Achille était reconnu pour sa rapidité à la course.

278. On comprend donc pourquoi Abraham ne peut parler ; en parlant, il tomberait dans le général ; or, justement, la passion infinie et la position paradoxale d'Abraham en font un chevalier de la foi qui, en tant que tel, se trouve précisément au-delà du général (d'où, pour lui, nous l'avons dit, une suspension téléologique de l'éthique). Hors du général, Abraham n'a d'autre choix que de se taire. Il est ainsi parfaitement justifié de garder le silence devant Sarah, Éliézer et Isaac. Poursuivant ses réflexions dans son *Journal* quelques années plus tard, Kierkegaard affirmera que non seulement l'individu est justifié de ne pas parler, mais qu'il n'en a pas même la possibilité, et que ce serait d'ailleurs là une concession que de pouvoir le faire. Voir *Journal*, X^1 A 659.

279. *Hantise : Anfægtelse.*

280. C'est l'autorisation d'Abraham qui est en rapport absolu avec l'absolu.

281. Par son style paradoxal, le Sermon sur la montagne semble être ce passage (Matth., 5 à 7).

282. Kierkegaard écrira dans le *Journal* (X^2 A 426) : « L'erreur consiste principalement en ceci : que le général en quoi le hégélianisme fait consister la vérité [...] est abstrait : l'État, etc. Il ne parvient pas à dire ce qu'est la

subjectivité en un sens absolu, et ne parvient pas à la vérité : au principe que réellement, en dernière analyse, l'individu est plus grand que le général. » Dans le système de Hegel, la subjectivité est un moment de la doctrine du concept (Logique), vouée à être dépassée par l'objectivité afin de réaliser l'Idée, à savoir l'autocompréhension de l'être comme totalité.

283. Voir la *Philosophie du droit*, § 140, *Zusatz*, *l'Histoire de la philosophie*, III, sec. 3, C, 3, l'*Esthétique*, III, sec. 3. Kierkegaard fait plus particulièrement référence au livre de H. G. Hotho *Vorstudien für Leben und Kunst*, Stuttgart et Tübingen, 1835, p. 394, où il est dit que Hegel était hermétiquement fermé à l'humour.

284. Matth., 6, 17-18.

285. Kierkegaard fait ici allusion à Grundtvig et à la foule qui le suivait.

286. *Prévision : Forudvidenhed.* Connaissance anticipée de quelque chose.

287. « En d'autres termes, le silence d'Abraham est la langue même par laquelle le paradoxe s'exprime. » G. Modica, *Fede, libertà, peccato, figure ed esiti della prova in Kierkegaard*, Palumbo, Palerme, 1992, p. 58.

288. Shakespeare, *Richard III*, acte II, scène I, 106-8. La citation est en allemand dans le texte.

289. I Cor. 13, 1.

290. *Hantise : Anfægtelse.* Le mot « remords » aurait pu convenir ici.

291. *Tentation : Fristelse.* Habituellement, la tentation détourne l'homme de l'exercice de son devoir moral mais ici, dans le cas d'Abraham, c'est le devoir moral lui-même qui est une tentation, dans la mesure où il entend détourner d'accomplir la volonté de Dieu en lui murmurant qu'il n'est pas un homme de foi, mais un meurtrier.

292. Gen., 22, 8.

293. *Force originelle : Verdenskraft*, littéralement force du monde, de l'Univers.

294. L'ironie socratique sur la condamnation par la seule majorité de trois voix se comprend aussi du fait que Socrate ne considérait jamais la *foule* mais les *individus*. Voir à ce propos X^3 A 476.

295. *Hantise : Anfægtelse.*

296. *Hæsitator* : homme qui hésite.

297. Kierkegaard attaque ici la philosophie romantique de l'histoire. L'histoire réalise un plan providentiel et se sert des individus à leur insu pour atteindre ses fins (la ruse de la raison). Le présent est toujours le faîte de l'histoire en tant qu'il représente les moments dépassés, une progression dans l'identification du subjectif et de l'objectif. Or, pour Kierkegaard, le devenir n'est pas le moteur dialectique de l'histoire. Ce moteur est la possibilité. Le sens de l'histoire échappe aux interprétations objectives. Il revient à chaque individu d'éprouver lui-même le sens de l'histoire, de cette Providence qui la dirige. En ce sens, tout individu, par la nécessité où il se trouve de faire lui-même l'expérience du sens de l'histoire, de la Providence divine, *se trouve*

toujours au commencement. Pour Kierkegaard la foi, et non la raison, est le sens de l'histoire et, sous cet angle, il revient à l'individu de toujours l'acquérir sans considération de la tradition. Le sens de l'histoire ne peut se révéler qu'à travers le rapport de foi de l'individu avec Dieu, rapport inscrit dans l'*instant*, et à l'égard duquel on se trouve toujours au commencement. Notons, en terminant, que Kierkegaard emploie une formule similaire utilisée par Kant dans la *Critique de la raison pure* afin de désigner la liberté cosmologique et la liberté transcendantale (voir B 560-561).

298. Comme Hegel et les hégéliens.

299. Il s'agit du conte des Grimm, *Der Schneider im Himmel (Le Tailleur au ciel)*.

Index des principaux noms cités

Abraham : patriarche biblique (Genèse, XI, 26-XXV, 11), fils de Térakh, époux de Sarah puis de Cétura, père d'Ismaël et d'Isaac. Il est l'ancêtre à la fois des Arabes et des Juifs. Il quitte Our en Chaldée pour s'installer en Canaan. Il reçoit la bénédiction de Yahvé, qui lui donne le pays en lui promettant une nombreuse descendance. La circoncision incarne à cet égard le signe de cette alliance. Isaac naîtra de son union avec Sarah, jusqu'alors stérile. Il accepte de sacrifier Isaac par obéissance à Yahvé, mais c'est un bélier qui sera substitué à son fils.

Agamemnon : roi légendaire d'Argos et de Mycènes, membre de la dynastie des Atrides. Il fut l'époux de Clytemnestre, dont il eut trois enfants : Électre, Iphigénie et Oreste. Il immola Iphigénie pendant la guerre de Troie, afin d'apaiser Artémis, déesse de la lune et de la chasse. Assassiné par Clytemnestre et son amant, Oreste le vengera. Il est le héros tragique de nombreuses œuvres littéraires, notamment *L'Iliade* d'Homère ou *Agamemnon* d'Eschyle (458 av. J.-C.).

Ahasvérus : c'est le Juif errant, un personnage légendaire qui aurait maltraité le Christ. Il aurait alors été condamné à l'éternité et à une errance perpétuelle. Il a inspiré de nombreux écrivains comme Schiller, Goethe, et a nourri l'imaginaire populaire.

Don Juan : personnage mythique incarnant le séducteur libertin ; sa légende a sans doute été forgée à partir d'un fait réel rapporté par la *Chronique de Séville*. Il a été matière à création pour de nombreux écrivains et musiciens. Mozart lui consacra un opéra en deux actes qui est l'un des chefs-d'œuvre de la musique classique.

Faust : il vécut en Allemagne au début du XVIe siècle et devint un héros de légende. Il est celui qui a vendu son âme au diable pour satisfaire son désir de jouissance et de savoir. Il a inspiré de nombreux écrivains, dont Goethe, qui publia en 1808 la première partie de son poème dramatique. On y voit Faust séduire l'innocente Marguerite, qu'il abandonnera avec son enfant. Meurtrière de son enfant, Marguerite connaîtra la Rédemption. Faust est tiraillé entre Méphistophélès, qui s'est juré de le réduire à l'animalité, et Dieu, qui lui laisse les moyens d'assurer son salut par ses propres forces. Il incarne ainsi la condition humaine, écartelée entre le bien et le mal.

Hegel (1770-1831) **:** philosophe allemand de l'« idéalisme absolu », il a érigé le plus grand système philosophique, qui cherchait à fonder en raison et concilier toutes les doctrines et toutes les formes de culture. Il forge des concepts nouveaux qui traduisent l'existence de l'homme dans une histoire ou un peuple. Ainsi publie-t-il, en 1807, la *Phénoménologie de l'esprit*. Cette œuvre, écrite dans un langage abstrait, annonce la *Science de la logique* (1816), qui réalise l'« absolu » lui-même et l'identifie au savoir de la philosophie.

Heidegger (1889-1976) **:** philosophe allemand dont l'influence fut décisive sur la pensée du XXe siècle. Selon lui, la question de la philosophie est celle du sens de l'être, qui fut à la fois abordée et occultée par la tradition métaphysique. La dignité de l'homme est de poser la question de l'être, tombée dans l'oubli à l'ère de la technique. Son livre majeur, *Être et temps*, est publié en 1927, et connaît un grand retentissement. Par la suite, il n'a cessé de publier (*Qu'est-ce que la métaphysique ?* en 1929, *Lettre sur l'humanisme* en 1947, *Introduction à la métaphysique* en 1952, etc.). Son travail amène à renouveler la signification de l'ontologie, en procédant d'abord à une phénoménologie du *Dasein*, l'« être-là », qui permet d'éprouver le sens de l'être comme temporalité. L'« être-là » est « être-au-monde », et il se découvre comme « pouvoir-être », c'est-à-dire projet. Il est en proie à l'angoisse, qui lui rappelle sa condition d'être fini, mais il s'ouvre par elle à la vérité de l'être. La vie de Heidegger connaît un « épisode » politique qui aujourd'hui encore divise la critique : il accepte en 1933 le rectorat de l'université de Fribourg. Mais il se rend vite compte que les nazis ne cherchent qu'à mettre au pas les institutions et sont intraitables sur l'antisémitisme. Heidegger démissionne en 1934 et se retire de toute activité politique. Il sera interdit d'enseignement par les autorités françaises d'occupation, avant de redevenir professeur émérite à Fribourg.

Iphigénie : voir **Agamemnon**.

Isaac : voir **Abraham**.

Jaspers (1883-1969) **:** philosophe allemand de l'existence, il est d'abord professeur de psychopathologie. Il conçoit l'existence comme un déchirement entre notre présence dans le monde et notre aspiration à une transcendance. Il forge une analyse existentielle de la souffrance, de la mort ou encore de la faute. Il compare les relations entre les hommes à des combats amoureux, oscillant entre la haine et l'amour. Le sentiment religieux et la théorie des « signes » forment des thèmes importants de sa philosophie. La chaire à l'université de cet opposant farouche au régime nazi lui sera retirée en 1937. Ses œuvres comprennent notamment : *Philosophie* (1932), *Raison et existence* (1935), *De la vérité* (1947). Après 1945, il enseigne en Suisse et il multiplie les écrits politiques tels que *La Culpabilité allemande* (1946) ou encore *Liberté et réunification* (1960).

Juif errant (le) : voir **Ahasvérus.**

Kant (1724-1804) **:** fondateur de la philosophie critique allemande ; sa vie est entièrement consacrée à l'étude et à l'enseignement. La *Critique de la raison pure* paraît en 1781. Il analyse les possibilités de l'esprit. Il examine d'abord nos possibilités de connaître puis en déduit les formes de la connaissance mathématique et les principes de la physique. Il démontre l'impossibilité d'une science métaphysique. La *Critique de la raison pratique* en 1788 souligne le fait que la loi morale est en nous. L'impératif catégorique prend alors tout son sens et il est la réalisation absolue de notre liberté. Les *Fondements de la métaphysique des mœurs* (1785) rendent compte de l'action morale. Il tente de concilier sa philosophie théorique et pratique dans la *Critique de la faculté de juger* (1790), qui comporte une théorie de la vie organique et une philosophie de l'œuvre d'art. Il publie également en 1794 *La Religion dans les limites de la simple raison.*

Lessing (1729-1781) **:** écrivain et philosophe allemand, il a concilié le romantisme et le rationalisme. C'est dans *L'Éducation du genre humain* (1780) qu'il propose sa théorie morale de l'histoire fondée sur une foi dans le progrès moral de l'humanité.

Marcel (1889-1973) **:** philosophe et dramaturge français, il incarne l'existentialisme chrétien. Il oppose au domaine de l'avoir le mystère de l'Être. Il refuse le pessimisme de l'existentialisme athée. L'idée de transcendance et de foi est au cœur de sa pensée. Outre ses pièces de théâtre, il publia entre autres son *Journal métaphysique* (1927), *Être et avoir* (1935), *Le Mystère de l'Être* (1951).

Möller : il fut le professeur et l'ami de Kierkegaard. Son décès en 1838 l'affectera énormément.

Olsen, Régine : en 1837, Kierkegaard s'éprend de cette jeune fille de quinze ans alors qu'il en a vingt-quatre. Ils se fiancent en 1838 et écrit : « tout de suite, je sus que j'avais fait une erreur ». Il rompt trois ans plus tard avec elle.

Sartre (1905-1980) **:** philosophe et écrivain français, il est le premier représentant de l'existentialisme en France, même s'il n'a pas lui-même choisi ce terme. Il est révélé au grand public par *La Nausée* (1938) et *Le Mur* (1939). Sa philosophie est exposée dans *L'Être et le Néant* en 1943 et dans la *Critique de la raison dialectique* en 1960. Dans *La Nausée*, il exprime une certaine vision du monde où l'individu est confronté à l'absurde et éprouve du dégoût pour la contingence de l'existence. *L'Être et le Néant* contient entre autres sa célèbre théorie selon laquelle « l'existence précède l'essence ». Cela signifie que l'essence d'un individu n'est pas donnée mais à faire, et ne constitue donc pas un destin préétabli. La vie est une succession de libres choix, par lesquels je ne me définis qu'après coup. Le « pour-soi », ou la conscience, est liberté absolue : par son pouvoir de néantisation, elle se situe à distance de toute chose sans adhérer à aucune. L'homme est « condamné à être libre », c'est-à-dire à être une puissance de choix, sans jamais s'identifier à l'essence stable d'une chose. Il choisit sans raison et avant toute raison. La morale de Sartre se veut humaniste (*L'existentialisme est un humanisme*, en 1946), prônant l'engagement et la responsabilité. Sa philosophie de l'histoire hérite du marxisme, tout en soulignant l'irréductibilité de la libre initiative de l'homme à la nécessité historique. L'histoire peut produire des aliénations, mais elle ne peut jamais supprimer les libertés en transformant les hommes en objets. La liberté aura donc toujours le dernier mot, car c'est elle qui assigne un sens à l'histoire, et qui rend celle-ci imprévisible.

Bibliographie

Kierkegaard

Éditions de référence :

Crainte et tremblement, Paris, Rivages poche, coll. « Petite Bibliothèque », 2000.

Étapes sur le chemin de la vie, Paris, Gallimard, coll. « Tel », 1997.

Journal (extraits), Paris, Gallimard, coll. « Tel », 1989.

T. I 1834-1846.

T. II 1846-1849.

T. III 1849-1850.

T. IV 1850-1853.

T. V 1854-1855.

La Reprise, Paris, Flammarion, 1990.

Miettes philosophiques — Le Concept d'angoisse — Traité du désespoir, Paris, Gallimard, coll. « Tel », 1990.

Ou bien... ou bien..., Paris, Gallimard, coll. « Tel », 1999.

Post-scriptum aux miettes philosophiques, Paris, Gallimard, coll. « Tel », 1989.

Éditions critiques :

Adorno Th., *Kierkegaard. Construction de l'esthétique*, Paris, Payot, 1995.

Cauly O., *Kierkegaard*, Paris, PUF, coll. « Que sais-je ? », 1991.

Chestov L., *Kierkegaard et la philosophie existentielle,* Paris, Vox clamantis in deserto, 1936.

Clair A., *Kierkegaard, Penser le singulier*, Paris, Cerf, 1993.

Clair A., *Kierkegaard. Existence et éthique*, Paris, PUF, 1997.

Clair A., *Pseudonymie et paradoxe. La pensée dialectique de Kierkegaard*, Paris, Vrin, 1976.

Colette J., *Histoire et absolu, Essai sur Kierkegaard*, Paris, Desclée de Brouwer, 1972.

Colette J., *Kierkegaard et la non-philosophie*, Paris, Gallimard, 1994.

Collectif, *Kierkegaard vivant*, Paris, Gallimard, 1966.

Le Blanc C., *Kierkegaard*, Paris, Les Belles Lettres, 1998.

Les Cahiers de philosophie, n° 8/9, Paris, 1989.

Vergote H. B., *Sens et répétition. Essai sur l'ironie kierkegaardienne*, Paris, Cerf/Orante, 1982.

Wahl J., *Études kierkegaardiennes*, Paris, Aubier, 1938.

Schopenhauer

Éditions de référence :

Aphorismes sur la sagesse dans la vie, Paris, PUF, 1989.

Contre la philosophie universitaire, Paris, Rivages poche, coll. « Petite Bibliothèque », 1993.

De la quadruple racine du principe de raison suffisante, Paris, Vrin, 1991.

De la volonté dans la nature, Paris, PUF, 1969.

Douleurs du monde, Paris, Rivages poche, coll. « Petite Bibliothèque », 1991.

Essai sur le libre arbitre, Paris, Rivages poche, coll. « Petite Bibliothèque », 1992.

Esthétique et métaphysique, Paris, Le Livre de Poche, coll. « Classiques de la philosophie », 1999.

Éthique et politique, Paris, Le Livre de Poche, coll. « Classiques de la philosophie », 1996.

L'Art d'avoir toujours raison, Circé poche, 2000.

Le Fondement de la morale, Paris, Le Livre de Poche, coll. « Classiques de la philosophie », 1991.

Le Monde comme volonté et comme représentation, Paris, PUF, 1966.

Le Vouloir-vivre, l'art et la sagesse, textes choisis, Paris, PUF, 1983.

Métaphysique de l'amour et de la mort, Paris, Presse de la cité, coll. « 10/18 », 1980.

Sur la religion, Paris, Garnier-Flammarion, 1996.

Éditions critiques :

Ferrand J.-P., *Schopenhauer*, Paris, Ellipses, coll. « Philo-philosophes », 1998.

Philonenko A., *Schopenhauer*, Paris, Vrin, 1980.

Raymond D., *Schopenhauer*, Paris, Seuil, coll. « Écrivains de toujours », 1979.

Rosset C., *L'Esthétique de Schopenhauer*, Paris, PUF, 1989.

Safransky R., *Schopenhauer et les années folles de la philosophie*, Paris, PUF, 1990.

Sans Éd., *Schopenhauer*, Paris, PUF, coll. « Que sais-je ? », 1990.

Remerciements

Nous remercions messieurs les éditeurs, qui nous ont autorisés à reproduire les textes dont ils conservent l'entier copyright.

Remerciements

Ont participé à la fabrication :

Composition	Nord Compo (Villeneuve-d'Ascq)
Papier	Bouffant Zéphir. Des Papeteries de Vizille.
Impression	Sur rotative Timson par Aubin Imprimeur à Ligugé.
Reliure	Nouvelle Reliure Industrielle à Auxerre.
Recouvrement	Papier à grain - Karine Winter.
Fers à dorer	Michel Vincent.
Correcteurs	Belle page, Nine Jeanblanc, Jean-Luc Scaliger.

Aubin Imprimeur
LIGUGÉ, POITIERS

Achevé d'imprimer en novembre 2002
pour le compte de France Loisirs
123, bd de Grenelle, 75015 Paris

N° d'édition 39580 / N° d'impression L 66033
Dépôt légal, novembre 2001
Imprimé en France